한 번에 합격, 자격증은 이기적

이렇게 기막힌 적중률

자격증 독학, 어렵지 않다!
수험생 합격 전담마크

이기적 스터디 카페

스터디 만들어 함께 공부

전문가와 1:1 질문답변

프리미엄 구매인증 자료

365일 진행되는 이벤트

인증만 하면, 고퀄리티 강의가 무료!

100% 무료 강의

STEP **1**
이기적
홈페이지
접속하기

>

STEP **2**
무료동영상
게시판에서
과목 선택하기

>

STEP **3**
ISBN 코드
입력 & 단어
인증하기

>

STEP **4**
이기적이 준비한
명품 강의로
본격 학습하기

1년 365일 이기적이 쏜다!

365일 진행되는 이벤트에 참여하고 다양한 혜택을 누리세요.

EVENT ❶
기출문제 복원

- 이기적 독자 수험생 대상
- 응시일로부터 7일 이내 시험만 가능
- 스터디 카페의 링크 클릭하여 제보

이벤트 자세히 보기 ▶

EVENT ❷
합격 후기 작성

- 이기적 스터디 카페의 가이드 준수
- 네이버 카페 또는 개인 SNS에 등록 후
  이기적 스터디 카페에 인증

이벤트 자세히 보기 ▶

EVENT ❸
온라인 서점 리뷰

- 온라인 서점 구매자 대상
- 한줄평 또는 텍스트 & 포토리뷰 작성 후
  이기적 스터디 카페에 인증

이벤트 자세히 보기 ▶

EVENT ❹
정오표 제보

- 이름, 연락처 필수 기재
- 도서명, 페이지, 수정사항 작성
- book2@youngjin.com으로 제보

이벤트 자세히 보기 ▶

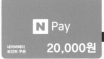

N Pay
네이버페이
포인트 쿠폰
20,000원

영진닷컴 쇼핑몰
30,000원

- N페이 포인트 5,000~20,000원 지급
- 영진닷컴 쇼핑몰 30,000원 적립
- 30,000원 미만의 영진닷컴 도서 증정

※ 이벤트별 혜택은 변경될 수 있으므로 자세한 내용은 해당 QR을 참고하세요.

이기적 크루를 찾습니다!

WANTED

저자 · 강사 · 감수자 · 베타테스터 상시 모집

저자 · 강사

분야 수험서 전 분야
수험서 집필 혹은 동영상 강의 촬영

요건 관련 강사, 유튜버, 블로거 우대

혜택 이기적 수험서 저자 · 강사 자격
집필 경력 증명서 발급

감수자

분야 수험서 전 분야

요건 관련 전문 지식 보유자

혜택 소정의 감수료
도서 내 감수자 이름 기재
저자 모집 시 우대(우수 감수자)

베타테스터

분야 수험서 전 분야

요건 관련 수험생, 전공자, 교사/강사

혜택 활동 인증서 & 참여 도서 1권
영진닷컴 쇼핑몰 30,000원 적립
스타벅스 기프티콘(우수 활동자)
백화점 상품권 100,000원(우수 테스터)

◀ 모집 공고 자세히 보기

이메일 문의하기 ✉ book2@youngjin.com

기억나는 문제 제보하고 N페이 포인트 받자!
기출 복원 EVENT

성명	이기적

수험번호: ㄹ ㅇ ㄹ ㄴ ㅣ ㅣ ㅣ ㄹ

Q. 응시한 시험 문제를 기억나는 대로 적어주세요!

① 365일 진행되는 이벤트   ② 참여자 100% 당첨   ③ 우수 참여자는 N페이 포인트까지

영진닷컴 쇼핑몰
30,000원

N Pay
네이버페이 포인트 쿠폰
20,000원

적중률 100% 도서를 만들어주신 여러분을 위한 감사의 선물을 준비했어요.

신청자격 이기적 수험서로 공부하고 시험에 응시한 모든 독자님

참여방법 이기적 스터디 카페의 이벤트 페이지를 통해 문제를 제보해 주세요.
※ 응시일로부터 7일 이내의 시험 복원만 인정됩니다.

유의사항 중복, 누락, 허위 문제를 제보한 경우 이벤트 대상에서 제외됩니다.

참여혜택 영진닷컴 쇼핑몰 30,000원 적립
정성껏 제보해 주신 분께 N페이 포인트 5,000~20,000원 차등 지급

이벤트 페이지 확인하기 ▶

이기적이 다 드립니다

여러분은 합격만 하세요! 이기적 합격 성공세트 BIG 4

학습 효율 극대화, 무료 동영상 강의

저자가 직접 강의하는 고퀄리티 동영상 강의를 100% 무료로 제공합니다.
핵심을 콕콕 짚어 주는 강의로 빠른 합격이 가능합니다.

실무 학습에 필요한, 최신화 백데이터

이기적 홈페이지 자료실에서 실무 학습에 필요한 백데이터를 다운로드
받으세요. 자세한 방법은 도서 1-16~19p를 참고하시기 바랍니다.

도서 구매자 특별 제공, 추가 기출문제

도서에 수록되지 않은 기출문제 5회분 PDF를 추가로 제공합니다.
이기적 홈페이지 자료실에서 파일을 다운받아 이용해 주세요.

필수 이론만 깔끔하게 압축한, 핵심정리

챕터별 꼭 알아야 할 필수 이론만 뽑아 알기 쉽게 요약 · 정리했습니다.
도서 1-21~27p에 수록되어 있습니다.

※ 〈2025 이기적 전산회계 2급 이론+실무+기출문제〉를 구매하고 인증한 독자에게만 드리는 혜택입니다.

이기적 홈페이지 바로가기 ▶

누적 판매부수 약 1400만 부,
누적 조회수 약 3400만 회를 달성한

이기적 명품 강사진

이렇게
기막힌
적중률

전산회계 2급
이론+실무+기출문제

1권 · 이론+실무

"이" 한 권으로 합격의 "기적"을 경험하세요!

YoungJin.com Y.
영진닷컴

차례

전산회계 2급 부록 자료

실무 백데이터
압축 파일

추가 기출문제 PDF
암호 : js7644

※ **부록 자료 다운로드 방법**
'이기적 홈페이지(license.youngjin.com)' 접속 → [자료실] –
[기타] 클릭 → 도서 이름으로 게시물 찾기 → 첨부파일 다운
로드 후 압축 해제

이 책의 구성

핵심 이론만 빠르게 압축 정리

다년간 분석한 기출문제의 데이터를 바탕으로 시험에 출제될
가능성이 높은 핵심 이론을 엄선하여 담았습니다.

출제빈도 (상)(중)(하)

각 SECTION을 출제빈도에 따라 상/중/하 등급으로 나눴
습니다.

빈출 태그 ▶

시험에 자주 출제되는 주요 키워드를 정리했습니다. 해당
단어가 나오는 부분은 집중해서 학습하세요.

▶ 합격 강의

저자가 직접 강의하는 동영상 강의를 무료로 제공합니다.
QR 코드를 스캔하여 편리하게 이용하세요.

꼭 알아야 할 중요 내용에는 형광펜을 표시하여 빠르게
체크할 수 있습니다.

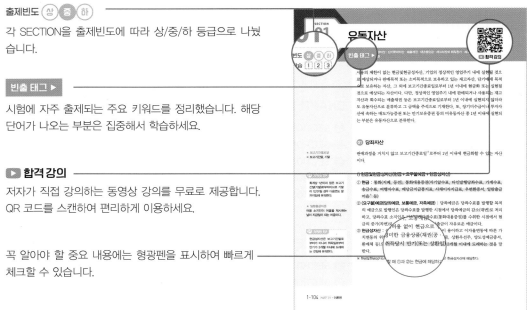

🅕 기적의 TIP

출제 경향이나 학습 노하우를 알려주는 전문가의 TIP을
제시했습니다.

이론을 좀 더 쉽고 빠르게 이해할 수 있도록 추가적인 설
명을 제공했습니다.

✓ 개념 체크

해당 페이지의 내용을 확실하게 숙지하고 넘어갈 수 있도
록 개념 체크 문제를 수록했습니다.

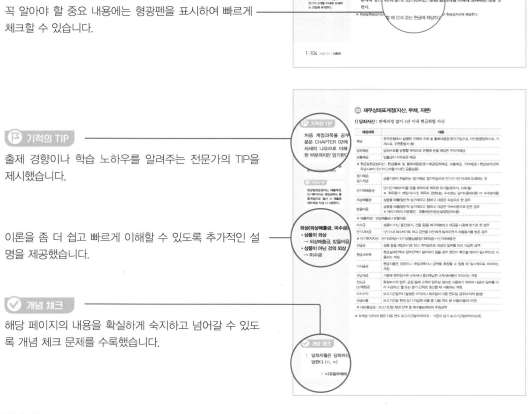

이론을 확인하는 기출문제

각 SECTION의 이론 학습이 끝난 후, 자신의 실력을 점검하고 부족한 부분을 보완할 수 있도록 '이론을 확인하는 기출문제'를 수록했습니다.

최신 기출문제

2021~2024년 최신 기출문제 20회분을 제공합니다. 실제 시험처럼 문제를 풀어보며 실전 감각을 키워보세요.

이론 학습 후 연계된 기출문제를 풀어보며 바로 실력을 확인할 수 있습니다.

문제 아래 배치된 친절한 해설을 통해 핵심 개념을 복습하고 헷갈리거나 틀린 부분을 확실하게 이해할 수 있습니다.

최신 기출문제를 풀어보며 출제 유형을 파악하고 문제 적응력을 키울 수 있습니다.

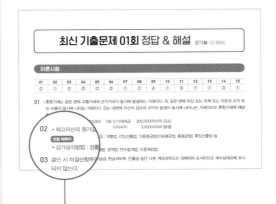

정답에 대한 명확한 해설과 오답에 대한 자세한 해설을 제공하여 문제의 핵심을 파악할 수 있습니다.

시험의 모든 것

01 시험 일정

회차	종목 및 등급	원서접수	시험일자	합격자 발표
제118회		01.02 ~ 01.08	02.09(일)	02.27(목)
제119회		03.06 ~ 03.12	04.05(토)	04.24(목)
제120회	전산세무 1, 2급	05.02 ~ 05.08	06.07(토)	06.26(목)
제121회	전산회계 1, 2급	07.03 ~ 07.09	08.02(토)	08.21(목)
제122회		08.28 ~ 09.03	09.28(일)	10.23(목)
제123회		10.30 ~ 11.05	12.06(토)	12.24(수)

02 시험 시간

등급	전산세무 1급	전산세무 2급	전산회계 1급	전산회계 2급
시험 시간	15:00 ~ 16:30	12:30 ~ 14:00	15:00 ~ 16:00	12:30 ~ 13:30
	90분	90분	60분	60분

03 시험 종목 및 평가 범위

종목	등급		평가 범위
전산회계	2급	이론	회계원리(30%)
		실무	기초정보 등록 · 수정(20%), 거래자료 입력(40%), 입력자료 및 제장부 조회(10%)

• 세부적인 평가 범위는 한국세무사회 자격시험 홈페이지 "시험안내"의 "시험개요"란을 참고하기 바람

04 시험 장소

서울, 부산, 대구, 광주, 대전, 인천, 울산, 강릉, 춘천, 원주, 안양, 안산, 수원, 평택, 성남, 고양, 의정부, 청주, 충주, 제천, 천안, 당진, 포항, 경주, 구미, 안동, 창원, 김해, 진주, 전주, 익산, 순천, 목포, 제주 등
• 상기 지역은 상설시험장이 설치된 지역이나 응시 인원이 일정 인원에 미달할 때는 인근 지역을 통합하여 실시함
• 상기 지역 내에서의 시험장 위치는 응시원서 접수 결과에 따라 시험 시행일 일주일 전부터 한국세무사회 홈페이지에 공고함

05 시험 방법

이론(30%)은 객관식 4지 선다형 필기 시험으로, 실무(70%)는 PC에 설치된 전산세무회계프로그램(케이렙 : KcLep)을 이용한 실기 시험으로 함

06 합격자 결정기준

100점 만점에 70점 이상

07 응시 자격

제한 없음

08 원서접수

- 접수기간 : 각 회별 원서접수 기간 내 접수
- 접수방법 : 한국세무사회 자격시험 사이트(license.kacpta.or.kr)로 접속하여 단체 및 개인별 접수(회원가입 및 사진등록)
- 접수수수료 납부방법 : 원서접수 시 금융기관을 통한 온라인 계좌이체 및 신용카드 결제

등급	전산세무 1급	전산세무 2급	전산회계 1급	전산회계 2급
접수수수료	30,000원	30,000원	30,000원	30,000원

09 합격자 발표 및 자격증 신청

- 합격자 발표 : 해당 종목의 합격자 발표일에 한국세무사회 자격시험 홈페이지를 통해 확인할 수 있음
- 자격증 신청 : 자격증은 홈페이지의 [자격증발급] 메뉴에서 신청 가능하며, 취업희망자는 한국세무사회의 인력뱅크를 이용하시기 바람
- 모바일 자격증 : 모바일 홈페이지의 [자격증신청] – [자격조회] 메뉴에서 "모바일 자격증"을 선택하여 무료로 이용할 수 있음

10 기타 사항

- 궁금한 사항은 한국세무사회 자격시험 홈페이지를 참고하거나 전화로 문의바람
- 문의 : TEL I 02–521–8398   FAX I 0508–118–1858

시험 출제 경향

실무편 · CHAPTER 02   일반전표입력

01 유동자산 · **상** · 27%
빈출태그 당좌자산, 재고자산

02 비유동자산 · **중** · 20%
빈출태그 투자자산, 유형자산, 무형자산, 기타비유동자산

03 부채 · **상** · 22%
빈출태그 유동부채, 비유동부채

04 자본 · **하** · 8%
빈출태그 자본금, 인출금

05 수익과 비용 · **상** · 23%
빈출태그 상품매출, 매출환입및에누리, 매출할인, 판매비와관리비, 영업외수익과 영업외비용

실무편 · CHAPTER 03   결산 및 재무제표

01 결산정리사항 · **상** · 50%
빈출태그 자동결산과 수동결산분개사항, 수동결산분개

02 결산자료입력 · **상** · 40%
빈출태그 기말재고자산, 감가상각비, 대손충당금

03 재무제표 작성 및 마감 · **하** · 10%
빈출태그 재무제표, 손익계산서, 재무상태표

실무편 · CHAPTER 04   제장부조회

01 제장부조회 · **상** · 98%
빈출태그 제장부조회, 현금출납장, 총계정원장, 계정별원장, 합계잔액시산표

02 자금관리 · **하** · 2%
빈출태그 받을어음현황, 지급어음현황

회계는 기업의 설립과 더불어 모든 장부를 기록하고 관리함으로써 기업의 흐름을 정확하게 분석 및 예측하는 데 사용하고 있습니다. 과거에 회계처리가 수기로 하는 장부 중심이었다면 현재는 전산화된 프로그램을 이용하여 빠르고 정확하게 회계데이터를 만들 수 있는 기술을 요구하고 있습니다.

회계는 쉽게 말해서 기업에서 하는 말(언어)인데 그 말을 계정과목이라는 단어를 사용하여 일정한 원리에 맞게 처리(분개)한 결과물(장부)을 만들고, 결산이라는 절차를 거쳐 재무제표(보고서)로 보고합니다. 따라서 관련 공부를 한다는 것만으로도 인내와 끈기를 요구하고 있습니다.

한국세무사회가 1999년부터 시행하고 있는 전산세무회계 자격시험은 현재 가장 많은 인원이 응시하고 있는 전산세무회계 자격시험으로, 2002년에 국가공인을 받아서 현재까지 시행하고 있습니다. 전산회계 2급 자격시험은 이론(30점)과 실무(70점)로 구성되어 시행하고 있으며 과락 없이 70점을 취득하면 합격하는 시험입니다. 또한 전산세무회계프로그램은 실제 실무에서 사용하는 실무용 프로그램으로서 회사 및 기장대리인(세무회계 사무소)들의 회계 관리를 간단하면서도 정교하게 처리 및 관리할 수 있고, 세무신고를 직접 할 수 있도록 되어 있어 관련 업종에서 반드시 갖추어야 할 프로그램입니다.

본 교재의 특성은 다음과 같이 되어 있습니다.

첫째, 기출문제를 분석하여 쉽게 학습할 수 있도록 이론편과 실무편으로 전개하였으며, 관련 문제와 상세한 해설을 달았습니다.

둘째, 실무편에선 한국세무사회 전산회계 자격시험 프로그램인 케이렙을 메뉴별로 상세히 설명하였습니다.

셋째, 최신 기출문제를 수록하여 실제 시험 유형을 파악할 수 있도록 했으며, 해당 문항의 모든 정답을 자세히 기술하여 본인의 수준을 측정하도록 하였습니다. 또한 학습이 완료된 후 시험 직전에 한눈에 볼 수 있는 핵심정리를 수록했습니다.

넷째, 본 교재는 무료 동영상 서비스를 제공함으로써 혼자서 학습하기 어려운 부분이 있거나 회계 초보자들, 단기간에 마스터하기 원하시는 분에게 최적의 교재가 되도록 했습니다.

본서가 단기간에 최소의 노력으로 전산회계 2급 자격 취득을 희망하는 여러분에게 좋은 책이 되기를 바라며 수험생 여러분의 합격의 영광과 회계 관련 업무에 큰 보탬이 되기를 기원합니다.

저자 정창화

프로그램 설치 및 사용 방법

01 실무시험 관련 프로그램(케이렙) 설치 방법

1. 한국세무사회 국가공인자격시험 홈페이지(license.kacpta.or.kr)에 접속하여 하단에 있는 「케이렙(수험용) 다운로드」를 클릭하여 저장한 후 해당 파일을 더블 클릭한다(「케이렙(수험용) 다운로드」를 클릭하여 바로 설치해도 됨).

2. KcLep 인스톨 마법사 화면에서 [다음]을 클릭하고 사용권 계약서 화면에서 "사용권 계약의 조항에 동의합니다"를 선택하고 [다음]을 클릭한다.

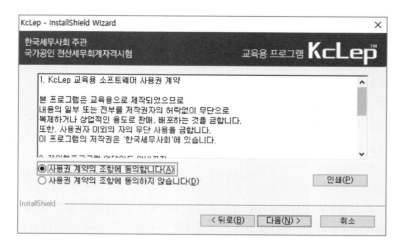

3. 설치 위치 선택 화면에서 [다음]을 클릭한다.

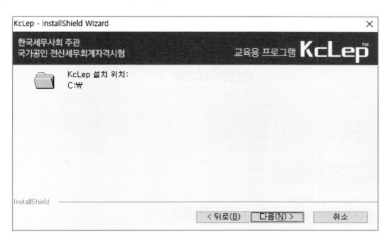

4. 설치 상태 화면이 나타나며 설치가 진행된다. 완료 화면이 나타난 후 [확인]을 클릭하면 바탕화면에 KcLep 교육용 아이콘이 생성된다.

02 **데이터 다운로드, 프로그램 시작하는 방법**

1. 영진닷컴 수험서 홈페이지(license.youngjin.com)에 접속한다.

2. [자료실] – [기타]에서 전산회계 2급 DATA를 다운로드 받은 후에 압축을 풀고 더블 클릭하면 [C:₩ KcLepDB₩KcLep]에 자동으로 복사되면서 회사가 생성된다.

3. 바탕화면의 [KcLep교육용] 아이콘을 실행하고 [종목선택]란에서 '4.전산회계2급'을 선택하고, [드라 이브]란에서 [C:₩KcLepDB]를 확인한다.

4. 우측 하단 회사등록을 눌러서 나타나는 [회사등록]창에서 상단 툴바의 F4 회사코드재생성 을 클릭한다.

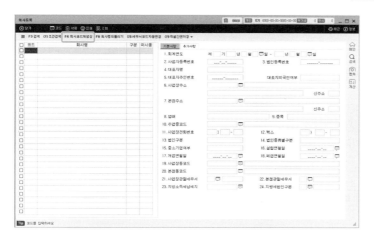

5. "회사 코드를 재생성 하시겠습니까?"라는 메시지가 뜨면 [예(Y)]를 클릭한다. "회사코드 재생성 작업이 완료되었습니다."라는 메시지가 뜨고 [확인]을 누르면 다운받은 회사가 나타난다. [회사등록]창을 닫는다.

6. [회사코드]란에서 0401.영진상사를 선택하고 [확인]을 누른다.

7. 기출문제를 풀고자 하는 경우에는 메인화면으로 돌아와서 우측 상단의 [회사변경]을 클릭하여 나오는 [회사등록]창에서 기출문제의 회차에 맞는 회사코드번호 및 회사명을 선택하고 학습한다(데이터를 재설치하는 경우 기존 데이터를 덮어쓰므로 주의해야 함).

Q&A

Q **전산회계 자격시험은 어떻게 접수하나요?**

A 한국세무사회 국가공인자격시험 홈페이지(license.kacpta.or.kr)에서 인터넷 접수가 가능합니다. 시험 일정을 확인한 후 응시를 원하는 회차의 원서접수 기간 내에 접수하여야 합니다.

Q **전산회계 자격시험은 필기 시험(1차)을 보고 실기 시험(2차)을 보나요?**

A 한국세무사회 전산회계 자격시험은 1차, 2차의 응시 절차가 없으며, 이론(30%)과 실무(70%)를 정해진 시험시간 동안 동시에 평가합니다. 따라서 시험지에도 이론문제와 실무문제가 모두 인쇄되어 있으며, 답안은 시험장에서 나눠주는 수험용 USB메모리에 저장하여 제출하면 됩니다.

Q **전산회계 자격시험을 응시할 때 준비물은 무엇인가요?**

A 준비물로는 신분증, 수험표, 필기도구(흑색 또는 청색 볼펜), 계산기가 있습니다. 계산기는 일반 사칙연산이 가능한 단순 기능의 계산기만 가능하며, 공학용 · 재무용 계산기 및 전자수첩, 핸드폰 사용은 절대 불가합니다.

Q **확정답안 발표 및 점수 확인기간은 어떻게 되나요?**

A 통상 시험 당일 오후 8시경 한국세무사회 국가공인자격시험 홈페이지(license.kacpta.or.kr)에 1차적으로 (가)답안을 공개합니다. (가)답안 발표일로부터 3일간 [답안이의신청]을 접수받은 후, 접수된 이의신청 문항은 출제위원회에서 면밀히 검토 · 심사를 거치게 됩니다. 통상 2~3주 후에 최종확정답안을 발표하고 [기출문제] 메뉴란에 게시합니다. 채점은 (가)답안이 아닌 최종확정답안을 기초로 진행하며, 합격자 발표일로부터 30일간 [합격자발표] 메뉴에서 합격 여부와 점수를 확인할 수 있습니다.

Q **자격증 발급 방법과 비용은 어떻게 되나요?**

A 자격증은 본인 필요에 따라 언제든 발급 신청이 가능하며, 자격증 발급에 따른 비용은 개당 5,000원(인터넷 신청 시 결제수수료 400원 별도)입니다. 인터넷 신청 시 한국세무사회 국가공인자격시험 홈페이지(license.kacpta. or.kr) 상단 메뉴 중 [자격증신청] – [발급신청] – [신청] 버튼을 클릭 후 수령인, 주소(건물 명칭 꼭 기입), 신청종목을 정확히 작성합니다. 신청 이후 진행 상황은 상단 메뉴의 [자격증신청] – [진행상황]에서 직접 확인 가능합니다. 자격증은 준등기로 발송되므로 따로 연락하지 않습니다. 직접 방문하여 신청 시 발급 비용과 신분증을 지참하여 한국세무사회(서울 서초동)로 근무시간 내 내방하면 현장에서 즉시 자격증 발급이 가능합니다.

※ 시험에 관한 내용은 시행처 사정에 따라 변경될 수 있으니 자세한 사항은 한국세무사회 국가공인자격시험 홈페이지(license.kacpta. or.kr)에서 확인하시기 바랍니다.

핵심정리(이론+실무)

01 당좌자산

(1) 현금 : 통화, 타인(동점)발행당좌수표, 자기앞수표, 송금수표, 가계수표, 배당금지급통지표, 사채이자지급표, 우편환증서 등

(2) 당좌예금 : 대금 결제 수단으로 당좌수표 발행 시에는 당좌예금(대변)으로 처리하고 타인발행당좌수표 수취 시에는 현금(차변)으로 처리

(3) 보통예금 : 입출금이 자유로운 예금

(4) 현금성자산 : 금융상품으로서 취득당시 만기(또는 상환일)가 3개월 이내에 도래하는 것

    ※ 현금및현금성자산 : 현금(통화 및 통화대용증권), 예금(당좌예금, 보통예금, 저축예금), 현금성자산

(5) 정기예금(정기적금) : 정기예금ㆍ정기적금으로 보고기간 종료일로부터 1년 이내에 만기가 도래하는 것

(6) 단기매매증권 : 단기간 매매차익을 얻을 목적으로 취득한 유가증권[지분증권(주식), 채무증권(사채ㆍ국채ㆍ공채)]

    ① 취득원가 : 매입가(공정가치)

      ※ 취득과 관련되는 거래원가(수수료 등)는 당기비용(수수료비용 : 비금융업은 영업외비용)으로 처리함

    ② 결산평가 시 : 공정가치로 평가하며, 변동분(장부금액과 공정가치의 차액)은 단기매매증권평가이익(손실)(영업외수익(비용))으로 처리

    ③ 처분 시 : 처분금액과 장부금액을 비교하여 그 차액을 단기매매증권처분이익(손실)(영업외수익(비용))으로 처리

(7) 외상매출금 : 상품을 외상으로 매출하고 회수하지 못한 대금으로 보고기간 종료일로부터 1년 이내에 회수될 금액

(8) 받을어음 : 상품을 매출하고 발생한 어음상의 권리로서 보고기간 종료일로부터 1년 내에 도래하는 어음

    ① 어음할인 : 매출채권처분손실(영업외비용, 매각거래)

    ② 어음의 배서양도 : 차변에 있던 받을어음을 대변으로(거래처명에 어음발행사 입력)

    ※ 매출채권 : 외상매출금, 받을어음

    ※ 기초매출채권 + 당기매출채권 - 당기매출채권회수액 - 대손금 - 매출환입, 에누리, 할인 = 기말매출채권

(9) 단기대여금 : 보고기간 종료일로부터 1년 이내 도래하는 대여금

    ※ 단기투자자산 : 단기대여금, 단기금융상품(정기예적금), 단기매매증권

(10) 미수금 : 상품이 아닌 것을 처분하고 보고기간 종료일로부터 1년 이내에 받기로 한 금액(상품매출이 아닌 경우이므로 수취한 어음도 미수금으로 처리함)

(11) 선급금 : 상품 등을 매입하기 위해 착수금이나 계약금을 미리 지급한 금액

(12) 가지급금 : 현금 지출은 있었으나 계정과목이나 금액을 확정할 수 없을 때 일시적으로 처리하는 자산으로, 추후에 계정과목이나 금액이 확정되면 해당 계정으로 대체(≒전도금)

(13) 현금과부족 : 현금의 실제 잔액과 장부상 잔액이 일치하지 않을 경우에 사용하며 원인이 판명되면 해당 계정으로 대체하고, 결산 시까지 원인이 판명되지 않으면 부족액은 잡손실로, 초과액은 잡이익으로 대체함

(14) 미수수익 : 보고기간 종료일(결산일, 기말)까지 발생된 수익이나 회수일이 다음 연도일 경우(수익의 발생)

(15) 선급비용 : 보고기간 종료일 현재 당기 지급된 비용 중 다음 연도 비용이 있을 경우(비용의 이연)

(16) 대손충당금 : 수취채권의 잔액 중 회수불능채권의 추정금액을 나타내며, 수취채권의 평가계정으로서 수취채권의 장부금액(또는 순실현가능금액)을 나타내기 위해 수취채권으로부터 차감하는 형식으로 표시하는 계정

　　※ 기말 대손충당금 설정액 = 기말채권 잔액 × 대손추정율(%) − 기말 대손충당금 잔액

　　※ 당기 이전에 발생된 대손금을 당기에 회수 시 해당 채권의 대손충당금에 전입함

02　재고자산

(1) 상품 : 정상적인 영업활동을 통하여 판매할 목적으로 구입한 것

　　※ 재고자산의 취득원가 : 매입금액(공정가치) + 제비용(매입운임, 하역료 및 보험료 등) − 매입환출및에누리 − 매입할인

(2) 매입환출및에누리 : 매입환출이란 매입한 상품을 판매자에게 반품 처리한 금액을 말하며, 매입에누리란 매입한 상품에 파손이나 결함 등이 있어서 결제금액을 깎는 것을 말함. 재고자산에서 차감하므로 대변에 기입함

(3) 매입할인 : 외상대금을 약정된 할인기간 내에 지급하고 대금의 일부를 할인받는 것. 재고자산에서 차감하므로 대변에 기입함

　　※ 재고자산 원가결정방법(평가방법) : 개별법, 선입선출법, 후입선출법, 가중평균법(이동평균법, 총평균법)

　　※ 재고자산 수량결정방법 : 계속기록법, 실지재고조사법, 혼합법(병행법)

(4) 그 외의 재고자산 : 제품, 원재료, 재공품(반제품), 저장품(소모품), 시송품, 적송품 등

03　투자자산

(1) 장기성예금 : 금융기관이 취급하는 정기예적금 등이 보고기간 종료일로부터 1년 이후에 만기가 도래하는 것

(2) 장기투자증권 : 만기보유증권(만기까지 보유할 적극적인 의도와 능력이 있는 경우), 매도가능증권(단기매매증권 · 만기보유증권이 아닌 것)

(3) 장기대여금 : 회수기한이 보고기간 종료일로부터 1년 이후에 도래하는 대여금

(4) 투자부동산 : 고유의 영업활동과는 직접 관련없이 투자목적 또는 비영업용으로 소유하는 토지, 건물 및 기타의 부동산

04   **유형자산**

(1) 토지, 건물, 기계장치, 건설중인자산, 차량운반구, 비품

(2) 취득원가 : 매입가(공정가치) + 제비용(취득세 등)

     ※ 무상취득 시 공정가치로 취득원가 처리(상대계정 : 자산수증이익)

(3) 취득 이후의 지출

     ① 자본적 지출 : 가장 최근에 평가된 성능수준을 초과하여 미래 경제적 효익을 증가시키는 경우의 지출
         → 자산처리

     ② 수익적 지출 : 단순 능률회복, 원상복구 등의 지출 → 비용처리

(4) 감가상각

     ① 감가상각방법 : 정액법, 정률법, 생산량비례법, 연수합계법, 이중체감법

     ② 정액법 연감가상각비 = {(취득)원가 − 잔존가치} ÷ 내용연수

        정률법 연감가상각비 = 미상각잔액(취득원가 − 감가상각누계액) × 정률(상각률 %)

     ③ 감가상각비의 3요소 : (취득)원가, 잔존가치, 내용연수

     ※ 토지와 건설중인자산은 감가상각을 하지 않음

(5) 유형자산 감가상각 분개

(차) 감가상각비	×××	(대) 감가상각누계액	×××

(6) 유형자산 처분 분개

(차) 감가상각누계액	×××	(대) 유형자산	×××(취득원가)
받은(을)돈	×××	유형자산처분이익	××× ← 처분이익 발생 시
유형자산처분손실	×××		← 처분손실 발생 시

05   **무형자산**

(1) 산업재산권 : 일정기간 독점적 · 배타적으로 이용할 수 있는 권리로서, 특허권, 실용신안권, 의장권 및 상표권 등

(2) 개발비 : 신제품 · 기술 등의 개발과 관련한 비용으로, 개별적으로 식별가능하고 미래의 경제적 효익이 매우 높은 경우

(3) 그 외 무형자산 : 소프트웨어, 임차권리금, 영업권 등

기타 비유동자산

(1) 임차보증금 : 타인의 부동산 · 동산을 월세 등의 조건으로 사용하기 위하여 지급하는 보증금(↔ 임대보증금)
(2) 그 외 기타 비유동자산 : 전세권, 장기외상매출금, 장기받을어음, 장기미수금 등

07 **유동부채**

(1) 외상매입금 : 상품을 매입하고 대금을 보고기간 종료일로부터 1년 이내에 지급하기로 한 금액
(2) 지급어음 : 상품을 매입하고 발행한 어음상의 의무로서 보고기간 종료일로부터 1년 이내에 도래하는 어음
 ※ 매입채무 : 외상매입금, 지급어음
 ※ 기초 매입채무 + 당기매입채무 − 당기매입채무상환액 − 매입환출, 에누리, 할인 = 기말매입채무
(3) 단기차입금 : 금융기관 등으로부터 차입한 당좌차월액과 보고기간 종료일로부터 1년 이내에 상환될 차입금
(4) 미지급금 : 상품이 아닌 것을 매입하고 보고기간 종료일로부터 1년 이내에 상환하기로 한 금액(상품매입이 아닌 경우이므로 발행한 어음도 미지급금으로 처리함)
(5) 선수금 : 상품 등을 주문받고 미리 받은 착수금이나 계약금 등의 선수액
(6) 예수금 : 급여, 강사료, 이자 등의 소득지급 시 발생한 일시적 제 예수액(예 소득세예수금, 국민연금예수금 등)
(7) 가수금 : 현금을 받았으나 계정과목이나 금액을 확정할 수 없을 때에 일시적으로 처리하는 부채로, 추후에 계정과목이나 금액이 확정되면 해당 계정으로 대체
(8) 미지급비용 : 보고기간 종료일까지 발생된 비용이나 지급일이 다음 연도일 경우(비용의 발생)
(9) 선수수익 : 보고기간 종료일 현재 이미 받은 수익 중 다음 연도의 수익이 있을 경우(수익의 이연)

08 **비유동부채**

(1) 장기차입금 : 기업이 필요한 운용자금조달을 위하여 금융기관 등으로부터 금전 등을 1년 후 상환하기로 하고 차입한 경우
(2) 임대보증금 : 부동산, 동산을 월세 등의 조건으로 임대하고 받은 보증금
(3) 그 외 비유동부채 : 사채, 퇴직급여충당부채 등

09 자본

(1) **자본금** : 자산총액에서 부채총액을 차감한 금액으로, 개인기업에서는 자본의 증가와 감소를 자본금계정으로 처리하며 대변에는 영업개시 출자액, 추가출자액, 순이익을 기록하고 차변에는 기업주의 인출금, 순손실을 기록함

(2) **인출금** : 회계기간 중 사업주의 개인적인(가사 등) 목적으로 사용하는 경우 사용하며 기말에 자본금으로 대체하여 재무상태표에 표시하지 않음

   ※ 기초자본 + 수익 − 비용 + 추가출자금 − 인출금 = 기말자본금
   - 자산 − 부채 = 자본(순자산, 자기자본)
   - 기초자산 − 기초부채 = 기초자본
   - 기말자산 − 기말부채 = 기말자본
   - 총수익 − 총비용 = 순이익
   - 기초자본 + 순이익 = 기말자본

(3) **자본의 종류** : 자본금, 자본잉여금, 자본조정, 기타포괄손익누계액, 이익잉여금

10 수익 · 비용

(1) **상품매출(영업수익)** : 총매출액 − 매출환입및에누리 − 매출할인 = 순매출액

(2) **상품매출원가(영업비용)** : 상품매출액에 대응하는 원가
   = 기초재고액 + 당기매입액(+ 제비용(운임 등) − 매입환출및에누리 − 매입할인) − 기말재고액

(3) **판매비와관리비(영업비용)**
   급여, 잡급, 복리후생비, 여비교통비, 기업업무추진비, 통신비, 수도광열비, 세금과공과, 감가상각비, 임차료, 수선비, 보험료, 차량유지비, 운반비, 교육훈련비, 도서인쇄비, 소모품비, 수수료비용, 광고선전비, 대손상각비, 잡비

(4) **영업외수익**
   이자수익, 배당금수익, 수수료수익, 단기매매증권평가이익, 단기매매증권처분이익, 외화환산이익, 유형자산처분이익, 투자자산처분이익, 자산수증이익, 채무면제이익, 보험금수익, 잡이익

(5) **영업외비용**
   이자비용, 기부금, 매출채권처분손실, 단기매매증권평가손실, 단기매매증권처분손실, 기타의대손상각비, 외화환산손실, 재해손실, 유형자산처분손실, 투자자산처분손실, 잡손실

   ※ 손익계산서 구조
   - 매출액 − 매출원가 = 매출총이익
   - 매출총이익 − 판매비와관리비 = 영업이익
   - 영업이익 + 영업외수익 − 영업외비용 = 소득세비용차감전순이익
   - 소득세비용차감전순이익 − 소득세비용 = 당기순이익

11	**결산정리분개**

(1) 기말재고자산 정리분개(상품매출원가 대체분개)(자동분개) : 결산자료입력 → 2. 매출원가(상품매출원가) → 기말상품재고액란의 결산반영금액란에 입력

(2) 유형자산의 감가상각 분개(자동분개) : 결산자료입력 → 4. 판매비와 일반관리비 → 4). 감가상각비란에 각 유형자산별로 감가상각비를 결산반영금액란에 입력

(3) 매출채권 등에 대한 대손충당금 설정(자동분개) : 결산자료입력 → 상단 **F8**대손상각을 눌러 대손율(%)과 설정하고자 하는 채권만 그대로 두고 나머지 채권의 추가설정액(결산반영)은 삭제 후 [결산반영] 클릭하면 4. 판매비와 일반관리비 → 5). 대손상각란에 각 채권별로 해당 금액이 결산반영금액란에 자동으로 입력

※ [결산/재무제표] − [결산자료입력] 메뉴에 전부 입력한 후에는 상단 툴바의 **F3**전표추가를 클릭하여 나타나는 메시지창에서 「예」를 클릭해야 [일반전표입력] 메뉴에 4.결차, 5.결대로 하여 다음과 같이 자동으로 입력됨

(결차) 상품매출원가	×××	(결대) 상품	×××
(결차) 감가상각비	×××	(결대) 감가상각누계액	×××
(결차) 대손상각비	×××	(결대) 대손충당금	×××

(4) 수익·비용의 발생(예상)(수동분개) : [전표입력] − [일반전표입력] → 12/31일자로 회계처리

① (차) 미수수익	×××	(대) 이자수익	××× : 수익의 발생
② (차) 이자비용	×××	(대) 미지급비용	××× : 비용의 발생

(5) 수익·비용의 이연(수동분개) : [전표입력] − [일반전표입력] → 12/31일자로 회계처리

① (차) 이자수익	×××	(대) 선수수익	××× : 수익의 이연
② (차) 선급비용	×××	(대) 이자비용	××× : 비용의 이연

(6) 현금과부족의 정리(수동분개) : [전표입력] − [일반전표입력] → 12/31일자로 회계처리

① (차) 잡손실	×××	(대) 현금과부족	××× : 부족 시
② (차) 현금과부족	×××	(대) 잡이익	××× : 과다 시

(7) 소모품의 정리(수동분개) : [전표입력] − [일반전표입력] → 12/31일자로 회계처리

① (차) 소모품	×××	(대) 소모품비	××× : 구입 시 비용처리한 경우
② (차) 소모품비	×××	(대) 소모품	××× : 구입 시 자산처리한 경우

(8) 단기매매증권평가(수동분개) : [전표입력] − [일반전표입력] → 12/31일자로 회계처리

① (차) 단기매매증권	×××	(대) 단기매매증권평가이익	××× : 이익 시
② (차) 단기매매증권평가손실	×××	(대) 단기매매증권	××× : 손실 시

(9) 인출금의 정리(기업주가 개인적인 목적으로 사용하고 가져오지 않는 경우)(수동분개) : [전표입력] − [일반전표입력] → 12/31일자로 회계처리

(차) 자본금	×××	(대) 인출금	×××

12   장부조회

(1) 현금 입금과 출금에 관하여 자세히(일자, 적요까지) 알고자 하는 경우 : 현금출납장

(2) 현금 이외의 계정과목에 관하여 자세히(일자, 적요까지) 알고자 하는 경우 : 계정별원장

(3) 계정과목에 관한 질문 중 월별로 가장 많고 적음에 관하여 알고자 하는 경우 : 총계정원장(월별)

(4) 계정과목과 거래처를 동시에 알고자 하는 경우 : 거래처원장, 거래처별계정과목별원장

(5) 계정과목이 아닌 통합명칭(⑩ 판관비, 영업외비용 등)에 관하여 알고자 하거나 계정과목이나 통합명칭의 지출이 현금으로 지출한 금액 및 현금이 아닌(대체) 경우로 지출한 금액에 관하여 알고자 하는 경우

    ① 한 달 이내(⑩ 2.1~2.5)의 금액에 관하여 알고자 하는 경우 : 일계표

    ② 한 달(⑩ 2월, 3월) 또는 2월 이상(⑩ 2월~3월)의 금액에 관하여 알고자 하는 경우 : 월계표

    ③ 누계(6월까지) 금액에 관하여 알고자 하는 경우 : 합계잔액시산표(대손충당금, 감가상각누계액 조회 시에도 사용하면 편리함)

(6) 재무제표와 관련하여 알고자 하는 경우(⑩ 전기말대비 자산, 부채, 자본 변동액, 외상매출금·받을어음의 장부금액(채권잔액 − 대손충당금), 유형자산의 장부금액(취득원가 − 감가상각누계액) 등) : [결산/재무제표]의 재무상태표, 손익계산서

PART
01
이론편

01

회계의 기초

학습 방향

회계의 개념, 회계단위 및 회계기간, 거래, 계정과목, 거래의 8요소, 분개, 재무제표에 관한 내용입니다. 용어의 개념을 숙지하고 계정과목과 거래의 8요소, 분개하는 방법, 재무제표 양식을 암기하기 바랍니다.

출제빈도

SECTION 01	하	1%	SECTION 06	하	4%
SECTION 02	중	8%	SECTION 07	상	15%
SECTION 03	상	20%	SECTION 08	하	2%
SECTION 04	상	20%	SECTION 09	상	15%
SECTION 05	상	15%			

회계의 개념

▶ 합격 강의

빈출 태그 ▶ 회계의 뜻 · 복식부기 · 회계단위 · 회계연도

★ 회계정보를 필요로 하는 자

회계정보이용자(의사결정관계)와 의사결정관계
• **경영자** : 경영방침과 투자능력평가
• **출자자** : 투자위험 및 투자수익 평가
• **채권자** : 원리금 지급능력평가
• **종업원** : 임금협상 및 급여지급 능력평가
• **정부** : 과세표준 및 조세정책
• **거래처** : 결제대금 지급능력평가
• **고객** : 존속가능성에 대한 평가
※ 경영자와 종업원을 내부이용자 라고 하고, 출자자, 채권자, 정 부, 거래처, 고객을 외부이용자 라고 한다.

⑤ 기적의 TIP

전산회계 2급에서는 재무회 계의 기초(회계원리)를 학습 한다.

01 회계의 뜻

기업의 경영활동으로 인하여 발생하는 재산의 증감변화를 일정한 원리에 의하여 기록, 계산, 정리하여 얻어진 유용한 회계정보를 기업의 회계정보이용자(이해관계자)★ 들에게 전달하는 과정이다.

02 회계의 목적

① 재무상태, 경영성과, 현금흐름, 자본변동에 관한 정보제공
② 경영자의 경영방침과 경영계획 수립에 유용한 정보제공
③ 기업의 이해관계자에게 기업활동에 대한 유용한 정보제공
④ 과세자료의 제공

03 회계의 종류

① **재무회계** : 기업 외부 이해관계자인 주주, 채권자 등에게 경제적 의사결정에 유용한 정보를 제공하는 것을 목적으로 하는 회계이다.
② **관리회계** : 기업 내부 이해관계자인 경영자에게 관리적 의사결정에 유용한 정보를 제공하는 것을 목적(예산(계획),집행, 책임)으로 하는 회계이다.
③ **원가회계** : 제품생산에 소요되는 원가를 파악하고 측정, 기록, 요약하여 기업경영의 의사결정에 필요한 원가정보를 획득하고, 제조기업의 재무상태와 경영성과를 명백히 하는 회계이다(📑 제조원가 등).
④ **세무회계** : 기업의 외부 이해관계자인 국가에게 세법에서 정하는 바에 따라 납부세액을 산출하고 서식에 맞게 작성하여 신고하는 데 필요한 회계이다.

04 부기와 회계

① **부기** : "장부에 기입하다"를 줄인 말로 기업의 경영활동으로 인한 경제적 사건을 일정한 원리원칙에 따라 장부에 기록, 계산, 정리하여 그 원인과 결과를 명백히 밝히는 것을 말한다.

② **회계** : 부기가 기업의 경영활동으로 발생하는 경제적 사건을 단순히 기록, 계산, 정리하는 과정을 중요시한 반면에, 회계는 부기의 기술적 측면을 바탕으로 산출된 회계정보를 기업의 이해관계자들에게 유용한 경제적 정보를 식별, 측정, 전달하는 과정이다. 즉, 부기는 회계정보를 산출하는 기법으로서 회계의 일부분에 속한다.

기적의 TIP

최근에는 부기와 회계를 구분하기보다는 회계로 포괄하여 사용하고 있다.

05 부기의 종류

1) 기록계산하는 방법에 따른 분류

① **단식부기** : 일정한 원리원칙 없이 상식적으로 현금이나 재화의 증감변화를 기록, 계산하는 불완전한 부기이다.

② **복식부기** : 일정한 원리원칙에 따라 재화의 증감변화나 손익의 발생을 조직적으로 기록, 계산하는 완전한 부기로 대부분의 기업들이 적용하는 방법(1494.루카파치올리)이다. 자기검증기능을 가진다.

기적의 TIP

단식부기, 복식부기를 단식회계, 복식회계라고도 한다.

기적의 TIP

거래를 두 곳(차변, 대변)에 기록하므로 복식부기(= 복식회계)라 한다.

> 모든 거래는 차변요소(왼쪽)와 대변요소(오른쪽)가 원인과 결과로 양쪽에 동일한 금액으로 이중 기입되는데, 이것을 거래의 이중성이라고 하며 복식부기의 근간이 된다.
> ⓔ 영업부 직원 회식을 하고 회식비 100,000원을 현금으로 지급하다.
>   [회식비(=복리후생비, 원인) 100,000]=[현금(결과) 100,000]

2) 이용자의 영리성 유무에 따른 분류

① **영리부기** : 영리를 목적으로 하는 기업에서 사용하는 부기이다.
   ⓔ 상업부기, 공업부기, 은행부기, 건설부기 등

② **비영리부기** : 영리를 목적으로 하지 않는 가계나 학교, 관공서 등에서 사용하는 부기이다.
   ⓔ 가계부, 학교부기, 재단부기, 관청부기 등

기적의 TIP

한 기업의 회계단위는 하나
인 것이 원칙이나 본점과 지
점으로 구분되어 있는 경우
에는 각각을 회계단위로 설
정할 수 있다.

기적의 TIP

거래를 발생시키는 장소가
회계단위이고 거래기간이 회
계연도(기간)이다. 회계의 성
립은 회사가 존재해야 하며
그 회사는 거래를 발생시키
고 그 거래를 일정한 기간
동안 기록하여 보고하는 것
이다.

06 회계단위 및 회계연도(회계기간)

① 기록, 계산을 위한 장소적 범위(예 본점과 지점, 본사와 공장 등)를 회계단위(1기
업 1회계단위가 원칙)라 하며, 시간적 범위를 회계연도(또는 회계기간)라 한다(1회
계연도는 상법상 1년을 초과할 수 없음).

② **회계연도(회계시간)에 따른 용어**

기초	회계연도의 첫 날
기말	회계연도의 마지막 날
전기	앞 회계연도
당기	현재 회계연도
차기	다음 회계연도
전기이월	전기에서 당기로 넘어오는 것
차기이월	당기에서 차기로 넘기는 것

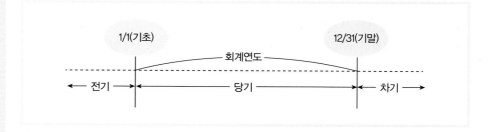

회계기간의 설정은 반드시 1.1~12.31로 해야 하는 것은 아니나 관리의 편리를 위해 대부분 1.1~12.31로 설정
하며 시험 시에도 1.1~12.31로 나온다.

SECTION

02

출제빈도 상 중 하
반복학습 1 2 3

거래와 계정

▶ 합격강의

빈출 태그 ▶ 거래의 8요소 · 계정의 기입방법

01 거래

기업의 경영활동에 의하여 자산, 부채, 자본, 수익, 비용에 증감 변화를 일으키는 모든 현상을 말한다.

- **자산** : 재산(재화와 채권)
- **부채** : 채무, 빚
- **자본** : 출자금(내가 낸 돈)
- **수익** : 번 돈
- **비용** : 쓴 돈

일상생활의 거래는 상품의 주문, 직원채용계약서, 토지 · 건물의 임대차계약 등도 거래(회계상 거래 아님)로 보며, 화재, 도난, 대손, 감가상각 등(회계상 거래)에 대해서는 거래로 보지 않아서 회계상의 거래와 차이가 있다. 즉, 회계상의 거래와 중복되는 부분도 있고 그렇지 않은 부분도 있다.

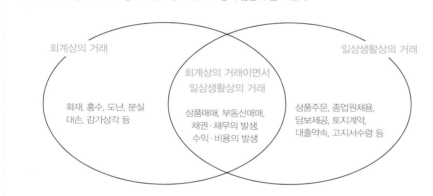

02 계정의 뜻과 계정과목

거래의 변동내역을 장부에 기록하기 위하여 구체적인 항목을 세워 기록할 필요가 있는데, 이때 같은 종류와 성질을 가진 것을 항목별(자산, 부채, 자본, 수익, 비용의 5가지 항목)로 나누어 기록, 계산, 정리하기 위하여 설정된 단위를 계정이라 하고, 해당 계정의 구체적인 이름을 "계정과목"이라 한다.

예 자산계정의 현금, 외상매출금, 상품, 건물 등

🎯 기적의 TIP

- 계정은 유사한 성질의 종류를 말하므로 같은 자산이라도 구체적인 이름이 필요하게 되는데 이를 계정과목이라 한다.
- 모든 거래는 구체적인 이름인 계정과목으로 기록하므로 자산, 부채, 자본, 수익, 비용의 계정과목을 반드시 알아야 한다.

03 계정의 분류

회사는 결산 시 자산, 부채, 자본은 "재무상태표"라는 보고서에 표시하며 수익, 비용은 "손익계산서"라는 보고서에 표시하는데, 그래서 계정을 재무상태표계정과 손익계산서계정으로 분류하게 된다.

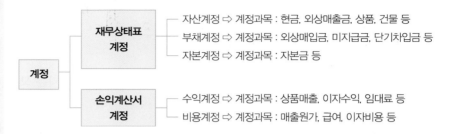

04 계정의 형식

계정의 형식에는 표준식과 잔액식이 있으나 학습 시는 T자형 계정을 사용한다.

① **표준식 계정(원장)** : 기록계산이 용이하다.

날짜	적요	분면	금액	날짜	적요	분면	금액

② **잔액식 계정(원장)** : 각 계정의 현재 잔액을 즉시 알 수 있다.

날짜	적요	분면	차변	대변	차 · 대	잔액

※ 계정의 왼쪽을 "차변"이라 하고 오른쪽을 "대변"이라 한다.

전산세무회계프로그램에서는 잔액식을 사용한다.

날짜	적요	거래처명	차변	대변	잔액

▲ 전산세무회계프로그램의 계정형식

기적의 TIP

계정의 형식에 맞추어 거래를 기록하면 그 내용이 장부가 된다.

■ T자형 계정

학습 시 "표준식"계정을 약식으로 표현한 T자형을 주로 사용하는데, 이는 학습 시 모든 내용을 계정의 형식에 기록하기가 불편하므로 가장 중요한 차변과 대변의 금액을 기록하면서 숙달하기 위함이다. "잔액식"계정으로 볼 때는 굵게 표시된 부분을 보면 된다.

날짜	적요란	거래처명	차변	대변	잔액

(차변)		계정과목		(대변)	
날짜	×××		날짜		×××
	계정계좌			계정계좌	

🅑 기적의 TIP

계정계좌
계정을 기록하기 위한 장소를 말한다.

05 거래의 8요소와 결합관계(차변(debtor) : 왼쪽, 대변(creditor) : 오른쪽)

기업의 재무상태에 변동을 가져오는 사항인 거래는 자산의 증가와 자산의 감소, 부채의 증가와 부채의 감소, 자본의 증가와 자본의 감소, 수익의 발생과 비용의 발생이라는 8개의 요소로 구성되어 있는데, 이를 "거래의 8요소"라 하며 거래의 8요소가 서로 결합되어 여러 가지의 조합을 이루는 관계를 거래요소의 결합관계라고 한다.

🅑 기적의 TIP

거래의 8요소
복식부기의 기본원리로 차변 거래가 발생하면 동시에 대변거래가 발생하며, 이를 '거래의 이중성'이라 한다.

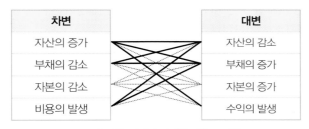

차변	대변
자산의 증가	자산의 감소
부채의 감소	부채의 증가
자본의 감소	자본의 증가
비용의 발생	수익의 발생

※ 굵은 선은 거래가 빈번한 것을 표시함

거래의 8요소와 결합관계의 사례(자산의 증가와 결합관계)를 일부 보면 다음과 같다.

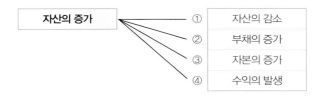

자산의 증가	① 자산의 감소
	② 부채의 증가
	③ 자본의 증가
	④ 수익의 발생

✅ 개념 체크

1 비용의 발생은 차변에 올 수 있는 거래요소이다. (○, ×)

1 ○

① 상품 10,000원을 매입하고, 대금은 현금으로 지급하다.

| (차) 자산의 증가(상품) | 10,000 | (대) 자산의 감소(현금) | 10,000 |

② 상품 10,000원을 외상으로 매입하다.

| (차) 자산의 증가(상품) | 10,000 | (대) 부채의 증가(외상매입금) | 10,000 |

③ 현금 10,000원을 출자하여 영업을 개시하다.

| (차) 자산의 증가(현금) | 10,000 | (대) 자본의 증가(자본금) | 10,000 |

④ 대여금에 대한 이자 10,000원을 현금으로 받다.

| (차) 자산의 증가(현금) | 10,000 | (대) 수익의 발생(이자수익) | 10,000 |

06 거래의 종류

① **교환거래** : 자산, 부채, 자본의 증감만 발생하는 거래이다.
　　📝 상품을 매입하고 현금으로 지급하다.
② **손익거래** : 한쪽(차변 또는 대변)이 수익과 비용만 발생하는 거래이다.
　　📝 급여를 현금으로 지급하다.
③ **혼합거래** : 교환거래와 손익거래가 동시에 발생하는 거래이다.
　　📝 단기차입금과 그에 따른 이자를 현금으로 지급하다.

07 계정의 기입방법

① 자산의 증가는 차변에, 자산의 감소는 대변에 기입한다.
② 부채의 증가는 대변에, 부채의 감소는 차변에 기입한다.
③ 자본의 증가는 대변에, 자본의 감소는 차변에 기입한다.
④ 비용의 발생은 차변에, 비용의 소멸은 대변에 기입한다.
⑤ 수익의 발생은 대변에, 수익의 소멸은 차변에 기입한다.

기적의 TIP

손익거래와 혼합거래 구분
- 차변과 대변 중에 수익 또는 비용이 있는 쪽에 자산/부채/자본이 같이 있으면 혼합거래이고, 그렇지 않으면 손익거래이다.
- **혼합거래**
(차) 단기차입금　　(대) 현금
　　이자비용
※ 차변에 비용과 부채가 같이 나온다.

차변요소	자산계정		대변요소	잔액
자산의 증가 ⇨	증가(+) 잔액	감소(−)	⇦ 자산의 감소	차변
	부채계정			
부채의 감소 ⇨	감소(−)	증가(+) 잔액	⇦ 부채의 증가	대변
	자본계정			
자본의 감소 ⇨	감소(−)	증가(+) 잔액	⇦ 자본의 증가	대변
	비용계정			
비용의 발생 ⇨	발생(+) 잔액	소멸(−)	⇦ 비용의 소멸	차변
	수익계정			
수익의 소멸 ⇨	소멸(−)	발생(+) 잔액	⇦ 수익의 발생	대변

자산은 차변에서 생겨서 대변에서 감소(차변−대변)하므로 잔액은 차변에 남으며, 부채(자본)는 대변에서 생겨서 차변에서 감소(대변−차변)하므로 잔액은 대변에 남는다. 수익과 비용은 각각 대변, 차변에서 발생하여 잔액으로 존재하다가 결산 시 손익계정★으로 대체되어 소멸한다.

★ 손익계정
결산 시 수익과 비용을 소멸(마감)하고 그 차액을 자본으로 대체하기 위하여 사용하는 임시계정이다.

08 거래의 이중성과 대차평균의 원리

모든 거래는 반드시 어떤 계정의 차변과 다른 계정의 대변에 같은 금액을 기입(거래의 이중성)하므로 아무리 많은 거래가 기입되더라도 계정 전체를 보면 차변금액의 합계와 대변금액의 합계는 반드시 일치하게 되는데, 이것을 대차평균의 원리라고 한다(복식부기의 자기검증기능).

거래
↓
차변기입액＝대변기입액 → 거래는 원인과 결과로 이루어지며 차변과 대변에 그 내용이 동일한 금액으로 두 번 기입됨(거래의 이중성)

차변총액＝대변총액 → 거래의 이중성의 결과 차변금액의 합계와 대변금액의 합계는 반드시 일치됨(대차평균의 원리)

09 계정의 기록과 계정의 마감

거래의 8요소에 의거하여 자산, 부채, 자본, 수익, 비용계정을 해당란에 기입하면 일반적으로 결산 시 차변금액과 대변금액이 다르게 된다. 즉, 증가금액이 감소금액보다 크게 된다. 계정 마감 시에 이 잔액(증가−감소의 차액)을 금액이 적은 쪽에 기입하여 차변과 대변을 일치시키는데 자산, 부채, 자본은 그 차액을 "차기이월"로, 수익, 비용은 그 차액을 "손익"이라는 이름으로 기입한다(∵ 자산, 부채, 자본은 차기로 이월하며 수익과 비용은 1년간 사용하는 임의계정이므로 (집합)손익이라는 임시계정을 설정하여 소멸시키고 수익과 비용의 차액을 자본계정으로 대체하여 이월시켜야 하기 때문). 따라서 다음연도 자산, 부채, 자본 장부는 차기이월된 금액을 "전기이월"로 기재하면서 시작한다.

예

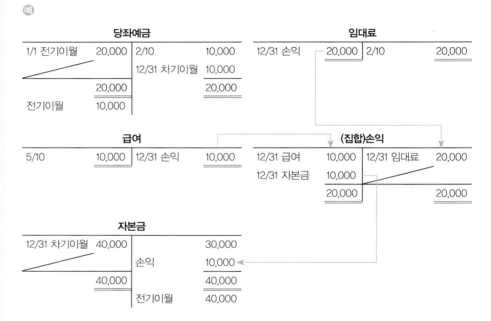

기업의 재무상태와 재무상태표계정

▶합격 강의

빈출 태그 ▶ 재무상태표의 뜻과 작성기준 · 재무상태표 계정과목

01 기업의 재무상태(재무상태표)

기업의 재무상태란 일정시점 현재 기업이 보유하고 있는 경제적 자원인 자산과 경제적 의무인 부채, 그리고 자본을 말하며 이를 나타낸 보고서를 재무상태표라 한다.

1) 자산

기업이 보유하고 있는 각종 재화와 채권(받을 권리)

유동자산	보고기간 종료일로부터 1년 이내에 현금화 또는 실현될 것으로 예상되는 자산
① 당좌자산	판매과정을 거치지 않고 보고기간 종료일로부터 1년 이내에 현금화할 수 있는 자산
② 재고자산	판매과정을 거쳐 보고기간 종료일로부터 1년 이내에 현금화할 수 있는 자산
비유동자산	장기간 투자수익을 얻을 목적이나 영업활동에 사용할 목적으로 보유하고 있는 자산
① 투자자산	장기적인 투자수익을 얻을 목적으로 보유하고 있는 자산
② 유형자산	장기간 영업활동에 사용할 목적으로 보유하고 있는 물리적인 형태가 있는 자산
③ 무형자산	장기간 영업활동에 사용할 목적으로 보유하고 있는 물리적인 형태가 없는 자산
④ 기타비유동자산	비유동자산 중 투자자산, 유형자산, 무형자산에 속하지 않는 자산

2) 부채

기업이 미래에 타인에게 지급해야 할 경제적 의무(채무, 타인자본)

유동부채	보고기간 종료일로부터 1년 이내에 상환하는 부채
비유동부채	보고기간 종료일로부터 1년 이후에 상환하는 부채

3) 자본

기업이 소유하고 있는 자산총액에서 부채총액을 차감한 잔액

자본금	기업주가 출자한 자본금액

※ 자본의 등식 : 자산−부채(타인자본)=자본(순자산, 자기자본)

🅑 기적의 TIP

개인기업은 자본에 자본금만 존재하며 당기 중 사업주가 가사 등의 개인적으로 돈을 인출할 경우 "인출금"으로 처리한 후 결산 시까지 인입이 안 될 경우 자본금에서 차감한다.

✅ 개념 체크

1 유동자산은 보고기간 종료일로부터 ( )년 이내에 현금화 또는 실현될 것으로 예상되는 자산을 의미한다.

1

4) 재무상태표(재무상태표 등식 : 자산＝부채＋자본)

① **계정식** : 재무상태표를 왼쪽과 오른쪽으로 구분하여 왼쪽(차변)에는 자산을, 오른쪽(대변)에는 부채와 자본을 기입하는 형식을 말한다.

재무상태표

회사명 : 영진상사　　　제×기 20××년 ×월 ×일 현재　　　(단위 : 원)

자산	₩200,000	부채	₩20,000
		자본	₩180,000

② **보고식** : 자산, 부채, 자본의 순으로 위에서 아래로 기입하는 형식을 말한다.

재무상태표

회사명 : 영진상사　　　제×기 20××년 ×월 ×일 현재　　　(단위 : 원)

자산	₩100,000
부채	₩20,000
자본	₩80,000

③ **재무상태표 작성방법**
- 회사명, 작성연월일, 단위를 표시한다.
- 당기순이익(손실)이 발생하면 자본금에 가감한다.

5) 재무상태표의 목적 및 작성기준

① **구분표시** : 자산은 유동자산과 비유동자산으로 구분하며 유동자산은 당좌자산과 재고자산으로 구분하고, 비유동자산은 투자자산, 유형자산, 무형자산, 기타비유동 자산으로 구분한다. 부채는 유동부채와 비유동부채로 구분하며 자본은 자본금으로 구분한다.

② **유동성 배열법** : 자산과 부채는 유동성이 큰 항목부터 배열하는 것을 원칙으로 한다(유동자산 → 비유동자산, 유동부채 → 비유동부채).

③ **자산과 부채의 유동성과 비유동성 구분** : 자산은 보고기간 종료일로부터 1년 또는 정상적인 영업주기 안에 현금화되면 유동자산으로, 그렇지 않으면 비유동자산으로 구분한다. 부채는 정상적인 영업주기 안에 상환되거나 결제되어야 하는 경우 유동부채로, 그렇지 않으면 비유동부채로 구분한다. 정상적인 영업주기를 식별할 수 없을 경우에는 1년으로 추정한다.

④ **재무상태표 항목의 구분과 통합표시** : 자산, 부채, 자본 중 중요한 항목은 재무상태 표 본문에 별도 항목으로 구분하여 표시하며 중요하지 않은 항목은 성격 또는 기 능이 유사한 항목에 통합하여 표시할 수 있다. 또한 통합할 적절한 항목이 없는 경우에는 기타 항목으로 통합할 수 있다.

기적의 TIP

유동성 배열법의 의미를 숙지한다.

개념 체크

1　다음 중 재무상태표에 기재하지 않아도 되는 것은?
(대표자명, 기업명, 통화와 금액단위, 보고기간종료일)

1 대표자명

⑤ **자산과 부채의 총액표시** : 자산과 부채는 원칙적으로 상계하여 표시하지 않으며, 다만 다른 일반기업회계기준에서 요구하거나 허용하는 경우에는 예외로 한다.

기적의 TIP

자산과 부채를 총액으로 표시하지 않고 상계하게 되면 상계된 자산 또는 부채가 보고되지 않아 정확한 정보를 제공하지 않게 되기 때문이다.

6) 재무상태표 예시

계정식

재무상태표

회사명 : 영진상사   제×기 20××년 ×월 ×일 현재   (단위 : 원)

과목	금액		과목	금액	
자산			부채		
유동자산			유동부채		
당좌자산			외상매입금		
현금			⋮		
외상매출금			비유동부채		
대손충당금			장기차입금		
⋮			⋮		
재고자산			부채총계		
상품					
⋮			자본		
비유동자산			자본금		
투자자산			자본총계		
투자부동산					
⋮					
유형자산					
건물					
감가상각누계액					
⋮					
무형자산					
특허권					
⋮					
기타비유동자산					
임차보증금					
⋮					
자산총계			**부채와 자본총계**		

개념 체크

1 다음 계정과목들 중에서 유동성 배열에 따라 2번째로 나열해야 할 것은?
(현금, 산업재산권, 상품, 투자부동산, 기계장치)

1 상품

02 재무상태표계정(자산, 부채, 자본)

1) 당좌자산 : 판매과정 없이 1년 이내 현금화할 자산

외상(외상매출금, 미수금)
- 상품의 외상
  → 외상매출금, 받을어음
- 상품이 아닌 것의 외상
  → 미수금

계정과목	내용
현금	한국은행에서 발행한 지폐와 주화 및 통화대용증권(자기앞수표, 타인발행당좌수표, 가계수표, 우편환증서 등)
당좌예금	당좌수표를 발행할 목적으로 은행에 돈을 예입한 무이자예금
보통예금	입출금이 자유로운 예금
※ 현금및현금성자산 : 현금(통화 및 통화대용증권)+예금(당좌예금, 보통예금, 기타예금)+현금성자산(취득당시부터 만기가 3개월 이내인 금융상품)	
정기예금. 정기적금	금융기관이 취급하는 정기예금, 정기적금으로 만기가 1년 이내에 도래하는 것
단기매매증권	단기간 매매차익을 얻을 목적으로 취득한 유가증권(주식, 사채 등) ※ 취득원가 : 매입가(시가), 취득과 관련되는 수수료는 당기비용처리함 ⇨ 수수료비용
외상매출금	상품을 매출(일반적 상거래라고 함)하고 대금은 외상으로 한 경우
받을어음	상품을 매출(일반적 상거래라고 함)하고 대금은 약속어음으로 받은 경우 ※ 매각거래의 어음할인 : 매출채권처분손실(영업외비용)
※ 매출채권 : 외상매출금+받을어음	
미수금	상품이 아닌 물건(토지, 건물 등)을 매각처분하고 대금을 나중에 받기로 한 경우
단기대여금	1년 이내 회수하기로 하고 금전을 타인에게 빌려주면서 차용증서를 받은 경우
※ 단기투자자산 : 단기대여금+단기금융상품(정기예적금)+단기매매증권	
선급금	상품 등을 매입하기로 하고 계약금조로 대금의 일부를 미리 지급한 금액
현금과부족	현금실제잔액과 장부잔액이 일치하지 않을 경우 원인이 확인될 때까지 일시적으로 사용하는 계정
가지급금	현금지출은 있었으나 계정과목이나 금액을 확정할 수 없을 때 일시적으로 처리하는 계정
선납세금	기중에 원천징수된 소득세나 중간예납한 소득세비용이 처리되는 계정
전도금 (소액현금)	특정부서의 업무, 공장 등에 소액의 업무상 경비로 사용하기 위하여 대금의 일부를 미리 지급하고 월 또는 분기 단위로 정산할 때 사용하는 계정
미수수익	보고기간말까지 발생된 수익이나 회수일이 다음 연도일 경우(수익의 발생)
선급비용	보고기간말 현재 당기 지급된 비용 중 다음 연도 분 비용(비용의 이연)
※ 대손충당금 : 보고기간말 채권 잔액 중 회수불능채권의 추정금액	

※ 회계상 1년이라 함은 다음 연도 보고기간말까지이다(∵ 기준이 당기 보고기간말부터이므로).

2) 재고자산 : 판매과정을 거쳐 1년 이내 현금화할 자산

계정과목	내용
상품	판매를 목적으로 외부로부터 매입한 물품

※ • 취득원가 : 매입가액+제비용(운임 등)* − 매입환출및에누리 − 매입할인
  • 재고자산감모손실 : 장부상 수량보다 실제 수량이 부족하여 발생한 손실(비정상적인 원인)

★ 제비용
취득 시 발생되는 모든 비용을 의미한다(부대비용이라고도 함).

3) 투자자산 : 장기간 투자의 목적으로 보유한 자산

계정과목	내용
장기투자증권	매도가능증권, 만기보유증권(만기까지 보유할 적극적인 의도와 능력이 있을 때)
장기성예금	회수기한이 1년 이후에 도래하는 정기예금 · 적금
장기대여금	회수기한이 1년 이후에 도래하는 대여금
투자부동산	장기간 투자의 목적으로 소유하는 토지, 건물 및 기타의 부동산

4) 유형자산 : 장기간 보유하며 영업활동에 사용할 형체가 있는 자산

계정과목	내용
토지	영업용으로 사용하는 땅을 구입한 것(운동장, 주차장 등)
건물	영업용으로 사용하는 사무실, 창고, 기숙사, 점포 등을 구입한 것
기계장치	상품의 포장 및 운송을 위하여 사용하는 기계, 운송설비 등
차량운반구	영업용으로 사용하는 트럭, 승용차, 오토바이 등을 구입한 것
비품	영업용으로 사용하는 책상, 의자, 금고, 응접세트, 컴퓨터 등을 구입한 것

※ 감가상각누계액 : 감가상각자산의 감가상각비 누적액

※ 취득원가 : 매입가(공정가치)+제비용(취득세 등)

■ 취득 이후의 지출(원가, 비용)
• **자본적 지출** : 취득 이후 발생된 지출이 자산의 경제적 가치를 상승하게 하는 것(자산처리)
• **수익적 지출** : 취득 이후 발생된 지출이 자산의 단순 능률회복, 원상복구로 발생된 것(비용처리)

5) 무형자산 : 장기간 보유하며 영업활동에 사용할 형체가 없는 자산

계정과목	내용
산업재산권	일정기간 독점적 · 배타적으로 이용할 수 있는 권리로서 특허권, 실용신안권, 의장권 및 상표권
개발비	신제품, 기술 등의 개발과 관련한 비용으로 개별적으로 식별가능하고 미래의 경제적 효익이 확실하게 기대되는 것
소프트웨어	컴퓨터소프트웨어 등

✓ 개념 체크

1 영업활동에 사용할 토지는 투자자산이다. (○, ×)

×(유형자산임)

6) 기타비유동자산

계정과목	내용
임차보증금	타인의 부동산, 동산을 월세 등의 조건으로 사용하기 위하여 지급하는 보증금
부도어음과 수표	받은 어음과 수표가 부도가 된 경우

7) 유동부채 : 1년 이내 상환할 의무가 있는 부채(갚을 의무)

계정과목	내용
외상매입금	상품을 매입(일반적 상거래라고 함)하고 대금은 외상으로 한 경우
지급어음	상품을 매입(일반적 상거래라고 함)하고 대금은 약속어음을 발행한 경우
※ 매입채무 : 외상매입금 + 지급어음	
미지급금	상품이 아닌 물건(토지, 건물 등)을 구입하고 대금을 1년 이내에 주기로 한 경우
단기차입금	1년 이내 상환하기로 하고 타인으로부터 현금을 빌리면서 차용증서를 써 준 경우
선수금	상품 등을 매출하기로 하고 계약금조로 대금의 일부를 미리 받은 금액
예수금	급여, 강사료, 이자 등의 소득을 지급하고 발생한 일시적 제예수액 예 소득세예수금, 건강보험료예수금 등
가수금	현금을 받았으나 계정과목이나 금액을 확정할 수 없을 때 일시적으로 사용하는 계정
미지급비용	보고기간말까지 발생된 비용이나 지급일이 다음연도일 경우(비용의 발생)
선수수익	보고기간말 현재 당기에 받은 수익 중 다음연도 분 수익(수익의 이연)

외상(외상매입금, 미지급금)
- 상품의 외상
  → 외상매입금, 지급어음
- 상품이 아닌 것의 외상
  → 미지급금

8) 비유동부채 : 장기간 상환할 의무가 있는 부채

계정과목	내용
장기차입금	기업이 필요한 운용자금 조달을 위하여 차입한 경우로서 상환기한이 1년 후에 도래하는 것
퇴직급여충당부채	장래 임직원이 퇴직할 때 지급하게 될 퇴직금에 대비하여 설정한 준비액
임대보증금	부동산, 동산을 월세 등의 조건으로 임대하고 받은 보증금

9) 자본

계정과목	내용
자본금	기업이 소유하고 있는 자산총액에서 부채총액을 차감한 금액, 순자산, 자기자본
인출금	회계기간 중 기업주가 개인적으로 소비한 금액을 임시적으로 기록하는 계정으로 보고기간말까지 회수가 안 될 경우 자본금에서 차감함

기업의 경영성과와 손익계산서계정

▶ 합격 강의

빈출 태그 ▶ 손익계산서의 뜻과 작성기준 · 손익계산서 계정과목

01 기업의 경영성과(손익계산서)

경영성과란 일정기간 동안 기업이 경영활동을 수행한 결과 나타난 경제적 성과를 말하며 이를 나타내는 보고서를 손익계산서라고 한다.

1) 수익

기업이 일정기간 동안 경영활동을 수행하는 과정에서 획득한 대가로 인하여 발생하는 자산의 유입 또는 부채의 감소로 자본의 증가를 가져오는 원인을 말한다.

영업수익(매출액)	기업의 주된 영업활동으로부터 발생한 상품의 순매출액
영업외수익	기업의 주된 영업활동이 아닌 활동으로부터 발생한 수익과 차익

2) 비용

기업이 일정기간 동안 수익을 획득하기 위하여 발생한 자산의 유출이나 사용 또는 부채의 증가로 자본의 감소를 가져오는 원인을 말한다.

영업비용	① 매출원가	매출액에 대응하는 원가로서 판매된 상품에 대한 매입원가
	② 판매비와관리비	판매와 관리활동에서 발생하는 비용으로 매출원가에 속하지 아니하는 모든 영업비용
영업외비용		기업의 주된 영업활동이 아닌 활동으로부터 발생한 비용과 차손

3) 손익계산서

손익계산서 등식
- **순이익 발생 시** : 총비용 + 순이익 = 총수익
- **순손실 발생 시** : 총비용 = 총수익 + 순손실

① **계정식** : 손익계산서를 왼쪽과 오른쪽으로 구분하여 왼쪽(차변)에는 비용을, 오른쪽(대변)에는 수익을 기입하는 형식이다.

손익계산서

회사명 : 영진상사　　제×기 20××년 ×월 ×일부터 ×월 ×일까지　　　　(단위 : 원)

비　용	₩70,000	수　익	₩200,000
순이익	₩130,000		

② **보고식** : 보고식은 수익, 비용의 순으로 위에서 아래로 기입하는 형식이다.

손익계산서

회사명 : 영진상사　　제×기 20××년 ×월 ×일부터 ×월 ×일까지　　　　(단위 : 원)

수　익	₩200,000
비　용	₩70,000
순이익	₩130,000

③ 손익계산서 작성방법

- 회사명, 회계기간(연월일~연월일), 단위를 표시한다.
- 당기순이익, 당기순손실은 적색으로 표시한다.

4) 손익계산서의 목적 및 작성기준

손익계산서는 일정기간 동안 기업의 경영성과에 대한 정보를 제공하는 재무보고서로 당해 회계기간의 경영성과를 나타낼 뿐만 아니라 기업의 미래현금흐름과 수익창출능력 등의 예측에 유용한 정보를 제공한다.

① **구분표시** : 손익계산서는 매출액, 매출원가, 매출총손익, 판매비와관리비, 영업손익, 영업외수익, 영업외비용, 소득세비용차감전순손익, 소득세비용, 당기순손익으로 구분하여 표시한다.

② **수익과 비용의 총액표시** : 수익과 비용은 각각 총액으로 보고하는 것을 원칙으로 하므로 수익과 비용항목을 직접 상계하여 그 전부 또는 일부를 제외해서는 안 된다. 다만, 다른 일반기업회계기준에서 요구하거나 허용하는 경우에는 수익과 비용을 상계하여 표시할 수 있다.

5) 순손익의 계산방법

⚡ 기적의 TIP

손익계산서는 손익법을 이용하여 당기순손익을 산출한다.

① **재산법** : 기초자본과 기말자본을 비교하여 당기순손익을 계산하는 방법이다.
- 순이익이 발생할 경우 : 기말자본 − 기초자본 = 순이익
- 순손실이 발생할 경우 : 기초자본 − 기말자본 = 순손실

② **손익법** : 총수익과 총비용을 비교하여 당기순손익을 계산하는 방법이다.
- 순이익이 발생할 경우 : 총수익 − 총비용 = 순이익
- 순손실이 발생할 경우 : 총비용 − 총수익 = 순손실

6) 손익계산서 예시

보고식

손익계산서

회사명 : 영진상사   제×기 20××년 ×월 ×일부터 ×월 ×일까지   (단위 : 원)

매출액(− 매출환입및에누리 − 매출할인)	⇨ 영업수익
상품매출	
(−) 매출원가	⇨ 영업비용
상품매출원가	
기초재고	
(+) 당기매입(+제비용(운임 등) − 매입환출및에누리 − 매입할인)	
(−) 기말재고	
매출총이익(손실)	
(−) 판매비와관리비	⇨ 영업비용
영업이익(손실)	
(+) 영업외수익	⇨ 영업외수익
(−) 영업외비용	⇨ 영업외비용
소득세차감전순이익(손실)	
(−) 소득세등(소득세비용)	
당기순이익(손실)	

---

02 손익계산서계정(수익, 비용)

1) 영업수익(매출액) : 총매출액에서 매출에누리, 환입, 매출할인을 차감한 금액

계정과목	내용
상품매출	상품을 판매한 금액

※ 총매출액 − 매출환입및에누리 − 매출할인 = 순매출액

2) 영업외수익

계정과목	내용
이자수익	단기대여금 또는 은행예금에서 생기는 이자를 받으면 발생하는 이익
배당금수익	주식 등의 투자자산과 관련하여 피투자회사의 이익 또는 잉여금의 분배로 받는 금전배당금
임대료	건물, 토지 등을 빌려주고 사용료를 받으면 생기는 이익
수수료수익	용역 등을 제공하거나 상품판매 중개역할을 하고 수수료를 받으면 생기는 이익
단기매매증권 처분이익	주식, 사채 등의 단기매매증권을 장부금액보다 크게 처분하여 생기는 이익
단기매매증권 평가이익	주식, 사채 등의 단기매매증권이 보고기간말 장부금액보다 상승하여 발생한 이익

기적의 TIP

이익과 손실을 손익이라고 한다.

기적의 TIP

법인은 소득세 대신 법인세로 표기한다.

기적의 TIP

전산회계 2급 시험범위에 해당하는 수익, 비용 계정과목이므로 반드시 암기한다.

기적의 TIP

처음 계정과목을 공부하는 분은 CHAPTER 02에 다시 자세히 나오므로 이해 가능한 부분까지만 암기한다.

• 임대료 = 수입임대료
• 수수료수익 = 수입수수료

계정과목	내용
유형자산 처분이익	건물, 비품, 토지 등의 유형자산을 장부금액보다 크게 처분하여 생기는 이익
투자자산 처분이익	투자자산의 매각 시 장부금액보다 처분금액이 더 큰 경우 생긴 차액
보험금수익	보험 가입 후 보험금 지급사유가 발생하여 지급받은 실제 보험금
자산수증이익	주주, 채권자 등 타인으로부터 무상으로 자산을 증여받을 경우에 발생되는 이익
채무면제이익	회사가 주주, 채권자 및 제3자로부터 회사의 채무를 면제받은 경우 발생하는 이익
잡이익	영업활동 이외에서 생기는 금액이 적은 이익(폐품처분 시 생긴 이익)

3) 매출원가(영업비용) : 기초재고 + 당기매입 − 기말재고

계정과목	내용
상품매출원가	매출액에 대응하는 원가로 판매된 상품에 대한 원가

4) 판매비와관리비(영업비용)

- 임차료　= 지급임차료
- 수수료비용 = 지급수수료

계정과목	내용
임차료	건물, 토지 등을 빌리고 사용료를 지급한 경우
수수료비용	용역을 제공받고 수수료를 지급한 경우
급여	종업원에게 월급을 지급한 경우(일용직 : 잡급)
여비교통비	택시요금, 버스요금, 시내출장비를 지급한 경우
통신비	전화, 우편, 등기, 인터넷 등을 이용한 비용
수도광열비	수도, 전기, 가스 등에 사용되는 비용
소모품비	문구구입비(사무용품비로도 처리), 소모공구 구입비, 주방용품구입비 등을 지급한 경우
세금과공과(금)	재산세, 자동차세, 상공회의소회비, 적십자회비 등을 지급한 경우
보험료	화재 보험료 및 자동차 보험료를 지급한 경우
광고선전비	상품판매를 위하여 지급되는 TV, 신문의 광고선전비용을 지급한 경우
운반비	상품을 고객이나 대리점 기타 보관소로 운송하는 데 지출된 비용
차량유지비	영업용차량의 유류대금, 수선비 등을 지급한 경우
도서인쇄비	신문구독료, 잡지 구입대금 등을 지급한 경우
교육훈련비	임직원의 직무능력 향상을 위한 교육 및 훈련에 관계된 비용
복리후생비	임직원이 복리와 후생을 위하여 지급한 비용으로 식대보조금, 경조금, 축의금 등
기업업무추진비	회사의 업무와 관련하여 고객이나 거래처를 접대한 경우 이와 관련된 제반비용
수선비	건물, 기계장치 등의 수리비를 지급한 경우
건물관리비	건물과 관련한 관리비, 보수비, 소독비 등을 지급한 경우
대손상각비	매출채권(외상매출금, 받을어음)이 거래처의 파산 등으로 받을 수 없게 되어 발생한 비용
감가상각비	건물, 비품, 차량운반구 등의 시간에 따라 발생된 노후화에 따른 가치 감소 금액

5) 영업외비용

계정과목	내용
매출채권처분손실	받을어음 등을 만기 이전에 매각하여 발생되는 손실(할인료)
단기매매증권 처분손실	주식, 사채 등의 단기매매증권을 장부금액보다 작게 처분하였을 때 생기는 손실
단기매매증권 평가손실	주식, 사채 등의 단기매매증권이 보고기간말 장부금액보다 하락하여 발생한 손실
유형자산처분손실	건물, 비품, 토지 등의 유형자산을 장부금액보다 작게 처분하였을 때 생기는 손실
투자자산처분손실	투자자산을 장부금액보다 작게 처분하여 생기는 손실
이자비용	차입금에 대한 이자를 지급한 경우
기부금	업무와 관련 없이 무상으로 기증하는 금전, 기타의 자산가액
재해손실	화재, 풍수해, 지진 등 천재지변 또는 돌발적인 사건으로 인하여 발생한 손실액
잡손실	영업활동과 관계없이 생기는 적은 손실(도난손실 등)

■ 계정과 재무상태표, 손익계산서의 관계

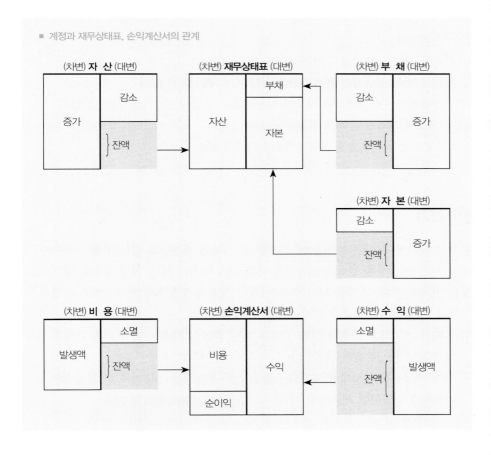

✔️ 개념 체크

1 선급비용은 손익계산서와 관련된 계정과목이다.
(○, ×)

1 ×(재무상태표상 계정과목임)

분개와 전기

▶ 합격강의

01 분개

분개란 회계상의 거래가 발생하면 차변과 대변으로 구분하고 해당 계정과목과 금액을 기입하는 절차를 말한다. 분개를 잘하는 방법은 거래 관련 계정을 파악하고 거래의 8요소와 결합관계를 충분히 숙지해야 한다. 분개는 회계처리의 첫 절차이고 전기를 통해 장부에 옮겨 적으므로 분개에 오류가 생길 경우 모든 장부에 오류가 발생되므로 분개는 매우 중요하다. 전산세무회계프로그램이 보편화된 현재에도 분개를 프로그램이 스스로 하지 못하므로 분개가 얼마나 중요한지 알 수 있다. 다음은 분개를 하는 순서이다.

① 발생한 거래가 회계상의 거래인가를 확인한다.
② 거래에 대한 구체적인 계정과목을 정한다. ⇦ **계정과목 암기**
③ 거래내용을 분석하여 차변요소와 대변요소로 나눈다. ⇦ **거래의 8요소 암기**
④ 각 계정에 기입될 금액을 결정한다.

※ 「SECTION 07 분개연습」을 통하여 확실히 분개가 되도록 하자.

02 전기

분개를 하여 전표(또는 분개장)에 기록한 후 기록된 계정별로 별도의 장부에 다시 집계하는데, 이 장부를 원장(총계정원장)이라 하며 이 원장의 각 계정 계좌에 옮겨 적는 것을 전기라 한다. 전기를 하는 이유는 특정 계정의 증감액과 거래내역을 손쉽게 파악하기 위해서이다. 다음은 전기를 하는 순서이다.

① 날짜를 기입하고 분개의 왼쪽 금액은 해당 계정의 차변으로, 오른쪽 금액은 해당 계정의 대변으로 옮겨 기입한다.
② 해당 계정계좌의 상대편 계정과목을 기입하여 추정을 가능하게 한다(상대편 계정과목이 2 이상이면 제좌라고 기입). ⇦ **T자형 계정으로 학습할 경우**

※ 전산세무회계프로그램 사용 시 전표를 입력하면 자동으로 해당 「계정별원장」에 반영된다.

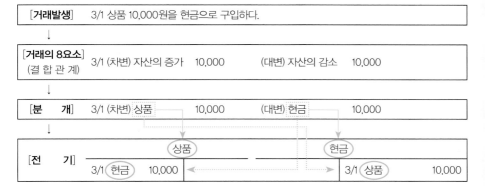

[거래발생] 3/1 상품 10,000원을 현금으로 구입하다.

↓

[거래의 8요소] 3/1 (차변) 자산의 증가 10,000 (대변) 자산의 감소 10,000
(결 합 관 계)

↓

[분 개] 3/1 (차변) 상품 10,000 (대변) 현금 10,000

↓

[전 기]

상품		현금	
3/1 현금 10,000		3/1 상품 10,000	

🅕 기적의 TIP

전산세무회계프로그램 사용자는 분개까지의 과정이 제일 중요하다(전기는 프로그램이 자동으로 함).

🅕 기적의 TIP

이론시험 문제를 풀기 위하여 분개해서 T자형 계정에 전기하는 것을 정확히 알아야 한다(왼쪽 그림을 이해할 것).

🅕 기적의 TIP

T계정 보는 방법(중요)

상품❶

현금❸ 10,000❷ |

상품❶) 10,000원(❷)을 현금(❸)으로 구입하다. 이를 분개하면 다음과 같다.
(차) 상품 10,000 (대) 현금 10,000
즉, 분개를 보고 계정에 전기하는 역순으로 해당 계정을 해석하면 된다.

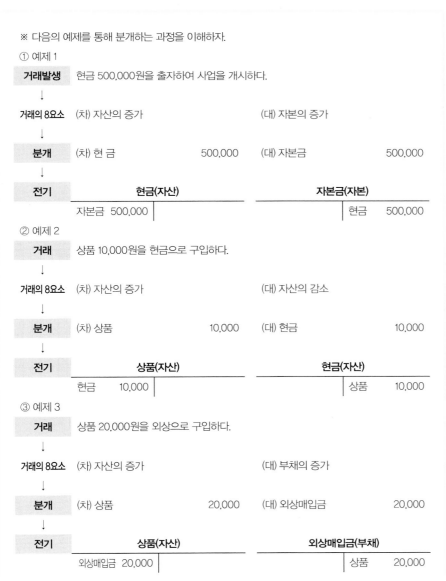

※ 다음의 예제를 통해 분개하는 과정을 이해하자.

① 예제 1

거래발생 현금 500,000원을 출자하여 사업을 개시하다.

↓

거래의 8요소 (차) 자산의 증가 (대) 자본의 증가

↓

분개 (차) 현 금 500,000 (대) 자본금 500,000

↓

전기

현금(자산)		자본금(자본)	
자본금 500,000			현금 500,000

② 예제 2

거래 상품 10,000원을 현금으로 구입하다.

↓

거래의 8요소 (차) 자산의 증가 (대) 자산의 감소

↓

분개 (차) 상품 10,000 (대) 현금 10,000

↓

전기

상품(자산)		현금(자산)	
현금 10,000			상품 10,000

③ 예제 3

거래 상품 20,000원을 외상으로 구입하다.

↓

거래의 8요소 (차) 자산의 증가 (대) 부채의 증가

↓

분개 (차) 상품 20,000 (대) 외상매입금 20,000

↓

전기

상품(자산)		외상매입금(부채)	
외상매입금 20,000			상품 20,000

④ 예제 4

거래	상품 30,000원을 외상으로 매출하다.

↓

거래의 8요소	(차) 자산의 증가	(대) 수익의 발생

↓

분개	(차) 외상매출금　30,000	(대) 상품매출　30,000

↓

전기	외상매출금(자산)	상품매출(수익)
	상품매출　30,000	외상매출금 30,000

03 전표회계

일정한 양식에 따라 거래 내용을 기입하는 쪽지를 전표라 하며 전표를 사용하여 회계처리하는 것을 전표회계라 한다. 분개장 대신 전표를 사용하여 회계처리하므로 장부조직을 간소화하며 기장사무분담 및 책임소재를 명확하게 할 수 있다.

1) 3전표제도

3전표제란 전표를 입금전표, 출금전표, 대체전표로 구분하여 사용하는 제도를 말한다.

현금수수에 따라
- 현금거래 : 입금전표, 출금전표
- 대체거래 : 대체전표

입 금 전 표

	부장	과장	대리	계

No.___　년 월 일

과 목		거래처	
적　　　요		금　액	
합　　계			

출 금 전 표

	부장	과장	대리	계

No.___　년 월 일

과 목		거래처	
적　　　요		금　액	
합　　계			

대 체 전 표

	부장	과장	대리	계

No.___　년 월 일

계정과목	차　변	계정과목	대　변
합　계		합　계	
적　요			

① **입금거래** : 현금의 수입이 있는 거래(입금전표)
② **출금거래** : 현금의 지출이 있는 거래(출금전표)
③ **대체거래** : 현금의 수입과 지출이 없는 거래(대체전표)

2) 전표회계의 장점

① 거래가 발생했을 경우 전표를 작성해서 품의서, 기안지 등을 함께 첨부하면 전표 한 장으로 거래에 관한 전반적인 사항을 모두 알 수 있으므로 올바른 회계처리를 위한 기초자료가 될 뿐만 아니라 대표자나 경영진에게도 투명한 자금집행을 위한 가장 중요한 자료가 될 수 있다.

② 모든 전표작성을 경리담당자가 아닌 해당 부서에서 작성한 후 경리부서에 전달하여 처리하는 것이므로, 분개장에 비해 업무분담이 되고 책임의 여부를 명확하게 할 수 있다.

③ 작성된 전표는 장부검사의 수단으로 사용될 수 있으며, 거래내용을 각 부서에 신속하게 전달할 수 있다.

※ 경리, 회계프로그램 사용의 보편화로 증명서류만 별도의 증빙철(세금계산서, 영수증 등)에 보관하고 전표는 따로 출력하지 않는 경우가 많다.

회계의 순환과정과 재무제표

▶ 합격 강의

결산의 절차
수정전시산표작성 → 결산수정분개 → 수정후시산표작성 → 집합손익설정 → 수익, 비용계정 집합손익대체 → 수익, 비용계정마감 → 집합손익계정 자본대체 → 자산, 부채, 자본계정마감 → 재무제표작성

01 회계의 순환과정

사건의 발생(거래식별) ⇨ 분개(분개장 또는 전표 작성) ⇨ 전기(원장, 보조부에 기입) ⇨ 결산(예비절차 → 본절차 → 재무제표(보고서) 작성)

02 재무제표 : 결산 시 외부로 보고하는 보고서

① **재무상태표** : 일정시점 현재 기업이 보유하고 있는 경제적 자원인 자산과 경제적 의무인 부채, 그리고 자본에 대한 정보를 제공하는 재무보고서이다.
② **손익계산서** : 일정기간 동안 기업의 경영성과에 대한 정보를 제공하는 재무보고서이다.
③ **현금흐름표** : 기업의 현금의 변동내용을 명확하게 보고하기 위하여 당해 회계기간에 속하는 현금의 유입과 유출내용을 적정하게 표시하는 재무보고서이다.
④ **자본변동표** : 기업의 자본의 크기와 그 변동에 관한 정보를 제공하는 재무보고서이다.
⑤ **주석** : 재무제표를 이해하는 데 필요한 추가적인 정보를 기술한 것으로서, 재무제표의 본문과 별도로 작성되며 추가적 설명이 필요하거나 동일한 내용으로 둘 이상의 계정과목에 대하여 설명을 하게 되는 경우에 사용한다.

✔ 개념 체크

1 일정시점의 기업의 경영성과를 나타낸 보고서는 손익계산서이다. (○, ×)

1 ×

핵심 포인트 ▶ 자산 · 부채 · 자본 · 수익 · 비용의 계정과목 · 거래의 8요소를 알아야 분개가 잘 된다. 또한 계정과목별로 거래의 8요소를 생각하여 분개해야 혼동이 되지 않는다.

연습문제

1. 현금 ₩500,000을 출자하여 상품매매업을 시작하다.

(차)	(대)

※ 현금, 자본금 → 현금(자산), 자본금(자본) → 현금(자산의 증가), 자본금(자본의 증가) → 현금(자산의 증가 : 차변), 자본금(자본의 증가 : 대변) ▶ 교환거래
현금 500,000원을 회사 금고에 넣고 사업을 시작했다는 내용이다.

2. 현금 ₩200,000을 1년 이내 갚기로 하고 나홀로 금융에서 차입하다.

(차)	(대)

※ 현금, 단기차입금 → 현금(자산), 단기차입금(부채) → 현금(자산의 증가), 단기차입금(부채의 증가) → 현금(자산의 증가 : 차변), 단기차입금(부채의 증가 : 대변) ▶ 교환거래

3. 수나라에서 상품 ₩400,000을 구입하고 대금은 9개월 후에 지급하기로 하다.

(차)	(대)

※ 상품, 외상매입금 → 상품(자산), 외상매입금(부채) → 상품(자산의 증가), 외상매입금(부채의 증가) → 상품(자산의 증가 : 차변), 외상매입금(부채의 증가 : 대변) ▶ 교환거래

4. 상품 ₩550,000을 매입하고 대금 중 ₩300,000은 현금으로 지급하고 잔액은 외상으로 하다.

(차)	(대)

※ 상품, 현금, 외상매입금 → 상품(자산), 현금(자산), 외상매입금(부채) → 상품(자산의 증가), 현금(자산의 감소), 외상매입금(부채의 증가) → 상품(자산의 증가 : 차변), 현금(자산의 감소 : 대변), 외상매입금(부채의 증가 : 대변) ▶ 교환거래

5. 영택스에서 상품 ₩6,000,000을 매입하기로 약정하고 대금 중 ₩2,000,000을 현금으로 미리 지급하였다.

(차)	(대)

※ 선급금, 현금 → 선급금(자산), 현금(자산) → 선급금(자산의 증가), 현금(자산의 감소) → 선급금(자산의 증가 : 차변), 현금(자산의 감소 : 대변) ▶ 교환거래
상품은 받지 않고 계약금만 지급한 것이므로 미리 지급한 계약금만 회계처리한다. 선급금은 미리 지급한 돈으로 나중에 물건을 받을 권리가 생기는 것이므로 자산 중 채권에 해당한다.

6. (주)즐거운날로부터 외상매출금 ₩2,500,000을 현금으로 회수하다.

(차)	(대)

※ 외상매출금, 현금 → 외상매출금(자산), 현금(자산) → 외상매출금(자산의 감소), 현금(자산의 증가) → 외상매출금(자산의 감소 : 대변), 현금(자산의 증가 : 차변) ▶ 교환거래
이전에 외상으로 매출을 했다는 것이므로 현금으로 회수 시 외상매출금을 감소시켜야 한다.

7. 정도컴퓨터에서 영업용 컴퓨터 1대 ₩1,500,000을 구입하고, 대금은 익월에 지급하기로 하다.

(차)	(대)

※ 비품, 미지급금 → 비품(자산), 미지급금(부채) → 비품(자산의 증가), 미지급금(부채의 증가) → 비품(자산의 증가 : 차변), 미지급금(부채의 증가 : 대변) ▶ 교환거래

8. 현금 ₩500,000과 자기앞수표 ₩1,000,000을 부자은행에 당좌예입하다.

(차)	(대)

※ 현금, 당좌예금 → 현금(자산), 당좌예금(자산) → 현금(자산의 감소), 당좌예금(자산의 증가) → 현금(자산의 감소 : 대변), 당좌예금(자산의 증가 : 차변) ▶ 교환거래
자기앞수표는 주고 받을 때 현금으로 처리한다. 학습 시 현금이라는 단어는 한국은행이 발행한 통화(지폐와 주화)를 말한다.

9. 유달상사에서 외상매출금 ₩300,000을 현금으로 회수하여 즉시 보통예금통장에 예입하다.

(차)	(대)

※ 외상매출금, 보통예금 → 외상매출금(자산), 보통예금(자산) → 외상매출금(자산의 감소), 보통예금(자산의 증가) → 외상매출금(자산의 감소 : 대변), 보통예금(자산의 증가 : 차변) ▶ 교환거래
회계처리의 단위는 하루이므로 현금으로 회수하여 보통예금통장에 입금한 것은 보통예금으로 처리한다.

10. 본사 건물의 전기요금 ₩30,000과 수도요금 ₩20,000을 현금으로 지급하다.

(차)	(대)

※ 수도광열비, 현금 → 수도광열비(비용), 현금(자산) → 수도광열비(비용의 발생), 현금(자산의 감소) → 수도광열비(비용의 발생 : 차변), 현금(자산의 감소 : 대변) ▶ 손익거래

11. 진짜신문의 구독료 ₩9,000을 현금으로 지급하다.

(차)	(대)

※ 도서인쇄비, 현금 → 도서인쇄비(비용), 현금(자산) → 도서인쇄비(비용의 발생), 현금(자산의 감소) → 도서인쇄비(비용의 발생 : 차변), 현금(자산의 감소 : 대변) ▶ 손익거래

12. 조은문구점에서 문방구용품 ₩30,000을 구입하고 대금은 외상으로 하다(비용처리).

(차)	(대)

※ 사무용품비, 미지급금 → 사무용품비(비용), 미지급금(부채) → 사무용품비(비용의 발생), 미지급금(부채의 증가) → 사무용품비(비용의 발생 : 차변), 미지급금(부채의 증가 : 대변) ▶ 손익거래
사무용품비를 소모품비로 처리해도 된다. 소모품비 중 문구 관련하여 지출이 클 경우 사무용품비로 처리하면 관리하기 편하다.

13. 나나가구에서 영업용책상, 의자 1조 ₩80,000을 구입하고 대금은 국민카드(신용카드)로 결제하다.

(차)	(대)

※ 비품, 미지급금 → 비품(자산), 미지급금(부채) → 비품(자산의 증가), 미지급금(부채의 증가) → 비품(자산의 증가 : 차변), 미지급금(부채의 증가 : 대변) ▶ 교환거래
카드결제 시 거래처는 카드사가 된다는 것에 유의하자.

14. 배달용 화물트럭의 유류대금 ₩500,000을 당좌수표를 발행하여 지급하다.

(차)	(대)

※ 차량유지비, 당좌예금 → 차량유지비(비용), 당좌예금(자산) → 차량유지비(비용의 발생), 당좌예금(자산의 감소) → 차량유지비(비용의 발생 : 차변), 당좌예금(자산의 감소 : 대변) ▶ 손익거래

15. 개영에서 상품 500개 @₩600을 매입하고, 대금 중 반액은 외상으로 하고 나머지는 현금으로 지급하다.

(차)	(대)

※ 상품, 외상매입금, 현금 → 상품(자산), 외상매입금(부채), 현금(자산) → 상품(자산의 증가), 외상매입금(부채의 증가), 현금(자산의 감소) → 상품(자산의 증가 : 차변), 외상매입금(부채의 증가 : 대변), 현금(자산의 감소 : 대변) ▶ 교환거래

16. 영업사원 김혜수를 월급 ₩1,000,000을 지급하기로 하고 채용하다.

(차)	(대)

※ 근로계약서를 작성하고 채용한 것은 회계상 거래에 해당하지 않는다(∵ 자산, 부채, 자본, 수익, 비용에 변화가 없음).

17. 우표 및 엽서 구입 대금 ₩30,000을 현금으로 지급하다.

(차)	(대)

※ 통신비, 현금 → 통신비(비용), 현금(자산) → 통신비(비용의 발생), 현금(자산의 감소) → 통신비(비용의 발생 : 차변), 현금(자산의 감소 : 대변) ▶ 손익거래

18. 태풍 "제비"로 인한 수재민 돕기 성금으로 현금 ₩900,000을 MBC에 기탁하다.

(차)	(대)

※ 기부금, 현금 → 기부금(비용), 현금(자산) → 기부금(비용의 발생), 현금(자산의 감소) → 기부금(비용의 발생 : 차변), 현금(자산의 감소 : 대변) ▶ 손익거래

19. 생각보다 맛있는 집에서 직원회식을 하고 회식대 ₩550,000을 BC카드(신용카드)로 결제하다.

(차)	(대)

※ 복리후생비, 미지급금 → 복리후생비(비용), 미지급금(부채) → 복리후생비(비용의 발생), 미지급금(부채의 증가) → 복리후생비(비용의 발생 : 차변), 미지급금(부채의 증가 : 대변) ▶ 손익거래

20. 금나라에서 빌린 단기차입금 ₩400,000과 그 이자 ₩15,000을 현금으로 지급하다.

(차)	(대)

※ 단기차입금, 이자비용, 현금 → 단기차입금(부채), 이자비용(비용), 현금(자산) → 단기차입금(부채의 감소), 이자비용(비용의 발생), 현금(자산의 감소) → 단기차입금(부채의 감소 : 차변), 이자비용(비용의 발생 : 차변), 현금(자산의 감소 : 대변) ▶ 혼합거래

21. 당사 불뿜는 건물의 이달분 사무실 집세 ₩300,000을 당좌예금통장에서 계좌이체하다.

(차)	(대)

※ 임차료, 당좌예금 → 임차료(비용), 당좌예금(자산) → 임차료(비용의 발생), 당좌예금(자산의 감소) → 임차료(비용의 발생 : 차변), 당좌예금(자산의 감소 : 대변) ▶ 손익거래

22. 사용 중이던 영업용 승용차 ₩240,000을 ₩200,000에 중고좋아에 매각처분하고 대금은 월말에 받기로 하다.

(차)	(대)

※ 차량운반구, 미수금, 유형자산처분손실 → 차량운반구(자산의 감소), 미수금(자산의 증가), 유형자산처분손실(비용의 발생) → 차량운반구(자산의 감소 : 대변), 미수금(자산의 증가 : 차변), 유형자산처분손실(비용의 발생 : 차변) ▶ 혼합거래

23. 판매원 거치러의 이달분 급여 ₩1,000,000을 현금으로 지급하다.

(차)	(대)

※ 급여, 현금 → 급여(비용), 현금(자산) → 급여(비용의 발생), 현금(자산의 감소) → 급여(비용의 발생 : 차변), 현금(자산의 감소 : 대변) ▶ 손익거래

24. 거래처 인천에 전달할 선물용 홍삼세트를 정관장에서 구입하고 대금 ₩500,000은 외상으로 하다.

(차)	(대)

※ 기업업무추진비(접대비), 미지급금 → 기업업무추진비(접대비)(비용), 미지급금(부채) → 기업업무추진비(접대비)(비용의 발생), 미지급금(부채의 증가) → 기업업무추진비(접대비)(비용의 발생 : 차변), 미지급금(부채의 증가 : 대변) ▶ 손익거래

25. 거래처 아부(주)에 줄 게임기 ₩480,000을 H백화점에서 구입하고 국민카드(신용카드)로 결제하다.

(차)	(대)

※ 기업업무추진비(접대비), 미지급금 → 기업업무추진비(접대비)(비용), 미지급금(부채) → 기업업무추진비(접대비)(비용의 발생), 미지급금(부채의 증가) → 기업업무추진비(접대비)(비용의 발생 : 차변), 미지급금(부채의 증가 : 대변) ▶ 손익거래

26. 경리사원 우울해는 장부상 현금잔액보다 현금시재액이 ₩500,000이 부족하다는 것을 발견하였으나 원인을 알 수가 없었다.

(차)	(대)

※ 현금, 현금과부족 → 현금(자산의 감소), 현금과부족(자산의 증가) → 현금(자산의 감소 : 대변), 현금과부족(자산의 증가 : 차변) ▶ 교환거래
현금부족 시 현금과부족 계정과목은 차변에 기입하며 현금과잉 시 대변에 기입한다.

27. 단기간 내의 매매차익을 목적으로 매입하였던 (주)더조은의 주식 10주(장부금액 @₩31,000)를 한국증권에 1주당 ₩40,000에 처분하고 대금은 전액 동사의 당좌수표로 받다.

(차)	(대)

※ 단기매매증권, 현금, 단기매매증권처분이익 → 단기매매증권(자산), 현금(자산), 단기매매증권처분이익(수익) → 단기매매증권(자산의 감소), 현금(자산의 증가), 단기매매증권처분이익(수익의 발생) → 단기매매증권(자산의 감소 : 대변), 현금(자산의 증가 : 차변), 단기매매증권처분이익(수익의 발생 : 대변) ▶ 혼합거래
동사의 당좌수표는 타인발행당좌수표이므로 은행에 요구 시 즉시 현금으로 전환되므로 현금으로 처리한다.

28. (주)토이에게 상품 ₩2,000,000을 판매하기로 계약하고 10%의 계약금을 당좌예금계좌로 이체받다.

(차)	(대)

※ 선수금, 당좌예금 → 선수금(부채), 당좌예금(자산) → 선수금(부채의 증가), 당좌예금(자산의 증가) → 선수금(부채의 증가 : 대변), 당좌예금(자산의 증가 : 차변) ▶ 교환거래
상품은 아직 주지 않았으므로 거래가 아니고 계약금 받은 것만 거래이다.

29. 기동찬세무사 사무소에 장부기장을 의뢰하고 기장대행수수료 ₩150,000을 현금으로 지급하다.

(차)	(대)

※ 수수료비용, 현금 → 수수료비용(비용), 현금(자산) → 수수료비용(비용의 발생 : 차변), 현금(자산의 감소 : 대변) ▶ 손익거래

30. 본사 상품을 홍보하기 위하여 생활정보지에 광고를 게재하고 대금 ₩100,000은 2개월 후에 지급하기로 하다.

(차)	(대)

※ 광고선전비, 미지급금 → 광고선전비(비용), 미지급금(부채) → 광고선전비(비용의 발생), 미지급금(부채의 증가) → 광고선전비(비용의 발생 : 차변), 미지급금(부채의 증가 : 대변) ▶ 손익거래

31. 당사 대주주 돈만하로부터 영업에 사용할 목적으로 시가 ₩1,000,000의 건물(원가 ₩500,000)을 증여받다.

(차)	(대)

※ 건물, 자산수증이익 → 건물(자산), 자산수증이익(수익) → 건물(자산의 증가), 자산수증이익(수익의 발생) → 건물(자산의 증가 : 차변), 자산수증이익(수익의 발생 : 대변) ▶ 손익거래
  건물을 무상으로 취득 시 시가를 취득원가로 한다.

32. 회사 운영자금에 사용할 목적으로 IBK에서 2028년 9월 10일 상환하기로 하고 ₩15,000,000을 당사 보통예금계좌로 입금받다.

(차)	(대)

※ 장기차입금, 보통예금 → 장기차입금(부채), 보통예금(자산) → 장기차입금(부채의 증가), 보통예금(자산의 증가) → 장기차입금(부채의 증가 : 대변), 보통예금(자산의 증가 : 차변) ▶ 교환거래
  상환일이 1년 이후이므로 장기차입금으로 처리한다.

33. 대주주 이태백에 대한 단기차입금 ₩50,000,000을 전액 면제받았다.

(차)	(대)

※ 단기차입금, 채무면제이익 → 단기차입금(부채), 채무면제이익(수익) → 단기차입금(부채의 감소), 채무면제이익(수익의 발생) → 단기차입금(부채의 감소 : 차변), 채무면제이익(수익의 발생 : 대변) ▶ 손익거래

34. 종업원 2월분 급여를 다음과 같이 현금으로 지급하였다.

구분	사원명	급여	소득세	지방소득세	국민연금	건강보험료	고용보험료	차가감지급액
사무직	성춘향	1,500,000	20,000	2,000	9,000	5,000	1,000	1,463,000

(차)	(대)

※ 급여, 예수금, 현금 → 급여(비용), 예수금(부채), 현금(자산) → 급여(비용의 발생), 예수금(부채의 증가), 현금(자산의 감소) → 급여(비용의 발생 : 차변), 예수금(부채의 증가 : 대변), 현금(자산의 감소 : 대변) ▶ 손익거래

35. 회사의 건물 취득 시 취득원가 ₩30,000,000과 취득세 ₩900,000을 전액 현금으로 지급하다.

(차)	(대)

※ 건물, 현금 → 건물(자산), 현금(자산) → 건물(자산의 증가), 현금(자산의 감소) → 건물(자산의 증가 : 차변), 현금(자산의 감소 : 대변)
  ▶ 교환거래
  건물 취득 시 발생되는 취득세는 건물의 취득원가에 가산한다.

• 위와 같은 방법으로 여러 번 반복하면 자연스럽게 계정과목이 생각나고 해당 위치(차변, 대변)가 쉽게 파악되어 갈수록 분개가 잘 된다.
• 분개는 회계에서 아주 중요하므로 반드시 되어야 한다는 것을 잊어서는 안 된다.

정답 & 해설

번호	차변	금액	대변	금액
1	현금	500,000	자본금	500,000
2	현금	200,000	단기차입금	200,000
3	상품	400,000	외상매입금	400,000
※ 케이렙은 상품계정을 2분법으로 처리한다(상품, 상품매출). [참고] 3분법(매입, 매출, 이월상품)				
4	상품	550,000	현금	300,000
			외상매입금	250,000
5	선급금	2,000,000	현금	2,000,000
6	현금	2,500,000	외상매출금	2,500,000
7	비품	1,500,000	미지급금	1,500,000
8	당좌예금	1,500,000	현금	1,500,000
9	보통예금	300,000	외상매출금	300,000
10	수도광열비	50,000	현금	50,000
11	도서인쇄비	9,000	현금	9,000
12	사무용품비(소모품비)	30,000	미지급금	30,000
13	비품	80,000	미지급금	80,000
14	차량유지비	500,000	당좌예금	500,000
15	상품	300,000	외상매입금	150,000
			현금	150,000
16	거래 아님(회계처리 없음)				
17	통신비	30,000	현금	30,000
18	기부금	900,000	현금	900,000
19	복리후생비	550,000	미지급금	550,000
20	단기차입금	400,000	현금	415,000
	이자비용	15,000		
21	임차료	300,000	당좌예금	300,000

22	미수금 유형자산처분손실	200,000 40,000	차량운반구	240,000
23	급여	1,000,000	현금	1,000,000
24	기업업무추진비	500,000	미지급금	500,000
25	기업업무추진비	480,000	미지급금	480,000
26	현금과부족	500,000	현금	500,000
27	현금	400,000	단기매매증권 단기매매증권처분이익	310,000 90,000
28	당좌예금	200,000	선수금	200,000
29	수수료비용	150,000	현금	150,000
30	광고선전비	100,000	미지급금	100,000
31	건물	1,000,000	자산수증이익	1,000,000
32	보통예금	15,000,000	장기차입금	15,000,000
33	단기차입금	50,000,000	채무면제이익	50,000,000
34	급여	1,500,000	예수금 현금	37,000 1,463,000
35	건물	30,900,000	현금	30,900,000

※ 답안은 KcLep 시험용 프로그램에 등록된 계정과목을 기준으로 하였다.

거래의 기록, 장부마감, 재무제표 작성

▶ 합격 강의

빈출 태그 ▶ 분개 · 전기 · 장부마감 · 손익계산서와 재무상태표

연습문제

다음 한국상사의 거래를 분개하고 총계정원장에 기입한 후에 마감분개를 하고 손익계산서, 재무상태표에 반영하시오.

1. 1월 1일 현금 1,000,000원을 출자하여 영업을 개시하다.

(차)	(대)

2. 3월 12일 상품 200,000원을 매입하고 현금을 지급하다.

(차)	(대)

3. 3월 13일 책상 및 집기 일체를 150,000원에 구입하고 대금은 현금으로 지급하다.

(차)	(대)

4. 5월 14일 기업은행으로부터 현금 500,000원을 단기차입하다.

(차)	(대)

5. 6월 6일 대한에서 상품 150,000원을 외상으로 매입하다.

(차)	(대)

6. 7월 20일 한국에 상품을 300,000원 외상으로 매출하다.

(차)	(대)

7. 8월 30일 정도에 현금 80,000원을 3개월간 대여하다.

(차)	(대)

8. 9월 5일 상품 350,000원에 매입하고 대금 중 200,000원은 현금으로 지급하고 잔액은 외상으로 하다.

(차)	(대)

9. 10월 9일 외상매입금 100,000원을 현금으로 지급하다.

(차)	(대)

10. 10월 12일 현금 250,000원을 기업은행에 당좌예입하다.

(차)	(대)

11. 10월 19일 사무직 월급 100,000원을 현금으로 지급하다.

(차)	(대)

12. 11월 1일 외상매출금 120,000원을 현금으로 회수하다.

(차)	(대)

13. 11월 12일 단기차입금의 일부인 300,000원과 그 이자 5,000원을 현금으로 지급하다.

(차)	(대)

14. 12월 31일 기말 재고 조사한 바 상품은 550,000원 남아 있어 재고정리 분개를 하였다.

(차)	(대)

15. 총계정원장 작성 및 마감

현금

1/1	(	)	3/12	(	)
5/14	(	)	3/13	(	)
11/1	(	)	8/30	(	)
			9/5	(	)
			10/9	(	)
			10/12	(	)
			10/19	(	)
			11/12	(	)
			12/31 차기이월	(	)
	(	)		(	)

당좌예금

10/12	(	)	12/31 차기이월	(	)

외상매출금

7/20	(	)	11/1	(	)
			12/31 차기이월	(	)
	(	)		(	)

상품

3/12	(	)	12/31	(	)
6/6	(	)	12/31 차기이월	(	)
9/5	(	)			
	(	)		(	)

비품

3/13	(	)	12/31 차기이월	(	)

단기대여금

8/30	(	)	12/31 차기이월	(	)

외상매입금

10/9	(	)	6/6	(	)
12/31 차기이월	(	)	9/5	(	)
	(	)		(	)

단기차입금

11/12	(	)	5/14		(	)	
12/31 차기이월	(	)					
	(	)			(	)	

자본금

12/31 차기이월	(	)	1/1		(	)	
			12/31 손익		(	)	
	(	)			(	)	

상품매출

12/31 ( )	(	)	7/20		(	)	

상품매출원가

12/31	(	)	12/31 손익		(	)	

급여

10/19	(	)	12/31 손익		(	)	

이자비용

11/12	(	)	12/31 손익		(	)	

(집합)손익

12/31 상품매출원가	(	)	12/31 상품매출		(	)	
( )	(	)					
( )	(	)					
12/31 자본금	(	)					
	(	)			(	)	

16. 손익계정대체분개

　　(1) 수익계정대체분개

(차)	(대)

　　(2) 비용계정대체분개

(차)	(대)

　　(3) 당기순이익대체분개

(차)	(대)

17. 손익계산서와 재무상태표 작성

손익계산서

20××.1.1.~20××.12.31

계정과목	금액
Ⅰ.매출액	( )
상품매출	300,000
Ⅱ.(−)매출원가	( )
상품매출원가	( )
기초상품	0
(+)당기상품매입액	700,000
(−)기말상품	( )
Ⅲ.매출총이익	( )
Ⅳ.(−)판매비와관리비	( )
급여	( )
Ⅴ.영업이익	( )
Ⅵ.(+)영업외수익	( )
Ⅶ.(−)영업외비용	( )
이자비용	( )
Ⅷ.소득세차감전순이익	( )
Ⅸ.(−)소득세등	0
Ⅹ.( )	( )

재무상태표

20××년 12월 31일 현재

계정과목	금액
자산	
Ⅰ.유동자산	( )
1.당좌자산	745,000
현금	( )
당좌예금	( )
외상매출금	( )
단기대여금	( )
2.재고자산	550,000
상품	( )
Ⅱ.비유동자산	
1.투자자산	0
2.유형자산	( )
비품	( )
3.무형자산	0
4.기타비유동자산	0
자산총계	( )
부채	
Ⅰ.유동부채	( )
외상매입금	( )
단기차입금	( )
Ⅱ.비유동부채	0
부채총계	( )
자본	
Ⅰ.자본금	( )
(당기순이익( ))	
자본총계	( )
부채 · 자본총계	( )

번호	차변	금액	대변	금액
1	현금	1,000,000	자본금	1,000,000
2	상품	200,000	현금	200,000
3	비품	150,000	현금	150,000
4	현금	500,000	단기차입금	500,000
5	상품	150,000	외상매입금	150,000
6	외상매출금	300,000	상품매출	300,000
7	단기대여금	80,000	현금	80,000
8	상품	350,000	현금	200,000
			외상매입금	150,000
9	외상매입금	100,000	현금	100,000
10	당좌예금	250,000	현금	250,000
11	급여	100,000	현금	100,000
12	현금	120,000	외상매출금	120,000
13	단기차입금	300,000	현금	305,000
	이자비용	5,000		
14	상품매출원가	150,000	상품	150,000

※ 기말에 재고조사를 하여 재고장을 정리하는 방법을 실지재고조사법(실사법)이라 한다.

※ 답안은 KcLep 시험용 프로그램에 등록된 계정과목을 기준으로 하였다.

15. 총계정원장 작성 및 마감

현금

1/1	1,000,000	3/12	200,000
5/14	500,000	3/13	150,000
11/1	120,000	8/30	80,000
		9/5	200,000
		10/9	100,000
		10/12	250,000
		10/19	100,000
		11/12	305,000
		12/31 차기이월	235,000
	1,620,000		1,620,000

당좌예금

10/12	250,000	12/31 차기이월	250,000

외상매출금

7/20	300,000	11/1	120,000
		12/31 차기이월	180,000
	300,000		300,000

상품

3/12	200,000	12/31	150,000
6/6	150,000	12/31 차기이월	550,000
9/5	350,000		
	700,000		700,000

비품			
3/13	150,000	12/31 차기이월	150,000

단기대여금			
8/30	80,000	12/31 차기이월	80,000

외상매입금			
10/9	100,000	6/6	150,000
12/31 차기이월	200,000	9/5	150,000
	300,000		300,000

단기차입금			
11/12	300,000	5/14	500,000
12/31 차기이월	200,000		
	500,000		500,000

자본금			
12/31 차기이월	1,045,000	1/1	1,000,000
		12/31 손익	45,000
	1,045,000		1,045,000

상품매출			
12/31 손익	300,000	7/20	300,000

상품매출원가			
12/31	150,000	12/31 손익	150,000

급여			
10/19	100,000	12/31 손익	100,000

이자비용			
11/12	5,000	12/31 손익	5,000

(집합)손익			
12/31 상품매출원가	150,000	12/31 상품매출	300,000
급여	100,000		
이자비용	5,000		
12/31 자본금	45,000		
	300,000		300,000

16. 손익계정대체분개

(1) 수익계정대체분개

(차) 상품매출	300,000	(대) 손익	300,000

(2) 비용계정대체분개

(차) 손익	255,000	(대) 상품매출원가	150,000
		급여	100,000
		이자비용	5,000

(3) 당기순이익대체분개

(차) 손익	45,000	(대) 자본금	45,000

17. 손익계산서와 재무상태표 작성

손익계산서
20××.1.1.~20××.12.31

계정과목	금액
Ⅰ.매출액	300,000
상품매출	300,000
Ⅱ.(–)매출원가	150,000
상품매출원가	150,000
기초상품	0
(+)당기상품매입액	700,000
(–)기말상품	550,000
Ⅲ.매출총이익	150,000
Ⅳ.(–)판매비와관리비	100,000
급여	100,000
Ⅴ.영업이익	50,000
Ⅵ.(+)영업외수익	0
Ⅶ.(–)영업외비용	5,000
이자비용	5,000
Ⅷ.소득세차감전순이익	45,000
Ⅸ.(–)소득세등	0
Ⅹ.(당기순이익)	45,000

재무상태표
20××년 12월 31일 현재

계정과목	금액
자산	
Ⅰ.유동자산	1,295,000
1.당좌자산	745,000
현금	235,000
당좌예금	250,000
외상매출금	180,000
단기대여금	80,000
2.재고자산	550,000
상품	550,000
Ⅱ.비유동자산	150,000
1.투자자산	0
2.유형자산	150,000
비품	150,000
3.무형자산	0
4.기타비유동자산	0
자산총계	1,445,000
부채	
Ⅰ.유동부채	400,000
외상매입금	200,000
단기차입금	200,000
Ⅱ.비유동부채	0
부채총계	400,000
자본	
Ⅰ.자본금	1,045,000
(당기순이익(45,000))	
자본총계	1,045,000
부채ㆍ자본총계	1,445,000

SECTION 09

출제빈도 상 중 하
반복학습 1 2 3

시험에 잘 나오는 분개문제 100선

▶ 합격 강의

핵심 포인트 ▶ 회계 공부가 끝난 후 다음 문제를 자주 반복해서 풀어본다. 분개는 빠른 시간 안에 잘 안 되니 마음을 편히 가지고 천천히 생각하면서 반복해야 하며 분개연습의 해설대로 [계정과목→자산, 부채, 자본, 수익, 비용→거래의 8요소]를 생각하며 분개한다. 시험 직전에 최종적으로 다시 한 번 확인한다.

연습문제

다음 거래를 보고 분개하시오(채권·채무 계정과목에 거래처를 표시할 것).

1. 정미상사의 외상매출금 10,000,000원에 대하여 7,000,000원은 약속어음(만기 : 1년 이내)으로 받고 잔액은 현금으로 받다.

(차)	(대)

2. 단기운용목적으로 매수와 매도가 빈번하게 이루어지는 (주)아이콘 발행주식 100주(1주당 액면 10,000원)를 1주당 12,000원에 구입하고, 주식 매매 수수료 10,000원과 함께 보통예금계좌에서 이체하여 지급하다.

(차)	(대)

   > **기적의 TIP**
   >
   > 단기매매증권 취득 시 수수료는 수수료비용(영업외비용)으로 처리한다.

3. 단기 시세차익 목적으로 시장성 있는 대마왕(주)의 주식(장부금액 4,000,000원)을 4,200,000원에 매각하고 대금은 당사 당좌예금계좌로 이체받다.

(차)	(대)

4. 기말 현재 큰손상사가 단기매매차익을 목적으로 보유하고 있는 주식(100주, 1주당 취득원가 5,000원)의 기말현재 공정가치는 주당 7,000원이다.

(차)	(대)

5. 영업부사원 최영업으로부터 2박 3일 제주 출장 시 지급받은 200,000원(지급 시 가지급금으로 회계처리 함)의 출장비용에 대하여 다음과 같이 출장비 사용 내역을 보고 받고 차액은 현금으로 지급하다.

〈출장비 사용 내역서〉
교통비 : 50,000원   숙박비 : 100,000원   식사비 : 60,000원

(차)	(대)

6. 영업사원 이숙정의 출장이 취소되어 지급되었던 출장비 개산액 200,000원을 전액 현금으로 받아 당좌예입하다.

(차)	(대)

7. 매출처 명성전자에 상품 18,000,000원을 매출하고, 대금 중 15,000,000원은 명성전자 발행 약속어음(만기 : 1년 이내)으로 받고 잔액은 외상으로 하다.

(차)	(대)

8. 추석명절을 맞이하여 종업원에게 지급할 선물(참치세트) 500,000원을 (주)새롬마트에서 구입하고 대금은 국민카드로 결제하다.

(차)	(대)

🅕 기적의 TIP

판매용 에어컨은 상품, 업무용 에어컨은 비품으로 처리한다.

9. (주)우리전자에서 판매용 에어컨 50,000,000원을 외상으로 매입하고, 당점부담의 운반비 100,000원은 현금으로 지급하다.

(차)	(대)

10. 삼천리자전거로부터 판매용 자전거를 3,000,000원에 구입하고 구입대금 중 1,000,000원은 외상으로 하고, 잔액은 당점발행 약속어음(만기 : 1년 이내)으로 지급하다.

(차)	(대)

11. 당사 건물의 유리를 교체하고 60,000원을 현금으로 지급하다(수익적 지출로 처리할 것).

(차)	(대)

12. 영업용 화물차의 타이어와 엔진오일을 스피드카센타에서 교체하고 250,000원을 현금으로 지급하다(수익적 지출로 처리할 것).

(차)	(대)

13. 유담상사에 자전거 4,000,000원(50대, @80,000원)을 판매하기로 계약하고 계약대금의 30%를 보통예금계좌로 이체받았다.

(차)	(대)

🅱 가적의 TIP

자전거를 판매하기로 한 것은 거래가 아니므로 회계처리하지 않고 계약대금 받은 것만 회계처리한다.

14. 사용 중인 에어컨(취득원가 2,000,000원, 감가상각누계액 1,200,000원)을 제일중고상사에 600,000원에 매각하고, 매각대금은 1개월 후에 받기로 하다.

(차)	(대)

15. 유달전자에 판매하기로 한 판매용 핸드폰(2,000,000원)을 발송하고 계약금(200,000원)을 차감한 대금은 외상으로 하다. 단, 당점부담 운반비 20,000원을 경기운송에 현금 지급하다.

(차)	(대)

16. 사업확장을 위해 고려저축은행에서 30,000,000원을 차입(상환기간 3년)하여 즉시 당사 당좌예금에 이체하다.

(차)	(대)

17. 당점 거래은행의 보통예금계좌에 이자 127,000원이 입금됨을 확인하고 회계처리하다.

(차)	(대)

18. 하이마트에서 상품 5,000,000원을 매입하기로 계약하고, 대금 중 500,000원을 당좌수표를 발행하여 먼저 지급하다.

(차)	(대)

19. 광고용 전단을 인쇄하여 배포하고 인쇄대금 100,000원을 자기앞수표로 지급하다.

(차)	(대)

20. 삼일상사에서 1개월 전 매입 계약한 상품(10,000,000원)을 인수하고, 계약금 (1,000,000원)을 차감한 잔액을 2개월 후에 지급하기로 하다. 단, 인수운임 20,000원 은 현금으로 지급하다.

(차)	(대)

21. 대림상사에 상품매입 대금으로 발행해 준 약속어음이 만기가 되어, 어음과 교환 으로 현금 1,000,000원을 지급하다.

(차)	(대)

22. 당월분 인터넷 통신요금 50,000원이 당사 보통예금계좌에서 자동이체됨을 확인 하고 회계처리하다.

(차)	(대)

기적의 TIP

토지 취득 시 취득세는 토지 로 회계처리한다.

23. 매장을 신축하기 위해 토지를 한국부동산(주)로부터 10,000,000원에 외상으로 구입하고, 토지에 대한 취득세 200,000원은 현금으로 지급하다.

(차)	(대)

24. 전기에 대손처리한 핑크상사의 외상매출금 중 100,000원이 보통예금에 입금되 었다.

(차)	(대)

25. 외환카드사의 청구에 의해 전월 회사의 외환카드 사용금액 300,000원을 현금으로 지급하다(단, 전월 신용카드 사용 시 미지급금으로 회계처리하였음).

(차)	(대)

26. 상수산업에서 5,000,000원을 3개월간 차입하기로 하고, 선이자 100,000원을 공제한 잔액이 당사 보통예금통장에 계좌이체되었다.

(차)	(대)

27. 업무용 화물차의 자동차세 150,000원을 현금으로 납부하다.

(차)	(대)

28. 동일상사에서 상품 500,000원을 매입하고 1개월 전 지급한 계약금(50,000원)을 제외한 금액은 약속어음(만기 : 1년 이내)을 발행하여 지급하다.

(차)	(대)

29. 사무실의 온풍기를 수리하고 그 대금 90,000원은 당사 보통예금계좌에서 이체하였다(수익적 지출로 처리할 것).

(차)	(대)

30. 영화상사에 상품 3,500,000원을 매출하고, 대금 중 500,000원은 약속어음으로 받고 잔액은 외상으로 하다. 또한 당사 부담 운반비 50,000원은 현금으로 별도로 지급하다.

(차)	(대)

31. 거래처 성실상사에 대한 단기대여금 3,000,000원과 이자 50,000원을 당사 보통예금계좌를 통하여 회수하고 회계처리를 하다.

(차)	(대)

32. 당월분 직원 급여를 다음과 같이 소득세, 지방소득세, 건강보험료를 공제하고 보통예금계좌에서 종업원 급여계좌로 이체하여 지급하다.

> 급여총액 3,200,000원, 소득세 100,000원, 지방소득세 10,000원, 건강보험료 90,000원

(차)	(대)

33. 기말 현재 인출금 100,000원에 대하여 자본금계정에 대체하다.

(차)	(대)

34. 거평상사에 외상대금 1,000,000원을 현금으로 무통장 입금하고 타행환 송금수수료 1,000원을 현금으로 지급하다.

(차)	(대)

35. 거래처 신안상사의 영업부 사원 결혼 축의금 100,000원을 현금으로 지급하다.

(차)	(대)

36. 당월 분 사무실 인터넷사용료 34,000원이 보통예금통장에서 자동이체 인출되다.

(차)	(대)

37. 거래처 가야상사의 외상매입금 4,000,000원을 만기 1년의 약속어음을 발행하여 지급하다.

(차)	(대)

38. 거래처 나진상회에 다음과 같이 상품을 매출하였다.

품목	수량	단가	공급가액	대금결제방법
A	10	150,000원	1,500,000원	전액 현금결제
B	5	200,000원	1,000,000원	

(차)	(대)

39. 업무용 화물차(취득원가 6,000,000원, 감가상각누계액 3,200,000원)를 한성중 고자동차에 3,000,000원에 처분하고 대금은 월말에 받기로 하다.

(차)	(대)

40. 거래처 안산상사에서 상품 5,000,000원을 매입하고, 대금 중 3,000,000원은 당좌 수표를 발행하여 지급하고 잔액은 외상으로 하다. 또한 매입 시 운반비 30,000원은 현금으로 지급하다.

(차)	(대)

41. 거래처에 납품하기 위해 회사 업무용 화물차에 주유하고 그 대금 40,000원을 현금으로 지급하다.

(차)	(대)

42. 보람상회에서 판매용 의류 900,000원을 매입하고, 대금 중 500,000원은 소유하고 있던 가나의류 발행의 약속어음을 배서양도하고 잔액은 외상으로 하다.

(차)	(대)

43. 당월 종업원의 급여를 다음과 같이 지급하고, 원천징수세액을 차감한 잔액은 보통예금계좌에서 이체하다.

총급여액	원천징수세액	
	소득세	지방소득세
2,500,000원	120,000원	12,000원

(차)	(대)

가적의 TIP

급여 등의 소득 지급 시 원천 징수세액은 예수금으로 처리 한다.

44. 매출처인 (주)똑똑상사로부터 받아 보관 중인 약속어음 3,500,000원을 만기 이전에 거래은행인 국민은행에 할인하고 할인료 150,000원을 제외한 금액은 보통예금 통장에 입금되었다(매각거래로 처리할 것).

(차)	(대)

가적의 TIP

받을어음의 할인료는 매출채 권처분손실로 처리한다.

45. 신도리코에 사무실 복사기의 유지보수료 50,000원과 소모자재인 복사용지와 토너의 구입대금 100,000원을 월말에 지급하기로 하였다(소모자재는 비용으로 회계처리함).

(차)	(대)

46. 거래처 드림패션의 외상매출금 5,000,000원을 전액 현금으로 회수하여 당좌예입하다.

(차)	(대)

47. 거래처 호반상사의 외상매입금 1,000,000원을 당좌수표 발행하여 지급하다.

(차)	(대)

48. 진도의류에 의류(상품) 3,000,000원을 매출하고, 1개월 전 받은 계약금(300,000원)을 차감한 잔액은 동점발행 약속어음으로 받다.

(차)	(대)

49. 판매용 책상을 미래가구에서 1,500,000원에 구입하고 소지하고 있던 영진상사 발행어음을 배서양도하다.

(차)	(대)

50. 종업원의 유니폼을 하지스에서 구입하고 대금 300,000원은 월말에 지급하기로 하다.

(차)	(대)

51. 영진상사에 상품을 5,000,000원에 판매하고, 대금의 40%는 어음으로 결제받고 잔액은 외상으로 하다.

(차)	(대)

52. 영동컴퓨터에서 업무용컴퓨터를 1,500,000원에 구입하고, 대금은 운임 30,000원과 함께 현금으로 지급하다.

(차)	(대)

53. 상품운반용으로 사용되던 화물차(취득원가 : 10,000,000원, 감가상각누계액 : 8,500,000원)의 노후로 인하여 대림중고차에 2,000,000원에 매각하고 대금은 1개월 후에 받기로 하다.

(차)	(대)

감가상각 자산 처분 시 장부금액은 취득원가−감가상각누계액으로 계산한 후 매각금액과 비교하여 유형자산처분손익을 계산한다.

54. 사업장 이전을 위하여 세진빌딩과 임대차계약을 맺고 보증금 10,000,000원을 보통예금에서 지급하다.

(차)	(대)

55. 사업주 개인용도로 사용하기 위해 신형카메라 650,000원을 구매하고, 사업용 신용카드(현대카드)로 결제하다.

(차)	(대)

56. 돈만아은행에서 5개월 후 상환하기로 하고 현금 5,000,000원을 차입하다.

(차)	(대)

57. 카카뱅크 본사 건물에 엘리베이터를 추가 설치하고 5,000,000원을 현금으로 지급하다(자본적 지출로 처리할 것).

(차)	(대)

58. 제일서점에서 업무용 경리실무 서적을 50,000원을 매입하고 대금은 당사 국민카드(신용카드)로 결제하다.

(차)	(대)

59. 기말 당기분 차량운반구 감가상각비 300,000원이며, 특허권 감가상각비는 100,000원이다. 감가상각 회계처리를 하시오.

(차)	(대)

60. 사무실 직원들의 야근 식사대 100,000원을 현금으로 지급하다.

(차)	(대)

61. 매출계약한 가나완구에 상품 2,000,000원을 매출하고, 대금 중 800,000원은 현금으로 받고, 계약금 200,000원을 차감한 잔액은 동점발행 약속어음으로 받다.

(차)	(대)

62. 보통예금 통장에서 4,000,000원을 거래처 DB에 1년 내 회수조건으로 대여하다.

(차)	(대)

63. 업무용 승합차에 경유 50,000원을 주입하고, 미래카드(신용카드)로 결제하다.

(차)	(대)

64. 거래처 하나상사에서 받은 약속어음 1,000,000원이 만기가 되어 당점 보통예금 계좌에 입금된 사실을 인터넷뱅킹을 통하여 확인하다.

(차)	(대)

65. 현금시재를 파악한 결과 장부상 현금보다 실제 현금이 100,000원 부족하다는 사실을 발견했으나 그 원인이 밝혀지지 않았다.

(차)	(대)

66. 사무실의 온풍기를 770,000원에 구입하고, 대금 중 70,000원은 현금으로 지급하고 잔액은 신한카드(신용카드)로 결제하다.

(차)	(대)

67. 결산일 현재 소모성 소비재를 구입하여 소모품비로 처리한 100,000원 중 20,000원이 미사용되었다.

(차)	(대)

68. (주)즐거운날에서 상품 210,000원을 외상으로 매입하고, 매입 시 택배비 10,000원은 현금으로 지급하다.

(차)	(대)

69. 서연상사의 외상매입금 4,220,000원을 약정기일 이전에 지급함으로써 20,000원을 할인받고, 잔액은 당좌수표를 발행하여 지급하였다.

(차)	(대)

외상매입 시 약정에 따른 할인은 매입할인으로 처리하고 매입액에서 차감하므로 대변에 처리한다.

70. 남선상사에 상품을 2,500,000원에 매출하고, 대금 중 500,000원은 동점 발행 당좌수표로 받고 잔액은 외상으로 하다.

(차)	(대)

71. 당점 거래은행 보통예금 계좌에 결산이자 20,000원이 입금됨을 확인하다.

(차)	(대)

72. 회사업무용 자동차 엔진오일을 교환하고 25,000원을 현금으로 지급하다.

(차)	(대)

73. (주)현대자동차로부터 영업용 화물차 1대를 5,000,000원에 6개월 무이자 할부로 구입하다. 구입과 동시에 취득세 150,000원을 현금으로 납부하고 등록을 완료하다.

(차)	(대)

74. 엘지상사에서 상품을 3,000,000원에 매입하기로 계약하고, 대금 중 500,000원을 당좌수표를 발행하여 계약금으로 지급하다.

(차)	(대)

75. 소유하고 있던 모아모아 발행의 약속어음 700,000원이 만기가 되어 제시한바, 당사 보통예금계좌에 입금되었음을 확인하다.

(차)	(대)

76. 출장 중인 영업사원으로부터 내용을 알 수 없는 100,000원이 당사 당좌예금계좌로 입금되다.

(차)	(대)

77. 웅진유통에서 계약한 상품(5,000,000원)을 인수하고, 계약금(500,000원)을 차감한 잔액을 2개월 후에 지급하기로 하다. 단, 인수운임 20,000원은 현금으로 지급하다.

(차)	(대)

78. 크로바에 상품을 2,000,000원에 매출하고, 대금 중 1,000,000원은 자기앞수표로 받고 잔액은 외상으로 하다.

(차)	(대)

79. 거래처직원과의 식대 55,000원을 신용카드(농협카드)로 결제하였다.

(차)	(대)

80. 일부를 임대하고 있던 당사의 건물 월차임 300,000원을 현금으로 받다.

(차)	(대)

81. 기말 외상매출금 잔액 100,000,000원에 대하여 1% 대손충당금을 설정하다(단, 기말 외상매출금 대손충당금 잔액은 100,000원임).

(차)	(대)

82. 태극상사에 상품 3,000,000원을 판매하고 대금 중 2,000,000원은 현금으로 받고, 잔액은 외상으로 하다.

(차)	(대)

83. 업무용 전화요금 10월분 50,000원을 국민은행에 현금으로 납부하였다.

(차)	(대)

84. 건강보험료 100,000원(직원부담분 50,000원, 회사부담분 50,000원)을 보통예금계좌에서 이체하다.

(차)	(대)

🏃 기적의 TIP

건강보험료 회사부담분은 복리후생비로 처리한다.

85. 일용직 직원 김수한의 급여 1,500,000원을 현금으로 지급하다.

(차)	(대)

86. 장부상 현금보다 실제 시재액이 부족하여 현금과부족으로 계상한 100,000원에 대하여 결산일 현재 그 원인을 알 수 없다.

(차)	(대)

87. 해인상사에서 상품(2,000,000원)을 납품받고, 10일 전 지급한 계약금 200,000원을 차감한 잔액은 1개월 후에 지급하기로 하다.

(차)	(대)

88. 차입금에 대한 이자비용 300,000원을 현금으로 지급하다.

(차)	(대)

89. 10월분 급여지급 시 원천징수한 소득세 100,000원을 관할세무서에 현금으로 납부하다.

(차)	(대)

90. 엘칸토에 상품 1,200,000원을 판매하고 대금 중 500,000원은 동점발행의 당좌수표로 받고 잔액은 외상으로 하였다.

(차)	(대)

91. 빛나라에게 지급할 외상매입금 중 3,000,000원을 당점 거래은행인 국민은행의 보통예금계좌에서 인터넷뱅킹으로 송금하다.

(차)	(대)

92. 해오름상사에서 상품 10,000,000원을 구입하고, 대금은 전월에 지급한 계약금 10%를 차감한 잔액은 어음을 발행하여 결제하고 당점 부담 운반비 50,000원은 현금으로 지급하다.

(차)	(대)

🎬 기적의 TIP

소득을 지급할 때 원천징수한 소득세 등은 예수금으로 처리한다.

93. 영업부 직원들의 회계업무 향상 교육을 실시하고, 강사료 550,000원에 소득세 10,000원을 차감한 잔액을 보통예금계좌에서 지급하다.

(차)	(대)

94. 업무용 차량의 1개월 정기주차료 100,000원을 월드컵 주차장에 현금으로 지급하다.

(차)	(대)

95. 보람건물의 임차료 1,000,000원을 보통예금계좌에서 이체하다.

(차)	(대)

96. 결산일 현재 보통예금에 대한 기간경과분 발생이자는 15,000원이다.

(차)	(대)

- **수익의 발생분** : 미수수익
- **비용의 발생분** : 미지급비용

97. 우리은행으로부터 30,000,000원을 연이자율 5%로 12개월간 차입(차입기간 : 당기.4.1.~차기.3.31.)하고, 이자는 12개월 후 차입금 상환 시 일시에 지급하기로 하였다. 결산분개를 하시오(단, 이자는 월할계산할 것).

(차)	(대)

※ 기말까지 발생된 이자는 지급일이 다음 연도라도 당기비용이므로 비용처리하고 상대계정에 미지급비용을 입력한다. 이자비용 = 30,000,000 × 5% × 9개월/12개월 = 1,125,000원

98. 1년치 영업부 보증보험료(보험기간 : 당기.7.1~차기.6.30.) 1,200,000원을 보통예금계좌에서 이체하면서 전액 비용계정인 보험료로 처리하였다. 기말수정분개를 하시오(단, 월할계산할 것).

(차)	(대)

- **수익의 이연분** : 선수수익
- **비용의 이연분** : 선급비용

※ 비용처리한 보험료 중 기간미경과분이 1,200,000 × 6개월/12개월 = 600,000(선급분)이므로 비용에서 차감하고 선급비용으로 대체해야 한다.

99. 현금으로 받아 영업외수익인 임대료로 회계처리한 1,800,000원 중 임대기간(당기 8월 1일~차기 7월 31일)이 경과되지 아니한 것이 있다(단, 월할계산할 것).

(차)	(대)

※ 수취 시 모두 수익(임대료)으로 처리했으므로 결산 시 기간 미경과분(7개월)을 선수수익(부채)으로 처리한다. 1,800,000 × 7개월/12개월 = 1,050,000원

100. 기말 현재 우리은행의 장기차입금에 대한 12월분 이자 120,000원은 차기 1월 2일에 지급할 예정이다.

(차)	(대)

번호	차변	금액	대변	금액
1	받을어음(정미상사)	7,000,000	외상매출금(정미상사)	10,000,000
	현금	3,000,000		
2	단기매매증권	1,200,000	보통예금	1,210,000
	수수료비용(영업외비용)	10,000		
3	당좌예금	4,200,000	단기매매증권	4,000,000
			단기매매증권처분이익	200,000
4	단기매매증권	200,000	단기매매증권평가이익	200,000
5	여비교통비	210,000	가지급금	200,000
			현금	10,000
6	당좌예금	200,000	가지급금	200,000
7	받을어음(명성전자)	15,000,000	상품매출	18,000,000
	외상매출금(명성전자)	3,000,000		
8	복리후생비	500,000	미지급금(국민카드)	500,000
9	상품	50,100,000	외상매입금((주)우리전자)	50,000,000
			현금	100,000
10	상품	3,000,000	외상매입금(삼천리자전거)	1,000,000
			지급어음(삼천리자전거)	2,000,000
11	수선비	60,000	현금	60,000
12	차량유지비	250,000	현금	250,000
13	보통예금	1,200,000	선수금(유담상사)	1,200,000
14	감가상각누계액	1,200,000	비품	2,000,000
	미수금(제일중고상사)	600,000		
	유형자산처분손실	200,000		
15	선수금(유달전자)	200,000	상품매출	2,000,000
	외상매출금(유달전자)	1,800,000	현금	20,000
	운반비	20,000		
16	당좌예금	30,000,000	장기차입금(고려저축은행)	30,000,000
17	보통예금	127,000	이자수익	127,000
18	선급금(하이마트)	500,000	당좌예금	500,000
19	광고선전비	100,000	현금	100,000
20	상품	10,020,000	선급금(삼일상사)	1,000,000
			외상매입금(삼일상사)	9,000,000
			현금	20,000
21	지급어음(대림상사)	1,000,000	현금	1,000,000
22	통신비	50,000	보통예금	50,000
23	토지	10,200,000	미지급금(한국부동산(주))	10,000,000
			현금	200,000

24	보통예금	100,000	대손충당금(109)	100,000
25	미지급금(외환카드사)	300,000	현금	300,000
26	보통예금	4,900,000	단기차입금(상수산업)	5,000,000
	이자비용	100,000		
27	세금과공과	150,000	현금	150,000
28	상품	500,000	선급금(동일상사)	50,000
			지급어음(동일상사)	450,000
29	수선비	90,000	보통예금	90,000
30	받을어음(영화상사)	500,000	상품매출	3,500,000
	외상매출금(영화상사)	3,000,000	현금	50,000
	운반비	50,000		
31	보통예금	3,050,000	단기대여금(성실상사)	3,000,000
			이자수익	50,000
32	급여	3,200,000	예수금	200,000
			보통예금	3,000,000
33	자본금	100,000	인출금	100,000
34	외상매입금(거평상사)	1,000,000	현금	1,001,000
	수수료비용	1,000		
35	기업업무추진비	100,000	현금	100,000
36	통신비	34,000	보통예금	34,000
37	외상매입금(가야상사)	4,000,000	지급어음(가야상사)	4,000,000
38	현금	2,500,000	상품매출	2,500,000
39	감가상각누계액	3,200,000	차량운반구	6,000,000
	미수금(한성중고자동차)	3,000,000	유형자산처분이익	200,000
40	상품	5,030,000	당좌예금	3,000,000
			외상매입금(안산상사)	2,000,000
			현금	30,000
41	차량유지비	40,000	현금	40,000
42	상품	900,000	받을어음(가나의류)	500,000
			외상매입금(보람상회)	400,000
43	급여	2,500,000	예수금	132,000
			보통예금	2,368,000
44	매출채권처분손실	150,000	받을어음((주)똑똑상사)	3,500,000
	보통예금	3,350,000		
45	수수료비용	50,000	미지급금(신도리코)	150,000
	소모품비	100,000		
46	당좌예금	5,000,000	외상매출금(드림패션)	5,000,000
47	외상매입금(호반상사)	1,000,000	당좌예금	1,000,000
48	선수금(진도의류)	300,000	상품매출	3,000,000
	받을어음(진도의류)	2,700,000		

49	상품	1,500,000	받을어음(영진상사)	1,500,000
50	복리후생비	300,000	미지급금(하지스)	300,000
51	받을어음(영진상사)	2,000,000	상품매출	5,000,000
	외상매출금(영진상사)	3,000,000		
52	비품	1,530,000	현금	1,530,000
53	감가상각누계액	8,500,000	차량운반구	10,000,000
	미수금(대림중고차)	2,000,000	유형자산처분이익	500,000
54	임차보증금(세진빌딩)	10,000,000	보통예금	10,000,000
55	인출금	650,000	미지급금(현대카드)	650,000
56	현금	5,000,000	단기차입금(돈만아은행)	5,000,000
57	건물	5,000,000	현금	5,000,000
58	도서인쇄비	50,000	미지급금(국민카드)	50,000
59	감가상각비	300,000	감가상각누계액(209)	300,000
	무형자산상각비	100,000	특허권	100,000
60	복리후생비	100,000	현금	100,000
61	현금	800,000	상품매출	2,000,000
	선수금(가나완구)	200,000		
	받을어음(가나완구)	1,000,000		
62	단기대여금(DB)	4,000,000	보통예금	4,000,000
63	차량유지비	50,000	미지급금(미래카드)	50,000
64	보통예금	1,000,000	받을어음(하나상사)	1,000,000
65	현금과부족	100,000	현금	100,000
66	비품	770,000	현금	70,000
			미지급금(신한카드)	700,000
67	소모품	20,000	소모품비	20,000
68	상품	220,000	외상매입금((주)즐거운날)	210,000
			현금	10,000
69	외상매입금(서연상사)	4,220,000	매입할인	20,000
			당좌예금	4,200,000
70	현금	500,000	상품매출	2,500,000
	외상매출금(남선상사)	2,000,000		
71	보통예금	20,000	이자수익	20,000
72	차량유지비	25,000	현금	25,000
73	차량운반구	5,150,000	미지급금((주)현대자동차)	5,000,000
			현금	150,000
74	선급금(엘지상사)	500,000	당좌예금	500,000
75	보통예금	700,000	받을어음(모아모아)	700,000
76	당좌예금	100,000	가수금	100,000

77	상품	5,020,000	선급금(웅진유통)	500,000
			외상매입금(웅진유통)	4,500,000
			현금	20,000
78	현금	1,000,000	상품매출	2,000,000
	외상매출금(크로바)	1,000,000		
79	기업업무추진비	55,000	미지급금(농협카드)	55,000
80	현금	300,000	임대료	300,000
81	대손상각비	900,000	대손충당금(109)	900,000
82	현금	2,000,000	상품매출	3,000,000
	외상매출금(태극상사)	1,000,000		
83	통신비	50,000	현금	50,000
84	예수금	50,000	보통예금	100,000
	복리후생비	50,000		
85	잡급	1,500,000	현금	1,500,000
86	잡손실	100,000	현금과부족	100,000
87	상품	2,000,000	선급금(해인상사)	200,000
			외상매입금(해인상사)	1,800,000
88	이자비용	300,000	현금	300,000
89	예수금	100,000	현금	100,000
90	현금	500,000	상품매출	1,200,000
	외상매출금(엘칸토)	700,000		
91	외상매입금(빛나라)	3,000,000	보통예금	3,000,000
92	상품	10,050,000	선급금(해오름상사)	1,000,000
			지급어음(해오름상사)	9,000,000
			현금	50,000
93	교육훈련비	550,000	예수금	10,000
			보통예금	540,000
94	차량유지비	100,000	현금	100,000
95	임차료	1,000,000	보통예금	1,000,000
96	미수수익	15,000	이자수익	15,000
97	이자비용	1,125,000	미지급비용	1,125,000
98	선급비용	600,000	보험료	600,000
99	임대료	1,050,000	선수수익	1,050,000
100	이자비용	120,000	미지급비용	120,000

※ 답안은 KcLep 시험용 프로그램에 등록된 계정과목을 기준으로 하였다.

08년 6월

01 다음 중 회계의 기본 목적을 가장 잘 설명한 것은?

① 기업의 재무상태와 경영성과를 파악하고자 한다.
② 기업의 경영성과만 파악하고자 한다.
③ 기업의 재무상태만 파악하고자 한다.
④ 기업에서 단순히 장부정리하는 작업이다.

회계란 기업의 경영활동으로 인하여 발생하는 재무상태와 경영성과를 일정한 원리에 의하여 기록, 계산, 정리하여 얻어진 유용한 회계정보를 기업의 회계정보이용자(이해관계자)들에게 전달하는 과정이다.

> **오답 피하기**
> **회계의 목적**
> • 재무상태, 경영성과, 현금흐름, 자본변동에 관한 정보의 제공
> • 경영자의 경영방침과 경영계획 수립에 유용한 정보의 제공
> • 기업의 이해관계자에게 기업활동에 대한 유용한 정보의 제공
> • 과세자료의 제공

21년 2월, 17년 8월, 13년 4월

02 다음 중 회계의 목적에 대한 설명으로 바르지 **않은** 것은?

① 일정시점의 재무상태를 파악한다.
② 일정기간 동안의 경영성과를 측정한다.
③ 종업원의 근무 성적을 산출하여 승진에 반영한다.
④ 이해관계자들에게 의사결정에 필요한 정보를 제공한다.

종업원의 근무 성적을 산출하여 승진에 반영하는 것은 인사관리이다.

23년 2월

03 다음 중 일반기업회계기준상 회계의 목적에 대한 설명으로 가장 거리가 **먼** 것은?

① 미래 자금흐름 예측에 유용한 회계 외 비화폐적 정보의 제공
② 경영자의 수탁책임 평가에 유용한 정보의 제공
③ 투자 및 신용의사결정에 유용한 정보의 제공
④ 재무상태, 경영성과, 현금흐름 및 자본변동에 관한 정보의 제공

미래 현금흐름 예측에 유용한 화폐적 정보의 제공을 목적으로 한다.

> **오답 피하기**
> **재무회계개념체계의 재무보고 목적**
> • 미래 현금흐름 예측에 유용한 화폐적 정보의 제공
> • 경영자의 수탁책임 평가에 유용한 정보의 제공
> • 투자 및 신용의사결정에 유용한 정보의 제공
> • 재무상태, 경영성과, 현금흐름 및 자본변동에 관한 정보의 제공

09년 12월

04 기업의 재무상태와 경영성과를 명백히 하기 위해 인위적으로 1년 이내의 기간적 범위를 정하는 것을 무엇이라 하는가?

① 회계정의
② 회계목적
③ 회계연도
④ 회계거래

거래를 기록하기 위한 시간적 범위를 회계연도 또는 회계기간이라고 하며, 상법상 1년을 초과할 수 없다.

11년 6월

05 회계기간에 대한 설명 중 **틀린** 것은?

① 회계연도라고도 한다.
② 원칙적으로 1년을 초과할 수 없다.
③ 유동자산과 비유동자산의 구분기준이다.
④ 전기, 당기, 차기로 구분할 수 있다.

회계기간(회계연도)은 1년이므로 작년을 전기, 올해는 당기, 내년은 차기라고 한다.

> **오답 피하기**
> **유동성과 비유동성 구분** : 보고기간 종료일로부터 1년 또는 정상적인 영업주기 안에 현금화되면 유동자산으로 구분하고, 그렇지 않으면 비유동자산으로 구분한다.

10년 6월

06 다음 내용은 회계용어를 정의한 것이다. 내용에 가장 적절한 용어는?

> • 재무제표의 구성요소에 변화를 가져오는 경제적 사건
> • 자산, 부채, 자본의 증가나 감소가 발생하거나 수익, 비용이 발생하는 상태

① 거래   ② 분개
③ 계정   ④ 전기

거래란 기업의 경영활동에 의하여 자산, 부채, 자본, 수익, 비용에 증감 변화를 일으키는 모든 현상을 말한다.

정답 01 ① 02 ③ 03 ① 04 ③ 05 ③ 06 ①

07 다음 중 회계상 거래에 속하지 <u>않는</u> 것은?

① 상품 1,000,000원을 매입하기로 계약하고 계약금 200,000원을 현금으로 지급하다.
② 겨울 폭설로 인하여 자재창고의 지붕이 붕괴되어 1,000,000원의 손실이 발생하다.
③ 영업사원 부족으로 급여 1,000,000원을 지급하기로 하고 직원을 채용하다.
④ 결산 시 장부잔액과 실제잔액이 1,000,000원의 차이가 있음을 밝혀내다.

직원을 채용하기로 한 것은 일상생활에서는 거래에 해당하지만, 회계상에서는 거래에 해당하지 않는다.

오답 피하기

회계상의 거래	일상생활의 거래
• 현금을 분실하다.	• 상품을 주문하다.
• 상품을 도난당하다.	• 은행에서 현금을 차입하기로 약속하다.
• 화재로 점포가 소실되다.	• 상품을 창고회사에 보관하다.
• 상품에 파손 및 부패가 발생하다.	• 상품, 건물 등의 매매계약을 체결하다.
• 상품가격이 하락되었다.	• 점포의 임대차계약을 체결하다.
• 매출채권이 회수불능되다.	• 전기, 수도료의 고지서를 받다.
• 토지, 건물 등을 기증받다.	• 건물, 토지 등을 담보설정하다.
	• 종업원을 채용하다.

08 다음 중 회계정보의 내부이용자에 속하는 이해관계자로 옳은 것은?

① 고객   ② 정부
③ 경영자   ④ 채권자

회계정보이용자 중 내부이용자는 경영자와 종업원이 있고, 외부이용자에는 투자자, 채권자, 주주, 정부, 거래처 등이 있다.

09 다음 중 회계상 거래에 해당하지 <u>않는</u> 것은?

① 거래처에서 현금 1,000,000원을 차입하기로 약속하다.
② 창고에 화재가 발생하여 상품의 일부 3,000,000원이 소실되다.
③ 거래처에 상품을 판매하고 500,000원을 현금으로 받다.
④ 2개월분 사무실 임대료 500,000원이 미지급되었음을 결산 시에 확인하였다.

거래처에서 현금을 차입하기로 약속한 행위는 아직 실제로 차입이 이루어지지 않았으므로 회계상 거래에 해당하지 않는다.

10 다음 중 회계상 거래가 <u>아닌</u> 것은?

① 차량운반구를 3,000,000원에 처분하고, 대금은 다음 달에 받기로 하다.
② 상품을 판매하고, 대금의 50%를 받고, 나머지는 월말에 받기로 하다.
③ 상품 300,000원을 구입하기로 계약을 체결하다.
④ 은행으로부터 10,000,000원을 차입하고 그 금액을 보통예금에 입금하다.

계약이나 주문 등은 자산, 부채, 자본의 변동을 초래하지 않으므로 회계상의 거래로 보지 않는다.

11 다음 중 회계상의 거래인 것은?

① 사무실을 월세 300,000원에 임차계약을 하다.
② 상품 5,000,000원을 매입하기로 하다.
③ 영업부에서 사용하던 차량을 매각하면서 계약금 500,000원을 받다.
④ 종업원을 월급 1,000,000원에 채용하다.

유형자산을 매각하면서 계약금을 받았으므로 회계상 거래에 해당한다.

12 다음 보기에서 회계상의 거래에 해당되지 <u>않는</u> 것은?

① 경영활동에 의하여 자산·부채의 증감변화를 일으키는 현상
② 경영활동에 의하여 수익·비용의 발생을 일으키는 현상
③ 수익·비용의 발생으로 자본의 증감변화를 일으키는 현상
④ 종업원 채용·주문·계약 등의 일상적인 현상

종업원을 채용하는 것은 일상생활에서는 거래에 해당되지만, 회계상에서는 거래에 해당되지 않는다.

13 다음 내용을 적절하게 설명한 것은?

> 상품의 도난, 자산의 감가현상, 화재손실

① 회계상의 거래가 아니면서 일반적인 거래에 해당되는 것
② 회계상의 거래이면서 일반적인 거래에 해당되는 것
③ 일반적인 거래가 아니면서 회계상의 거래에 해당되는 것
④ 일반적인 거래도 아니고 회계상의 거래도 아닌 것

오답 피하기
• 회계상 거래이면서 일상생활의 거래인 것이다.
• 상품매매, 부동산매매, 채권과 채무의 발생, 수익과 비용의 발생 등이다.

14 다음 내용 중 회계상의 거래를 모두 고른 것은?

> 대한가구는 사업 확장을 위해 (가) 영업사원 1명을 채용하고, 거래처에 (나) 판매용 가구 5백만 원을 주문하다. 또한 (다) 영업용 자동차 8백만 원을 12개월 무이자할부로 구입하고 (라) 차량에 휘발유 5만원을 현금으로 주유하다.

① 가, 나
② 가, 다
③ 나, 다
④ 다, 라

영업사원 채용과 판매용 가구의 주문은 회계상의 거래가 아닌 일상생활에서의 거래이다.

15 다음 거래에 대한 거래 요소의 결합형태를 바르게 나타낸 것은?

> 현금 2,500,000원을 출자하여 문구점을 개업하다.

① 자산의 증가 – 자본의 감소
② 자산의 감소 – 자산의 증가
③ 자산의 감소 – 자본의 감소
④ 자산의 증가 – 자본의 증가

현금을 회사 금고에 넣고 사업을 시작했으므로 자산과 자본이 증가된다.

오답 피하기

거래의 8요소(※ 굵은 선은 거래가 빈번한 것을 표시함)

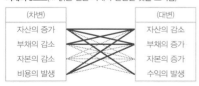

16 다음 거래요소의 결합관계를 나타내는 거래로 옳은 것은?

차변	대변
자산의 증가	부채의 증가

① 미지급한 퇴직금을 지급하다.
② 은행에서 현금을 차입하다.
③ 외상매출금을 어음으로 회수하다.
④ 외상매입금을 현금으로 지급하다.

은행에서 차입하면 현금자산이 증가하면서 차입금부채가 증가한다.

17 다음과 같은 결합관계로 이루어진 거래로 옳은 것은?

> (차변) 부채의 감소   (대변) 자산의 감소

① 은행에서 현금 10,000원을 차입하다.
② 외상매입금 20,000원을 현금으로 지급하다.
③ 종업원의 급여 5,000원을 현금으로 지급하다.
④ 대여금 50,000원과 그에 대한 이자 2,000원을 현금으로 받다.

외상매입금을 현금으로 지급하면 부채가 감소되면서 자산이 감소된다.

18 다음과 같은 거래의 결합관계로 표시할 수 있는 것은?

> (차) 비용의 발생   (대) 자산의 감소

① 차입금에 대한 이자 100,000원을 현금으로 지급하다.
② 상품 1,000,000원을 매입하고 매입대금은 나중에 지급하기로 하다.
③ 현금 1,000,000과 상품 1,000,000원을 출자하여 영업을 개시하다.
④ 현금 400,000원을 종업원에게 빌려주다.

이자를 현금으로 지급하면 비용이 발생하면서 자산이 감소된다.

정답 13 ③ 14 ④ 15 ④ 16 ② 17 ② 18 ①

22년 2월, 10년 4월

19 거래내용과 거래요소의 결합관계를 적절하게 나타내지 <u>않은</u> 것은?

거래내용	거래요소의 결합관계
① 비품을 현금으로 매입하다.	자산의 증가 – 자산의 감소
② 외상매입금을 약속어음을 발행하여 지급하다.	부채의 감소 – 부채의 증가
③ 발생된 차입금 이자를 차입원금에 가산하다.	비용의 발생 – 부채의 증가
④ 채권자로부터 매입채무를 면제받다.	부채의 감소 – 자본의 증가

④ : 부채의 감소 – 수익의 발생

22년 4월, 08년 10월

20 다음의 거래에서 발생하지 <u>않는</u> 거래요소는?

> ○○상사는 업무용 복사기를 구입하고, 대금 중 일부는 현금으로 지급하고 잔액은 월말에 지급하기로 하다.

① 자산의 증가
② 자산의 감소
③ 부채의 증가
④ 비용의 발생

복사기를 구입한 것은 자산(비품)의 증가이고, 현금으로 지급한 것은 자산의 감소이며, 월말에 지급하기로 한 잔액은 부채(미지급금)의 증가이다.

18년 8월, 10년 4월

21 보통예금 계좌에서 은행차입금이자가 자동이체되었다. 요소의 결합관계가 바른 것은?

① 비용의 발생 – 자산의 감소
② 비용의 발생 – 부채의 증가
③ 자산의 증가 – 부채의 증가
④ 자산의 증가 – 자산의 감소

이자가 보통예금 통장에서 자동이체되었으므로 이자는 비용의 발생이며 보통예금에서의 이체는 자산의 감소이다.

21년 2월, 11년 4월

22 다음 거래에서 거래요소의 결합관계로 옳은 것은?

> 건물 50,000,000원을 구입하고 취득세 500,000원과 함께 당좌수표를 발행하여 지급하다.

① 자산의 증가 : 자산의 감소
② 자산의 증가 : 부채의 증가
③ 자산의 증가 · 비용의 발생 : 자산의 감소
④ 자산의 증가 · 비용의 발생 : 부채의 증가

건물 취득 시 발생되는 취득세는 자산으로 처리하므로 자산(건물)의 증가이면서 자산(당좌예금 : 당좌수표 발행 시 당좌예금의 감소 처리)의 감소이다.

11년 6월

23 다음과 같은 결합관계로 이루어진 거래로 옳은 것은?

> (차변) 비용의 발생　　　　(대변) 부채의 증가

① 차량유류비 200,000원을 대한카드로 결제하다.
② 전기요금 100,000원을 보통예금통장에서 자동이체하다.
③ 단기차입금 1,000,000원과 이자 30,000원을 현금으로 지급하다.
④ 상품 운반용 트럭 15,000,000원을 외상으로 구입하다.

차량유류비를 대한카드로 결제한 것은 비용(차량유지비)의 발생이면서 부채(미지급금)의 증가이다.

23년 4월, 17년 8월, 12년 10월

24 다음의 거래 결합관계에서 성립할 수 <u>없는</u> 것은?

① (차) 자산 감소　　(대) 자산 증가
② (차) 부채 감소　　(대) 부채 증가
③ (차) 부채 감소　　(대) 수익 발생
④ (차) 자산 증가　　(대) 수익 발생

①은 (차) 자산 증가 (대) 자산 감소이다.

25 다음 분개를 보고 거래 내용을 바르게 추정한 것은?

> (차) 외상매입금 500,000 (대) 지급어음 500,000

① 어음대금 현금 지급
② 외상대금 약속어음으로 회수
③ 외상대금 약속어음 발행 지급
④ 상품 주문하고 약속어음 발행

외상매입금을 상환(부채의 감소)하기 위하여 어음(지급어음)을 발행(부채의 증가)하여 지급했다.

26 은행 차입금 1억 원과 이자비용 100만 원을 현금으로 지급한 경우 나타나지 **않는** 거래요소는?

① 자산의 감소
② 비용의 발생
③ 부채의 감소
④ 자산의 증가

(차) 차입금(부채의 감소)　　　　　(대) 현금(자산의 감소)
　　 이자비용(비용의 발생)

27 다음 중에서 거래의 종류와 거래내용이 일치하지 **않는** 것은?(단, 상품계정은 분기법을 적용한다)

① 손익거래 : 상품 1,000,000원을 매입하고, 대금 중 600,000원은 약속어음을 발행하여 지급하고 잔액은 외상으로 하다.
② 혼합거래 : 단기차입금 500,000원과 이자 20,000원을 함께 대금은 동점발행수표로 지급하다.
③ 손익거래 : 통신비 34,000원과 여비교통비 50,000원을 현금으로 지급하다.
④ 혼합거래 : 상품 2,000,000(원가 1,800,000원)을 매출하고 대금은 자기앞수표로 받다.

---

①은 교환거래이다.
(차) 상품(자산의 증가) 1,000,000원　　(대) 지급어음(부채의 증가)　　600,000원
　　　　　　　　　　　　　　　　　　　　　외상매입금(부채의 증가)　　400,000원

28 다음 거래 중 거래요소의 결합관계가 나머지 셋과 가장 **다른** 하나는?

① 상품을 매입하면서 운반비 50,000원을 현금으로 지급하다.
② 상품 운반용 차량을 4,000,000원에 구입하고 대금전액을 현금으로 지급하다.
③ 햇살은행에 차입금에 대한 당기분 이자로 50,000원을 현금으로 납입하다.
④ 상품 운반용 차량 구입에 따른 취득세로 140,000원을 현금으로 납입하다.

---

①, ②, ④는 자산, 부채, 자본 항목만 서로 증감하는 교환거래에 해당하고, ③은 비용의 발생을 일으키는 손익거래에 해당한다.

29 다음 분개에 대한 거래의 종류가 날짜별로 옳은 것은?

> | 9/5 :(차) 현금 | 52,000 | (대) 단기대여금 | 50,000 |
> |---|---|---|---|
> | | | 이자수익 | 2,000 |
> | 9/7 :(차) 소모품비 | 30,000 | (대) 보통예금 | 30,000 |

① 9/5 : 교환거래, 9/7 : 혼합거래
② 9/5 : 교환거래, 9/7 : 손익거래
③ 9/5 : 혼합거래, 9/7 : 손익거래
④ 9/5 : 혼합거래, 9/7 : 교환거래

9/5은 수익계정이 자산계정과 같이 나오므로 혼합거래이고, 9/7은 차변에 비용만 나오므로 손익거래이다.

30 다음 거래에서 거래요소의 결합관계로 옳은 것은?

> 토지를 70,000,000원에 취득하고, 지방세인 취득세 2,000,000원과 함께 당좌수표를 발행하여 지급하다.

① (차) 자산의 증가　　(대) 자산의 감소
　　　 비용의 증가
② (차) 비용의 증가　　(대) 자산의 감소
③ (차) 자산의 증가　　(대) 자산의 감소
④ (차) 자산의 증가　　(대) 부채의 증가

토지 금액과 취득세를 합하여 토지(자산의 증가)로 처리하고 당좌수표를 발행(자산의 감소)한 것은 당좌예금으로 처리한다.

정답 25 ③　26 ④　27 ①　28 ③　29 ③　30 ③

31 다음의 거래에서 발생하지 않는 것은?

> 과거상사는 미래상사에서 비품 3,000,000원을 취득하고 대금 중 2,000,000원은 현금으로 지급하고 잔액은 외상으로 하다.

① 자산의 증가
② 자산의 감소
③ 부채의 증가
④ 부채의 감소

(차) 비품(자산의 증가) 3,000,000 (대) 현금(자산의 감소) 2,000,000
미지급금(부채의 증가) 1,000,000

32 다음의 거래에서 발생하지 않은 계정과목은 무엇인가?

> 판매용 자전거 100대를 10,000,000원에 구입하고, 대금 중 5,000,000은 자기앞수표로 지급하고, 잔액은 두 달 후에 지급하기로 하다.

① 선급금
② 상품
③ 외상매입금
④ 현금

(차) 상품 10,000,000원 (대) 현금 5,000,000원
외상매입금 5,000,000원

33 "거래를 분개 시 차변금액과 대변금액이 같으므로, 계정 전체의 차변합계액과 대변합계액이 일치해야 한다"와 관련 있는 회계 용어는?

① 분개의 원리
② 대차평균의 원리
③ 거래 요소의 결합
④ 거래의 이중성

모든 거래는 반드시 어떤 계정의 차변과 다른 계정의 대변에 같은 금액을 기입(거래의 이중성)하므로 아무리 많은 거래가 기입되더라도 계정 전체를 보면 차변금액의 합계와 대변금액의 합계는 반드시 일치하게 되는데, 이것을 대차평균의 원리라 한다(복식부기의 자기검증기능).

34 다음의 내용이 설명하는 것으로 옳은 것은?

> 자산, 부채, 자본, 수익, 비용의 모든 거래는 원인과 결과로 이루어지며 차변과 대변에 그 내용이 동일한 금액으로 두 번 기입된다.

① 거래의 이중성
② 거래의 8요소
③ 대차평균의 원리
④ 유동성배열법

모든 거래는 원인과 결과로 이루어지며 차변과 대변에 그 내용이 동일한 금액으로 두 번(이중으로) 기입되는데 이를 거래의 이중성이라고 한다. 이러한 이중성의 결과로 차변금액의 합계와 대변금액의 합계는 반드시 일치하게 되는데 이를 대차평균의 원리라고 한다.

35 다음 중 계정 잔액의 표시가 잘못된 것은?

① 자본금 5,000,000원
② 상품 100,000원
③ 미지급금 100,000원
④ 임차보증금 300,000원

임차보증금은 자산(기타비유동자산)이므로 잔액은 차변에 표시된다.

오답 피하기

자산, 비용의 잔액은 차변에 표시되고, 부채, 자본, 수익의 잔액은 대변에 표시된다.

36 다음 중 기말 계정 잔액의 표시가 잘못된 것은?

① 받을어음 150,000
② 현금 200,000
③ 자본금 300,000
④ 미수수익 500,000

미수수익은 자산이므로 잔액은 차변에 표시된다.

37 다음 괄호 안에 순차적으로 들어갈 내용으로 옳은 것은?

> 이달분 급여 900,000원을 현금으로 지급한 거래는 ( )의 발생과 ( )의 감소이다.

① 수익, 부채 ② 수익, 자본
③ 비용, 부채 ④ 비용, 자산

급여를 현금으로 지급하면 비용이 발생하면서 자산이 감소한다.

38 재무상태표를 작성할 때 유의해야 할 사항 중 가장 적절하지 않은 것은?

① 자산은 유동자산 및 비유동자산으로, 부채는 유동부채 및 비유동부채로 구분한다.
② 자산은 현금화하는 데 빠른 계정과목을 먼저 기재한다.
③ 부채는 상환기간이 늦은 계정과목을 먼저 기재한다.
④ 중요하지 않은 항목은 성격 또는 기능이 유사한 항목에 통합하여 표시할 수 있다.

부채는 유동성배열법에 의거하여 상환기간이 빠른 유동부채부터 먼저 기재한다.

오답 피하기

유동성배열법 : 자산과 부채는 유동성이 큰 항목부터 배열하는 것을 원칙으로 한다. 즉, 자산은 유동자산, 비유동자산 순으로, 부채는 유동부채, 비유동부채 순으로 배열한다.

39 다음은 재무상태표의 기본구조에 대한 설명이다. 틀린 것은?

① 자산과 부채는 유동성이 낮은 항목부터 배열하는 것을 원칙으로 한다.
② 비유동자산은 투자자산, 유형자산, 무형자산, 기타비유동자산으로 구분한다.
③ 유동자산은 당좌자산과 재고자산으로 구분한다.
④ 자본은 자본금, 자본잉여금, 자본조정, 기타포괄손익누계액 및 이익잉여금으로 구분한다.

자산과 부채는 유동성이 높은 항목부터 배열하는 것을 원칙으로 한다(유동성배열법).

40 다음 중 일반 기업회계기준의 손익계산서 작성기준에 대한 설명으로 가장 잘못된 것은?

① 수익과 비용은 순액으로 기재함을 원칙으로 한다.
② 수익은 실현시기를 기준으로 인식한다.
③ 비용은 관련 수익이 인식된 기간에 인식한다.
④ 수익과 비용의 인식기준은 발생주의를 원칙으로 한다.

수익과 비용은 총액으로 기재함을 원칙으로 한다.

41 다음 자료에서 일반기업회계기준의 유동성배열법에 따라 자산계정들을 올바르게 나열한 것은?

> (가) 재고자산　　　　(나) 당좌자산
> (다) 유형자산　　　　(라) 무형자산

① (가)-(나)-(다)-(라)
② (가)-(나)-(라)-(다)
③ (나)-(가)-(다)-(라)
④ (나)-(가)-(라)-(다)

유동성배열법에 따라 자산은 먼저 유동자산, 비유동자산으로 나열되고, 유동자산은 당좌자산, 재고자산으로, 비유동자산은 투자자산, 유형자산, 무형자산, 기타 비유동자산 순서로 나열된다.

42 다음 중 재무상태표에 표시되는 계정과목이 아닌 것은?

① 선급보험료
② 노무비
③ 대여금
④ 미지급금

재무상태표에는 자산, 부채, 자본만 표시된다. 노무비는 비용이다.

정답 37 ④ 38 ③ 39 ① 40 ① 41 ③ 42 ②

43 다음 중 자산, 부채, 자본의 개념에 대한 설명으로 틀린 것은?

① 자산은 미래의 경제적 효익으로 미래 현금흐름 창출에 기여하는 잠재력을 말한다.
② 자본은 자산 총액에서 부채 총액을 차감한 잔여액 또는 순자산으로서 자산에 대한 소유주의 잔여청구권이다.
③ 부채는 과거의 거래나 사건의 결과로 미래에 자원의 유입이 예상되는 의무이다.
④ 복식부기를 적용 시 대차평균의 원리가 사용된다.

부채는 과거의 거래나 사건의 결과로 미래에 자원의 유출이 예상되는 의무이다.

44 부채에 대한 설명으로 올바른 것은?

① 순재산이다.
② 자기자본이라고도 한다.
③ 타인자본이라고도 한다.
④ 손익계산서 항목이다.

부채는 채무, 빚, 타인자본과 같은 용어이며 재무상태표 항목이다. 순재산, 자기자본은 자본과 같은 용어이다.

45 아래 내용의 (가)에 해당하는 계정과목으로 옳은 것은?

> 자산은 1년을 기준으로 유동자산과 비유동자산으로 구분되며, 유동자산은 당좌자산과 (가)(으)로 분류된다.

① 비품
② 상품
③ 외상매출금
④ 차량운반구

오답 피하기

자산
• 유동자산 : 당좌자산, 재고자산
• 비유동자산 : 투자자산, 유형자산, 무형자산, 기타비유동자산

46 ( ) 안에 들어갈 내용의 연결이 옳은 것은?

> 유동자산은 당좌자산과 (A)으로 구분하고, 비유동자산은 (B), (C), 무형자산, (D)으로 구분한다.

① A : 자본, B : 투자자산
② A : 투자자산, D : 재고자산
③ B : 재고자산, C : 투자자산
④ B : 투자자산, D : 기타비유동자산

• 유동자산 : 당좌자산, 재고자산
• 비유동자산 : 투자자산, 유형자산, 무형자산, 기타비유동자산

47 다음 중 재무상태표에 표시될 수 없는 계정과목은?

① 예수금
② 가수금
③ 선수금
④ 미수금

가수금, 가지급금은 일시적으로 처리하는 임시계정이므로 결산 시 적절한 계정으로 대체해서 보고서에 표시한다.

48 다음 설명 중 밑줄 친 (가)와 관련 있는 계정과목으로만 나열된 것은?

> 자산은 기업이 경영활동을 하기 위하여 소유하고 있는 각종 재화와 채권(가)을 말한다.

① 단기대여금, 외상매출금
② 선급금, 비품
③ 미수금, 상품
④ 상품, 제품

비품, 상품, 제품은 재화이다.

49 다음 중 비유동부채에 해당하는 것은?

① 임대보증금
② 선수금
③ 단기차입금
④ 미지급금

미지급금, 선수금, 단기차입금은 유동부채에 해당한다.

정답 43 ③ 44 ③ 45 ② 46 ④ 47 ② 48 ① 49 ①

50 (A), (B), (C) 및 (D)에 들어갈 용어를 올바르게 짝지은 것은?

> 재무상태표는 (A)의 (B)를 나타내는 재무제표이고, 손익계산서는 (C)의 (D)를 나타내는 재무제표이다.

① A : 일정기간, B : 재산상태, C : 일정시점,
　D : 경영성과
② A : 일정기간, B : 경영성과, C : 일정시점,
　D : 재산상태
③ A : 일정시점, B : 재산상태, C : 일정기간,
　D : 경영성과
④ A : 일정시점, B : 경영성과, C : 일정기간,
　D : 재산상태

재무상태표는 일정시점의 재산상태를 나타내는 재무제표이고, 손익계산서는 일정기간의 경영성과를 나타내는 재무제표이다.

51 아래 내용의 (가)에 해당하는 계정과목으로 옳은 것은?

> 자산은 1년을 기준으로 유동자산과 비유동자산으로 구분되며, 유동자산은 (가)과 재고자산으로 분류된다.

① 상품　　　　　　② 단기대여금
③ 비품　　　　　　④ 외상매입금

(가)는 당좌자산이다. 상품은 재고자산, 비품은 유형자산, 외상매입금은 부채이다.

52 다음 중 비유동자산에 속하지 않는 것은?

① 투자부동산　　　② 장기성매출채권
③ 영업권　　　　　④ 당좌차월

당좌차월은 유동부채로서 재무상태표의 단기차입금으로 분류한다.

53 다음 거래 중 재무상태표에만 영향을 주는 거래는?

① 외상대금 현금 회수
② 당월분 전기요금 현금 납부
③ 종업원의 당월분 급여 현금 지급
④ 차입금에 대한 당월분 이자 현금 지급

재무상태표에만 영향을 주려면 자산, 부채, 자본만 나온 거래이어야 한다.

54 다음 중 비유동자산으로만 짝지어진 것은?

① 비품 : 받을어음
② 토지 : 차량운반구
③ 선급금 : 임대보증금
④ 비품 : 선수금

받을어음과 선급금은 유동자산이고, 선수금(유동부채)과 임대보증금(비유동부채)은 부채이다.

55 단기금융상품은 만기 1년 이내인 정기예금 및 정기적금 등을 말한다. 만기 1년 이내의 기준으로 적절한 것은?

① 정기예금 및 정기적금을 가입한 기준일
② 재무상태표 기준일
③ 정기예금 및 정기적금을 찾는 기준일
④ 정기예금 및 정기적금의 이자지급 기준일

회계상 1년이라 하면 당기 보고기간말부터 다음연도 보고기간말까지이다.

56 다음 중 손익계산서 구성항목이 아닌 것은?

① 매출액　　　　　② 영업외비용
③ 판매관리비　　　④ 자본금

손익계산서 구성항목은 매출액, 매출원가, 판매비와관리비, 영업외수익, 영업외비용, 소득세차감전순이익, 당기순이익으로 구성된다.

57 다음 괄호 안에 들어갈 손익계산서 구성항목은?

> (　　)는(은) 제품, 상품, 용역 등의 판매활동과 기업의 관리활동에서 발생하는 비용으로서 매출원가에 속하지 아니하는 모든 영업비용을 포함한다.

① 매출액　　　　　② 영업외비용
③ 판매비와관리비　④ 영업외수익

판매활동과 기업의 관리활동에서 발생하는 비용이므로 판매비와관리비이다.

58 다음 중 손익계산서 항목이 아닌 것은?

① 개발비　　　　　② 연구비
③ 기업업무추진비　④ 기부금

개발비는 자산(무형자산)계정으로 재무상태표 항목에 속한다.

정답 50 ③　51 ②　52 ④　53 ①　54 ②　55 ②　56 ④　57 ③　58 ①

59 다음 중 손익계산서 계정이 <u>아닌</u> 것은?

① 이자수익   ② 임차료

③ 세금과공과   ④ 선급보험료

선급보험료는 당좌자산이므로 재무상태표 계정이다.

60 다음 중 손익계산서 항목이 <u>아닌</u> 것은?

① 미수수익

② 기타의대손상각비

③ 이자수익

④ 유형자산처분손실

미수수익은 결산수정분개에서 발생하는 자산으로 재무상태표 항목이다.

61 손익계산서에 표시되는 다음의 항목 중 성격이 <u>다른</u> 것은?

① 기부금   ② 이자비용

③ 재해손실   ④ 대손충당금환입

대손충당금환입 : 매출채권은 판매비와관리비에서 부(−)로 표시하고 기타채권은 영업외수익으로 처리한다.

> **오답 피하기**

①, ②, ③은 영업외비용이다.

62 기업의 미래현금흐름과 수익창출능력 등의 예측에 유용한 정보를 제공하는 손익계산서에 표시되지 <u>않는</u> 것은?

① 매출총손익   ② 영업손익

③ 당기순손익   ④ 경상손익

손익계산서 구조

매출액
(−) 매출원가
기초재고
(+) 당기매입
(−) 기말재고
매출총이익(손익)
(−) 판매비와관리비
영업이익(손익)
(+) 영업외수익
(−) 영업외비용
소득세(법인세)차감전순이익(손익)
(−) 소득세(법인세)등
당기순이익(손익)

63 손익계산서에서 이익을 구분하여 표시하는 경우 두 번째로 표시되는 이익은?

① 매출총이익

② 당기순이익

③ 영업이익

④ 법인세 비용 차감 전 순이익

• 매출액−매출원가=[매출총이익], 매출총이익−판관비=[영업이익]

• ①은 첫 번째, ②는 네 번째, ③은 두 번째, ④는 세 번째로 표시되는 이익이다.

64 다음 중 손익계산서에 영향을 미치지 <u>않는</u> 거래는?

① 외상매출금 600,000원이 보통예금통장으로 입금

② 월말이 되어 경비용역 수수료 50,000원을 지급

③ 거래처 직원이 방문하여 점심식사를 접대

④ 불우이웃돕기 성금을 1,000,000원 지급

---

①은 자산의 증가와 감소 거래이므로 재무상태표에 영향을 미치는 거래이다.

65 다음의 설명된 내용과 재무제표의 연결이 바르지 <u>않은</u> 것은?

① 기업의 일정시점의 재무상태를 나타내는 표 − 재무상태표

② 기업의 일정기간의 경영성과를 나타내는 표 − 이익잉여금처분계산서

③ 기업의 일정기간의 자본변동을 나타내는 표 − 자본변동표

④ 기업의 일정기간의 수익 · 비용을 나타내는 표 − 손익계산서

기업의 일정기간의 경영성과를 나타내는 표−손익계산서

> **오답 피하기**

재무제표(결산 시 외부로 보고하는 표)

• **재무상태표** : 일정시점 현재 기업이 보유하고 있는 경제적 자원인 자산과 경제적 의무인 부채, 그리고 자본에 대한 정보를 제공하는 재무보고서이다.

• **손익계산서** : 일정기간 동안 기업의 경영성과에 대한 정보를 제공하는 재무보고서이다.

• **현금흐름표** : 기업의 현금의 변동내용을 명확하게 보고하기 위하여 당해 회계기간에 속하는 현금의 유입과 유출내용을 적정하게 표시하는 재무보고서이다.

• **자본변동표** : 기업의 자본의 크기와 그 변동에 관한 정보를 제공하는 재무보고서이다.

• **주석** : 재무제표를 이해하는 데 필요한 추가적인 정보를 기술한 것으로서 재무제표의 본문과 별도로 작성되며 추가적 설명이 필요하거나 동일한 내용으로 둘 이상의 계정과목에 대하여 설명을 하게 되는 경우에 사용된다.

정답 59 ④   60 ①   61 ④   62 ④   63 ③   64 ①   65 ②

66 다음 중 재무제표에 함께 기재하지 <u>않아도</u> 되는 것은?

① 기업명
② 보고기간종료일 또는 회계기간
③ 대표자명
④ 보고통화 및 금액단위

재무상태표

회사명 : (주)영진		제×기 20××년 ×월 ×일 현재		(단위 : 원)
자 산 ₩200,000		부 채 ₩20,000		
		자 본 ₩180,000		

손익계산서

회사명 : (주)영진	제×기 20××년 ×월 ×일부터 ×월 ×일까지	(단위 : 원)
수 익 ₩200,000		
비 용 ₩70,000		
순이익 ₩130,000		

67 다음 괄호 안에 들어갈 내용으로 옳은 것은?

> ( )는 일정기간 동안 기업실체의 경영성과에 대한 정보를 제공하는 재무보고서이다.

① 현금흐름표
② 손익계산서
③ 재무상태표
④ 합계잔액시산표

손익계산서는 일정기간 동안 기업실체의 경영성과(수익, 비용)에 대한 정보를 제공하는 재무보고서이다.

68 다음 중 판매비와관리비에 해당되는 계정과목이 <u>아닌</u> 것은?

① 보험료   ② 광고선전비
③ 운반비   ④ 이자비용

이자비용은 영업외비용 항목이다.

69 다음 중 영업외비용만으로 묶은 것은?

㉠ 여비교통비	㉡ 기타의대손상각비
㉢ 기부금	㉣ 기업업무추진비
㉤ 퇴직급여	㉥ 개발비

① ㉠, ㉣   ② ㉡, ㉢
③ ㉤, ㉥   ④ ㉣, ㉥

• 영업외비용 : ㉡, ㉢
• 판매비와관리비 : ㉠, ㉣, ㉤
• 무형자산 : ㉥

70 다음 중 경영성과에 영향을 미치는 거래는?

① 외상매입금을 현금으로 지급하다.
② 외상매입금을 약속어음을 발행하여 지급하다.
③ 기업주 개인의 차입금을 기업이 대신 지급하다.
④ 차입금에 대한 이자를 현금으로 지급하다.

경영성과란 수익, 비용을 말하는 것이므로 수익, 비용이 나오는 거래를 찾으면 된다.

71 다음 중 재무제표에 속하지 <u>않는</u> 것은?

① 재무상태표
② 주석
③ 현금흐름표
④ 합계잔액시산표

재무제표 : 재무상태표, 손익계산서, 현금흐름표, 자본변동표, 주석

72 다음 괄호 안에 들어갈 적절한 용어가 순서대로 정렬되어 있는 것은?

> 기업에서 발생하는 거래를 발생 순서에 따라 분개하여 기입하는 장부를 ( )(이)라 하고, 이를 해당 계정에 옮겨 적는 것을 ( )(이)라 하는데, 이때 이들 각 계정이 설정되어 있는 장부를 ( )(이)라고 한다.

① 총계정원장 – 전기 – 분개장
② 총계정원장 – 대체 – 분개장
③ 분개장 – 전기 – 총계정원장
④ 분개장 – 분개 – 총계정원장

거래가 발생하면 분개장(또는 전표)에 기입하고 이를 총계정원장(원장)에 옮겨 적는데 이를 전기라 한다.

73 다음 중 아래의 (가)와 (나)에 각각 들어갈 부채 항목의 계정과목으로 옳게 짝지어진 것은?

> • 현금 등 대가를 미리 받았으나 수익이 실현되는 시점이 차기 이후에 속하는 경우 (가)(으)로 처리한다.
> • 일반적인 상거래 외의 거래와 관련하여 발생한 현금 수령액 중 임시로 보관하였다가 곧 제3자에게 다시 지급해야 하는 경우 (나)(으)로 처리한다.

	(가)	(나)
①	선급금	예수금
②	선수수익	예수금
③	선수수익	미수수익
④	선급금	미수수익

(가) 선수수익, (나) 예수금에 관한 설명이다.

74 다음 중 빈 칸에 들어갈 (가)와 (나)의 내용으로 옳은 것은?

> 특정 계정의 금액을 다른 계정으로 옮기는 것을 (가)(이)라고 하고, 분개장에 기장된 분개기입을 해당 계정 원장에 옮겨 적는 것을 (나)(이)라고 한다.

① (가) : 전기, (나) : 대체
② (가) : 대체, (나) : 전기
③ (가) : 이월, (나) : 전기
④ (가) : 기장, (나) : 전기

특정 계정의 금액을 다른 계정으로 옮기는 것을 대체라고 한다.

75 다음 중 설명이 적절하지 <u>않은</u> 것은?

① 자산, 부채, 자본의 증감변화와 수익, 비용의 발생을 구체적인 항목을 세워 기록, 계산, 정리하기 위하여 설정된 단위를 계정이라 한다.
② 모든 거래는 어떤 계정의 차변과 다른 계정의 대변에 같은 금액을 기입하므로, 많은 거래가 기입되더라도 차변합계액과 대변합계 금액이 항상 일치하게 되는 것은 대차평균의 원리라 한다.
③ 회계기말에 모든 장부를 마감하여 일정시점의 재무상태와 일정기간 동안의 경영성과를 정확하게 파악하는 것을 결산이라 한다.
④ 거래가 발생하여 어느 계정에 기입하고, 그 계정의 어느 변에 기입할 것인가, 얼마의 금액을 기입할 것인가를 미리 결정하는 절차를 전기라 한다.

거래발생 시 어느 계정에 기입하고, 그 계정의 어느 변에 기입할 것인가, 얼마의 금액을 기입할 것인가를 미리 결정하는 절차를 분개라 한다.

76 다음 재무상태표 등식으로 옳은 것은?

① 총비용 = 총수익 + 당기순이익
② 자산 = 부채 + 자본
③ 총수익 = 총비용 + 당기순손실
④ 기말자산 + 총비용 = 총수익 + 기말자본 + 기말부채

• 재무상태표 등식 : 자산 = 부채 + 자본
• 손익계산서 등식 : 총비용 + (당기)순이익 = 총수익(순이익 발생 시)
　　　　　　　　　　총비용 = 총수익 + (당기)순손실(순손실 발생 시)

77 다음 내용을 회계의 순환과정으로 바르게 나열한 것은?

가. 거래의 발생	나. 시산표 작성
다. 재무제표 작성	라. 총계정원장 기입

① 가 → 나 → 다 → 라
② 가 → 나 → 라 → 다
③ 가 → 다 → 나 → 라
④ 가 → 라 → 나 → 다

오답 피하기

회계의 순환과정 : 사건의 발생(거래식별) → 분개(분개장 또는 전표 작성) → 전기(원장, 보조부에 기입) → 결산(예비절차 ⋯→ 본절차 ⋯→ 재무제표(보고서) 작성)

정답 73 ② 74 ② 75 ④ 76 ② 77 ④

78 다음 중 재무상태표에 대한 설명으로 옳지 <u>않은</u> 것은?

① 일정한 시점의 재무상태를 나타내는 보고서이다.
② 기초자본과 기말자본을 비교하여 당기순손익을 산출한다.
③ 재무상태표 등식은 '자산 = 부채 + 자본'이다.
④ 자산과 부채는 유동성이 낮은 순서로 기록한다.

자산과 부채는 유동성이 높은 순서로 기록한다(유동성배열법).

79 다음 중 기말 결산 후 차기로 이월되어 사용할 수 <u>없는</u> 계정과목은?

① 매입채무
② 매출채권
③ 매출원가
④ 현금성자산

매출원가(비용)는 손익계산서 계정이므로 결산 후 차기로 이월할 수 없다.

오답 피하기

자산, 부채, 자본은 차기로 이월하며 수익과 비용은 1년간 사용하는 임의계정이므로 (집합)손익이라는 임시계정을 설정하여 소멸시키고 수익과 비용의 차액을 자본계정으로 대체하여 이월시킨다. 따라서 다음연도 자산, 부채, 자본 장부는 차기이월된 금액을 [전기이월]로 기재하면서 시작한다.

80 다음 중 회계순환과정을 바르게 나타낸 것은?

① 거래의 인식 → 분개장 → 시산표 → 총계정원장 → 재무제표
② 거래의 인식 → 시산표 → 분개장 → 총계정원장 → 재무제표
③ 거래의 인식 → 총계정원장 → 분개장 → 시산표 → 재무제표
④ 거래의 인식 → 분개장 → 총계정원장 → 시산표 → 재무제표

회계의 순환과정 : 사건의 발생(거래식별) → 분개(분개장 또는 전표 작성) → 전기(총계정원장, 보조부에 기입) → 결산(예비절차 ⋯ 본절차 ⋯ 재무제표(보고서) 작성)

81 3전표를 사용하는 회사에서 다음 각 거래에 대해서 작성하는 전표를 바르게 나타낸 것은?

① 상품을 매출하고 대금은 현금으로 받다 : 대체전표
② 상품을 매입하고 대금은 보통예금통장에서 계좌이체하다 : 대체전표
③ 직원의 회식비를 현금으로 지급하다 : 입금전표
④ 거래처 외상매출금을 거래처 당좌수표로 받다 : 대체전표

오답 피하기

• ① : 입금전표
• ③ : 출금전표
• ④ : 입금전표

82 다음 중 손익계산서에 대한 설명으로 옳지 <u>않은</u> 것은?

① 재무제표의 종류에 속한다.
② 재산법을 이용하여 당기순손익을 산출한다.
③ 일정한 기간의 경영성과를 나타내는 보고서이다.
④ 손익계산서 등식은 '총비용 = 총수익 + 당기순손실' 또는 '총비용 + 당기순이익 = 총수익'이다.

• 손익계산서는 손익법을 이용하여 당기순손익을 산출한다.
• **재산법** : 기초자본과 기말자본을 비교하여 당기순손익을 계산하는 방법이다.
• **손익법** : 총수익과 총비용을 비교하여 당기순손익을 계산하는 방법이다.

83 다음 손익계정의 자료를 이용하여 매출총이익을 계산한 것으로 옳은 것은?

손익			
매입	600,000	매출	800,000

① 5,000원
② 195,000원
③ 200,000원
④ 795,000원

• 매출총이익 = 순매출액 800,000 − 매출원가 600,000 = 200,000원
• 손익계정의 매입은 매출원가를 의미하며 매출은 순매출액을 의미한다.

거래의 회계처리

학습 방향

자산, 부채, 자본, 수익, 비용 순으로 학습합니다. 자산의 당좌자산과 유형자산은 매우 중요하므로 계정과목과 내용을 숙지합니다. 유동부채와 비용 중 판매비와관리비 계정과목을 반드시 알아야 하며, 또한 손익계산서 계산구조를 알아야 이론시험 계산문제를 푸는 데 어려움이 없습니다. 자본에서 인출금계정의 사용방법과 결산 시 수정분개를 숙지하며, 결산정리사항의 분개 내용 중 수익과 비용의 발생, 수익과 비용의 이연 회계처리를 알아야 합니다.

● **NCS능력단위(분류번호) : 전표관리(0203020101_20v4)**
회계상 거래를 인식하고, 전표 작성 및 이에 따른 증빙서류를 처리 및 관리하는 능력을 함양

● **NCS능력단위(분류번호) : 자금관리(0203020102_20v4)**
기업 및 조직의 자금을 관리하기 위하여 회계 관련 규정에 따라 자금인 현금, 예금, 법인카드, 어음 · 수표를 관리하는 능력을 함양

출제빈도

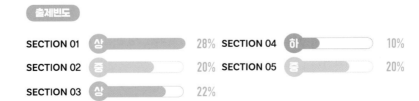

SECTION 01	상	28%	SECTION 04	하	10%
SECTION 02	중	20%	SECTION 05	중	20%
SECTION 03	상	22%			

유동자산

▶ 합격강의

빈출 태그 ▶ 현금및현금성자산 · 단기투자자산 · 매출채권 · 대손충당금 · 재고자산의 취득원가 · 재고자산 수량 ·
원가결정방법

사용의 제한이 없는 현금및현금성자산, 기업의 정상적인 영업주기 내에 실현될 것으로 예상되거나 판매목적 또는 소비목적으로 보유하고 있는 재고자산, 단기매매 목적으로 보유하는 자산, 그 외에 보고기간종료일로부터 1년 이내에 현금화 또는 실현될 것으로 예상되는 자산이다. 다만, 정상적인 영업주기 내에 판매되거나 사용되는 재고자산과 회수되는 매출채권 등은 보고기간종료일로부터 1년 이내에 실현되지 않더라도 유동자산으로 분류하고 그 금액을 주석으로 기재한다. 또, 장기미수금이나 투자자산에 속하는 매도가능증권 또는 만기보유증권 등의 비유동자산 중 1년 이내에 실현되는 부분은 유동자산으로 분류한다.

01 당좌자산

★ 보고기간종료일
= 보고기간말, 기말

판매과정을 거치지 않고 보고기간종료일★로부터 1년 이내에 현금화할 수 있는 자산이다.

1) 현금및현금성자산(현금＋요구불예금＋현금성자산)

기적의 TIP

회계상 1년이라 함은 보고기간말(기말)로부터이므로 기말이 12/31일 경우 다음연도 말까지임에 유의한다.

① **현금** : 통화(지폐, 동전), 통화대용증권(자기앞수표, 타인발행당좌수표, 가계수표, 송금수표, 여행자수표, 배당금지급통지표, 사채이자지급표, 우편환증서, 일람출급어음★ 등)

★ 일람출급어음
어음 소지인이 어음을 제시하는 날이 지급일이 되는 어음이다.

② **(요구불)예금(당좌예금, 보통예금, 저축예금)** : 당좌예금은 당좌수표를 발행할 목적의 예금으로 발행인은 당좌수표를 발행한 시점에서 당좌예금의 감소(대변)로 처리하고, 당좌수표 소지인은 타인발행당좌수표(통화대용증권)를 수취한 시점에서 현금의 증가(차변)로 처리한다. 보통예금은 입출금이 자유로운 예금이다.

기적의 TIP

현금성자산은 보고기간말로부터가 아니라 취득일로부터 만기가 3개월 이내에 도래하는 것임에 유의한다.

③ **현금성자산** : 큰 거래비용 없이 현금으로 전환이 용이하고 이자율변동에 따른 가치변동의 위험이 경미한 금융상품(채권(공 · 사채), 상환우선주, 양도성예금증서, 환매체 등)으로서 취득당시 만기(또는 상환일)가 3개월 이내에 도래하는 것을 말한다.

※ 현금및현금성자산이라고 할 때 ①과 ②는 현금에 해당하고 ③은 현금성자산에 해당한다.

예제	나라상사에 상품 100,000원을 매출하고 대금은 동사발행당좌수표로 받았다.

(차) 현금	100,000	(대) 상품매출	100,000

해설 동사발행당좌수표는 타인발행당좌수표이므로 현금으로 처리한다.
상품매출(수익의 발생), 현금(자산의 증가) → 상품매출(수익의 발생 : 대변), 현금(자산의 증가 : 차변)

※ 기초분개연습에서 공부한 대로 계정과목과 거래의 8요소를 반드시 숙지하자.

기적의 TIP

현금및현금성자산, 단기투자자산, 매출채권, 매입채무는 결산 시 제출용 재무제표 작성 시 사용하는 통합계정이다.

2) 단기투자자산(단기금융상품+단기매매증권+단기대여금)

① **단기금융상품(단기예금)** : 금융기관이 취급하는 정기예금, 정기적금 및 기타 정형화된 상품으로 만기가 보고기간종료일로부터 1년 이내에 도래하는 것을 말한다.

② **단기매매증권**

• 단기간 매매차익을 얻을 목적으로 취득한 유가증권(주식, 사채 등)을 말한다.

• 단기매매증권의 취득원가 : 인식(취득) 시 공정가치*로 측정하며 취득 시 발생되는 부대비용*은 당기비용(⑩ 수수료비용 : 비금융업은 영업외비용)으로 처리한다.

★ **공정가치**
= 시가, 공정가액

★ **부대비용(제비용)**
취득과 직접 관련되는 비용(거래원가)으로 대리인, 중개인에게 지급하는 수수료 등이 해당한다.

> ■ 유가증권
>
> 단기매매증권(지분증권, 채무증권), 만기보유증권(채무증권), 매도가능증권(지분증권, 채무증권)
> • **만기보유증권** : 만기까지 보유할 적극적인 의도와 능력이 있는 경우 만기보유증권으로 분류한다.
> • **매도가능증권** : 단기매매증권이나 만기보유증권으로 분류되지 아니하는 유가증권은 매도가능증권으로 분류한다.

기적의 TIP

단기매매증권 취득 시 수수료비용은 금융업의 경우 판매비와관리비로 처리하지만, 그 외 기업은 영업외비용으로 처리한다.

• 배당금수익과 이자수익 : 지분증권(주식)에 투자한 경우 금전배당을 받을 경우 "배당금수익"으로 처리하며 채무증권(사채 등)에 투자한 경우 이자를 받을 경우 "이자수익"으로 처리한다.

• 단기매매증권의 기말평가(후속 측정 · 공정가치의 변동) : 단기매매증권을 결산일 현재 보유하고 있는 경우 공정가치로 평가하여, 공정가치의 변동분은 "단기매매증권평가이익" 또는 "단기매매증권평가손실"(영업외손익*)로 처리한다. 평가이익과 평가손실이 동시에 발생한 경우에는 평가손익을 서로 상계하지 않고 각각 총액으로 보고하는 것이 원칙이지만, 그 금액이 중요하지 않은 경우에는 이를 상계하여 순액으로 표시할 수 있다.

기적의 TIP

공정가치의 변동분은 미실현손익으로 장부금액과 공정가치의 차액이다.

★ **영업외손익**
영업외수익과 영업외비용을 한꺼번에 말하고자 할 때 사용한다.

★ 장부금액
= 장부가액

단기매매증권처분 시 제비용(수수료 등)
• 장부금액을 초과하여 처분할 경우 : 수수료는 단기매매증권처분이익에서 차감하여 처리
• 장부금액 이하로 처분할 경우 : 수수료는 단기매매증권처분손실로 처리

• **단기매매증권의 양도(처분)** : 처분금액(수수료 등이 발생하면 차감)과 장부금액★의 차이금액을 "단기매매증권처분이익" 또는 "단기매매증권처분손실"(영업외손익)로 처리한다.

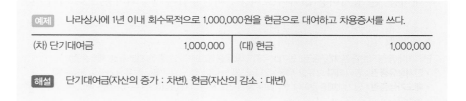

예제 단기매매를 목적으로 (주)한국의 주식 10주를 @5,000원에 구입하고 거래수수료 1,000원과 함께 현금으로 지급하였다.

(차) 단기매매증권	50,000	(대) 현금	51,000
수수료비용	1,000		

해설 단기매매증권 취득 시 발생되는 제비용은 당기비용(수수료비용)으로 처리하며, 매도가능증권과 만기보유증권은 취득원가에 가산한다. 단기매매증권(자산의 증가 : 차변), 수수료비용(비용의 발생 : 차변), 현금(자산의 감소 : 대변)

※ 자산의 취득 시 발생되는 제비용은 자산의 취득원가에 가산하지만 단기매매증권의 경우에는 비용처리한다.

③ **단기대여금** : 회수기한이 보고기간종료일로부터 1년 이내에 도래하는 대여금을 말한다.

예제 나라상사에 1년 이내 회수목적으로 1,000,000원을 현금으로 대여하고 차용증서를 쓰다.

(차) 단기대여금	1,000,000	(대) 현금	1,000,000

해설 단기대여금(자산의 증가 : 차변), 현금(자산의 감소 : 대변)

3) 매출채권(외상매출금＋받을어음)

① **외상매출금** : 상품을 외상으로 판매(일반적인 상거래★라 함)하고 아직 그 대금을 회수하지 않은 미수액으로, 보고기간종료일로부터 1년 이내에 회수될 금액을 말한다.

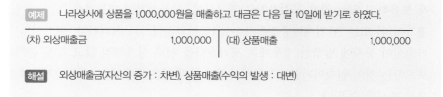

예제 나라상사에 상품을 1,000,000원을 매출하고 대금은 다음 달 10일에 받기로 하였다.

(차) 외상매출금	1,000,000	(대) 상품매출	1,000,000

해설 외상매출금(자산의 증가 : 차변), 상품매출(수익의 발생 : 대변)

🅑 기적의 TIP

선일자수표
발행일을 미래의 일자로 기재하여 발행하는 수표로 어음과 동일한 성격이므로 받을어음 또는 미수금으로 처리한다.

★ 주된 영업활동 거래
= 재고자산거래

② **받을어음** : 상품을 판매(일반적인 상거래라 함)하고 받은 어음상의 권리로 지급기일이 보고기간종료일로부터 1년 내에 도래하는 어음을 말한다.

③ **어음의 배서**

- 대금추심위임배서 : 금융기관에 어음을 회수할 목적으로 배서하는 것으로 어음상의 채권은 소멸되지 않으므로 배서 시에는 회계 처리하지 않고 추심료 지급에 대한 것만 수수료비용으로 회계처리한다. 만기일에 어음대금 입금 시 어음상의 권리를 소멸시킨다.

- 어음의 배서양도 : 어음소지인이 어음의 만기일 이전에 상품 등의 매입대금이나 외상매입금 등의 부채를 지급하기 위하여 어음을 타인에게 양도하는 것을 말한다. 어음에 대한 소유권이 이전되므로 배서양도하는 시점에서 어음상의 권리를 소멸시킨다.

- 어음의 할인 : 자금을 융통할 목적으로 만기일 이전에 금융기관에 배서하고 할인료를 차감한 잔액을 회수하는 것을 말한다. 일반적으로 받을 어음을 금융기관 등에서 할인하는 거래에 대하여는 해당 금융자산의 미래 경제적 효익에 대한 양수인의 통제권에 특정한 제약이 없는 한 매각거래로 회계처리하며 할인료는 "매출채권처분손실"로 처리한다.

> **예제** 나라상사에 상품 100,000원을 매출하고 대금은 동사발행 약속어음(만기 1년 이내)으로 받았다.
>
> | (차) 받을어음 | 100,000 | (대) 상품매출 | 100,000 |
> |---|---|---|---|
>
> **예제** 나라상사에서 받은 받을어음(만기 1년 이내) 100,000원을 거래은행에 할인하고 할인료 1,000원을 차감한 잔액을 보통예금계좌에 입금받았다(매각거래로 처리할 것).
>
> | (차) 매출채권처분손실 | 1,000 | (대) 받을어음 | 100,000 |
> |---|---|---|---|
> | 보통예금 | 99,000 | | |
>
> **해설** 받을어음(자산의 감소 : 대변), 매출채권처분손실(비용의 발생 : 차변), 보통예금(자산의 증가 : 차변)

어음의 종류
- **약속어음** : 약속한 날에 일정금액을 지급하는 증권으로 발행인이 지급인이고 소지인이 수취인인 증권(발행인=지급인)
- **환어음** : 발행인이 지급인에게 약속한날에 수취인에게 지급하도록 위탁하는 증권(수출입거래에서 주로 사용하며 발행인≠지급인)

🅱 기적의 TIP

실무에서 약속어음은 종이로 발행하고, 전자어음은 파일로 발행하는 것만 다를 뿐 회계처리는 동일하다.

어음할인 시 할인료 계정과목
- **매각거래** : 매출채권처분손실
- **차입거래** : 이자비용

✅ 개념 체크

1 (   )은 기업의 주된 영업활동인 상품 등을 판매하고 이에 대한 대금으로 상대방으로부터 수취한 어음이다.

1 받을어음

어음기입장

받을어음과 지급어음에 대하여 날짜 순서대로 기입하는 보조기입장이다.

받을어음 기입장

월일		적요	금액	어음 종류	어음 번호	지급인	발행인 또는 배서인	발행일		만기일		지급장소	전말	
													2xxx	적요
6	5	외상	800,000	약속		정도	정도	6	5	8	5	신한은행	7 6	

지급어음 기입장

월일		적요	금액	어음 종류	어음 번호	수취인	발행인	발행일		만기일		지급장소	전말	
													2xxx	적요
6	7	외상	300,000	약속		미도	당점	6	7	7	7	신한은행	7 7	

④ 외상매출금계정

외상매출금

기초잔액	×××	외상매출금회수액	×××
당기외상매출금	×××	매출환입및에누리	×××
		매출할인	×××
		대손처리된 금액	×××
		기말잔액	×××

※ 기초잔액 + 당기외상매출금 − 외상매출금회수액 − 매출환입및에누리 − 매출할인 − 대손처리된 금액 = 기말잔액

4) 나머지 당좌자산

① **미수금** : 상품이 아닌 것을 처분하고 보고기간말로부터 1년 이내 받기로 한 채권이다. 즉, 상품이 아닌 차량, 비품 등의 매각대금이 입금되지 않은 경우를 말한다.

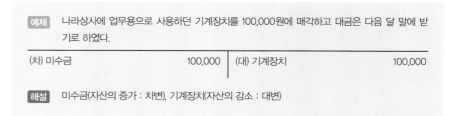

예제   나라상사에 업무용으로 사용하던 기계장치를 100,000원에 매각하고 대금은 다음 달 말에 받기로 하였다.

(차) 미수금   100,000 | (대) 기계장치   100,000

해설   미수금(자산의 증가 : 차변), 기계장치(자산의 감소 : 대변)

외상(외상매출금,미수금)
- 상품의 외상
  → 외상매출금, 받을어음
- 상품이 아닌 것의 외상
  → 미수금

상품이 아닌 것을 처분하고 어음을 받은 경우에도 미수금으로 처리한다.

개념 체크

1 당사는 업무용 건물을 매각하고 어음을 받았다. 어음의 계정과목은?
(받을어음, 미수금)

1 미수금

② **선급금** : 상품 등의 확실한 구입을 위하여 미리 지급한 계약금으로 차후 상품 등 매입 시 해당 계정으로 대체되는 임시 계정이다.

예제	나라상사에 상품 100,000원을 매입하기로 하고 계약금 10%를 당좌수표를 발행하여 지급하였다.		
(차) 선급금	10,000	(대) 당좌예금	10,000
해설	선급금(자산의 증가 : 차변), 당좌예금(자산의 감소 : 대변)		

③ **미수수익** : 보고기간말(결산일)까지 발생한 수익을 예상한 금액으로 보고기간말 현재 회수일이 다음연도여서 미수된 금액을 말한다.

예제	보고기간말 단기대여금에 대한 이자미수액 100,000원을 계상하였다.		
(차) 미수수익	100,000	(대) 이자수익	100,000
해설	미수수익(자산의 증가 : 차변), 이자수익(수익의 발생 : 대변)		

• **수익의 발생** : 미수수익
• **비용의 이연** : 선급비용

④ **선급비용** : 미리 지급된 비용 중 보고기간말 현재 다음연도에 비용으로 처리되는 기간 미경과분이다.

예제	당기에 지급한 보험료 900,000원 중 기말 현재 100,000원은 기간미경과분이다.		
(차) 선급비용	100,000	(대) 보험료	100,000
해설	선급비용(자산의 증가 : 차변), 보험료(비용의 감소 : 대변)		

⑤ **가지급금** : 실제로 현금지출은 있었으나, 계정과목이나 금액을 확정할 수 없을 때 일시적으로 처리하는 자산 계정이다. 추후에 계정과목이나 금액이 확정되면 해당 계정으로 대체한다.

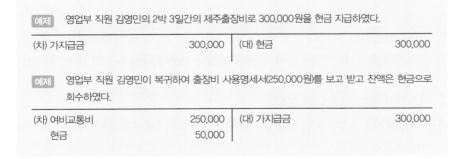

예제	영업부 직원 김영민의 2박 3일간의 제주출장비로 300,000원을 현금 지급하였다.		
(차) 가지급금	300,000	(대) 현금	300,000
예제	영업부 직원 김영민이 복귀하여 출장비 사용명세서(250,000원)를 보고 받고 잔액은 현금으로 회수하였다.		
(차) 여비교통비	250,000	(대) 가지급금	300,000
현금	50,000		

⑥ **선납세금** : 기중에 원천징수된 소득세 또는 중간예납한 소득세비용을 처리하는 계정으로 결산 시 소득세비용(소득세등)으로 대체된다.

⑦ **전도금(소액현금)** : 특정 부서의 업무, 공장, 대리점 등에게 대금의 일부를 미리 지급하는 경우에 처리하는 계정. 실무상 현장이나 지점 등에서 본점으로부터 월 또는 분기 단위로 사용할 경비를 지급받고 이를 정산할 때 사용한다.

⑧ **현금과부족** : 현금 실제잔액과 장부잔액이 일치하지 않을 경우 그 원인이 판명될 때까지 임시적으로 사용하는 계정으로 그 원인이 판명되면 해당 계정으로 대체하고, 결산 시까지 그 원인이 판명되지 않으면 부족액은 "잡손실"로, 초과액은 "잡이익"으로 대체한다.

기적의 TIP

결산일에 원인불명의 현금 부족액이나 초과액이 발생한 경우에는 현금과부족으로 처리하지 않고 부족액은 잡손실로, 초과액은 잡이익으로 처리한다. 즉, 현금과부족은 기중에만 사용한다.

예제	현금의 장부상 금액은 150,000원인데 실제 보유액은 100,000원임을 발견했으나 원인은 알 수가 없다.		
(차) 현금과부족	50,000	(대) 현금	50,000

해설	현금부족 시 현금과부족 차변에 기입한다.

예제	기말까지 현금과부족 차변 잔액 50,000원의 원인을 파악할 수 없었다.		
(차) 잡손실	50,000	(대) 현금과부족	50,000

해설	결산 시 현금부족의 현금과부족 원인이 판명되지 않을 경우 잡손실로 대체한다.

5) 대손에 관한 회계처리

대손이란 거래처의 파산, 폐업, 행방불명, 사망 등의 사유로 채권 등의 회수가 불가능하게 된 경우를 말한다.

① **대손상각비, 기타의대손상각비** : 회수불능채권에 대한 손실을 계상하는 계정으로 매출채권에 대한 대손비용은 판매비와관리비의 "대손상각비"로, 기타채권에 대한 대손비용은 영업외비용의 "기타의대손상각비"로 처리한다.

② **대손충당금** : 충당금 설정법에 의하여 설정되는 것으로 수취채권의 잔액 중 회수불능채권의 추정금액을 말한다. 대손충당금은 수취채권의 평가계정으로서 수취채권의 장부금액(또는 순실현가능가치)을 나타내기 위해 수취채권으로부터 차감하는 형식으로 표시한다.

③ **대손충당금환입**★ : 충당금설정법에 의하여 대손충당금을 설정하였으나 전기에 설정한 대손충당금 잔액이 당기에 새로 설정할 대손충당금보다 많아 차액을 환입하는 경우에 사용한다.

④ **대손처리 방법 및 충당금 설정법**

• 대손발생 시 대손충당금 잔액을 조회하여 대손충당금으로 회계처리하며, 부족하거나 없을 경우에는 당기비용(대손상각비, 기타의대손상각비)으로 처리한다.

기적의 TIP

대손충당금 표시
채권에서 차감(대변)하는 평가계정이므로 재무상태표 자산에 다음과 같이 표시된다.

외상매출금 ×××	
대손충당금 ×××	×××
	(장부금액)

★ 매출채권에 대해서는 판매관리비의 부(−)인 대손충당금환입으로 처리하며 기타채권에 대해서는 영업외수익의 대손충당금환입으로 처리한다.

예제 | 거래처 나라상사의 파산으로 외상매출금 1,000,000원이 회수불가능하게 되어 대손처리하다(단, 대손충당금 잔액은 600,000원).

| (차) 대손충당금 | 600,000 | (대) 외상매출금 | 1,000,000 |
| 대손상각비 | 400,000 | | |

• 충당금설정금액 및 회계처리 방법

기말 대손충당금 설정액(보충법) = 기말채권 잔액 × 대손추정률(%) − 대손충당금 잔액
　　　　　　　　　　　　　　　　　　↳ (대손예상액)

– 대손충당금 잔액이 없을 경우 : 전액 비용처리한다.

| (차) 대손상각비 | ××× | (대) 대손충당금 | ××× |

– 대손예상액 > 대손충당금 잔액 : 예상액 − 잔액 = 보충액만큼 비용처리한다.

| (차) 대손상각비 | ××× | (대) 대손충당금 | ××× |

– 대손예상액 < 대손충당금 잔액 : 잔액 − 예상액 = 환입액만큼 환입처리한다.

| (차) 대손충당금 | ××× | (대) 대손충당금환입 | ××× |

– 대손예상액 = 대손충당금 잔액 : 회계처리가 없다.

예제 | 기말 외상매출금 잔액 10,000,000원에 대하여 1%의 대손충당금을 설정하다.

해설 | 기말 대손충당금 설정액 = 10,000,000원 × 1% − 대손충당금 잔액

① 대손충당금 잔액이 없을 경우(전액)

| (차) 대손상각비 | 100,000 | (대) 대손충당금 | 100,000 |

② 대손충당금 잔액이 50,000원 남아 있을 경우(보충액)

| (차) 대손상각비 | 50,000 | (대) 대손충당금 | 50,000 |

③ 대손충당금 잔액이 120,000원 남아 있을 경우

| (차) 대손충당금 | 20,000 | (대) 대손충당금환입 | 20,000 |

⑤ **대손금 회수 시** : 당기 이전에 대손처리된 대손금이 회수되면 대손금 회수액은 해당 채권의 대손충당금에 전입한다.

예제 | 전기에 대손처리한 금액 100,000원이 회수되어 보통예금 통장에 입금되었다.

| (차) 보통예금 | 100,000 | (대) 대손충당금 | 100,000 |

18년 2월, 09년 4월

01 다음 수표에 대한 회계처리로 올바른 것은?

> • 타인 발행의 당좌수표를 받으면 (㉠)계정으로 처리한다.
> • 당점 발행의 당좌수표를 받으면 (㉡)계정으로 처리한다.

① ㉠ 당좌예금 ㉡ 보통예금
② ㉠ 현　　금 ㉡ 보통예금
③ ㉠ 현　　금 ㉡ 당좌예금
④ ㉠ 당좌예금 ㉡ 현　　금

타인 발행 당좌수표를 받으면 현금으로 처리하며, 당사가 당좌수표를 발행하면 당좌예금으로 처리한다.

08년 12월

02 기말 각 계정의 잔액이다. 재무상태표에 현금및현금성자산으로 표시될 금액은?

> • 현금 2,000원　　• 보통예금 6,000원
> • 단기대여금 1,000원　• 단기매매증권 2,000원

① 8,000원 ② 9,000원
③ 10,000원 ④ 11,000원

단기대여금, 단기매매증권, 단기금융상품(정기예금, 정기적금 등)은 단기투자자산으로 표시된다.

오답 피하기

현금및현금성자산
• 현금 : 통화(지폐, 주화), 통화대용증권(자기앞수표, 타인발행당좌수표, 가계수표, 배당금지급통지표, 사채이자지급표, 우편환증서)
• (요구불)예금 : 당좌예금, 보통예금, 저축예금
• 현금성자산 : 취득당시 만기(또는 상환일)가 3개월 이내에 도래하는 금융상품

23년 4월, 09년 10월

03 다음에 설명하는 항목과 통합계정으로 재무제표에 표시되는 것이 아닌 것은?

> 큰 거래비용 없이 현금으로 전환이 용이하고 이자율 변동에 따른 가치변동의 위험이 중요하지 않은 금융상품으로서 취득당시 만기일(또는 상환일)이 3개월 이내인 것

① 통화 및 타인발행수표 ② 당좌예금
③ 보통예금 ④ 매출채권

현금및현금성자산은 통화 및 타인발행수표 등 통화대용증권과 당좌예금, 보통예금 등으로 큰 거래비용 없이 현금으로 전환이 용이하고 이자율 변동에 따른 가치변동의 위험이 중요하지 않은 금융상품으로서 취득당시 만기일(또는 상환일)이 3개월 이내인 것을 말한다.

24년 4월, 23년 6월, 21년 8월, 19년 2월, 17년 8월, 11년 10월

04 다음 중 현금및현금성자산에 해당하지 않는 것은?

① 우편환증서 ② 당좌예금
③ 상품 ④ 배당금지급통지표

상품은 재고자산 항목이다.

14년 6월

05 다음은 기말자산과 기말부채의 일부분이다. 기말재무상태표에 표시될 계정과목과 금액이 틀린 것은?

> • 외상매출금 : 400,000원
> • 자기앞수표 : 300,000원
> • 지급어음 : 150,000원
> • 외상매입금 : 200,000원
> • 받을어음 : 100,000원
> • 당좌예금 : 50,000원

① 현금및현금성자산 300,000원
② 매출채권 500,000원
③ 매입채무 350,000원
④ 당좌자산 850,000원

현금및현금성자산은 350,000원(자기앞수표＋당좌예금)이다.

13년 9월

06 다음에서 밑줄 친 (가)와 (나)를 회계처리한 경우 재무상태표에 통합 표시될 항목으로 옳은 것은?

> 서울상사는 거래처에서 외상대금 500만 원을 회수하여 (가) 200만 원은 6개월 만기 정기예금에 가입하고, (나) 잔액은 당좌예금에 입금하다.

① (가) 단기투자자산 (나) 단기투자자산
② (가) 단기투자자산 (나) 현금및현금성자산
③ (가) 현금및현금성자산 (나) 단기투자자산
④ (가) 현금및현금성자산 (나) 현금및현금성자산

만기가 6개월인 정기예금은 단기금융상품인 단기투자자산이고, 당좌예금은 요구불예금인 현금및현금성자산이다.

정답 01③ 02① 03④ 04③ 05① 06②

07 다음 중 현금및현금성자산의 금액은 얼마인가?

- 수입인지 : 3,000원
- 배당금지급통지표 : 5,000원
- 사채이자지급통지표 : 5,000원
- 보통예금 : 3,000원
- 만기 6개월 정기예금 : 5,000원
- 타인발행당좌수표 : 5,000원

① 18,000원   ② 20,000원
③ 23,000원   ④ 28,000원

- 배당금지급통지표 + 사채이자지급통지표 + 보통예금 + 타인발행당좌수표
  = 5,000 + 5,000 + 3,000 + 5,000 = 18,000원
- 수입인지는 세금과공과계정에 해당한다.

08 다음 자료에 의하여 결산 재무상태표에 표시되는 현금및현금성자산을 구하면 얼마인가?

- 당좌예금 : 150,000원
- 배당금지급통지표 : 500,000원
- 만기도래한 사채이자표 : 120,000원
- 양도성예금증서(100일 만기) : 500,000원
- 우표 : 5,000원

① 770,000원   ② 655,000원
③ 620,000원   ④ 275,000원

당좌예금 + 배당금지급통지표 + 만기도래한 사채이자표
= 150,000 + 500,000 + 120,000 = 770,000원

09 다음 중 재무상태표에 매출채권으로 계상되는 금액은?

- 외상매출금 : 100,000원
- 받을어음 : 50,000원
- 단기대여금 : 30,000원
- 미수금 : 20,000원
- 선급금 : 10,000원
- 미수수익 : 10,000원

① 100,000원   ② 150,000원
③ 180,000원   ④ 200,000원

매출채권은 외상매출금과 받을어음이다.
∴ 100,000 + 50,000 = 150,000원

10 다음 중 외상매출금으로 회계처리를 할 수 없는 거래는?

① 상품을 외상으로 판매하고 대금은 월말에 받기로 하다.
② 판매용컴퓨터를 외상으로 판매하고 대금은 월말에 받기로 하다.
③ 부동산매매업에서 토지를 판매하고 대금은 월말에 받기로 하다.
④ 관리부 컴퓨터를 외상으로 판매하고 대금은 월말에 받기로 하다.

관리부 컴퓨터는 비품이므로 월말에 받기로 한 대금은 미수금으로 처리한다.

11 외상매출금 300,000원을 현금 200,000원과 약속어음 100,000원으로 회수한 경우 영향으로 올바른 것은?

① 총자산과 총부채가 감소한다.
② 총자산과 총부채가 증가한다.
③ 총자산과 총부채는 변화가 없다.
④ 총자산이 감소하고, 총부채가 증가한다.

(차) 현금(자산의 증가)   (대) 외상매출금(자산의 감소)
     받을어음(자산의 증가)
자산의 증가와 감소만 발생되는 거래이므로 총자산과 총부채는 변화가 없다.

12 다음 자료는 대명가구의 거래내역이다. 기말 현재 재무상태표에 계상될 매출채권은 얼마인가?

- 기초매출채권 500,000원
- 미래상사에게 침대를 200,000원에 판매하고 약속어음을 받다.
- 부천유통에게 책상을 300,000원에 판매하고 100,000원은 현금으로, 200,000원은 약속어음을 받다.
- 기말 현재 약속어음의 만기일은 도래하지 않는다.

① 500,000원   ② 700,000원
③ 900,000원   ④ 1,000,000원

- 기초매출채권 + 당기매출채권 − 당기매출채권회수액 = 기말매출채권
- 500,000 + 400,000 − 0 = 900,000원

13 매출채권은 일반적 상거래에서 발생한 외상매출금과 받을어음을 말한다. 여기서 "일반적 상거래"의 의미를 가장 적절하게 설명한 것은?

① 당해 회사의 사업목적을 위한 정상적 영업활동에서 발생한 거래
② 회계상의 거래가 아니면서 일반적인 거래에 해당되는 것
③ 회계상의 거래이면서 일반적인 거래에 해당되는 것
④ 일반적인 거래가 아니면서 회계상의 거래에 해당되는 것

- -

일반적인 상거래란 정상적인 영업활동에서 발생되는 상품, 제품의 매출거래이다.

14 다음 자료는 둘리전자의 거래내역이다. 기말 재무상태표에 계상된 매출채권은 얼마인가?

- 기초매출채권 350,000원
- 아라전자에 판매용 스마트TV를 400,000원에 외상 판매하다.
- 우리유통에 판매용 냉장고를 500,000원에 판매하고 200,000원은 현금으로, 나머지는 어음을 받다.
- 기말 현재 어음의 만기일은 도래하지 않았고, 아라전자의 외상대금은 회수되다.

① 350,000원   ② 650,000원
③ 750,000원   ④ 1,050,000원

- -

- 기초매출채권+당기매출채권－당기매출채권회수액＝기말매출채권
- 350,000＋400,000＋300,000－400,000＝650,000원

15 다음 자료에서 당기 중에 외상으로 매출한 금액은 얼마인가?

- 외상매출금 기초잔액 : 100,000원
- 외상매출금 당기회수액 : 400,000원
- 외상매출금 중 에누리액 : 20,000원
- 외상매출금 기말잔액 : 80,000원

① 300,000원   ② 360,000원
③ 400,000원   ④ 500,000원

- -

- 외상매출금 기초잔액+당기외상매출금－외상매출금회수액－매출환입및에누리＝외상매출금 기말잔액
- 100,000＋당기외상매출금－400,000－20,000＝80,000
∴ 당기외상매출금 400,000원

16 다음 자료에 의하여 당기 중에 외상으로 매출한 상품대금을 계산하면 얼마인가?

- 외상매출금 기초잔액 : 60,000원
- 외상매출금 기말잔액 : 80,000원
- 외상매출액 중 에누리액 : 15,000원
- 외상매출액 중 대손액 : 10,000원
- 외상매출액 중 환입액 : 15,000원
- 당기외상매출액 중 회수액 : 500,000원

① 440,000원   ② 450,000원
③ 550,000원   ④ 560,000원

- -

- 외상매출금 기초잔액+당기외상매출금－외상매출금회수액－매출환입및에누리－대손액＝외상매출금 기말잔액
- 60,000＋당기외상매출금－500,000－15,000－15,000－10,000＝80,000
∴ 560,000원

17 모든 매출은 외상으로 판매하고 1개월 후에 현금 또는 보통예금으로 회수하는 신원상사의 매출채권과 관련한 다음 자료를 보고 당기총매출액을 계산하면 얼마인가?(단, 대손이나 매출할인 등의 변동요인은 없음)

전기 이월액	차기 이월액	현금 회수액	보통예금 회수액	당기총 매출액
370,000원	260,000원	260,000원	200,000원	?

① 570,000원   ② 350,000원
③ 630,000원   ④ 720,000원

- -

- 기초매출채권+당기매출채권－당기매출채권회수액＝기말매출채권
- 370,000＋당기매출채권－260,000－200,000＝260,000
∴ 당기매출채권 350,000원

18 다음 분개에 대한 설명으로 옳은 것은?

(차) 현금 10,000   (대) 현금과부족 10,000

① 현금과잉액의 원인이 밝혀진 경우
② 현금의 실제 잔액이 장부 잔액보다 많음을 발견한 경우
③ 현금부족분의 원인이 밝혀진 경우
④ 현금의 실제 잔액이 장부 잔액보다 부족함을 발견한 경우

- -

현금부족 시에는 현금과부족계정 차변에 기재하며, 현금과잉 시에는 현금과부족계정 대변에 기재한다.

정답 13 ① 14 ② 15 ③ 16 ④ 17 ② 18 ②

19 아래의 거래에서 단기매매증권 취득원가는 얼마인가?

> 증권거래소에 상장되어 있는 (주)동원상사의 주식 100주를 1주당 10,000원에 취득하고 증권회사에 대한 증권 매매수수료 10,000원과 함께 수표발행하여 지급하다.

① 900,000원　　　② 1,000,000원
③ 1,010,000원　　④ 1,100,000원

단기매매증권 취득 시 발생되는 비용은 당기비용(수수료비용)처리한다. 따라서 취득원가는 100주×10,000원＝1,000,000원이다.

20 다음 빈칸에 들어갈 내용으로 올바른 것은?

> 결산일 현재 보유하고 있는 단기매매증권은 (㉠)으로 평가하고 단기매매증권평가손익은 (㉡)으로 보고한다.

① ㉠ 취득금액　　㉡ 판매비와관리비
② ㉠ 공정가치　　㉡ 판매비와관리비
③ ㉠ 공정가치　　㉡ 영업외손익
④ ㉠ 취득금액　　㉡ 영업외손익

단기매매증권은 결산 시 장부금액과 공정가치의 차액을 단기매매증권평가손익으로 처리한다.

21 상품 이외의 자산을 외상으로 매각한 경우 발생하는 채권과 관련 있는 계정은?

① 미수금　　　② 선수금
③ 가수금　　　④ 예수금

상품 이외의 자산을 매각하는 경우는 일반적인 상거래 외의 거래이므로 미수금으로 처리한다.

22 다음 빈 칸에 가장 알맞은 것은?

> 재고자산을 매입하는 경우 매입대금의 일부를 미리 지급하는 것은 (㉠)(이)라고 하며, 이는 (㉡)(으)로서 차변에 기입한다.

① ㉠ 미수금　　㉡ 부채
② ㉠ 선급금　　㉡ 자산
③ ㉠ 선급금　　㉡ 부채
④ ㉠ 선수금　　㉡ 자산

선급금을 지급하면 물건을 받을 권리가 생기므로 자산의 증가로 처리한다.

23 다음 (가)와 (나)를 분개할 때, 차변 계정과목으로 옳은 것은?

> (가) 출장가는 사원에게 어림잡아 출장비 100,000원을 현금 지급하다.
> (나) 거래처에 상품을 주문하고, 계약금으로 50,000원을 현금 지급하다.

① (가) 가수금　　(나) 선급금
② (가) 가수금　　(나) 선수금
③ (가) 가지급금　(나) 선급금
④ (가) 가지급금　(나) 선수금

현금의 지출이 있었으나 계정과목과 금액이 확정되지 않을 경우 가지급금으로 처리하며, 상품 등을 매입하기로 하고 착수금이나 계약금조로 미리 지급하는 금액은 선급금으로 처리한다.

24 다음 설명 중 밑줄 친 (가)와 관련 있는 계정으로만 나열된 것은?

> 자산은 기업이 경영활동을 하기 위하여 소유하고 있는 각종 재화와 (가) 채권을 말한다.

① 현금, 상품
② 건물, 미수금
③ 단기대여금, 외상매출금
④ 선급금, 차량운반구

현금, 상품, 건물, 차량운반구는 재화에 해당한다.

25 아래의 계정 중 잔액은 항상 차변에 있으며, 임시계정으로 원인이 판명되거나 또는 상품 매매활동 등이 완료되면 없어지는 계정으로 짝지어진 것은?

① 가수금, 선급금
② 선수금, 가수금
③ 가지급금, 선급금
④ 선수금, 가지급금

잔액이 항상 차변에 있는 것은 자산 또는 비용인데 임시계정으로 원인이 판명되거나 상품 매매활동이 완료되면 없어진다고 했으므로 자산의 가지급금과 선급금에 대한 내용이다.

26 다음 (가)에 들어갈 계정과목으로 옳은 것은?

현금의 지출이 있었으나, 계정과목이나 금액이 미확정인 경우에는 (가)계정을 사용하여 일시적으로 처리한다.

① 선급금　　　　　　② 가지급금
③ 가수금　　　　　　④ 선수금

실제로 현금지출은 있었으나 계정과목이나 금액을 확정할 수 없을 때에 사용하는 계정과목은 가지급금이다.

27 다음 계정과목에 대한 설명으로 잘못된 것은?

① 가수금 : 현금의 지출이 있었으나 그 내용이 확정되지 않은 경우
② 선수금 : 상품 매출에 대한 주문을 받고 미리 계약금을 받은 경우
③ 미수금 : 상품 이외의 것을 매각하고 대금을 외상으로 처리하는 경우
④ 예수금 : 급여 지급 시 종업원이 부담할 소득세 등을 회사가 일시적으로 받아두는 경우

현금의 지출이 있었으나 그 내용이 확정되지 않은 경우에는 가지급금계정으로 처리한다.

28 단기매매증권에 관한 자료가 다음과 같은 경우 단기매매증권의 처분이익은?

• 9월 25일, 주식 1,000주를 현금 6,000,000원으로 구입(1주당 액면 5,000원)
• 12월 31일, 결산 시 주식 1,000주의 공정가액(시가) 6,500,000원
• 차기 3월 31일, 주식 500주를 3,500,000원에 현금으로 받고 처분

① 250,000원　　　　② 500,000원
③ 750,000원　　　　④ 1,000,000원

• 9/25 (차) 단기매매증권	6,000,000 (대) 현금	6,000,000
• 12/31 (차) 단기매매증권	500,000 (대) 단기매매증권 평가이익	500,000
• 차기 (차) 현금 3/31	3,500,000 (대) 단기매매증권 (대) 단기매매증권 처분이익	3,250,000 3,250,000

즉, 결산 시 평가이익이 발생하여 장부금액이 6,500,000(주당 6,500)원이 되었는데 차기에 이중 500주를 3,500,000(주당 7,000)원에 처분했으므로 처분이익 250,000(500주×500)원이 발생하게 된다.

29 경리담당자는 현재시재액이 장부잔액보다 30,000원 많은 것을 발견하였으나, 그 원인을 알 수 없어서 현금과부족계정을 이용하여 차이를 조정하였다. 그 후 현금불일치의 원인이 임대료수입의 기장누락에 있었음을 발견하였다. 현금불일치의 원인이 발견된 시점에서 필요한 분개는?

① (차) 현금과부족 30,000 (대) 현금　　　　30,000
② (차) 현금과부족 30,000 (대) 임대료　　　30,000
③ (차) 현금　　　30,000 (대) 현금과부족 30,000
④ (차) 임대료　　30,000 (대) 현금과부족 30,000

현금과부족은 과잉 시 대변으로 회계처리하므로 원인이 밝혀지면 차변으로 대체하고 해당 계정과목으로 처리한다.

30 다음 선급금계정에서 4월 6일 거래의 설명으로 옳은 것은?

선급금			
4/6 현금	150,000	4/8 상품	150,000

① 상품을 주문하고 계약금을 지급하다.
② 상품을 주문받고 계약금을 받다.
③ 상품을 매입하고 계약금을 차감하다.
④ 상품을 매출하고 계약금을 차감하다.

• 4/6 (차) 선급금　150,000　(대) 현금　　150,000
• 4/8 (차) 상품　　150,000　(대) 선급금　150,000

31 기말 자산계정의 잔액이다. 재무상태표에 당좌자산으로 표시될 금액은?

• 현금 : 2,000원　　　• 보통예금 : 5,000원
• 상품 : 3,000원　　　• 외상매출금 : 3,000원
• 받을어음 : 2,000원　　• 비품 : 1,000원

① 12,000원　　　　② 13,000원
③ 14,000원　　　　④ 15,000원

• 당좌자산 : 현금, 보통예금, 외상매출금, 받을어음
• 재고자산 : 상품
• 유형자산 : 비품

정답 26 ② 27 ① 28 ① 29 ② 30 ① 31 ①

32 다음 중 유동자산에 해당하지 <u>않는</u> 것은 무엇인가?

① 보통예금　　　　② 임차보증금
③ 재고자산　　　　④ 단기매매증권

───────────────────

임차보증금은 비유동자산의 기타비유동자산이다.

33 다음 중 당좌자산에 해당하지 <u>않는</u> 것은?

① 선급비용　　　　② 받을어음
③ 장기미수금　　　④ 단기대여금

───────────────────

장기미수금은 기타비유동자산이다.

34 당좌자산에 대한 설명으로 가장 올바르지 <u>않는</u> 것은?

① 유동자산 중 판매과정을 거치지 않고 바로 현금화할 수 있는 자산이다.
② 현금계정에서 처리되는 것에는 보험증권, 주식, 상품권도 포함된다.
③ 미수수익, 미수금, 선급금은 항목이 중요한 경우에는 재무제표에 개별표시한다.
④ 단기투자자산은 기업의 단기 유동성을 파악하는데 중요한 정보이기 때문에 당좌자산 내에 별도 항목으로 표시한다.

───────────────────

보험증권, 주식, 상품권은 현금으로 처리하지 않는다.

35 다음 중 대손처리할 수 <u>없는</u> 계정과목은 어느 것인가?

① 받을어음　　　　② 미수금
③ 선수금　　　　　④ 외상매출금

───────────────────

대손은 채권에 대하여서 회수불능 시 회계처리를 하는 것이다. 선수금은 계약금을 미리 받은 것으로 부채이기 때문에 대손처리가 불가하다.

36 다음 중 대손처리할 수 있는 계정과목은?

① 지급어음　　　　② 미지급금
③ 선수금　　　　　④ 외상매출금

───────────────────

대손은 채권에 대해서 처리하므로 부채는 대손처리할 수 없다.

37 다음 자료에 의한 기말 현재 대손충당금 잔액은 얼마인가?

> • 기말 매출채권 : 20,000,000원
> • 기말 매출채권 잔액에 대하여 1%의 대손충당금을 설정하기로 한다.

① 200,000원　　　　② 218,000원
③ 250,000원　　　　④ 320,000원

───────────────────

기말 현재 대손충당금 잔액 = 기말 매출채권 20,000,000원×대손추정률 1% = 200,000원

38 다음 자료에서 당기 손익계산서에 보고되는 대손상각비는 얼마인가?

> • 전기말 대손충당금이 20,000원이다.
> • 당기중 대손충당금에 변화가 없다.
> • 당기말 외상매출금 잔액 5,000,000원에 대해 1%의 대손을 설정하다.

① 10,000원　　　　② 20,000원
③ 30,000원　　　　④ 40,000원

───────────────────

5,000,000(외상매출금 잔액)×1%−20,000=30,000원

오답 피하기

대손충당금 설정액(보충법) = 기말채권 잔액×대손추정률(%) − 대손충당금 잔액

39 다음은 2025년 하나상사의 매출채권과 대손충당금 관련 사항들이다. 설명 중 맞는 것은?

> • 기초 대손충당금 잔액 : 100,000원
> • 5월 매출채권 대손처리액 : 500,000원
> • 기말 매출채권 잔액 : 30,000,000원
> • 대손충당금은 매출채권의 1%로 한다.

① 대손충당금 당기 감소액은 600,000원이다.
② 기말 대손충당금 설정액은 300,000원이다.
③ 2026년도로 이월되는 대손충당금 잔액은 800,000원이다.
④ 2025년 대손상각비는 300,000원이다.

───────────────────

• 기말채권 잔액×대손추정률(%)−대손충당금 잔액
  =30,000,000×1%−0=300,000원
• 5월 매출채권 대손이 500,000원 발생되었으므로 기초 대손충당금 잔액 100,000원과 대손상각비 400,000원으로 대손처리하므로 대손충당금 잔액은 0원이다.

오답 피하기

①은 100,000원, ③은 300,000원, ④는 700,000원이다.

───────────────────

정답 32 ② 　33 ③ 　34 ② 　35 ③ 　36 ④ 　37 ① 　38 ③ 　39 ②

40 다음 자료에서 2025년 말 대손충당금 추가설정액은 얼마인가?(단, 대손충당금은 매출채권 잔액의 1%를 설정하며, 전기회수불능채권은 대손충당금으로 상계 처리한 것으로 가정함)

- 2025.1.1 : 대손충당금 이월액   1,200,000원
- 2025.7.1 : 전기회수불능채권 현금회수액 200,000원
- 2025.12.31 : 매출채권잔액   200,000,000원

① 600,000원   ② 800,000원
③ 1,000,000원   ④ 1,200,000원

- 기말채권 잔액(200,000,000)×1% - 기말 대손충당금 잔액(1,200,000 + 200,000)=600,000원
- 전기회수불능채권이 당기에 회수되면 당기 대손충당금에 전입해야 한다.

41 다음의 자료를 토대로 기말 대손상각비로 계상할 금액은 얼마인가?

- 기초매출채권에 대한 대손충당금 잔액은 200,000원 이다.
- 3월 3일 거래처의 파산으로 매출채권 80,000원이 회수불능되었다.
- 기말 매출채권에 대한 대손충당금은 150,000원이다.
- 대손충당금은 보충법을 적용한다.

① 10,000원   ② 20,000원
③ 30,000원   ④ 40,000원

150,000 - (200,000 - 80,000)=30,000원

42 대손충당금을 설정할 경우의 거래내용과 회계처리가 적절하지 <u>않는</u> 것은?

① 대손예상액 > 대손충당금 잔액
  (차) 대손상각비 ××× (대) 대손충당금 ×××
② 대손예상액 = 대손충당금 잔액
  (차) 대손상각비 ××× (대) 대손충당금 ×××
③ 대손예상액 < 대손충당금 잔액
  (차) 대손충당금 ××× (대) 대손충당금환입 ×××
④ 대손충당금 잔액이 없을 경우
  (차) 대손상각비 ××× (대) 대손충당금 ×××

②는 대손예상액과 대손충당금 잔액이 같아 설정할 대손충당금이 없으므로 분개도 없다.

43 아래 거래에 대한 분개로 올바른 것은?

9/30 : 거래처의 파산으로 외상매출금 90,000원이 회수불능이 된다.(단, 전기에 설정된 대손충당금 잔액은 30,000원이 있음)

① (차) 대손상각비 90,000 (대) 외상매출금 90,000
② (차) 대손충당금 30,000 (대) 외상매출금 90,000
  대손상각비 60,000
③ (차) 대손충당금 60,000 (대) 외상매출금 90,000
  대손상각비 30,000
④ (차) 대손충당금환입 90,000 (대) 외상매출금 90,000

대손 발생 시 전기에 설정된 대손충당금으로 처리하고 부족분은 당기비용처리한다. 비용처리 시 매출채권은 대손상각비로, 기타채권은 기타의대손상각비로 처리한다.

44 다음 자료로 당기 외상매출금 발생액을 구하면 얼마인가?

- 기초 외상매출금 : 2,300,000원
- 당기 외상매출금 회수액 : 2,900,000원
- 기초 대손충당금 : 0원
- 기말 대손충당금 : 11,000원
- 대손율 : 1%

① 1,500,000원   ② 1,600,000원
③ 1,700,000원   ④ 1,800,000원

- 기말 외상매출금×1%=11,000
  ∴ 기말 외상매출금 : 1,100,000원
- 기초 외상매출금(2,300,000)+당기 외상매출금 발생액-당기 외상매출금 회수액(2,900,000)=기말 외상매출금(1,100,000)
  ∴ 당기 외상매출금 발생액 : 1,700,000원

45 다음은 외상매출금계정의 차변과 대변에 기록되는 내용을 표시한 것이다. <u>틀리게</u> 표시하고 있는 항목은?

외상매출금	
기초재고액	환입 및 에누리액
매출액	대손액
회수액	기말재고액

① 매출액   ② 회수액
③ 환입 및 에누리액   ④ 대손액

외상매출금의 회수액은 외상매출금계정에서 감소되어야 하므로 대변에 기입하여야 한다.

02 재고자산

정상적인 영업과정에서 판매를 위하여 보유하거나 생산과정에 있는 자산(상품, 제품) 및 생산 또는 서비스 제공과정에 투입될 원재료나 소모품의 형태로 존재하는 자산이다.

1) 재고자산의 종류

① **상품** : 정상적인 영업활동을 통하여 판매할 목적으로 구입한 것을 말하며 부동산 매매업에 있어서 판매를 목적으로 소유하는 토지, 건물 등이 상품에 포함된다.

② **그 외 재고자산** : 제품, 원재료, 재공품, 반제품, 저장품, 시송품, 적송품, 미착품이 있다.

2) 재고자산의 취득원가

매입원가를 말하며 취득에 직접적으로 관련되어 있으며, 정상적으로 발생되는 부대비용(기타원가)를 포함하며 매입환출, 매입에누리, 매입할인은 차감한다.

예제	나라상사에서 상품 100,000원을 매입하면서 운임 10,000원을 당사가 부담하기로 하고 상품과 운임비 전액을 현금으로 지급하였다.		
(차) 상품	110,000	(대) 현금	110,000

해설	운임은 상품의 취득원가로 처리한다. 상품(자산의 증가 : 차변), 현금(자산의 감소 : 대변)

① **매입환출및에누리** : 매입환출은 매입한 상품의 하자, 파손 등의 사유로 판매자에게 반품 처리한 것이며, 매입에누리는 매입한 상품의 불량, 파손, 결함 등의 이유로 결제금액을 깎는 것을 말한다.

② **매입할인** : 외상대금을 약정(1/20, n/30* 등)된 할인기간 내에 지급하고 대금의 일부를 깎는 것을 말한다.

예제	상품 100,000원을 외상으로 매입하면서 운임 10,000원을 당사가 부담하기로 하였다. 결제는 상품 대금은 외상으로 하고 운임은 현금으로 지급하였다.		
(차) 상품	110,000	(대) 외상매입금	100,000
		현금	10,000

예제	매입한 상품의 일부에서 불량이 발생하여 30,000원을 외상매입금에서 차감하기로 하였다.		
(차) 외상매입금	30,000	(대) 매입환출및에누리	30,000

3) 상품매매 시 회계처리 방법

단일상품 회계처리 방법과 분할상품 회계처리 방법이 있다.

① 단일상품 회계처리 방법

• 순수상품계정(분기법)에 의한 방법 : 상품을 매출할 때 원가(상품)와 이익(상품매출
이익)을 구분하여 회계처리하는 방법이다.

– 외상매입 시 :	(차) 상품	1,000	(대) 외상매입금	1,000
– 환출및매입에누리 :	(차) 외상매입금	200	(대) 상품	200
– 매입할인 시 :	(차) 외상매입금	1,000	(대) 상품	200
			(대) 현금	800
– 외상매출 시 :	(차) 외상매출금	1,200	(대) 상품	1,000
			(대) 상품매출이익	200
– 환입 시 :	(차) 상품	1,000	(대) 외상매출금	1,200
	(차) 상품매출이익	200		
– 매출에누리 시 :	(차) 상품매출이익	200	(대) 외상매출금	200
– 매출할인 시 :	(차) 현금	1,000	(대) 외상매출금	1,200
	(차) 상품매출이익	200		

• 혼합상품계정(총기법)에 의한 방법 : 상품을 매출할 때 원가와 이익을 구분하지 않고
매가(원가+이익)로 처리하는 방법이다.

② 분할상품 회계처리 방법 :
상품계정을 몇 개의 계정으로 분할하는가에 따라 2분
법, 3분법, 5분법, 7분법, 9분법이 있으나 어떠한 방법을 사용해도 매출총이익의
결과는 동일하다. 수기시절에 상품계정을 이월상품, 매입, 매출계정으로 분할하는
3분법을 많이 사용하였으나 전산세무회계프로그램에서는 2분법(상품, 상품매출)
을 사용한다.

• 이월상품 : 상품의 재고액을 기입하는 자산계정

• 매입 : 상품의 매입(제비용 포함), 매입환출및에누리, 매입할인을 기입하여 "매출원
가"를 산출하는 비용계정
└→ 차변에 기입   └→ 대변에 기입

• 매출 : 상품의 매출, 매출환입및에누리, 매출할인을 기입하여 "순매출액(순액법일
경우에는 상품매출손익)"을 계산하는 수익계정
                └→ 대변에 기입   └→ 차변에 기입

– 외상매입 시 :	(차) 매입	1,000	(대) 외상매입금	1,000
– 매입환출및에누리 :	(차) 외상매입금	200	(대) 매입	200
– 매입할인 시 :	(차) 외상매입금	1,000	(대) 매입	200
			(대) 현금	800
– 외상매출 시 :	(차) 외상매출금	1,000	(대) 매출	1,000
– 매출환입및에누리 :	(차) 매출	200	(대) 외상매출금	200
– 매출할인 시 :	(차) 매출	200	(대) 외상매출금	1,000
	(차) 현금	800		

기적의 TIP

3분법은 이론시험을 대비하여 간단히 이해하고, 프로그램을 고려하여 2분법으로 처리할 수 있도록 학습한다.

1. 매출원가의 계산 : 매입계정에서 매출원가를 산출한다.
   ㉠ **기초상품재고액을 매입계정 차변에 대체한다** : (차) 매입   ××× (대) 이월상품 ×××
   ㉡ **기말상품재고액을 매입계정 대변에 대체한다** : (차) 이월상품 ××× (대) 매입   ×××

이월상품

기초상품재고액 (전기이월)	㉠ 매입계정에 대체
㉡ 매입계정에 대체	기말상품재고액

매입

총매입액 (제비용포함)	매입환출및에누리, 매입할인
㉠ 기초상품재고액	㉡ 기말상품재고액
	}매출원가

기초상품재고액을 이월상품계정에 대체(+)하고 기말상품재고액을 매입계정에서 이월상품계정으로 대체(−)하여 매입계정에서 매출원가를 산출한다. 매입계정의 매입 시 발생된 제비용은 포함하고 매입환출및에누리, 매입할인은 차감한다.

   ※ 매출원가＝기초상품재고액＋당기순매입액−기말상품재고액

2. 상품매출이익의 계산 : 총액법과 순액법의 2가지 방법이 있다.
   ① **총액법** : 손익계정에서 상품매출이익을 산출한다(회계기준에서 선호함).
      ㉢ 매입계정에서 산출한 매출원가를 손익계정 차변에 대체한다.
      (차) 손익 ×××   (대) 매입 ×××
      ㉣ 매출계정에서 산출한 순매출액을 손익계정 대변에 대체한다.
      (차) 매출 ×××   (대) 손익 ×××

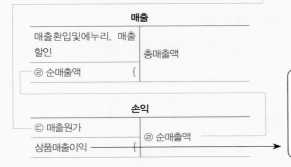

매입

총매입액 (제비용포함)	매입환출및에누리, 매입할인
기초상품재고액	기말상품재고액
	}㉢ 매출원가

매출

매출환입및에누리, 매출할인	총매출액
㉣ 순매출액 {	

손익

㉢ 매출원가	㉣ 순매출액
상품매출이익 {	

매입계정에서 산출한 매출원가와 매출계정에서 산출한 순매출액을 각각 총액으로 손익계정에 대체하여 매출총이익을 산출한다. 순매출액은 총매출액에서 매출환입및에누리, 매출할인을 차감한다.

   ② **순액법** : 매출계정에서 상품매출이익을 산출한다.

4) 재고자산의 수량 파악방법

① **실지재고조사법(실사법)** : 재고자산의 입고 수량만을 기록하고 출고 수량은 기록하지 않고 기말에 실지재고를 조사하여 기말재고수량을 파악하는 방법이다. 따라서 당기 판매가능수량(기초재고수량+당기매입수량)에서 기말실지재고수량을 차감하여 당기판매수량을 파악한다. 단위당 원가가 적고, 입출고가 빈번한 상품을 취급하는 업종에 적용 가능하며 감모 시 판매수량이 과대계상된다.

② **계속기록법** : 입고와 출고가 이루어질 때마다 장부에 계속적으로 수량을 기록하여 재고수량을 장부에서 언제든지 파악할 수 있는 방법으로 실지재고조사는 하지 않는다. 고가의 상품을 소량으로 취급하는 업종에 적용 가능하며 감모 시 기말재고수량이 과대계상된다.

③ **혼합법(병행법)** : 계속기록법과 실지재고조사법을 병행하여 사용하면, 장부상재고량과 실지재고량을 모두 알 수 있기 때문에 감모가 자주 발생하는 경우에 사용한다.

5) 재고자산의 원가(단가) 파악방법

통상적으로 상호 교환될 수 없는 재고항목이나 특정 프로젝트별로 생산되는 제품 또는 서비스의 원가는 개별법을 사용하여 파악하며, 개별법이 적용되지 않는 재고자산의 원가는 선입선출법, 후입선출법, 가중평균법(이동평균법, 총평균법)을 사용하여 파악한다. 성격과 용도면에서 유사한 재고자산에는 동일한 원가 파악방법을 적용하여야 하며, 성격이나 용도면에서 차이가 있는 재고자산에는 서로 다른 원가 파악방법을 적용할 수 있다.

① **개별법** : 매입상품별로 매입가격을 알 수 있도록 개별적으로 관리하여 판매된 부분에 대한 원가와 기말에 남아 있는 재고자산의 원가를 개별적으로 파악하여 매출원가와 기말재고액을 파악하는 방법이다.

장점	이론상 가장 이상적인 방법으로 수익과 비용이 정확히 대응되어 정확한 이익 측정
단점	종류와 수량이 많고 거래가 빈번한 경우 적용 불가

② **선입선출법** : 먼저 매입한 재고자산이 먼저 판매되는 것으로 가정하여 매출원가와 기말재고원가를 파악하는 방법이다.

장점	물량의 흐름과 일치함. 물가상승 시에는 순이익이 높게 계상되고 기말재고원가는 최근에 원가로 계상되므로 재무상태표상 재고자산은 시가에 가까움
단점	먼저 매입한 재고자산이 먼저 판매되므로 매출시점 현재의 매출액(수익)과 과거의 매출원가(비용)가 대응되므로 수익과 비용의 대응이 정확하지 않음

③ **후입선출법** : 가장 나중(최근)에 매입한 재고자산이 먼저 판매되는 것으로 가정하여 매출원가와 기말재고원가를 파악하는 방법이다. 한국채택국제회계기준에서는 인정하지 않는다.

장점	나중에 매입한 재고자산이 먼저 판매되므로 매출시점 현재의 매출액(수익)과 현재의 매출원가(비용)가 대응되므로 수익과 비용의 대응이 적절히 이루어짐. 물가상승 시에는 순이익이 낮게 계상되고 기말재고자산원가는 과거의 원가로 계상되므로 기말재고원가가 낮게 계상됨
단점	물량의 흐름과 일치하지 않음

④ **이동평균법** : 매입할 때마다 평균원가를 계산한 후 재고자산이 출고되는 시점에서 평균원가로 매출원가와 기말재고원가를 결정하는 방법이다.

(매입직전 재고액 + 금번 매입액) ÷ (매입직전 재고수량 + 금번 매입수량) = 이동평균원가

⑤ **총평균법** : 당기에 판매된 재고자산은 모두 동일한 원가라는 가정하에 매출원가와 기말재고원가를 결정하는 방법이다.

(기초재고액 + 당기매입액) ÷ (기초재고수량 + 당기매입수량) = 총평균원가

6) 상품재고장

상품의 매입(인수), 매출(인도)을 기장하여 상품의 현재 잔액(재고액)을 파악하기 위하여 작성하는 보조원장이다. 상품의 종류별로 작성하며 선입선출법, 후입선출법, 이동평균법, 총평균법 중 하나를 택일하여 작성한다.

- ■ 작성방법
- 1종류의 상품만 기입한다(즉, 상품을 종류별로 각각 기록함).
- 매입은 인수란에, 매출은 인도란에 원가로 기입하며 잔액란에는 현재 재고를 원가로 기재한다.
- 잔액란의 단가가 다르면 입고 순으로 잔액을 기재한다.
- 매입환출/매출환입/매입에누리/매입할인은 붉은색으로 기재하며 매입환출은 인수란에 매출환입은 인도란에 기입하며 월 마감 시 차감하고 차월이월 수량은 인도란에 기재하여 더한다.
- 매출에누리/매출할인은 매출액에서 차감하므로 매출장에 기입해야 하며, 발송운임(운반비)은 판매비와관리비로 처리되므로 상품재고장에 기입하지 않는다.
- 환입의 단가 결정은 매출 시 맨 나중에 매출한 단가로 환입시킨다.

물가상승 시 각 방법의 비교
- **기말재고금액** : 선입선출법 > 이동평균법 > 총평균법 > 후입선출법
- **매출원가** : 후입선출법 > 총평균법 > 이동평균법 > 선입선출법
- **당기순이익** : 선입선출법 > 이동평균법 > 총평균법 > 후입선출법

 개념 체크

1 재고자산의 원가를 결정하는 방법에 해당하는 것에는 선입선출법, 정률법, 생산량비례법, 정액법 등이 있다. (○, ×)

1 ×

다음 자료에 의하여 상품재고장을 선입선출법으로 작성하시오.

5월 1일 전월이월 200개 @₩400
　　4일 갑상품 400개 @₩400 ₩160,000 매입 인수운임 현금지급 ₩4,000
　　6일 4일 매입상품중 불량품에 대하여 ₩8,000 에누리
　　10일 갑상품 400개 @₩500 ₩200,000 매출
　　13일 10일 매출상품 중 이상이 있어 ₩8,000 에누리
　　19일 갑상품 600개 @₩420 ₩252,000 매입
　　23일 19일 매입상품 중 파손품 100개 환출
　　25일 갑상품 600개 @₩550 ₩330,000 매출
　　28일 25일 매출상품 중 불량품 100개 환입

해설 5월 13일자 매출관련 에누리는 매출장에서 차감하므로 기재하지 않는다.

상품재고장

2xxx년		적요	인수			인도			잔액		
			수량	단가	금액	수량	단가	금액	수량	단가	금액
5	1	전월이월	200	400	80,000				200	400	80,000
	4	매입	400	410	164,000				200	400	80,000
									400	410	164,000
	6	에누리			8,000				200	400	80,000
									400	390	156,000
	10	매출				200	400	80,000			
						200	390	78,000	200	390	78,000
	19	매입	600	420	252,000				200	390	78,000
									600	420	252,000
	23	환출	100	420	42,000				200	390	78,000
									500	420	210,000
	25	매출				200	390	78,000			
						400	420	168,000	100	420	42,000
	28	환입				100	420	42,000	200	420	84,000
	31	차월이월				200	420	84,000			
			1,100		446,000	1,100		446,000			

7) 재고자산의 감모손실

도난, 분실, 파손, 증발, 마모 등에 의한 수량 부족으로 장부상 수량에 비하여 실제 수량이 부족한 경우에 발생하는 손실((장부수량－실제수량)×단위당 원가)을 말한다.★
• 비정상인 경우

★ 비정상적으로 발생될 경우 재고자산감모손실로 영업외비용 처리한다.

(차) 재고자산감모손실	×××	(대) 상품	×××
		(적요 8.타계정으로 대체액)	

거래처원장(매출처원장, 매입처원장) : 상품 외상거래에 관한 기장

거래처원장은 거래처로부터 받아야 할 외상매출금과 거래처에 지급해야 할 외상매입금에 관하여 외상매출금은 매출처원장으로 외상매입금은 매입처원장으로 장부를 작성하는 것을 말한다. 매출처원장과 매입처원장을 통칭하여 거래처원장이라 한다.

- **인명계정** : 인명계정이란 상품을 외상으로 매출하거나 매입하는 경우에 발생하는 채권·채무의 증감을 처리하는 계정과목(외상매출금, 외상매입금) 대신에 거래처의 인명, 상호를 계정과목처럼 처리하는 방법을 말한다. 거래처 수가 적은 경우에는 각 거래처의 인명을 사용하면 각 거래처별로 채권·채무의 잔액을 쉽게 파악할 수 있다.

- **통제계정** : 거래처 수가 많을 경우에는 인명계정을 사용하면 원장의 계정과목 수가 많아져서 외상매출금이나 외상매입금의 총액 및 잔액 등을 파악하기 어렵다. 이러한 불편을 줄이기 위하여 각 거래처별 외상거래의 명세는 "매출처원장"과 "매입처원장"이라는 보조원장에 기입하고, 원장에는 "외상매출금계정"과 "외상매입금계정"을 설정하여 보조원장 각 계정의 명세를 총괄적으로 처리한다.

- **통제계정 설정의 장점**
  - 총계정원장과 보조원장의 대조에 의하여 양쪽 기록의 오류가 검증된다.
  - 총계정원장이 단순화되므로 시산표 작성이 용이하다.
  - 재무제표(재무상태표)의 작성이 신속하므로 경영관리가 합리적이다.
  - 외상채권, 채무의 총액을 파악하기 쉽다.

- **상품외상매출 시**
  (차) 거래처명 ××× (대) 매출 ×××
- **상품외상매입 시**
  (차) 매입 ××× (대) 거래처명 ×××

[통제계정과 보조원장의 관계]

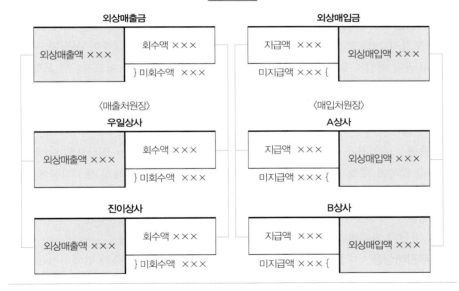

예제 다음 거래를 통제계정에 의거 외상매출금계정과 매출처원장에 기록하고 마감하시오.

7월 4일 장일상점에 상품 270,000원을 외상으로 매출하고 당점 부담 운임 10,000원은 현금으로 지급하였다.
7월 9일 미림상점에 상품 320,000원을 매출하고 대금은 80,000원은 현금으로 받고 잔액은 외상으로 하다.
7월 20일 미림상점에 매출한 상품 중 파손품이 있어 20,000원이 반품되어 오다.
7월 23일 장일상점의 외상매출금 200,000원과 미림상점의 외상매출금 180,000원을 현금으로 받다.

해설

총계정원장

외상매출금

7/4	270,000	7/20	20,000
7/9	240,000	7/23	380,000
		12/31 차기이월	110,000

매출처원장

장일상점					미림상점			
7/4	270,000	7/23	200,000		7/9	240,000	7/20	20,000
		12/31 차기이월	70,000				7/23	180,000
							12/31 차기이월	40,000

8) 기말재고자산의 포함 여부 결정

① **미착상품** : 운송 중에 있어 아직 도착하지 않은 상품으로 선적지 인도조건과 목적지(도착지) 인도조건이 있다. 선적지 인도조건인 경우에는 상품이 선적된 시점에 소유권이 매입자에게 이전되기 때문에 미착상품은 매입자의 재고자산에 포함되나 목적지(도착지) 인도조건인 경우에는 상품이 목적지(도착지)에 도착하여 매입자가 인수한 시점에 소유권이 매입자에게 이전되기 때문에 매입자의 재고자산에 포함하지 않는다.

② **시송품** : 매입자가 일정기간 사용한 후 매입 여부를 결정하는 조건으로 판매한 상품을 말하며 매입자가 매입의사표시를 하기 전까지는 매출자의 재고자산에 포함한다.

③ **적송품** : 위탁자가 수탁자에게 판매를 위탁하기 위하여 보낸 상품으로 수탁자가 제3자에게 판매하기 전까지는 위탁자의 재고자산에 포함한다.

④ **할부판매상품** : 대금이 모두 회수되지 않았다고 하더라도 상품의 판매시점에서 매출자의 재고자산에서 제외한다.

12년 12월

01 다음 괄호 안에 들어갈 내용으로 옳은 것은?

> ( )은(는) 영업과정에서 판매를 위하여 보유하거나 생산과정에 있는 자산 및 생산 또는 서비스 제공과정에 투입될 원재료나 소모품의 형태로 존재하는 자산이다.

① 무형자산   ② 당좌자산
③ 유형자산   ④ 재고자산

재고자산에 관한 설명이다.

16년 6월, 11년 10월

02 다음은 유동자산의 분류이다. (가)에 해당하는 계정과목으로 옳은 것은?

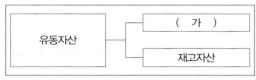

① 토지   ② 상품
③ 미수금   ④ 차량운반구

유동자산은 당좌자산과 재고자산이다. 따라서 당좌자산의 계정과목을 선택하면 된다. 상품은 재고자산, 토지와 차량운반구는 유형자산이다.

11년 10월

03 다음 중 재고자산 항목이 아닌 것은?

① 반제품   ② 저장품
③ 재공품   ④ 정답 없음

재고자산 : 상품, 제품, 원재료, 재공품, 반제품, 저장품(소모품 등), 시송품, 적송품, 미착품

12년 10월

04 다음 항목 중 재고자산에 포함되는 것은 몇 개인가?

> • 저장품   • 비품
> • 상품   • 미착품

① 1개   ② 2개
③ 3개   ④ 4개

비품은 유형자산이다.

14년 4월

05 다음 보기에서 재고자산으로 분류될 수 없는 것은?

① 판매를 위해 증권회사가 보유하는 주식
② 사용목적으로 보유하는 자동차
③ 부동산매매업자가 판매를 위해 보유하는 토지
④ 외부매입 후 재판매 목적으로 보유중인 미착상품

사용목적(영업활동)으로 보유하는 자동차는 유형자산(차량운반구)이다.

11년 12월

06 상품 매매거래를 3분법으로 기장하는 경우 매출원가를 산출할 수 있는 계정은?

① 매입   ② 이월상품
③ 매출   ④ 손익

상품 : 3분법 – 매입, 매출, 이월상품[참고 : 전산회계프로그램 – 2분법(상품, 상품매출)]

오답 피하기

3분법(상품계정을 몇 개의 계정으로 3개로 분할하여 관리하는 방법)
• 이월상품 : 상품의 재고액을 기입하는 자산계정
• 매입 : 상품의 매입(제비용포함), 환출및에누리, 매입할인을 기입하여 매출원가를 산출하는 비용계정
• 매출 : 상품의 매출, 환입, 매출에누리, 매출할인을 기입하여 순매출액(순액법일 경우에는 상품매출손익)을 계산하는 수익계정

12년 6월

07 상품 300,000원을 매입하고 대금은 현금 100,000원과 약속어음 200,000원을 발행하여 지급한 경우 영향으로 옳은 것은?

① 총자산과 총자본이 증가한다.
② 총자산과 총부채가 증가한다.
③ 총부채가 증가하고, 총자본은 감소한다.
④ 총자산이 감소하고, 총부채가 증가한다.

(차) 상품(자산의 증가) 300,000   (대) 현금(자산의 감소) 100,000
지급어음(부채의 증가) 200,000

08 다음 중 재고자산의 취득원가를 구성하는 항목은?

① 매입운임　　　　② 매입할인
③ 매입환출　　　　④ 매입에누리

- 재고자산의 취득원가=매입가(공정가치)+제비용(운임등)-매입환출및에누리
  -매입할인
- 즉, 매입운임은 취득원가에 가산하여 원가에 반영하지만 매입환출, 매입에누리, 매입할인은 취득원가에서 차감하여 원가로 처리하지 않는다.

09 다음 자료에 의하여 상품의 당기총매입액은 얼마인가?

- 기초상품재고액 : 80,000원
- 기말상품재고액 : 45,000원
- 당기매출원가 : 160,000원
- 매입에누리 : 20,000원

① 145,000원
② 120,000원
③ 115,000원
④ 110,000원

당기매출원가 = 기초상품재고액+당기총매입액-매입에누리-기말상품재고액
∴ 당기총매입액 = 당기매출원가-기초상품재고액+매입에누리+기말상품재고액
　　　　　　　 = 160,000-80,000+20,000+45,000=145,000원

10 다음 항목들과 관련하여 회계처리하는 경우 분개상 차변에 비용이 발생하는 경우가 아닌 것은?

가. 상품을 매입하고 매입대금 500,000원과 매입운임 30,000원을 현금지급하다
나. 은행차입금에 대한 이자 10,000원이 현재 미지급상태이다.
다. 거래처 직원의 결혼축하금으로 현금 50,000원을 지급하다.
라. 상품운반용 트럭을 구입하면서 취득세 20,000원을 현금으로 지급하다.

① 가, 나　　　　② 가, 다
③ 나, 라　　　　④ 가, 라

매입운임과 취득세는 상품의 취득원가로 처리한다.

11 다음의 자료에 기초하여 상품의 취득원가를 계산하면 얼마인가?

- 매입상품 수량 : 120개
- 매입단가 : 3,000원
- 매입운반비 : 8,000원
- 매입수수료 : 2,000원
- 매입 후 판매 시까지 발생한 창고보관료 : 5,000원

① 360,000원
② 368,000원
③ 370,000원
④ 375,000원

취득원가=매입가액+매입부대비용=3,000×120+8,000+2,000
　　　　　=370,000원

12 재고자산의 단가결정방법 중 후입선출법에 대한 설명으로 바르지 않은 것은?

① 실제 물량흐름과 원가흐름이 대체로 일치한다.
② 기말재고가 가장 오래 전에 매입한 상품의 단가로 계상된다.
③ 물가상승 시 이익이 과소계상된다.
④ 물가상승 시 기말재고가 과소평가된다.

후입선출법은 실제 물량흐름과 원가흐름이 대체로 일치하지 않는다.

13 다음 설명 중 그 내용이 가장 올바르지 못한 것은?

① 매입에누리는 매입한 상품의 파손이나 하자를 이유로 값을 깎아준 것을 말한다.
② 매입환출은 매입한 상품을 반품한 것을 말한다.
③ 매입할인은 상품의 구입대금을 조기에 지급할 때에 상대방이 깎아준 것을 말한다.
④ 상품구입 시 운반비를 구매자가 부담하기로 한 경우 관련 운반비는 운반비계정으로 처리한다.

상품매입 시 운반비를 구매자가 부담하기로 한 경우 운반비는 상품의 취득원가로 처리하여야 한다.

14 다음의 거래를 분개한 것 중 가장 옳지 않은 것은?

① 금천상회에 대여한 단기대여금 200,000원이 만기가 되어 이자 50,000원과 함께 현금으로 회수하다.

(차) 현금	250,000	(대) 단기대여금	200,000
		이자수익	50,000

② 통도상회에 상품 100,000원을 주문하고 계약금 50,000원을 현금으로 지급하다.

(차) 선급금	50,000	(대) 현금	50,000

③ 광운상사로부터 상품 500,000원을 주문받고, 계약금으로 100,000원을 동점발행수표로 받다.

(차) 현금	100,000	(대) 선수금	100,000

④ 통달상사에서 주문하였던 상품 200,000원이 도착하여 인수하고, 주문 시 지급한 계약금 70,000원을 제외한 잔액은 외상으로 하다. 단, 인수운임 20,000원은 현금으로 지급하다.

(차) 상품	200,000	(대) 선급금	70,000
운반비	20,000	외상매입금	130,000
		현금	20,000

인수운임은 상품의 취득원가이다.

(차) 상품	220,000	(대) 선급금	70,000
		외상매입금	130,000
		현금	20,000

15 다음 중 재고자산의 매입원가를 산출하는 산식으로 틀린 것은?

① 매입원가＝매입금액＋매입운임－매입환출 및 매입에누리
② 매입원가＝매입금액＋매입운임－매입할인 및 매입에누리
③ 매입원가＝매입금액＋매입운임－매입환출 및 매입할인
④ 매입원가＝매입금액＋매입운임－매출환입 및 매출에누리

재고자산의 매입원가는 매입금액에 매입운임, 하역료 및 보험료 등 취득과정에서 정상적으로 발생한 부대원가를 가산한 금액이다. 매입과 관련된 할인, 에누리 및 기타 유사한 항목은 매입원가에서 차감한다. 성격이 상이한 재고자산을 일괄하여 구입한 경우에는 총매입원가를 각 재고자산의 공정가치 비율에 따라 배분하여 개별 재고자산의 매입원가를 결정한다.

16 다음 중 재고자산에 대한 회계처리로 올바른 것은?

상품을 받기 전에 미리 지급하는 금액은 (㉠)이라고 하며, 매입한 상품이 파손되어 반품하는 것을 (㉡)이라고 한다.

① ㉠ 선급금 ㉡ 매입할인
② ㉠ 선급금 ㉡ 매입환출
③ ㉠ 선급비용 ㉡ 매입에누리
④ ㉠ 선수금 ㉡ 매입할인

매입한 상품을 반품하는 것을 매입환출이라고 한다.

17 주어진 자료에서 순매입액을 계산한 금액으로 옳은 것은?

매입			
이월상품	8,000	외상매입금	2,000
현금	25,000	이월상품	5,000
외상매입금	20,000		

① 40,000원
② 42,000원
③ 43,000원
④ 45,000원

- 상품을 현금과 외상으로 매입했으며 일부 상품(2,000)에 대해선 매입환출및에누리, 매입할인을 받았다.
- 25,000원＋20,000원－2,000원＝43,000원

오답 피하기

재고자산의 취득원가 : 총매입가(공정가치)＋제비용(운임 등)－매입환출－매입에누리－매입할인＝순매입액

매입(상품)	
기초상품재고액(원가)	매출액(원가)
당기매입액(매입제비용포함)	환출, 매입할인 및 매입에누리
환입액(원가)	기말상품재고액(원가)

18 다음 계정 기입의 5월 12일 거래에 대한 설명으로 올바른 것은?

매입			
5/10 외상매입금	200,000	5/12 외상매입금	20,000

① 상품을 외상으로 매입하다.
② 매입한 상품을 반품하다.
③ 상품 주문받고 계약금을 받다.
④ 상품 주문하고 계약금을 지급하다.

상품을 5/10자로 외상으로 매입했으며 5/12일에 환출 또는 에누리 또는 할인을 받은 것이다.

19 다음 설명에서 (가), (나), (다)를 바르게 나열한 것을 고르시오.

> (가) 매입시점에서 판매자가 값을 깎아주는 것을 말한다.
> (나) 매입한 상품에 파손이나 결함이 있어 반환하는 것을 말한다.
> (다) 상품 구입대금을 조기에 지급함에 따라 판매자가 구입대금을 깎아주는 것을 말한다.

	(가)	(나)	(다)
①	매입에누리	매입환출	매입할인
②	매입할인	매입환출	매입에누리
③	매입에누리	매입할인	매입환출
④	매입할인	매입에누리	매입환출

매입에누리란 매입한 상품에 파손이나 결함이 있어 깎아주는 것을 말하며 일정 기간의 거래수량이나 거래금액에 따라 깎아주는 것도 에누리에 포함된다.

20 다음 자료에서 상품 순매입액은 얼마인가?

> • 구매수량 : 1,000개
> • 단가 : 5,500원
> • 운임 : 150,000원(당사가 부담함)
> • 매출처에서 계속적인 거래를 위하여 500,000원 할인해줌

① 5,500,000원   ② 5,000,000원
③ 5,650,000원   ④ 5,150,000원

매입가(1,000×5,500)+운임(150,000)−할인(500,000)=5,150,000원

21 상품 이외의 매매 거래 시 발생하는 계정과목은?

① 외상매출금   ② 미지급금
③ 받을어음   ④ 외상매입금

• 상품계정에서만 사용할 수 있는 계정과목 : 외상매출금, 외상매입금, 받을어음, 지급어음
• 미지급금은 상품 이외의 매매거래 시 발생하는 계정과목이다.

22 다음 대화에 나타낸 내용을 회계처리한 것으로 옳은 것은?(단, 상품계정은 3분법으로 회계함)

> 사장 : "총무부장님, 신입사원은 영업부서에 배치하고 당사에서 판매하는 책상(매입원가 200,000원, 판매가격 250,000원)을 지급하도록 하세요."
> 부장 : "네, 사장님 이미 그렇게 하였습니다."

① (차) 비   품 200,000   (대) 매   입 200,000
② (차) 소모품비 250,000   (대) 상   품 250,000
③ (차) 소 모 품 200,000   (대) 소모품비 200,000
④ (차) 비   품 250,000   (대) 미지급금 250,000

본사에서 판매하는 상품을 영업부서에 제공하였기 때문에 비품으로 회계처리하여야 한다.

23 다음 대화를 통해 상품 순매입액을 구하면 얼마인가?

> 사   장 : 박부장! 소명상점에 주문한 상품이 들어왔습니까?
> 박부장 : 예, 8월 1일 갑상품 200개(개당 단가 1,000원)가 들어와서 창고에 입고했습니다.
> 사   장 : 그럼 상품구입 시 운임은 누구 부담인가요? 그리고 대금은 지불했습니까?
> 박부장 : 예, 상품대금 중 50,000원은 현금지급하고, 나머지는 외상으로 하였습니다. 또 운임 30,000원은 상대방이 지불하였습니다. 그리고 8월 20일에 갑상품 10개가 흠이 발견되어 반품시켰습니다. 그리고 약속기일(8월 31일) 전인 8월 30일에 나머지 외상매입대금을 지급하고, 그 외상매입대금의 10%를 할인받았습니다.

① 160,000원   ② 176,000원
③ 180,000원   ④ 186,000원

• 총매입액(200,000)−환출(10,000)=190,000원
• 이 중 50,000원은 현금지급했으므로 외상매입금은 140,000원이고, 이에 대한 10% 할인은 14,000원이다.
∴ 총매입액(200,000)−매입환출(10,000)−매입할인(14,000)
  =176,000원(순매입액)

정답 18② 19① 20④ 21② 22① 23②

24 다음 중 상품재고액의 단가를 결정하는 방법은?

① 계속기록법
② 실지재고조사법
③ 계속기록법과 실지재고조사법 동시 사용
④ 선입선출법 또는 후입선출법

상품재고액은 수량×단가로 계산되므로 수량과 단가를 알아야 상품재고를 관리할 수 있다.
• **수량파악(결정)방법** : 계속기록법, 실지재고조사법, 혼합법
• **단가(원가)결정방법** : 개별법, 선입선출법, 후입선출법, 이동평균법, 총평균법 등

25 다음 중 재고자산의 원가계산방법(평가방법)에 해당되지 않는 것은?

① 선입선출법
② 개별법
③ 연수합계법
④ 이동평균법

연수합계법은 감가상각방법이다.

26 충청상사의 갑상품 거래내역이다. 갑상품의 월말재고액으로 옳은 것은?(단, 선입선출법임)

> • 월초 재고 : 5개 @5,000원
> • 당월 매입 : 8개 @6,000원
> • 당월 매출 : 10개 @10,000원

① 10,000원
② 12,000원
③ 15,000원
④ 18,000원

선입선출법은 먼저 매입한 상품이 먼저 매출되는 것으로 간주하여 상품의 인도단가를 결정하는 방법이며, 가장 최근에 매입한 상품이 월말재고액으로 남는다.
∴ 갑상품 월말재고액 : 3개×@6,000원=18,000원

27 아래 자료에서 선입선출법과 후입선출법으로 각각 매출원가를 계산하였을 때 매출총이익은 얼마인가?

8월 1일	상품재고	40개	@1,000원	40,000원
8월 15일	상품매입	10개	@1,100원	11,000원
8월 20일	상품매출	20개	@1,200원	24,000원

	선입선출법	후입선출법
①	4,000원	4,000원
②	3,000원	3,000원
③	3,000원	4,000원
④	4,000원	3,000원

• 선입선출법 매출원가 20×1,000=20,000원
• 매출총이익=매출액(24,000)−매출원가(20,000)=4,000원
• 후입선출법 매출원가 10×1,000=10,000, 10×1,100=11,000 ∴ 21,000원
• 매출총이익=매출액(24,000)−매출원가(21,000)=3,000원

28 다음은 8월 중 갑상품에 대한 내용이다. 월말재고액을 선입선출법으로 계산한 금액으로 옳은 것은?

월초 재고	당월 매입	당월 매출
1일 10개 단가 1,000원	5일 20개 단가 1,100원 10일 30개 단가 1,200원	20일 40개 단가 2,200원

① 21,000원
② 22,000원
③ 23,000원
④ 24,000원

• 판매가능수량 60개−당월매출수량 40개=월말재고수량 20개
• 월말재고수량 20개×단가 1,200=월말재고액 24,000원

29 다음 甲(갑)상품 자료에서 선입선출법으로 10월 말의 월말재고액을 계산하면?

> • 10/1 월초재고액 10개 @₩500
> • 10/15 매입액 10개 @₩600
> • 10/23 매출액 15개 @₩900
> • 10/25 매입액 5개 @₩700

① 5,500원
② 6,000원
③ 6,500원
④ 7,000원

월말재고액 : (10/15 5개×@₩600)+(10/25 5개×@₩700)=6,500원

정답 24④ 25③ 26④ 27④ 28④ 29③

30 다음은 12월 상품재고장이다. 재고자산평가방법으로 총평균법을 사용할 경우 12월의 매출총이익은 얼마인가?

상품재고장

구분	수량(개)	단가(원)	금액(원)
기초	100	100	10,000
매입	500	100	50,000
매출	250	210	52,500
매입	200	100	20,000
매출	250	210	52,500

① 55,000원 ② 60,000원
③ 80,000원 ④ 130,000원

매출총이익＝매출액－매출원가＝500개×210원－500개×100원＝55,000원

31 재고자산은 그 평가방법에 따라 금액이 달라질 수 있는데, 평가방법의 변경에 따른 기말재고자산금액의 변동이 매출원가와 매출총이익에 미치는 영향으로 올바른 것은?

① 기말재고자산금액이 증가하면 매출원가가 증가한다.
② 기말재고자산금액이 증가하면 매출총이익이 증가한다.
③ 기말재고자산금액이 감소하면 매출총이익이 증가한다.
④ 기말재고자산금액이 감소하면 매출원가가 감소한다.

• 기초재고＋당기매입－기말재고＝매출원가
• 기말재고금액의 증가는 매출원가의 감소를 초래하여 매출총이익이 증가한다.

32 기말재고자산을 과대평가하였을 때 나타나는 현상으로 옳은 것은?

① 매출원가 : 과대, 당기순이익 : 과대
② 매출원가 : 과대, 당기순이익 : 과소
③ 매출원가 : 과소, 당기순이익 : 과대
④ 매출원가 : 과소, 당기순이익 : 과소

기말재고자산의 과대평가로 매출원가가 과소계상되며, 매출원가의 과소계상으로 당기순이익이 과대계상된다.

33 다음 자료에 의한 으뜸상사의 총자산은 얼마인가?

• 상품 : 60,000원
• 미수금 : 30,000원
• 지급어음 : 10,000원
• 비품 : 15,000원
• 선수금 : 40,000원
• 받을어음 : 20,000원
• 외상매출금 : 35,000원

① 140,000원 ② 150,000원
③ 160,000원 ④ 170,000원

상품(60,000)＋미수금(30,000)＋비품(15,000)＋받을어음(20,000)＋외상매출금(35,000)＝160,000원

34 다음 자료에 의하면 유동자산의 총액은 얼마인가?

• 단기매매증권 : 100,000원
• 미수금 : 250,000원
• 장기대여금 : 150,000원
• 건물 : 50,000원
• 특허권 : 300,000원
• 매출채권 : 50,000원

① 150,000원 ② 300,000원
③ 400,000원 ④ 500,000원

유동자산은 당좌자산과 재고자산을 말한다. 단기매매증권, 미수금, 매출채권은 당좌자산이다.

35 다음 중 유동자산으로만 짝지어진 것은?

① 비품, 받을어음
② 상품, 선급금
③ 건물, 외상매출금
④ 현금, 임차보증금

유동자산은 당좌자산과 재고자산을 말한다. 비품, 건물은 유형자산이고 상품은 재고자산, 임차보증금은 기타비유동자산이다.

36 다음 중 물가하락 시 당기순이익이 가장 높게 계상되는 재고자산 원가결정방법은?(단, 재고자산의 기초재고수량과 기말재고수량이 동일하다고 가정함)

① 선입선출법 ② 이동평균법
③ 총평균법 ④ 후입선출법

물가하락 시에 후입선출법은 나중에 매입한 단가 낮은 상품이 매출원가를 구성하므로 이익이 가장 높게 계상된다.

정답 30 ① 31 ② 32 ③ 33 ③ 34 ③ 35 ② 36 ④

비유동자산

▶ 합격강의

빈출 태그 ▶ 장기성예금 · 장기대여금 · 유형자산의 취득원가 · 자본적 지출 · 수익적 지출 · 감가상각방법 · 유형자산처분 회계처리 · 개발비

01 유형자산

재화의 생산, 용역의 제공, 타인에 대한 임대 또는 자체적으로 사용할 목적으로 보유하는 물리적 형체가 있는 자산으로서, 1년을 초과하여 사용할 것이 예상되는 자산이다.

1) 유형자산의 분류

① **토지** : 대지, 임야, 전답 등으로 하며, 매매목적으로 보유하는 토지와 비업무용 토지는 제외된다.
② **건물** : 회사의 영업활동에 사용되고 있는 점포, 창고, 사무소, 공장 등의 건물과 냉난방, 전기, 통신 및 기타의 건물부속설비 등을 말한다.
③ **구축물** : 자기의 영업활동을 위해 사용하는 토지 위에 정착한 건물 이외의 교량, 궤도, 갱도, 정원설비 및 기타의 토목설비 또는 공작물 등을 말한다.
④ **기계장치** : 제품 등의 제조 · 생산을 위해 사용하는 기계장치, 운송설비(콘베어, 호이스트, 기중기 등)와 기타의 부속설비 등을 말한다.
⑤ **건설중인자산** : 유형자산의 건설을 위하여 직접 또는 간접으로 소요된 재료비, 노무비, 경비로 하되, 건설을 위하여 지출한 도급금액 등을 포함한다. 건설중인자산은 유형자산의 취득을 위하여 취득 완료 시까지 지출한 금액을 처리하는 임시계정으로서 취득 완료 시에 해당 계정으로 대체된다.
⑥ **기타자산** : 차량운반구, 비품 등이 있다.

2) 유형자산의 취득원가

최초에는 취득원가로 측정하며, 현물출자, 증여, 기타 무상으로 취득한 자산은 공정가치를 취득원가로 한다.
① **취득원가의 구성** : 구입원가 또는 제작원가 및 경영진이 의도하는 방식으로 자산을 가동하기 위해 필요한 장소와 상태에 이르게 하는 데 직접 관련되는 비용(원가) 등으로 구성되며, 매입할인 등이 있는 경우에는 이를 차감한다(⒞ 설치장소 준비를 위한 지출, 외부 운송 및 취급비, 설치비, 취득세 등).

기적의 TIP
유동자산이 아닌 모든 자산은 비유동자산으로 분류한다.

기적의 TIP
비유동자산 배열순서
· 투자자산
· 유형자산
· 무형자산
· 기타비유동자산
※ 학습 시 유형자산이 제일 중요하므로 유형자산을 먼저 설명한다.

기적의 TIP
건물과 기계장치를 설비자산이라고 한다.

기적의 TIP
취득세가 가장 많이 나온다. 취득세는 취득하는 자산으로 처리!!

개념 체크
1 건설중인자산은 당좌자산에 해당한다. (o, ×)

1 ×

기적의 TIP

감가상각누계액 표시
자산에서 차감(대변)하는 평
가계정이므로 재무상태표 자
산에 다음과 같이 표시된다.

차량운반구	×××	
감가상각누계액	×××	×××
		(장부금액)

> **예제** 나라상사에서 영업용 건물을 1,000,000원에 취득하고 대금은 취득 시 발생된 취득세 등 10,000원을 포함하여 당좌수표를 발행하여 지급하였다.
>
> | (차) 건물 | 1,010,000 | (대) 당좌예금 | 1,010,000 |
> |---|---|---|---|
>
> **해설** 건물 취득 시 발생된 제비용은 건물의 취득원가로 처리한다. 건물(자산의 증가 : 차변), 당좌예금 (자산의 감소 : 대변)

② **증여, 기타 무상취득** : 유형자산을 증여, 기타 무상으로 취득하는 경우에는 취득한 자산의 공정가치를 취득원가로 한다. 이 경우 자산의 상대계정은 자산수증이익(영업외수익)으로 처리한다.

> **예제** 회사 관계자 이주일씨로 토지 1,000,000원을 무상으로 증여받았다.
>
> | (차) 토지 | 1,000,000 | (대) 자산수증이익 | 1,000,000 |
> |---|---|---|---|
>
> **해설** 토지(자산의 증가 : 차변), 자산수증이익(수익의 발생 : 대변)

3) 취득 후의 지출(원가)

기적의 TIP

자본적 지출, 수익적 지출의 예
제문제까지 알아두도록 한다.

① **자본적 지출(자산처리)** : 유형자산의 인식기준(미래 경제적 효익의 유입가능성이 매우 높고 원가를 신뢰성 있게 측정할 수 있음)을 충족하는 경우를 말한다(⑩ 생산능력 증대, 내용연수 연장, 상당한 원가절감 또는 품질향상을 가져오는 경우).

② **수익적 지출(비용처리)** : 자산의 원상을 회복시키거나 능률유지를 위한 지출을 말한다(⑩ 건물도색, 파손된 유리교체, 자동차 배터리/타이어교체 등 수선유지를 위한 지출).

> **예제** 당사 건물의 유리창을 교체하고 수리비 100,000원은 다음 달에 지급하기로 하였다(수익적 지출로 처리할 것).
>
> | (차) 수선비 | 100,000 | (대) 미지급금 | 100,000 |
> |---|---|---|---|
>
> **해설** 수선비(비용의 발생 : 차변), 미지급금(부채의 증가 : 대변)
>
> **예제** 당사 건물의 일부를 증축하고 증축비 1,000,000원은 당좌수표를 발행하여 지급하였다(자본적 지출로 처리할 것).
>
> | (차) 건물 | 1,000,000 | (대) 당좌예금 | 1,000,000 |
> |---|---|---|---|
>
> **해설** 건물(자산의 증가 : 차변), 당좌예금(자산의 감소 : 대변)

4) 감가상각

유형자산은 사용에 의한 소모, 시간의 경과와 기술의 변화에 따른 진부화 등에 의해 경제적 효익이 감소하며 장부금액은 일반적으로 이러한 경제적 효익의 소멸을 반영할 수 있는 감가상각액의 인식을 통하여 감소한다. 감가상각의 주목적은 원가의 배분이며 자산의 재평가는 아니다. 따라서 감가상각액은 유형자산의 장부금액이 공정가치에 미달하더라도 계속하여 인식한다. 유형자산의 감가상각은 자산이 사용 가능한 때부터 시작하며 토지와 건설중인자산은 감가상각을 하지 않는다.

① **감가상각비계산의 3요소** : (취득)원가*, 내용연수, 잔존가치
- **(취득)원가** : 취득금액 + 취득 시 제비용 + 자본적 지출
- **내용연수** : 자산으로부터 기대되는 효용
- **잔존가치** : 내용연수 경과 후 남아 있을 것으로 예상되는 금액

② **감가상각방법(연 감가상각비)**
- **정액법(직선법)** : {(취득)원가 − 잔존가치} ÷ 내용연수
- **정률법(체감잔액법)** : 미상각잔액((취득)원가 − 감가상각누계액) × 정률(상각률, %)
- **생산량비례법(또는 작업시간비례법)** : {(취득)원가 − 잔존가치} × 당기실제생산량 ÷ 총추정생산량
- **연수합계법** : {(취득)원가 − 잔존가치} × 연수의 역순* ÷ 내용연수의 합계
- **이중체감법(정액법의 배법)** : 미상각잔액 × 상각률(2 ÷ 내용연수)

③ **감가상각의 회계처리** : (차) 감가상각비 ××× (대) 감가상각누계액 ×××

> **예제** 기말 당기분 차량의 감가상각비는 100,000원이다.
>
> | (차) 감가상각비 | 100,000 | (대) 감가상각누계액 | 100,000 |
> |---|---|---|---|
>
> **해설** 감가상각비(비용의 발생 : 차변), 감가상각누계액(자산의 감소 : 대변)

🄑 **기적의 TIP**

토지와 건설중인자산은 감가상각 대상이 아니다.

★ 취득원가에 자본적 지출분이 포함될 수도 있으므로 원가라는 용어가 정확하다.

🄑 **기적의 TIP**

정액법, 정률법의 공식은 암기한다.

🄑 **기적의 TIP**

취득한 연도에 감가상각비가 가장 많이 처리되는 방법은 정률법이다.

★ 연수의 역순
= 잔여내용연수

✔ **개념 체크**

1 연수합계법은 재고자산의 원가결정방법이다. (○, ×)

1 ×

5) 유형자산의 처분, 폐기

유형자산을 처분하는 경우에는 처분시점에서 유형자산의 장부금액(원가−감가상각누계액)을 제거하는 회계처리를 하고, 장부금액과 처분금액의 차액은 유형자산처분이익 또는 유형자산처분손실(영업외손익)로 처리한다.

① 처분이나 폐기 시 회계처리(처분이익 발생 시)

(차) 감가상각누계액	×××	(대) 유형자산	×××(취득원가)
받을돈(받은돈)	×××	유형자산처분이익	×××

② 처분이나 폐기 시 회계처리(처분손실 발생 시)

(차) 감가상각누계액	×××	(대) 유형자산	×××(취득원가)
받을돈(받은돈)	×××		
유형자산처분손실	×××		

> 예제 건물(취득원가 1,000,000원, 감가상각누계액 500,000원)을 600,000원에 처분하고 대금은 1개월 후에 받기로 하였다.

(차) 감가상각누계액	500,000	(대) 건물	1,000,000
미수금	600,000	유형자산처분이익	100,000

> 예제 건물(취득원가 1,000,000원, 감가상각누계액 500,000원)을 400,000원에 처분하고 대금은 1개월 후에 받기로 하였다.

(차) 감가상각누계액	500,000	(대) 건물	1,000,000
미수금	400,000		
유형자산처분손실	100,000		

10년 12월

01 자산의 분류 중 다음 설명에 해당하는 자산계정으로 옳은 것은?

> 구체적인 형태가 있는 자산으로 판매 목적이 아닌 영업활동에 있어서 장기간 사용하기 위하여 소유하고 있는 자산

① 비품   ② 상품
③ 투자부동산   ④ 산업재산권

유형자산에 대한 설명으로 비품이 해당한다.

13년 6월

02 다음 중 유형자산에 대한 설명으로 틀린 것은?

① 토지, 건물, 구축물, 기계장치 등은 유형자산에 속한다.
② 유형자산은 1년을 초과하여 사용할 것이 예상되는 자산이다.
③ 유형자산은 자체적으로 사용할 목적으로 보유하는 물리적 형체가 없는 자산이다.
④ 유형자산의 감가상각방법에는 정액법, 정률법, 연수합계법, 생산량비례법 등이 있다.

유형자산은 재화의 생산, 용역의 제공, 타인에 대한 임대 또는 자체적으로 사용할 목적으로 보유하는 물리적 형체가 있는 자산으로서, 1년을 초과하여 사용할 것이 예상되는 자산을 말한다.

11년 6월

03 다음 중 유형자산에 대한 설명으로 옳은 것은?

① 토지, 건물, 차량운반구, 구축물 등은 회계상 유형자산에 속한다.
② 유형자산은 판매 목적으로 구입한 자산이다.
③ 1년 이상 장기에 걸쳐 사용되는 자산으로 물리적인 형태가 없는 자산이다.
④ 유형자산을 취득할 때 소요된 취득부대비용은 당기의 비용으로 처리한다.

오답 피하기

② 판매 목적으로 구입한 자산은 재고자산, ③은 무형자산, ④ 유형자산 취득 시 부대비용은 당기취득원가에 포함한다.

14년 6월

04 유형자산에 대한 설명으로 옳지 않은 것은?

① 판매를 목적으로 보유한다.
② 물리적인 형태가 있다.
③ 1년을 초과하여 사용할 것으로 예상된다.
④ 토지, 건물, 비품, 차량운반구 등이 있다.

판매를 목적으로 보유하는 자산은 재고자산(상품 등)이다.

09년 6월

05 다음의 거래내용을 나타내는 계정과목으로 가장 적절한 것은?

> ㉮ 사무용으로 사용하는 컴퓨터, 프린터, 책상, 의자 등의 구매 금액
> ㉯ 사무실에서 사용하는 문구류 등의 구매 금액

	㉮	㉯
①	비품	기업업무추진비
②	단기차입금	복리후생비
③	비품	소모품비
④	미수금	광고선전비

㉮는 비품, ㉯는 소모품비에 해당한다.

11년 12월

06 다음 중 회계처리하는 경우 분개상 차변에 비용이 발생하는 경우가 아닌 것은?

> ㄱ. 특허권을 2,000,000원 현금 매입하고 등록비용 100,000원을 현금 지급하다.
> ㄴ. 종업원 구애정에게 급여 1,000,000원을 급여날 지급하지 못하다.
> ㄷ. 영업사원 독고진의 결혼축하금 50,000원을 현금으로 지급하다.
> ㄹ. 상품운반용 차량을 구입하면서 취득세 100,000원을 현금 납부하다.

① ㄱ, ㄴ   ② ㄱ, ㄷ   ③ ㄴ, ㄹ   ④ ㄱ, ㄹ

- ㄱ : (차) 특허권   2,100,000   (대) 현금   2,100,000
  (등록비용은 자산의 취득원가에 가산함)
- ㄴ : (차) 급여   1,000,000   (대) 미지급금   1,000,000
- ㄷ : (차) 복리후생비   50,000   (대) 현금   50,000
- ㄹ : (차) 차량운반구   100,000   (대) 현금   100,000

정답 01 ①   02 ③   03 ①   04 ①   05 ③   06 ④

07 다음의 거래에서 발생하지 않은 계정과목은 무엇인가?

> 본사신축용 토지 1,000㎡를 300,000,000원에 구입하고, 대금 중 100,000,000원은 자기앞수표로 지급하고, 잔액은 한 달 후에 지급하기로 하였다.

① 미수금
② 토지
③ 미지급금
④ 현금

(차) 토지	300,000,000	(대) 현금	100,000,000
		미지급금	200,000,000

08 유형자산의 취득원가에 포함되지 않는 것은?

① 구입 시 취득세
② 구입 시 중개수수료
③ 보유 중 감가상각
④ 구입 시 보험료

감가상각은 유형자산의 보유과정에서 발생하는 비용으로 '감가상각비'로 처리한다.

09 유형자산의 취득원가에 포함되는 부대비용으로 해당되지 않는 것은?

① 설치장소를 위한 설치비용
② 시운전비
③ 운송비용 및 취급수수료
④ 매출처 직원에 대한 기업업무추진비

매출처 직원에 대한 기업업무추진비는 취득하는 과정에서 발생되지 않으며 기업업무추진비로 판매비와관리비로 처리한다.

10 업무용 차량 구입과 관련된 거래이다. (가), (나)의 계정으로 올바른 것은?

> (2/5) 차량 구입 계약 시 계약금 지급
>   [차변] (가) ×××   [대변] 현금 ×××
> (2/8) 차량 구입 후 취득세 지급
>   [차변] (나) ×××   [대변] 현금 ×××

① (가) 선수금   (나) 차량운반구
② (가) 선수금   (나) 세금과공과
③ (가) 선급금   (나) 세금과공과
④ (가) 선급금   (나) 차량운반구

차량 구입 시 계약금은 선급금으로 처리하며 취득세는 차량운반구로 처리한다.

11 다음과 같은 결합관계로 이루어진 거래로 옳은 것은?

> [차변] 자산의 증가   [대변] 부채의 증가

① 건물을 2년간 임차하고 임차보증금 30,000,000원을 현금으로 지급하다.
② 매장의 유리창을 교체(수익적 지출)하고 대금 150,000원은 월말에 지급하기로 하다.
③ 차입금 60,000,000원과 그에 대한 이자 1,000,000원을 현금으로 지급하다.
④ 영업용 차량 10,000,000원을 구입하고 대금은 12개월 무이자할부로 하다.

• 차량 할부 구입 시
  (차) 차량운반구(자산의 증가) 10,000,000 (대) 미지급금(부채의 증가) 10,000,000
• 유형자산의 취득 후 지출의 효과가 현상유지와 원상회복에 해당하는 경우에는 수익적 지출로 당기비용(수선비)으로 회계처리한다.

12 당기에 비용화하는 수익적 지출의 내용에 맞지 않는 것은?

① 건물에 피난시설 설치
② 건물이나 벽의 페인트 도장
③ 파손된 유리의 교체
④ 기계장치의 소모부속품의 대체

• 수익적 지출은 단순능률회복, 원상복구를 위하여 지출되는 비용을 말한다.
• ①은 자본적 지출에 해당한다.

13 기계장치 일부를 수리하고 수리비 500,000원을 보유 중이던 자기앞수표로 지급하였다. 이 중 300,000원은 자본적 지출이고 나머지는 수익적 지출인 경우의 옳은 분개는?

① (차) 기계장치 200,000 (대) 당좌예금 500,000
        수 선 비 300,000
② (차) 기계장치 300,000 (대) 당좌예금 500,000
        수 선 비 200,000
③ (차) 기계장치 200,000 (대) 현 금 500,000
        수 선 비 300,000
④ (차) 기계장치 300,000 (대) 현 금 500,000
        수 선 비 200,000

타인발행 자기앞수표는 현금으로 처리하고, 수리비 중 자본적 지출에 해당하는 금액은 자산으로 처리한다.

정답 07 ①   08 ③   09 ④   10 ④   11 ④   12 ①   13 ④

14 매장 건물에 엘리베이터를 설치하고 아래와 같이 회계 처리한 경우 발생하는 효과로 옳은 것은?

> (차) 수선비 80,000,000원 　(대) 보통예금 80,000,000원

① 비용의 과소계상
② 부채의 과대계상
③ 자산의 과소계상
④ 순이익의 과대계상

건물 엘리베이터 설치는 자본적 지출(자산처리)로 처리해야 하는데 수익적 지출(비용처리)로 처리하였으므로 비용이 과대계상되고 자산이 과소계상된다.

오답 피하기

비용의 과대계상은 순이익(수익－비용)의 과소계상과 자본(기초자본＋수익－비용＝기말자본)의 과소계상이 된다.

15 건물에 엘리베이터(자본적 지출)를 설치하고 아래와 같이 회계처리한 경우 발생하는 효과로 옳은 것은?

> (차) 수선비 5,000,000원 　(대) 미지급금 5,000,000원

① 비용의 과대계상
② 부채의 과대계상
③ 자산의 과대계상
④ 수익의 과대계상

자산처리할 것을 비용으로 처리했으므로 비용의 과대계상 및 자산의 과소계상된다. 비용의 과대계상은 순이익의 과소계상이 되고 결국 자본의 과소계상이 된다.

16 다음 [거래]에 대한 잘못된 [분개]로 재무제표에 미치는 영향으로 옳은 것은?

> [거래] 본사 건물에 대한 냉·난방 장치를 설치하고 대금 20,000,000원을 당좌수표를 발행하여 지급하였다. 이는 자본적 지출에 해당한다.
> [분개] (차) 수선비 20,000,000　(대) 당좌예금 20,000,000

① 자산의 과대계상
② 당기순이익의 과대계상
③ 부채의 과소계상
④ 비용의 과대계상

(차) 건물 20,000,000 (대) 당좌예금 20,000,000으로 분개하며 자산이 과소계상되고, 비용이 과대계상된다.

17 수원산업은 신축 중인 건물이 완성되어 공사대금의 잔액을 현금으로 지급하였을 경우, 수원산업의 재무상태에 미치는 최종적인 결과로 옳은 것은?

① 자산 감소
② 자산 증가
③ 자산 불변
④ 자본 감소

임의의 금액으로 거래를 추정해 보면 다음과 같다.
(차) 건물　　　　2,000　(대) 건설중인자산　　1,500
　　　　　　　　　　　　　　　현금　　　　　　　500
자산 증가와 자산 감소가 동시에 발생하였기 때문에 자산 불변이다.

18 유형자산에 대한 지출내역이다. 자본적 지출로 처리해야 할 금액의 합계는 얼마인가?

> - 건물의 냉·난방설비 설치를 위한 지출 20,000,000원
> - 회사 전체 복사기의 토너 교체를 위한 지출 1,000,000원
> - 건물 외벽에 페인트를 칠하고 2,000,000원을 수선비로 처리하다.
> - 5년째 운행 중인 화물차의 엔진과 주요 부품을 교체하고 4,000,000원을 지출하다.
>   (그 결과 내용연수가 4년 연장됨)

① 20,000,000원
② 22,000,000원
③ 24,000,000원
④ 25,000,000원

냉·난방설비 설치＋화물차의 엔진과 주요 부품 교체 = 24,000,000원

19 다음 내역 중 건물계정 차변에 기입될 수 있는 내용으로 옳은 것으로 나열한 것은?

> 가. 건물 취득 후 자본적 지출
> 나. 건물 취득 시 취득세 지급
> 다. 건물 취득 후 화재보험료 지급
> 라. 건물 취득 후 재산세 지급

① 가, 나
② 가, 라
③ 나, 다
④ 다, 라

건물계정의 차변에 기입된다는 것은 취득원가에 가산하거나 자본적 지출분임을 의미한다. 화재보험료와 재산세는 취득 이후 원가(비용)이므로 각각 보험료와 세금과공과로 처리해야 한다.

24년 8월, 21년 8월, 20년 10월, 17년 6월, 16년 10월, 13년 9월

20 다음 중 감가상각 대상 자산에 해당하지 <u>않는</u> 것은?

① 비품 　　　　　② 건물

③ 토지 　　　　　④ 기계장치

토지는 감가상각 대상 자산이 아니다.

11년 10월

21 다음 중 유형자산의 정의로 틀린 것은?

① 물리적 형체가 있는 자산

② 모든 유형자산은 감가상각의 대상이 됨

③ 1년을 초과하여 사용할 것이 예상되는 자산

④ 재화의 생산, 용역의 제공, 타인에 대한 임대 또는 자체적으로 사용할 목적으로 보유

토지, 건설중인자산은 유형자산 중에서 감가상각 대상이 아니다.

13년 6월

22 유형자산을 감가상각할 경우 다음 중 감가상각의 3요소가 아닌 것은?

① 취득원가

② 감가상각누계액

③ 잔존가치

④ 내용연수

감가상각의 3요소는 (취득)원가, 잔존가치, 내용연수이다.

11년 12월

23 기말 결산분개 중 감가상각비의 계상에 적용되는 전표는?

① 입금전표

② 출금전표

③ 입출금전표

④ 대체전표

기말 감가상각비는 입출금이 발생하지 않는 대체전표이다.
(차) 감가상각비 　　　　　(대) 감가상각누계액(또는 무형자산)

12년 10월

24 유형자산에 대한 차감적 평가계정의 계정과목으로 옳은 것은?

① 인출금

② 대손충당금

③ 감가상각누계액

④ 단기매매증권평가손실

감가상각누계액은 유형자산의 (취득)원가에 대한 차감적 평가계정이다.

23년 8월, 15년 8월, 11년 12월

25 다음은 유형자산의 감가상각방법을 나타낸다. A, B에 해당하는 것은?

> • 정액법=(취득원가−A)÷내용연수
> • 정률법=(취득원가−B)×감가상각률

	A	B
①	잔존가치	감가상각누계액
②	잔존가치	내용연수
③	감가상각누계액	잔존가치
④	내용연수	잔존가치

오답 피하기

유형자산 감가상각방법과 회계처리
• 감가상각방법
　– 정액법(직선법) : {(취득)원가−잔존가치}÷내용연수
　– 정률법(체감잔액법) : 미상각잔액{(취득)원가−감가상각누계액}×정률(%)
　– 생산량비례법(또는 작업시간비례법) : {(취득)원가−잔존가치}×당기실제생산량÷총추정생산량
　– 연수합계법 : {(취득)원가−잔존가치}×연수의 역순÷내용연수의 합계
　– 이중체감법(정액법의 배법) : 미상각잔액×상각률(=(1÷내용연수)×2)
• 감가상각의 회계처리 : (차) 감가상각비 ××× (대) 감가상각누계액 ×××

10년 10월

26 2025년 1월 1일 건물 5,000,000원을 구입하고 취득세 500,000원을 현금으로 지급하였다. 2025년 12월 31일 결산 시 정액법에 의한 감가상각비는?(단, 내용연수 10년, 잔존가액 0원, 결산 연 1회)

① 500,000원 　　　　　② 530,000원

③ 540,000원 　　　　　④ 550,000원

(5,000,000원+500,000원−0원)÷10년 = 550,000원

정답 20 ③ 21 ② 22 ② 23 ④ 24 ③ 25 ① 26 ④

27 주어진 자료에서 당기말 현재(2025.12.31) 손익계산서에 계상될 감가상각비는 얼마인가?

1) 2025년 1월 1일 차량운반구 취득
- 내용연수 : 5년
- 잔존가치 : 0원
- 취득금액 : 10,000,000원
- 취득세 : 200,000원
- 자동차보험료(1년분) : 600,000원
- 상각방법 : 정액법
2) 2025년 7월 1일 차량운반구 수선비(수익적 지출분) : 100,000원

① 2,000,000원   ② 2,040,000원
③ 2,160,000원   ④ 2,180,000원

취득세는 취득원가에 가산하므로 취득원가(10,000,000원+200,000원)÷5년 =2,040,000원이다.

28 주어진 자료에서 기말(2025.12.31) 결산 후 재무상태표에 표시될 차량운반구에 대한 감가상각누계액으로 옳은 것은?

- 2024년 1월 1일 차량운반구 취득 : 취득원가 5,000,000원(내용연수 5년, 상각률 40%)
- 상각방법 : 정률법

① 1,000,000원   ② 1,200,000원
③ 2,000,000원   ④ 3,200,000원

- 2024.12.31 : 5,000,000원×0.4=2,000,000원
- 2025.12.31 : (5,000,000원−2,000,000원)×0.4=1,200,000원
- ∴ 감가상각누계액 : 3,200,000원(2,000,000+1,200,000)

29 2024년 1월 1일에 건물 5,000,000원을 구입하고, 취득세 500,000원을 현금으로 지급하였다. 2025년 12월 31일 결산 시 정액법에 의한 감가상각비는 얼마인가?(단, 내용연수 10년, 잔존가액 0원, 결산 연 1회)

① 50,000원   ② 450,000원
③ 500,000원   ④ 550,000원

정액법 연감가상각비=[(취득)원가−잔존가치]÷내용연수
=(5,000,000+500,000)÷10
=550,000원

30 주어진 자료에서 기말(2025.12.31)에 계상할 감가상각비(1년분)를 정액법으로 계산하면?

1) 2025년 1월 1일 차량운반구 취득
- 내용연수 : 10년
- 잔존가치 : 0원
- 취득원가 : 5,000,000원
- 취득세 : 200,000원
- 자동차보험료 : 300,000원
2) 2025년 6월 30일 차량운반구 자동차세 지급 : 300,000원

① 500,000원
② 520,000원
③ 550,000원
④ 580,000원

- [(취득)원가(5,200,000)−잔존가치(0)]÷내용연수(10)=520,000원
- 취득세는 취득원가에 포함하나 자동차보험료와 자동차세는 각각 보험료와 세금과공과로 비용처리한다.

31 부일상사가 2023년 1월 1일 토지와 건물을 각각 아래와 같이 취득하였을 경우 2025년 12월 31일의 감가상각비와 감가상각누계액은 각각 얼마인가?

- 토지취득가액 : 100,000,000원
- 건물취득금액 : 50,000,000원
- 감가상각방법은 정액법, 내용연수는 20년, 잔존가치는 0원

	감가상각비	감가상각누계액
①	2,500,000원	5,000,000원
②	2,500,000원	7,500,000원
③	5,000,000원	15,000,000원
④	7,500,000원	22,500,000원

- 정액법 연감가상각비 : 50,000,000÷20=2,500,000원
- 2025년 감가상각누계액 : 2,500,000×3년=7,500,000원

정답 27 ②   28 ④   29 ④   30 ②   31 ②

32 다음은 5월 1일의 거래 중 재무상태표 관련 계정을 나타낸 것이다. 거래를 <u>잘못</u> 추정한 것은?

기계장치			
기초	3,000,000	5/1 처분	3,000,000
감가상각누계액			
5/1	800,000	기초	600,000
		5/1	200,000
미수금			
5/1	2,500,000		

① 5월 1일 취득가액 3,000,000원 기계장치를 처분하였다.
② 처분한 기계장치 관련 당기 감가상각비는 200,000원이다.
③ 처분 시 장부금액은 3,000,000원이다.
④ 기계장치 처분가액은 2,500,000원이다.

처분 시 장부금액은 2,200,000원(3,000,000 − 800,000)이다. 그러므로 처분금액이 2,500,000원이므로 유형자산처분이익 300,000원이 발생한다.

오답 피하기
유형자산의 장부금액 = (취득)원가 − 감가상각누계액

33 감가상각방법 중 정액법과 관련한 설명으로 가장 적합한 것은?

① 자산의 예상 조업도 혹은 예상 생산량에 근거하여 감가상각액을 인식하는 방법이다.
② 초기에 감가상각비가 많이 계상되는 가속상각 방법이다.
③ (취득원가 − 잔존가치)을 내용연수 동안에 매기 균등하게 배분하여 상각하는 방법이다.
④ 취득원가를 내용연수의 합계로 나눈 다음 내용연수의 역순을 곱하여 계산하는 방법이다.

• 정액법은 내용연수 동안 매년 같은 금액으로 상각하는 감가상각방법이다.
• 정액법 연감가상각비 = (취득원가 − 잔존가치) / 내용연수

오답 피하기
• ① : 생산량비례법
• ② : 정률법
• ④ : 연수합계법

34 주어진 자료에서 2025년 결산 시 (가)와 (나)의 내용으로 옳은 것은?

재무상태표
2025년 12월 31일 현재

비품	2,000,000		
감가상각누계액	(가)	(나)	

• 취득일 : 2023년 1월 1일
• 취득원가 : 2,000,000원
• 내용연수 : 5년(잔존가치 없음)
• 결산 : 연 1회(12/31)
• 정액법에 의해 매년 정상적으로 감가상각하였음

	(가)	(나)
①	400,000	1,600,000
②	800,000	1,200,000
③	1,200,000	800,000
④	1,600,000	400,000

(가) 감가상각누계액이며 (나)는 장부금액이므로,
(가) 2023~2025년까지의 감가상각누계액
 = (2,000,000 ÷ 5) × 3년 = 1,200,000원(감가상각누계액)
(나) 취득가(2,000,000) − 감가상각누계액(1,200,000)
 = 800,000원(장부금액)

35 다음 자료에서 유형자산처분손익은 얼마인가?

• 비품매입대금 : 900,000원
• 비품매입부대비용 : 100,000원
• 정액법에 의한 1년간의 비품감가상각비 : 50,000원
• 2년간 정액법에 의해 감가상각한 후 비품처분가액 : 900,000원

① −50,000원
② 0원
③ 50,000원
④ 100,000원

• 취득원가(900,000 + 100,000) − 감가상각누계액(100,000)
 = 장부금액(900,000)
• 처분금액(900,000원) − 장부금액(900,000원) = 0

36 2022년 1월 1일 구입한 차량을 2024년 1월 1일에 5,000,000원에 처분한 경우 유형자산처분손익은 얼마인가?(단, 상각방법은 정액법임)

- 취득원가 : 10,000,000원
- 내용연수 : 5년
- 잔존가치 : 1,000,000원

① 유형자산처분이익 1,000,000원
② 유형자산처분손실 1,000,000원
③ 유형자산처분이익 1,400,000원
④ 유형자산처분손실 1,400,000원

- 감가상각비 : (10,000,000 − 1,000,000) ÷ 5 = 1,800,000원
- 감가상각누계액 1,800,000원 × 2년 = 3,600,000원
- 2024년 1월 1일 장부금액 6,400,000원(10,000,000 − 3,600,000원)이므로 5,000,000원에 처분하면 1,400,000원의 손실이 발생한다.

37 2025년 7월 1일에 차량운반구 5,000,000원을 현금 구입하고, 취득세 500,000원을 현금으로 납부하였다. 2025년 12월 31일 결산 시 정액법에 의해 감가상각을 할 경우 감가상각비는 얼마인가?(단, 내용연수 5년, 잔존가치 0원, 결산 연 1회)

① 400,000원　　　　② 450,000원
③ 500,000원　　　　④ 550,000원

[(5,000,000 + 500,000) ÷ 5] × 6개월/12개월 = 550,000원

38 2025년 4월 6일 다음 2개의 거래에 따른 회계처리 결과로 옳지 <u>않은</u> 것은?

[거래]
- 비품(취득원가 900,000원, 감가상각누계액 300,000원)을 500,000원에 현금을 받고 매각
- 투자 목적으로 토지(10,000,000원)를 외상으로 취득

① 유동부채 증가
② 유형자산 감소
③ 투자자산 증가
④ 수익 발생

- 비품을 장부금액 600,000원을 500,000원에 매각했으므로 유형자산처분손실(영업외비용) 100,000원이 발생된다.
- 투자부동산을 취득하고 외상으로 했으므로 유동부채가 증가된다.

39 다음 자료에서 차량 처분 시 유형자산처분손익을 계산한 금액으로 옳은 것은?(단, 회계기간은 1.1.~12.31.이며, 감가상각은 월할계산함)

- 2023년 1월 1일 : 차량운반구 취득(취득가액 10,000,000원, 잔존가액 0원, 내용연수 10년, 정액법 상각)
- 2025년 7월 1일 : 차량운반구처분(현금처분금액 7,300,000원)

① 처분이익 200,000원
② 처분이익 300,000원
③ 처분손실 200,000원
④ 처분손실 300,000원

감가상각누계액 = (10,000,000 − 0) ÷ 10 = 1,000,000 × 2년 + 500,000(6개월 : 1~6) = 2,500,000

(차) 감가상각누계액	2,500,000	(대) 차량운반구	10,000,000
현금	7,300,000		
유형자산처분손실	200,000		

40 성원전자는 2024년 1월 1일에 취득한 건물에 대하여 정액법으로 감가상각을 하고 있다. 2025년 12월 31일 현재 감가상각누계액이 500,000원으로 계상되어 있다면 이 건물의 취득원가는 얼마인가?(단, 내용연수는 10년이며 잔존가액은 없음)

① 1,500,000원　　② 2,000,000원
③ 2,500,000원　　④ 3,000,000원

500,000 ÷ 2년 = 250,000원(1년분 감가상각비), 250,000 × 10년 = 2,500,000원(취득원가)

41 다음은 대한상사의 차량 처분과 관련된 자료이다. 차량 취득가액은 얼마인가?

- 감가상각누계액 : 8,000,000원
- 처분금액 : 11,000,000원
- 유형자산처분손실 : 2,000,000원

① 20,000,000원　　② 21,000,000원
③ 22,000,000원　　④ 23,000,000원

취득가액 = 감가상각누계액 + 처분금액 + 유형자산처분손실
= 8,000,000 + 11,000,000 + 2,000,000
= 21,000,000원

정답 36 ④　37 ④　38 ④　39 ③　40 ③　41 ②

23년 4월, 22년 2월, 18년 10월, 16년 6월

42 다음은 차량 처분과 관련된 자료이다. 차량의 처분가액은 얼마인가?

> • 취득가액 : 35,000,000원
> • 감가상각누계액 : 21,000,000원
> • 유형자산처분손실 : 9,000,000원

① 0원
② 5,000,000원
③ 14,000,000원
④ 26,000,000원

- -

• 장부가액보다 처분가액이 작으면 유형자산처분손실이므로, 장부가액(취득가액 – 감가상각누계액) – 처분가액 = 유형자산처분손실
• 장부가액 14,000,000(35,000,000 – 21,000,000) – 처분가액 = 9,000,000
∴ 처분가액 : 5,000,000원

24년 10월, 21년 10월

43 다음 자료에 따라 유형자산처분이익(손실)을 계산하면 얼마인가?

> • 유형자산 기초 자산가액 10,000,000원
> • 유형자산 처분금액 6,000,000원
> • 당기중 자본적 지출액 2,000,000원
> • 감가상각누계액 5,000,000원

① 1,000,000원
② 1,200,000원
③ 2,000,000원
④ 3,200,000원

- -

• 장부금액보다 처분금액이 작으므로 유형자산처분손실이 발생한다.
• 장부금액 7,000,000(기초 10,000,000 + 자본적 지출액 2,000,000 – 감가상각누계액 5,000,000) – 처분금액 6,000,000 = 1,000,000

21년 6월

44 내용연수 경과에 따른 감가상각비를 나타낸 그래프와 관련 없는 감가상각방법은?

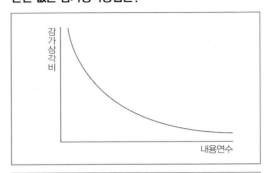

> • A. 정률법   • B. 연수합계법
> • C. 이중체감법   • D. 정액법

① A, B, C, D   ② B, C, D
③ C, D   ④ D

- -

정액법은 내용연수 경과에 따라 매년 같은 금액으로 상각한다.

24년 2월

45 다음 중 감가상각에 대한 설명으로 틀린 것은?

① 자산이 사용 가능한 때부터 감가상각을 시작한다.
② 정액법은 내용연수 동안 매년 일정한 상각액을 인식하는 방법이다.
③ 자본적 지출액은 감가상각비를 계산하는 데 있어 고려 대상이 아니다.
④ 정률법으로 감가상각하는 경우 기말 장부가액은 우하향 그래프의 곡선 형태를 나타낸다.

- -

자본적 지출액은 취득원가에 가산되어 감가상각을 통해 비용으로 처리된다.

정답 42② 43① 44④ 45③

02 투자자산, 무형자산, 기타비유동자산

1) 투자자산

기업이 장기적인 투자수익이나 타기업 지배목적 등의 부수적인 기업활동의 결과로 보유하는 자산이다.

① **장기성예금** : 금융기관이 취급하는 정기예금·적금 및 기타 정형화된 상품 등으로 보고기간말로부터 1년 이후에 만기가 도래하는 것을 말한다.

예제	정기예금(만기 : 2년) 통장을 개설하고 1,000,000원을 자기앞수표로 입금하였다.		
(차) 장기성예금	1,000,000	(대) 현금	1,000,000

② **장기투자증권(만기보유증권, 매도가능증권)** : 만기까지 보유할 적극적인 의도와 능력이 있는 채무증권(만기확정, 상환금액이 확정되었거나 확정이 가능한 것)을 만기보유증권이라고 하고, 단기매매증권이나 만기보유증권으로 분류되지 아니하는 유가증권은 매도가능증권이라 한다.

🅿 기적의 TIP

매도가능증권과 만기보유증권
취득 시 발생되는 수수료 등은 취득원가에 가산한다.

③ **장기대여금** : 회수기한이 보고기간말로부터 1년 이후에 도래하는 대여금을 말한다.

예제	나라상사에 3년간 1,000,000원을 대여하고 차용증서를 작성했으며 대금은 보통예금계좌에서 이체했다.		
(차) 장기대여금	1,000,000	(대) 보통예금	1,000,000

④ **투자부동산** : 장기투자의 목적으로 시세차익을 얻기 위하여 보유하고 있는 부동산을 말한다.

2) 무형자산

재화의 생산이나 용역의 제공, 타인에 대한 임대 또는 관리에 사용할 목적으로 기업이 보유하고 있으며, 물리적 형체가 없지만 식별가능하고, 기업이 통제하고 있으며, 미래 경제적 효익이 있는 비화폐성자산을 말한다.

무형자산을 최초로 인식할 때에는 원가로 측정하며 개별 취득 시 원가는 구입가격과 자산을 의도한 목적에 사용할 수 있도록 준비하는 데 직접 관련된 원가를 취득원가에 산입한다. 무형자산의 상각기간은 독점적·배타적인 권리를 부여하고 있는 관계법령이나 계약에 정해진 경우를 제외하고는 20년을 초과할 수 없으며 상각은 자산이 사용 가능한 때부터 시작하며 합리적인 상각방법을 정할 수 없는 경우에는 정액법을 사용한다. 또한 무형자산의 잔존가치는 없는 것을 원칙으로 한다.

✔ 개념 체크

1 무형자산은 영업활동에 사용할 목적으로 기업이 보유하고 있으며, 물리적 형체가 없지만 식별가능하고 통제가능한 화폐성자산이다.
(○, ×)

1 ×

① **산업재산권** : 일정기간 독점적 · 배타적으로 이용할 수 있는 권리로서 특허권, 실용신안권, 의장권 및 상표권, 상호권 및 상품명 등을 포함한다.

② **개발비** : 제조비법, 공식, 모델, 디자인 및 시작품 등의 개발과 관련하여 발생한 비용으로서 자산에서 발생하는 미래 경제적 효익이 기업에 유입될 가능성이 매우 높고, 자산의 원가를 신뢰성 있게 측정할 수 있는 것을 말한다. 그 이외의 경우는 발생한 기간에 비용으로 인식한다.

③ **기타의 무형자산** : 소프트웨어, 영업권, 임차권리금, 라이선스, 프랜차이즈, 저작권 등이 있다.

3) 기타비유동자산

① **임차보증금** : 타인의 부동산 · 동산을 월세 등의 조건으로 사용하기 위하여 지급하는 보증금을 말한다.

예제	연초에 영진빌딩과 보증금 1,000,000원, 월세 800,000원에 3년간 임대차계약을 하고 보증금만 현금으로 지급하고 월세는 매월 말일에 지급하기로 하였다.		
(차) 임차보증금	1,000,000	(대) 현금	1,000,000

🅕 기적의 TIP

어음 만기가 되어 거래은행에
지급을 제시하였으나 지급이
거절될 경우 그 상환청구비용
까지 부도어음과수표로 처리
한다.

② **부도어음과수표** : 정상적인 어음과 구분하기 위해 실무에서 어음의 부도가 발생하면 임시계정인 부도어음 계정으로 처리하였다가 기말에 회수가능성을 판단하여 매출채권계정으로 재분류하거나 대손처리한다. 시험 시 부도라는 말이 나오고 대손에 대한 언급이 없으면 부도어음과수표로 처리한다.

예제	당사가 수취한 받을어음 100,000원이 부도처리되었다는 것을 거래은행으로부터 통보받았다.		
(차) 부도어음과수표	100,000	(대) 받을어음	100,000

③ **그 외 기타비유동자산** : 전세권, 장기외상매출금, 장기받을어음, 장기미수금 등이 있다.

22년 10월, 12년 10월

01 다음 설명의 (가), (나), (다)의 내용으로 옳은 것은?

> 토지를 판매목적으로 취득하면 (가)으로, 토지를 투기목적으로 취득하면 (나)으로, 토지를 영업에 사용할 목적으로 취득하면 (다)으로 처리한다.

① (가) 투자자산, (나) 재고자산, (다) 유형자산
② (가) 재고자산, (나) 투자자산, (다) 유형자산
③ (가) 재고자산, (나) 유형자산, (다) 투자자산
④ (가) 투자자산, (나) 유형자산, (다) 재고자산

동일한 자산이라고 하더라도 보유하는 목적에 따라 재고자산, 투자자산 및 유형자산으로 구분할 수 있다.

10년 10월

02 다음 (가), (나)의 거래를 회계처리할 때 증가하는 자산으로 옳은 것을 〈보기〉에서 고른 것은?

> (가) 영업부에서 상품수송을 위해 화물차 1대를 5,000,000원에 구입하고 당좌수표를 발행하여 지급하다.
> (나) 수원상회로부터 상품을 300,000원에 현금으로 매입하다.

┤ 보기 ├
ㄱ. 당좌자산　　ㄴ. 재고자산　　ㄷ. 유형자산

① (가) : ㄱ, (나) : ㄴ　② (가) : ㄱ, (나) : ㄷ
③ (가) : ㄴ, (나) : ㄱ　④ (가) : ㄷ, (나) : ㄴ

영업부에서 사용하는 화물차는 유형자산(차량운반구)이며, 수원상회로부터 매입한 상품은 재고자산이다.

13년 4월

03 소유기간이 1년 이상인 자산 중 영업활동에 활용할 목적으로 보유하는 형태가 있는 자산에 해당되는 것으로만 묶인 것은?

> (가) 상품운반용 트럭　　(나) 판매용 컴퓨터
> (다) 투자목적용 건물　　(라) 사무실용 책상

① (가), (나)　　　　② (가), (라)
③ (나), (다)　　　　④ (다), (라)

상품운반용 트럭(차량운반구)과 사무실용 책상(비품)은 유형자산에 해당하고, 판매용 컴퓨터(상품)는 재고자산, 투자목적용 건물(투자부동산)은 투자자산에 해당한다.

15년 4월, 12년 12월

04 다음 중 유형자산 항목이 <u>아닌</u> 것은?

① 구축물
② 영업권
③ 차량운반구
④ 건설중인자산

영업권은 무형자산이다.

21년 8월

05 물리적 실체가 없지만 미래의 경제적 효익을 갖는 비화폐성자산과 관련한 계정으로 올바른 것은?

① 기계장치
② 특허권
③ 급여
④ 지급임차료

무형자산에 대한 설명이며 특허권이 무형자산이다.

21년 4월

06 다음 중 재무상태표에 사용되는 계정과목과 그 예시로 가장 적절하지 <u>않은</u> 것은?

① 현금 및 현금성 자산 – 통화 및 타인발행수표 등 통화대용증권
② 선급금 – 상품이나 원재료를 구입조건으로 미리 지급하는 계약금
③ 임대보증금 – 추후 임대인으로부터 반환받아야 하는 전세 또는 월세보증금
④ 미지급비용 – 당기에 귀속되는 비용 중 약정기일이 도래하지 않아 지급하지 못한 비용

③은 임차보증금에 대한 설명이다.

• 매입채무 ↔ 매출채권
• 외상매입금 ↔ 외상매출금
• 지급어음 ↔ 받을어음
• 미지급금 ↔ 미수금
• 가수금 ↔ 가지급금
• 선수금 ↔ 선급금
• 단기차입금 ↔ 단기대여금
• 미지급비용 ↔ 미수수익
• 선수수익 ↔ 선급비용

외상(외상매입금, 미지급금)
• 상품의 외상
  → 외상매입금, 지급어음
• 상품이 아닌 것의 외상
  → 미지급금

01 유동부채

보고기간종료일로부터 1년 이내에 상환되어야 하는 채무를 말한다.

1) 매입채무(외상매입금＋지급어음)

① **외상매입금** : 일반적인 상거래에서 발생한 채무(상품을 외상으로 매입하고 아직 그 대금을 지급하지 않은 미지급액)로 보고기간말로부터 1년 이내에 지급해야 할 금액을 말한다.

② **지급어음** : 일반적인 상거래에서 발생한 어음상의 의무로서, 그 지급기일이 보고기간말로부터 1년 이내에 도래하는 어음을 말한다.

> 예제 나라상사에서 상품 100,000원에 매입하고 반액은 현금으로 지급하고 나머지는 외상으로 하였다.

(차) 상품	100,000	(대) 현금	50,000
		외상매입금	50,000

> 예제 나라상사에서 상품을 매입하고 발행한 약속어음(만기 1년 이내) 100,000원이 만기가 되어 당좌수표를 발행하여 지급하였다.

(차) 지급어음	100,000	(대) 당좌예금	100,000

③ 외상매입금계정

외상매입금			
외상매입금지급액	×××	기초잔액	×××
매입환출및에누리	×××	당기외상매입금	×××
매입할인	×××		
기말잔액	×××		

※ 기초잔액 ＋ 당기외상매입금 － 외상매입금지급액 － 매입환출및에누리 － 매입할인 ＝ 기말잔액

2) 나머지 유동부채

① **미지급금** : 일반적인 상거래 이외의 거래나 계약 등에 의하여 발생한 것으로서, 보고기간말로부터 1년 이내에 상환기일이 도래하는 채무(미지급비용 제외)를 말한다.

② **예수금** : 급여, 강사료, 이자 등의 소득지급 시 발생한 일시적 제 예수액을 말한다.

예제	나라상사에서 업무용 기계를 100,000원에 매입하고 반액은 약속어음(만기 1년 이내)으로 지급하고 나머지는 2개월 후에 갚기로 하였다.			

(차) 기계장치	100,000	(대) 미지급금	100,000	

※ 약속어음을 발행하였어도 상거래가 아니므로(상품, 원재료 매입이 아님) 미지급금으로 처리해야 한다.

예제	5월분 급여 1,000,000원 중 소득세 10,000(지방소득세 포함)원을 제외한 나머지 잔액을 보통예금계좌에서 이체하여 지급하였다.			

(차) 급여	1,000,000	(대) 예수금	10,000	
		보통예금	990,000	

③ **가수금** : 현금을 받았으나 계정과목이나 금액을 확정할 수 없을 때에 사용하며 계정과목이나 금액이 확정되면 해당 계정에 대체한다.

④ **선수금** : 상품 등을 주문 받고 미리 받은 착수금이나 계약금 등의 선수액을 말한다.

예제	나라상사에서 상품 1,000,000원을 판매하기로 하고 계약금 10%를 현금으로 받았다.			

(차) 현금	100,000	(대) 선수금	100,000	

⑤ **단기차입금** : 기업에 필요한 운용자금 조달을 위하여 금융기관 등으로부터 차입한 당좌차월액*과 보고기간말로부터 1년 이내에 상환될 차입금을 말한다.

예제	내용을 알 수 없는 100,000원이 당사 보통예금계좌로 입금되었다.			

(차) 보통예금	100,000	(대) 가수금	100,000	

예제	나라상사에 제품을 100,000원에 판매하기로 계약하고 계약금 10,000원을 현금으로 미리 받았다.			

(차) 현금	10,000	(대) 선수금	10,000	

예제	기업은행으로부터 1,000,000원을 대출(상환일 : 내년 10월 25일)받으면서 당사 건물(시가 1천만 원)을 저당으로 제공하고 대출금은 보통예금계좌로 입금받았다.			

(차) 보통예금	1,000,000	(대) 단기차입금	1,000,000	

⑥ **미지급비용** : 보고기간말(결산일)까지 발생된 비용으로서 보고기간말 현재 지급일이 다음 연도여서 아직 지급되지 아니한 것을 말한다. 만약 지급기일이 경과된다면 미지급비용은 미지급금계정으로 대체한다.

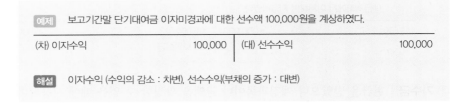

예제	보고기간말 단기차입금에 대한 이자미지급액 100,000원을 계상하였다.		
(차) 이자비용	100,000	(대) 미지급비용	100,000

⑦ **선수수익** : 이미 받은 수익 중에서 보고기간말 현재 다음연도에 수익으로 처리되는 기간미경과분이다.

예제	보고기간말 단기대여금 이자미경과에 대한 선수액 100,000원을 계상하였다.		
(차) 이자수익	100,000	(대) 선수수익	100,000
해설	이자수익 (수익의 감소 : 차변), 선수수익(부채의 증가 : 대변)		

02 비유동부채

보고기간종료일로부터 1년 이후에 상환되어야 하는 장기의 채무로, 사채, 장기차입금, 임대보증금, 퇴직급여충당부채를 말한다.

① **장기차입금** : 기업이 필요한 운용자금조달을 위하여 금융기관 등으로부터 금전 등을 차입한 경우로 상환기한이 보고기간말로부터 1년 후에 도래하는 것을 말한다.

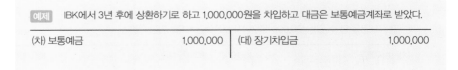

예제	IBK에서 3년 후에 상환하기로 하고 1,000,000원을 차입하고 대금은 보통예금계좌로 받았다.		
(차) 보통예금	1,000,000	(대) 장기차입금	1,000,000

② **임대보증금** : 부동산, 동산을 월세 등의 조건으로 임대하고 받은 보증금을 말한다.

예제	영진상사에 당사 건물의 일부를 임대하고 보증금 1,000,000원을 영진상사의 당좌수표로 받았다.		
(차) 현금	1,000,000	(대) 임대보증금	1,000,000

08년 6월

01 다음 내용에 가장 알맞은 계정과목은?

> 회사에서 직원이 납부해야 할 건강보험료 및 소득세를 급여에서 차감하여 보관하고 있는 금액

① 예수금   ② 선수금
③ 선수수익   ④ 미지급비용

예수금이란 일반적인 상거래 이외에서 발생한 일시적 제 예수액으로, 급여 지급 시 원천징수하여 세무서에 납부하기까지 일시적으로 예수하는 원천징수 소득세 예수금, 국민연금예수금, 건강보험료예수금 등이 예수금계정에 포함된다.

12년 6월

02 다음의 회계처리를 보고 해당 거래를 추정한 것으로 옳은 것은?

> (차) 예수금 10,000원   (대) 보통예금 10,000원

① 종업원 급여에서 차감하기로 하고 10,000원을 보통예금계좌에서 이체하다.
② 상품 판매계약을 체결하고 계약금 10,000원이 보통예금계좌에 입금되다.
③ 거래처에 상품을 주문하고 계약금 10,000원을 보통예금계좌에서 이체하다.
④ 종업원 급여 지급 시 차감한 소득세 등 10,000원을 보통예금계좌에서 이체하다.

원천징수한 예수금 10,000원을 보통예금계좌에서 이체하여 납부했다.

08년 10월

03 다음 주어진 자료에 의한 부채 총액은 얼마인가?

> • 현금   14,000원   • 건물   20,000원
> • 상품   5,000원   • 자본금   7,000원
> • 받을어음 3,000원

① 2,700원   ② 30,000원
③ 32,000원   ④ 35,000원

• 자산−부채=자본
∴ 부채=자산−자본
• 자산(현금, 건물, 상품, 받을어음)−자본(자본금)=35,000원

08년 6월

04 다음 계정과목 중 성격이 다른 하나는?

① 선급비용   ② 선수수익
③ 미지급금   ④ 선수금

선급비용은 유동자산 중 당좌자산에 해당하며 나머지는 유동부채이다.

10년 6월

05 다음은 컴퓨터를 판매하는 회사인 버럭컴퓨터의 거래 자료이다. 10월 31일자 회계처리로 올바른 것은?

> • 10/1 : 판매용 컴퓨터를 1,000,000원에 외상으로 구입하다.
> • 10/31 : 10/1의 외상구입대금을 당좌수표 발행하여 지급하다.

① (차) 미지급   1,000,000 (대) 당좌예금 1,000,000
② (차) 외상매입금 1,000,000 (대) 당좌예금 1,000,000
③ (차) 비품   1,000,000 (대) 미지급금 1,000,000
④ (차) 매입   1,000,000 (대) 외상매입금 1,000,000

• 10/1 (차) 매입(상품)   1,000,000   (대) 외상매입금   1,000,000
• 10/31 (차) 외상매입금   1,000,000   (대) 당좌예금   1,000,000

12년 12월

06 다음 거래 중 자산으로 기록할 수 없는 것은?

① 사무실을 임차하기 위하여 지급한 보증금
② 상품을 판매하고 아직 회수하지 못한 판매대금
③ 특허권을 취득하기 위하여 지출한 금액
④ 상품을 매입하고 아직 지급하지 못한 구매대금

상품을 매입하고 아직 지급하지 못한 구매대금은 외상매입금으로 부채에 해당한다.

08년 10월

07 다음 중 부채로 계상할 수 없는 것은?

① 기계장치를 외상으로 구입한 금액
② 은행으로부터 빌린 금액
③ 상품을 판매하기 전에 미리 받은 금액
④ 회사의 종업원에게 빌려준 금액

종업원에게 빌려준 금액은 대여금으로 자산에 속한다.

오답 피하기

①은 미지급금, ②는 차입금, ③은 선수금이다.

정답 01 ① 02 ④ 03 ④ 04 ① 05 ② 06 ④ 07 ④

08 다음 중 부채계정으로만 제시된 것은?

① 선급금, 선수금   ② 미지급금, 미수금
③ 선급금, 미수금   ④ 선수금, 미지급금

선급금, 미수금은 당좌자산에 해당한다.

09 다음 거래에서 계정의 증감 내용이 기입될 계좌로 바른 것을 모두 고른 것은?

[거래] 현금 300,000원을 차입하고 1개월 후에 상환하기로 하다.

자산계정		부채계정	
가	나	다	라

① 가, 다   ② 가, 라
③ 나, 다   ④ 다, 라

(차) 현금(자산의 증가)   30,000   (대) 단기차입금(부채의 증가)   30,000

10 다음 중 거래에 따른 분개가 가장 적절하게 처리된 것은?

① 상품 50,000원을 외상으로 매입하다.
(차) 상품   50,000 (대) 외상매출금   50,000

② 상품 외상구입대금 200,000원을 당좌수표를 발행하여 주다.
(차) 외상매입금   200,000 (대) 지급어음   200,000

③ 상품 100,000원을 매입하고 대금은 현금으로 지급하다. 상품 매입 시 당사부담으로 현금 지급한 운반비는 20,000원이다.
(차) 상품   100,000 (대) 현금   120,000
   운반비   20,000

④ 은행에서 빌린 200,000원과 이에 대한 이자 10,000원을 현금으로 갚다.
(차) 차입금   200,000 (대) 현금   210,000
   이자비용   10,000

상품 외상매입은 외상매입금으로 처리하며 당좌수표 발행하여 지급한 것은 당좌예금으로, 상품매입 시 운반비는 상품계정으로 처리한다.

11 다음 계정들의 성격이 알맞지 <u>않은</u> 것은?

① 선수금 – 감소 시 차변계정
② 선급금 – 감소 시 차변계정
③ 단기차입금 – 증가 시 대변계정
④ 미수금 – 증가 시 차변계정

선수금과 단기차입금은 부채이고, 선급금과 미수금은 자산계정이다. 자산계정의 감소는 대변에 기록한다.

12 다음 자료에 의하여 매입채무를 계산하면 얼마인가?

• 외상매출금 : 500,000원
• 받을어음 : 200,000원
• 미수금 : 100,000원
• 외상매입금 : 500,000원
• 지급어음 : 300,000원
• 미지급금 : 100,000원

① 700,000원   ② 800,000원
③ 900,000원   ④ 1,000,000원

매입채무란 외상매입금과 지급어음을 말한다.

13 다음 계정기입에 대한 설명으로 옳은 것은?

외상매입금	
지급어음 250,000	

① 외상매입금 250,000원을 약속어음으로 받다.
② 상품을 250,000원을 매입하고 약속어음을 발행하다.
③ 어음 대금 250,000원이 만기가 되어 현금으로 지급하다.
④ 외상매입금 250,000원을 약속어음을 발행하여 지급하다.

외상매입금은 부채계정이므로 차변의 지급어음은 외상매입금을 약속어음을 발행하여 지급했다는 것이다.

오답 피하기

기초잔액 + 당기매입채무 – 매입채무지급액 – 매입환출및에누리 – 매입할인 = 기말잔액

매입채무			
매입채무지급액	×××	기초잔액	×××
매입환출및에누리	×××	당기매입채무	×××
매입할인	×××		
기말잔액	×××		

14 다음 중 외상매입금 계정이 차변에 기입되는 거래는?

> ㄱ. 상품을 외상으로 매입했을 때
> ㄴ. 외상매입한 상품을 반품했을 때
> ㄷ. 외상매입대금을 현금으로 지급했을 때
> ㄹ. 외상매입금을 에누리 받았을 때

① ㄱ, ㄴ   ② ㄴ, ㄷ
③ ㄴ, ㄷ, ㄹ   ④ ㄹ

- ㄱ : (차) 상품   (대) 외상매입금
- ㄴ : (차) 외상매입금   (대) 상품
- ㄷ : (차) 외상매입금   (대) 현금
- ㄹ : (차) 외상매입금   (대) 매입환출및에누리

15 당월 외상매입 자료에서 외상매입금 당월 지급액은?

> - 월초잔액 : 20,000원
> - 월말잔액 : 160,000원
> - 외상매입액 : 250,000원
> - 외상매입액 중 환출액 : 10,000원

① 100,000원   ② 110,000원
③ 120,000원   ④ 130,000원

- 월초잔액 + 외상매입액 − 당월 지급액 − 외상매입액 중 환출액 = 월말잔액
- 20,000 + 250,000 − 당월 지급액 − 10,000 = 160,000
- ∴ 당월지급액 = 100,000원

오답 피하기

기초매입채무 + 당기매입채무 − 당기매입채무상환액 − 매입환출 − 매입에누리 − 매입할인 = 기말매입채무

16 다음의 계정에 대한 설명으로 가장 올바른 것은?(단, 반드시 아래에 표시된 계정만으로 판단할 것)

외상매입금	(단위 : 원)
90,000	

지급어음	(단위 : 원)
	90,000

① 상품 180,000원을 매입하고 90,000원은 어음으로 지급하고, 90,000원은 외상으로 구입하다.
② 외상매입금 90,000원을 어음으로 지급하다.
③ 상품 90,000원을 외상으로 매입하다.
④ 상품 90,000원을 매입하고, 어음으로 지급하다.

(차) 외상매입금   90,000원   (대) 지급어음   90,000원

17 외상매입금 계정의 대변에 기입되는 거래는?

① 외상매입대금을 현금으로 지급했을 때
② 외상으로 매입한 상품을 반품했을 때
③ 상품을 외상으로 매입했을 때
④ 외상대금을 당좌수표 발행하여 지급했을 때

외상매입금은 부채 계정과목으로 증가 시 대변에 기입한다.

18 다음에서 (가), (나)에 해당하는 계정과목은?

> (가) 사무실에서 사용할 컴퓨터 구입에 따른 외상대금은?
> (나) 컴퓨터 판매회사의 판매용 컴퓨터 구입에 따른 외상대금은?

	(가)	(나)
①	외상매입금	미지급금
②	미지급금	외상매입금
③	미지급금 미	수금
④	외상매출금	외상매입금

사무실에서 사용할 컴퓨터는 비품이므로 미지급금으로 처리하며, 판매용 컴퓨터의 외상대금은 상품이므로 외상매입금으로 처리한다.

19 다음은 외상매입금 거래처원장이다. 9월 외상매입금 지급액으로 옳은 것은?

금성상회			
9/30 차월이월	100,000원	9/01 전월이월	40,000원
		9/18 매 입	960,000원

하성상회			
9/30 차월이월	200,000원	9/01 전월이월	90,000원
		9/18 매 입	710,000원

① 1,400,000원   ② 1,500,000원
③ 1,600,000원   ④ 1,700,000원

- 금성상회 외상매입금 지급액 900,000 + 하성상회 외상매입금 지급액 600,000 = 1,500,000원
- 금성상회 외상매입금 지급액 : 전월이월 40,000 + 매입 960,000 − 차월이월 100,000 = 900,000원
- 하성상회 외상매입금 지급액 : 전월이월 90,000 + 매입 710,000 − 차월이월 200,000 = 600,000원

20 다음 계정 기입에서 당기어음발행 금액은 얼마인가?

지급어음				
3/5 제좌	30,000원	1/1 전기이월	200,000원
6/10 보통예금	100,000원	2/22 상품	150,000원
12/31 차기이월	220,000원		

① 100,000원   ② 130,000원

③ 150,000원   ④ 220,000원

- 2/22 (차) 상품   150,000   (대) 지급어음   150,000
- 6/10 (차) 지급어음   100,000   (대) 보통예금   100,000

21 다음 선수금 계정에서 10월 2일 거래의 설명으로 올바른 것은?

선수금			
10/5 매출	20,000	10/2 현금	20,000

① 상품 주문받고 계약금을 받다.

② 상품 주문하고 계약금을 지급하다.

③ 상품 매출하고 계약금을 차감하다.

④ 상품 매입하고 계약금을 차감하다.

- 10/2 (차) 현금   150,000   (대) 선수금   20,000
- 10/5 (차) 선수금   100,000   (대) 매출   20,000

22 가수금으로 회계 처리한 100,000원 중 80,000원은 상품 주문에 대한 계약금으로 판명된 경우 회계처리로 옳은 것은?

① (차) 가수금 80,000   (대) 선수금 80,000

② (차) 가수금 80,000   (대) 미수금 80,000

③ (차) 선수금 80,000   (대) 가수금 80,000

④ (차) 미수금 80,000   (대) 가수금 80,000

가수금(부채)에 대한 내역이 확인된 경우 해당 계정으로 대체한다.

23 다음 중 유동부채 항목이 <u>아닌</u> 것은?

① 선수금   ② 매입채무

③ 미지급비용   ④ 퇴직급여충당부채

퇴직급여충당부채는 비유동부채에 속한다.

오답 피하기

비유동부채 : 사채, 장기차입금, 퇴직급여충당부채, 임대보증금

24 다음 [거래]에 대한 설명으로 옳은 것을 [보기]에서 모두 고른 것은?

> [거래]
> 은행으로부터 3년 후 상환하기로 하고 현금 5,000,000원을 차입한다. 단 이자율은 연 5%이다.

> ┤ 보기 ├
> ㄱ. 손익거래
> ㄴ. 분개 시 차변 계정은 이자비용
> ㄷ. 자산의 증가와 부채의 증가
> ㄹ. 분개 시 대변계정은 장기차입금

① ㄱ, ㄴ   ② ㄱ, ㄷ

③ ㄷ, ㄹ   ④ ㄴ, ㄷ

(차) 상품   5,000,000   (대) 장기차입금   5,000,000

25 일반적으로 상거래 이외에서 발생한 일시적인 계정으로 소득세나 지방세 등의 원천징수액 또는 예치금을 상대방에게 받은 경우 사용하는 계정과목은?

① 가수금   ② 선수금

③ 미수금   ④ 예수금

예수금에 대한 설명이다. 예수금은 급여, 강사료, 이자비용 지급 시 소득세 등을 원천징수했을 때 사용하는 계정과목이다.

26 다음 자료에서 비유동부채 금액은?

> - 외상매입금 6,000,000원
> - 미지급비용 1,000,000원
> - 퇴직급여충당부채 5,000,000원
> - 장기차입금 2,000,000원

① 5,000,000원   ② 7,000,000원

③ 8,000,000원   ④ 11,000,000원

- **비유동부채** : 장기차입금, 퇴직급여충당부채
- **유동부채** : 외상매입금, 미지급비용

정답 20 ③ 21 ① 22 ① 23 ④ 24 ③ 25 ④ 26 ②

자본

▶ 합격 강의

빈출 태그 ▶ 자본금·인출금

개인기업의 자본은 기업주가 출자한 자본금액으로, 자산 총액에서 부채의 총액을 차감한 잔액을 말한다.

01 자본금

개인기업에서는 자본의 증가와 감소를 자본금계정으로 처리한다. 자본금계정의 대변에는 영업을 개시할 때의 출자액, 추가출자액 또는 순이익이 발생하였을 때 기입하고, 차변에는 기업주의 인출액, 순손실이 발생한 때에 기입한다.

02 인출금

회계기간 중에 자본에 관한 모든 거래를 자본금계정에 기입하면 자본금계정의 기장이 복잡해지고 원시출자액을 알 수도 없다. 그러므로 회계기간 중의 자본에 관한 거래는 인출금*계정을 설정하여 기입하고, 기말에 자본금계정에 대체한다. 인출금계정은 자본금계정에 대해 가감하는 형식의 평가계정이며, 잔액은 대차 어느 쪽에서도 생길 수 있다.

> **🅱 기적의 TIP**
>
> 개인기업의 자본은 자본금계정만 존재한다. 만약, 기중에 사업주가 개인적으로 사용했다면 인출금으로 처리했다가 결산 시 자본금에서 차감한다.

> **★ 인출금**
> 주로 사업주의 가사(개인적) 등의 목적으로 사용될 경우 발생한다.

03 자본금계정

자본금			
인출액	×××	기초잔액	×××
당기순손실	×××	추가출자액	×××
기말잔액	×××	당기순이익	×××

※ 기초자본+총수익−총비용+추가출자액−인출금=기말자본

└──▶ (당기순이익 (총수익 〉 총비용)

- 자산−부채=자본
- 기초자산−기초부채=기초자본
- 기말자산−기말부채=기말자본

① **수익 > 비용** : 총수익−총비용=(당기)순이익 ⋯► 기초자본+(당기)순이익=기말자본
② **비용 > 수익** : 총비용−총수익=(당기)순손실 ⋯► 기초자본−(당기)순손실=기말자본

예제	당사의 사업주의 개인 재산세 100,000원을 현금으로 지급하였다.		
(차) 인출금	100,000	(대) 현금	100,000

이론을 확인하는 **기출문제**

12년 4월

01 다음 (　　　) 안에 들어갈 내용으로 옳은 것은?

> (　　)은(는) 순자산으로서 기업실체의 자산에 대한 소유주의 잔여청구권이다.

① 자산
② 부채
③ 자본
④ 당기순이익

자본은 기업실체의 자산 총액에서 부채 총액을 차감한 잔여액 또는 순자산으로서 기업실체의 자산에 대한 소유주의 잔여청구권이다.

10년 12월

02 다음 거래의 결과 자본(순자산)의 변동을 초래하는 거래가 아닌 것은?

① 은행으로부터 운영자금 1,000,000원을 현금으로 차입하다.
② 사업확장을 위해 현금 5,000,000원을 추가로 출자하다.
③ 은행차입금에 대한 이자로 10,000원을 현금지급하다.
④ 원가 50,000의 상품을 60,000원에 현금판매하다.

자본은 기업실체의 자산 총액에서 부채 총액을 차감한 잔여액 또는 순자산으로서 기업실체의 자산에 대한 소유주의 잔여청구권이다.

13년 12월

03 다음 거래의 결과 자본(순자산)의 변동을 초래하는 거래가 아닌 것은?

① 사업확장을 위해 현금 5,000,000원을 은행에서 차입하다.
② 사장의 개인사용 목적으로 현금 1,000,000원을 인출하다.
③ 은행차입금에 대한 이자 10,000원이 보통예금 계좌에서 인출되다.
④ 원가 40,000원의 상품을 70,000원에 외상판매하다.

• 자산과 부채가 동시에 같은 금액씩 증가하여 자본변동을 초래하지 않는다.
• 자산−부채=자본

11년 12월

04 다음 빈칸에 들어갈 금액을 바르게 나열한 것은?

회사명	자산	부채	자본
일산물산	(A)	450,000원	550,000원
바로상사	900,000원	360,000원	(B)

	(A)	(B)
①	1,000,000원	1,260,000원
②	1,000,000원	540,000원
③	100,000원	1,260,000원
④	100,000원	540,000원

• 자산−부채=자본
• 자산(A)=부채(450,000)+자본(550,000) ∴ A=1,000,000원
• 자본(B)=자산(900,000)−부채(360,000) ∴ B=540,000원

정답 01 ③ 02 ① 03 ① 04 ②

05 개인기업의 자본금계정 대변에 기입할 수 없는 내용은?

① 당기순이익 ② 당기순손실
③ 기초자본금 ④ 추가출자액

당기순손실은 자본금계정의 차변에 표시된다.

오답 피하기

자본금			
인출액	×××	기초잔액	×××
당기순손실	×××	추가출자액	×××
기말잔액	×××	당기순이익	×××

06 자본에 관한 다음 산식 중 올바르지 않은 것은?

① 기초자산＝기초부채＋기초자본
② 기말자본－기초자본＝당기순손익
③ 기말자산＝기말부채＋기초자본＋당기순손익
④ 기말자본－기말부채＝당기순손익

④ : 기말자본－기초자본＝당기순이익

오답 피하기

• 기초자본＋총수익－총비용＋추가출자액－인출금＝기말자본
• 자산－부채＝자본, 기초자산－기초부채＝기초자본, 기말자산－기말부채＝기말자본
 − 수익＞비용 : 총수익－총비용＝(당기)순이익 ⋯ 기초자본＋(당기)순이익＝기말자본
 − 비용＞수익 : 총비용－총수익＝(당기)순손실 ⋯ 기초자본－(당기)순손실＝기말자본

07 다음 중 빈칸에 가장 알맞은 것은?

(가)＋비용＝기말부채＋(나)＋수익

	(가)	(나)
①	기초자본	당기순이익
②	기말자산	당기순이익
③	기말부채	기말자본
④	기말자산	기초자본

• 기초자본＋수익－비용＝기말자본(기말자산－기말부채)
• 즉, 기말자산＋비용＝기말부채＋기초자본＋수익

08 다음 중 빈칸에 가장 알맞은 것은?

기초자산＝기초부채＋(㉠)
기말자산＝기말부채＋기초자본＋(㉡)

	㉠	㉡
①	기초자본	당기순이익
②	기말자산	당기순이익
③	기말부채	기말자본
④	기말자산	기초부채

기초자산－기초부채＝기초자본, 기초자본＋당기순이익＝기말자본(기말자산－기말부채)

09 다음 자료를 이용하여 제2기 기말자본금을 계산한 금액으로 옳은 것은?

회계연도	기초자본금	추가출자액	기업주인출액	당기순이익
제1기	1,000원	500원	300원	200원
제2기	(?)	300원	0원	100원

① 1,400원 ② 1,500원
③ 1,800원 ④ 1,900원

기초자본금＋추가출자액－기업주인출액＋당기순이익＝기말자본금
• 제1기 기말자본금 : 1,000＋500－300＋200＝1,400원
• 제2기 기말자본금 : 1,400＋300＋100＝1,800원

10 다음 중 빈칸에 들어갈 값으로 옳은 것은?

기초			기말			당기 순손실
자산	부채	자본	자산	부채	자본	
1,300,000	㉮	740,000	㉯	950,000	㉰	150,000

	㉮	㉯	㉰
①	550,000	1,510,000	560,000
②	550,000	1,520,000	570,000
③	560,000	1,530,000	580,000
④	560,000	1,540,000	590,000

기초자본(기초자산－기초부채)－당기순손실＝기말자본(기말자산－기말부채)
• ㉮ : 1,300,000－740,000＝560,000원
• ㉯ : 950,000＋590,000＝1,540,000원
• ㉰ : 740,000－150,000＝590,000원

11 다음 중 괄호 안의 금액이 잘못 기입된 것은?

회사명	기초자본	기말자본	총수익	총비용
① 동도상사	200,000	(340,000)	190,000	50,000
② 서도상사	(70,000)	180,000	150,000	40,000
③ 남도상사	420,000	650,000	(330,000)	120,000
④ 북도상사	210,000	400,000	220,000	(30,000)

- 기초자본＋총수익－총비용＝기말자본
- ③ : 420,000＋총수익－120,000＝650,000
- ∴ 총수익＝350,000

12 다음 자료에서 기말부채를 계산하면 얼마인가?

- 기초자산 : 3,000,000원
- 기초부채 : 2,000,000원
- 기초자본 : 1,000,000원
- 기말자산 : 5,000,000원
- 당기순이익 : 1,000,000원

① 1,000,000원 　 ② 2,000,000원

③ 3,000,000원 　 ④ 5,000,000원

- 기초자본(기초자산－기초부채)＋당기순이익＝기말자본(기말자산－기말부채)
- 1,000,000(3,000,000－2,000,000)＋1,000,000 ＝2,000,000(5,000,000－기말부채)
- ∴ 기말부채＝3,000,000원

13 다음 자료에 의하여 기말자본을 구할 경우 그 금액은 얼마인가?

- 기초자산 : 900,000원 　 • 기초부채 : 300,000원
- 총수익 : 1,300,000원 　 • 총비용 : 1,800,000원

① 100,000원 　 ② 200,000원

③ 400,000원 　 ④ 600,000원

- 기초자산－기초부채＋총수익－총비용＝기말자본
- 900,000－300,000＋1,300,000－1,800,000＝100,000원

14 다음의 자료에서 순재산은 얼마인가?

- 현금 2,000,000원 　 • 상 품 3,000,000원
- 건물 5,000,000원 　 • 차입금 3,000,000원

① 7,000,000원 　 ② 5,000,000원

③ 3,000,000원 　 ④ 2,000,000원

- 순재산은 자본이므로 자산－부채이다.
- 자산(현금＋상품＋건물)－부채(차입금)＝7,000,000원

15 다음 자료에서 기초부채를 계산하면 얼마인가?

- 기초자산 : 60,000원 　 • 추가출자 : 15,000원
- 기말자산 : 70,000원 　 • 기말부채 : 30,000원
- 당기순이익 : 5,000원

① 40,000원 　 ② 35,000원

③ 30,000원 　 ④ 25,000원

- 기초자본(기초자산－기초부채)＋추가출자＋당기순이익＝기말자본(기말자산－기말부채)
- 60,000－기초부채＋15,000＋5,000＝70,000－30,000
- ∴ 기초부채＝40,000원

16 다음 계정 기입의 설명으로 올바른 것은?

자본금			
12/31 차기이월	35,000원	1/1 전기이월	20,000원
		12/31 손　익	15,000원

① 기초자본금은 35,000원이다.
② 기말자본금은 20,000원이다.
③ 당기순이익은 15,000원이다.
④ 당기순손실은 15,000원이다.

- 대변의 손익은 당기순이익이 발생한 것을 말한다.
- 기초자본＋당기순이익＝기말자본

17 다음 자료에 의한 자본금의 추가출자액은 얼마인가?

- 기초자산 : 420,000원
- 기초부채 : 200,000원
- 기말자본 : 580,000원
- 총수익 : 80,000원
- 총비용 : 40,000원

① 280,000원 　 ② 320,000원

③ 500,000원 　 ④ 540,000원

추가출자액＝기말자본－기초자본－순이익
＝580,000－220,000원－40,000원＝320,000원

18 다음 자료에 의하여 기말자본을 계산하면 얼마인가?

> • 기초자산 : 1,000,000원
> • 기초부채 : 400,000원
> • 총수익 : 5,100,000원
> • 총비용 : 3,600,000원

① 2,000,000원   ② 2,100,000원
③ 2,200,000원   ④ 2,300,000원

- • 기초자산(1,000,000원)−기초부채(400,000원)=기초자본(600,000원)
- • 총수익(5,100,000원)−총비용(3,600,000원)=당기순이익(1,500,000원)
- • 기초자본(600,000원)+당기순이익(1,500,000원)=기말자본
- ∴ 기말자본=2,100,000원

19 다음 자료에서 대동상사의 기말자본총계는 얼마인가?

기초자산	기초부채	총수익	총비용	추가출자금
3,000,000원	2,000,000원	3,500,000원	2,800,000원	800,000원

① 2,500,000원   ② 2,000,000원
③ 1,700,000원   ④ 1,000,000원

기초자본(1,000,000)+당기순이익(700,000)+출자금(800,000)
=2,500,000원

20 영준상사의 다음 자료를 이용하여 자본금의 추가 출자액을 계산하면 얼마인가?(단, 제시된 자료를 제외한 자본금과 관련된 거래는 일체 없는 것으로 간주함)

> • 기초자본금 : 3,000,000원
> • 기말자본금 : 4,800,000원
> • 총수익 : 2,500,000원
> • 총비용 : 2,000,000원

① 800,000원   ② 1,000,000원
③ 1,300,000원   ④ 1,600,000원

- • 기초자본금+총수익−총비용+추가출자액=기말자본금
- • 3,000,000+2,500,000−2,000,000+추가출자액=4,800,000
- ∴ 추가출자액=1,300,000원

21 다음 자료에서 시언상회의 총비용은 얼마인가?

> • 기초자본 : 8,000,000원
> • 기말자본 : 16,000,000원
> • 추가출자금 : 5,000,000원
> • 총수익 : 6,000,000원

① 2,000,000원   ② 2,500,000원
③ 3,000,000원   ④ 4,000,000원

- • 기초자본+총수익−총비용+추가출자금=기말자본
- • 8,000,000+6,000,000−총비용+5,000,000=16,000,000
- ∴ 총비용=3,000,000원

22 인출금계정을 사용하는 거래가 아닌 것은?

① 기업주 개인의 소득세납부
② 기업주 자녀의 입학기념으로 기업의 상품을 지급
③ 기업주 본인의 생명보험료 납부
④ 사업과 관련된 건물재산세 납부

사업과 관련된 건물재산세는 세금과공과계정으로 비용처리한다.

오답 피하기

인출금(기업주가 현금, 상품 등을 개인적으로 소비하는 것) : 회계기간 중에 자본에 관한 모든 거래를 자본금 계정에 기입하면 자본금 계정의 기장이 복잡해지고 원시출자액을 알 수도 없다. 그러므로 회계기간 중의 자본에 관한 거래는 인출금 계정을 설정하여 기입하고, 기말에 자본금 계정에 대체한다.

23 인출금계정에 대해 올바르게 설명되지 않은 것은?

① 인출금계정은 차변과 대변 어느 쪽에도 기입될 수 있다.
② 임시계정이 아닌, 재무제표에 공시된다.
③ 인출금계정은 기말에 자본금계정으로 대체한다.
④ 기업주가 개인적인 용도로 현금·상품 등을 인출하거나, 자본금의 추가 출자 등이 빈번하게 나타날 때 설정하여 회계처리한다.

인출금은 임시계정이며 재무제표에 공시되지 않는다.

정답 18 ②   19 ①   20 ③   21 ③   22 ④   23 ②

08년 12월

24 MP3를 판매하는 개인기업의 사업주가 자녀의 입학 기념으로 100,000원의 당사 상품을 지급한 거래의 분개로 옳은 것은?

① (차) 외상매출금 100,000원 (대) 상품매출 100,000원
② (차) 외상매출금 100,000원 (대) 상품 100,000원
③ (차) 인출금 100,000원 (대) 상품 100,000원
④ (차) 상품 100,000원 (대) 외상매출금 100,000원

개인기업주가 개인적으로 지출한 금액은 인출금으로 처리한다.

10년 4월

25 다음 분개로 알 수 있는 가장 적절한 거래 내용은?

> (차) 인출금 100,000원 (대) 현 금 100,000원

① 상품을 매입하고 대금을 지불하기 위해 현금을 인출하다.
② 종업원의 복리후생비로 사용하기 위해 현금을 인출하다.
③ 사업주가 개인용도로 사용하기 위해 현금을 인출하다.
④ 상품매매 중개수수료를 지급하기 위해 현금을 인출하다.

사업주가 가사 등의 개인적인 목적으로 사용하기 위해 현금을 인출하다.

12년 10월

26 다음 거래에 대한 거래요소의 결합관계로 옳은 것은?

> 임대료를 현금으로 받아 기업주가 개인적인 용도로 사용하다.

① 부채의 감소 · 수익의 발생
② 자본의 감소 · 수익의 발생
③ 비용의 발생 · 자산의 감소
④ 자본의 감소 · 자산의 감소

개인기업의 기업주가 개인적인 용도로 인출한 경우에는 인출금계정으로 회계처리(자본의 감소) 후 결산 시 자본금을 감소시켜 대체한다.
(차) 인출금 ×××　　　　(대) 임대료 ×××

10년 12월

27 주어진 자료에서 인출금과 당기순이익을 정리 후 기말자본금으로 옳은 것은?

인출금		
12/15 현금	50,000	

자본금		
	1/1 전기이월	500,000

단, 당기 순이익은 200,000원이다.

① 550,000원　　② 650,000원
③ 700,000원　　④ 750,000원

기초자본금(500,000원) − 인출금(50,000원) + 당기순이익(200,000원)
= 기말자본금(650,000원)

15년 6월, 10년 10월

28 다음 자료만을 근거하여 단기차입금을 계산하면 얼마인가?

> · 상품 : 220,000원　　· 보통예금 : 50,000원
> · 자본금 : 100,000원　· 외상매출금 : 80,000원
> · 외상매입금 : 10,000원　· 장기차입금 : 60,000원

① 180,000원　　② 150,000원
③ 100,000원　　④ 80,000원

자산−부채=자본
· 자산: 상품(220,000)+보통예금(50,000)+외상매출금(80,000)=350,000
· 부채: 외상매입금(10,000)+장기차입금(60,000)+단기차입금=250,000
∴ 단기차입금=180,000원
· 자본 : 자본금(100,000)

24년 2월

29 다음은 기말 재무상태표상 계정별 잔액이다. 이 회사의 기말자본은 얼마인가?

> · 현금 : 100,000원　　· 선수금 : 300,000원
> · 단기차입금 : 100,000원　· 상품 : 1,000,000원
> · 외상매입금 : 200,000원

① 300,000원　　② 500,000원
③ 800,000원　　④ 1,100,000원

기말자산 − 기말부채 = 기말자본
기말자본 = 기말자산 1,100,000 − 기말부채 600,000 = 500,000원
· 기말자산 : 현금 100,000+상품 1,000,000 = 1,100,000원
· 기말부채 : 선수금 300,000+외상매입금 200,000+단기차입금 100,000
= 600,000원

정답 24 ③　25 ③　26 ②　27 ②　28 ①　29 ②

SECTION
05
출제빈도 상 중 하
반복학습 1 2 3

수익과 비용

▶ 합격 강의

빈출 태그 ▶ 순매출액 · 매출원가 · 판매비와일반관리비 · 영업외수익과 영업외비용 · 손익계산서 구조

01 수익과 비용의 인식

1) 수익의 인식

① 수익은 실현되었거나 또는 실현가능한 시점에서 인식된다.

② 수익은 수익가득 과정 동안 점진적이고 계속적으로 창출된다.

③ 수익은 경제적 효익이 유입됨으로써 자산이 증가하거나 부채가 감소하고 그 금액을 신뢰성 있게 측정할 수 있을 때 손익계산서에 인식한다.

2) 비용의 인식

비용은 경제적 효익이 사용 또는 유출됨으로써 자산이 감소하거나 부채가 증가하고 그 금액을 신뢰성 있게 측정할 수 있을 때 인식한다. 비용은 주된 영업활동에서 발생한 비용과 일시적이나 우연적인 거래로부터 발생한 손실로 분류된다.

① **수익비용 대응주의** : 매출원가

수익과 관련 비용은 대응하여 인식한다. 즉, 특정 거래와 관련하여 발생한 수익과 비용은 동일한 회계기간에 인식한다.

② **발생기간 비용처리** : 기간대응(판매비와관리비)

수익과 직접 대응할 수 없는 비용은 재화 및 용역의 사용으로 현금이 지출되거나 부채가 발생하는 회계기간에 인식한다.

③ **체계적이고 합리적인 배분절차에 따라 비용배분**

자산으로부터 효익이 여러 회계기간에 걸쳐 기대되는 경우 이와 관련하여 발생한 특정 성격의 비용은 체계적이고 합리적인 배분절차에 따라 각 회계기간에 배분하는 과정을 거쳐 인식한다(예 감가상각비 등).

④ **미래의 경제적 효익의 감소, 소멸 시 비용인식**

과거에 인식한 자산의 미래 경제적 효익이 감소 또는 소멸되거나 경제적 효익의 수반없이 부채가 발생 또는 증가한 것이 명백한 경우에는 비용을 인식한다.

02 수익과 비용 계정

1) 매출액(상품매출) : 영업수익

기적의 TIP

순매출액=총매출액－매출환입－매출에누리－매출할인

기업의 주된 영업활동으로부터 발생한 상품의 총매출액에서 매출환입및에누리, 매출할인을 차감한 순매출액이다.

① **매출환입및에누리** : 매출환입이란 판매한 상품이 반품 처리된 금액을 말하며, 매출에누리란 판매한 상품에 파손이나 결함이 있어서 결제금액을 깎아주는 것을 말한다.

기적의 TIP

매출환입및에누리, 매출할인은 매출액에서 차감(수익의 감소)하므로 차변에 기입한다.

② **매출할인** : 외상대금을 약정된 할인기간 내에 회수하고 대금의 일부를 할인해 주는 것을 말한다.

2) 매출원가(상품매출원가) : 영업비용

★ 순매입액=총매입액+제비용(운임등)－매입환출－매입에누리－매입할인

상품매출 관련 발생되는 원가로 기초재고액+당기매입액*－기말재고액으로 계산한다.

3) 판매비와관리비 : 영업비용

기적의 TIP

판매비와관리비는 비용 중에서 자주 사용하는 계정과목이므로 전부 암기하도록 한다.

상품, 용역 등의 판매활동과 기업의 관리활동에서 발생하는 비용으로서 매출원가에 속하지 아니하는 모든 영업비용을 말한다.

① **급여** : 임직원의 근로제공에 대한 대가로서 지급하는 인건비로 임원급여, 직원의 급료와 제수당 등을 말한다. 일용직은 잡급을 사용하며, 만약 상여금을 지급할 경우 상여금으로 처리한다.

② **복리후생비** : 임직원의 복리와 후생을 위하여 지급한 비용이다.

③ **여비교통비** : 임직원의 여비와 교통비. 이때의 여비는 통상 기업의 임직원이 업무를 수행하기 위하여 비교적 먼 곳으로 출장 가는 경우에 소요되는 경비로서, 구체적인 내용으로는 철도운임, 항공운임, 숙박료, 식사대 및 기타 출장에 따른 부대비용이며, 교통비는 상기 여비 이외의 시내출장비나 시내의 일시적인 주차료 등을 의미한다.

④ **기업업무추진비** : 회사의 업무와 관련하여 고객이나 거래처를 접대한 경우 이와 관련된 제반비용이다.

⑤ **통신비** : 전신, 전화, 팩시밀리, 우편, 등기요금 등이다.

⑥ **수도광열비** : 수도료, 전기료, 가스료, 연료대 등이다.

⑦ **세금과공과(금)** : 재산세, 자동차세 등의 세금과 상공회의소회비 등의 공과금이다.

⑧ **감가상각비** : 건물, 기계장치, 차량운반구 등 유형자산의 당해연도 감가상각비이다.

⑨ **임차료** : 사무실 또는 토지 등의 임차료 및 컴퓨터나 집기비품의 리스료이다.

⑩ **수선비** : 건물, 건물부속설비, 집기, 비품 등의 유형자산의 수선비이다.

⑪ **건물관리비** : 건물과 관련한 지출로 관리비, 보수비, 소독비 등이다.

개념 체크

1 출장 여비교통비와 거래처 대표자의 결혼식 화환 구입비는 판매비와관리비에 해당한다. (○, ×)

1 ○

⑫ **보험료** : 기업이 소유하는 건물, 기계장치 등의 유형자산, 상품 등의 재고자산 등에 대하여 가입한 각종 손해보험(화재보험, 도난보험, 책임보험 등)이다.

⑬ **차량유지비** : 차량운반구 유지비용으로 차량유류대, 주차비, 차량수리비 등이다.

⑭ **운반비** : 상품을 고객이나 대리점 기타 보관소로 운송하는 데 지출된 비용이다.

⑮ **교육훈련비** : 임직원의 직무능력 향상을 위한 교육 및 훈련에 관련된 비용이다.

⑯ **도서인쇄비** : 도서구입비 및 인쇄와 관련된 비용이다.

⑰ **소모품비** : 소모성 비품 구입에 관한 비용으로서, 사무용 용지, 소모공구 구입비, 주방용품 구입비, 문구구입비(사무용품비로도 처리), 기타 소모자재 등의 구입비이다.

⑱ **수수료비용** : 제공받은 용역의 대가를 지불할 때 사용되는 비용이다.

⑲ **광고선전비** : 상품이나 제품의 판매촉진을 위해 지출한 광고선전비이다.

⑳ **대손상각비** : 회수가 불확실한 매출채권에 대하여 합리적이고 객관적인 기준에 따라 산출한 대손추산액을 처리하는 계정으로, 회수가 불가능한 채권은 대손충당금과 상계하고 대손충당금이 부족한 경우에는 그 부족액을 대손상각비로 처리한다.

㉑ **잡비** : 이상에서 열거한 비용 이외에 판매와 관리 활동과 관련되어 지출된 기타의 비용이다.

4) 영업외수익

기업의 주된 영업활동이 아닌 활동으로부터 발생한 수익과 차익을 말한다.

① **이자수익** : 금융업 이외의 판매업 등을 영위하는 기업이 일시적인 유휴자금을 대여하고 받은 이자 및 할인료이다.

② **배당금수익** : 주식, 출자금 등의 장·단기 투자자산과 관련하여 피투자회사의 이익 또는 잉여금의 분배로 받는 금전배당금이다.

③ **임대료** : 타인에게 물건이나 부동산 등을 임대하고 그 대가로 받는 금액이다.

④ **수수료수익** : 용역 등을 제공하거나 상품판매 중개역할을 하고 수수료를 받으면 생기는 이익이다.

⑤ **단기매매증권평가이익** : 공정가치로 평가하는 경우 장부금액보다 공정가치가 상승한 경우의 그 차액이다.

⑥ **단기매매증권처분이익** : 장부금액보다 처분금액이 더 큰 경우의 차액이다.

⑦ **유형자산처분이익** : 유형자산의 장부금액(취득원가－감가상각누계액)보다 처분금액이 더 큰 경우의 차액이다.

⑧ **자산수증이익** : 회사가 주주, 채권자 등 타인으로부터 무상으로 자산을 증여받은 경우에 발생하는 이익이다.

⑨ **채무면제이익** : 회사가 주주, 채권자 및 제3자로부터 회사의 채무를 면제받은 경우 발생하는 이익이다.

- 이자수익 ↔ 이자비용
- 임대료 ↔ 임차료
- 수수료수익 ↔ 수수료비용
- 단기매매증권 평가이익 ↔ 단기매매증권 평가손실
- 단기매매증권 처분이익 ↔ 단기매매증권 처분손실
- 유형자산처분 이익 ↔ 유형자산처분 손실
- 외화환산이익 ↔ 외화환산손실
- 보험금수익 ↔ 보험료
- 잡이익 ↔ 잡손실

✅ **개념 체크**

1 다음 중 판매비와관리비 계정을 고르시오.
(급여, 복리후생비, 기부금, 기업업무추진비)

1 급여, 복리후생비, 기업업무추진비

⑩ **외화환산이익** : 과거에 발생한 외화거래로 기말 현재 외화로 표시된 채권·채무가 있는 경우에는 이를 보고기간말 현재의 마감환율로 환산하고, 장부상에 표시된 금액과 기말 마감환율로 환산한 금액과의 차액 중 이익이다.

⑪ **보험금수익** : 자산에 대하여 보험 가입 후 보험금 지급사유가 발생하여 지급받은 실제보험금이다.

⑫ **잡이익** : 일반기업회계기준에서 열거된 영업외수익 중 금액적으로 중요하지 않거나 그 항목이 구체적으로 밝혀지지 않은 수익이다.

5) 영업외비용

기업의 주된 영업활동이 아닌 활동으로부터 발생한 비용과 차손을 말한다.

① **이자비용** : 당좌차월, 장·단기차입금 등으로부터 발생하는 지급이자와 사채이자이다.

② **기부금** : 업무와 관련 없이 무상으로 기증하는 금전, 기타의 자산금액이다.

③ **기타의대손상각비** : 거래처의 파산 등의 사유로 기타채권*의 회수가 불가능하게 되어 이를 손실로 계상하는 비용이다.

④ **매출채권처분손실** : 매출채권을 타인에게 양도 또는 할인하는 경우 당해 채권에 대하여 권리와 의무가 양도인과 분리되어 실질적으로 이전되는 때에는 동 금액은 매출채권에서 차감하고, 실수령액과의 차액은 매출채권처분손실로 계상한다.

⑤ **단기매매증권평가손실** : 공정가치로 평가하는 경우 장부금액보다 공정가치가 하락한 경우의 차액이다.

⑥ **단기매매증권처분손실** : 장부금액보다 처분금액이 더 적은 경우의 차액이다.

⑦ **외화환산손실** : 과거에 발생한 외화거래로 기말 현재 외화로 표시된 채권·채무가 있는 경우에는 이를 보고기간말 현재의 환율로 환산하고, 장부상에 표시된 금액과 기말 환율로 환산한 금액과의 차액 중 손실이다.

⑧ **재해손실** : 화재, 풍수해, 지진 등 천재지변 또는 돌발적인 사건으로 인하여 발생한 손실액이다.

⑨ **유형자산처분손실** : 유형자산의 매각 시 장부금액(취득원가−감가상각누계액)보다 처분금액이 더 적은 경우의 차액이다.

⑩ **잡손실** : 일반기업회계기준에서 열거된 영업외비용 중 그 금액이 중요하지 않거나, 그 항목이 구체적으로 밝혀지지 않는 비용이다.

6) 소득세비용(소득세등)

소득세비용은 소득세비용 차감 전 순손익에 소득세법 등의 법령에 의하여 과세하였거나 과세할 세율을 적용하여 계산한 금액으로 하며, 소득세에 부가하는 세액을 포함한다.

03 손익계산서 구조

기적의 TIP

영업이익 도출과정까지 암기한다.

보고식

손익계산서

회사명 : 영진상사 　　제×기 20××년 ×월 ×일부터 ×월 ×일까지 　　　　(단위 : 원)

매출액(−매출환입및에누리−매출할인)	⇨ 영업수익
상품매출	
(−) **매출원가**	⇨ 영업비용
상품매출원가	
기초재고	
(+) 　당기매입(+제비용(운임 등)−매입환출및에누리−매입할인)	
(−) 　기말재고	
매출총이익(손실)	⋯▸ 첫 번째 이익
(−) 판매비와관리비	⇨ 영업비용
영업이익(손실)	⋯▸ 두 번째 이익
(+) 영업외수익	⇨ 영업외수익
(−) 영업외비용	⇨ 영업외비용
소득세차감전순이익(손실)	⋯▸ 세 번째 이익
(−) 소득세등(소득세비용)	
당기순이익(손실)	⋯▸ 네 번째 이익

개념 체크

1　매출총이익을 계산하시오. 매출액 500,000원, 매출할인 10,000원, 기초재고 0원, 당기매입 200,000원, 매입운임 10,000원, 기말재고 10,000원

1　290,000원

12년 4월

01 다음 ( ) 안에 순차적으로 들어갈 내용으로 옳은 것은?

> 수익이란 기업실체의 경영활동과 관련된 재화의 판매 또는 용역의 제공 등에 대한 대가로 발생하는 자산의 ( ) 또는 부채의 ( )이다.

① 유입, 증가 ② 유출, 감소
③ 유출, 증가 ④ 유입, 감소

수익은 자산의 유입 또는 부채의 감소이다.
예 상품을 매출하고 대금은 외상매입금의 일부를 상계하고 현금으로 받다(외상매입금, 현금, 상품매출).

12년 10월

02 다음 괄호 안에 순차적으로 들어갈 내용으로 옳은 것은?

> 비용이란 기업실체의 경영활동과 관련된 재화의 판매 또는 용역의 제공 등에 따라 발생하는 자산의 ( )이나 사용 또는 ( )의 증가이다.

① 유입, 자산 ② 유출, 부채
③ 유출, 자산 ④ 유입, 부채

비용은 자산의 유출이나 사용 또는 부채의 증가이다.
예 문구용품을 구입하고 반액은 현금으로 나머지는 외상으로 하다(사무용품비, 현금, 미지급금).

13년 12월

03 다음 괄호 안에 들어갈 내용으로 옳은 것은?

> ( )은(는) 기업실체의 경영활동의 결과로서 발생하였거나 발생할 현금 유출액을 나타내며, 경영활동의 종류와 당해 ( )이(가) 인식되는 방법에 따라 매출원가, 급여, 감가상각비, 이자비용, 임차비용 등과 같이 다양하게 구분될 수 있다.

① 자산 ② 부채
③ 수익 ④ 비용

비용은 기업실체의 경영활동의 결과로서 발생하였거나 발생할 현금 유출액을 나타내며, 경영활동의 종류와 당해 비용이 인식되는 방법에 따라 매출원가, 급여, 감가상각비, 이자비용, 임차비용 등과 같이 다양하게 구분될 수 있다.

11년 6월

04 비용에 관한 올바른 내용을 아래에서 모두 고른 것은?

> ㄱ. 자본 감소의 원인이 된다.
> ㄴ. 기업이 경영활동으로 지출하는 경제적 가치
> ㄷ. 기업이 일정시점에 소유하고 있는 재화나 권리
> ㄹ. 재화나 용역을 고객에게 제공하고 그 대가로 얻는 금액

① ㄱ, ㄴ ② ㄱ, ㄹ
③ ㄴ, ㄷ ④ ㄷ, ㄹ

비용은 자본 감소(기초자본+수익-비용=기말자본)의 원인이 되며, 기업의 경영활동으로 지출하는 경제적 가치이다.

08년 6월

05 당기의 비용으로 회계처리하여야 하는 지출은?

① 토지 취득 시 중개수수료
② 자동차의 자동차세
③ 상품 매입 시 운반비
④ 건물 취득 시 취득세

자동차세는 당기비용(세금과공과)으로 처리한다. 자산 취득 시 발생되는 제비용은 자산으로 처리한다(단, 단기매매증권 제외).

08년 10월

06 다음의 거래에서 수익 발생으로 인식될 수 있는 거래를 모두 고른 것은?

> ㄱ. 외상매출금을 현금으로 받다.
> ㄴ. 건물에 대한 임대료를 현금으로 받다.
> ㄷ. 대여금에 대한 이자를 현금으로 받아 즉시 보통예금 하다.

① ㄱ, ㄴ ② ㄱ, ㄷ
③ ㄴ, ㄷ ④ ㄱ, ㄴ, ㄷ

ㄴ. 임대료, ㄷ. 이자수익

정답 01④ 02② 03④ 04① 05② 06③

07 다음 자료를 이용하여 순매출액을 계산한 금액으로 옳은 것은?

> • 총매출액 : 500,000원 • 매출환입 : 5,000원
> • 매출에누리 : 10,000원 • 매출운반비 : 5,000원

① 495,000원 ② 490,000원
③ 485,000원 ④ 480,000원

순매출액은 총매출액에서 매출환입, 매출에누리, 매출할인을 차감한 금액을 말하며, 매출운반비는 비용(판관비)으로 처리한다.

08 일반기업회계기준에 따른 매출에누리와 매출할인에 대한 올바른 처리방법으로 볼 수 있는 것은?

① 모두 당기비용처리
② 모두 매출액에서 차감
③ 매출할인은 당기비용, 매출에누리는 매출에서 차감
④ 매출에누리는 당기비용, 매출할인은 매출에서 차감

매출환입, 에누리와 매출할인은 수익(매출액)에서 차감한다.

09 다음 괄호 안에 들어갈 손익계산서의 구성항목은?

> ( )는(은) 제품, 상품 등의 매출액에 대응되는 원가로서 판매된 제품이나 상품 등에 대한 제조원가 또는 매입원가이다.

① 매출원가 ② 판매비와관리비
③ 영업외비용 ④ 영업외수익

매출액에 대응되는 원가는 매출원가이다.

10 다음과 같은 자료의 등식을 만족시키는 것은?

> (㉮)=총매출액−매출환입 및 매출에누리, 매출할인
> (㉯)=총매입액−매입환출 및 매입에누리, 매입할인
> 매출원가=기초상품재고액+(㉰)−기말상품재고액
> 매출총이익=(㉱)−매출원가

	㉮	㉯	㉰	㉱
①	순매출액	순매입액	순매출액	순매입액
②	순매출액	순매입액	순매입액	순매출액
③	순매입액	순매출액	순매입액	순매출액
④	순매입액	순매출액	순매출액	순매입액

총매출액−매출환입및에누리−매출할인=순매출액

> **오답 피하기**
> • 매출액(−매출환입−매출에누리−매출할인)−매출원가=매출총이익
> • 매출원가=기초재고액+당기매입액(+제비용(운임 등)−매입환출액−매입에누리−매입할인)−기말재고액

11 다음 자료에서 총매출액은 얼마인가?

> • 기초재고액 57,000원 • 총매입액 280,000원
> • 매입환출액 13,000원 • 기말재고액 85,000원
> • 매출환입액 5,000원 • 매출총이익 24,000원

① 474,000원 ② 352,000원
③ 268,000원 ④ 276,000원

• 매출원가=기초재고액(57,000)+당기매입액(280,000−13,000)−기말재고액(85,000)=239,000
• 총매출액(−매출환입액)−매출원가=매출총이익
(총매출액−5,000)−239,000=24,000
∴ 총매출액=268,000원

12 다음은 손익계산서의 일부이다. 빈 칸에 들어갈 (가), (나), (다)의 내용으로 옳은 것은?

구분	2024년	2025년
매출액	110,000원	120,000원
기초상품재고액	12,000원	(나)
당기총매입액	94,000원	(다)
기말상품재고액	15,000원	16,000원
매출총이익	(가)	20,000원

	(가)	(나)	(다)
①	91,000	14,000	110,000
②	19,000	15,000	101,000
③	91,000	15,000	101,000
④	19,000	15,000	130,000

• 2024년
− 매출원가=기초상품재고액(12,000)+당기총매입액(94,000)−기말상품재고액(15,000)=91,000원
− 매출액(110,000)−매출원가(91,000)=매출총이익(가) 19,000원
• 2025년
− 매출액(120,000)−매출원가=매출총이익(20,000)
∴ 매출원가=100,000
− 매출원가=기초상품재고액(나)=15,000원 ← 2024년 기말상품재고액)+당기총매입액(다)−기말상품재고액(16,000)=100,000원
∴ 당기총매입액(다)=101,000원

정답 07 ③ 08 ② 09 ① 10 ② 11 ③ 12 ②

13 다음 자료에서 기초상품재고액은 얼마인가?

> • 당기매입액 : 500,000원
> • 당기매출액 : 800,000원
> • 기말상품재고액 : 50,000원
> • 매출총이익 : 150,000원

① 500,000원   ② 200,000원
③ 150,000원   ④ 100,000원

• 매출원가(매출액-매출총이익)=기초상품재고액+당기매입액-기말상품재고액
• 800,000-150,000=기초재고+500,000-50,000
∴ 기초상품재고액=200,000원

14 주어진 자료로 당기 기초상품재고액을 계산하면 얼마인가?(단, 3분법임)

> • 매입액 : 40,000원
> • 매입환출액 : 1,000원
> • 기말상품재고액 : 2,000원
>
> | 손익 | | | |
> |---|---|---|---|
> | 매입 | 50,000원 | 매출 | 70,000원 |

① 13,000원   ② 14,000원
③ 15,000원   ④ 16,000원

• 손익계정의 차변은 비용이므로 매출원가는 50,000원이라는 것을 알 수 있다.
• 기초상품재고액+매입액(40,000)-매입환출액(1,000)-기말상품재고액(2,000)
  =매출원가(50,000)
∴ 기초상품재고액=13,000원

15 다음 자료에서 매출원가를 구하면 얼마인가?

> • 기초상품재고액 : 1,500,000원
> • 매입에누리 : 90,000원
> • 당기매입액 : 3,000,000원
> • 기말상품재고액 : 2,000,000원
> • 매입운임 : 200,000원
> • 매입환출 : 50,000원

① 2,560,000원   ② 2,580,000원
③ 2,610,000원   ④ 2,700,000원

매출원가=기초상품+당기매입(+매입운임-매입에누리-매입환출)-기말상품
    =1,500,000+3,000,000+200,000-90,000-50,000-2,000,000
    =2,560,000원

16 다음 자료에 의하여 기말상품 재고액을 계산하면?

> • 당기상품 순매출액 : 150,000원
> • 당기 매출총이익 : 80,000원
> • 당기상품 순매입액 : 120,000원
> • 기초상품 재고액 : 70,000원

① 60,000원   ② 80,000원
③ 100,000원   ④ 120,000원

• 매출원가=순매출액-매출총이익=150,000-80,000=70,000
• 매출원가=기초재고액+순매입액-기말재고액
• 70,000=70,000+120,000-기말재고액
∴ 기말재고액=120,000원

17 다음 자료로 기말상품재고액을 계산한 것으로 옳은 것은?

> • 기초상품재고액 : 50,000원
> • 당기 매입액 : 350,000원
> • 당기 매출액 : 500,000원
> • 매출총이익 : 당기 매출액의 30%

① 50,000원   ② 60,000원
③ 70,000원   ④ 80,000원

• 매출총이익=500,000원×0.3=150,000
• 매출원가=매출액(500,000)-매출총이익(150,000)=350,000
• 매출원가(350,000)=기초상품재고액(500,000)+당기매입액(350,000)-기말상품재고액
∴ 기말상품재고액=50,000원

18 다음 자료에 의해 매출총이익을 계산하면 얼마인가?

> • 기초상품재고액 : 6,000,000원
> • 당기상품매입액 : 7,100,000원
> • 기말상품재고액 : 3,100,000원
> • 매출에누리 : 750,000원
> • 매입제비용(매입 시 운반비) : 250,000원
> • 매입에누리 및 매입할인액 : 660,000원
> • 당기상품매출액 : 16,000,000원

① 5,660,000원   ② 6,000,000원
③ 6,410,000원   ④ 6,800,000원

• 매출액 - 매출원가 = 매출총이익
• 순매출액 = 당기상품매출액 16,000,000-매출에누리 750,000
        = 15,250,000
• 매출원가 = 기초상품재고액 6,000,000+(당기상품매입액 7,100,000+매입제비용 250,000-매입에누리및매입할인액 660,000)-기말상품재고액 3,100,000 = 9,590,000
∴ 매출총이익 = 순매출액 15,250,000-상품매출원가 9,590,000
        = 5,660,000원

19 의류매매업의 3월 중 거래이다. 이익을 계산한 금액으로 옳은 것은?

> 1. 숙녀용 의류 5벌(@₩50,000)을 외상으로 매입하고, 운반비 5,000원은 현금 지급
> 2. 위의 의류를 모두 450,000원에 판매하고 대금은 현금으로 받는다.
> 3. 당월 분 매장 전기요금 60,000원을 현금으로 납부

① 135,000원　　　　② 140,000원
③ 195,000원　　　　④ 200,000원

1. 상품매입액 : 5벌×@₩50,000+5,000=255,000
2. 매출액 : 450,000
3. 판매비와관리비 : 60,000(수도광열비)
∴ 2. 매출액-1. 상품매입액-3. 판매비와관리비
　=450,000-255,000-60,000=135,000원(영업이익)

20 다음 설명의 (가), (나)의 내용으로 옳은 것은?

> 전자제품 판매점에서 세탁기 판매액은 (가)이며, 세탁기를 운반하는 데 사용하는 화물차를 처분하면서 얻은 이익은 (나)이다.

① (가) 영업수익　　　(나) 영업외수익
② (가) 영업외수익　　(나) 영업수익
③ (가) 영업비용　　　(나) 영업외수익
④ (가) 영업외수익　　(나) 영업비용

(가) 상품매출, (나) 유형자산처분이익

21 회사의 영업이익을 증가시키는 요인과 가장 밀접한 내용을 고른 것은?

> ㄱ. 전화 요금을 줄인다.
> ㄴ. 사무실 전기를 절약한다.
> ㄷ. 자본을 추가 출자한다.
> ㄹ. 차입금에 대한 이자를 줄인다.

① ㄱ, ㄴ　　　　② ㄱ, ㄷ
③ ㄴ, ㄷ　　　　④ ㄷ, ㄹ

영업이익을 증가시키려면 수익(매출액 : 영업수익)을 늘리고 비용(영업비용)을 줄이면 된다. 자본을 추가 출자하는 것은 자본금을 증가시키는 것이고, 이자비용은 영업외비용의 발생에 해당한다.

오답 피하기
• 매출액-매출원가-판매비와관리비=영업이익
• 영업이익+영업외수익-영업외비용=소득세차감전순이익
• 소득세차감전순이익-소득세비용=(당기)순이익

22 상품도매업을 영위하는 놀부기업의 영업이익은 얼마인가?

> • 매출액 : 60,000원　• 매출원가 : 30,000원
> • 복리후생비 : 10,000원　• 기부금 : 10,000원

① 10,000원　　　　② 20,000원
③ 30,000원　　　　④ 40,000원

60,000-30,000-10,000=20,000원

오답 피하기
기부금은 영업외비용이다.

23 A상사(도 · 소매업)의 매출총이익은 160,000원이다. 아래 자료를 이용하여 영업이익을 구하시오.

> • 복리후생비 : 30,000원
> • 기업업무추진비 : 5,000원
> • 소모품비 : 10,000원
> • 이자비용 : 5,000원
> • 급여 : 40,000원

① 100,000원　　　② 95,000원
③ 85,000원　　　　④ 75,000원

매출총이익(160,000)-판매비와관리비(30,000+5,000+10,000+40,000)
=영업이익(75,000)

오답 피하기
이자비용은 영업외비용이다.

24 제과점의 5월 중 자료이다. 영업이익을 계산한 금액으로 옳은 것은?

> • 빵 판매 대금 : 500,000원
> • 케익 판매 대금 : 300,000원
> • 빵/케익 구입 대금 : 250,000원
> • 종업원 급여 : 100,000원
> • 은행 차입금의 이자 : 10,000원
> • 매장 임차료 : 20,000원

① 120,000원　　　② 420,000원
③ 430,000원　　　④ 450,000원

• 매출액(800,000)-매출원가(250,000)-판매관리비(120,000)
=영업이익(430,000원)
• 차입금이자는 영업외비용이다.

정답　19① 20① 21① 22② 23④ 24③

25 다음 자료에서 매출총이익과 순이익을 계산하면 얼마인가?

- 매출액 : 1,000,000원
- 매출원가 : 600,000원
- 광고선전비 : 100,000원
- 수도광열비 : 50,000원
- 이자비용 : 50,000원
- 급료 : 200,000원

① 매출총이익 400,000원 순이익 400,000원
② 매출총이익 400,000원 순이익 200,000원
③ 매출총이익 200,000원 순이익 100,000원
④ 매출총이익 400,000원 순이익   0원

- 매출액 − 매출원가 = 매출총이익
- 매출총이익 − 판매비와관리비 = 영업이익
- 영업이익 + 영업외수익 − 영업외비용 = 순이익

26 다음 자료에 의하여 총매입액을 계산하면 얼마인가?

- 매입에누리 : 60,000원
- 순매출액 : 250,000원
- 기초재고액 : 100,000원
- 매출총이익 : 100,000원
- 기말재고액 : 250,000원

① 350,000원　　　　② 360,000원
③ 370,000원　　　　④ 380,000원

- 매출총이익(100,000) = 순매출액(250,000) − 매출원가
  ∴ 매출원가 = 150,000원
- 매출원가(150,000) = 기초상품재고액(100,000) + 순매입액[총매입액 − 매입에누리] − 기말상품재고액(250,000)
  ∴ 순매입액 = 300,000원
  ∴ **총매입액 = 360,000원**

27 다음 설명에 해당하는 계정과목으로 바르게 짝지어진 것은?

기업의 영업활동에서 상품 판매에 소요되는 비용과 기업 전체의 관리 및 일반사무와 관련하여 발생하는 비용이다.

① 급여, 이자비용
② 기부금, 통신비
③ 임대료, 광고선전비
④ 기업업무추진비, 감가상각비

판매비와관리비에 대한 설명이다. 이자비용, 기부금은 영업외비용이며, 임대료는 영업외수익이다.

28 다음 중 판매비와관리비에 속하지 않는 계정과목은?

① 임차료　　　　② 복리후생비
③ 수선비　　　　④ 이자비용

이자비용은 영업외비용이다.

29 다음 중 판매비와관리비에 해당하는 계정은 모두 몇 개인가?

ⓐ 선급비용	ⓑ 미지급비용
ⓒ 개발비	ⓓ 기부금
ⓔ 이자비용	ⓕ 기업업무추진비
ⓖ 보험료	ⓗ 세금과공과

① 3개　　　　② 4개
③ 5개　　　　④ 6개

오답 피하기

- ⓐ 선급비용 : 유동자산
- ⓑ 미지급비용 : 유동부채
- ⓒ 개발비 : 비유동자산
- ⓓ 기부금 : 영업외비용
- ⓔ 이자비용 : 영업외비용

30 다음 지급 내역 중 복리후생비의 금액은?

- 종업원 회식비 : 5,000원
- 거래처 선물대금 : 3,000원
- 회사의 인터넷통신 요금 : 2,000원
- 출장사원 고속도로 통행료 : 1,000원

① 5,000원　　　　② 6,000원
③ 8,000원　　　　④ 9,000원

- 종업원 회식비 : 복리후생비
- 거래처 선물대금 : 기업업무추진비
- 회사의 인터넷 통신요금 : 통신비
- 출장사원 고속도로 통행료 : 여비교통비

31 다음 중 의류 도소매업의 영업손익을 산출하는데, 해당사항이 없는 것은 무엇인가?

① 매출액　　　　② 임차료
③ 유형자산처분이익　　④ 광고선전비

영업외수익(유형자산처분이익)은 영업손익을 산출하는 데 사용하지 않는다.

정답 25 ④　26 ②　27 ④　28 ④　29 ①　30 ①　31 ③

32 다음 거래의 차변 계정과목으로 바르게 짝지어진 것은?

> 가. 업무용 화물차에 대한 자동차세 지급
> 나. 기업주 개인의 생명보험료 지급

① 가 – 자동차세   나 – 보험료
② 가 – 세금과공과   나 – 보험료
③ 가 – 세금과공과   나 – 인출금
④ 가 – 차량유지비   나 – 보험료

자동차세는 세금과공과로 처리하며, 기업주 개인의 생명보험료 지급은 인출금으로 처리한다.

33 다음 중 기업이 납부하는 각종 세금에 대한 회계처리 시 계정과목으로 잘못 연결된 것은?

① 토지 취득 시 납부한 취득세 : 토지계정
② 회사 보유 차량에 대한 자동차세 : 세금과공과 계정
③ 종업원 급여 지급 시 원천징수한 소득세 : 예수금계정
④ 회사 소유 건물에 대한 재산세 : 건물계정

재산세는 세금과공과로 처리한다.

34 다음 중 손익계산서에 영향을 미치는 거래로만 짝지어진 것은?

> 가. 상품을 매출하고 당점에서 매출운임 50,000원을 현금으로 지급하다.
> 나. 토지를 취득하고 취득세 100,000원을 현금으로 지급하다.
> 다. 본사 건물에 대한 재산세 500,000원을 현금으로 지급하다.
> 라. 상품을 매입하고 당점에서 매입운임 50,000원을 현금으로 지급하다.

① 가, 나   ② 나, 다
③ 가, 다   ④ 나, 라

나, 라는 취득한 자산의 취득원가에 포함된다.

35 다음 중 영업외수익에 해당하지 않는 것은?

① 유형자산처분이익
② 단기매매증권처분이익
③ 수입임대료
④ 임차료

임차료는 판매비와관리비에 속한다.

36 다음 중 영업외수익에 해당하는 계정과목끼리 올바르게 연결한 것은?

① 선수수익 – 미수수익
② 이자수익 – 선수수익
③ 이자수익 – 미수수익
④ 이자수익 – 잡이익

선수수익은 유동부채이며, 미수수익은 당좌자산이다.

37 다음 자료를 이용하여 당월 발생한 급여를 구하면 얼마인가?(단, 전월미지급액은 당월에 지급하는 것으로 가정함)

> • 당월현금지급액 : 500,000원
> • 전월미지급액 : 200,000원
> • 당월선급액 : 100,000원
> • 당월미지급액 : 300,000원

① 500,000원   ② 400,000원
③ 300,000원   ④ 200,000원

발생주의 당월 급여
=당월현금지급액－전월미지급액－당월선급액＋당월미지급액
=500,000원－200,000원－100,000원＋300,000원
=500,000원

38 다음의 계정과목 중 영업이익에 영향을 주는 항목은?

① 유형자산처분이익   ② 외환차익
③ 매출할인   ④ 기부금

매출할인은 매출총이익에 영향을 주는 항목이므로 영업이익에 영향을 주는 것이고, 다른 항목은 영업외손익 항목이다.

39 다음 자료의 내용이 모두 충족되는 계정과목으로 옳은 것은?

> • 자본의 감소 원인이 된다.
> • 영업활동 이외의 활동에서 발생한다.
> • 총계정원장의 잔액은 항상 차변에 남는다.

① 외상매출금   ② 기부금
③ 미지급금   ④ 기계장치

영업외비용에 관한 설명이다.

40 다음 계정과목 중 영업외비용이 아닌 것은?

① 기부금   ② 이자비용
③ 매출할인   ④ 기타의대손상각비

매출할인은 매출액에서 차감한다.

41 매출할인을 당기 총매출액에서 차감하지 않고, 판매비와관리비로 처리하였을 경우 손익계산서상 매출총이익과 당기순이익에 미치는 영향으로 옳은 것은?

	매출총이익	당기순이익
①	과소계상	과대계상
②	과소계상	불 변
③	과대계상	불 변
④	과대계상	과소계상

매출액 − 매출원가 = 매출총이익이므로 매출총이익은 과대계상이 된다. 하지만 매출할인이 판관비로 차감되었으므로 당기순이익에는 변함이 없다.

42 결산 시 미수이자에 대한 분개를 누락한 경우 기말 재무제표에 어떤 영향을 미치는가?

① 비용이 과소계상된다.
② 부채가 과소계상된다.
③ 자산이 과소계상된다.
④ 수익이 과대계상된다.

(차) 미수수익   ×××   (대) 이자수익   ×××
   (자산의 증가)   (수익의 발생)
따라서 누락하면 자산과 수익이 과소계상된다.

43 다음 거래와 관련이 있는 계정과목은?

> 기말 현재, 미국 하이사의 외상매출금 $1,000에 대하여 외화평가를 하다(매출 시 환율 1,300원/$, 기말 평가 시 환율 1,000원/$).

① 외환차손   ② 외화환산손실
③ 외환차익   ④ 외화환산이익

기말 현재 화폐성 외화항목이 있는 경우에 보고기간말 환율로 환산하고 환율 변동으로 인한 차액은 '외화환산이익' 또는 '외화환산손실'로 처리한다. 해당 내용을 보면 매출 시 환율이 1,300원/$이였는데 기말 평가 시 환율이 1,000원/$이므로, 환율이 300원 하락(변동)하여 외화환산손실 300,000원이 발생된다.

44 아래의 설명에서 (　　) 안의 적절한 단어는 무엇인가?

> (　　)는 제품, 상품 등의 매출액에 대응되는 원가로서 판매된 제품이나 상품 등에 대한 제조원가 또는 매입원가이다. (　　)의 산출과정은 손익계산서 본문에 표시하거나 주석으로 기재한다.

① 판매촉진비   ② 매출원가
③ 판매비와관리비   ④ 광고선전비

매출원가에 대한 설명이다.

45 당기에 발생한 비용 중 차기분을 이연하는 이유로 올바른 것은?

① 현금주의 인식   ② 당기순이익의 과대공시
③ 수익과 비용의 대응   ④ 차기순이익의 과소공시

당기에 발생한 비용 중 차기분을 이연하는 것은 당기에 발생한 수익과 비용을 당기에 대응하여 인식하기 위함이다.

46 다음 중 기말상품재고액 30,000원을 50,000원으로 잘못 회계처리한 경우 재무제표에 미치는 영향으로 옳은 것은?

① 재고자산이 과소계상된다.
② 매출원가가 과소계상된다.
③ 매출총이익이 과소계상된다.
④ 당기순이익이 과소계상된다.

기말상품재고액의 과대계상은 매출원가의 과소계상이 된다.
(매출원가 = 기초상품재고액 + 당기상품매입액 − 기말상품재고액)
• 매출원가가 과소계상되면 매출총이익이 과대계상된다(매출총이익 = 매출액 − 매출원가).
• 매출총이익이 과대계상되면 당기순이익도 과대계상된다.

정답 39 ②   40 ③   41 ③   42 ③   43 ②   44 ②   45 ③   46 ②

CHAPTER

03

결산 및 재무제표

학습 방향

회계의 순환과정을 이해하고 결산의 절차인 예비절차, 본절차, 재무상태표의 작성과 정을 이해해야 합니다. 전산회계프로그램에서는 예비절차인 결산정리분개가 가장 중요하므로 해당 내용의 회계처리(분개)를 반드시 숙지하기 바랍니다. 수익과 비용의 마감 시 손익계정으로 대체하고 그 손익계정의 차액을 자본으로 대체하는 회계처리도 이해해야 합니다.

● **NCS능력단위(분류번호) : 결산처리(0203020104_23v5)**

재고조사표, 시산표 및 정산표를 작성하는 결산예비절차와 각 계정을 정리하여 집합계정과 자본계정에 대체하고, 장부를 마감하는 능력을 함양

출제빈도

SECTION 01 상 ████████████████████████ 100%

결산 및 재무제표

빈출 태그 ▶ 시산표 · 결산정리사항 분개 · 재무상태표 · 손익계산서

기업은 일정기간을 정하여 회계기간으로 설정하고 이 기간 중에 매일매일 발생하는 모든 거래를 분개하고 이를 총계정원장에 전기한다. 그러나 이것만으로는 기업의 정확한 재무상태와 경영성과를 파악할 수 없기 때문에 회계기간말에 기업의 재무상태를 실제 조사하여 장부를 수정 정리하고 마감한 후 정확한 재무상태와 경영성과를 파악하여 재무제표를 작성한다. 이와 같이 회계기간이 종료된 후 일정시점에 있어서 기업의 재무상태, 일정기간에 있어서 기업의 경영성과를 명확히 하기 위하여 장부를 정리 · 마감하는 일련의 절차를 결산이라 한다.

01 결산의 절차(① 결산의 예비절차 ⇨ ② 결산의 본절차 ⇨ ③ 재무제표의 작성)

1) 결산의 예비절차

① 분개장에서 원장으로의 전기를 검증하는 시산표를 작성한다.
② 결산 시 장부수정에 필요한 결산정리사항을 기재한 일람표인 재고조사표를 작성한다.
③ 결산정리분개(결산수정분개)를 한다.
④ 수정후 시산표를 작성한 후 이를 기초로 하여 손익계산서와 재무상태표의 내용을 하나의 표에 모아서 작성하는 일람표인 정산표를 작성한다(정산표 생략 가능).

2) 결산의 본절차

① 집합손익계정을 설정한다.
② 수익, 비용계정을 "집합손익*"으로 대체하여 마감(수익, 비용은 소멸됨)하고, 집합손익계정에서 계산된 당기순손익을 자본계정으로 대체한다.
③ 자산, 부채, 자본계정을 마감한다.
④ 보조장부를 마감하고 자산, 부채, 자본은 차기로 이월한다.

회계의 순환과정
① 사건의 발생
② 분개
③ 전기
④ 결산예비절차
⑤ 결산본절차
⑥ 재무제표의 작성

★ (집합)손익
결산 시 수익과 비용을 소멸하고 그 차액을 자본으로 대체하기 위하여 사용하는 임시계정이다.

✅ 개념 체크

1 총계정원장의 마감은 결산 본절차에 속한다. (ㅇ, ×)

1 ㅇ

3) 재무제표의 작성

① 재무상태표
② 손익계산서
③ 현금흐름표
④ 자본변동표
⑤ 주석

결산의 절차
수정전시산표작성 → 결산수정분개 → 수정후시산표작성 → 집합손익 설정 → 수익, 비용계정 집합손익대체 → 수익, 비용계정마감 → 집합손익계정 자본대체 → 자산, 부채, 자본계정마감 → 재무제표작성

02 계정의 분류

1) 시산표

원장의 전기가 정확한지를 검증하기 위하여 원장의 각 계정금액을 모아 작성하는 표이다. 원장에 전기할 때 차변금액과 대변금액을 잘못 기록한 경우나 차변, 대변 한쪽만 기록하여 발생되는 대차 차액을 발견하기 위하여 작성하는 표이므로, 모든 오류를 찾아내지는 못한다.

① **시산표의 종류** : 합계시산표, 잔액시산표, 합계잔액시산표
② **시산표 등식** : 기말자산 + 총비용 = 기말부채 + 기초자본 + 총수익

시산표에서 찾을 수 없는 오류
• 차변과 대변의 계정과목을 잘못 기록
• 차변과 대변 전체를 누락
• 하나의 거래를 이중으로 분개
• 두 개의 잘못이 서로 우연히 상계된 경우 등

2) 재고조사표

보고기간말 결산정리사항을 기재한 일람표로 해당사항이 있을 경우 결산수정분개를 하여야 한다(전산회계 2급 시험의 해당사항만 열거함).

- 기말재고자산 재고액
- 채권에 대한 대손충당금 설정
- 유형자산의 감가상각
- 수익의 발생(미수수익)
- 비용의 발생(미지급비용)
- 수익의 이연(선수수익)
- 비용의 이연(선급비용)
- 외화자산, 외화부채의 평가
- 현금과부족 계정의 정리
- 소모품의 정리
- 유가증권(단기매매증권)의 평가
- 가지급금 · 가수금 계정의 정리
- 인출금의 정리

✔ **개념 체크**

1 다음은 시산표의 등식이다. ( )에 들어갈 용어는?
( ) + 기초자본 + 총수익 = 기말자산 + 총비용

1 기말부채

결산정리(수정) 중 출제 빈도가
높은 분개
• 기말재고자산정리
• 감가상각비
• 대손충당금설정
• 미수수익
• 미지급비용
• 선급비용
• 선수수익
• 인출금
• 소모품정리 분개

3) 주요 결산정리(수정)분개

① 기말재고자산 관련 상품매출원가의 대체분개

(차) 상품매출원가	×××	(대) 상품	×××

② 유형자산의 감가상각비 분개

(차) 감가상각비	×××	(대) 감가상각누계액	×××

③ 매출채권 등에 대한 대손충당금 설정
• 대손충당금 잔액이 없을 경우(전액)

(차) 대손상각비	×××	(대) 대손충당금	×××

• 대손충당금 잔액이 있을 경우(보충액)

(차) 대손상각비	×××	(대) 대손충당금	×××

④ 단기매매증권평가
• 공정가치 > 장부금액

(차) 단기매매증권	×××	(대) 단기매매증권평가이익	×××

• 공정가치 < 장부금액

(차) 단기매매증권평가손실	×××	(대) 단기매매증권	×××

⑤ 수익과 비용의 발생
• 수익의 발생

(차) 미수수익	×××	(대) 이자수익	×××

• 비용의 발생

(차) 이자비용	×××	(대) 미지급비용	×××

⑥ 수익과 비용의 이연
• 수익의 이연

(차) 이자수익	×××	(대) 선수수익	×××

• 비용의 이연

(차) 선급비용	×××	(대) 이자비용	×××

⑦ **외화자산과 외화부채의 평가 분개**

(차) 외화자산 · 부채	×××	(대) 외화환산이익	×××

(차) 외화환산손실	×××	(대) 외화자산 · 부채	×××

⑧ **현금과부족의 정리**

• 현금시재가 부족한 경우

(차) 잡손실	×××	(대) 현금과부족	×××

• 현금시재가 많은 경우

(차) 현금과부족	×××	(대) 잡이익	×××

⑨ **소모품의 정리**

• 구입 시 비용(소모품비) 처리한 경우

(차) 소모품	×××	(대) 소모품비	×××

• 구입 시 자산(소모품) 처리한 경우

(차) 소모품비	×××	(대) 소모품	×××

⑩ **인출금의 정리** : 인출금 잔액이 있을 경우 자본금으로 대체하여 표시한다.

(차) 자본금	×××	(대) 인출금	×××

03 결산의 본절차

1) (집합)손익계정의 설정

손익계정설정 → 수익, 비용계정마감 → 손익계정마감 → 자산, 부채, 자본계정마감

(집합)손익			
매출원가	×××	매출액	×××
판매비와관리비	×××	영업외수익	×××
영업외비용	×××		
자본금(당기순이익)	×××		

※ 수익 〉 비용

(집합)손익			
매출원가	×××	매출액	×××
판매비와관리비	×××	영업외수익	×××
영업외비용	×××		
		자본금(당기순손실)	×××

※ 비용 〉 수익

개념 체크

1 결산 재무상태표에서는 미결산항목인 가수금, 가지급금, 현금과부족, 인출금을 다른 계정과목으로 처리한다. (○, ×)

2) 수익, 비용계정의 마감 : 수익, 비용계정 소멸 후 손익계정으로 대체

① **수익계정의 마감**

(차) 매출액	×××	(대) 손익	×××
영업외수익	×××		

1 ○

② 비용계정의 마감

(차) 손익	×××	(대) 매출원가	×××
		판매비와관리비	×××
		영업외비용	×××

3) 순순익의 자본계정 대체 : 손익계정 소멸 후 자본계정으로 대체

① 회계처리(손익계정의 잔액이 대변인 경우)

(차) 손익	×××	(대) 자본금	×××

② 회계처리(손익계정의 잔액이 차변인 경우)

(차) 자본금	×××	(대) 손익	×××

4) 재무상태표계정의 마감

① **자산계정의 마감** : 자산에 속하는 계정은 차변에 잔액이 남게 되므로 대변에 차변 잔액만큼을 차기이월이라 기입하여 차변과 대변을 일치시켜 마감시킨 뒤에 그 잔액만큼을 다음 회계연도 차변에 기입하여 이월시킨다.

② **부채, 자본 계정의 마감** : 부채와 자본에 속하는 계정은 대변에 잔액이 남게 되므로 차변에 대변 잔액만큼을 차기이월이라 기입하여 차변과 대변을 일치시켜 마감시킨 뒤에 그 잔액만큼을 다음 회계연도 대변에 기입하여 이월시킨다.

04 재무제표의 작성

⑤ 기적의 TIP

재무상태표는 일정시점이고, 손익계산서는 일정기간이다.

기업은 일정시점의 재무상태(자산, 부채, 자본)와 일정기간의 경영성과(수익, 비용)를 외부이해관계자(출자자, 채권자, 정부 등)에게 전달하기 위하여 결산보고서를 작성하는데, 이를 재무제표라 한다. 일반기업회계기준에서 규정하고 있는 재무제표는 다음과 같다.

① **재무상태표** : 일정시점 현재 기업이 보유하고 있는 자산과 부채, 그리고 자본에 대한 정보를 제공하는 보고서이다.

② **손익계산서** : 일정기간 동안 기업의 경영성과에 대한 정보를 제공하는 보고서이다.

③ **현금흐름표** : 기업의 현금 변동 내용을 현금의 유입과 유출로 표시한 보고서이다.

④ **자본변동표** : 기업의 자본 크기와 그 변동에 관한 정보를 제공하는 보고서이다.

⑤ **주석** : 재무제표를 이해하는 데 필요한 추가적인 정보를 기술한 것으로, 재무제표의 본문과 별도로 작성되며 추가적 설명이 필요하거나 동일한 내용으로 둘 이상의 계정과목에 대하여 설명을 하게 되는 경우에 사용한다.

⑤ 기적의 TIP

주석에 상법 등 관련 법규에 따라 이익잉여금처분계산서(또는 결손금처리계산서)를 포함하여 작성은 하지만 이는 주석에 공시하는 것이지 이익잉여금처분계산서(또는 결손금처리계산서)가 재무제표가 되는 것은 아니다.

➕ 더 알기 TIP

장부의 종류

회계장부에서 "주요부"는 기업에서 발생하는 모든 거래를 기록하는 장부로 복식부기에서 필수적인 장부이며, "보조부"는 거래의 명세를 기록하여 주요부의 기록을 보충하는 장부로서 분개장과 총계정원장을 보조한다. 보조부는 보조기입장과 보조원장으로 구분할 수 있는데 "보조기입장"은 거래가 빈번하게 발생하는 특정 계정에 대하여 거래를 발생 순서별로 기입하는 보조부이고 "보조원장"은 총계정원장의 어떤 계정의 거래내용을 각 계산 단위별로 분해하여 기입하는 보조부이다.

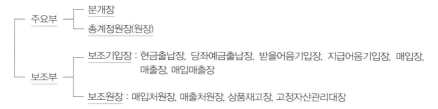

- **분개장(전표)** : 분개를 하는 장부(전표)이다.
- **총계정원장** : 분개장에 기입된 내용을 옮겨 적기 위한 자산, 부채, 자본, 수익, 비용계정이 설정된 장부이다.
- **현금출납장** : 현금의 입금과 출금의 내용을 상세히 기록하는 장부이다.
- **매출장/매입장** : 상품매출을 기록한 장부를 매출장이라고 하고, 매입을 기록한 장부를 매입장이라 한다.
- **매입매출장(상품재고장)** : 상품의 매입, 매출을 기록하는 장부이다.
- **거래처원장** : 총계정원장의 각 계정의 내용을 거래처별로 기록한 장부이다.

🅵 기적의 TIP

주요부(주요장부)에는 분개장
(또는 전표)과 **총계정원장**이
있다.

12년 4월

01 다음 중 밑줄 친 (가)의 결산 절차에 해당하는 내용으로 옳은 것은?

> 결산절차 : (가) ⇨ 본 절차 ⇨ 보고서 작성

① 시산표 작성
② 재무상태표 작성
③ 분개장 마감
④ 원장의 마감

(가)는 결산의 예비절차로 시산표 작성, 결산수정분개, 수정 후 시산표 작성 등을 한다.

오답 피하기

결산의 예비절차
• 분개장에서 원장으로의 전기를 검증하는 시산표를 작성한다.
• 결산 시 장부수정에 필요한 결산정리사항을 기재한 일람표인 재고조사표를 작성한다.
• **결산정리분개** : 결산 수정 분개를 한다.
• 수정 후 시산표를 기초로 하여 손익계산서와 재무상태표의 내용을 하나의 표에 모아서 작성하는 일람표인 정산표를 작성한다.

19년 11월, 18년 8월, 16년 8월, 12년 12월

02 분개장에 분개된 거래가 총계정원장에 바르게 전기되었는지의 정확성 여부를 대차평균의 원리에 따라 검증하기 위해 작성하는 것은?

① 정산표
② 시산표
③ 손익계산서
④ 재무상태표

시산표는 원장의 전기가 정확한지를 검증하기 위하여 원장의 각 계정금액을 모아 작성하는 표로, 원장에 전기할 때 차변금액과 대변금액을 잘못 기록한 경우나 차변, 대변 한쪽만 기록하여 발생되는 대차 차액을 발견하기 위하여 작성하는 표이므로 모든 오류를 찾아내지는 못한다.

10년 10월

03 다음 (가), (나)의 물음에 관련된 내용으로 옳은 것은?

> (가) 거래가 분개장에서 총계정원장으로 올바르게 옮겨졌는가?
> (나) 일정기간 동안 수익과 비용은 얼마이며, 이익은 얼마인지?

① (가) 시산표, (나) 재무상태표
② (가) 시산표, (나) 손익계산서
③ (가) 정산표, (나) 손익계산서
④ (가) 정산표, (나) 재무상태표

일정기간 동안 경영성과(수익과 비용)을 나타내는 표는 손익계산서이며 일정시점의 기업의 재무상태(자산, 부채, 자본)를 나타내는 표는 재무상태표이다.

18년 10월, 17년 2월, 13년 9월

04 다음은 시산표에 대한 설명이다. 틀린 것은?

① 차변과 대변의 합계액이 일치한다면 계정기록의 오류가 전혀 없다는 것을 의미한다.
② 작성시기에 따라 수정전 시산표와 수정후 시산표로 구분된다.
③ 대차평균의 원리에 근거하여 분개장에서 원장으로의 전기의 정확성을 점검한다.
④ 시산표의 종류에는 잔액시산표, 합계시산표, 합계잔액시산표가 있다.

시산표는 원장에 전기할 때 차변금액과 대변금액을 잘못 기록한 경우나 차변, 대변 한쪽만 기록하여 발생되는 대차 차액을 발견하기 위하여 작성하는 표이므로 모든 오류를 찾아내지는 못한다.

12년 4월

05 잔액시산표 작성 시 당좌예금 계정 잔액 20,000원을 외상매출금계정 차변에 기입하는 오류가 발생한 경우 차/대변 합계에 미치는 영향으로 옳은 것은?

① 차변합계만 20,000원 과대계상된다.
② 대변합계만 20,000원 과소계상된다.
③ 차/대변 합계에 영향이 없다.
④ 차/대변 모두 20,000원 과소계상된다.

(차) 당좌예금을 (차) 외상매출금으로 기입한 것은 분류상의 오류이므로 차/대변 합계액에 영향을 미치지 않는다.

정답 01 ① 02 ② 03 ② 04 ① 05 ③

06 다음 중 잔액시산표에서 잔액이 차변에 나타나는 계정은?

① 미지급금　　　　② 외상매입금
③ 토지　　　　　　④ 자본금

자산은 차변에, 부채와 자본은 대변에 잔액이 나타나며, 수익은 대변에, 비용은 차변에 잔액이 나타난다.

07 다음 (가)와 (나)에 해당하는 계정과목을 〈보기〉에서 찾아 바르게 짝지은 것은?

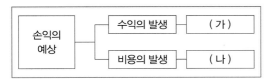

|보기|
ㄱ. 선수수익　　　　ㄴ. 선급비용
ㄷ. 미수수익　　　　ㄹ. 미지급비용

① (가) : ㄱ, (나) : ㄴ
② (가) : ㄱ, (나) : ㄹ
③ (가) : ㄴ, (나) : ㄷ
④ (가) : ㄷ, (나) : ㄹ

• 수익의 발생(미수수익) : 수익에 가산하여 자산으로 이월
• 비용의 발생(미지급비용) : 비용에 가산하여 부채로 이월
• 수익의 이연(선수수익) : 수익에서 차감하여 부채로 이월
• 비용의 이연(선급비용) : 비용에서 차감하여 자산으로 이월

08 손익에 관한 결산 정리 중 수익의 이연에 해당하는 계정과목은?

① 선수임대료　　　② 미수이자
③ 선급보험료　　　④ 미지급임차료

오답 피하기
• ② : 미수이자－수익의 발생
• ③ : 선급보험료－비용의 이연
• ④ : 미지급임차료－비용의 발생

09 결산 정리 사항 중 비용의 발생과 관련 있는 내용은?

① 미수이자 계상　　② 선급보험료 계상
③ 선수임대료 계상　④ 미지급임차료 계상

비용의 발생 : 미지급비용

10 다음 기말결산 정리사항 중 수익의 이연에 해당하는 것은?

① 임대료 선수분 계상
② 이자 미수분 계상
③ 보험료 선급분 계상
④ 임차료 미지급분 계상

수익의 이연 : 선수수익

11 기말결산정리사항 중 수익과 비용의 이연에 대해 옳은 것은?

① 임대료 선수분 계상 및 임차료 선급분 계상
② 임대료 선수분 계상 및 임차료 미지급분 계상
③ 임대료 미수분 계상 및 임차료 선급분 계상
④ 임대료 미수분 계상 및 임차료 미지급분 계상

• 수익의 이연 : 선수수익
• 비용의 이연 : 선급비용

12 순천상사는 2025년 9월 1일 1년분(2025.9.1.~2026.8.31.) 임대료 240,000원을 현금으로 받고 수익계정으로 처리하였다. 2025년 기말에 임대료를 월할계산할 경우 결산정리분개로 옳은 것은?

① (차) 임대료　　 80,000원 (대) 선수수익　　 80,000원
② (차) 선수수익　 80,000원 (대) 임대료　　　 80,000원
③ (차) 임대료　 160,000원 (대) 선수수익　 160,000원
④ (차) 선수수익 160,000원 (대) 임대료　　 160,000원

• 선수수익＝240,000×8개월/12개월＝160,000원
• 2025년 9월 1일 : (차) 현금　240,000원 (대) 임대료　240,000원
• 2025년 12월 31일 : (차) 임대료 160,000원 (대) 선수수익 160,000원

정답　06 ③　07 ④　08 ①　09 ④　10 ①　11 ①　12 ③

17년 10월, 13년 9월

13 홍도상사는 기말 결산 시 미지급된 상여를 계상하지 않았다. 이 경우 미치는 영향은?

① 자산이 과대평가된다.
② 부채가 과소평가된다.
③ 당기순이익이 적어진다.
④ 자본이 감소한다.

- (차) 상여(비용의 발생)　　　　(대) 미지급비용(부채의 증가)
- 비용의 과소계상(→ 순이익의 과대계상 → 자본의 과대계상), 부채의 과소계상

11년 6월, 09년 12월

14 2025년 10월 1일 업무용 자동차 보험료 600,000원 (보험기간 : 2025.10.1~2026.9.30)을 현금지급하면서 전액 비용처리하고 2025년 12월 31일 결산 시에 아무런 회계처리를 하지 않았다. 2025년 재무제표에 미치는 영향으로 옳은 것은?

① 손익계산서 순이익이 450,000원 과대계상
② 재무상태표 자산이 450,000원 과소계상
③ 손익계산서 순이익이 150,000원 과소계상
④ 재무상태표 자산이 150,000원 과대계상

- (차) 선급비용(600,000×9개월/12개월=450,000원) (대) 보험료 450,000
- 자산의 과소계상, 비용의 과대계상(→ 순이익의 과소계상)

16년 8월, 10년 10월

15 다음 자료의 설명으로 옳지 않은 것은?

10월 1일 6개월분 임차료 120,000원을 현금으로 지급하다(결산일 12월 31일, 지급 시 비용처리함)					
10월	11월	12월	1월	2월	3월
← 당기분 →			← 차기분 →		

① 당기분 임차료는 60,000원이다.
② 차기분 60,000원은 선급비용이다.
③ 10월 1일 분개는 (차)선급비용 120,000 (대) 현금 120,000원이다.
④ 손익계산서에 기입되는 임차료는 60,000원이다.

지급 시 비용처리했다고 했으므로 10월 1일 분개는 다음과 같다.
(차) 임차료　　　120,000　　(대) 현금　　　120,000

18년 6월, 18년 4월

16 회계기말까지 미지급한 이자비용이 결산 시 장부에 반영되지 않았을 때 나타나는 현상으로 옳은 것은?

① 자산의 과대평가와 비용의 과대평가
② 부채의 과대평가와 비용의 과소평가
③ 자산의 과소평가와 비용의 과대평가
④ 부채의 과소평가와 비용의 과소평가

- (차) 이자비용　　×××　　(대) 미지급비용　　×××
- 비용의 과소계상(→ 순이익의 과대계상 → 자본의 과대 계상), 부채의 과소계상

10년 12월

17 소모품 계정에 기입된 내용에 대한 설명으로 옳은 것은?

소모품			
12/1 현금	200,000	12/31 소모품비	140,000
		12/31 차기이월	60,000
	200,000		200,000

① 당월 소모품 사용액은 140,000원이다.
② 12월 1일 소모품 구입 시 비용으로 처리하였다.
③ 당월에 발생된 소모품비는 손익계정 대변으로 대체된다.
④ 결산 시 재무상태표에 표시되는 소모품은 200,000원이다.

소모품 구입 시 자산으로 회계처리하였으며 기말에 재무상태표에 표시될 소모품은 60,000원이다.
- 12/1　(차) 소모품　　　200,000　　(대) 현금　　　200,000
- 12/31 (차) 소모품비　　140,000　　(대) 소모품　　140,000

10년 12월

18 오성상사는 10월 1일에 보험료 48,000원의 1년 만기 화재보험에 가입하고, 가입과 함께 대금을 전액 현금으로 지급하였다. 10월 1일 경리부장인 김부장은 보험료 계정 차변에 48,000원, 현금계정 대변에 48,000원을 기록하였다. 기말결산일 12월 31일에 어느 계정에 대해 수정분개를 하여야 하는가?

① 현금　　　　　　② 선수보험료
③ 미지급보험료　　④ 보험료

- 10/1　(차) 보험료　　　48,000　　(대) 현금　　　48,000
- 12/31 (차) 선급비용　　36,000　　(대) 보험료　　36,000

19 기말 결산 시 현금계정 차변잔액 200,000원, 현금 과부족계정 차변잔액 2,000원이며 현금 실제액이 199,000원이다. 결산 정리 분개 시 차변 계정과목과 금액으로 옳은 것은?

① 현금 1,000원 ② 현금 3,000원
③ 잡손실 1,000원 ④ 잡손실 3,000원

기말 결산 현재 현금 과부족은 1,000원이고 현금과부족계정 차변(부족분)에 2,000원이 있으므로 잡손실로 처리되는 금액은 3,000원이다.

20 기말 결산 시 손익계정으로 대체되는 계정은?

① 인출금 ② 당좌예금
③ 감가상각비 ④ 대손충당금

결산 시 손익계정으로 대체되는 계정과목은 수익과 비용이므로, 감가상각비(비용)가 손익에 해당한다.

21 기말 결산 시 손익계정으로 대체되는 계정과목이 <u>아닌</u> 것은?

① 보험료 ② 소모품
③ 기업업무추진비 ④ 기부금

• 결산 시 손익계정으로 대체되는 계정과목은 수익과 비용이다.
• 소모품은 자산에 속한다.

22 다음 개인기업의 집합손익계정에 관한 설명으로 올바르지 <u>못한</u> 것은?

① 집합손익계정은 임시계정이다.
② 집합손익계정은 마감단계에만 나타낸다.
③ 집합손익계정은 최종적으로 자본금으로 대체된다.
④ 집합손익계정은 결산정리 후에도 계정 잔액들이 다음 회계기간에 이월된다.

집합손익계정은 결산 시에 설정되는 임시계정으로 수익과 비용을 정리하여 해당 차익을 자본금계정에 대체하고 소멸하는 계정이므로 차기로 이월되지 않는다.

오답 피하기

(집합)손익			
매출원가	×××		
판매비와관리비	×××	매출액	×××
영업외비용	×××		
자본금(당기순이익)	×××	영업외수익	×××

23 다음 중 결산마감 시 가장 먼저 마감되는 계정은?

① 자산
② 부채
③ 자본
④ 수익과 비용

결산 시 마감은 결산의 본절차 단계에서 하게 되는데 먼저 (집합)손익계정을 설정하여 수익과 비용 계정을 손익계정으로 대체하여 마감(소멸)하고 그 차액을 자본계정으로 대체한 후 자산, 부채, 자본계정을 마감한다.

24 다음 거래내용과 회계처리가 올바른 것을 모두 고른 것은?

거래내용	회계처리			
가. 수익계정과목을 손익계정에 대체	(차) 수익계정	×××	(대) 손익	×××
나. 비용계정과목을 손익계정에 대체	(차) 손익	×××	(대) 비용계정	×××
다. 순이익을 자본금계정에 대체	(차) 손익	×××	(대) 자본금	×××
라. 순손실을 자본금계정에 대체	(차) 자본금	×××	(대) 손익	×××

① 가
② 가, 나
③ 가, 나, 다
④ 가, 나, 다, 라

수익은 손익계정 대변에, 비용은 손익계정 차변에 대체되어 수익과 비용이 소멸되며, 수익과 비용의 차액이 발생하면 순이익은 자본계정 대변에 대체되고, 순손실은 자본계정 차변에 대체된다.

정답 19 ④ 20 ③ 21 ② 22 ④ 23 ④ 24 ④

25 다음은 개인기업인 서울상점의 손익계정이다. 이를 통해 알 수 있는 내용이 <u>아닌</u> 것은?

손익			
12/31 상품매출원가	120,000원	12/31 상품매출	260,000원
급여	40,000원	이자수익	10,000원
보험료	30,000원		
자본금	80,000원		
	270,000원		270,000원

① 당기분 보험료는 30,000원이다.
② 당기분 이자수익은 10,000원이다.
③ 당기의 매출총이익은 140,000원이다.
④ 당기의 기말자본금은 80,000원이다.

···

손익계정 차변의 자본금 80,000은 기말자본금이 아니라 당기순이익이다. 자본금이라고 기입한 이유는 마감 시 당기순이익이 자본금으로 대체되어 마감되기 때문이다.
※ 매출총이익 = 매출액 260,000 − 상품매출원가 120,000 = 140,000원

26 다음 계정 기입에서 당기 소모품 미사용분의 금액은?

소모품비			
10/25 현금	50,000	12/31 소모품	20,000
		12/31 손익	30,000
	50,000		50,000

① 10,000원   ② 20,000원
③ 30,000원   ④ 50,000원

···

12/31 결산정리 분개 (차) 소모품   20,000   (대) 소모품비   20,000
∴ 소모품 사용분 : 30,000, 소모품 미사용분 : 20,000

27 기중에 소모품 120,000원을 현금으로 구입하면서 다음과 같이 회계처리를 하였다. 결산 시점에 창고를 조사하였더니 소모품이 30,000원 남은 것으로 조사되었을 경우 옳은 회계처리는?

(차) 소모품비 120,000원 (대) 현 금 120,000원

① (차)소모품비 90,000원 (대)현   금 90,000원
② (차)소모품비 30,000원 (대)현   금 30,000원
③ (차)소 모 품 90,000원 (대)소모품비 90,000원
④ (차)소 모 품 30,000원 (대)소모품비 30,000원

···

소모품을 구입 시 비용으로 처리하였으므로 결산 시 창고에 남아있는 소모품은 자산으로 계상하고 비용에서 차감한다.

28 결산 후 당기순이익이 5,000,000원으로 산출되었으나 다음 사항이 누락되었다. 수정 후 당기순이익은 얼마인가?

• 보험료 선급분 : 800,000원
• 선수임대료 : 500,000원
• 이자 미지급분 : 500,000원

① 3,200,000원   ② 3,700,000원
③ 4,200,000원   ④ 4,800,000원

···

5,000,000 + 800,000(보험료선급분(선급비용), 비용취소) − 500,000(선수임대료(선수수익), 수익취소) − 500,000(이자미지급분(미지급비용), 비용발생)
= 4,800,000원

오답 피하기
결산 시 누락한 경우 다음과 같이 차가감한다.
수익의 발생 : 미수수익(+), 비용의 발생 : 미지급비용(−), 수익의 이연 : 선수수익(−), 비용의 이연 : 선급비용(+)

29 결산 결과 당기순이익 10,000원이 산출되었으나 다음과 같은 사항이 누락되었다. 수정 후 당기순이익은?

• 보험료 미지급분 : 2,000원
• 임대료 선수분 : 1,000원

① 7,000원   ② 11,000원
③ 12,000원   ④ 13,000원

···

당기순이익 − 미지급비용 − 선수수익 = 10,000 − 2,000 − 1,000
= 7,000원(수정 후 당기순이익)

30 결산 결과 당기순이익 90,000원이 산출되었으나, 다음과 같은 사항이 누락되었음을 발견하다. 수정 후의 당기순이익은?

• 보험료 선급액 : 10,000원
• 이자 미수액 : 20,000원

① 60,000원   ② 80,000원
③ 100,000원   ④ 120,000원

···

당기순이익 + 보험료선급액(선급비용) + 이자미수액(미수수익)
= 90,000 + 10,000 + 20,000 = 120,000원

31 기말 결산 시 선수수익을 기장 누락한 경우 미치는 영향은?

① 부채의 과대계상
② 자산의 과소계상
③ 수익의 과소계상
④ 수익의 과대계상

기말 결산 시 선수수익을 누락하면 수익이 과대계상되고 부채가 과소계상된다.

32 다음 중 기말 결산 후 차기로 이월되어 사용되는 것은?

① 매출액
② 매출원가
③ 매출채권
④ 매출총이익

결산 시 수익과 비용은 소멸되며 그 차액은 자본으로 대체된다. 또한 자산, 부채, 자본은 이월된다.

33 다음 계정 중 다음 연도로 이월시키는 영구계정에 해당하지 않는 것은?

① 외상매입금
② 이자수익
③ 단기차입금
④ 비품

영구계정은 실질계정이라고도 하고, 재무상태표에 표시되는 계정이며, 이자수익은 임시계정(명목계정)으로 손익계산서에 표시된다.

34 결산의 본절차에 해당하는 것은?

① 시산표 작성
② 결산 수정분개
③ 총계정원장 마감
④ 재무상태표 작성

• 결산의 예비절차 : 시산표 작성, 결산 수정분개, 정산표 작성
• 결산의 본절차 : 집합손익계정설정, 총계정원장 마감(수익/비용계정마감, 자산, 부채계정마감후 차기이월)
• 재무제표(결산보고서) 작성 : 재무상태표, 손익계산서, 현금흐름표, 자본변동표, 주석

35 다음 중 일반기업회계기준에서 정하고 있는 재무제표가 아닌 것은?

① 합계잔액시산표
② 재무상태표
③ 손익계산서
④ 주석

(일반기업회계기준)재무제표 : 재무상태표, 손익계산서, 자본변동표, 현금 흐름표, 주석

36 다음의 작성방법은 어느 것을 나타내는 것인가?

> 해당 개별항목에 기호를 붙이고 별지에 동일한 기호를 표시하여 그 내용을 설명하는 것

① 주기
② 주석
③ 인식
④ 측정

주석 : 재무제표를 이해하는 데 필요한 추가적인 정보를 기술한 것으로서 재무제표의 본문과 별도로 작성되며 추가 설명이 필요하거나 동일한 내용으로 둘 이상의 계정과목에 대하여 설명을 하게 되는 경우에 사용된다.

37 다음 중 시산표 등식으로 올바른 것은?

① 기말자산 + 총수익 = 기말부채 + 기초자본 + 총비용
② 기말자산 + 총수익 = 기말부채 + 기말자본 + 총비용
③ 기말자산 + 총비용 = 기말부채 + 기초자본 + 총수익
④ 기말자산 + 총비용 = 기말부채 + 기말자본 + 총수익

시산표등식 : 기말자산 + 총비용 = 기말부채 + 기초자본 + 총수익

정답 31 ④ 32 ③ 33 ② 34 ③ 35 ① 36 ② 37 ③

38 재무제표의 일부인 주석에 대한 설명이 적절하지 <u>않은</u> 것은?

① 재무제표의 작성기준 및 중요한 거래와 회계사건의 회계처리에 적용한 회계정책을 표시한다.

② 재무제표의 본문에 표시되지 않는 사항으로 재무제표를 이해하는 데 필요한 추가정보가 포함된다.

③ 기업회계기준에서 주석공시를 요구하는 사항을 표시한다.

④ 재무제표상의 해당과목과 밀접한 관련사항을 재무제표 본문에 괄호를 해서 기재한다.

주석은 재무제표상의 해당과목 또는 금액에 기호나 번호를 붙이고 난외 또는 별지에 그 내용을 간결하게 설명한다.

39 다음은 개인기업인 청석상점의 총계정원장 전기 후 작성한 잔액시산표이다. 오류를 올바르게 수정 후 차변의 합계 금액은 얼마인가?

잔액 시산표

차 변	원면	계정과목	대 변
350,000	1	현 금	
120,000	2	받 을 어 음	
80,000	3	선 급 금	
	4	상 품	150,000
	5	외 상 매 입 금	250,000
	6	미 지 급 금	130,000
200,000	7	자 본 금	
	8	상품매출이익	120,000
80,000	9	이 자 수 익	
50,000	10	보 험 료	
30,000	11	여 비 교 통 비	
910,000			650,000

청석상점 / 20XX년 12월 31일 / (단위 : 원)

① 630,000원

② 680,000원

③ 780,000원

④ 830,000원

자산의 잔액은 차변, 부채의 잔액은 대변, 자본의 잔액은 대변, 수익의 잔액은 대변, 비용의 잔액은 차변에 남는다. 그러므로 상품은 잔액을 차변에, 자본금은 잔액을 대변에, 이자수익은 잔액을 대변으로 옮겨서 계산하면 차변과 대변의 각각 합계액은 780,000원이 된다.

40 다음 중 주요장부로만 짝지어진 것은?

가. 분개장	나. 현금출납장
다. 총계정원장	라. 상품재고장

① 가, 나   ② 나, 다

③ 다, 라   ④ 가, 다

현금출납장과 상품재고장은 보조장부이다.

오답 피하기

장부

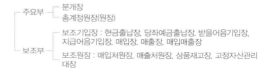

- 주요부 ─ 분개장
- 총계정원장(원장)
- 보조부 ─ 보조기입장 : 현금출납장, 당좌예금출납장, 받을어음기입장, 지급어음기입장, 매입장, 매출장, 매입매출장
- 보조원장 : 매입처원장, 매출처원장, 상품재고장, 고정자산관리대장

41 다음은 무엇에 관한 설명인가?

- 각 계정과목별로 기록한다.
- 분개장 기입 후 전기하는 장부이다.

① 시산표   ② 정산표

③ 총계정원장   ④ 매출처원장

총계정원장 : 분개장에 기입된 내용을 옮겨 적기 위한 자산, 부채, 자본, 수익, 비용계정이 설정된 장부이다.

42 다음 거래를 기입해야 할 회계장부와 관련이 <u>없는</u> 것은?

○○상점으로부터 상품 100,000원을 외상으로 매입하고, 당점 부담 운반비 5,000원을 현금으로 지급하다.

① 매입장   ② 상품재고장

③ 매출처원장   ④ 현금출납장

오답 피하기

- **분개장(전표)** : 분개를 하는 장부(전표)이다.
- **총계정원장** : 분개장에 기입된 내용을 옮겨 적기 위한 자산, 부채, 자본, 수익, 비용계정이 설정된 장부이다.
- **현금출납장** : 현금의 입금과 출금의 내용을 상세히 기록하는 장부이다.
- **매출장/매입장** : 상품매출을 기록한 장부를 매출장이라고 하고, 매입을 기록한 장부를 매입장이라 한다.
- **매입매출장(상품재고장)** : 상품의 매입, 매출을 기록하는 장부로 흔히 매입매출장에는 부가가치세까지 표시하여 기록한다(부가세부분을 제외하고 별도로 기록하는 경우 상품재고장을 작성함).
- **거래처원장** : 총계정원장의 각 계정의 내용을 거래별로 기록한 장부이다.

정답 38 ④ 39 ③ 40 ④ 41 ③ 42 ③

43 다음의 장부가 모두 필요한 거래로 옳은 것은?

> • 분개장 • 현금출납장
> • 총계정원장 • 상품재고장
> • 당좌예금출납장

① 상품 30,000원을 매입하고 대금은 당좌수표를 발행하여 지급하다.
② 상품 30,000원을 매입하고 인수운임비 10,000원과 함께 현금 지급하다.
③ 상품 30,000원을 매입하고 인수운임비 10,000원과 함께 당좌수표 발행하여 지급하다.
④ 상품 30,000원을 매입하고 대금 중 10,000원은 당좌수표 발행하고 잔액은 현금 지급하다.

• ④ : (차) 상　　품　　30,000　(대) 당좌예금　　10,000
　　　　　　　　　　　　　　　　　　　현　　금　　20,000
• 따라서 해당 내용은 분개장, 현금출납장, 총계정원장, 상품재고장, 당좌예금출납장에 기입한다.

44 다음 매출처원장을 이용하여 산출한 외상매출금 미회수액으로 옳은 것은?

〈매출처원장〉

오산상회

8/1 전월이월	100,000	9/20 현금	400,000
8/15 매출	700,000		

화성상회

8/1 전월이월	500,000	9/17 당좌예금	900,000
8/15 매출	1,000,000		

① 400,000원
② 600,000원
③ 700,000원
④ 1,000,000원

매출처별 외상매출금원장이므로 오산상회 차변 800,000원과 화성상회 1,500,000원을 합한 금액 2,300,000원에서 외상매출금을 회수한 대변 1,300,000원을 차감하여 구하면 된다. 따라서 미회수액은 1,000,000원이다.

45 다음은 한국상점(회계기간 : 매년 1월 1일~12월 31일)의 현금 관련 자료이다. 아래의 (가)에 들어갈 계정과목으로 옳은 것은?

> • 1월 30일 – 장부상 현금 잔액 400,000원
> 　　　　　　 – 실제 현금 잔액 500,000원
> • 12월 31일 – 결산 시까지 현금과부족 계정 잔액의 원인이 밝혀지지 않음

현금과부족

7/1 이자수익	70,000	1/30 현금	100,000
(가)	30,000		
	100,000		100,000

① 잡손실
② 잡이익
③ 현금과부족
④ 현금

기중 현금부족의 원인이 밝혀지지 않으면 부족분은 현금과부족 차변에, 과잉분은 대변에 기재한다. 이후 원인이 밝혀지면 해당 계정과목으로 대체하고, 결산 시까지 현금과부족의 원인이 밝혀지지 않으면 부족분은 잡손실, 과잉분은 잡이익으로 대체한다.

• 1월 30일 : 　(차) 현금　　　　100,000　(대) 현금과부족　100,000
• 7월 1일 : 　(차) 현금과부족　70,000　(대) 이자수익　　70,000
• 12월 31일 : 　(차) 현금과부족　30,000　(대) 잡이익　　　30,000

46 다음 자료는 회계의 순환과정의 일부이다. (가), (나), (다)에 들어갈 순환과정의 순서로 옳은 것은?

> 거래 발생 → (가) → 전기 → 수정 전 시산표 작성 → (나) → 수정 후 시산표 작성 → (다) → 결산보고서 작성

	(가)	(나)	(다)
①	분개	각종 장부 마감	결산 정리 분개
②	분개	결산 정리 분개	각종 장부 마감
③	각종 장부 마감	분개	결산 정리 분개
④	결산 정리 분개	각종 장부 마감	분개

거래 발생 → 분개 → 전기 → 수정 전 시산표 작성 → 결산 정리 분개 → 수정 후 시산표 작성 → 각종 장부 마감 → 결산보고서 작성

PART

02

실무편

CHAPTER

01

기초정보관리

학습 방향

본 단원은 전산세무회계프로그램 설치 후 해야 하는 작업 중 가장 먼저 작업해야 하는 부분으로 그 순서는 회사등록, 거래처등록, 계정과목및적요등록, 전기분재무상태표, 전기분손익계산서, 거래처별초기이월 작업입니다. 시험 시 해당 메뉴에 입력된 내용을 수정하거나 추가로 입력하는 유형으로 출제되므로 해당 메뉴를 정확히 반복학습하면 됩니다.

● **NCS능력단위(분류번호) : 회계정보시스템 운용(0203020105_20v4)**
원활한 재무보고를 위하여 회계 관련 DB마스터 관리, 회계프로그램 운용, 회계정보를 활용하는 능력을 함양

● **NCS능력단위(분류번호) : 자금관리(0203020102_20v4)**
기업 및 조직의 자금을 관리하기 위하여 회계 관련 규정에 따라 자금인 현금, 예금, 법인카드, 어음 · 수표를 관리하는 능력을 함양

출제빈도

SECTION 01	상	30%	SECTION 04	하	10%
SECTION 02	중	20%	SECTION 05	하	10%
SECTION 03	중	20%	SECTION 06	하	10%

SECTION 01

회사등록

출제빈도 상 중 하
반복학습 1 2 3

▶ 합격 강의

빈출 태그 ▶ 회사등록 · 사업자등록번호

[회사등록]은 회계처리하고자 하는 회사를 전산세무회계프로그램에 등록하는 작업으로 프로그램에서 가장 먼저 해야 하는 작업이다. 사업자등록증을 보고 회사등록에 입력하게 되면 해당 내용은 각종 서식의 회사정보 관련 부분에 표시되므로 정확하게 입력해야 한다.

프로그램 사용방법

🅑 기적의 TIP

프로그램 설치 후 회사등록을 해야 프로그램을 사용할 수 있다.

처음 회사등록 시 급수선택에서 사용급수(4.전산회계 2급)를 선택하고 화면 우측 하단에 있는 「회사등록」을 클릭하면 다음과 같은 회사등록 화면이 나타난다. 다음의 설명을 보고 해당란에 순서대로 입력하면 된다.

1) 화면 왼쪽에서 작업할 사항

① **코드** : 등록할 회사의 코드번호를 숫자로 직접 입력한다.

② **회사명** : 사업자등록증에 기재된 상호명을 입력한다.

③ **구분(1 : 법인, 2 : 개인)** : 회사가 개인인 경우에는 숫자 「2 : 개인」을 선택하고 법인인 경우에는 「1 : 법인」을 선택한다. 자격시험 시 전산회계 2급은 개인사업자이다.

④ **미사용** : 해당 회사의 사용여부를 선택한다. 「0 : 사용」을 선택한다.

2) 화면 오른쪽에서 작업할 사항(기본사항)

① **회계연도** : 회사의 기수와 회계연도를 입력한다.

② **사업자등록번호** : 사업자등록증상의 사업자등록번호를 입력한다.

➕ **더 알기 TIP**

사업자등록번호의 의미

- **최초 3자리** : 사업자등록을 최초로 신고한 세무서코드
- **가운데 2자리** : 개인사업자(01~79), 개인면세사업자(90~99), 영리법인사업자 본점(81, 86, 87), 영리법인사업자 지점(85), 비영리법인(82)
- **마지막 5자리** : 일련번호 4자리와 검증번호 1자리

③ **대표자명, 대표자주민번호, 주민번호 구분** : 사업자등록증상의 대표자명과 대표자 주민번호를 입력한다.

④ **사업장주소, 자택주소** : 사업자등록증상의 사업장주소와 자택주소를 입력한다. 📃 를 클릭하여 나오는 「우편번호 검색」 창에서 주소를 입력하고 Enter 를 친 후 해당 주소가 나오면 선택하고 필요 시 나머지 주소를 입력한다. 도로명주소 사용 시 신 주소란에 여로 표시된다. 시험 시 우편번호가 제시되지 않을 경우 직접 입력해도 된다.

⑤ **업태, 종목** : 사업자등록증상에 기재된 업태와 종목을 입력한다. 업태란 어떤 형태의 사업(예 제조, 도매, 소매, 음식숙박업, 서비스업 등)을 하는 회사인가를 나타내는 부분이며 종목은 회사가 해당 업태에서 무엇을 제조·판매하는가 하는 구체적인 취급 품목(예 문구, 가방, 가구 등)을 입력하는 부분이다.

⑥ **개업연월일** : 사업자등록증상의 개업연월일을 입력한다.

⑦ **사업장관할세무서** : 사업장관할세무서란에 📃를 클릭하여 나오는 세무서도움창의 검색란에 관할세무서 이름을 입력하고 확인(Enter) 을 누른다.

※ 추가사항은 시험에 나오고 있지 않으므로 설명을 생략한다.

> **F3 기적의 TIP**
>
> **3.과세유형**
> 전산회계 2급의 사업자 과세유형은 일반과세자이다. 부가가치세가 과세되는 재화와 용역을 공급하는 사업자를 과세사업자라 하며, 일반과세자와 간이과세자로 구분한다.

> **F3 기적의 TIP**
>
> 이미 등록한 회사 이외에 또 다른 회사를 추가로 등록하고자 하는 경우에는 기존에 등록된 회사로 들어간 후 [회계관리]-[재무회계]-[기초정보관리]-[회사등록] 메뉴를 선택하고 회사등록을 하고 빠져나온 후 메인화면 우측의 회사 버튼을 클릭하여 사용하면 편리하다.

교재 앞부분 프로그램 설치 및 사용방법의 「데이터다운로드, 프로그램 시작하는 방법」을 수행한 후 문제를 풀도록 한다.

출제유형 >

1. 다음은 영진상사(회사코드 : 0401)의 사업자등록증이다. [회사등록] 메뉴에 해당 사항을 검토하여 누락된 부분은 추가입력하고 잘못된 부분은 정정하시오.

> **🎬 기적의 TIP**
>
> 시험 시 회사는 이미 등록되어 있으며 등록된 회사 등록 사항을 수정, 추가 입력하는 문제로 나오므로 제시된 사업자 등록증에 나오는 내용만 확인, 수정, 추가 입력한다.

사 업 자 등 록 증

(일반과세자)

등록번호 : 104-03-11251

상   호 : 영진상사
성   명 : 이영진   생 년 월 일 : 1978 년 05 월 23 일
개 업 연 월 일 : 2011 년 01 월 15 일
사업장소재지 : 서울특별시 영등포구 영등포로78길 4

사 업 의 종 류 : 업태 도 , 소매   종목 완구

발 급 사 유 : 정정
공 동 사 업 자 :

사업자 단위 과세 적용사업자 여부 : 여( ) 부(∨)
전자세금계산서 전용 전자우편주소 :

2011년 01 월 15 일

영 등 포 세 무 서 장

2. 다음은 한일상사(회사코드 : 0402)의 사업자등록증이다. [회사등록] 메뉴에 해당
   사항을 검토하여 누락된 부분은 추가입력하고 잘못된 부분은 정정하시오.

사 업 자 등 록 증

(일반과세자)

등록번호 : 105-01-83017

상   호 : 한일상사

성   명 : 이한일   생 년 월 일 : 1974 년 11 월 08 일

개 업 연 월 일 : 2022 년 04 월 10 일

사업장소재지 : 서울특별시 마포구 마포대로 127

사 업 의 종 류 : 업태 도,소매   종목 운동화

발 급 사 유 : 신규

공 동 사 업 자 :

사업자 단위 과세 적용사업자 여부 : 여(   ) 부(∨)

전자세금계산서 전용 전자우편주소 :

2022년 04 월 10 일

마 포 세 무 서 장

풀이방법 >

① 바탕화면에서 「KcLep교육용」 아이콘을 더블 클릭한다.

② 「종목선택」에서 4.전산회계 2급(❶)을 선택하고 「회사코드」에서 🔲를 눌러 0401 "영진상사"를 선택(❷)하고 확인(Enter) 을 클릭한다.

③ 로그인이 되어 메인 화면으로 들어가면 [회사관리]-[재무회계]-[기초정보관리]-[회사등록]을 클릭한다.

④ 우측의 「기본사항」 탭란에서 지문의 사업자등록증의 내용과 프로그램의 등록사항을 확인한다.

⑤ 6.사업장주소를 추가로 입력하기 위하여 🔲을 눌러 다음과 같이 Enter 를 친 후 하단의 검색된 주소를 확인하고 클릭한다.

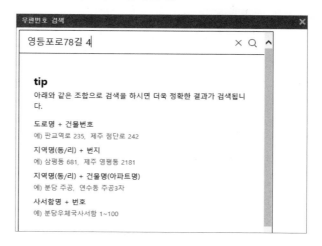

🅑 기적의 TIP

사업자등록증에 없더라도 이미 등록되어 있는 내용은 지우지 않는다.

우편번호 검색

영등포로78길 4

07352   영문보기 | 지도
도로명 서울특별시 영등포구 영등포로78길 4
지번 서울특별시 영등포구 신길동 95-1

07352   영문보기 | 지도
도로명 서울특별시 영등포구 영등포로78길 4-1 (현스빌)
지번 서울특별시 영등포구 신길동 95-10
ㄴ 외 지번주소 1건 더보기

1 / 1

※ 시험 시 사업장주소는 우편번호가 제시되지 않는 한 주소만 입력해도 된다.

⑥ 9.종목에서 "가구"를 "완구"로 수정한다.

기본사항	추가사항

1.회계연도 제 15 기 2025 년 01 월 01 일 ~ 2025 년 12 월 31 일
2.사업자등록번호 104-03-11251   3.과세유형 일반과세 과세유형전환일 ____-__-__
4.대표자명 이영진   대표자거주구분 거주자
5.대표자주민번호 780523-2112420   주민번호 구분 정상
6.사업장주소 07352   서울특별시 영등포구 영등포로78길 4
(신길동)   신주소 여
7.자택주소 14576   경기도 부천시 조마루로358번길 27-7
(심곡동)   신주소 여
8.업태 도,소매   9.종목 완구
10.주업종코드
11.사업장전화번호 ( ) -   12.팩스번호 ( ) -
13.자 택 전 화 번 호 ( ) -   14.공동사업장여부 부
15.소득구분 사업소득   16.중소기업여부 여
17.개업연월일 2011-01-15   18.폐업연월일 ____-__-__
19.사업장동코드
20.주소지동코드
21.사업장관할세무서 107 영등포   22.주소지관할세무서 130 부천
23.지방소득세납세지   24.주소지지방소득세납세지

기적의 TIP

우편번호 검색기능으로 사업
장주소를 입력하면 지번동
((신길동))이 자동으로 입력
되는데, 이는 프로그램의 특
성이므로 삭제하지 않아도
된다.

⑦ 2번 문제를 풀기 위하여 메인화면 우측의 [회사] 를 클릭하여 한일상사로 변경한다.

⑧ 6.사업장소재지를 수정(우편번호 없이 입력되어 있으므로 [📷]를 누르지 말고 주소
만 수정함)하고 21.사업장관할세무서를 "종로"에서 "마포"로 수정한다.

거래처등록

▶ 합격강의

[거래처등록]은 「거래처원장」, 「거래처별계정과목별원장」장부에서 관리하고자 하는 거래처 정보를 등록한다. 거래처등록은 회사등록과 마찬가지로 거래처의 사업자등록 증 사본을 받아 등록하는 것이 가장 정확하지만 해당 자료가 없을 경우 세금계산서, 계산서, 영수증을 보고 입력해도 된다.

> [회계관리]-[재무회계]-[전표입력]에서 등록된 거래처코드를 입력해 주면 「거래처원장」, 「거래처별계정과목별원장」장부가 자동으로 작성된다. 다만, 관리가 필요 없는 거래처는 전표입력 시 거래처등록 없이 거래처란에 거래처명만 입력하면 된다.

프로그램 사용방법

[회계관리]-[재무회계]-[기초정보관리]-[거래처등록]을 실행하면 다음과 같은 화면이 나타난다. 다음의 설명을 보고 해당란에 순서대로 입력하면 된다.

🎯 기적의 TIP

거래처 삭제 및 변경
해당 거래처에 커서를 놓고 상단 툴바의 🗑삭제 (F5)를 누르면 된다. 한 번 등록된 거래처의 코드번호는 변경할 수 없고 거래처명은 변경 가능하다.

1) 일반거래처

① **코드** : "101~97999"의 범위 내에서 코드번호를 입력한다.

② **거래처명** : 거래처의 사업자등록증상 상호명을 입력한다.

③ **등록번호** : 우측에 해당 거래처가 사업자인 경우 「1.사업자등록번호」를 선택하고, 비사업자인 경우 「2.주민등록번호」를 선택하고 입력한다.

> ※ 거래처가 사업자등록증이 없는 일반인(비사업자)인 경우에는 주민등록번호를 입력한다. 주민기재분에 1 : 여로 표시된다. 주민기재분으로 표시된 내용은 세금계산서의 비고란에 자동으로 표기된다.

④ **유형(1 : 매출, 2 : 매입, 3 : 동시)** : 거래 형태를 선택하며 추후 전표입력에서 거래처 코드를 조회할 때 매출 시에는 매출거래처만, 매입 시에는 매입거래처만 나타나고 동시는 매입매출거래 시 전부 표시되어 사용하기 편하게 하기 위함이다.

⑤ **업태, 종목** : 거래처의 사업자등록증상의 업태와 종목을 입력한다.

⑥ **주소** : 거래처의 사업장소재지를 입력한다. 시험 시 사업장 주소의 우편번호가 제시되지 않을 경우 직접 입력한다.

⑦ **☑##### 상세입력안함 #####** : ☑표시를 해제하여 추가로 상세한 자료를 입력할 때 사용한다. 시험 시 상세입력의 해당사항이 나올 때만 입력한다.

2) 금융기관

금융기관은 회사가 이용하고 있는 금융기관의 금융상품(⑩ 예금, 적금 등)을 등록하여 관리하는 메뉴이다. 시험 시에는 지문에 있는 내용만 입력한다.

① **코드** : "98000~99599"의 범위 내에서 코드번호를 입력한다.

② **거래처명, 계좌번호, 유형** : 거래처명에 금융기관을 입력하고 유형(1 : 보통예금, 2 : 당좌예금, 3 : 정기적금, 4 : 정기예금, 5 : 기타)에서 해당 종류를 선택한 후 우측「1.계좌번호」란에 계좌번호와 나머지 사항을 입력한다.

③ **그 외 사항** : 필요 시 해당란에 입력한다.

3) 신용카드

신용카드는 카드사에 가맹점으로 등록된 신용카드사와 물건을 매입하기 위하여 회사가 사용하는 카드사를 등록하는 메뉴이다. 시험 시에는 지문에 있는 내용만 입력한다.

① **코드** : "99600~99999"의 범위 내에서 코드번호를 입력한다.

② **거래처명, 가맹점(카드)번호, 유형** : 거래처명에 신용카드명(신용카드사명)을 입력하고 유형(1 : 매출, 2 : 매입)에서 해당 종류를 선택한 후 우측에「1.사업자등록번호」를 입력하고, 매출 관련 가맹점을 맺은 경우「2.가맹점번호」란에 해당 번호를 입력하고, 매입 관련 카드일 경우에는「3.카드번호(매입)」란에 해당 카드번호를 입력한다.「4.카드종류(매입)」란에는 1.일반카드 2.복지카드 3.사업용카드를 선택한다.

③ **그 외 사항** : 필요 시 해당란에 입력한다.

출제유형 1 >

다음은 영진상사(회사코드 : 0401)의 신규거래처이다. [거래처등록]에 추가 등록하시오(단, 우편번호 입력은 201.인성상사를 제외하고 생략함).

거래처코드	201	202
사업자등록번호	135 - 01 - 61222	124 - 31 - 77153
거래처명	인성상사	신구
성명	임나라	신성일
유형	동시	동시
사업장 주소	서울특별시 서초구 방배로 100(방배동)	서울특별시 강남구 영동대로 411
업태 / 종목	도매 / 전자	도매 / 의류
거래처코드	203	204
사업자등록번호	135 - 04 - 35477	107 - 28 - 18561
거래처명	유담상사	일신산업
성명	정유담	정가은
유형	동시	동시
사업장 주소	서울특별시 강남구 삼성로 720	서울특별시 관악구 관악로 100
업태 / 종목	도,소매 / 전자제품,조명	도매 / 기계
거래처코드	205	206
사업자등록번호	105 - 85 - 22515	214 - 23 - 78275
거래처명	(주)영진문구	상도
성명	김영진	임상옥
유형	동시	동시
사업장 주소	서울특별시 송파구 삼전로10길 34	경기도 안양시 만안구 삼덕로 9
업태 / 종목	도,소매 / 문구,사무기기	서비스 / 컨설팅

풀이방법 >

[회계관리]-[재무회계]-[기초정보관리]-[거래처등록]을 클릭하고 일반거래처 탭에서 입력된 자료의 맨 아래 빈 줄에 제시된 내용을 다음과 같이 입력한다.

① 코드란에 해당 거래처의 코드 "201"를 입력한다.

② 유형란에서 "3(3 : 동시)"을 누른다.

③ 커서가 우측 화면으로 이동하면 1.사업자등록번호란에 사업자등록번호 "1350161222"를 -없이 연속으로 입력한다.

④ 3.대표자성명란에 대표자명 "임나라"를 입력한다.
⑤ 4.업종란에서 업태에 "도매", 종목에 "전자"를 각각 입력한다.
⑥ 5.주소란에서 🖳를 눌러 「우편번호 검색」창에서 "방배로 100"을 입력하고 Enter 를 친 후 조회된 해당 주소를 클릭한다.
⑦ 나머지 거래처도 동일한 방법으로 입력한다(우편번호는 생략하므로 사업장주소는 직접 입력함).

출제유형 2 ▶

[거래처등록]의 금융기관 탭에 「코드 : 98001, 한빛은행, 유형 : 보통예금, 계좌번호 : 870302-03-023308, 계좌개설일 : 2025-01-05, 예금종류 : 한빛보통예금」로 추가등록하고, [거래처등록]의 신용카드 탭에 「코드 : 99601, 새론카드, 유형 : 매입, 카드번호 : 1234-4522-5855-6553, 사업용카드」를 각각 등록하시오.

풀이방법 ▶

① [금융기관]탭을 누르고 코드란에 "98001"을 입력한 후 거래처명란에 "한빛은행"을 입력하고 유형란에 "1 : 보통예금"을 선택한다.
② 우측 「1.계좌번호」란에 "870302-03-023308"을 입력한다. 「3.계좌개설일」란에 "2025-01-05", 「4.예금종류/만기」란에 "한빛보통예금"을 입력한다.
③ 다시 [신용카드]탭을 누르고 코드란에 "99601"을 입력한 후 거래처명란에 "새론카드"를 입력하고 유형란에 2 : 매입을 선택한 후 우측 3.카드번호(매입)란에 "1234-4522-5855-6553"을 입력한 후 4.카드종류(매입)에서 3.사업용카드를 선택한다.

계정과목 및 적요등록

▶ 합격강의

빈출 태그 ▶ 계정과목 · 현금적요 · 대체적요

[계정과목및적요등록]은 사용할 계정과목과 적요를 등록하여 거래발생 시 입력을 짧은 시간 안에 빠르게 하기 위한 메뉴이다. 일반적으로 사용되는 계정과목과 적요가 이미 등록되어 있는 상태이므로 기업의 성격, 규모에 따라 필요한 계정과목과 적요를 추가로 등록하여 사용하면 된다. 시험 시에는 지문에 있는 내용만 입력한다.

🅟 기적의 TIP

계정과목 및 적요를 등록 · 수정 가능하도록 하며, 빨간색 계정과목 수정의 단축키 「Ctrl + F2」를 확실히 기억하도록 한다.

프로그램 사용방법

[회계관리]-[재무회계]-[기초정보관리]-[계정과목및적요등록]을 실행하면 다음과 같은 화면이 나타난다. 다음의 설명을 보고 해당란에 순서대로 입력하면 된다.

① **계정체계** : 화면 우측에 있는 항목(예 유동부채 등)을 마우스로 클릭하면 중간(코드/계정과목)의 계정과목이 해당 항목 부분으로 이동하여 상단에 표시되어 나타난다. 따라서 해당 계정과목 분류를 알고 있을 경우 쉽게 이동하여 선택하고 수정 및 추가할 수 있다.

② **코드/계정과목** : 계정체계 번호에 맞추어 코드와 계정과목이 입력되어 있다. 계정과목은 일반기업회계기준의 통합계정과목(⑩ 매출채권, 매입채무 등)이 아니라 실무에서 관리하기 편하게 사용하는 구체적인 계정과목(⑩ 외상매출금, 받을어음, 외상매입금, 지급어음 등)으로 등록되어 있다.

즉, 일반적인 상거래에서 발생된 외상매출금과 받을어음 등의 채권은 매출채권으로 재무상태표에 표시되어야 함이 일반기업회계기준의 원칙이다. 계정을 검색하려면 「Ctrl + F」 또는 마우스 오른쪽을 클릭하여 「찾기」를 선택하여 찾기에서 계정명 2글자를 입력하고 Enter 를 누르면 검색된다. 계정과목 및 적요 수정, 추가 등록("회사설정계정과목"을 클릭하여 등록)은 우측화면에 있는 부분에서 한다.

> 신규로 등록하고자 하는 계정과목의 성질을 파악하고 좌측의 「계정체계」를 클릭하여 이에 맞는 코드 범위를 확인한 후 우측 「계정코드(명)」란에 커서를 클릭하고 빈칸에 입력한다. 이미 등록되어 있는 계정과목의 이름을 수정하고자 하는 경우에는 해당 계정과목을 선택한 후 「계정코드(명)」란에 커서를 클릭하고 입력된 내용을 수정하면 된다. 단, 빨간색 계정과목은 프로그램상 특수한 성격이 있으므로 수정하지 않게 되어 있는데 부득이하게 수정해야 한다면 해당 계정과목에 커서를 클릭하고 키보드의 「Ctrl + F2」를 누르면 우측 「계정코드(명)」란이 활성화되어 수정이 가능하다.

③ **성격** : 성격은 계정과목이 프로그램상 갖는 성질을 나타낸다. 프로그램을 이용하여 재무제표를 자동으로 작성하기 위해서는 계정과목이 갖는 성질을 설정해 주어야 할 필요가 있는데 프로그램 개발사에서 이미 등록된 계정과목들에 대해서는 정확하게 선택해 놓았으므로 변경하지 말고 그대로 사용하면 된다.

④ **관계코드(명)** : 계정과목 상호 간의 관계를 설정하여 전산으로 자동분개를 가능하게 해주는 기능이다. 이미 정확히 선택되어 있으므로 변경하지 말고 그대로 사용하면 된다.

⑤ **적요** : 적요란 거래내역을 간략하게 입력하는 곳으로 전표 입력 시 반복되는 거래를 해당 번호로 선택하여 빨리 입력하게 하는 기능을 한다. 시험 시에는 적요를 수정하거나 추가로 입력하는 방식으로 출제된다.

• **현금적요** : 전표입력 시(일반전표입력 메뉴는 구분란의 1.출금 또는 2.입금 선택 시, 매입매출전표입력 메뉴는 분개란의 1 : 현금 선택 시) 나타나는 적요로서 전액 현금거래 시 사용한다.

• **대체적요** : 일반전표입력 메뉴에서 구분란의 3.차변 또는 4.대변 선택 시 나타나는 적요로서 현금이 아닌 거래이거나 일부 현금거래인 경우에 사용한다.

프로그램에서는 구체적인 계정과목으로 입력한 후 [결산/재무제표] 메뉴에서 재무상태표, 손익계산서를 클릭한 후 제출용 탭을 선택하면 일반기업회계기준에 맞추어 통합계정과목으로 표시해 준다.

1-202 PART 02 • 실무편

출제유형 >

다음은 영진상사(회사코드 : 0401)의 [계정과목및적요등록]에 추가 등록하시오.

1. 영진상사는 사용하고 있는 창고의 일부를 1년분 임대료로 현금으로 선입금을 받고 임대하기로 하였다. 계정과목및적요등록 메뉴에서 유동부채항목에 다음 사항을 추가 입력하시오.

계정코드	계정과목	성격	적요
274	선수임대료	일반	대체적요 적요NO 1 기간 미경과 임대료계상

> **기적의 TIP**
> 적요 입력 시 오타 없이 입력하도록 한다.

2. 영진상사는 임직원의 사기진작을 위해 생일을 맞은 직원들에게 판매용상품 중 100,000원 상당의 상품을 선물로 지급하기로 하였다. 판매비와관리비의 복리후생비계정에 다음 내용의 적요를 등록하시오.

대체적요 적요NO 3 임직원 생일선물대 지급

풀이방법 >

1. [기초정보관리]-[계정과목및적요등록]을 클릭한다.
① 코드란에서 274를 입력하면 "274.사용자설정계정과목"으로 이동(❶)한다.
② 우측 화면 상단 「계정코드(명)」란에 "선수임대료"라고 입력(❷)하고 「성격」란에서 2.일반(❸)을 선택한다.
③ 하단의 「대체적요」란 적요NO란에 1을 입력 후 우측에 "기간 미경과 임대료계상"을 입력(❹)한다.

2. [기초정보관리]-[계정과목및적요등록]을 클릭한다.

① 좌측 화면의 「계정체계」에서 판매관리비를 클릭(❶)하고 가운데 화면 「코드/계정과목」에서 복리후생비를 선택한다.

② 우측 화면의 중간의 「대체적요」란에서 적요NO란에 3을 입력한 후 우측에 "임직원 생일선물대 지급"을 입력(❷)한다.

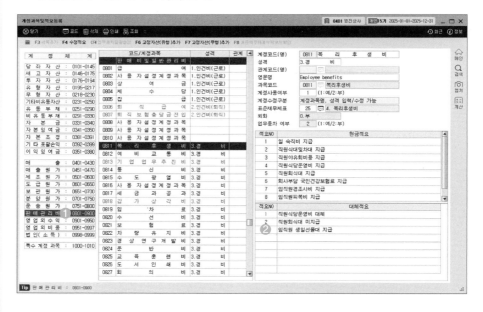

전기분재무상태표

▶ 합격 강의

빈출 태그 ▶ 재무상태표 · 전기분재무상태표 · 전기분재무제표

전기이월 작업은 계속사업자가 당기에 프로그램을 처음 사용하는 경우에 전기에 대한 자료가 없기 때문에 결산이 완료된 [전기분재무제표]를 보고 입력하여 당기에 필요한 전기의 자료를 이월받는 것이다.

[전기분재무상태표]는 전기 결산 시 작성된 전기분재무상태표를 보고 입력하는 메뉴이다. 전기 자료는 당기에 계속하여 사용하여야 하므로 입력된 자료는 각 계정과목별로 해당 계정과목 장부의 전기이월로 표시되고 동시에 [전기분손익계산서] 매출원가의 기말재고액의 표시, 거래처별초기이월의 기초자료로 표시, [결산/재무제표]의 전기분 재무상태표로 표시된다.
즉, 자산에 속하는 기말상품을 자산 관련 보고서인 [전기분재무상태표]에 입력하면 프로그램의 특성상 동일한 계정과목을 사용하는 [전기분손익계산서]에 자동으로 반영되는 것이므로 [전기분재무상태표]를 가장 먼저 작업해야 한다.

> [전기분재무제표]는 신규사업자가 아닌 계속사업자가 전년도 자료를 입력하기 위하여 사용하는 메뉴이다.
> 프로그램의 특성을 고려하여 [전기분재무상태표] → [전기분손익계산서] 순으로 입력해야 한다.

🖰 기적의 TIP

입력된 전기분 재무상태표를 보고 오류정정 및 계정과목 추가가 가능하도록 한다.

프로그램 사용방법

[회계관리]−[재무회계]−[전기분재무제표]−[전기분재무상태표]를 실행하면 다음과 같은 화면이 나타난다. 다음의 설명을 보고 해당란에 순서대로 입력하면 된다.

① **자산, 부채 및 자본** : 좌측 자산란과 우측 부채 및 자본란에 해당 계정과목과 금액을 입력한다.

② **코드, 계정과목, 금액** : 전기분 재무상태표를 보고 계정과목 코드란에 코드 세자리를 입력하거나 "코드"란에서 계정과목명을 한 글자 이상으로 입력하고 [Enter]를 치면 해당 글자가 포함된 계정과목명이 조회되는데 해당 계정과목명을 선택하고, 금액을 입력한다.

> • 대손충당금, 감가상각누계액 계정과목은 해당 자산에서 차감하는 형식으로 표시되므로 재무상태표의 왼쪽에 있는 채권과 유형자산을 입력하고 해당 대손충당금과 감가상각누계액을 입력하면 된다. 케이렙은 대손충당금, 감가상각누계액 입력 시 계정코드도움 창의 "참고"란에 채권과 유형자산 이름이 표시되므로 이를 참조하면 된다(해당 계정과목의 바로 아래에 있는 계정과목의 코드번호임).
> • 입력 도중 하나의 계정과목이 빠진 경우에는 가장 아래에 해당 계정과목을 입력하고 상단 툴바의 [중 조회]([F2])를 클릭한다.
> • 입력된 계정과목의 삭제는 해당 계정과목에 커서를 놓고 상단 툴바의 [삭제]([F5])버튼을 클릭한다.

기적의 TIP

계정과목입력 시
코드란에서 [코드]([F2])를 눌러 나오는 「계정코드 도움」창에서 입력하고자 하는 계정과목명을 한 글자 이상으로 입력해도 된다.

기적의 TIP

천단위 금액을 빨리 입력하는 방법
금액란에 커서를 위치하고 숫자키패드의 [+]를 누르면 "000"이 입력된다.

기적의 TIP

외상매출금과 차량운반구처럼 차감적평가계정(대손충당금, 감가상각누계액)이 존재하는 계정의 자료는 왼쪽의 금액을 입력한다.

③ **대차차액** : 입력된 자료가 차변잔액이 크면 차액만큼 양수(+)로 표시되고, 대변잔액이 크면 차액만큼 음수(−)로 표시된다. 작업이 완료되면 대차차액이 발생해서는 안 된다.

④ **자산총계, 부채 및 자본총계** : 입력된 내용을 반영하여 자동 표시해 준다.

출제유형 >

다음은 영진상사(회사코드 : 0401)의 전기분 재무상태표이다. 해당 메뉴에 입력하시오.

🅱 기적의 TIP

시험 시 전기분재무상태표가 입력된 상황에서 오류부분은 정정하고 누락된 부분은 추가로 입력하는 문제로 출제된다.

재무상태표

회사명 : 영진상사   제14기 2024. 12. 31   (단위 : 원)

과목	금액		과목	금액
현 금		21,970,000	외 상 매 입 금	12,800,000
당 좌 예 금		16,500,000	지 급 어 음	5,500,000
보 통 예 금		5,000,000	미 지 급 금	2,000,000
정 기 예 금		7,000,000	예 수 금	211,000
외 상 매 출 금	7,560,000		선 수 금	1,230,000
대 손 충 당 금	96,000	7,464,000	단 기 차 입 금	6,000,000
받 을 어 음	8,260,000		장 기 차 입 금	20,000,000
대 손 충 당 금	65,000	8,195,000	자 본 금	55,749,000
상 품		20,000,000		
차 량 운 반 구	15,000,000			
감 가 상 각 누계액	3,000,000	12,000,000		
비 품	5,400,000			
감 가 상 각 누계액	919,000	4,481,000		
임 차 보 증 금		880,000		
자산총계		**103,490,000**	**부채와 자본총계**	**103,490,000**

🅱 기적의 TIP

시험 시 오류수정 후 자산총계와 부채와 자본총계가 같은지, 우측 대차차액이 없는지 검토한다.

① 코드란에 ⌈코드/현금⌉이라고 입력하고 [Enter]를 치고 나서 금액란으로 커서가 이동하면
21970+를 입력하고 [Enter]를 친다(+는 우측 키패드의 [+]를 누름).

② 줄이 바뀌면 코드란에 ⌈코드/0101/당좌⌉라고 입력하고 [Enter]를 치면 다음과 같이 「계정코드
도움」창(❶)이 뜨는데 "당좌예금"이 선택(❷)된 것을 보고 [확인(Enter)](❸)을 누른 후
금액란으로 커서가 이동하면 16500+를 입력하고 [Enter]를 친다.

계정코드도움		×
전체 ∨ 당좌❶		
코드	계정명	참고
여기를 클릭하여 검색		
0102	당좌예금 ❷	
	❸ 확인(Enter)	취소(Esc)

③ 동일한 방법으로 나머지 계정과목과 금액을 입력한다.

④ 외상매출금(7,560,000)과 대손충당금(96,000), 받을어음(8,260,000)과 대손
충당금(65,000), 차량운반구(15,000,000)과 감가상각누계액(3,000,000), 비품
(5,400,000)와 감가상각누계액(919,000) 입력 시 좌측에 있는 금액으로 입력하
면 자동으로 차감되어 우측의 금액으로 프로그램이 계산한다.

⑤ 또한 대손충당금과 감가상각누계액 입력 시 참고란을 보고 해당 계정과목을 선택
한다.

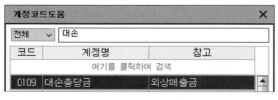

계정코드도움		×
전체 ∨ 대손		
코드	계정명	참고
여기를 클릭하여 검색		
0109	대손충당금	외상매출금

▲ 외상매출금 대손충당금 선택 시

⑥ 전부 입력한 후 차변합계와 대변합계가 문제와 일치하는지 확인(④)하고 우측 하단의 대차차액(⑤)을 확인한다(대차차액이 발생하지 않아야 함).

기적의 TIP

시험 시 누락된 부분은 해당 계정란 하단의 빈 줄에 입력하고 삭제할 부분은 해당 계정과목을 선택하고 상단 삭제 (F5)를 누른다. 또한 금액이 틀린 부분은 해당 금액을 직접 수정한다.

전기분손익계산서

▶ 합격강의

빈출 태그 ▶ 전기분손익계산서 · 전기분재무제표

기적의 TIP

입력된 전기분손익계산서를 보고 오류정정 및 계정과목 추가가 가능하도록 한다.

전기분손익계산서를 보고 입력하며 입력된 자료는 [결산/재무제표]의 비교식(전기와 당기) 손익계산서의 전기분 자료로 표시된다.

프로그램 사용방법

[회계관리]-[재무회계]-[전기분재무제표]-[전기분손익계산서]를 실행하면 다음과 같은 화면이 나타난다. 다음의 설명을 보고 해당란에 순서대로 입력하면 된다.

① **코드, 계정과목, 금액** : 전기분 손익계산서를 보고 계정과목 코드란에 코드 세자리를 입력하거나 코드란에서 계정과목명을 한 글자 이상으로 입력하고 Enter 를 치면 해당 글자가 포함된 계정과목명이 조회되는데, 해당 계정과목명을 선택하고 금액을 입력한다.

② 「**상품매출원가**」 **입력방법** : 코드란에서 "상품"이라고 입력하고 `Enter`를 친 후 "451.상품매출원가"를 선택한다(입력된 경우에는 상품매출원가 금액을 클릭함). 그러면 다음과 같은 「상품매출원가」 창이 나타나며, 이곳에 기초상품재고액과 당기상품매입액을 입력(❶)한다.

기말상품재고액은 이미 작업한 [전기분재무상태표]에서 상품으로 입력한 금액이 자동 반영되어 표시(❷)되므로 직접 입력할 수 없다. 따라서 작업 전에 반드시 [전기분재무상태표]를 먼저 작업해야 한다. 상품매출원가는 기초상품재고액과 당기상품매입액을 합한 금액에서 기말상품재고액을 차감한 금액이 자동으로 표시된다.

※ 실력 다지기 문제를 풀어보면서 읽으면 이해하기 편하다.

기적의 TIP

기말상품재고액은 [전기분재무상태표]에서 입력해야 함을 유의하도록 한다.

출제유형 >

다음은 영진상사(회사코드 : 0401)의 전기분손익계산서이다. 해당 메뉴에 입력하시오.

손익계산서

회사명 : 영진상사　　　　제14기 2024. 1. 1~2024. 12. 31　　　　(단위 : 원)

계정과목	금액	계정과목	금액
Ⅰ. 매　　출　　액	121,000,000	Ⅴ. 영　업　이　익	30,585,000
상 품 매 출	121,000,000	Ⅵ. 영 업 외 수 익	1,300,000
Ⅱ. 매　출　원　가	70,200,000	이　자　수　익	400,000
상 품 매 출 원 가	70,200,000	임　대　료	800,000
1. 기초상품재고액	5,000,000	잡　이　익	100,000
2. 당기상품매입액	85,200,000	Ⅶ. 영 업 외 비 용	350,000
3. 기말상품재고액	20,000,000	이　자　비　용	200,000
Ⅲ. 매　출　총　이　익	50,800,000	기　부　금	150,000
Ⅳ. 판 매 비 와 관 리 비	20,215,000	Ⅷ. 소득세차감전순이익	31,535,000
급　　　　여	12,300,000	Ⅸ. 소　득　세　등	0
복 리 후 생 비	1,233,000	Ⅹ. 당 기 순 이 익	31,535,000
여 비 교 통 비	832,000		
수 도 광 열 비	1,200,000		
세 금 과 공 과	350,000		
차 량 유 지 비	1,000,000		
소 모 품 비	400,000		
감 가 상 각 비	600,000		
임　차　료	1,500,000		
광 고 선 전 비	150,000		
보　험　료	600,000		
운　반　비	50,000		

① 코드란에 [코드/상품]이라고 입력하고 [Enter]를 치면「계정코드도움」창이 뜨는데 "상품매출"을 선택하고 [확인(Enter)]을 누르고 나서 금액란으로 커서가 이동하면 121++를 입력하고 [Enter]를 친다(+는 우측 키패드의 [+]를 누름).

② 줄이 바뀌면 코드란에 [코드/상품]이라고 입력하고 [Enter]를 치면 계정코드도움창이 뜨는데 "상품 매출원가"를 선택하고 [확인(Enter)]을 누르면 다음과 같은「매출원가」창이 뜬다.

③ 기초상품재고액과 당기상품매입액의 금액을 입력하고 확인을 누른다(기말상품재고액은 [전기분재무상태표]의 상품 금액이 자동으로 반영됨).

④ 동일한 방법으로 나머지 계정과목과 금액을 입력한다.

⑤ 전부 입력 한 후 우측의 당기순이익(❶)이 문제와 일치하는지 확인한다.

기적의 TIP

시험 시 누락된 부분은 하단의 빈 줄에 입력하고 삭제할 부분은 해당 계정과목을 선택하고 상단 [삭제 [F5])를 누른다. 그리고 금액이 틀린 부분은 해당 금액을 직접 수정하면 된다. 또한 소득세 등이 0일 경우 입력하지 않는다.

거래처별초기이월

▶ 합격강의

[거래처원장], [거래처별계정과목별원장]에 각 거래처별 전기이월 자료를 표기하기 위하여 입력하는 메뉴이다. [회계관리]−[재무회계]−[장부관리]−[거래처원장], [거래처별계정과목별원장]에서는 전기이월 자료를 직접 입력할 수 없기 때문에 [거래처별초기이월]에서 계정과목별로 각 거래처별 전기이월 금액을 입력한다.

프로그램 사용방법

[회계관리]−[재무회계]−[전기분재무제표]−[거래처별초기이월]을 실행하면 다음과 같은 화면이 나타난다. 다음을 보고 해당란에 순서대로 입력하면 된다.

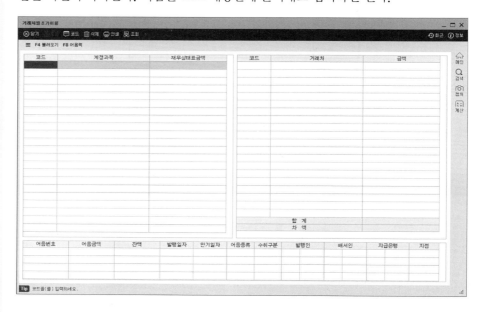

① 상단 툴바의 **F4 불러오기** 를 클릭하여 [전기분재무상태표]에서 작업한 내용을 불러 온다(시험 시에는 해당 자료는 불러와 있거나 불러와 있지 않는 해당 계정과목만 추가로 계정과목란에 입력하여 작업하면 됨).
② [거래처별 초기이월] 작업을 하기 전에 [회계관리]−[재무회계]−[기초정보관리]− [거래처등록]에서 거래처를 미리 등록해야 사용 가능하다.

③ **코드, 거래처, 금액** : 좌측에서 해당 계정과목을 선택하고 우측의 코드란에 상단 툴바의 〔코드〕(F2)를 눌러 해당 거래처를 선택하고 확인을 누른 후 금액을 입력한 다. 계정과목에 따라 세부사항이 나오는 경우 하단에 입력한다. [전기분재무상태표] 에서 불러온 왼쪽금액과 오른쪽에 거래처세부내역의 합에 차액이 나지 않도록 한다.

실력 다지기

출제유형 >

다음 자료를 이용하여 영진상사(회사코드 : 0401)의 [거래처별초기이월]에서 해당 계 정과목을 불러온 후 거래처와 금액을 입력하시오.

계정과목	거래처명	금액	비고
받을어음	행복여행	1,500,000원	
	(주)경인	6,760,000원	
외상매입금	오정문구	5,900,000원	
	럭셔리완구	6,900,000원	
미지급금	무궁빌딩	2,000,000원	

풀이방법 >

① 상단 툴바의 〔F4 불러오기〕를 클릭하여 전기분재무상태표에서 데이터를 불러오시겠 습니까?에서 예(Y)를 클릭한다.

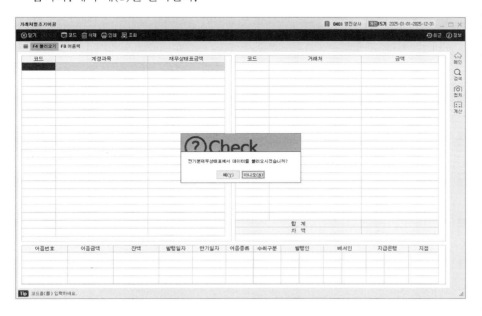

② 좌측 계정과목란에서 "받을어음"을 선택(①)한 후 화면 우측의 거래처 코드(②)란에
서 코드(F2)를 눌러 "행복"이라고 입력하여 "행복여행"을 선택(③)하고 확인(Enter)
을 누르고 나서 금액란으로 커서가 이동하면 1500+를 입력(④)하고 Enter 를 친다
(+는 우측 키패드의 +를 누름). 동일한 방법으로 (주)경인을 입력한 후 우측 하단
의 차액(⑤)을 확인한다(차액이 발생하지 않아야 함).

③ 다시 좌측 계정과목란에서 "외상매입금"을 선택한 후 화면 우측의 거래처 코드란
에서 코드(F2)를 눌러 "오정"이라고 입력하여 "오정문구"를 선택하고 확인(Enter)을
누르고 나서 금액란으로 커서가 이동하면 5900+를 입력하고 Enter 를 친다. 동일
한 방법으로 럭셔리문구를 입력한다.

④ 마지막으로 좌측 계정과목란에서 "미지급금"을 선택한 후 화면 우측의 거래처 코드
란에서 코드(F2)를 눌러 "무궁"이라고 입력하여 "무궁빌딩"을 선택하고 확인(Enter)
을 누르고 나서 금액란으로 커서가 이동하면 2++를 입력하고 Enter 를 친다.

일반전표입력

일반전표입력 메뉴는 회계상 거래를 입력하는 메뉴입니다. 입력된 자료는 자동으로 정리, 분류, 집계되어 장부관리메뉴에서 필요한 내용을 조회 · 출력을 할 수 있게 해 줍니다. 자산, 부채, 자본, 수익, 비용 계정 순으로 거래 자료를 분개하여 입력하는 연습을 수차례 반복하는 것이 가장 중요합니다.

● NCS능력단위(분류번호) : 회계정보시스템 운용(0203020105_20v4)
원활한 재무보고를 위하여 회계 관련 DB마스터 관리, 회계프로그램 운용, 회계정보를 활용하는 능력을 함양

● NCS능력단위(분류번호) : 전표관리(0203020101_20v4)
회계상 거래를 인식하고, 전표 작성 및 이에 따른 증빙서류를 처리 및 관리하는 능력을 함양

SECTION 01	상	27%	SECTION 04	하	8%
SECTION 02	중	20%	SECTION 05	상	23%
SECTION 03	상	22%			

프로그램 사용방법

[회계관리]−[재무회계]−[전표입력]−[일반전표입력]을 실행하면 다음과 같은 화면
이 나타난다. 다음의 설명을 보고 해당란에 순서대로 입력하면 된다.

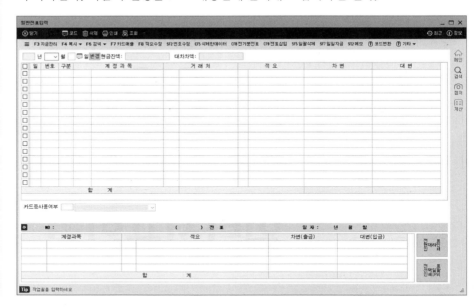

① **월, 일** : 거래의 발생 "월"과 "일"을 입력한다. 일자를 입력하는 방법에는 해당 일
을 직접 입력하는 방법(상단에 월과 일을 전부 입력 : ❶)과 해당 월만 입력 후 일
자별 거래를 연속적으로 입력하는 방법(상단에 월만 입력하고 일을 입력하지 않고
Enter 를 친 후 본란에 일자를 입력 : ❷)이 있다.

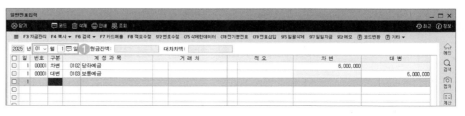

② **번호** : 전표번호를 말하며 "00001"부터 자동으로 부여되며, 일자가 바뀌면 새로 "00001"부터 부여된다. 상단 툴바의 SF2 번호수정 을 클릭하고 수정할 수 있다.

③ **구분** : 전표의 구분을 입력한다. 해당란에 커서가 위치한 경우 화면 하단에 아래와 같은 도움말이 나타난다.

> 구분을 입력하세요. 1.출금, 2.입금, 3.차변, 4.대변, 5.결산차변, 6.결산대변

위의 구분 중에서 해당 거래에 적합한 구분을 선택한다.

• [1.출금]은 출금전표거래를 입력하는 경우에 사용한다. 현금감소의 거래이므로 대변에 자동으로 현금계정이 표시되므로 차변 계정과목만 입력하면 된다. 이 경우 대변에 101.현금은 입력되지 않는다.

출금전표거래 :   (차) 계정과목   ×××   (대) 현금   ×××

예 1월 1일 충남상회로부터 전자제품 원재료를 구입하기로 하고 계약금 1,000,000원을 현금으로 지급하다.
「(차변) 선급금 1,000,000 (대변) 현금 1,000,000」을 1.출금으로 다음과 같이 입력한다.

일	구분	계정과목		거래처	적요	차변	대변
1	출금	0131	선급금	충남상회		1,000,000	(현금)

• [2.입금]은 입금전표거래를 입력하는 경우에 사용한다. 현금증가의 거래이므로 차변에 자동으로 현금계정이 표시되므로 대변 계정과목만 입력하면 된다. 이 경우 차변에 101.현금은 입력되지 않는다.

입금전표거래 :   (차) 현금   ×××   (대) 계정과목   ×××

예 2월 1일 강남상회로부터 지난 달 외상매출금 3,000,000원을 현금으로 회수하다.
「(차변) 현금 3,000,000 (대변) 외상매출금 3,000,000」을 2.입금으로 다음과 같이 입력한다.

일	구분	계정과목		거래처	적요	차변	대변
1	입금	0108	외상매출금	강남상회		(현금)	3,000,000

• [3.차변]과 [4.대변]은 대체전표거래를 입력하는 경우에 사용한다. 즉, 현금이 포함되지 않은 거래이거나 또는 현금이 일부만 포함된 경우에 선택하며 차변과 대변의 계정과목을 모두 입력한다.

대체전표거래 :   (차) 계정과목   ×××   (대) 계정과목   ×××

예 3월 1일 토지 3,000,000원을 당좌수표를 발행하여 취득하다.
「(차변) 토지 3,000,000 (대변) 당좌예금 3,000,000」을 3.차변, 4.대변으로 다음과 같이 입력한다.

일	구분	계정과목		거래처	적요	차변	대변
1	차변	0201	토지			3,000,000	
1	대변	0102	당좌예금				3,000,000

기적의 TIP

대체전표거래입력 시 위쪽 툴바의 대차차액이 양수로 나타나는 경우에는 차변이 크므로 대변에 입력하라는 뜻이며, 음수(–)로 나타나는 경우에는 대변금액이 크므로 차변에 입력하라는 뜻이다.

기적의 TIP

시험 시 1.출금, 2.입금 대신에 3.차변, 4.대변으로 입력해도 그 결과만 동일하면 상관없으므로 수험자 본인이 편한대로 사용하면 된다.

- [5.결산차변]과 [6.결산대변]은 결산대체분개를 할 경우, 즉 기말 결산정리분개를 [결산자료입력] 메뉴를 통해서 자동결산분개를 발생시킨 경우 [결차], [결대]로 나타난다.

④ **계정과목** : 해당 거래의 계정과목은 코드번호의 입력 또는 선택으로 이루어진다. 코드란에 커서를 놓고 입력하고자 하는 계정과목명 두 글자를 입력하거나 또는 상단 툴바의 ⌨코드 를 누르고 「계정코드도움」 창의 검색란에서 입력하고자하는 계정과목명 두 글자를 입력하고 [Enter]를 치면 「계정코드도움」 창에서 해당 글자가 포함되어 있는 계정과목명이 조회된다. 이때 해당 계정과목을 선택하고 [Enter]를 치거나 확인을 클릭한다(상품매출의 경우 상품이라고 입력하면 상품으로 처리되므로 이런 경우에는 세 글자로 입력함).

기적의 TIP

시험 시 거래처란에는 거래처코드번호까지 반드시 표시되어야 한다.

⑤ **거래처** : 해당 거래의 거래처명은 코드번호의 입력 또는 선택으로 이루어진다. 장부 중 거래처원장은 전표입력에서 거래처를 입력해야 작성되므로 거래처 원장을 작성하여 관리하고자 할 경우라면 거래처는 모두 입력해야 한다. 시험 시에는 채권, 채무와 관련된 계정과목들은 별도의 제시가 없어도 반드시 거래처코드를 입력해야 하며(입력 시 유의사항에 나옴) 나머지 계정과목은 별도의 지시가 없으면 입력하지 않아도 된다. 코드란에 커서를 놓고 해당 거래처명의 두 글자를 입력하거나 또는 상단 툴바의 ⌨코드 를 누르고 거래처도움 창의 검색란에서 입력하고자 하는 거래처명 두 글자를 입력한 후 [Enter]를 치면 「거래처도움」 창에 해당 글자가 포함되어 있는 거래처가 조회된다. 이때 해당 거래처를 선택하고 [Enter]를 치거나 확인을 클릭한다.

기적의 TIP

거래처등록
일반전표에서 거래처를 등록해서 사용하면 더 빠른 작업이 가능하다.

> ■ [일반전표입력]에서 거래처가 등록되어 있지 않아 신규로 등록하고자 하는 경우
> 거래처 코드란에서 키보드 숫자키패드란의 [+]를 누르거나 "00000"를 입력하고 거래처명란에 거래처 이름을 끝까지 입력한 다음에 [Enter]를 치면 거래처등록 창이 나타나는데 거래처코드를 입력하고 수정을 클릭한 후 하단에 세부사항을 입력한 후 [Esc] 또는 [TAB([Tab])]을 눌러 빠져나오면 된다. [거래처등록]에서 등록해도 된다.

⑥ **적요** : 거래내용을 간단하게 요약하여 전표에 표시해 주는 부분으로 반복되는 거래일 경우에는 등록된 적요를 숫자로 선택하여 입력한다. 적당한 내용이 없어 등록하고자 하거나 등록된 적요를 수정하고 싶은 경우에는 코드란에서 [F8]을 눌러 나오는 「수정적요등록」 창에서 추가로 입력하거나 수정할 수 있다. [계정과목및적요등록]에서 등록해도 된다.

⑦ **금액** : 구분에서 선택한 항목의 거래금액을 입력한다. 금액 입력 시 키보드의 숫자키패드란의 [+]를 치면 000단위로 입력이 되므로 이용하면 편리하다.

※ 입력된 한 라인을 삭제하고자 하는 경우에는 해당 라인 아무 곳이나 클릭하고, 원하는 부분 만큼만 삭제하고자 하는 경우에는 좌측 체크란에서 원하는 부분을 체크하고 상단 툴바의 🗑삭제([F5])를 누르면 나오는 창에서 예(Y) 를 누르면 된다.

➕ 더 알기 TIP

비용 관련 계정과목 입력 시 동일한 계정과목 처리 방법

비용 계정과목은 각 계정과목별로 동일한 명칭이 여러 개 있는 경우가 있다. 코드번호가 500번대로 되어 있는 경우에는 제조원가에 해당하는 비용일 경우에 사용하며, 600번대로 되어 있는 경우에는 도급(건설)/보관원가에 해당하는 비용일 경우, 700번대로 되어 있는 경우에는 분양(건설)/운송원가에 해당하는 비용일 경우, 800번대로 되어 있는 경우에는 판매비와관리비에 해당하는 비용일 경우에 사용해야 한다(시험에선 회사가 도소매업이므로 800번대만 사용함).

500번대(제조원가)를 사용하면 해당 비용은 [제조원가명세서]에 반영되며, 800번대(판매비와관리비)를 사용하면 해당 비용은 [손익계산서]의 판매비와관리비에 반영된다.

전산회계 2급 자격시험에서는 800번대 판매관리비만 사용함

🅱 기적의 TIP

동일한 명칭의 비용입력 시
시험 시 주어지는 회사는 도소매업을 하는 개인사업자이므로 판매비와관리비(800번대)로 처리해야 한다.

시험 시에는 일반전표 유의사항에 의거하여 입력해야 하므로 다음 사항을 숙지하고 있어야 한다.

■ 시험 시 일반전표입력 유의사항

- 적요의 입력은 생략한다.
- 부가가치세는 고려하지 않는다.
- 채권·채무와 관련된 거래처명은 반드시 기 등록되어 있는 거래처코드를 선택하는 방법으로 거래처명을 입력한다.
- 회계처리 시 계정과목은 등록되어 있는 계정과목 중 가장 적절한 과목으로 한다.

※ 따라서 본서는 일반전표입력과 관련하여 위 유의사항에 의거하여 설명한다.

■ 시험 시 유의사항에 따라 지시가 없어도 반드시 거래처를 입력해야 하는 채권, 채무

- **채권** : 외상매출금, 받을어음, 미수금, 선급금, 단기대여금, 장기대여금, 임차보증금, 부도어음과수표
- **채무** : 외상매입금, 지급어음, 미지급금, 선수금, 단기차입금, 장기차입금, 임대보증금

SECTION 01

유동자산

출제빈도 (상)(중)(하)
반복학습 1 2 3

빈출 태그 ▶ 당좌자산 · 재고자산

▶ 합격 강의

01 당좌자산

타인발행당좌수표 수취 시 → 현금, 자기앞수표 수취 및 지급 시 → 현금, 만기 1년 이내 정기예금 · 적금 → 정기예금 · 정기적금, 당좌수표 발행 시 → 당좌예금, 받을어음 만기이전 매각 할인 시 할인료 → 매출채권처분손실, 외상매출금 · 받을어음 → 상품매출 시 사용하고 그 외에는 미수금으로 처리, 현금부족 시 원인불명하다면 현금과부족계정 차변으로 처리하고 과잉 시에는 대변으로 처리, 대손발생 시 대손충당금으로 처리하고 부족 시 대손상각비로 처리

실력 다지기

출제유형 1 ▶

다음 거래자료를 영진상사(회사코드 : 0401)의 일반전표입력 메뉴에 추가 입력하시오(현금, 당좌예금, 보통예금, 정기예금, 정기적금, 단기매매증권, 외상매출금, 받을어음).

1. 1월 1일 보통예금계좌에서 6,000,000원을 인출하여 당좌예금계좌에 입금하다.

2. 1월 2일 미림상사에서 상품 2,000,000원을 매입하고, 현금 1,000,000원을 지불하고 나머지는 당좌수표를 발행하였다.

3. 1월 3일 수원상사에 상품 1,000,000원을 매출하고 동점발행당좌수표로 회수하였다.

기적의 TIP

101.현금, 102.당좌예금, 103.보통예금, 105.정기예금, 106.정기적금, 107.단기매매증권, 108.외상매출금, 110.받을어음, 114.단기대여금, 116.미수수익, 120.미수금, 131.선급금, 133.선급비용, 134.가지급금, 136.선납세금, 141.현금과부족
※ 계정과목 앞의 숫자는 계정과목 코드번호로 암기하면 빠른 입력이 가능하다.

기적의 TIP

회계처리 시 거래의 계정과목과 거래의 8요소를 반드시 숙지한다.

기적의 TIP

당좌수표를 발행하면 당좌예금의 감소로 처리한다.

기적의 TIP

동점발행당좌수표는 타인발행당좌수표이므로 현금으로 처리한다.

4. 1월 4일 정기예금 1,000,000원을 해약해서 보통예금에 입금하였다(단, 수입이자 20,000원도 함께 입금됨).

5. 1월 5일 삼성전자의 주식(100주, 1주당 ₩20,000)을 단기간 내의 매매차익 목적으로 현금으로 매입하였다.

기적의 TIP

단기매매증권 취득 시 수수료가 발생하면 984.수수료비용(영업외비용)으로 처리하는 것도 알아야 한다.

6. 1월 6일 보유하고 있는 삼성전자의 주식에 대하여 현금배당 40,000원이 보통예금계좌에 입금되었다.

기적의 TIP

현금(금전)배당을 받은 경우에는 회계처리하지만 주식배당을 받은 경우에는 회계처리하지 않는다.

7. 1월 7일 보유하고 있는 사채에 대한 이자 50,000원이 보통예금계좌에 입금되었다.

8. 단기매매증권의 기말 현재 장부금액은 15,000,000원이고, 공정가치는 16,000,000원이다. 기말 평가에 대한 회계처리를 하시오.

기적의 TIP

장부금액과 공정가치의 차액
기말＝보고기간말＝12/31

9. 1월 9일 단기간 매매차익 목적으로 매입하였던 상장회사 (주)엘지물산 주식 1,000주(장부금액 ₩7,000,000)를 증권회사에 1주당 7,900원에 모두 처분하고 대금은 전액 현금으로 받았다.

기적의 TIP

장부금액과 처분금액의 차액

10. 1월 10일 금산유통(사업자등록번호 : 105−08−12340, 대표자 : 이금산, 업태 : 도매, 종목 : 전자)에 상품 7,000,000원을 외상으로 매출하였다(거래처코드 401번에 거래처를 추가 등록 후 사용할 것).

기적의 TIP

시험 시 채권, 채무 계정과목에 거래처를 거래처코드(숫자)까지 입력해야 한다.

11. 1월 11일 오정문구의 외상매출금 5,500,000원이 신한은행 보통예금계좌에 입금된 사실이 확인되었다.

12. 1월 12일 매출처 인성상사의 외상매출금 36,650,000원을 동사발행약속어음(만기 : 1년 이내)으로 회수하였다.

13. 1월 13일 매출처 일신산업의 외상매출금 20,000,000원 중 5,000,000원은 현금으로 받고 잔액은 어음(만기 : 1년 이내)으로 받았다.

B 기적의 TIP

추심료는 수수료비용으로 처리한다.

14. 1월 14일 매출처 신구에 대한 받을어음 10,000,000원을 당사 거래은행인 기업은행에 추심의뢰하였는 바, 추심료 25,000원을 차감한 잔액이 당사의 당좌예금계좌에 입금되었음을 통보받았다.

15. 1월 15일 상도의 외상매입금 15,000,000원을 결제하기 위하여 당사가 상품매출대가로 받아서 보유하고 있던 유담상사의 약속어음(만기 : 1년 이내) 15,000,000원을 배서하여 지급하였다.

16. 1월 16일 매입처 유담상사의 외상매입금 4,000,000원을 다음과 같이 결제하였다. 1,000,000원은 매출처 상도에서 받아 보유중인 약속어음(만기 : 1년 이내)을 지급하였고, 잔액은 당좌수표를 발행하여 지급하였다.

B 기적의 TIP

어음할인 시 매출채권처분손실(영업외비용)로 처리한다.

17. 1월 17일 용인상사로부터 수취한 받을어음 10,000,000원을 은행에서 할인하였다. 단, 매각거래로 간주하며, 어음할인료는 1,000,000원이고 나머지는 보통예금계좌에 입금하였다.

1. 1월 1일

① 날짜란에 1월(❶)을 선택하고 일자란에서 Enter 를 친 후에 본 화면의 일자란(❷)에 1을 입력하고 구분란(❸)에서 3(차변)을 누른다.

② 계정과목 코드란(❹)에 "당좌"라고 입력하고 Enter 를 친 후 나오는「계정코드도움」창에서 당좌예금을 선택하고 확인(Enter) 을 누른다.

③ 차변금액란(❺)에서 6++를 누른 후 Enter 를 친다.

④ 일자란에 위 일자와 동일하므로 Enter 를 쳐서 복사하고 구분란에서 4(대변)를 누른다.

⑤ 계정과목 코드란에 "보통"이라고 입력하고 Enter 를 친 후 나오는「계정코드도움」창에서 보통예금을 선택하고 확인(Enter) 을 누른다.

⑥ 대변금액란에서 6,000,000을 확인한 후 수정할 사항이 없으므로 Enter 를 누른다.

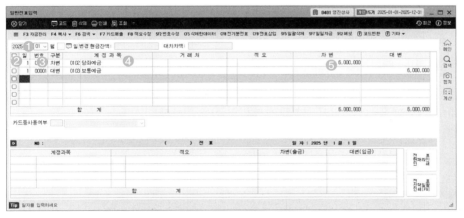

▲ 당좌예금(자산의 증가 : 차변), 보통예금(자산의 감소 : 대변)

기적의 TIP

계정과목을 코드번호로 입력할 경우 해당 계정과목코드란에 코드 3자리를 입력한다.

위 답안 내용을 다음과 같이 표시하기로 하며 이하 답안 모두 동일하다. 답은 차변, 대변 순으로 입력했지만 순서는 상관없고 차변과 대변의 계정과목과 금액만 맞으면 된다.

구분		계정과목	거래처	적요	차변	대변
차변	0102	당좌예금			6,000,000	
대변	0103	보통예금				6,000,000

※ 코드번호로 입력 시 뒤의 3자리로 입력하면 4자리로 나오므로 3자리로 입력한다.

2. 1월 2일

구분		계정과목	거래처	적요	차변	대변
차변	0146	상품			2,000,000	
대변	0101	현금				1,000,000
대변	0102	당좌예금				1,000,000

※ 상품(자산의 증가 : 차변), 현금(자산의 감소 : 대변), 당좌예금(자산의 감소 : 대변)

		2	00001	차변	0146	상품			2,000,000	
		2	00001	대변	0101	현금				1,000,000
		2	00001	대변	0102	당좌예금				1,000,000

	계정과목	적요	차변(출금)	대변(입금)	
0146	상품		2,000,000		전재라인 현재 인 쇄
0101	현금			1,000,000	
0102	당좌예금			1,000,000	전선택일괄 현재 인쇄[F9]
	합 계		2,000,000	2,000,000	

3. 1월 3일

기적의 TIP

상품(원가)+이익=상품매출
상품으로 처리하지 않도록 주의한다.

구분		계정과목	거래처	적요	차변	대변
입금	0401	상품매출			(현금)	1,000,000

※ 상품매출(수익의 발생 : 대변), 현금(자산의 증가 : 차변)

① 일자란에 3을 입력하고 구분란에서 2(입금)를 누른다.

② 계정과목 코드란에 "상품매출"이라고 입력하고 Enter 를 친 후 나오는 계정코드도움 창에서 상품매출을 선택하고 확인(Enter) 을 누른다.

③ 대변 금액란에서 1++를 누른 후 Enter 를 누른다.

	3	00001	입금	0401	상품매출			(현금)	1,000,000

	계정과목	적요	차변(출금)	대변(입금)	
0401	상품매출			1,000,000	전환재라인 현재 인 쇄
0101	현금		1,000,000		
	합 계		1,000,000	1,000,000	전선택일괄 현재 인쇄[F9]

※ 입금으로 입력하는 것이 가장 빠르므로 입금으로 처리했으나 다음과 같이 3.차변, 4.대변으로 처리해도 상관없다(분개만 맞으면 됨).

구분		계정과목	거래처	적요	차변	대변
차변	0101	현금			1,000,000	
대변	0401	상품매출				1,000,000

4. 1월 4일

구분		계정과목	거래처	적요	차변	대변
차변	0103	보통예금			1,020,000	
대변	0105	정기예금				1,000,000
대변	0901	이자수익				20,000

※ 정기예금(자산의 감소 : 대변), 보통예금(자산의 증가 : 차변), 이자수익(수익의 발생 : 대변)

➕ 더 알기 TIP

입력한 데이터를 삭제하는 방법

① 삭제하고자 하는 라인에 커서를 위치하고 상단 툴바의 🗑️삭제 (F5)를 클릭한다.
② 「현재 라인을 삭제하시겠습니까?」라는 창이 뜨면 예(Y) 를 클릭한다.

5. 1월 5일

구분		계정과목	거래처	적요	차변	대변
출금	0107	단기매매증권			2,000,000	(현금)

※ 단기매매증권(자산의 증가 : 차변), 현금(자산의 감소 : 대변)

① 일자란에 5를 입력하고 구분란에서 1(출금)을 누른다.

② 계정과목 코드란에 "단기"라고 입력하고 Enter 를 친 후 나오는 계정코드도움창에서 단기매매증권을 선택하고 확인(Enter) 을 누른다.

③ 차변금액란에서 2++를 누른 후 Enter 를 친다.

※ 출금으로 입력하는 것이 가장 빠르므로 출금으로 처리했으나 다음과 같이 3.차변, 4.대변으로 처리해도 상관없다(분개만 맞으면 됨).

구분		계정과목	거래처	적요	차변	대변
차변	0107	단기매매증권			2,000,000	
대변	0101	현금				2,000,000

6. 1월 6일

구분		계정과목	거래처	적요	차변	대변
차변	0103	보통예금			40,000	
대변	0903	배당금수익				40,000

※ 보통예금(자산의 증가 : 차변), 배당금수익(수익의 발생 : 대변)

7. 1월 7일

구분		계정과목	거래처	적요	차변	대변
차변	0103	보통예금			50,000	
대변	0901	이자수익				50,000

※ 보통예금(자산의 증가 : 차변), 이자수익(수익의 발생 : 대변)

□	일	번호	구분	계 정 과 목	거 래 처	적 요	차 변	대 변
□	1	00001	차변	0102 당좌예금			6,000,000	
□	1	00001	대변	0103 보통예금				6,000,000
□	2	00001	차변	0146 상품			2,000,000	
□	2	00001	대변	0101 현금				1,000,000
□	2	00001	대변	0102 당좌예금				1,000,000
□	3	00001	입금	0401 상품매출			(현금)	1,000,000
□	4	00001	차변	0103 보통예금			1,020,000	
□	4	00001	대변	0105 정기예금				1,000,000
□	4	00001	대변	0901 이자수익				20,000
□	5	00001	출금	0107 단기매매증권			2,000,000	(현금)
□	6	00001	차변	0103 보통예금			40,000	
□	6	00001	대변	0903 배당금수익				40,000
□	7	00001	차변	0103 보통예금			50,000	
□	7	00001	대변	0901 이자수익				50,000
□								
				합 계			12,110,000	12,110,000

▲ 1번부터 7번까지 입력한 화면

8. 12월 31일

구분		계정과목	거래처	적요	차변	대변
차변	0107	단기매매증권			1,000,000	
대변	0905	단기매매증권평가이익				1,000,000

※ 공정가치(16,000,000) − 장부금액(15,000,000) = 1,000,000원(평가이익)

9. 1월 9일

구분		계정과목	거래처	적요	차변	대변
차변	0101	현금			7,900,000	
대변	0107	단기매매증권				7,000,000
대변	0906	단기매매증권처분이익				900,000

※ 처분금액(1,000주×@₩7,900 = 7,900,000) − 장부금액(7,000,000) = 900,000원(처분이익)

10. 1월 10일

구분	계정과목		거래처	적요	차변	대변
차변	0108	외상매출금	금산유통		7,000,000	
대변	0401	상품매출				7,000,000

① 일자란에 10을 입력하고 구분란에서 3(차변)을 입력한다.
② 계정과목란 코드에서 108을 입력하고(또는 외상이라고 입력하고 Enter 를 쳐서 외상매출금을 선택) 거래처란 코드에 커서가 위치하면 거래처를 등록하기 위하여 우측 키패드의 + 를 누르면 "00000"이 입력된다.
③ 등록하고자 하는 거래처명 "금산유통"를 입력하고 Enter 를 누른다.

④ 거래처등록 창에 뜨면 거래처코드번호란에 코드를 "401"로 수정하고 수정(Tab)을 누르면 커서가 하단 화면으로 이동한다.
⑤ 사업자등록번호, 대표자명, 업태, 종목을 입력한다.
⑥ [기초정보관리]-[거래처등록]에서 확인해 보면 등록되어 있는 것을 확인할 수 있다.
⑦ 상단 차변금액란으로 이동하여 7++를 입력하고 Enter 를 누른 후 줄이 바뀌면 동일한 방법으로 상품매출을 입력하고 금액을 입력하면 된다.

> 시험 시 채권과 채무에 관련된 거래처는 거래처코드(숫자)와 거래처명을 반드시 입력해야 한다. 거래처등록은 [기초정보관리]-[거래처등록]에서 할 수도 있지만 일반전표에서 거래처를 등록하여 사용하면 훨씬 빠르고 편리하다.

➕ 더 알기 TIP

회계처리 중에 장부조회를 해야 하는 경우, 해당 전표입력이나 장부를 빨리 조회하는 방법

① KcLep 실행 중 마우스 휠을 1~2초간 눌렀다 떼면 퀵서치 화면이 나타난다.

🔍		×

② 거래처원장에 가서 해당 내용을 확인하고 싶다면 퀵서치 창에 거래처원장이라고 입력하고 Enter 를 친다.

🔍 거래처원장	×

※ 우측의 🔍 을 눌러도 동일한 결과를 얻을 수 있다.

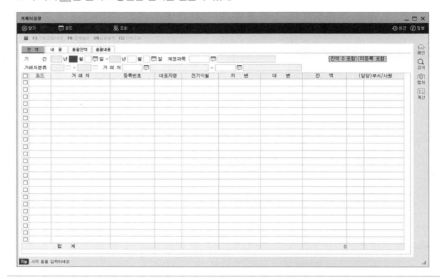

11. 1월 11일

구분		계정과목	거래처	적요	차변	대변
차변	0103	보통예금			5,500,000	
대변	0108	외상매출금	오정문구			5,500,000

12. 1월 12일

구분		계정과목	거래처	적요	차변	대변
차변	0110	받을어음	인성상사		36,650,000	
대변	0108	외상매출금	인성상사			36,650,000

※ 인성상사의 외상매출금 금액을 알려주지 않고 출제되는 경우도 있는데 이럴 경우 [회계관리]-[재무회계]-[장부관리]-[거래처원장]에서 조회하여 찾는다(본 교재 장부조회 참조).

13. 1월 13일

구분		계정과목	거래처	적요	차변	대변
차변	0101	현금			5,000,000	
차변	0110	받을어음	일신산업		15,000,000	
대변	0108	외상매출금	일신산업			20,000,000

14. 1월 14일

구분		계정과목	거래처	적요	차변	대변
차변	0831	수수료비용			25,000	
차변	0102	당좌예금			9,975,000	
대변	0110	받을어음	신구			10,000,000

※ 받을어음(자산의 감소 : 대변), 수수료비용(비용의 발생 : 차변), 당좌예금(자산의 증가 : 차변)

15. 1월 15일

구분		계정과목	거래처	적요	차변	대변
차변	0251	외상매입금	상도		15,000,000	
대변	0110	받을어음	유담상사			15,000,000

※ 배서양도 시 거래처 입력에 주의한다.

16. 1월 16일

구분		계정과목	거래처	적요	차변	대변
차변	0251	외상매입금	유담상사		4,000,000	
대변	0110	받을어음	상도			1,000,000
대변	0102	당좌예금				3,000,000

※ 외상매입금(부채의 감소 : 차변), 받을어음(자산의 감소 : 대변), 당좌예금(자산의 감소 : 대변)

17. 1월 17일

구분		계정과목	거래처	적요	차변	대변
차변	0103	보통예금			9,000,000	
차변	0956	매출채권처분손실			1,000,000	
대변	0110	받을어음	용인상사			10,000,000

※ 받을어음(자산의 감소 : 대변), 매출채권처분손실(비용의 발생 : 차변), 보통예금(자산의 증가 : 차변)

다음 거래자료를 영진상사(회사코드 : 0401)의 일반전표입력 메뉴에 추가 입력하시오
(단기대여금, 미수금, 선급금, 가지급금, 현금과부족).

1. 2월 1일 매입처 신구에 다음연도 2월 10일 상환 조건으로 차용증서를 받고 현금
   3,000,000원을 대여하였다.

2. 2월 2일 일신산업에 3,000,000원을 1개월간 대여하기로 하고 선이자 30,000원
   을 공제한 2,970,000원을 당사의 보통예금계좌에서 계좌이체 하였다(선이자는
   이자수익으로 처리할 것).

3. 2월 3일 신구의 외상매출금 5,000,000원을 3개월간의 단기대여금(연이자율
   10%)으로 전환하였다.

4. 2월 4일 사용하던 차량운반구를 유담상사에 4,000,000원에 처분하고 대금은 한
   달 후에 받기로 하였다. 차량운반구의 취득원가는 5,000,000원이며 감가상각누
   계액은 없다.

5. 2월 5일 경희완구와 상품 4,000,000원을 구입하기로 계약을 맺고, 계약금 200,000원
   을 자기앞수표로 지급하였다.

6. 2월 6일 경희완구에 주문한 상품 4,000,000원을 인수하고 계약금 200,000원을
   제외한 잔금 3,800,000원은 당좌수표를 발행하여 지급하였다.

7. 2월 7일 영업부에서 영업용으로 사용할 중형승용차 1대를 현대자동차에서 구입하
   기로 하고 계약금 150,000원을 현금으로 지급하였다. 동 승용차는 15일 후에 인
   도받기로 하였다.

8. 2월 8일 총무부 최호순 과장은 2월 3일 세미나참석을 위한 출장 시 지급받은 업무 가지급금 500,000원에 대해 다음과 같이 사용하고 잔액은 현금으로 정산하다 (여비교통비로 처리하고 거래처 입력은 생략할 것).

- 왕복항공료 : 240,000원
- 택시요금 : 50,000원
- 숙박비 : 200,000원

🅕 기적의 TIP

시험 시 2월 3일 회계처리된 것을 확인하고 푼다.

9. 2월 9일 출처가 불분명하여 가지급금으로 처리했던 450,000원이 (주)영진문구의 외상매입금 결제를 위해 지급된 사실이 확인되다.

10. 2월 10일 출처가 불분명하여 가지급금으로 처리했던 100,000원이 영업부 회식비로 지급된 사실이 영수증을 통해 확인되다.

11. 2월 11일 현금 시재를 확인한 결과 장부잔액보다 현금잔고가 300,000원이 부족함을 발견하였다.

🅕 기적의 TIP

기중에 현금 부족 시 현금과 부족 차변에 기입하고 과잉 시는 현금과부족 대변에 기입한다.

12. 2월 12일 현금 시재를 확인한 결과 장부잔액보다 현금잔고가 50,000원 더 많은 것을 확인하였으나 그 원인이 밝혀지지 않았다.

풀이방법 ❯

1. 2월 1일

구분	계정과목		거래처	적요	차변	대변
출금	0114	단기대여금	신구		3,000,000	(현금)

※ 단기는 1년 이내를 말하며 1년이라 함은 당기 기말(재무상태표 기준일)부터 다음연도 말까지이므로 단기대여금으로 처리해야 한다.

2. 2월 2일

구분		계정과목	거래처	적요	차변	대변
차변	0114	단기대여금	일신산업		3,000,000	
대변	0901	이자수익				30,000
대변	0103	보통예금				2,970,000

※ 단기대여금(자산의 증가 : 차변), 이자수익(수익의 발생 : 대변), 보통예금(자산의 감소 : 대변)
  회수 시에는 이자를 받고 대여했으므로 원금의 회수만 처리하면 된다.

기적의 TIP

외상매출금을 단기대여금으로 전환하는 것을 "대체"한다고 한다.

3. 2월 3일

구분		계정과목	거래처	적요	차변	대변
차변	0114	단기대여금	신구		5,000,000	
대변	0108	외상매출금	신구			5,000,000

4. 2월 4일

구분		계정과목	거래처	적요	차변	대변
차변	0120	미수금	유담상사		4,000,000	
차변	0970	유형자산처분손실			1,000,000	
대변	0208	차량운반구				5,000,000

※ 감가상각누계액을 반영한 문제로 시험에 출제되는데 아직 배우지 않았으므로 감가상각누계액은 없는 것으로 회계처리한 것이다. 본 교재 유형자산 단원을 학습하면 감가상각누계액의 회계처리를 알게 된다. 또한 차량을 처분하고 만약에 대금으로 약속어음을 받을 경우, 받을어음이 아닌 미수금으로 처리해야 한다 (∵ 상거래가 아니므로).

5. 2월 5일

구분		계정과목	거래처	적요	차변	대변
출금	0131	선급금	경희완구		200,000	(현금)

※ 자기앞수표는 주고받을 때 현금으로 처리한다.

6. 2월 6일

구분		계정과목	거래처	적요	차변	대변
차변	0146	상품			4,000,000	
대변	0131	선급금	경희완구			200,000
대변	0102	당좌예금				3,800,000

※ 상품(자산의 증가 : 차변), 선급금(자산의 감소 : 대변), 당좌예금(자산의 감소 : 대변)

7. 2월 7일

구분		계정과목	거래처	적요	차변	대변
출금	0131	선급금	현대자동차		150,000	(현금)

8. 2월 8일

구분		계정과목	거래처	적요	차변	대변
차변	0812	여비교통비			490,000	
차변	0101	현금			10,000	
대변	0134	가지급금				500,000

※ 일반적으로 출장 관련하여 개산(어림잡아) 지급한 경우 가지급금으로 처리하나, 만약 전도금으로 처리하라고 하거나 전도금으로 처리했다고 하면 전도금으로 처리해야 한다.

9. 2월 9일

구분		계정과목	거래처	적요	차변	대변
차변	0251	외상매입금	(주)영진문구		450,000	
대변	0134	가지급금				450,000

※ 가지급금(자산의 감소 : 대변), 외상매입금(부채의 감소 : 차변)

10. 2월 10일

구분		계정과목	거래처	적요	차변	대변
차변	0811	복리후생비			100,000	
대변	0134	가지급금				100,000

11. 2월 11일

구분		계정과목	거래처	적요	차변	대변
출금	0141	현금과부족			300,000	(현금)

※ 현금이 부족할 경우 현금과부족으로 처리하고, 원인파악이 된 경우 해당 계정으로 대체하지만, 결산 시까지 파악이 안 될 경우 잡손실로 처리한다. 다만, 결산일 현재 현금이 부족하고 원인불명이면 즉시 잡손실로 처리한다.

12. 2월 12일

구분		계정과목	거래처	적요	차변	대변
입금	0141	현금과부족			(현금)	50,000

출제유형 3 >

다음 거래자료를 영진상사(회사코드 : 0401)의 일반전표입력 메뉴에 추가 입력하시오 (대손상각비, 대손충당금).

1. 3월 1일 매출처 금산유통이 법원으로부터 파산선고를 받아 외상매출금 500,000원이 회수 불가능하게 되어 대손처리하였다. 장부상 대손충당금 잔액은 없다.

2. 3월 2일 상도의 파산으로 외상매출금 500,000원을 대손처리하였다. 장부상 대손충당금 잔액은 450,000원이다.

3. 3월 3일 매출처 신구의 파산으로 인해 외상매출금이 회수불가능하게 되어 30,000원을 대손처리하다(장부상 대손충당금 잔액은 충분하다고 가정함).

4. 3월 4일 전기에 대손이 확정되어 대손충당금과 상계처리하였던 외상매출금 중 일부인 730,000원을 회수하여 거래은행인 국민은행 당점 보통예금계좌에 입금하였다.

5. 결산 시 기말 매출채권(외상매출금) 잔액에 대하여 1%의 대손충당금을 설정한다. 외상매출금의 기말잔액은 100,000,000원이며 장부상 대손충당금 잔액 300,000원이 있다.

6. 결산 시에 매출채권인 외상매출금 기말잔액(₩109,540,000)에 대해서 대손충당금 1%를 보충법으로 설정하였다(대손충당금 잔액은 ₩1,000,000임).

풀이방법 >

1. 3월 1일

구분		계정과목	거래처	적요	차변	대변
차변	0835	대손상각비			500,000	
대변	0108	외상매출금	금산유통			500,000

※ 매출채권 대손 관련 비용처리 시 대손상각비(판매비와관리비)로 처리하면 나머지 채권(기타채권)은 기타의 대손상각비(영업외비용)로 처리한다.

2. 3월 2일

구분		계정과목	거래처	적요	차변	대변
차변	0109	대손충당금			450,000	
차변	0835	대손상각비			50,000	
대변	0108	외상매출금	상도			500,000

※ 대손발생 시 대손충당금 잔액을 확인하여 먼저 회계처리하며 부족 시 비용처리한다.

3. 3월 3일

구분		계정과목	거래처	적요	차변	대변
차변	0109	대손충당금			30,000	
대변	0108	외상매출금	신구			30,000

4. 3월 4일

구분		계정과목	거래처	적요	차변	대변
차변	0103	보통예금			730,000	
대변	0109	대손충당금				730,000

※ 전기에 대손처리된 금액을 당기에 회수할 경우 해당 채권의 대손충당금계정에 전입한다.

5. 12월 31일

구분		계정과목	거래처	적요	차변	대변
차변	0835	대손상각비			700,000	
대변	0109	대손충당금				700,000

※ 채권잔액(100,000,000)×대손율(1%)−대손충당금 잔액(300,000)=700,000원
　시험 시 [결산/재무제표]−[합계잔액시산표]에서 12월 31일을 조회하여 외상매출금의 차변잔액(₩100,000,000)
　과 대손충당금의 대변잔액(₩300,000)을 확인하여 추가 설정할 금액을 계산해야 한다.

6. 12월 31일

구분		계정과목	거래처	적요	차변	대변
차변	0835	대손상각비			95,400	
대변	0109	대손충당금				95,400

02 재고자산

취득 시 발생되는 비용(운임 등) → 자산처리(상품), 외상매입 후 반품 · 에누리 · 할인 시 외상매입금에서 차감하고 상대 계정과목에는 → 매입환출및에누리 · 매입할인

실력 다지기

출제유형 >

다음 거래자료를 영진상사(회사코드 : 0401)의 일반전표입력 메뉴에 추가 입력하시오.

1. 4월 1일 상품 2,000,000원을 구입하고 운임 300,000원은 당사가 부담하기로 하였다. 모두 현금으로 지급하였다.

2. 4월 2일 영우상사에서 상품 1,500,000원을 매입하고, 3월 20일 지급한 계약금(500,000원)을 제외한 금액은 1개월 후에 지급하기로 하였다.

3. 4월 3일 3월 25일 매입 계약한 용인상사에서 판매용 문구를 1,500,000원에 매입하고, 계약금 150,000원을 차감한 대금 중 500,000원은 현금으로 지급하고 잔액은 외상으로 하다.

4. 4월 4일 모터상사에서 상품 1,600,000원을 매입하고 지난 3월 30일 지급한 계약금(600,000원)을 차감한 잔액은 외상으로 하였다. 또한 매입 시 당사 부담 운반비 10,000원은 현금으로 지급하였다(하나의 전표로 입력할 것).

5. 4월 5일 유담상사로부터 외상매입한 상품 중 불량이 있어 100,000원에 해당하는 상품을 반환하고 외상매입금을 감소로 처리하였다.

6. 4월 6일 일신산업으로부터 구입한 상품의 외상매입금 30,800,000원을 약정에 따라 600,000원을 할인받고 잔액은 당좌수표를 발행하여 지급했다.

1. 4월 1일

구분		계정과목	거래처	적요	차변	대변
출금	0146	상품			2,300,000	(현금)

2. 4월 2일

구분		계정과목	거래처	적요	차변	대변
차변	0146	상품			1,500,000	
대변	0131	선급금	영우상사			500,000
대변	0251	외상매입금	영우상사			1,000,000

※ 상품(자산의 증가 : 차변), 선급금(자산의 감소 : 대변), 외상매입금(부채의 증가 : 대변)
  시험 시 계약금 금액이 제시가 되지 않고 출제되는 경우가 있는데, 이 경우 [일반전표입력]에서 3월 20일
  을 입력하여 계정과목과 금액을 확인하고 처리해야 한다.

3. 4월 3일

구분		계정과목	거래처	적요	차변	대변
차변	0146	상품			1,500,000	
대변	0131	선급금	용인상사			150,000
대변	0101	현금				500,000
대변	0251	외상매입금	용인상사			850,000

※ 판매용 문구이므로 상품으로 처리한다.

4. 4월 4일

구분		계정과목	거래처	적요	차변	대변
차변	0146	상품			1,610,000	
대변	0131	선급금	모터상사			600,000
대변	0251	외상매입금	모터상사			1,000,000
대변	0101	현금				10,000

※ 하나의 전표로 입력하라는 것은 운반비를 출금으로 입력하지 말라는 뜻이다.

5. 4월 5일

구분		계정과목	거래처	적요	차변	대변
차변	0251	외상매입금	유담상사			100,000	
대변	0147	매입환출및에누리				100,000

6. 4월 6일

구분		계정과목	거래처	적요	차변	대변
차변	0251	외상매입금	일신산업			30,800,000	
대변	0148	매입할인				600,000
대변	0102	당좌예금				30,200,000

비유동자산

▶ 합격 강의

빈출 태그 ▶ 투자자산 · 유형자산 · 무형자산 · 기타비유동자산

01 투자자산

> 만기가 1년 이후인 정기예금 · 정기적금 → 장기성예금, 장기대여 → 장기대여금, 장기투자목적 부동산 → 투자부동산

실력 다지기

출제유형 >

다음 거래자료를 영진상사(회사코드 : 0401)의 일반전표입력 메뉴에 추가 입력하시오.

1. 4월 11일 만기가 2027년 6월 30일인 정기적금에 이달분 1,000,000원을 예금하기 위해 보통예금통장에서 이체하다.

2. 4월 12일 유성상사에 2년 후 회수 예정으로 6,000,000원을 대여하고 선이자 600,000원을 공제한 잔액을 보통예금계좌에서 이체하다(단, 선이자는 수익으로 처리하기로 함).

3. 4월 13일 장기투자목적으로 건물을 취득하면서 6,000,000원은 당좌수표를 발행하여 지급하였다.

1. 4월 11일

구분		계정과목	거래처	적요	차변	대변
차변	0176	장기성예금			1,000,000	
대변	0103	보통예금				1,000,000

※ 만기가 1년 초과된 정기예금, 정기적금은 장기성예금으로 처리한다.

2. 4월 12일

구분		계정과목	거래처	적요	차변	대변
차변	0179	장기대여금	유성상사		6,000,000	
대변	0901	이자수익				600,000
대변	0103	보통예금				5,400,000

※ 장기대여금(자산의 증가 : 차변), 이자수익(수익의 발생 : 대변), 보통예금(자산의 감소 : 대변)
  대여 시 이자를 제외하고 대여했으므로 추후 회수 거래 시 원금만 회수하게 된다.

3. 4월 13일

구분		계정과목	거래처	적요	차변	대변
차변	0183	투자부동산			6,000,000	
대변	0102	당좌예금				6,000,000

※ 영업활동에 사용할 목적이 아닌 투자의 목적이므로 건물로 회계처리하지 않는다.

02 유형자산

> 취득 시 발생되는 비용(취득세 등) → 자산(유형자산)처리, 자본적 지출 → 자산처리, 수익적 지출 → 비용처리, 감가상각방법과 감가상각자산의 처분 회계처리 암기

기적의 TIP

201.토지, 202.건물, 206.기계장치, 208.차량운반구, 212.비품
※ 계정과목 앞의 숫자는 계정과목 코드번호로 암기하면 빠른 입력이 가능하다.

실력 다지기

출제유형 >

다음 거래자료를 영진상사(회사코드 : 0401)의 일반전표입력 메뉴에 추가 입력하시오.

기적의 TIP

취득 시 발생되는 비용은 취득원가로 한다.

1. 5월 1일 회사의 업무용 건물 취득 시 건물대금 17,000,000원과 취득세 900,000원을 전액 현금으로 지급하였다.

2. 5월 2일 매장 신축용 토지를 20,000,000원에 (주)경인에서 구입하고, 대금 중 5,000,000원은 자기앞수표로 지급하고, 잔액은 2개월 후에 지급하기로 하다. 또한 토지에 대한 취득세 300,000원을 현금으로 지급하였다.

3. 5월 3일 로비상사에서 사무실용 책상, 의자 1세트를 1,750,000원에 구입하고, 대금 중 250,000원은 현금으로 지급하고 잔액은 5개월 할부로 하였다.

4. 5월 4일 업무에 사용할 오토바이 3대를 15,000,000원에 모터상사에서 구입하고 4월 10일 지급한 계약금 1,000,000원을 제외한 나머지 금액은 6개월 후 지급하기로 하였다.

기적의 TIP

취득세는 취득하는 자산으로 처리한다.

5. 5월 5일 4월 25일에 구입한 차량에 대한 취득세 250,000원을 강남구청에 현금으로 납부하였다.

6. 5월 6일 미정상사에서 사무실 업무용 복사기를 수리하고 그 대금 300,000원은 당점 보통예금계좌에서 미정상사계좌로 이체처리하였다(수익적 지출로 처리할 것).

기적의 TIP

수익적 지출은 비용처리하라는 뜻이다.

7. 5월 7일 모터상사로부터 1톤 트럭의 엔진오일을 교환하고 대금 35,000원은 현금으로 지급한 후 영수증을 수취하였다.

8. 5월 8일 당점이 소유하고 있던 영업용 트럭을 제일카센터에서 수리하고 수리대금 150,000원을 현금으로 지급하다(차량유지비 계정을 사용하여 수익적 지출로 처리할 것).

9. 5월 9일 본사 건물에 엘리베이터를 설치하고 1,000,000원을 현금으로 지급하였다(자본적 지출로 처리할 것).

기적의 TIP

자본적 지출은 자산처리하라는 뜻이다.

10. 결산 시 당기분 차량운반구에 대한 감가상각비 2,200,000원과 비품에 대한 감가상각비 2,500,000원을 계상하였다.

감가상각비 회계처리

(차) 감가상각비 (대) 감가상각누계액

11. 5월 11일 상도에 보유 중인 토지를 25,000,000원(장부금액 ₩22,000,000)에 매각하고 대금 중 15,000,000원은 현금으로 받고 잔액은 다음연도 2월 28일에 받기로 하였다.

12. 5월 12일 건물(취득원가 ₩63,000,000, 감가상각누계액 ₩10,000,000)을 70,000,000원에 매각하고, 40,000,000원은 자기앞수표를 받고, 잔액은 당좌예금계좌로 입금되었다.

기적의 TIP

감가상각자산 매각 분개는 중요하므로 숙지해야 한다. 장부금액과 처분금액의 차이를 먼저 계산한 후 회계처리한다.

풀이방법 >

1. 5월 1일

구분		계정과목	거래처	적요	차변	대변
출금	0202	건물			17,900,000	(현금)

※ 건물 취득 시 발생되는 취득세는 건물로 처리한다.

2. 5월 2일

구분		계정과목	거래처	적요	차변	대변
차변	0201	토지			20,300,000	
대변	0101	현금				5,300,000
대변	0253	미지급금	(주)경인			15,000,000

※ 자기앞수표는 주고 받을 경우 현금으로 처리한다.

3. 5월 3일

구분		계정과목	거래처	적요	차변	대변
차변	0212	비품			1,750,000	
대변	0101	현금				250,000
대변	0253	미지급금	로비상사			1,500,000

4. 5월 4일

구분		계정과목	거래처	적요	차변	대변
차변	0208	차량운반구			15,000,000	
대변	0131	선급금	모터상사			1,000,000
대변	0253	미지급금	모터상사			14,000,000

5. 5월 5일

구분		계정과목	거래처	적요	차변	대변
출금	0208	차량운반구			250,000	(현금)

※ 차량 취득 시 발생되는 취득세는 차량운반구로 처리한다.

6. 5월 6일

구분		계정과목	거래처	적요	차변	대변
차변	0820	수선비			300,000	
대변	0103	보통예금				300,000

7. 5월 7일

구분		계정과목	거래처	적요	차변	대변
출금	0822	차량유지비			35,000	(현금)

※ 차량 엔진오일 교환은 단순능률회복에 해당하므로 비용처리한다.

8. 5월 8일

구분		계정과목	거래처	적요	차변	대변
출금	0822	차량유지비			150,000	(현금)

9. 5월 9일

구분		계정과목	거래처	적요	차변	대변
출금	0202	건물			1,000,000	(현금)

10. 12월 31일

구분		계정과목	거래처	적요	차변	대변
차변	0818	감가상각비			4,700,000	
대변	0209	감가상각누계액				2,200,000
대변	0213	감가상각누계액				2,500,000

11. 5월 11일

구분		계정과목	거래처	적요	차변	대변
차변	0101	현금			15,000,000	
차변	0120	미수금	상도		10,000,000	
대변	0201	토지				22,000,000
대변	0914	유형자산처분이익				3,000,000

※ 토지의 매각거래는 일반적인 상거래가 아니므로 미수금으로 처리한다. 또한 토지는 감가상각대상 자산이 아니므로 감가상각누계액계정이 없다.

12. 5월 12일

구분		계정과목	거래처	적요	차변	대변
차변	0203	감가상각누계액			10,000,000	
차변	0101	현금			40,000,000	
차변	0102	당좌예금			30,000,000	
대변	0202	건물				63,000,000
대변	0914	유형자산처분이익				17,000,000

※ 감가상각하는 유형자산 매각의 회계처리
   (차) 감가상각누계액　×××　　(대) 유형자산　　　×××(취득원가)
      받을돈(받은돈)　×××　　　　유형자산처분이익　×××
  장부금액(취득원가－감가상각누계액) : 63,000,000－10,000,000＝53,000,000원 VS 처분금액

03 무형자산과 기타비유동자산

기적의 TIP

219.특허권, 226.개발비,
227.소프트웨어, 232.임차보
증금

※ 계정과목 앞의 숫자는 계
정과목 코드번호로 암기하
면 빠른 입력이 가능하다.

개발에 따른 비용의 자산처리계정 → 개발비, 프로그램 구입 → 소프트웨어, 임차하고 보증금을 지급하면 →
임차보증금, 어음이 부도가 되었다고 하면 → 부도어음과수표

실력 다지기

출제유형 >

다음 거래자료를 영진상사(회사코드 : 0401)의 일반전표입력 메뉴에 추가 입력하시오.

1. 6월 1일 서울대학에 의뢰한 신제품 개발에 따른 연구용역비 12,000,000원을 보
통예금에서 폰뱅킹 이체하여 지급하였다(무형자산으로 처리할 것).

2. 6월 2일 모두이소에서 전산세무회계프로그램을 1,500,000원에 구입하고 대금은
현금으로 지급하였다.

3. 6월 3일 영업점 건물의 임대차계약을 하고 신구에 임차보증금 10,000,000원 중
3,000,000원은 현금으로 지급하고 나머지는 당좌수표를 발행하여 지급하였다.

4. 6월 4일 상품보관을 위해 무궁빌딩으로부터 임차하여 사용하고 있던 창고건물의
임차기간이 완료되어 임차보증금 10,000,000원을 보통예금계좌로 돌려받았다.

5. 6월 5일 거래처인 인성상사로부터 수취한 받을어음 22,000,000원이 부도처리되
었다는 것을 국민은행으로부터 통보받고, 부도어음과수표계정으로 대체하였다.

풀이방법 >

1. 6월 1일

구분		계정과목	거래처	적요	차변	대변
차변	0226	개발비			12,000,000	
대변	0103	보통예금				12,000,000

2. 6월 2일

구분		계정과목	거래처	적요	차변	대변
출금	0227	소프트웨어			1,500,000	(현금)

3. 6월 3일

구분		계정과목	거래처	적요	차변	대변
차변	0232	임차보증금	신구		10,000,000	
대변	0101	현금				3,000,000
대변	0102	당좌예금				7,000,000

※ 임차보증금은 계약 종료 시 돌려받는 돈이므로 자산(기타비유동자산)에 해당한다.

4. 6월 4일

구분		계정과목	거래처	적요	차변	대변
차변	0103	보통예금			10,000,000	
대변	0232	임차보증금	무궁빌딩			10,000,000

5. 6월 5일

구분		계정과목	거래처	적요	차변	대변
차변	0246	부도어음과수표	인성상사		22,000,000	
대변	0110	받을어음	인성상사			22,000,000

부채

▶ 합격강의

01 유동부채

외상매입금과 지급어음은 상품매입(일반적인 상거래) 시에 사용하며 그 외 거래는 미지급금으로 처리, 1년
이내 상환하기로 하고 차입하면 → 단기차입금, 급여 · 이자 · 강사료 등을 지급하면서 원천징수 할 경우 →
예수금, 계약금을 받으면 → 선수금, 대금을 받았으나 원인을 알 수 없을 때 → 가수금, 당좌예금 잔액을 초
과하여 당좌수표를 발행하면 → 당좌차월

실력 다지기

출제유형 ▶

다음 거래자료를 영진상사(회사코드 : 0401)의 일반전표입력 메뉴에 추가 입력하시오.

1. 7월 1일 일신산업에서 상품 1,250,000원을 매입하였다. 대금 중 250,000원은
   현금으로 지급하고 잔액은 외상으로 하였다.

2. 7월 2일 상도의 외상매입금 6,000,000원을 당점거래은행인 제삼은행의 보통예
   금계좌에서 온라인으로 송금하고 송금수수료 2,000원도 보통예금계좌에서 지급
   되었다.

3. 7월 3일 유담상사에 대한 외상매입금 2,800,000원을 당좌수표를 발행하여 지급
   하였다.

4. 7월 4일 (주)영진문구로부터 상품 135,000원을 매입하고 대금은 다음연도 1월
   5일 만기 약속어음을 발행하여 결제하였다.

5. 7월 5일 수민상사(주)의 외상매입금 2,000,000원 중 1,000,000원은 보통예금에서 지급하고, 잔액은 어음(만기 : 1년 이내)을 발행하여 지급하였다.

6. 7월 6일 현재 대왕마트에 대한 지급어음 총액(16,160,000원)이 당좌예금계좌에서 결제되었다.

7. 7월 7일 신한은행에서 다음연도 4월 18일 상환하기로 하고 12,000,000원을 차입하여 당점 보통예금계좌에 입금하였다.

8. 7월 8일 삼다은행의 단기차입금 상환액 12,000,000원과 이자 200,000원을 현금으로 지급하였다.

9. 7월 9일 영업과장이 거래처손님을 맛나식당에서 접대하고 국민카드(신용카드)로 70,000원을 결제하였다.

F 기적의 TIP

카드거래 시 거래처에 카드사를 입력한다.

10. 7월 10일 영업부사원들의 사기진작을 위하여 인근 조은식당에서 회식을 하고 식사대금 270,000원을 외상으로 하였다.

F 기적의 TIP

신용카드, 할부는 외상이므로 매입 시에는 외상매입금 또는 미지급금으로, 매출 시에는 외상매출금, 미수금으로 처리한다.

11. 7월 11일 판매상품의 수송용 트럭 구입대금(12개월 할부) 중 현대자동차의 6월분 할부금 1,500,000원을 한남은행에 현금으로 납부하였다.

F 기적의 TIP

자동차 할부 구입 시 미지급금으로 처리한다.

12. 7월 12일 매출처 (주)초롱가방과 상품(갑상품 공급가액 8,000,000, 세액 800,000)의 납품계약을 맺고, 계약금(공급가액의 10%)을 현금으로 받았다.

F 기적의 TIP

계약금을 받을 경우 물건을 줄 의무가 생기므로 부채에 해당한다.

13. 7월 13일 신구와 계약한 상품 5,000,000원을 판매하고 계약금 500,000원을 제외한 잔액은 전부 외상으로 하였다.

14. 7월 14일 당월분 영업사원 급여를 다음과 같이 보통예금계좌에서 종업원 급여계좌로 이체하였다.

성명	직급	급여	원천징수세액		차감지급액
			소득세	지방소득세	
한복판	과장	4,200,000원	250,000원	25,000원	3,925,000원
장병지	대리	3,500,000원	180,000원	18,000원	3,302,000원
계		7,700,000원	430,000원	43,000원	7,227,000원

15. 7월 15일 5월분 급여 지급 시 원천징수한 소득세와 지방소득세 126,000원을 신라은행에 현금으로 납부하였다.

16. 7월 16일 출장 중인 영업사원 윤광현으로부터 내용을 알 수 없는 1,500,000원이 당사 당좌예금계좌로 입금되었다.

17. 7월 17일 가수금 500,000원의 내역이 일신산업에 대한 상품매출 계약금 300,000원과 외상매출금 회수액 200,000원으로 확인되었다.

18. 7월 18일 당사는 거래처 상도로부터 상품을 3,000,000원에 매입하고, 그 대금으로 당좌수표를 발행하여 지급하였다. 당좌예금(신한은행) 잔액은 2,000,000원이고, 당좌차월 한도는 5,000,000원이다.

풀이방법 >

1. 7월 1일

구분		계정과목	거래처	적요	차변	대변
차변	0146	상품			1,250,000	
대변	0101	현금				250,000
대변	0251	외상매입금	일신산업			1,000,000

2. 7월 2일

구분		계정과목	거래처	적요	차변	대변
차변	0251	외상매입금	상도		6,000,000	
차변	0831	수수료비용			2,000	
대변	0103	보통예금				6,002,000

3. 7월 3일

구분		계정과목	거래처	적요	차변	대변
차변	0251	외상매입금	유담상사		2,800,000	
대변	0102	당좌예금				2,800,000

4. 7월 4일

구분		계정과목	거래처	적요	차변	대변
차변	0146	상품			135,000	
대변	0252	지급어음	(주)영진문구			135,000

5. 7월 5일

구분		계정과목	거래처	적요	차변	대변
차변	0251	외상매입금	수민상사(주)		2,000,000	
대변	0103	보통예금				1,000,000
대변	0252	지급어음	수민상사(주)			1,000,000

6. 7월 6일

구분		계정과목	거래처	적요	차변	대변
차변	0252	지급어음	대왕마트		16,160,000	
대변	0102	당좌예금				16,160,000

7. 7월 7일

구분		계정과목	거래처	적요	차변	대변
차변	0103	보통예금			12,000,000	
대변	0260	단기차입금	신한은행			12,000,000

8. 7월 8일

구분		계정과목	거래처	적요	차변	대변
차변	0260	단기차입금	삼다은행		12,000,000	
차변	0951	이자비용			200,000	
대변	0101	현금				12,200,000

9. 7월 9일

구분		계정과목	거래처	적요	차변	대변
차변	0813	기업업무추진비			70,000	
대변	0253	미지급금	국민카드			70,000

10. 7월 10일

구분		계정과목	거래처	적요	차변	대변
차변	0811	복리후생비			270,000	
대변	0253	미지급금	조은식당			270,000

11. 7월 11일

구분		계정과목	거래처	적요	차변	대변
출금	0253	미지급금	현대자동차		1,500,000	(현금)

※ 할부대금(미지급금) 중 6월분을 현금으로 납부한 거래이다.

12. 7월 12일

구분		계정과목	거래처	적요	차변	대변
입금	0259	선수금	(주)초롱가방		(현금)	800,000

※ 부가가치세가 별도인 금액을 공급가액이라 하며, 공급가액과 부가가치세를 합한 금액을 공급대가라 한다.

13. 7월 13일

구분		계정과목	거래처	적요	차변	대변
차변	0259	선수금	신구		500,000	
차변	0108	외상매출금	신구		4,500,000	
대변	0401	상품매출				5,000,000

※ 상품매출(수익의 발생 : 대변), 선수금(부채의 감소 : 차변), 외상매출금(자산의 증가 : 차변)

14. 7월 14일

구분		계정과목	거래처	적요	차변	대변
차변	0801	급여			7,700,000	
대변	0254	예수금				473,000
대변	0103	보통예금				7,227,000

15. 7월 15일

구분		계정과목	거래처	적요	차변	대변
출금	0254	예수금			126,000	(현금)

16. 7월 16일

구분		계정과목	거래처	적요	차변	대변
차변	0102	당좌예금			1,500,000	
대변	0257	가수금				1,500,000

17. 7월 17일

구분		계정과목	거래처	적요	차변	대변
차변	0257	가수금			500,000	
대변	0259	선수금	일신산업			300,000
대변	0108	외상매출금	일신산업			200,000

※ 가수금은 그 내역이 밝혀지면 적절한 계정으로 대체해야 하는 가계정이다

18. 7월 18일

구분		계정과목	거래처	적요	차변	대변
차변	0146	상품			3,000,000	
대변	0102	당좌예금				2,000,000
대변	0256	당좌차월	신한은행			1,000,000

※ 당좌차월이란 당좌예금 잔액을 초과하여 당좌수표를 발행한 경우의 초과금액을 말한다. 당좌차월을 단기차입금으로 처리해도 된다.

02 비유동부채

기적의 TIP

293.장기차입금, 294.임대보
증금
※ 계정과목 앞의 숫자는 계
정과목 코드번호로 암기하면
빠른 입력이 가능하다.

1년 후 상환하기로 하고 차입하면 → 장기차입금, 건물 등을 임대하고 받은 보증금 → 임대보증금

실력 다지기

출제유형 ▶

다음 거래자료를 영진상사(회사코드 : 0401)의 일반전표입력 메뉴에 추가 입력하시오.

1. 8월 1일 신한은행에서 보고기간 종료일로부터 1년 후 상환조건으로 30,000,000원
   을 대출받아 보통예금으로 대체입금하고 회사가 소유하고 있는 시가 50,000,000원
   상당의 부동산을 동 대출의 담보로 제공하였다.

기적의 TIP

담보제공은 거래가 아니다.

2. 8월 2일 수희산업으로부터 토지를 구입하고, 토지대금 300,000,000원 중
   100,000,000원은 보통예금에서 이체하고, 나머지는 신한은행으로부터 대출(대
   출기간 10년)을 받아 지불하였다.

기적의 TIP

임차보증금과 임대보증금을
혼동하지 않도록 한다.

3. 8월 3일 행복여행과 사무실 임대차계약을 맺고 임대보증금 15,000,000원 중
   5,000,000원은 행복여행 발행 당좌수표로 받고 나머지는 월말에 지급받기로 하
   였다.

풀이방법 >

1. 8월 1일

구분		계정과목	거래처	적요	차변	대변
차변	0103	보통예금			30,000,000	
대변	0293	장기차입금	신한은행			30,000,000

※ 담보제공은 차입금의 상환이 안 될 경우에 해당 거래가 발생되므로 차입 시에는 회계처리 대상이 아니다.

2. 8월 2일

구분		계정과목	거래처	적요	차변	대변
차변	0201	토지			300,000,000	
대변	0103	보통예금				100,000,000
대변	0293	장기차입금	신한은행			200,000,000

3. 8월 3일

구분		계정과목	거래처	적요	차변	대변
차변	0101	현금			5,000,000	
차변	0120	미수금	행복여행		10,000,000	
대변	0294	임대보증금	행복여행			15,000,000

※ 행복여행 발행 당좌수표는 타인발행당좌수표이므로 현금으로 처리한다.

사업주가 가사 등의 개인적인 목적으로 인출한 경우 → 인출금. 인출금은 결산 시 자본금계정에서 대체함

실력 다지기

출제유형 >

다음 거래자료를 영진상사(회사코드 : 0401)의 일반전표입력 메뉴에 추가 입력하시오.

1. 9월 1일 영업용 화물차의 자동차세 60,000원과 사장 개인 승용차의 자동차세 80,000원을 현금으로 납부하였다.

2. 9월 2일 사업주의 개인적인 가계비용 500,000원을 보통예금 계좌에서 지급하였다.

3. 9월 3일 사업주가 업무와 관련 없이 개인용도로 사용하기 위해 신형 빔 프로젝트를 500,000원에 구매하고 회사 국민카드(신용카드)로 결제하다.

4. 기말 결산 시 인출금 계정 차변잔액(500,000원)을 정리하다.

5. 기말 현재 현금과부족 80,000원은 대표자가 개인적인 용도로 사용한 금액으로 판명되었다.

1. 9월 1일

구분		계정과목	거래처	적요	차변	대변
차변	0817	세금과공과			60,000	
차변	0338	인출금			80,000	
대변	0101	현금				140,000

2. 9월 2일

구분		계정과목	거래처	적요	차변	대변
차변	0338	인출금			500,000	
대변	0103	보통예금				500,000

3. 9월 3일

구분		계정과목	거래처	적요	차변	대변
차변	0338	인출금			500,000	
대변	0253	미지급금	국민카드			500,000

4. 12월 31일

구분		계정과목	거래처	적요	차변	대변
차변	0331	자본금			500,000	
대변	0338	인출금				500,000

※ 기중에 사업주가 가져간 인출금은 결산 시에 자본금에서 차감하는 대체 분개를 한다.

5. 12월 31일

구분		계정과목	거래처	적요	차변	대변
차변	0331	자본금			80,000	
대변	0141	현금과부족				80,000

수익과 비용

▶ 합격강의

빈출 태그 ▶ 상품매출 · 매출환입및에누리 · 매출할인 · 판매비와관리비 · 영업외수익과 영업외비용

401.상품매출, 402.매출환입및에누리, 403.매출할인, 451.상품매출원가, 801.급여, 803.상여금, 805.잡급, 811.복리후생비, 812.여비교통비, 813.기업업무추진비, 814.통신비, 815.수도광열비, 817.세금과공과, 818.감가상각비, 819.임차료, 820.수선비, 821.보험료, 822.차량유지비, 824.운반비, 825.교육훈련비, 826.도서인쇄비, 830.소모품비, 831.수수료비용, 833.광고선전비, 835.대손상각비, 837.건물관리비, 901.이자수익, 903.배당금수익, 904.임대료, 905.단기매매증권평가이익, 906.단기매매증권처분이익, 909.수수료수익, 910.외화환산이익, 914.유형자산처분이익, 917.자산수증이익, 918.채무면제이익, 930.잡이익, 951.이자비용, 953.기부금, 955.외화환산손실, 956.매출채권처분손실, 957.단기매매증권평가손실, 958.단기매매증권처분손실, 970.유형자산처분손실, 980.잡손실
※ 계정과목 앞의 숫자는 계정과목 코드번호로 암기하면 빠른 입력이 가능하다.

실력 다지기

출제유형 ▶

다음 거래자료를 영진상사(회사코드 : 0401)의 일반전표입력 메뉴에 추가 입력하시오.

1. 10월 1일 매출처 인성상사에 대한 외상매출금(상품 판매분) 3,000,000원이 약정기일보다 30일 빠르게 회수되어 2%의 할인을 해주고 잔액은 현금으로 받았다.

2. 10월 2일 거래처 (주)영진문구에 대한 외상매출금(상품 판매분) 2,000,000원 중 상품불량으로 2%를 할인해 주고 잔액은 당좌예금계좌로 입금받았다.

3. 10월 3일 9월분 관리직 직원에 대한 건강보험료 50,000원(본인부담분 25,000원, 회사부담분 25,000원)을 현금으로 납부하였다.

4. 10월 4일 영업부서 직원들의 사기진작을 위하여 인근식당에서 회식을 하고 식사 대금 237,000원을 신용카드(국민카드)로 결제하였다.

5. 10월 5일 본사 영업부 부장의 국외출장을 위해 왕복항공료 1,880,000원을 신용 카드(국민카드)로 결제하였다.

6. 10월 6일 영업사원 이창구가 매출처 구매담당직원을 접대하고 대금 154,000원은 신용카드(국민카드)로 결제하였다.

7. 10월 7일 영업부의 전화요금 93,500원이 고지되어 당사 보통예금계좌에서 당일 출금되었음을 확인하였다.

8. 10월 8일 상도에서 사무실 난방용 유류 80,000원을 구입하였다(유류대금은 월말 에 일괄결제함).

9. 10월 9일 한국전력에 사무실 전기요금 135,000원을 현금으로 납부하다.

10. 10월 10일 관리부용 승용차에 대한 자동차세 100,000원을 국민은행에 현금으로 납부하다.

11. 10월 11일 당사의 유형자산인 토지에 대한 재산세 120,000원을 현금으로 납부하 였다.

12. 10월 12일 사무실임차료 400,000원을 현금으로 송금하고 송금수수료 1,000원 을 현금으로 지급하였다.

13. 10월 13일 임대인에게 800,000원(영업부 사무실 임차료 750,000원 및 건물관리비 50,000원)을 보통예금 계좌에서 이체하여 지급하였다.

14. 10월 14일 업무용차량에 대해 보험을 가입하고 보험료(430,000원)를 전액 현금으로 지급하였다.

15. 10월 15일 업무용 승용차의 엔진오일을 교환하고 대금 30,000원은 신용카드(국민카드)로 결제하였다.

16. 10월 16일 (주)오일뱅크에서 업무용 승용차에 휘발유를 주유하고 현금 50,000원을 지급하였다.

17. 10월 17일 영업용차량에 대한 10월분 정기주차료 200,000원을 안심주차장에 현금으로 지급하였다.

18. 10월 18일 거래처 (주)영영에 상품견본을 택배로 발송하면서 택배비 10,000원을 현금으로 지급하였다.

19. 10월 19일 관리직 사원 김수영의 전산교육을 위하여 전산세무학원에 교육비 100,000원을 현금으로 지급하였다.

20. 10월 20일 추석을 맞이하여 상품 포장을 위해 일용직 근로자를 채용하고 430,000원을 현금으로 지급하였다.

21. 10월 21일 마케팅부서에서 사용할 경영전략과 관련된 서적을 교보문고에서 12,000원에 현금으로 구입하였다.

22. 10월 22일 본사 총무과에서 사용할 소모품을 구입하고 대금 40,000원을 현금으로 지급하였다(비용으로 계상할 것).

23. 11월 3일 세무회계사무소에서 본사 이전과 관련된 세무상담을 하고 상담수수료 90,000원을 현금으로 지급하였다.

24. 11월 4일 당사의 상품선전을 위한 광고에 사용할 상품사진을 촬영하고 일신산업에 대금 5,000,000원 중 2,500,000원을 당좌수표를 발행하여 지급하고 잔액은 다음 달 24일 지급하기로 하였다.

25. 11월 5일 보유 중인 유가증권(보통주 10,000주, 장부금액 ₩30,000,000)에 대한 현금배당금 600,000원을 금일 현금으로 수령하였다.

26. 11월 6일 당사의 대주주로부터 영업에 사용할 목적으로 시가 30,000,000원의 토지를 증여받았다.

27. 11월 7일 로비상사에 대한 단기차입금 50,000,000원을 전액 면제받았다.

28. 11월 8일 수해 이재민을 위한 성금 1,000,000원을 자선단체에 현금으로 지출하였다.

1. 10월 1일

구분		계정과목	거래처	적요	차변	대변
차변	0403	매출할인			60,000	
차변	0101	현금			2,940,000	
대변	0108	외상매출금	인성상사			3,000,000

※ 매출할인 선택 시 참고를 보고 상품매출에 관한 것을 선택한다.

2. 10월 2일

구분		계정과목	거래처	적요	차변	대변
차변	0402	매출환입및에누리			40,000	
차변	0102	당좌예금			1,960,000	
대변	0108	외상매출금	(주)영진문구			2,000,000

3. 10월 3일

구분		계정과목	거래처	적요	차변	대변
차변	0254	예수금			25,000	
차변	0811	복리후생비			25,000	
대변	0101	현금				50,000

※ 회사부담분 건강보험료는 복리후생비로 처리하며 국민연금은 세금과공과로 처리한다.

4. 10월 4일

구분		계정과목	거래처	적요	차변	대변
차변	0811	복리후생비			237,000	
대변	0253	미지급금	국민카드			237,000

※ 카드 결제 시 거래처란에 카드사를 입력한다.

5. 10월 5일

구분		계정과목	거래처	적요	차변	대변
차변	0812	여비교통비			1,880,000	
대변	0253	미지급금	국민카드			1,880,000

6. 10월 6일

구분		계정과목	거래처	적요	차변	대변
차변	0813	기업업무추진비			154,000	
대변	0253	미지급금	국민카드			154,000

7. 10월 7일

구분		계정과목	거래처	적요	차변	대변
차변	0814	통신비			93,500	
대변	0103	보통예금				93,500

8. 10월 8일

구분		계정과목	거래처	적요	차변	대변
차변	0815	수도광열비			80,000	
대변	0253	미지급금	상도			80,000

9. 10월 9일

구분		계정과목	거래처	적요	차변	대변
출금	0815	수도광열비			135,000	(현금)

10. 10월 10일

구분		계정과목	거래처	적요	차변	대변
출금	0817	세금과공과			100,000	(현금)

11. 10월 11일

구분		계정과목	거래처	적요	차변	대변
출금	0817	세금과공과			120,000	(현금)

12. 10월 12일

구분		계정과목	거래처	적요	차변	대변
차변	0819	임차료			400,000	
차변	0831	수수료비용			1,000	
대변	0101	현금				401,000

13. 10월 13일

구분		계정과목	거래처	적요	차변	대변
차변	0819	임차료			750,000	
차변	0837	건물관리비			50,000	
대변	0103	보통예금				800,000

14. 10월 14일

구분		계정과목	거래처	적요	차변	대변
출금	0821	보험료			430,000	(현금)

15. 10월 15일

구분		계정과목	거래처	적요	차변	대변
차변	0822	차량유지비			30,000	
대변	0253	미지급금	국민카드			30,000

16. 10월 16일

구분		계정과목	거래처	적요	차변	대변
출금	0822	차량유지비			50,000	(현금)

17. 10월 17일

구분		계정과목	거래처	적요	차변	대변
출금	0822	차량유지비			200,000	(현금)

18. 10월 18일

구분		계정과목	거래처	적요	차변	대변
출금	0824	운반비			10,000	(현금)

※ 매출 관련하여 당사가 부담한 택배비(운임)는 운반비로 처리한다.

19. 10월 19일

구분		계정과목	거래처	적요	차변	대변
출금	0825	교육훈련비			100,000	(현금)

20. 10월 20일

구분		계정과목	거래처	적요	차변	대변
출금	0805	잡급			430,000	(현금)

21. 10월 21일

구분		계정과목	거래처	적요	차변	대변
출금	0826	도서인쇄비			12,000	(현금)

22. 10월 22일

구분		계정과목	거래처	적요	차변	대변
출금	0830	소모품비			40,000	(현금)

23. 11월 3일

구분		계정과목	거래처	적요	차변	대변
출금	0831	수수료비용			90,000	(현금)

24. 11월 4일

구분		계정과목	거래처	적요	차변	대변
차변	0833	광고선전비			5,000,000	
대변	0102	당좌예금				2,500,000
대변	0253	미지급금	일신산업			2,500,000

25. 11월 5일

구분		계정과목	거래처	적요	차변	대변
입금	0903	배당금수익			(현금)	600,000

26. 11월 6일

구분		계정과목	거래처	적요	차변	대변
차변	0201	토지			30,000,000	
대변	0917	자산수증이익				30,000,000

27. 11월 7일

구분		계정과목	거래처	적요	차변	대변
차변	0260	단기차입금	로비상사		50,000,000	
대변	0918	채무면제이익				50,000,000

28. 11월 8일

구분		계정과목	거래처	적요	차변	대변
출금	0953	기부금			1,000,000	(현금)

03

결산 및 재무제표

결산이란 회계기간이 종료된 후 일정시점에 있어서 기업의 재무상태와 기업의 경영
성과를 명확히 하기 위하여 장부를 정리·마감하는 일련의 절차를 말합니다. 시험
시 결산의 예비절차에 해당하는 결산정리사항에 관한 회계처리(결산정리분개)를 수
동결산분개와 자동결산분개로 처리하는 내용만 나오므로 해당 내용을 반드시 숙지
하도록 합니다.

● **NCS능력단위(분류번호) : 회계정보시스템 운용(0203020105_20v4)**
원활한 재무보고를 위하여 회계 관련 DB마스터 관리, 회계프로그램 운용, 회계정보
를 활용하는 능력을 함양

● **NCS능력단위(분류번호) : 결산처리(0203020104_23v5)**
재고조사표, 시산표 및 정산표를 작성하는 결산예비절차와 각 계정을 정리하여 집
합계정과 자본계정에 대체하고, 장부를 마감하는 능력을 함양

출제빈도

SECTION 01	상	50%
SECTION 02	상	40%
SECTION 03	하	10%

결산정리사항

▶ 합격 강의

전산세무회계프로그램 사용 시 결산정리사항은 수동으로 분개하는 사항(수동결산분개)과 자동으로 분개하는 사항(자동결산분개)으로 구분하여 수동결산부분을 먼저 일반전표에 입력하고, 나머지 자동결산부분을 결산자료입력에 입력한 후 상단 툴바의 **F3 전표추가** 를 클릭하여 나오는 「결산분개를 일반전표에 추가하시겠습니까?」라는 메시지에서 「예」를 선택하면 자동으로 결산정리사항의 분개를 마칠 수 있다. 자동결산분개로 처리가 가능한 것이 아닌 것은 전부 수동결산분개이다. 이하 전산회계 2급에 해당하는 결산정리사항만 설명하기로 한다.

> **기적의 TIP**
>
> 자동결산분개사항을 암기하도록 한다.

> ■ 자동결산분개
>
> [결산자료입력] 메뉴에 해당 자료를 입력하고 상단 툴바의 **F3 전표추가** 를 클릭하여 나오는 메시지 창에서 「예」를 선택하면 된다.
> ① 기말재고자산 분개
> ② 유형자산 감가상각비 분개
> ③ 대손충당금설정 분개
> ※ 그 외 자동결산분개 사항 : 무형자산 감가상각비 분개, 퇴직급여충당부채 설정 분개, 소득세비용(소득세 등) 분개

결산정리사항 관련 모든 내용을 수동결산분개로 처리가 가능하나 이는 프로그램 사용자 입장에서 바람직하지 않으므로 최대한 프로그램을 이용하도록 하기 위하여 수동결산분개를 먼저하고 자동결산분개를 사용하는 방법이 바람직하다.

01 수동결산분개

1) 수익과 비용의 발생 분개

① 수익의 발생

(차) 미수수익	×××	(대) 이자수익	×××

② 비용의 발생

(차) 이자비용	×××	(대) 미지급비용	×××

2) 수익과 비용의 이연 분개

① 수익의 이연

(차) 이자수익	×××	(대) 선수수익	×××

② 비용의 이연

(차) 선급비용	×××	(대) 이자비용	×××

3) 현금과부족 정리 분개

① 현금잔액이 부족한 경우

(차) 잡손실	×××	(대) 현금과부족	×××

② 현금잔액이 많은 경우

(차) 현금과부족	×××	(대) 잡이익	×××

🇫 기적의 TIP

결산 시에 현금시재를 파악하여 부족할 경우에는 잡손실로, 과잉인 경우에는 잡이익으로 처리해야 하며 현금과부족계정을 사용하지 않는다. 즉 현금과부족계정은 결산 전에 현금부족, 과잉이 발생할 경우에 임시적으로 사용하며 결산 시 원인파악이 되지 않으면 재무상태표에 표시하면 안되므로 잡손실, 잡이익으로 대체하는 것이다.

4) 소모품 정리 분개

① 구입 시 비용(소모품비) 처리한 경우

(차) 소모품	×××	(대) 소모품비	×××

② 구입 시 자산(소모품) 처리한 경우

(차) 소모품비	×××	(대) 소모품	×××

5) 단기매매증권(매도가능증권)평가 분개

① 공정가치가 장부금액보다 큰 경우

(차) 단기매매증권	×××	(대) 단기매매증권평가이익	×××

② 공정가치가 장부금액보다 작은 경우

(차) 단기매매증권평가손실	×××	(대) 단기매매증권	×××

6) 외화자산과 외화부채의 평가 분개

① (차) 외화자산 · 부채	×××	(대) 외화환산이익	×××

② (차) 외화환산손실	×××	(대) 외화자산 · 부채	×××

7) 인출금의 정리

인출금 잔액이 차변에 있을 경우, 프로그램에서는 잔액이 대변에 음수(−)로 표시된다.

(차) 자본금	×××	(대) 인출금	×××

8) 가지급금과 가수금 정리 분개

임시계정인 가지급금 또는 가수금의 미결산항목은 그 내용을 나타내는 적절한 과목으로 정리하여야 한다.

① (차) 해당 계정과목	×××	(대) 가지급금	×××

② (차) 가수금	×××	(대) 해당 계정과목	×××

02 자동결산분개

자동결산분개는 [결산자료입력] 메뉴에 해당 자료를 입력하고 상단 툴바의 F3 전표추가 를 클릭하여 나오는 메시지 창에서 「예」를 선택하면 자동으로 분개되어 일반전표에 입력되는 내용이므로 'SECTION 02 결산자료입력'의 내용을 보고 해당란에 입력하면 된다. 자동결산분개에서 분개되는 내용을 일반전표입력에 직접 입력하고자 하는 경우에는 다음과 같이 분개하면 된다.

1) 기말재고자산 관련 상품매출원가 대체분개

상품매출원가
기초상품재고액 + 당기상품매입액 − 기말상품재고액

(차) 상품매출원가	×××	(대) 상품	×××

2) 유형자산의 감가상각비 분개

(차) 감가상각비	×××	(대) 감가상각누계액	×××

3) 대손충당금 설정 분개

① 대손충당금 잔액이 없는 경우(전액)

(차) 대손상각비	×××	(대) 대손충당금	×××

② 대손충당금 잔액이 부족한 경우(부족분)

(차) 대손상각비	×××	(대) 대손충당금	×××

결산자료입력

▶ 합격강의

빈출 태그 ▶ 기말재고자산 · 감가상각비 · 대손충당금

결산정리사항 중 프로그램에서 지원하는 분개항목의 금액을 각각 해당란에 입력하고 상단 툴바의 **F3전표추가** 를 클릭하여 나오는 메시지 창에서 「예」를 선택하면 일반전표 입력에 결산일자(12월 31일)로, 분개항목의 내용을 자동 분개하여 결산작업을 쉽게 할 수 있도록 해주는 메뉴이다. 다만, 본 메뉴에서 지원하지 않는 결산정리 사항 분개 항목은 [일반전표입력]에 분개를 하는 작업을 먼저 해야한다.

프로그램 사용방법

[회계관리]−[재무회계]−[결산/재무제표]−[결산자료입력]을 실행하면 다음과 같은 화면이 나타난다. 다음의 설명을 보고 해당란에 순서대로 입력하면 된다.

코드	과 목	결산분개금액	결산전금액	결산반영금액	결산후금액
	1. 매출액		356,820,000		356,820,000
0401	상품매출		356,820,000		356,820,000
	2. 매출원가		188,880,000		188,880,000
0451	상품매출원가				188,880,000
0146	① 기초 상품 재고액		6,000,000		6,000,000
0146	② 당기 상품 매입액		182,880,000		182,880,000
0146	③ 기말 상품 재고액				
0455	제품매출원가				
	7)경 비				
0518	2). 일반감가상각비				
0202	건물				
0208	차량운반구				
0212	비품				
0455	8)당기 총제조비용				
0169	③ 기말 재공품 재고액				
0150	9)당기완성품제조원가				
0150	③ 기말 제품 재고액				
	3. 매출총이익		167,940,000		167,940,000
	4. 판매비와 일반관리비		94,328,230		94,328,230
	1). 급여 외		41,540,000		41,540,000
0801	급여		41,540,000		41,540,000
0806	2). 퇴직급여(전입액)				
0850	3). 퇴직연금충당금전입액				
0818	4). 감가상각비				
0202	건물				
0208	차량운반구				

매출액 : [356,820,000] 당기순이익 : [65,851,770] 소득률율 : 18.46%

1) 기간

기말결산인 경우 1월 ~ 12월을 입력한다.

기적의 TIP

기간을 입력한 후 「매출원가 및 경비선택」 창이 뜨면 확인 (Enter)을 클릭한다.

2) 기말재고자산 관련 제품매출원가 대체분개(기말재고자산(상품) 금액을 입력함)

기말상품재고액은 2.매출원가(상품매출원가)−기말상품재고액에 기말상품재고액을 결산반영금액란에 입력한다.

	2. 매출원가				
0451	상품매출원가				
0146	① 기초 상품 재고액				
0146	② 당기 상품 매입액				
0146	⑩ 기말 상품 재고액				

3) 유형자산과 무형자산의 감가상각비 분개

판매비와관리비를 구성하는 감가상각비중 유형자산의 감가상각비는 4.판매비와일반관리비 → 4).감가상각비란에, 무형자산은 4.판매비와일반관리비 → 6).무형자산상각비란에 각 자산별로 결산반영금액란에 입력한다.

	4. 판매비와 일반관리비				
0818	4). 감가상각비				
0202	건물				
0208	차량운반구				
0212	비품				
0840	6). 무형자산상각비				
0219	특허권				
0226	개발비				

4) 대손충당금 설정 분개

매출채권관련 대손충당금 설정은 4.판매비와 일반관리비−5).대손상각란에 각 채권별로 대손충당금 추가설정액을 결산반영금액란에 입력한다.

0835	5). 대손상각				
0108	외상매출금				
0110	받을어음				

※ 상단 툴바의 F8 대손상각 을 클릭하여 나오는 보조창에서 원하는 대손율로 수정하고 하단 결산반영을 클릭하면 결산반영금액란에 자동으로 입력된다(시험 시 충당금 설정 대상이 아닌 채권은 삭제하고 사용하면 편리하며, 삭제 시 해당 추가설정액(결산반영)란에서 Space Bar + Enter 또는 0을 입력한 후 Enter 를 치면 된다).

대손상각

대손율(%) 1.00

코드	계정과목명	금액	설정전 충당금 잔액			추가설정액(결산반영) [(금액x대손율)-설정전충당금잔액]	유형
			코드	계정과목명	금액		
0108	외상매출금	48,250,000	0109	대손충당금	80,000	402,500	판관
0110	받을어음	56,700,000	0111	대손충당금	100,000	467,000	판관
0114	단기대여금	7,000,000	0115	대손충당금		70,000	영업외
0120	미수금	1,000,000	0121	대손충당금		10,000	영업외
0131	선급금	3,200,000	0132	대손충당금		32,000	영업외
	대손상각비 합계					869,500	판관
	기타의 대손상각비					112,000	영업외

5) F3 전표추가

작업이 완료되면 상단 툴바의 F3 전표추가 를 클릭하여 「결산분개를 일반전표에 추가하시겠습니까?」라는 메시지에서 「예」를 선택한다.

SECTION 03

출제빈도 상 중 하
반복학습 1 2 3

재무제표 작성 및 마감

빈출 태그 ▶ 재무제표 · 손익계산서 · 재무상태표

SECTION 01의 작업내용이 완료되면 [합계잔액시산표]에서 오류가 있는지 다시 한 번 확인한 후 [손익계산서]에서 12월을 선택하고 상단 툴바의 「전표추가」를 클릭하면 수익과 비용의 계정을 (집합)손익계정에 대체하여 마감하고 (집합)손익계정의 잔액을 자본계정인 자본금에 대체하는 분개를 자동으로 발생시킨다. [손익계산서]에서 빠져 나와 [재무상태]에 들어가서 12월을 입력하여 조회하면 [재무상태표] 작성이 완료 된다.

[전기분재무제표]-[마감후이월]을 클릭하면 다음과 같은 화면이 나타난다. 마감후이 월작업을 진행하면 자산, 부채, 자본의 잔액이 차기연도로 이월되고 당기분 재무제표 가 [전기분재무제표]에 반영되면서 당기의 회계작업을 마무리하게 된다.

다음의 결산정리사항을 영진상사(회사코드 : 0401)의 [일반전표입력]에 입력하여 결산을 완료하시오.

1. 12월 31일까지 발생된 정기예금에 대한 이자 미수액은 60,000원이다.

2. 기말 현재까지의 장기차입금에 대해 발생된 이자는 2,700,000원이며 장부에 계상된 금액은 없다. 동 발생이자 전액에 대한 이자 지급기일은 다음연도 2월 5일이다. 결산 시에 필요한 회계처리를 하시오.

3. 자금을 거래처에 대여하고 1년분 이자 1,200,000원을 미리 받아 전액 이자수익으로 회계처리하였다. 이 중 당기말 현재 기간 미도래분은 300,000원이다. 기말 결산 시 필요한 회계처리를 하시오.

4. 본사 건물 중 일부를 임대해 주고 있는데, 2025년 4월 1일에 건물임대에 대한 1년분 임대료(₩12,000,000)를 현금으로 받고 수익으로 처리하였다. 기말 수정분개를 하시오. 월 임대료는 1,000,000원이다.

5. 10월 1일에 본사 건물 화재보험에 가입하여 1년분 보험료(2025년 10월~2026년 9월) 1,200,000원을 보험회사에 현금으로 지급하고 전액 비용으로 처리하였다. 기말 수정분개를 하시오. 월 보험료는 100,000원이다(월할 계산할 것).

6. 소모품의 기말 미사용 잔액 180,000원이다. 소모품은 구입 시 전액 비용처리하였다. 기말 결산 시 필요한 회계처리를 하시오.

7. 소모품을 100,000원 구입하였으나 이 중에서 50,000원만 사용하였고 나머지는 미사용하였다. 구입 당시 소모품(자산)으로 전액 회계처리하였다. 기말 결산 시 필요한 회계처리를 하시오.

8. 장부상 현금보다 실제 현금시재액이 부족하여 현금과부족으로 계상하였던 금액 100,000원에 대하여 결산일 현재에도 그 원인을 알 수가 없다.

9. 결산일 현재 인출금계정 차변 잔액 200,000원을 자본금으로 대체하였다.

10. 기말 합계잔액시산표의 가수금 잔액 200,000원은 거래처 인성상사에 대한 외상대금 회수액으로 판명되었다.

11. 기말 외상매출금 중에는 삼다은행의 외상매출금 12,000,000원(미화 $10,000)이 포함되어 있으며, 결산일 환율에 의해 평가하고 있다. 결산일 현재의 적용환율은 미화 1$당 1,000원이다.

12. 당사는 기말에 외상매출금과 받을어음에 대하여 매년 1%의 대손충당금을 보충법에 의해 설정한다(단, 본 문제에서는 아래 자료를 바탕으로 처리함).

• 외상매출금 잔액 500,000,000원	• 대손충당금 잔액 100,000원
• 받을어음 잔액 100,000,000원	• 대손충당금 잔액 800,000원

13. 당기분 본사용 차량 감가상각비 4,000,000원, 건물 감가상각비 2,000,000원, 개발비 감가상각비 1,000,000원을 각각 계상하다.

14. 결산일 현재 기말상품재고액은 6,000,000원이다.

풀이방법 >

1~11번은 [결산자료입력] 메뉴에서 지원하지 않는 분개이므로 [일반전표입력]에 입력하고, 12번~14번까지는 [결산자료입력]에서 지원하는 분개이므로 [결산/재무제표]-[결산자료입력]에 입력한 후 상단 툴바의 F3 전표추가 를 클릭하여 「결산분개를 일반전표에 추가하시겠습니까?」라는 메시지에서 「예」를 선택하면 입력된 내용이 [일반전표입력]에 추가로 자동분개 되어 완성된다.

[1번 ∼ 11번]

① [전표입력]-[일반전표입력]에서 결산일자(12월 31일)로 추가 입력한다(수동결산분개).

1. 12월 31일

구분		계정과목	거래처	적요	차변	대변
차변	0116	미수수익			60,000	
대변	0901	이자수익				60,000

※ 결산 시까지 발생된 수익이나 회수일이 다음연도일 경우, 수익의 발생분을 처리하기 위하여 미수수익으로 처리한다.

2. 12월 31일

구분		계정과목	거래처	적요	차변	대변
차변	0951	이자비용			2,700,000	
대변	0262	미지급비용				2,700,000

※ 결산 시까지 발생된 비용이나 지급일이 다음연도일 경우, 비용의 발생분을 처리하기 위하여 미지급비용으로 처리한다.

3. 12월 31일

구분		계정과목	거래처	적요	차변	대변
차변	0901	이자수익			300,000	
대변	0263	선수수익				300,000

※ 기간 미도래분은 미리 받은 수익 중 다음연도 수익이므로 선수수익으로 처리하여 수익을 이연해야 한다.

4. 12월 31일

구분		계정과목	거래처	적요	차변	대변
차변	0904	임대료			3,000,000	
대변	0263	선수수익				3,000,000

※ 12,000,000원×3개월/12개월=3,000,000원
  기간 미도래분(3개월분)은 미리 받은 수익 중 다음연도 수익이므로 선수수익으로 처리하여 수익을 이연해야 한다.

5. 12월 31일

구분		계정과목	거래처	적요	차변	대변
차변	0133	선급비용			900,000	
대변	0821	보험료				900,000

※ 1,200,000원×9개월/12개월=900,000원

10월 1일 보험료를 지급하면서 전액 비용처리했으므로 미경과분 9개월분은 선급비용으로 처리하여 비용을 이연해야 한다.

6. 12월 31일

구분		계정과목	거래처	적요	차변	대변
차변	0122	소모품			180,000	
대변	0830	소모품비				180,000

※ 구입 시 전액 소모품비로 처리했으므로 미사용분은 자산으로 수정분개해야 한다.

7. 12월 31일

구분		계정과목	거래처	적요	차변	대변
차변	0830	소모품비			50,000	
대변	0122	소모품				50,000

※ 구입 시 전액 자산처리했으므로 결산 시 사용분만큼을 비용처리해야 한다.

8. 12월 31일

구분		계정과목	거래처	적요	차변	대변
차변	0980	잡손실			100,000	
대변	0141	현금과부족				100,000

※ 결산 시까지 현금과부족의 원인이 밝혀지지 않으면 부족액은 잡손실로, 초과액은 잡이익으로 대체한다.

9. 12월 31일

구분		계정과목	거래처	적요	차변	대변
차변	0331	자본금			200,000	
대변	0338	인출금				200,000

10. 12월 31일

구분		계정과목	거래처	적요	차변	대변
차변	0257	가수금			200,000	
대변	0108	외상매출금	인성상사			200,000

※ 가수금은 계정과목과 금액이 확정되면 해당 계정으로 대체해야 한다.

11. 12월 31일

구분		계정과목	거래처	적요	차변	대변
차변	0955	외화환산손실			2,000,000	
대변	0108	외상매출금	삼다은행			2,000,000

※ 외상매출 시 환율은 1,200원/$(12,000,000 ÷ $10,000)인데 결산일 현재 환율은 1,000원/$으로 200원/$ 하락했으므로 200 × $10,000 = 2,000,000원의 외화환산손실이 발생한다.

[12번 ~ 14번]

② [결산/재무제표]−[결산자료입력]에서 기간란에 1월 ~ 12월을 입력하고 다음과 같이 해당란의 결산반영금액란에 입력한다(자동결산분개). 「매출원가 및 경비선택」 창이 뜨면 확인(Enter)을 클릭한 후 입력한다.

    2. 매출원가

        상품매출원가

           기말 상품 재고액   6,000,000

    4. 판매비와 일반관리비

        4). 감가상각비

           건물   2,000,000

           차량운반구   4,000,000

        5). 대손상각

           외상매출금   4,900,000

           받을어음   200,000

        6). 무형자산상각비

           개발비   1,000,000

※ 대손충당금 설정액
- 외상매출금 대손충당금 설정액 : 500,000,000원 × 1% − 100,000원 = 4,900,000원
- 받을어음 대손충당금 설정액 : 100,000,000원 × 1% − 800,000원 = 200,000원

※ 대손충당금 설정 분개의 경우 시험 시 상단 툴바의 F8 대손상각 을 눌러 설정하고 [결산반영] 버튼을 클릭하면 결산반영금액란에 자동으로 입력되므로 해당 메뉴를 사용하기 바란다.

③ 상단 툴바의 F3 전표추가 를 클릭하여 나타나는 메시지 창에서 「예」를 클릭한다.

제장부조회

학습 방향

기출문제 유형별 장부조회 문제를 반복하여 학습합니다. 시험 시 제장부조회 대상이 되는 장부를 파악하고 주요 질문의 키포인트를 파악한 후 장부를 조회한다면 장부조회 나름의 재미도 느껴지고 해당 답을 찾기가 쉬워집니다.

● NCS능력단위(분류번호) : 회계정보시스템 운용(0203020105_20v4)
원활한 재무보고를 위하여 회계 관련 DB마스터 관리, 회계프로그램 운용, 회계정보를 활용하는 능력을 함양

● NCS능력단위(분류번호) : 자금관리(0203020102_20v4)
기업 및 조직의 자금을 관리하기 위하여 회계 관련 규정에 따라 자금인 현금, 예금, 법인카드, 어음·수표를 관리하는 능력을 함양

출제빈도

| SECTION 01 | 상 | | 98% |
| SECTION 02 | 하 | | 2% |

제장부조회

▶합격강의

전산세무회계프로그램은 전표입력이 되면 그 내용이 자동으로 장부로 작성되므로 필요한 거래내용 확인 시 전표가 아닌 장부에서 조회하여 사용하면 매우 편리하다. 시험 시 장부는 해당 답안을 찾을 수 있는 것이면 된다. 짧은 시간 안에 정확하게 조회하기 위하여 다음 사항을 알아두도록 한다.

1) 시험 시 제장부조회 대상이 되는 장부 및 재무제표

① **현금출납장** : 현금 입출금에 관하여 자세히(일자, 적요까지) 알고자 할 경우 사용한다.

  예 6월 중 현금 입금액은 얼마인가?

    6월 30일 현재 현금의 잔액은 얼마인가?

② **계정별원장** : 현금 이외의 계정과목에 관하여 자세히(일자, 적요까지) 알고자 할 경우 사용한다.

  예 6월 말 현재 받을어음의 잔액은 얼마인가?

③ **총계정원장(월별)** : 계정과목에 관한 질문 중 월별로 가장 많고 적음에 관하여 알고자 할 경우 사용한다.

  예 1월~6월 중 제품매출이 가장 많은 달은 어느 달이고 그 금액은 얼마인가?

④ **거래처원장, 거래처별계정과목별원장** : 계정과목과 거래처에 관하여 알고자 할 경우 사용하며 [잔액], [내용] 등을 이용하여 원하는 자료를 조회할 수 있다. 거래처별계정과목별원장은 거래처별 계정과목을 동시에 볼 수 있으므로 필요할 경우 사용한다.

  예 6월 30일 현재 외상매출금 잔액이 가장 많은 거래처의 거래처코드는?

⑤ **일계표** : 계정과목이 아닌 통합명칭(예 판매비와관리비 등) 등에 관하여 알고자 할 경우 일단위(한 달 이내)로 찾고자 할 때 사용한다(예 2.1-2.5).

  또는 일단위로 현금지출(현금란)과 현금지출이 아닌 경우(대체란)에 관하여 알고자 할 경우 사용한다.

  예 6월 1일부터 15일까지 발생된 복리후생비 중 현금지출액은 얼마인가?

⑥ **월계표** : 계정과목이 아닌 통합명칭(예 판관비와관리비 등)등에 관하여 알고자 할 경우 월단위(한 달 초과)로 찾고자 할 때 사용한다(예 2월-5월).

  또는 월단위로 현금지출(현금란)과 현금지출이 아닌 경우(대체란)에 관하여 알고자 할 경우 사용한다.

예 6월 중 현금으로 지출한 판매비와관리비의 차량유지비는 얼마인가?

3월부터 6월 중 판매비와관리비가 가장 큰 월과 그 금액은 얼마인가?

6월 중 판매비와관리비의 지출이 가장 큰 계정과목코드와 금액은 얼마인가?

※ 일계표와 월계표의 해당 계정과목을 더블 클릭하면 계정과목코드부터 시작해서 자세한 계정별 내용을 확인할 수 있다.

⑦ **합계잔액시산표** : 계정과목이 아닌 통합명칭(예 판매비와관리비 등)에 관한 것 중 누계(예 3월까지)의 금액에 관하여 알고자 할 경우 사용한다.

예 6월 말까지 판매비와관리비는 얼마인가?

⑧ **[결산/재무제표]의 재무제표** : 재무제표(재무상태표와 손익계산서 등)에 관하여 알고자 할 경우(전기말 대비 자산, 부채, 자본 등에 관한 질문)에 사용한다.

또한 채권, 유형자산의 장부금액을 확인할 때도 편리하다.

예 6월 말 현재 전기말 대비 유동부채의 증가액은 얼마인가?

3월 말 현재 외상매출금의 장부금액은 얼마인가?

⑨ **받을어음현황, 지급어음현황** : 어음번호, 발행일자, 만기일자, 수취구분, 금융기관 등에 관하여 알고자 할 경우 사용한다.

• 외상매출금	×××
대손충당금	××× <u>×××</u>
	장부금액
• 건물	×××
감가상각	××× <u>×××</u>
누계액	장부금액

2) 장부관리 화면

① **현금출납장** : [장부관리]−[현금출납장]을 클릭하면 다음과 같은 화면이 나온다. 현금 입금, 출금에 관하여 자세히 알고자 할 경우에 조회하는 장부로 해당 월별의 합은 [월계]를 참조하고 잔액에 관하여 알고 싶을 경우에는 잔액란을 보면 된다. 실무 시 상단 툴바의 F3 전표조회/수정을 눌러 잘못된 전표를 직접 수정할 수 있다.

② **계정별원장** : [장부관리]−[계정별원장]을 클릭하면 다음과 같은 화면이 나온다. 현금이 아닌 계정과목에 관하여 자세히 알고자 할 경우에 조회하는 장부로 기간을 입력하고 계정과목란에 알고 싶은 계정과목을 입력하면 된다. 현금은 조회가 안 된다. 또한 실무 시 상단 툴바의 「F3 전표조회/수정」을 눌러 잘못된 전표를 직접 수정할 수 있다.

③ **총계정원장** : [장부관리]−[총계정원장]을 클릭하면 다음과 같은 화면이 나온다. 모든 계정과목에 관하여 월별, 일별로 조회가 가능하다. 주로 시험 시에는 월별로 가장 많거나 적게 발생된 계정과목의 금액을 알고자 할 경우에 조회하면 된다.

④ **거래처원장(또는 거래처별계정과목별원장)** : [장부관리]−[거래처원장](또는 [거래처별과목별원장])을 클릭하면 다음과 같은 화면이 나온다. 계정과목에 관하여 거래처별 잔액은 잔액 탭을 이용하여 조회하고, 상세한 거래내용은 내용 탭을 클릭하여 조회한다. [거래처별계정과목별원장]은 거래처별 계정과목을 동시에 보면서 조회할 수 있다.

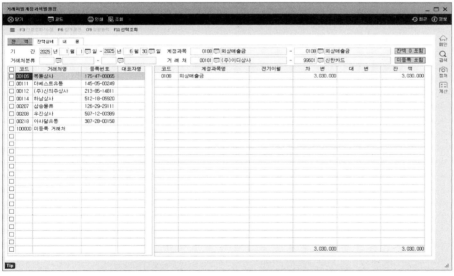

⑤ **일계표(월계표)** : [장부관리]−[일계표(월계표)]을 클릭하면 다음과 같은 화면이 나
온다. 일계표는 하루 동안 일어난 거래내역을, 월계표는 월단위로 조회하고자 할
경우에 사용한다. 시험 시에는 통합명칭(유동자산, 유동부채, 판매비와관리비 등)
으로 발생된 금액을 알고자 할 경우나 현금거래와 대체거래(현금거래 외)의 금액
을 통합명칭이나 계정과목별로 알고자 할 경우에 조회한다. 계정과목을 더블 클릭
하면 해당 계정과목에 관하여 자세히 볼 수 있다.

⑥ **합계잔액시산표** : [결산/재무제표]−[합계잔액시산표]을 클릭하면 다음과 같은 화면이 나온다. 거래가 발생되면 분개장(전표)에 기록하고 해당 내용을 원장에 전기하는데, 전기가 정확히 검증하기 위하여 작성하는 표이다. 시험 시에는 누계(5월까지 발생된 복리후생비)관련 자료를 조회할 경우에 주로 사용한다.

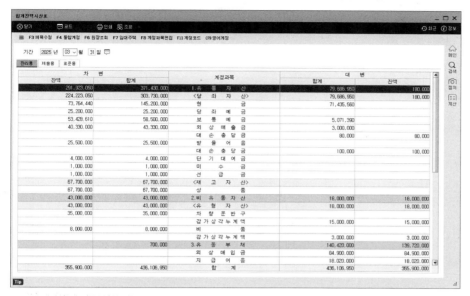

⑦ **재무상태표** : [결산/재무제표]−[재무상태표]을 클릭하면 다음과 같은 화면이 나온다. 결산 시 작성하는 재무상태표로 외부보고 시 [재무상태표]는 전기와 당기로 구분하여 비교식으로 작성하므로 해당 내용을 볼 수 있다. 시험 시 전기말 대비 자산, 부채, 자본의 변동내역을 알고자 할 경우나 채권의 장부금액, 유형자산의 장부금액을 알고자 할 경우 조회하면 된다.

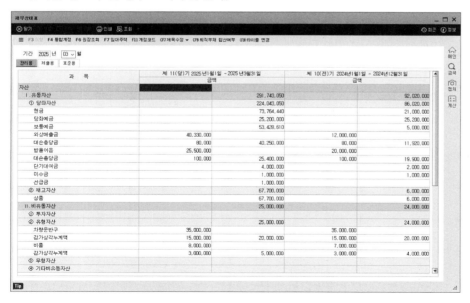

⑧ **손익계산서** : 수익과 비용에 관하여 누계(3월까지)의 금액에 관하여 알고자 하거
나 통합명칭(⑩ 판매비와관리비 등)에 관한 것, 전기말 대비 수익과 비용에 관하여
알고자 할 경우 조회하면 된다.

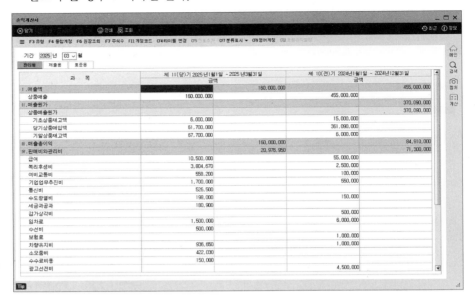

한일상사(회사코드 : 0402)의 데이터를 조회하여 다음 물음에 답하시오.

1. 2분기말 현금잔액은 1분기말 현금잔액에 비해 얼마나 증가하였나?

2. 6월부터 12월까지 외상매출금 매출 건수가 가장 많은 달과 그 금액은 얼마인가?

3. 11월 30일 현재 외상매출금 잔액이 가장 많은 거래처 코드와 금액은 얼마인가?

4. 1월부터 6월까지 판매비와관리비는 얼마인가?

5. 6월부터 12월까지 외상매출금 발생액이 가장 큰 월과 그 금액은 얼마인가?

6. 전기말 유동부채에 비하여 당기 2025년 8월 말 현재 유동부채는 얼마 증가하였는가?

7. 1월부터 6월까지 현금으로 지출한 통신비는 모두 얼마인가?

풀이방법 >

1. [장부관리]-[현금출납장]에서 1분기말(3월 31일)과 2분기말(6월 30일)을 조회하여 그 차액을 계산한다.

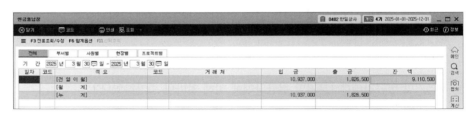

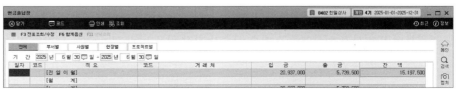

▶ 정답 : 6,087,000원(2분기말 잔액 15,197,500원-1분기말 잔액 9,110,500원)
([총계정원장]에서 기간(3월 01일~06월 30일), 계정과목(01.현금~101.현금)을 입력한 후 확인해도 됨)

2. [장부관리]-[계정별원장](∵ 외상매출금 매출내역을 자세히 봐야 하므로)에서 기간(6월 1일~12월 31일), 계정과목(108.외상매출금~108.외상매출금)을 입력한 후 확인한다.

▶ 정답 : 8월 5,000,000원

3. [장부관리]−[거래처원장]에서 기간(11월 30일~11월 30일), 계정과목(108.외상매출금), 거래처란 2곳에서 [Enter]를 쳐서 넘어가면 첫 칸에는 등록된 거래처의 첫 거래처가 마지막 칸에는 등록된 거래처의 마지막 거래처가 자동으로 입력되어 조회된다.

▶ 정답 : 101(마포헬스) 76,680,000원

4. [장부관리]−[일계표(월계표)]에서 월계표 탭을 선택하고 1월~6월의 판매비및일반관리비의 차변 계를 확인한다.

▶ 정답 : 1,849,500원

5. [장부관리]−[총계정원장]의 월별란에서 기간(6월 1일~12월 31일), 계정과목(108.외상매출금~108.외상매출금)을 입력한 후 확인한다.

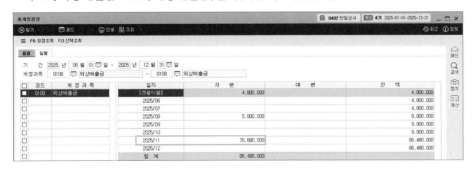

▶ 정답 : 11월 76,680,000원

6. [결산/재무제표]−[재무상태표]에서 2025년 8월 조회 유동부채란의 당기(4기)와 전기(3기)의 금액을 보고 당기 8월 말 유동부채 금액에서 전기말 유동부채의 금액을 차감한다.

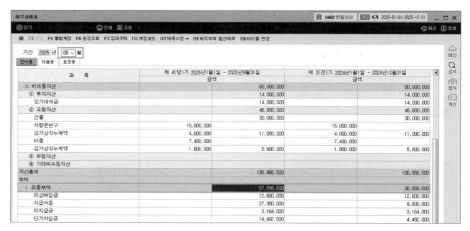

▶ 정답 : 27,500,000원(57,556,000원−30,056,000원)

7. [장부관리]−[일계표(월계표)]에서 월계표를 선택하고 1월~6월에서 통신비 현금란을 확인한다.

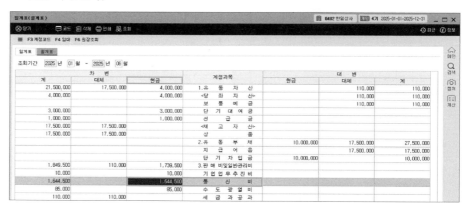

▶ 정답 : 1,644,500원

SECTION 02

자금관리

빈출 태그 ▶ 받을어음현황 · 지급어음현황

자금관리란 기업 및 조직의 자금을 관리하기 위하여 회계 관련 규정에 따라 자금인
현금, 예금, 법인카드, 어음 · 수표를 관리하는 것을 말한다.
전산세무회계프로그램에 있는 자금관리 메뉴에 대해서 설명하면 다음과 같다.

1) 받을어음현황(받을어음 기입장) : 영업활동 중 발생한 받을어음의 현황을 알고자
할 경우 사용한다.

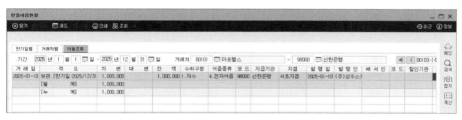

전표 입력의 받을어음란에 거래처를 입력한 후 상단 F3 자금관리 를 클릭하면 하단에
받을어음 내용 창이 화면과 같이 나타나며, 해당 내역을 입력하면 받을현황에 반영
된다.

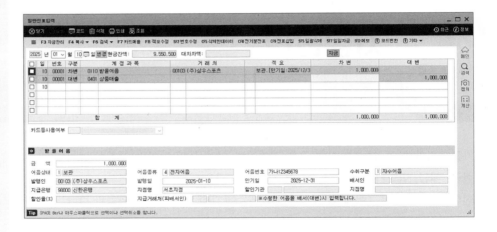

① **받을어음계정이 차변일 경우 하단 어음상태** : 1:보관 2:회수

② **받을어음계정이 대변일 경우 하단 어음상태** : 3:할인 4:배서 5:만기(추심) 6:부도
7:부분할인

2) 지급어음현황(지급어음 기입장) : 영업활동 중 발생한 지급어음의 현황을 알고자
할 경우 사용한다.

은행으로부터 약속어음 용지를 수령하면 작업하고자 하는 전표입력메뉴에 들어가서
창의 상단 툴바의 기타 목록상자를 클릭한 후 SF4 어음책등록 을 클릭하면 다음과 같은
화면이 나온다. 수령일, 어음종류, 지급은행, 어음뒷자리수, 어음시작번호, 매수를
입력하고 하단의 등록(Tab)을 클릭하면 등록이 된다.

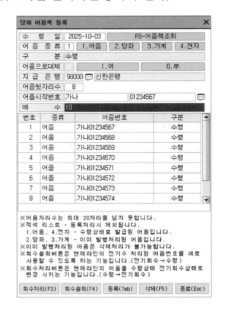

전표 입력의 지급어음에 거래처를 입력한 후 상단 F3 자금관리 를 클릭하면 하단에 지급어음 내용 창이 화면과 같이 나타나며, 해당 내역을 입력하면 지급어음현황에 반영된다.

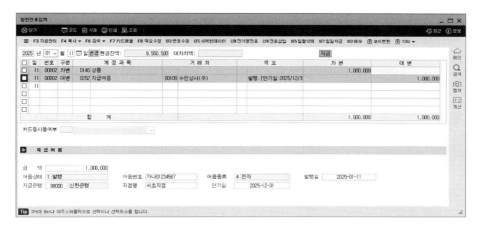

어음번호란에서 F2를 눌러 등록된 어음을 선택하여 입력한다.
① **지급어음계정이 대변일 경우 하단 어음상태** : 1:발행
② **지급어음계정이 차변일 경우 하단 어음상태** : 2:결제 4.회수

3) 일일자금명세(경리일보) : 영업활동 중 발생한 현금, 당좌예금, 보통예금, 받을어음, 지급어음, 단기차입금, 장기차입금 등의 일일내역을 알고자 할 경우 사용한다.

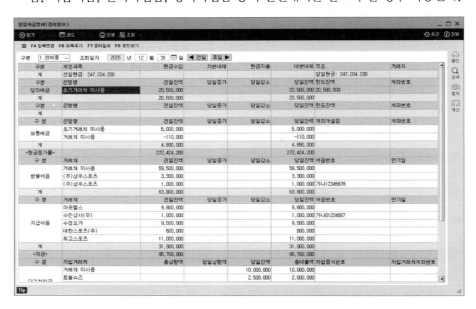

4) 예적금현황 : 영업활동 중 발생한 예금과 적금의 현황을 알고자 할 경우 사용한다.

이렇게
기막힌
적중률

전산회계 2급
이론+실무+기출문제

2권 · 기출문제

"이" 한 권으로 합격의 "기적"을 경험하세요!

YoungJin.com Y.
영진닷컴

차례

CHAPTER 02 정답 & 해설

PART

03

기출문제편

CHAPTER

01

최신 기출문제

학습 방향

시험에 대비하여 많은 기출문제를 풀어보시는 것이 좋습니다. 1시간 이내에 풀 수 있도록 노력하세요. 1시간 이내에 풀기 어려운 경우 실무시험을 먼저 풀고 이론시험을 푸는 것이 좋습니다.

전산세무회계자격시험은 컴퓨터에 수험용 프로그램(KcLep)이 설치된 상태에서, 수험자가 직접 배부 받은 답안매체(USB메모리) 내의 문제 데이터프로그램(Tax.exe)을 설치하고, 본인 스스로 프로그램 사용법 및 세무회계 지식을 기반으로 제한된 시간 내에 문제를 풀어서 입력하고, 시험종료 시 본인의 입력 자료를 답안매체에 수록하여 제출하여야 합니다.

① USB 수령	• 감독관으로부터 시험 응시에 필요한 종목별 수험용 BACKDATA 설치용 USB를 수령한다. • USB 꼬리표가 **본인의 응시 종목과 일치**하는지 확인하고, **꼬리표 뒷면에 수험정보**를 정확히 기재한다.

↓

② USB 설치	• USB를 컴퓨터의 **USB 포트**에 삽입하여 인식된 해당 **USB** 드라이브로 이동한다. • USB 드라이브에서 수험용 BACKDATA 설치프로그램인 '**Tax.exe**' 파일을 실행한다. **[주의] 수험용 BACKDATA 설치 이후, 시험 중 수험자 임의로 절대 재설치(초기화)하지 말 것**

↓

③ 수험정보입력	• [수험번호(8자리)]와 [성명]을 정확히 입력한 후 [설치] 버튼을 클릭한다. ※ **입력한 수험정보는 이후 절대 수정이 불가하니 본인의 수험정보를 정확히 입력할 것**

↓

④ 시험지 수령	• 시험지와 본인의 응시 종목 및 급수 일치 여부와 문제유형(A 또는 B)을 확인하고, 문제유형(A 또는 B)을 프로그램에 입력한다. • 시험지의 총 페이지수를 확인한다. ※ **응시 종목 및 급수와 파본 여부를 확인하지 않은 것에 대한 책임은 수험자에게 있음**

↓

⑤ 시험시작	• 감독관이 불러주는 '**감독관확인번호**'를 정확히 입력하고, 시험에 응시한다.

↓

⑥ USB 저장	• **이론문제의 답**은 프로그램의 메인화면에서 **[이론문제 답안작성]**을 클릭하여 입력한다. • **실무문제의 답**은 문항별 요구사항을 수험자가 파악하여 각 메뉴에 입력한다. • 이론문제와 실무문제의 **답안을 모두 입력**한 후 **[답안저장(USB로 저장)]**을 클릭하여 답안을 저장한다. • [답안저장] 팝업창의 **USB로 전송완료** 메시지를 확인한다.

↓

⑦ USB 제출	• 답안이 수록된 USB메모리를 빼서, 〈감독관〉에게 제출 후 조용히 퇴실한다.

▶ 본 자격시험은 전산프로그램을 이용한 자격시험입니다. 컴퓨터의 사양에 따라 자격검정(KcLep)프로그램의 구동이 원활하지 않을 수 있으므로 자격검정(KcLep)프로그램의 진행 속도를 고려하여 입력해 주시기를 바랍니다.
▶ 수험번호나 성명 등을 잘못 입력했거나, 답안을 USB에 저장하지 않음으로써 발생하는 일체의 불이익과 책임은 수험자 본인에게 있습니다.
▶ 타인의 답안을 자신의 답안으로 부정 복사한 경우 해당 관련자는 모두 불합격 처리됩니다.
▶ 타인 및 본인의 답안을 복사하거나 외부로 반출하는 행위는 모두 부정행위 처리됩니다.
▶ PC, 프로그램 등 조작 미숙으로 시험이 불가능하다고 판단될 경우 불합격 처리될 수 있습니다.
▶ **시험 진행 중에는 자격검정(KcLep)프로그램을 제외한 일체의 다른 프로그램을 사용할 수 없습니다.**
  (예시. 인터넷, 메모장, 윈도우 계산기 등)

※ [이론문제 답안작성]을 한 번도 클릭하지 않으면 [답안저장(USB로 저장)]을 클릭해도 답안이 저장되지 않습니다.

① 시험장에 입실하면 시험지와 USB를 제공받는다. 제공받은 "USB 꼬리표"에 인적
사항을 기재한 후 컴퓨터에 삽입한다. USB 내부의 파일 중에서 "Tax"파일()을
더블 클릭한다.

② 설치를 위한 화면이 나오면 수험번호와 이름을 입력하고 "설치"를 누른다. 수험용
프로그램이 자동설치되고 로그인 화면이 나온다.

③ 받은 시험지에 표시되어 있는 "문제유형"을 선택한 후 감독위원이 칠판에 써 준 감독
관 확인번호를 입력하고 "로그인" 버튼을 누른다.

④ 메인화면이 나오면 실무시험과 이론시험 문제를 모두 푼다. 그 후 하단의 "이론문
제 답안작성" 버튼을 눌러 「이론 답안」란에 이론시험 문제의 답을 클릭하고 실무시
험의 장부조회 문제의 답을 「실무시험 답안」란에 입력한다.

⑤ 모든 문제를 다 풀었다면 하단의 "답안저장(USB로 저장)"을 누른다. 만약 답안을
　수정한 경우라면 "답안저장(USB로 저장)"을 다시 눌러야 한다.

⑥ USB만 감독위원에게 제출하고 시험지 등 나머지는 챙겨서 퇴실한다.

※ 시험시간(1시간)이 부족한 수험생은 실무시험을 먼저 푼 후 이론시험 문제를 시간에 맞추어 푸는 것이 유
　리하다(∵ 이론 객관식 4지 선다형).

▶합격강의

다음 문제를 보고 알맞은 것을 골라 [이론문제 답안작성] 메뉴에 입력하시오.(객관식 문항당 2점)

기본 전제

문제에서 한국채택국제회계기준을 적용하도록 하는 전제조건이 없는 경우, 일반기업회계기준을 적용한다.

01 다음 중 혼합거래에 해당하는 것으로 옳은 것은?

① 임대차 계약을 맺고, 당월분 임대료 500,000원을 현금으로 받았다.
② 단기대여금 회수금액 300,000원과 그 이자 3,000원을 현금으로 받았다.
③ 단기차입금에 대한 이자 80,000원을 현금으로 지급하였다.
④ 상품 400,000원을 매입하고 대금 중 100,000원은 현금으로, 나머지 잔액은 외상으로 하였다.

02 다음 중 재고자산의 원가를 결정하는 방법에 해당하는 것은?

① 선입선출법　　② 정률법　　③ 생산량비례법　　④ 정액법

03 다음 중 결산 재무상태표에 표시할 수 없는 계정과목은 무엇인가?

① 단기차입금　　② 인출금　　③ 임차보증금　　④ 선급비용

04 다음의 자료를 바탕으로 유형자산 처분손익을 계산하면 얼마인가?

- 취득원가 : 10,000,000원
- 처분 시까지의 감가상각누계액 : 8,000,000원
- 처분금액 : 5,000,000원

① 처분이익 2,000,000원　　　　② 처분이익 3,000,000원
③ 처분손실 3,000,000원　　　　④ 처분손실 5,000,000원

05 개인기업인 신나라상사의 기초자본금이 200,000원일 때, 다음 자료를 통해 알 수 있는 당기순이익은 얼마인가?

> • 기업 경영주의 소득세를 납부 : 50,000원
> • 추가 출자금 : 40,000원
> • 기말자본금 : 350,000원

① 150,000원   ② 160,000원   ③ 210,000원   ④ 290,000원

06 다음 본오물산의 거래내역을 설명하는 계정과목으로 가장 바르게 짝지어진 것은?

> (가) 공장 부지로 사용하기 위한 토지의 구입 시 발생한 취득세
> (나) 본오물산 직원 급여 지급 시 발생한 소득세 원천징수액

	(가)	(나)
①	세금과공과	예수금
②	토지	예수금
③	세금과공과	세금과공과
④	토지	세금과공과

07 다음 중 판매비와관리비에 해당하지 않는 것은?

① 이자비용   ② 차량유지비   ③ 통신비   ④ 기업업무추진비

08 다음 중 정상적인 영업 과정에서 판매를 목적으로 보유하는 재고자산에 대한 예시로 옳은 것은?

① 홍보 목적 전단지   ② 접대 목적 선물세트
③ 제품과 상품   ④ 기부 목적 쌀

09 다음은 자본적 지출과 수익적 지출의 예시이다. 각 빈칸에 들어갈 말로 바르게 짝지어진 것은?

> • 태풍에 파손된 유리 창문을 교체한 것은 (㉠)적 지출
> • 자동차 엔진오일의 교체는 (㉡)적 지출

① ㉠ 자본, ㉡ 수익   ② ㉠ 자본, ㉡ 자본

③ ㉠ 수익, ㉡ 자본   ④ ㉠ 수익, ㉡ 수익

10 다음과 같은 결합으로 이루어진 거래로 가장 옳은 것은?

> (차) 부채의 감소   (대) 자산의 감소

① 외상매입금 4,000,000원을 보통예금 계좌에서 지급한다.
② 사무실의 전기요금 300,000원을 현금으로 지급한다.
③ 거래처 대표의 자녀 결혼으로 100,000원의 화환을 보낸다.
④ 사무실에서 사용하던 냉장고를 200,000원에 처분한다.

11 다음 중 계정과목의 분류가 다른 것은?

① 예수금   ② 미지급비용   ③ 선급비용   ④ 선수금

12 기간경과분 이자수익이 당기에 입금되지 않았다. 기말 결산 시 해당 내용을 회계처리하지 않았을 때 당기 재무제표에 미치는 영향으로 가장 옳은 것은?

① 자산의 과소계상   ② 부채의 과대계상

③ 수익의 과대계상   ④ 비용의 과소계상

13 다음의 자료를 이용하여 순매출액을 계산하면 얼마인가?

> • 당기 상품 매출액 : 300,000원
> • 상품매출과 관련된 부대비용 : 5,000원
> • 상품매출 환입액 : 10,000원

① 290,000원   ② 295,000원   ③ 305,000원   ④ 319,000원

14 다음의 내용이 설명하는 계정과목으로 올바른 것은?

> 기간이 경과되어 보험료, 이자, 임차료 등의 비용이 발생하였으나 약정된 지급일이 되지 않아 지급하지 아니한 금액에 사용하는 계정과목이다.

① 가지급금   ② 예수금   ③ 미지급비용   ④ 선급금

15 다음의 자료를 바탕으로 현금및현금성자산의 금액을 계산하면 얼마인가?

> • 보통예금 : 500,000원
> • 1년 만기 정기예금 : 1,000,000원
> • 당좌예금 : 700,000원
> • 단기매매증권 : 500,000원

① 1,200,000원   ② 1,500,000원   ③ 1,700,000원   ④ 2,200,000원

▶ 합격강의

하늘상사(회사코드 : 1164)는 유아용 의류를 판매하는 개인기업으로 당기(제9기)의 회계기간은 2025.1.1.~ 2025.12.31.이다. 전산세무회계 수험용 프로그램을 이용하여 다음 물음에 답하시오.

기본 전제

- 문제에서 한국채택국제회계기준을 적용하도록 하는 전제조건이 없는 경우, 일반기업회계기준을 적용하여 회계처리한다.
- 문제의 풀이와 답안작성은 제시된 문제의 순서대로 진행한다.

---

01 다음은 하늘상사의 사업자등록증이다. [회사등록] 메뉴에 입력된 내용을 검토하여 누락분은 추가 입력하고 잘못된 부분은 정정하시오(단, 주소입력 시 우편번호는 입력하지 않아도 무방함).(6점)

사 업 자 등 록 증

(일반과세자)

등록번호 : 628-26-01035

1. 상   호 : 하늘상사
2. 성   명 : 최은우
3. 생 년 월 일 : 1988년 10월 17일
4. 개 업 연 월 일 : 2017년 3월 1일
5. 사업장소재지 : 서울특별시 강남구 논현로 56
6. 사업의   종류 : [업태] 도소매 [종목] 유아용 의류
7. 교 부 사 유 : 신규
8. 공 동 사 업 자 :
9. 주류판매신고번호 :
10. 사업자단위과세적용사업자여부 : 여( ) 부(V)

2017년 3월 1일

삼성세무서장 인

---

02 다음은 하늘상사의 전기분 손익계산서이다. 입력되어 있는 자료를 검토하여 오류 부분은 정정하고 누락된 부분은 추가 입력하시오.(6점)

손익계산서

회사명 : 하늘상사　　　　　　제8기 2024.1.1.~2024.12.31.　　　　　　(단위 : 원)

과 목	금 액	과 목	금 액
Ⅰ. 매출액	665,000,000	Ⅴ. 영업이익	129,500,000
상품매출	665,000,000	Ⅵ. 영업외수익	240,000
Ⅱ. 매출원가	475,000,000	이자수익	210,000
상품매출원가	475,000,000	잡이익	30,000
기초상품재고액	19,000,000	Ⅶ. 영업외비용	3,000,000
당기상품매입액	472,000,000	기부금	3,000,000
기말상품재고액	16,000,000	Ⅷ. 소득세차감전순이익	126,740,000
Ⅲ. 매출총이익	190,000,000	Ⅸ. 소득세등	0
Ⅳ. 판매비와관리비	60,500,000	Ⅹ. 당기순이익	126,740,000
급여	30,000,000		
복리후생비	2,500,000		
기업업무추진비	8,300,000		
통신비	420,000		
감가상각비	5,200,000		
임차료	12,000,000		
차량유지비	1,250,000		
소모품비	830,000		

03 다음 자료를 이용하여 입력하시오.(6점)

❶ 다음의 신규 거래처를 [거래처등록] 메뉴에서 추가 입력하시오(단, 우편번호 입력은 생략함).(3점)

- 거래처코드 : 00308
- 대표자성명 : 최은비
- 사업자등록번호 : 113-09-67896
- 종목 : 신발도매업
- 거래처명 : 뉴발상사
- 유형 : 동시
- 업태 : 도매및소매업
- 사업장주소 : 서울 송파구 법원로11길 11

❷ 거래처별 초기이월의 올바른 채권과 채무 잔액은 다음과 같다. [거래처별초기이월] 메뉴의 자료를 검토하여 오류가 있으면 올바르게 삭제 또는 수정, 추가 입력을 하시오.(3점)

계정과목	거래처	잔액
외상매출금	스마일상사	20,000,000원
미수금	슈프림상사	10,000,000원
단기차입금	다온상사	23,000,000원

04 [일반전표입력] 메뉴를 이용하여 다음의 거래자료를 입력하시오.(24점)

> ### 입력 시 유의사항
>
> - 적요의 입력은 생략한다.
> - 부가가치세는 고려하지 않는다.
> - 채권 · 채무와 관련된 거래처명은 반드시 기 등록되어 있는 거래처코드를 선택하는 방법으로 거래처명을 입력한다.
> - 회계처리 시 계정과목은 별도의 제시가 없는 한 등록된 계정과목 중 가장 적절한 과목으로 한다.

❶ 7월 25일 경리부 직원 류선재로부터 아래의 청첩장을 받고 축의금 300,000원을 사규에 따라 현금으로 지급하였다.(3점)

❷ 8월 4일 영동상사로부터 상품 4,000,000원을 매입하고 대금 중 800,000원은 당좌수표로 지급하고, 잔액은 어음을 발행하여 지급하였다.(3점)

❸ 8월 25일 하나상사에 상품 1,500,000원을 판매하는 계약을 하고, 계약금으로 상품 대금의 20%가 보통예금 계좌에 입금되었다.(3점)

❹ 10월 1일 운영자금을 확보하기 위하여 기업은행으로부터 50,000,000원을 5년 후에 상환하는 조건으로 차입하고, 차입금은 보통예금 계좌로 이체받았다.(3점)

5 10월 31일 영업부 과장 송해나의 10월분 급여를 보통예금 계좌에서 이체하여 지급하였다(단, 하나의 전표로 처리하되, 공제 항목은 구분하지 않고 하나의 계정과목으로 처리할 것).(3점)

급여명세서

귀속연월 : 10월   지급연월 : 10월 31일

성 명 : 송해나

세부내역

지급		공제	
급여항목	지급액(원)	공제항목	공제액(원)
기본급	2,717,000	소득세	49,100
		지방소득세	4,910
		국민연금	122,260
		건강보험	96,310
		장기요양보험	12,470
		고용보험	24,450
		공제액 계	309,500
지급액 계	2,717,000	실지급액	2,407,500

계산방법

구분	산출식 또는 산출방법	지급금액(원)
기본급	209시간×13,000원/시간	2,717,000

6 11월 13일 가나상사에 상품을 판매하고 받은 어음 2,000,000원을 즉시 할인하여 은행으로부터 보통예금 계좌로 입금받았다(단, 매각거래이며, 할인율은 5%로 한다).(3점)

7 11월 22일 거래처 한올상사에서 상품 4,000,000원을 외상으로 매입하고 인수 운임 150,000원(당사 부담)은 현금으로 지급하였다(단, 하나의 전표로 입력할 것).(3점)

8 12월 15일 다음과 같이 우리컨설팅에서 영업부 서비스교육을 진행하고 교육훈련비 대금 중 500,000원은 보통예금 계좌에서 이체하여 지급하고 잔액은 외상으로 하였다. 단, 원천징수세액은 고려하지 않는다.(3점)

권		호		거래명세표(보관용)				
12 월 15 일			공급자	사 업 자 등 록 번 호	109–02–*****			
하늘상사 귀하				상 호	우리컨설팅	성 명	김우리 ㉑	
				사 업 장 소 재 지	서울특별시 양천구 신정중앙로 86			
아래와 같이 계산합니다.				업 태	서비스	종 목	컨설팅.강의	
합계금액				일백만 원정 (₩ 1,000,000)				
월 일	품 목		규 격	수 량	단 가	공 급 대 가		
12/15	영업부 서비스 교육			1	1,000,000원	1,000,000원		
계						1,000,000원		
전잔금	없음			합 계		1,000,000원		
입 금	500,000원		잔 금	500,000원		인수자	㉑	
비 고								

05 [일반전표입력] 메뉴에 입력된 내용 중 다음과 같은 오류가 발견되었다. 입력된 내용을 검토하고 수정 또는 삭제, 추가 입력하여 올바르게 정정하시오.(6점)

1 8월 22일 만중상사로부터 보통예금 4,000,000원이 입금되어 선수금으로 처리한 내용은 전기에 대손 처리하였던 만중상사의 외상매출금 4,000,000원이 회수된 것이다.(3점)

2 9월 15일 광고선전비로 계상한 130,000원은 거래처의 창립기념일 축하를 위한 화환 대금이다.(3점)

06 다음의 결산정리사항을 입력하여 결산을 완료하시오.(12점)

1 회사의 자금 사정으로 인하여 영업부의 12월분 전기요금 1,000,000원을 다음 달에 납부하기로 하였다.(3점)

2 기말 현재 현금과부족 30,000원은 영업부 컴퓨터 수리비를 지급한 것으로 밝혀졌다.(3점)

3 12월 1일에 국민은행으로부터 100,000,000원을 연 이자율 12%로 차입하였다(차입기간 : 2025.12.01.~ 2030.11.30.). 매월 이자는 다음 달 5일에 지급하기로 하고, 원금은 만기 시에 상환한다. 기말수정분개를 하시오(단, 월할 계산할 것).(3점)

4 결산을 위해 재고자산을 실사한 결과 기말상품재고액은 15,000,000원이었다.(3점)

07 다음 사항을 조회하여 알맞은 답안을 [이론문제 답안작성] 메뉴에 입력하시오.(10점)

1 상반기(1월~6월) 중 기업업무추진비(판매비와일반관리비)를 가장 많이 지출한 월(月)과 그 금액은 얼마인가?(3점)

2 5월까지의 직원급여 총 지급액은 얼마인가?(3점)

3 6월 말 현재 외상매출금 잔액이 가장 많은 거래처의 상호와 그 외상매출금 잔액은 얼마인가?(4점)

▶합격강의

이론시험

다음 문제를 보고 알맞은 것을 골라 [이론문제 답안작성] 메뉴에 입력하시오.(객관식 문항당 2점)

───── 기본 전제 ─────

문제에서 한국채택국제회계기준을 적용하도록 하는 전제조건이 없는 경우, 일반기업회계기준을 적용한다.

01 다음 자료에 의하여 기말결산 시 재무상태표상에 현금및현금성자산으로 표시될 장부금액은 얼마인가?

- 서울은행에서 발행한 자기앞수표 30,000원
- 당좌개설보증금 50,000원
- 취득 당시 만기가 3개월 이내에 도래하는 금융상품 70,000원

① 50,000원　　② 80,000원　　③ 100,000원　　④ 120,000원

02 다음 자료는 회계의 순환과정의 일부이다. (가), (나), (다)에 들어갈 순환과정의 순서로 옳은 것은?

거래 발생 → (가) → 전기 → 수정 전 시산표 작성 → (나) → 수정 후 시산표 작성 → (다) → 결산보고서 작성

	(가)	(나)	(다)
①	분개	각종 장부 마감	결산 정리 분개
②	분개	결산 정리 분개	각종 장부 마감
③	각종 장부 마감	분개	결산 정리 분개
④	결산 정리 분개	각종 장부 마감	분개

03 다음은 개인기업인 서울상점의 손익 계정이다. 이를 통해 알 수 있는 내용이 아닌 것은?

		손익				
12/31	상품매출원가	120,000원	12/31	상품매출	260,000원	
	급여	40,000원		이자수익	10,000원	
	보험료	30,000원				
	자본금	80,000원				
		270,000원			270,000원	

① 당기분 보험료는 30,000원이다.
② 당기분 이자수익은 10,000원이다.
③ 당기의 매출총이익은 140,000원이다.
④ 당기의 기말자본금은 80,000원이다.

04 다음 중 재무상태표의 계정과목으로만 짝지어진 것은?

① 미지급금, 미지급비용
② 외상매출금, 상품매출
③ 감가상각누계액, 감가상각비
④ 대손충당금, 대손상각비

05 다음 중 결산 시 차기이월로 계정을 마감하는 계정과목에 해당하는 것은?

① 이자수익   ② 임차료   ③ 통신비   ④ 미수금

06 다음 중 일반적으로 유형자산의 취득원가에 포함시킬 수 없는 것은?

① 설치비   ② 취득세
③ 취득 시 발생한 운송비   ④ 보유 중에 발생한 수선유지비

07 다음 중 판매비와관리비에 해당하는 것을 모두 고른 것은?

가. 이자비용	나. 유형자산처분손실
다. 복리후생비	라. 소모품비

① 가, 나   ② 가, 다
③ 나, 다   ④ 다, 라

08 다음 중 계정의 잔액 표시가 올바른 것은?

①
선수금	
2,000,000원	

②
선급금	
2,000,000원	

③
미수금	
	2,000,000원

④
미지급금	
2,000,000원	

09 다음 중 일반기업회계기준상 재고자산의 평가방법으로 인정되지 않는 것은?

① 개별법   ② 선입선출법   ③ 가중평균법   ④ 연수합계법

10 상품 매출에 대한 계약을 하고 계약금 100,000원을 받아 아래와 같이 회계처리할 때, 다음 빈칸에 들어갈 계정과목으로 가장 옳은 것은?

(차) 현금 100,000	(대) ( ) 100,000

① 선수금   ② 선급금   ③ 상품매출   ④ 외상매출금

11 다음은 재무제표의 종류에 대한 설명이다. 아래의 보기 중 (가), (나)에서 각각 설명하는 재무제표의 종류로 모두 옳은 것은?

- (가) : 일정시점 현재 기업이 보유하고 있는 자산, 부채, 자본에 대한 정보를 제공하는 재무보고서
- (나) : 일정기간 동안 기업의 경영성과에 대한 정보를 제공하는 재무보고서

	(가)	(나)
①	재무상태표	손익계산서
②	잔액시산표	손익계산서
③	재무상태표	현금흐름표
④	잔액시산표	현금흐름표

12 다음 중 원칙적으로 감가상각을 하지 않는 유형자산은?

① 기계장치   ② 차량운반구   ③ 건설중인자산   ④ 건물

13 다음 자료를 이용하여 상품의 당기 순매입액을 계산하면 얼마인가?

- 당기에 상품 50,000원을 외상으로 매입하였다.
- 매입할인을 8,000원 받았다.

① 42,000원   ② 47,000원   ③ 50,000원   ④ 52,000원

14 다음의 자료를 이용하여 기말자본을 계산하면 얼마인가?

- 기초자본 300,000원   • 당기순이익 160,000원   • 기말자본 (?)원

① 140,000원   ② 230,000원   ③ 300,000원   ④ 460,000원

15 다음 중 수익과 비용에 대한 설명으로 옳지 않은 것은?

① 급여는 영업비용에 해당한다.
② 소득세는 영업외비용에 해당한다.
③ 유형자산의 감가상각비는 영업비용에 해당한다.
④ 이자수익은 영업외수익에 해당한다.

슈리상사(회사코드 : 1154)는 신발을 판매하는 개인기업으로서 당기(제15기)의 회계기간은 2025.1.1.~ 2025.12.31.이다. 전산세무회계 수험용 프로그램을 이용하여 다음 물음에 답하시오.

기본 전제

- 문제에서 한국채택국제회계기준을 적용하도록 하는 전제조건이 없는 경우, 일반기업회계기준을 적용하여 회계처리한다.
- 문제의 풀이와 답안작성은 제시된 문제의 순서대로 진행한다.

01 다음은 슈리상사의 사업자등록증이다. [회사등록] 메뉴에 입력된 내용을 검토하여 누락분은 추가 입력하고 잘못된 부분은 정정하시오(단, 우편번호 입력은 생략할 것).(6점)

사 업 자 등 록 증

(일반과세자)

등록번호 : 101-11-54033

---

1. 상   호 : 슈리상사
2. 성   명 : 박유빈 외 1명
3. 생 년 월 일 : 1987년 12월 3일
4. 개 업 연 월 일 : 2011년 9월 23일
5. 사업장소재지 : 서울특별시 동작구 동작대로 29
6. 사업의   종류 : [업태] 도소매 [종목] 신발
7. 교 부 사 유 : 신규
8. 공 동 사 업 자 : 박기수
9. 주류판매신고번호 :
10. 사업자단위과세적용사업자여부 : 여( ) 부(V)

2011년 9월 23일

동작세무서장 인

---

02 다음은 슈리상사의 전기분 손익계산서이다. 입력되어 있는 자료를 검토하여 오류 부분은 정정하고 누락된 부분은 추가 입력하시오.(6점)

손익계산서

회사명 : 슈리상사　　　　　제14기 2024.1.1.～2024.12.31　　　　　(단위 : 원)

과 목	금 액	과 목	금 액
Ⅰ. 매출액	350,000,000	Ⅴ. 영업이익	94,500,000
상품매출	350,000,000	Ⅵ. 영업외수익	2,300,000
Ⅱ. 매출원가	150,000,000	이자수익	700,000
상품매출원가	150,000,000	잡이익	1,600,000
기초상품재고액	10,000,000	Ⅶ. 영업외비용	6,800,000
당기상품매입액	190,000,000	이자비용	6,500,000
기말상품재고액	50,000,000	잡손실	300,000
Ⅲ. 매출총이익	200,000,000	Ⅷ. 소득세차감전순이익	90,000,000
Ⅳ. 판매비와관리비	105,500,000	Ⅸ. 소득세등	0
급여	80,000,000	Ⅹ. 당기순이익	90,000,000
복리후생비	6,300,000		
여비교통비	2,400,000		
임차료	12,000,000		
수선비	1,200,000		
수수료비용	2,700,000		
광고선전비	900,000		

03 다음 자료를 이용하여 입력하시오.(6점)

❶ [계정과목및적요등록] 메뉴에서 판매비와관리비의 상여금 계정에 다음 내용의 적요를 등록하시오.(3점)

현금적요 No.2 : 명절 특별 상여금 지급

❷ 슈리상사의 거래처별 초기이월 채권과 채무잔액은 다음과 같다. 자료에 맞게 추가 입력이나 정정 및 삭제하시오.(3점)

계정과목	거래처	잔액	계
외상매출금	희은상사	6,000,000원	34,800,000원
	폴로전자	15,800,000원	
	예진상회	13,000,000원	
지급어음	슬기상회	6,000,000원	17,000,000원
	효은유통	7,600,000원	
	주언상사	3,400,000원	

04 [일반전표입력] 메뉴를 이용하여 다음의 거래자료를 입력하시오.(24점)

⟨ 입력 시 유의사항 ⟩

- 적요의 입력은 생략한다.
- 부가가치세는 고려하지 않는다.
- 채권·채무와 관련된 거래처명은 반드시 기 등록되어 있는 거래처코드를 선택하는 방법으로 거래처명을 입력한다.
- 회계처리 시 계정과목은 별도의 제시가 없는 한 등록된 계정과목 중 가장 적절한 과목으로 한다.

■1 7월 29일 사무실에서 사용하는 노트북을 수리하고 대금은 국민카드로 결제하였다(단, 해당 지출은 수익적 지출에 해당함).(3점)

카드매출전표

카드종류 : 국민카드
카드번호 : 1234-5678-11**-2222
거래일시 : 07.29. 11:11:12
거래유형 : 신용승인
금   액 : 150,000원
결제방법 : 일시불
승인번호 : 12341234
은행확인 : 신한은행

가맹점명 : 규은전자
- 이 하 생 략 -

■2 8월 18일 농협은행으로부터 차입한 금액에 대한 이자 900,000원을 보통예금 계좌에서 지급하였다.(3점)

■3 8월 31일 당사에서 보관 중이던 섬미상사 발행 당좌수표로 넥사상사의 외상매입금 3,000,000원을 지급하였다.(3점)

■4 9월 20일 청소년의 날을 맞아 소년소녀가장을 돕기 위해 현금 500,000원을 방송국에 기부하였다.(3점)

5 10월 15일 사무실로 이용 중인 동작빌딩 임대차계약을 아래와 같이 임차보증금만 인상하는 것으로 재계약하고, 인상된 임차보증금을 보통예금 계좌에서 이체하여 지급하였다. 종전 임대차계약의 임차보증금은 170,000,000원이며, 갱신 후 임대차계약서는 아래와 같다.(3점)

부동산 임대차(월세) 계약서

본 부동산에 대하여 임대인과 임차인 쌍방은 다음과 같이 합의하여 임대차(월세)계약을 체결한다.

1. 부동산의 표시

소재지	서울특별시 동작구 동작대로 29 (사당동)					
건 물	구 조	철근콘크리트	용 도	사무실	면 적	100㎡
임대부분	상동 소재지 전부					

2. 계약내용

제 1 조 위 부동산의 임대차계약에 있어 임차인은 보증금 및 차임을 아래와 같이 지불하기로 한다.

보증금	일금	일억팔천만 원정	(₩ 180,000,000)
차 임	일금	육십만 원정	(₩_____600,000)은 매월 말일에 지불한다.

제 2 조 임대인은 위 부동산을 임대차 목적대로 사용·수익할 수 있는 상태로 하여 2025년 10월 15일까지 임차인에게 인도하며, 임대차기간은 인도일로부터 24개월로 한다.

...중략...

임대인 : 동작빌딩 대표   이주인   (인)
임차인 : 슈리상사 대표 박유빈 외 1명   (인)

6 11월 4일 보유하고 있던 기계장치(취득원가 20,000,000원)를 광운상사에 10,000,000원에 매각하고 그 대금은 보통예금 계좌로 입금받았다(단, 11월 4일까지 해당 기계장치의 감가상각누계액은 10,000,000원이다).(3점)

7 12월 1일 영업부 출장용 자동차를 30,000,000원에 구입하면서 동시에 아래와 같이 취득세를 납부하였다. 차량운반구 구매액과 취득세는 모두 보통예금 계좌에서 지출하였다(단, 하나의 전표로 입력할 것).(3점)

대전광역시		차량취득세납부영수증		납부(납입)서		납세자보관용 영수증	
납세자		슈리상사					
주소		서울특별시 동작구 동작대로 29 (사당동)					
납세번호		**기관번호** 1234567		**세목** 10101501		**납세년월기** 20212	**과세번호** 0124751
과세내역	차번	222머8888		년식		과 세 표 준 액	
	목적	신규등록(일반등록)	**특례**	세율특례없음			30,000,000
	차명	에쿠스					
	차종	승용자동차	**세율**	70/1000			
세목		납 부 세 액		납부할 세액 합계		전용계좌로도 편리하게 납부!!	
취 득 세		2,100,000				우리은행 1620-441829-64-125 신한은행 5563-04433-245814 하나은행 1317-865254-74125 국민은행 44205-84-28179245 기업은행 5528-774145-58-247	
가산세		0		2,100,000원			
지방교육세		0					
농어촌특별세		0		신고납부기한			
합계세액		2,100,000		12. 31. 까지			
지방세법 제6조~22조, 제30조의 규정에 의하여 위와 같이 신고하고 납부합니다.						■ 전용계좌 납부안내(뒷면참조)	
담당자		위의 금액을 영수합니다.				수납인	
한대교		납부장소 : 전국은행(한국은행제외) 우체국 농협			12월 01일		

8 12월 10일 거래처 직원의 결혼식에 보내기 위한 축하 화환을 주문하고 대금은 현금으로 지급하면서 아래와 같은 현금영수증을 수령하였다.(3점)

현금영수증

승인번호	구매자 발행번호	발행방법
G54782245	101-11-54033	지출증빙
신청구분	발행일자	취소일자
사업자번호	12.10.	-
상품명		
축하3단화환		
구분	주문번호	상품주문번호
일반상품	121054897	121085414

판매자 정보

판매자상호	대표자명
스마일꽃집	김다림
사업자등록번호	판매자전화번호
201-91-41674	032-459-8751
판매자사업장주소	
인천시 계양구 방축로 106	

금액

공급가액		1	0	0	0	0	0
부가세액							
봉사료							
승인금액		1	0	0	0	0	0

05 [일반전표입력] 메뉴에 입력된 내용 중 다음과 같은 오류가 발견되었다. 입력된 내용을 검토하고 수정 또는 삭제, 추가 입력하여 올바르게 정정하시오.(6점)

❶ 10월 25일 본사 건물의 외벽 방수 공사비 5,000,000원을 수익적 지출로 처리해야 하나, 자본적 지출로 잘못 처리하였다.(3점)

❷ 11월 10일 보통예금 계좌에서 신한은행으로 이체한 1,000,000원은 장기차입금을 상환한 것이 아니라 이자비용을 지급한 것이다.(3점)

06 다음의 결산정리사항을 입력하여 결산을 완료하시오.(12점)

❶ 결산일 현재 임대료(영업외수익) 미수분 300,000원을 결산정리분개하였다.(3점)

❷ 단기투자목적으로 2개월 전에 (주)자유로의 주식 100주를 주당 6,000원에 취득하였다. 기말 현재 이 주식의 공정가치는 주당 4,000원이다.(3점)

❸ 10월 1일에 영업부 출장용 차량의 보험료(보험기간 : 2025.10.01.~2026.09.30.) 600,000원을 현금으로 지급하면서 전액 보험료로 처리하였다. 기말수정분개를 하시오(단, 월할 계산할 것).(3점)

❹ 12월 31일 당기분 차량운반구에 대한 감가상각비 600,000원과 비품에 대한 감가상각비 500,000원을 계상하였다.(3점)

07 다음 사항을 조회하여 알맞은 답안을 [이론문제 답안작성] 메뉴에 입력하시오.(10점)

❶ 6월 30일 현재 당좌자산의 금액은 얼마인가?(3점)

❷ 상반기(1~6월) 중 광고선전비(판) 지출액이 가장 적은 달의 지출액은 얼마인가?(3점)

❸ 6월 말 현재 거래처 유화산업의 ①외상매출금과 ②받을어음의 잔액을 각각 순서대로 적으시오.(4점)

다음 문제를 보고 알맞은 것을 골라 [이론문제 답안작성] 메뉴에 입력하시오.(객관식 문항당 2점)

기본 전제

문제에서 한국채택국제회계기준을 적용하도록 하는 전제조건이 없는 경우, 일반기업회계기준을 적용한다.

01 다음은 계정의 기록 방법에 대한 설명이다. 아래의 (가)와 (나)에 각각 들어갈 내용으로 옳게 짝지어진 것은?

- 부채의 감소는 (가)에 기록한다.
- 수익의 증가는 (나)에 기록한다.

	(가)	(나)
①	대변	대변
②	차변	차변
③	차변	대변
④	대변	차변

02 다음은 한국상점(회계기간 : 매년 1월 1일~12월 31일)의 현금 관련 자료이다. 아래의 (가)에 들어갈 계정과목으로 옳은 것은?

- 1월 30일 – 장부상 현금 잔액 400,000원
  – 실제 현금 잔액 500,000원
- 12월 31일 – 결산 시까지 현금과부족 계정 잔액의 원인이 밝혀지지 않음

현금과부족

7/1	이자수익	70,000원	1/30	현금	100,000원
	(가)	30,000원			
		100,000원			100,000원

① 잡손실　　　② 잡이익　　　③ 현금과부족　　　④ 현금

03 다음 중 거래의 결과로 인식할 비용의 분류가 나머지와 다른 것은?

① 영업부 사원의 당월분 급여 2,000,000원을 현금으로 지급하다.
② 화재로 인하여 창고에 보관하던 상품 500,000원이 소실되다.
③ 영업부 사무실 건물에 대한 월세 200,000원을 현금으로 지급하다.
④ 종업원의 단합을 위해 체육대회행사비 50,000원을 현금으로 지급하다.

04 다음의 자료를 이용하여 계산한 당기 중 외상으로 매출한 금액(에누리하기 전의 금액)은 얼마인가?

- 외상매출금 기초잔액 : 400,000원
- 외상매출금 중 에누리액 : 100,000원
- 외상매출금 당기 회수액 : 600,000원
- 외상매출금 기말잔액 : 300,000원

① 300,000원　　② 400,000원　　③ 500,000원　　④ 600,000원

05 다음 중 아래의 자료에서 설명하는 특징을 가진 재고자산의 단가 결정방법으로 옳은 것은?

- 실제 재고자산의 물량 흐름과 괴리가 발생하는 경우가 많다.
- 일반적으로 기말재고액이 과소계상되는 특징이 있다.

① 개별법　　② 가중평균법　　③ 선입선출법　　④ 후입선출법

06 다음은 한국제조가 당기 중 처분한 기계장치 관련 자료이다. 기계장치의 취득금액은 얼마인가?

- 유형자산처분이익 : 7,000,000원
- 처분금액 : 12,000,000원
- 감가상각누계액 : 5,000,000원

① 7,000,000원　　② 8,000,000원　　③ 9,000,000원　　④ 10,000,000원

07 다음의 자료를 참고하여 기말자본을 구하시오.

- 당기총수익 2,000,000원
- 당기총비용 1,500,000원
- 기초자산 1,700,000원
- 기초자본 1,300,000원

① 1,200,000원　　② 1,500,000원　　③ 1,800,000원　　④ 2,000,000원

08 다음 중 손익의 이연을 처리하기 위해 사용하는 계정과목을 모두 고른 것은?

| 가. 선급비용 | 나. 선수수익 | 다. 대손충당금 | 라. 잡손실 |

① 가, 나   ② 가, 다   ③ 나, 다   ④ 다, 라

09 다음 중 재고자산의 종류에 해당하지 않는 것은?

① 상품   ② 재공품   ③ 반제품   ④ 비품

10 다음 중 아래의 (가)와 (나)에 각각 들어갈 부채 항목의 계정과목으로 옳게 짝지어진 것은?

- 현금 등 대가를 미리 받았으나 수익이 실현되는 시점이 차기 이후에 속하는 경우 (가)(으)로 처리한다.
- 일반적인 상거래 외의 거래와 관련하여 발생한 현금 수령액 중 임시로 보관하였다가 곧 제3자에게 다시 지급해야 하는 경우 (나)(으)로 처리한다.

	(가)	(나)
①	선급금	예수금
②	선수수익	예수금
③	선수수익	미수수익
④	선급금	미수수익

11 다음 중 회계상 거래에 해당하는 것은?

① 직원 1명을 신규 채용하고 근로계약서를 작성했다.
② 매장 임차료를 종전 대비 5% 인상하기로 임대인과 구두 협의했다.
③ 제품 100개를 주문한 고객으로부터 제품 50개 추가 주문을 받았다.
④ 사업자금으로 차입한 대출금에 대한 1개월분 대출이자가 발생하였다.

12 다음 중 아래의 회계처리에 대한 설명으로 가장 적절한 것은?

> (차) 현금   10,000   (대) 외상매출금   10,000

① 상품을 판매하고 현금 10,000원을 수령하였다.
② 지난달에 판매한 상품이 환불되어 현금 10,000원을 환불하였다.
③ 지난달에 판매한 상품에 대한 대금 10,000원을 수령하였다.
④ 상품을 판매하고 대금 10,000원을 다음 달에 받기로 하였다.

13 다음 중 일반기업회계기준에서 규정하고 있는 재무제표의 종류로 올바르지 않은 것은?

① 시산표   ② 손익계산서   ③ 자본변동표   ④ 현금흐름표

14 (주)서울은 직접 판매와 수탁자를 통한 위탁판매도 하고 있다. 기말 현재 재고자산의 현황이 아래와 같을 때, 기말 재고자산 금액은 얼마인가?

> • (주)서울의 창고에 보관 중인 재고자산 금액 : 500,000원
> • 수탁자에게 위탁판매를 요청하여 수탁자 창고에 보관 중인 재고자산 금액 : 100,000원
> • 수탁자의 당기 위탁판매 실적에 따라 (주)서울에 청구한 위탁판매수수료 : 30,000원

① 400,000원   ② 470,000원   ③ 570,000원   ④ 600,000원

15 다음 자료를 이용하여 당기 매출총이익을 구하시오.

> • 기초재고자산 : 200,000원
> • 재고자산 당기 매입액 : 1,000,000원
> • 기말재고자산 : 300,000원
> • 당기 매출액 : 2,000,000원
> • 판매사원에 대한 당기 급여 총지급액 : 400,000원

① 600,000원   ② 700,000원   ③ 1,000,000원   ④ 1,100,000원

두일상사(회사코드 : 1144)는 사무용가구를 판매하는 개인기업으로 당기(제11기) 회계기간은 2025.1.1.~ 2025.12.31.이다. 전산세무회계 수험용 프로그램을 이용하여 다음 물음에 답하시오.

기본 전제

- 문제에서 한국채택국제회계기준을 적용하도록 하는 전제조건이 없는 경우, 일반기업회계기준을 적용하여 회계처리한다.
- 문제의 풀이와 답안작성은 제시된 문제의 순서대로 진행한다.

01 다음은 두일상사의 사업자등록증이다. 회사등록 메뉴에 입력된 내용을 검토하여 누락분은 추가 입력하고 잘못된 부분을 정정하시오(단, 우편번호는 입력은 생략할 것).(6점)

사 업 자 등 록 증

(일반과세자)

등록번호 : 118-08-70123

---

1. 상   호 : 두일상사
2. 성   명 : 이두일
3. 생 년 월 일 : 1963년 10월 20일
4. 개 업 연 월 일 : 2015년 1월 24일
5. 사업장소재지 : 대전광역시 동구 갱이길 2
6. 사업의   종류 : [업태] 도소매   [종목] 사무용가구
7. 교 부 사 유 : 신규
8. 공 동 사 업 자 :
9. 주류판매신고번호 :
10. 사업자단위과세적용사업자여부 : 여( ) 부(V)

2015년 1월 24일

대전세무서장 인

---

02 다음은 두일상사의 전기분 재무상태표이다. 입력되어 있는 자료를 검토하여 오류 부분은 정정하고 누락된 부분은 추가 입력하시오.(6점)

재무상태표

회사명 : 두일상사   제10기 2024.12.31. 현재   (단위 : 원)

과 목	금	액	과 목	금	액
현 금		60,000,000	외 상 매 입 금		55,400,000
당 좌 예 금		45,000,000	지 급 어 음		90,000,000
보 통 예 금		53,000,000	미 지 급 금		78,500,000
외 상 매 출 금	90,000,000		단 기 차 입 금		45,000,000
대 손 충 당 금	900,000	89,100,000	장 기 차 입 금		116,350,000
받 을 어 음	65,000,000		자 본 금		156,950,000
대 손 충 당 금	650,000	64,350,000	(당기순이익 : 46,600,000)		
단 기 대 여 금		50,000,000			
상 품		3,000,000			
소 모 품		500,000			
토 지		100,000,000			
차 량 운 반 구	64,500,000				
감 가 상 각 누 계 액	10,750,000	53,750,000			
비 품	29,500,000				
감 가 상 각 누 계 액	6,000,000	23,500,000			
자산총계		**542,200,000**	**부채와 자본총계**		**542,200,000**

03 다음 자료를 이용하여 입력하시오.(6점)

1 다음의 자료를 이용하여 기초정보관리의 [거래처등록] 메뉴를 거래처(금융기관)를 추가로 등록하시오 (단, 주어진 자료 외의 다른 항목은 입력할 필요 없음).(3점)

- 코드 : 98100
- 거래처명 : 케이뱅크 적금
- 유형 : 정기적금
- 계좌번호 : 1234-5678-1234
- 계좌개설은행 : 케이뱅크
- 계좌개설일 : 2025년 7월 1일

2 외상매출금과 단기차입금의 거래처별 초기이월 채권과 채무의 잔액은 다음과 같다. 입력된 자료를 검토하여 잘못된 부분은 수정 또는 삭제, 추가 입력하여 주어진 자료에 맞게 정정하시오.(3점)

계정과목	거래처	잔액	계
외상매출금	태양마트	34,000,000원	90,000,000원
	(주)애옹전자	56,000,000원	
단기차입금	은산상사	20,000,000원	45,000,000원
	세연상사	22,000,000원	
	일류상사	3,000,000원	

04 [일반전표입력] 메뉴를 이용하여 다음의 거래자료를 입력하시오.(24점)

입력 시 유의사항

- 적요의 입력은 생략한다.
- 부가가치세는 고려하지 않는다.
- 채권 · 채무와 관련된 거래처명은 반드시 기 등록되어 있는 거래처코드를 선택하는 방법으로 거래처명을 입력한다.
- 회계처리 시 계정과목은 별도의 제시가 없는 한 등록된 계정과목 중 가장 적절한 과목으로 한다.

1 7월 3일 거래처 대전상사로부터 차입한 단기차입금 8,000,000원의 상환기일이 도래하여 당좌수표를 발행하여 상환하다.(3점)

2 7월 10일 관리부 직원들이 시내 출장용으로 사용하는 교통카드를 충전하고, 대금은 현금으로 지급하였다.(3점)

```
          Seoul Metro
             서울메트로
         [교통카드 충전영수증]

     역 사 명: 평촌역
     장비번호: 163
     카드번호: 5089-3466-5253-6694
     결제방식: 현금
     충전일시: 07.10
     ─────────────────────────
     충전전잔액:     500원
     충 전 금 액: 50,000원
     충전후잔액: 50,500원
     ─────────────────────────
     대표자명  : 이춘덕
     사업자번호: 108-12-16395
     주      소: 서울특별시 서초구 반포대로 21
```

3 8월 5일 능곡가구의 파산으로 인하여 외상매출금 5,000,000원이 회수할 수 없는 것으로 판명되어 대손 처리하기로 하였다. 단, 8월 5일 현재 대손충당금 잔액은 900,000원이다.(3점)

4 8월 13일 사업용 부지로 사용하기 위한 토지를 매입하면서 발생한 부동산중개수수료를 현금으로 지급하고 아래의 현금영수증을 발급받았다.(3점)

	유성부동산		
305-42-23567			김유성
대전광역시 유성구 노은동로 104			TEL:1577-0000
	현금영수증(지출증빙용)		
구매 08/13			거래번호 : 12341234-123
상품명	수량	단가	금액
중개수수료		1,000,000원	1,000,000원
	공 급 대 가		1,000,000원
	합 계		1,000,000원
	받 은 금 액		1,000,000원

5 9월 25일 임대인에게 800,000원(영업부 사무실 임차료 750,000원 및 건물관리비 50,000원)을 보통예금 계좌에서 이체하여 지급하였다(단, 하나의 전표로 입력할 것).(3점)

6 10월 24일 정풍상사에 판매하기 위한 상품의 상차작업을 위해 일용직 근로자를 고용하고 일당 100,000원을 현금으로 지급하였다.(3점)

7 11월 15일 아린상사에서 상품을 45,000,000원에 매입하기로 계약하고, 계약금은 당좌수표를 발행하여 지급하였다. 계약금은 매입 금액의 10%이다.(3점)

8 11월 23일 영업부에서 사용할 차량을 구입하고, 대금은 국민카드(신용카드)로 결제하였다.(3점)

신용카드매출전표	
11.23. 17:20:11	
20,000,000원	
정상승인 | 일시불	
결제정보	
카드	국민카드(7890-4321-1000-2949)
거래유형	신용승인
승인번호	75611061
이용구분	일시불
은행확인	KB국민은행
가맹점 정보	
가맹점명	오지자동차
사업자등록번호	203-71-61019
대표자명	박미래
본 매출표는 신용카드 이용에 따른 증빙용으로 국민카드사에서 발급한 것임을 확인합니다.	

05 [일반전표입력] 메뉴에 입력된 내용 중 다음과 같은 오류가 발견되었다. 입력된 내용을 검토하고 수정 또는 삭제, 추가 입력하여 올바르게 정정하시오. (6점)

1 8월 16일 보통예금 계좌에서 출금된 1,000,000원은 임차료(판)가 아닌 경의상사에 지급한 임차보증금으로 확인되었다. (3점)

2 9월 30일 사업용 토지에 부과된 재산세 300,000원을 보통예금 계좌에서 이체하여 납부하고, 이를 토지의 취득금액으로 회계처리한 것으로 확인되었다. (3점)

06 다음의 결산정리사항을 입력하여 결산을 완료하시오. (12점)

1 포스상사로부터 차입한 단기차입금에 대한 기간경과분 당기 발생 이자는 360,000원이다. 필요한 회계처리를 하시오. (3점)

2 기말 현재 가지급금 잔액 500,000원은 (주)디자인가구의 외상매입금 지급액으로 판명되었다. (3점)

3 영업부의 당기 소모품 내역이 다음과 같다. 결산일에 필요한 회계처리를 하시오(단, 소모품 구입 시 전액 자산으로 처리하였다). (3점)

소모품 기초잔액	소모품 당기구입액	소모품 기말잔액
500,000원	200,000원	300,000원

4 매출채권(외상매출금 및 받을어음) 잔액에 대하여만 2%의 대손충당금을 보충법으로 설정하시오(단, 기타 채권에 대하여는 대손충당금을 설정하지 않는다). (3점)

07 다음 사항을 조회하여 알맞은 답안을 [이론문제 답안작성] 메뉴에 입력하시오. (10점)

1 4월 말 현재 지급어음 잔액은 얼마인가? (3점)

2 5월 1일부터 5월 31일까지 기간의 외상매출금 회수액은 모두 얼마인가? (3점)

3 상반기(1월~6월) 중 복리후생비(판)의 지출이 가장 적은 월(月)과 그 월(月)의 복리후생비(판) 금액은 얼마인가? (4점)

이론시험

다음 문제를 보고 알맞은 것을 골라 [이론문제 답안작성] 메뉴에 입력하시오.(객관식 문항당 2점)

기본 전제

문제에서 한국채택국제회계기준을 적용하도록 하는 전제조건이 없는 경우, 일반기업회계기준을 적용한다.

01 다음의 거래 내용을 보고 결합관계를 적절하게 나타낸 것은?

전화요금 50,000원이 보통예금 계좌에서 자동이체되다.

	차변	대변
①	자산의 증가	자산의 감소
②	부채의 감소	수익의 발생
③	자본의 감소	부채의 증가
④	비용의 발생	자산의 감소

02 다음 중 총계정원장의 잔액이 항상 대변에 나타나는 계정과목은 무엇인가?

① 임대료수입   ② 보통예금   ③ 수수료비용   ④ 외상매출금

03 다음 중 기말상품재고액 30,000원을 50,000원으로 잘못 회계처리한 경우 재무제표에 미치는 영향으로 옳은 것은?

① 재고자산이 과소계상된다.
② 매출원가가 과소계상된다.
③ 매출총이익이 과소계상된다.
④ 당기순이익이 과소계상된다.

04 다음 중 유동성배열법에 의하여 나열할 경우 재무상태표상 가장 위쪽(상단)에 표시되는 계정과목은 무엇인가?

① 영업권
② 장기대여금
③ 단기대여금
④ 영업활동에 사용하는 건물

05 다음 중 감가상각을 해야 하는 자산으로만 짝지은 것은 무엇인가?

① 건물, 토지
② 차량운반구, 기계장치
③ 단기매매증권, 구축물
④ 재고자산, 건설중인자산

06 회사의 재산 상태가 다음과 같은 경우 순자산(자본)은 얼마인가?

- 현금 300,000원
- 선급금 200,000원
- 매입채무 100,000원
- 대여금 100,000원
- 재고자산 800,000원
- 사채 300,000원

① 1,000,000원
② 1,100,000원
③ 1,200,000원
④ 1,600,000원

07 다음 중 일정시점의 재무상태를 나타내는 재무보고서의 계정과목으로만 연결된 것은?

① 선급비용, 급여
② 현금, 선급비용
③ 매출원가, 선수금
④ 매출채권, 이자비용

08 다음 중 현금및현금성자산 계정과목으로 처리할 수 없는 것은?

① 보통예금
② 우편환증서
③ 자기앞수표
④ 우표

09 다음 자료에 의한 매출채권의 기말 대손충당금 잔액은 얼마인가?

- 기초 매출채권 : 500,000원
- 당기 매출액 : 2,000,000원 (판매시점에 전액 외상으로 판매함)
- 당기 중 회수한 매출채권 : 1,500,000원
- 기말 매출채권 잔액에 대하여 1%의 대손충당금을 설정하기로 한다.

① 0원
② 5,000원
③ 10,000원
④ 15,000원

10 다음 자료에서 부채의 합계액은 얼마인가?

> • 직원에게 빌려준 금전 : 150,000원 • 선급비용 : 50,000원
> • 선지급금 : 120,000원 • 선수수익 : 30,000원
> • 선수금 : 70,000원

① 100,000원 ② 120,000원 ③ 150,000원 ④ 180,000원

11 다음 자료는 회계의 순환과정의 일부이다. (가), (나), (다)의 순서로 옳은 것은?

> 거래 발생 → (가) → 전기 → 수정 전 시산표 작성 → (나) → 수정 후 시산표 작성 → (다) → 결산보고
> 서 작성

	(가)	(나)	(다)
①	분개	각종 장부 마감	결산 정리 분개
②	분개	결산 정리 분개	각종 장부 마감
③	각종 장부 마감	분개	결산 정리 분개
④	결산 정리 분개	각종 장부 마감	분개

12 다음 중 재고자산의 취득원가를 구할 때 차감하는 계정과목이 아닌 것은?

① 매입할인 ② 매입환출
③ 매입에누리 ④ 매입부대비용

13 다음 중 영업외비용에 해당하지 않는 것은?

① 보험료 ② 기부금
③ 이자비용 ④ 유형자산처분손실

14 다음 재고자산의 단가결정방법 중 선입선출법에 대한 설명으로 적절하지 않은 것은?

① 물가상승 시 이익이 과대계상된다.
② 물량흐름과 원가흐름이 대체로 일치한다.
③ 물가상승 시 기말재고자산이 과소평가된다.
④ 기말재고자산이 현행원가에 가깝게 표시된다.

15 다음과 같이 사업에 사용할 토지를 무상으로 취득한 경우, 토지의 취득금액은 얼마인가?

• 무상으로 취득한 토지의 공정가치 : 1,000,000원
• 토지 취득 시 발생한 취득세 : 40,000원

① 0원   ② 40,000원   ③ 1,000,000원   ④ 1,040,000원

엔시상사(회사코드 : 1134)는 문구 및 잡화를 판매하는 개인기업으로 당기(제7기) 회계기간은 2025.1.1.~ 2025.12.31.이다. 전산세무회계 수험용 프로그램을 이용하여 다음 물음에 답하시오.

기본 전제

- 문제에서 한국채택국제회계기준을 적용하도록 하는 전제조건이 없는 경우, 일반기업회계기준을 적용하여 회계처리한다.
- 문제의 풀이와 답안작성은 제시된 문제의 순서대로 진행한다.

01 다음은 엔시상사의 사업자등록증이다. [회사등록] 메뉴에 입력된 내용을 검토하여 누락분은 추가 입력하고 잘못된 부분은 정정하시오(단, 우편번호 입력은 생략할 것).(6점)

사 업 자 등 록 증

(일반과세자)

등록번호 : 304-25-70134

1. 상   호 : 엔시상사
2. 성   명 : 정성찬
3. 생 년 월 일 : 1980년 9월 21일
4. 개 업 연 월 일 : 2019년 4월 8일
5. 사업장소재지 : 경기도 성남시 중원구 광명로 6
6. 사업의   종류 : [업태] 도소매 [종목] 문구 및 잡화
7. 교 부 사 유 : 신규
8. 공 동 사 업 자 :
9. 주류판매신고번호 :
10. 사업자단위과세적용사업자여부 : 여( ) 부(V)

2019년 4월 8일

성남세무서장 인

---

02 다음은 엔시상사의 전기분 손익계산서이다. 입력되어 있는 자료를 검토하여 오류 부분은 정정하고 누락된 부분은 추가 입력하시오.(6점)

손익계산서

회사명 : 엔시상사   제6기 2024.1.1.~2024.12.31.   (단위 : 원)

과 목	금 액	과 목	금 액
I. 매출액	100,000,000	V. 영업이익	10,890,000
상품매출	100,000,000	VI. 영업외수익	610,000
II. 매출원가	60,210,000	이자수익	610,000
상품매출원가	60,210,000	VII. 영업외비용	2,000,000
기초상품재고액	26,000,000	이자비용	2,000,000
당기상품매입액	38,210,000	VIII. 소득세차감전순이익	9,500,000
기말상품재고액	4,000,000	IX. 소득세등	0
III. 매출총이익	39,790,000	X. 당기순이익	9,500,000
IV. 판매비와관리비	28,900,000		
급여	20,000,000		
복리후생비	4,900,000		
여비교통비	1,000,000		
임차료	2,300,000		
운반비	400,000		
소모품비	300,000		

03 다음 자료를 이용하여 입력하시오.(6점)

1 다음 자료를 이용하여 [계정과목및적요등록] 메뉴에서 재고자산 항목의 상품 계정에 적요를 추가로 등록하시오.(3점)

> 현금적요 3. 수출용 상품 매입

2 외상매입금과 지급어음에 대한 거래처별 초기이월 자료는 다음과 같다. 주어진 자료를 검토하여 누락된 부분을 수정 및 추가 입력하시오.(3점)

계정과목	거래처	잔액
외상매입금	엘리상사	3,000,000원
	동오상사	10,000,000원
지급어음	디오상사	3,500,000원
	망도상사	3,000,000원

04 [일반전표입력] 메뉴를 이용하여 다음의 거래 자료를 입력하시오.(24점)

> **입력 시 유의사항**
>
> - 적요의 입력은 생략한다.
> - 부가가치세는 고려하지 않는다.
> - 채권·채무와 관련된 거래처명은 반드시 기 등록되어 있는 거래처코드를 선택하는 방법으로 거래처명을 입력한다.
> - 회계처리 시 계정과목은 별도의 제시가 없는 한 등록된 계정과목 중 가장 적절한 과목으로 한다.

1 8월 10일 매출거래처 수민상회에 대한 외상매출금을 현금으로 회수하고, 아래의 입금표를 발행하여 교부하였다.(3점)

입 금 표
(공급자 보관용)

작성일 : 8월 10일   지급일 : 8월 10일

공급자 (수령인)	상 호	엔시상사		대 표 자 명		정성찬
	사업자등록번호	304-25-70134				
	사 업 장 소 재 지	경기도 성남시 중원구 광명로 6				
공급받는자 (지급인)	상 호	수민상회		대 표 자 명		이수민
	사업자등록번호	307-02-67153				
	사 업 장 소 재 지	대구광역시 북구 칠성시장로7길 17-18				

금액	십	억	천	백	십	만	천	백	십
				2	4	0	0	0	0

(내용)
외상매출금 현금 입금

위 금액을 정히 영수합니다.

2 8월 25일 거래처 대표로부터 아래와 같은 모바일 청첩장을 받고, 축의금 200,000원을 현금으로 지급하였다.(3점)

3 9월 2일 영업부 직원의 고용보험료 220,000원을 보통예금 계좌에서 납부하였다. 납부한 금액 중 100,000원은 직원부담분이고, 나머지는 회사부담분으로 직원부담분은 직원의 8월 귀속 급여에서 공제한 상태이다(단, 하나의 전표로 처리하고 회사부담분은 복리후생비 계정으로 처리할 것).(3점)

4 9월 20일 유형자산인 토지에 대한 재산세 500,000원을 현금으로 납부하였다.(3점)

납세자보관용	9월(토지분)	재산세	도시지역분 지방교육세	고지서	

전자납부번호	구분	납기 내 금액	납기 후 금액
11500-1-12452-124234	합계	500,000	515,000
	납부 기한	09.30.까지	10.31.까지

납세자	엔시상사	
주소지	경기도 성남시 중원구 광명로 6	※ 이 영수증은 과세증명서로 사용 가능
과세 대상	경기도 성남시 중원구 성남동 1357	위의 금액을 납부하시기 바랍니다. 9월 10일

5 9월 25일 상품 매입대금으로 가은상사에 발행하여 지급한 약속어음 3,500,000원의 만기가 도래하여 보통예금 계좌에서 이체하여 상환하다.(3점)

6 10월 5일 다음과 같이 상품을 판매하고 대금 중 4,000,000원은 자기앞수표로 받고 잔액은 외상으로 하였다.(3점)

권		호			**거래명세표**(보관용)				
		10 월 5 일	공급자	사 업 자 등 록 번 호	304-25-70134				
				상 호	엔시상사	성 명	정성찬	㉾	
한능협 귀하				사 업 장 소 재 지	경기도 성남시 중원구 광명로 6				
아래와 같이 계산합니다.				업 태	도소매	종 목	문구및잡화		
합계금액					일천만 원정 (₩10,000,000)				
월일	품 목		규 격	수 량	단 가		공 급 대 가		
10/5	만년필			4	2,500,000원		10,000,000원		
계							10,000,000원		
전잔금	없음			합 계			10,000,000원		
입 금	4,000,000원		잔 금	6,000,000원		인수자	강아영	㉾	
비 고									

7 10월 20일 영업부 사무실의 10월분 수도요금 30,000원과 소모품비 100,000원을 삼성카드로 결제하였다.(3점)

8 11월 10일 정기예금 이자 100,000원이 발생하여 원천징수세액을 차감한 금액이 보통예금으로 입금되었으며, 다음과 같이 원천징수영수증을 받았다(단, 원천징수세액은 선납세금 계정을 이용하고 하나의 전표로 입력할 것).(3점)

※관리번호		**이자소득 원천징수영수증**		V 소득자 보관용 □ 발행자 보관용 □ 발행자 보고용		
징수의무자	법인명(상호)	농협은행				
소 득 자	성명(상호)		사업자등록번호		계좌번호	
	정성찬(엔시상사)		304-25-70134		904-480-511166	
	주소	경기도 성남시 중원구 광명로 6				

지급일	이자율	지급액 (소득금액)	세율	원천징수액		
				소득세	지방소득세	계
11/10	1%	100,000원	14%	14,000원	1,400원	15,400원

위의 원천징수세액(수입금액)을 정히 영수(지급)합니다.

11월 10일

징수(보고)의무자 농협은행

05 [일반전표입력] 메뉴에 입력된 내용 중 다음과 같은 오류가 발견되었다. 입력된 내용을 검토하고 수정 또는 삭제, 추가 입력하여 올바르게 정정하시오.(6점)

1 8월 6일 보통예금 계좌에서 이체한 6,000,000원은 사업용카드 중 신한카드의 미지급금을 결제한 것으로 회계처리하였으나 하나카드의 미지급금을 결제한 것으로 확인되었다.(3점)

2 10월 25일 구매부 직원의 10월분 급여 지급액에 대한 회계처리 시 공제 항목에 대한 회계처리를 하지 않고 급여액 총액을 보통예금 계좌에서 이체하여 지급한 것으로 잘못 회계처리하였다(단, 하나의 전표로 처리하되, 공제 항목은 항목별로 구분하지 않는다).(3점)

10월분 급여명세서			
사 원 명 : 박민정 입 사 일 : 10.25.		부 서 : 구매부 직 급 : 대리	
지 급 내 역	지 급 액	공 제 내 역	공 제 액
기본급여	4,200,000원	국민연금	189,000원
직책수당	0원	건강보험	146,790원
상여금	0원	고용보험	37,800원
특별수당	0원	소득세	237,660원
자가운전보조금	0원	지방소득세	23,760원
교육지원수당	0원	기타공제	0원
지 급 액 계	4,200,000원	공 제 액 계	635,010원
귀하의 노고에 감사드립니다.		차 인 지 급 액	3,564,990원

06 다음의 결산정리사항을 입력하여 결산을 완료하시오.(12점)

1 4월 1일에 영업부 사무실의 12개월분 임차료(임차기간 : 2025.4.1.~2026.3.31.) 24,000,000원을 보통예금 계좌에서 이체하여 지급하고 전액 자산계정인 선급비용으로 회계처리하였다. 기말수정분개를 하시오 (단, 월할 계산할 것).(3점)

2 기말 외상매출금 중 미국 BRIZ사의 외상매출금 20,000,000원(미화 $20,000)이 포함되어 있다. 결산일 현재 기준환율은 1$당 1,100원이다.(3점)

3 기말 현재 현금과부족 중 15,000원은 판매 관련 등록면허세를 현금으로 납부한 것으로 밝혀졌다.(3점)

4 결산을 위하여 창고의 재고자산을 실사한 결과, 기말상품재고액은 4,500,000원이다.(3점)

07 다음 사항을 조회하여 알맞은 답안을 [이론문제 답안작성] 메뉴에 입력하시오.(10점)

1 상반기(1월~6월) 중 어룡상사에 대한 외상매입금 지급액은 얼마인가?(3점)

2 상반기(1월~6월) 동안 지출한 복리후생비(판) 금액은 모두 얼마인가?(3점)

3 6월 말 현재 유동자산과 유동부채의 차액은 얼마인가?(4점)

다음 문제를 보고 알맞은 것을 골라 [이론문제 답안작성] 메뉴에 입력하시오.(객관식 문항당 2점)

기본 전제

문제에서 한국채택국제회계기준을 적용하도록 하는 전제조건이 없는 경우, 일반기업회계기준을 적용한다.

---

01 다음 중 손익계산서에 대한 설명으로 옳지 않은 것은?

① 재무제표의 종류에 속한다.
② 재산법을 이용하여 당기순손익을 산출한다.
③ 일정한 기간의 경영성과를 나타내는 보고서이다.
④ 손익계산서 등식은 '총비용 = 총수익 + 당기순손실' 또는 '총비용 + 당기순이익 = 총수익'
이다.

02 다음의 자료를 통해 알 수 있는 외상매입금 당기 지급액은 얼마인가?

- 기초 외상매입금 60,000원
- 외상매입금 중 매입환출 30,000원
- 당기 외상매입액 300,000원
- 기말 외상매입금 120,000원

① 150,000원　　　② 180,000원　　　③ 210,000원　　　④ 360,000원

03 다음 중 영업이익에 영향을 미치지 않는 것은?

① 이자비용　　　② 매출원가　　　③ 기업업무추진비　　　④ 세금과공과

04 다음 중 결산 수정분개의 대상 항목 또는 유형으로 적합하지 않은 것은?

① 유형자산의 처분
② 수익과 비용의 이연과 예상
③ 현금과부족 계정 잔액의 정리
④ 매출채권에 대한 대손충당금 설정

05 다음 중 유형자산이 아닌 것은?

① 공장용 토지　　　　　　　　② 영업부서용 차량
③ 상품보관용 창고　　　　　　④ 본사 건물 임차보증금

06 다음 중 유동성이 가장 높은 자산을 고르시오.

① 재고자산　　　② 당좌자산　　　③ 유형자산　　　④ 기타비유동자산

07 다음 자료를 이용하여 단기매매증권처분손익을 계산하면 얼마인가?

　• 매도금액 : 2,000,000원　　• 장부금액 : 1,600,000원　　• 처분 시 매각 수수료 : 100,000원

① (−)400,000원　　② (−)300,000원　　③ 300,000원　　④ 400,000원

08 다음 중 재고자산에 해당하지 않는 것은?

① 원재료
② 판매 목적으로 보유 중인 부동산매매업자의 건물
③ 상품
④ 상품매입 계약을 체결하고 지급한 선급금

09 다음 중 대손충당금 설정 대상에 해당하는 계정과목으로 옳은 것은?

① 받을어음　　　② 지급어음　　　③ 미지급금　　　④ 선수금

10 다음 손익계정의 자료를 이용하여 매출총이익을 계산한 것으로 옳은 것은?

손익			
매입	600,000	매출	800,000

① 5,000원　　　② 195,000원　　　③ 200,000원　　　④ 795,000원

11 다음 중 일반기업회계준상 재무제표에 해당하는 것으로만 구성된 것은?

① 재무상태표, 손익계산서
② 주기, 시산표
③ 손익계산서, 시산표
④ 재무상태표, 총계정원장

12 다음은 기말 재무상태표상 계정별 잔액이다. 이 회사의 기말자본은 얼마인가?

• 현금 100,000원	• 선수금 300,000원	• 단기차입금 100,000원
• 상품 1,000,000원	• 외상매입금 200,000원	

① 300,000원　　　② 500,000원　　　③ 800,000원　　　④ 1,100,000원

13 다음 중 감가상각에 대한 설명으로 틀린 것은?

① 자산이 사용 가능한 때부터 감가상각을 시작한다.
② 정액법은 내용연수 동안 매년 일정한 상각액을 인식하는 방법이다.
③ 자본적 지출액은 감가상각비를 계산하는 데 있어 고려 대상이 아니다.
④ 정률법으로 감가상각하는 경우 기말 장부가액은 우하향 그래프의 곡선 형태를 나타낸다.

14 다음 중 아래의 자료와 같은 결합관계가 나타날 수 있는 회계상 거래를 고르시오.

(차) 자산의 증가	(대) 수익의 발생

① 판매용 물품 300,000원을 외상으로 매입하였다.
② 전월에 발생한 외상매출금 100,000원을 현금으로 회수하였다.
③ 직원 가불금 300,000원을 보통예금 계좌에서 인출하여 지급하였다.
④ 당사의 보통예금에 대한 이자 300,000원이 해당 보통예금 계좌로 입금되었다.

15 다음 중 아래 계정별원장의 (　　) 안에 들어갈 계정과목으로 가장 적합한 것은?

(	)		
당좌예금	300,000원	전기이월	200,000원
현금	150,000원	차량운반구	600,000원
차기이월	350,000원		
	800,000원		800,000원

① 미수금　　　② 미지급금　　　③ 선급금　　　④ 외상매출금

합격물산(코드번호 : 1124)은 문구 및 잡화를 판매하는 개인기업으로 당기(제12기) 회계기간은 2025.1.1.~ 2025.12.31.이다. 전산세무회계 수험용 프로그램을 이용하여 다음 물음에 답하시오.

기본 전제

- 문제에서 한국채택국제회계기준을 적용하도록 하는 전제조건이 없는 경우, 일반기업회계기준을 적용하여 회계처리한다.
- 문제의 풀이와 답안작성은 제시된 문제의 순서대로 진행한다.

01 다음은 합격물산의 사업자등록증이다. [회사등록] 메뉴에 입력된 내용을 검토하여 누락분은 추가 입력하고 잘못된 부분은 정정하시오(단, 우편번호 입력은 생략할 것).(6점)

사 업 자 등 록 증

(일반과세자)

등록번호 : 305-52-36547

1. 상   호 : 합격물산
2. 성   명 : 나합격
3. 생 년 월 일 : 1965년 5월 5일
4. 개 업 연 월 일 : 2014년 3월 14일
5. 사업장소재지 : 대전광역시 중구 대전천서로 7
6. 사업의   종류 : [업태] 도소매 [종목] 문구 및 잡화
7. 교 부 사 유 : 신규
8. 공 동 사 업 자 :
9. 주류판매신고번호 :
10. 사업자단위과세적용사업자여부 : 여( ) 부(V)

2014년 3월 14일

대전세무서장 인

---

02 다음은 합격물산의 전기분 손익계산서이다. 입력되어 있는 자료를 검토하여 오류 부분은 정정하고 누락된 부분은 추가 입력하시오.(6점)

손익계산서

회사명 : 합격물산 　　　　　제11기 2024.1.1.～2024.12.31. 　　　　　(단위 : 원)

과 목	금 액	과 목	금 액
Ⅰ. 매출액	237,000,000	Ⅴ. 영업이익	47,430,000
상품매출	237,000,000	Ⅵ. 영업외수익	670,000
Ⅱ. 매출원가	153,000,000	이자수익	600,000
상품매출원가	153,000,000	잡이익	70,000
기초상품재고액	20,000,000	Ⅶ. 영업외비용	17,000,000
당기상품매입액	150,000,000	기부금	5,000,000
기말상품재고액	17,000,000	유형자산처분손실	12,000,000
Ⅲ. 매출총이익	84,000,000	Ⅷ. 소득세차감전순이익	31,100,000
Ⅳ. 판매비와관리비	36,570,000	Ⅸ. 소득세등	0
급여	20,400,000	Ⅹ. 당기순이익	31,100,000
복리후생비	3,900,000		
기업업무추진비	4,020,000		
통신비	370,000		
감가상각비	5,500,000		
임차료	500,000		
차량유지비	790,000		
소모품비	1,090,000		

03 다음 자료를 이용하여 입력하시오.(6점)

1 합격물산의 거래처별 초기이월 자료는 다음과 같다. 주어진 자료를 검토하여 잘못된 부분은 오류를 정정하고, 누락된 부분은 추가하여 입력하시오.(3점)

계정과목	거래처명	금액
받을어음	아진상사	5,000,000원
외상매입금	대영상사	20,000,000원
예수금	대전세무서	300,000원

2 다음 자료를 이용하여 [거래처등록] 메뉴에서 거래처(신용카드)를 추가로 등록하시오(단, 주어진 자료 외의 다른 항목은 입력할 필요 없음).(3점)

- 거래처코드 : 99603
- 거래처명 : BC카드
- 유형 : 매입
- 카드번호 : 1234-5678-1001-2348
- 카드종류 : 사업용카드

04 [일반전표입력] 메뉴를 이용하여 다음의 거래 자료를 입력하시오.(24점)

> **입력 시 유의사항**
>
> - 적요의 입력은 생략한다.
> - 부가가치세는 고려하지 않는다.
> - 채권 · 채무와 관련된 거래처명은 반드시 기 등록되어 있는 거래처코드를 선택하는 방법으로 거래처명을 입력한다.
> - 회계처리 시 계정과목은 별도의 제시가 없는 한 등록된 계정과목 중 가장 적절한 과목으로 한다.

1 8월 9일 (주)모닝으로부터 상품 2,000,000원을 구매하는 계약을 하고, 상품 대금의 10%를 계약금으로 지급하는 약정에 따라 계약금 200,000원을 현금으로 지급하였다.(3점)

2 8월 20일 상품 운반용 중고 화물차를 7,000,000원에 구매하면서 전액 삼성카드로 결제하고, 취득세 300,000원은 보통예금 계좌에서 이체하였다.(3점)

3 9월 25일 영업사원 김예진의 9월 급여를 보통예금 계좌에서 이체하여 지급하였으며, 급여내역은 다음과 같다(단, 하나의 전표로 처리하되, 공제항목은 구분하지 않고 하나의 계정과목으로 처리할 것).(3점)

9월 급여내역			
이　　름	김예진	지 급 일	9월 25일
기본급여	3,500,000원	소득세	150,000원
직책수당	200,000원	지방소득세	15,000원
상여금		고용보험	33,300원
특별수당		국민연금	166,500원
자가운전보조금		건강보험	131,160원
		장기요양보험료	16,800원
급여계	3,700,000원	공제합계	512,760원
노고에 감사드립니다.		지급총액	**3,187,240원**

4 10월 2일 민족 최대의 명절 추석을 맞이하여 영업부의 거래처와 당사의 영업사원들에게 보낼 선물 세트를 각각 2,000,000원과 1,000,000원에 구입하고 삼성카드로 결제하였다. (3점)

카드매출전표	
카드종류	신용/삼성카드
카드번호	1250-4121-2412-1114
거래일자	10.02. 10:30:51
일시불/할부	일시불
승인번호	69117675
이용내역	
상품명	추석선물세트
단가	20,000원
수량	150개
결제금액	3,000,000원
가맹점정보	
가맹점명	하나로유통
사업자등록번호	130-52-12349
가맹점번호	163732104
대표자명	김현숙
전화번호	031-400-3240
위의 거래내역을 확인합니다.	
Samsung Card	

5 11월 17일 다음은 (주)새로운에 상품을 판매하고 발급한 거래명세표이다. 대금 중 12,000,000원은 당좌예금 계좌로 입금되었고, 잔액은 (주)새로운이 발행한 약속어음으로 받았다.(3점)

거 래 명 세 표

㈜새로운		귀하		등록번호				
				상 호	합격물산		대 표	나합격
발행일	11.17.	거래 번호	001	업 태	도소매업		종 목	문구 및 잡화
				주 소	대전광역시 중구 대전천서로 7(옥계동)			
				전 화	042-677-1234		팩 스	042-677-1235
NO.	품명	규격	수량	단가	금액		비고	
1	A상품	5'	100	350,000	35,000,000			
총계					35,000,000			
결제 계좌	은행명	계좌번호		예금주	담당자	전화	042-677-1234	
	농협은행	123-456-789-10		나합격		이메일	allpass@nate.com	

6 12월 1일 사업장 건물의 엘리베이터 설치 공사를 하고 공사대금 15,000,000원은 보통예금 계좌에서 지급하였다(단, 엘리베이터 설치 공사는 건물의 자본적 지출로 처리할 것).(3점)

7 12월 27일 세무법인으로부터 세무 컨설팅을 받고 수수료 300,000원을 현금으로 지급하였다.(3점)

8 12월 29일 현금 시재를 확인한 결과 실제 잔액이 장부상 잔액보다 30,000원 많은 것을 발견하였으나 그 원인이 파악되지 않았다.(3점)

05 [일반전표입력] 메뉴에 입력된 내용 중 다음과 같은 오류가 발견되었다. 입력된 내용을 검토하고 수정 또는 삭제, 추가 입력하여 올바르게 정정하시오.(6점)

1 7월 10일 거래처 하진상사로부터 보통예금 계좌로 입금된 200,000원에 대하여 외상매출금을 회수한 것으로 처리하였으나 당일에 체결한 매출 계약 건에 대한 계약금이 입금된 것이다.(3점)

2 11월 25일 세금과공과 200,000원으로 회계처리한 것은 회사 대표의 개인 소유 주택에 대한 재산세 200,000원을 회사 현금으로 납부한 것이다.(3점)

06 다음의 결산정리사항을 입력하여 결산을 완료하시오.(12점)

1 상품보관을 위하여 임차한 창고의 월(月)임차료는 500,000원으로 임대차계약 기간은 2025년 12월 1일부터 2026년 11월 30일까지이며, 매월 임차료는 다음 달 10일에 지급하기로 계약하였다.(3점)

2 당기 말 현재 단기대여금에 대한 당기분 이자 미수액은 300,000원이다.(3점)

3 결산일 현재 마이너스통장인 보통예금(기업은행) 계좌의 잔액이 (−)800,000원이다.(3점)

4 보유 중인 비품에 대한 당기분 감가상각비를 계상하다(취득일 전기 1월 1일, 취득원가 55,000,000원, 잔존가치 0원, 내용연수 10년, 정액법 상각, 상각률 10%).(3점)

07 다음 사항을 조회하여 알맞은 답안을 [이론문제 답안작성] 메뉴에 입력하시오.(10점)

1 1월부터 5월까지 기간 중 현금의 지출이 가장 많은 달(月)은?(3점)

2 상반기(1월~6월) 중 현금으로 지급한 급여(판매비및일반관리비)액은 얼마인가?(3점)

3 6월 1일부터 6월 30일까지 외상매출금을 받을어음으로 회수한 금액은 얼마인가?(4점)

이론시험

▶️ 합격강의

다음 문제를 보고 알맞은 것을 골라 [이론문제 답안작성] 메뉴에 입력하시오.(객관식 문항당 2점)

기본 전제

문제에서 한국채택국제회계기준을 적용하도록 하는 전제조건이 없는 경우, 일반기업회계기준을 적용한다.

---

01 다음 중 아래의 거래 요소가 나타나는 거래로 옳은 것은?

> 비용의 발생−자산의 감소

① 임대차 계약을 맺고, 당월분 임대료 500,000원을 현금으로 받다.
② 상품 400,000원을 매입하고 대금은 외상으로 하다.
③ 단기차입금에 대한 이자 80,000원을 현금으로 지급하다.
④ 토지 80,000,000원을 구입하고 대금은 보통예금 계좌로 이체하다.

02 다음 중 유동부채에 해당하지 않는 것은?

① 유동성장기부채 　② 선급비용 　③ 단기차입금 　④ 예수금

03 다음 중 아래의 (가)와 (나)에 각각 들어갈 내용으로 옳은 것은?

> 단기매매증권을 취득하면서 발생한 수수료는 (가)(으)로 처리하고, 차량운반구를 취득하면서 발생한 취득세는 (나)(으)로 처리한다.

	(가)	(나)
①	수수료비용	차량운반구
②	단기매매증권	차량운반구
③	수수료비용	세금과공과
④	단기매매증권	수수료비용

04 다음 계정별원장에 기입된 거래를 보고 (A) 안에 들어갈 수 있는 계정과목으로 가장 적절한 것은?

(A)			
09/15	200,000원	기초	1,500,000원
기말	1,600,000원	09/10	300,000원

① 받을어음   ② 외상매입금   ③ 광고선전비   ④ 미수금

05 다음 중 유형자산의 취득원가를 구성하는 항목이 아닌 것은?

① 재산세   ② 취득세
③ 설치비   ④ 정상적인 사용을 위한 시운전비

06 다음 중 당좌자산에 해당하지 않는 것은?

① 현금및현금성자산   ② 매출채권
③ 단기투자자산   ④ 당좌차월

07 다음은 인출금 계정과목의 특징에 대한 설명이다. 다음 중 아래의 (가)~(다)에 각각 관련 설명으로 모두 옳은 것은?

- 주로 기업주(사업주)의 (가)의 지출을 의미한다.
- (나)에서 사용되며 임시계정에 해당한다.
- (다)에 대한 평가계정으로 보고기간 말에 (다)으로 대체되어 마감한다.

	(가)	(나)	(다)
①	개인적 용도	개인기업	자본금 계정
②	사업적 용도	법인기업	자본금 계정
③	개인적 용도	법인기업	자산 계정
④	사업적 용도	개인기업	자산 계정

08 다음 중 손익계산서와 관련된 계정과목이 아닌 것은?

① 임차료 　　　　　② 선급비용 　　　　　③ 임대료 　　　　　④ 유형자산처분이익

09 다음 중 미지급비용에 대한 설명으로 가장 적절한 것은?

① 당기의 수익에 대응되는 지급된 비용
② 당기의 수익에 대응되는 미지급된 비용
③ 당기의 수익에 대응되지 않지만 지급된 비용
④ 당기의 수익에 대응되지 않지만 미지급된 비용

10 12월 말 결산일 현재 손익계산서상 당기순이익은 300,000원이었으나, 아래의 사항이 반영되어 있지 않음을 확인하였다. 아래 사항을 반영한 후의 당기순이익은 얼마인가?

> 손익계산서에 보험료 120,000원이 계상되어 있으나 해당 보험료 중 선급보험료 해당액은 30,000원으로 확인되었다.

① 210,000원 　　　　② 270,000원 　　　　③ 330,000원 　　　　④ 390,000원

11 다음 지출내역 중 영업외비용의 합계액은 얼마인가?

> • 영업용 자동차 보험료 : 5,000원
> • 대손이 확정된 외상매출금의 대손상각비 : 2,000원
> • 10년 만기 은행 차입금의 이자 : 3,000원
> • 사랑의열매 기부금 : 1,000원

① 1,000원 　　　　② 3,000원 　　　　③ 4,000원 　　　　④ 6,000원

12 다음 중 판매비와관리비에 해당하는 계정과목이 아닌 것은?

① 기업업무추진비 　　② 세금과공과 　　　③ 광고선전비 　　　④ 기타의대손상각비

13 다음은 회계의 순환과정을 나타낸 것이다. 아래의 (가)에 들어갈 용어로 옳은 것은?

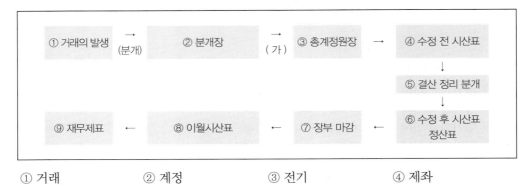

① 거래   ② 계정   ③ 전기   ④ 제좌

14 다음 자료에서 설명하고 있는 (A)와 (B)에 각각 들어갈 용어로 바르게 짝지은 것은 무엇인가?

> 일정시점의 기업의 (A)을(를) 나타낸 표를 재무상태표라 하고, 일정기간의 기업의 (B)을(를) 나타낸 표를 손익계산서라 한다.

	(A)	(B)
①	재무상태	경영성과
②	경영성과	재무상태
③	거래의 이중성	대차평균의 원리
④	대차평균의 원리	거래의 이중성

15 다음 중 상품에 대한 재고자산의 원가를 결정하는 방법에 해당하지 않는 것은?

① 개별법   ② 총평균법   ③ 선입선출법   ④ 연수합계법

수호상사(코드번호 : 1104)는 전자제품을 판매하는 개인기업이다. 당기(제14기)의 회계기간은 2025.1.1.~ 2025.12.31.이다. 전산세무회계 수험용 프로그램을 이용하여 다음 물음에 답하시오.

기본 전제

- 문제에서 한국채택국제회계기준을 적용하도록 하는 전제조건이 없는 경우, 일반기업회계기준을 적용하여 회계처리한다.
- 문제의 풀이와 답안작성은 제시된 문제의 순서대로 진행한다.

---

01 다음은 수호상사의 사업자등록증이다. [회사등록] 메뉴에 입력된 내용을 검토하여 누락분은 추가 입력하고 잘못된 부분을 정정하시오(주소 입력 시 우편번호는 입력하지 않아도 무방함).(6점)

사 업 자 등 록 증

(일반과세자)

등록번호 : 417-26-00528

1. 상   호 : 수호상사
2. 성   명 : 김선호
3. 생 년 월 일 : 1969년 9월 13일
4. 개 업 연 월 일 : 2012년 9월 14일
5. 사업장소재지 : 대전광역시 동구 대전로 987
6. 사업의   종류 : [업태] 도소매 [종목] 전자제품
7. 교 부 사 유 : 신규
8. 공 동 사 업 자 :
9. 주류판매신고번호 :
10. 사업자단위과세적용사업자여부 : 여( ) 부(V)

2012년 9월 14일

대전세무서장 인

---

02 다음은 수호상사의 전기분 손익계산서이다. 입력되어 있는 자료를 검토하여 오류 부분을 정정하고 누락된 부분을 추가 입력하시오.(6점)

손익계산서

회사명 : 수호상사　　　　제13기 2024.1.1.～2024.12.31.　　　　(단위 : 원)

과　목	금　액	과　목	금　액
Ⅰ. 매출액	257,000,000	Ⅴ. 영업이익	18,210,000
상품매출	257,000,000	Ⅵ. 영업외수익	3,200,000
Ⅱ. 매출원가	205,000,000	이자수익	200,000
상품매출원가	205,000,000	임대료	3,000,000
기초상품재고액	20,000,000	Ⅶ. 영업외비용	850,000
당기상품매입액	198,000,000	이자비용	850,000
기말상품재고액	13,000,000	Ⅷ. 소득세차감전순이익	20,560,000
Ⅲ. 매출총이익	52,000,000	Ⅸ. 소득세등	0
Ⅳ. 판매비와관리비	33,790,000	Ⅹ. 당기순이익	20,560,000
급여	24,000,000		
복리후생비	1,100,000		
기업업무추진비	4,300,000		
감가상각비	500,000		
보험료	700,000		
차량유지비	2,300,000		
소모품비	890,000		

03 다음 자료를 이용하여 입력하시오.(6점)

1 다음 자료를 이용하여 [기초정보관리]의 [거래처등록] 메뉴에서 거래처(금융기관)를 추가 등록하시오 (단, 주어진 자료 외의 다른 항목은 입력할 필요 없음).(3점)

- 거래처코드 : 98006
- 거래처명 : 한경은행
- 사업용 계좌 : 여
- 계좌번호 : 1203-4562-49735
- 유형 : 보통예금

2 수호상사의 외상매출금과 외상매입금의 거래처별 초기이월 채권과 채무잔액은 다음과 같다. 입력된 자료를 검토하여 잘못된 부분은 수정 또는 삭제, 추가 입력하여 주어진 자료에 맞게 정정하시오.(3점)

계정과목	거래처	잔액	계
외상매출금	믿음전자	20,000,000원	35,000,000원
	우진전자	10,000,000원	
	(주)형제	5,000,000원	
외상매입금	중소상사	12,000,000원	28,000,000원
	숭실상회	10,000,000원	
	국보상사	6,000,000원	

04 다음 거래 자료를 [일반전표입력] 메뉴에 추가 입력하시오.(24점)

입력 시 유의사항

- 적요의 입력은 생략한다.
- 부가가치세는 고려하지 않는다.
- 채권·채무와 관련된 거래처명은 반드시 기 등록되어 있는 거래처코드를 선택하는 방법으로 거래처명을 입력한다.
- 회계처리 시 계정과목은 별도의 제시가 없는 한 등록된 계정과목 중 가장 적절한 과목으로 한다.

1 7월 16일 우와상사에 상품 3,000,000원을 판매하기로 계약하고, 계약금 600,000원을 보통예금 계좌로 입금받았다.(3점)

❷ 8월 4일 당사의 영업부에서 장기간 사용할 목적으로 비품을 구입하고 대금은 BC카드(신용카드)로 결제하였다(단, 미지급금 계정을 사용하여 회계처리할 것).(3점)

카드매출전표
카드종류 : BC카드
회원번호 : 1234-5678-1001-2348
거래일시 : 8.4. 15:30:51
거래유형 : 신용승인
매 출 액 : 15,000,000원
합 계 액 : 15,000,000원
결제방법 : 일시불
승인번호 : 71942793
은행확인 : KB국민은행
가맹점명 : 서현(주)
- 이 하 생 략 -

❸ 8월 25일 영업용 차량운반구에 대한 자동차세 120,000원을 현금으로 납부하다.(3점)

❹ 9월 6일 거래처 수분상사의 외상매출금 중 1,800,000원이 예정일보다 빠르게 회수되어 할인금액 2%를 제외한 금액을 당좌예금 계좌로 입금받았다(단, 매출할인 계정을 사용할 것).(3점)

5 9월 20일 영업부 직원들을 위한 간식을 현금으로 구매하고 아래의 현금영수증을 수취하였다.(3점)

현금 매출 전표

간식천국			378-62-00158
이재철			TEL : 1577-0000
대구 광역시 동구 안심로 15			
9/20 11:53:48			NO : 18542

품목	수량	단가	금액
노나머거본파이	5		50,000
에너지파워드링크	30		150,000
합계수량/금액		₩	200,000
받을금액			200,000
현금			200,000

현금영수증(지출증빙)

거래자번호	:	417-26-00528
승인번호	:	G1410801058
전화번호	:	현금영수증문의 ☎ 126-1-1
홈페이지	:	https://hometax.go.kr

6 10월 5일 당사의 상품을 홍보할 목적으로 홍보용 포스트잇을 제작하고 사업용카드(삼성카드)로 결제하였다.(3점)

홍보물닷컴
500,000원

카드종류	신용카드
카드번호	8504-1245-4545-0506
거래일자	10.5. 15:29:45
일시불/할부	일시불
승인번호	28516480

[상품명]	[금액]
홍보용 포스트잇	500,00원

| | **합 계 액** | **500,000원** |
| | **받은금액** | **500,000원** |

가맹점 정보

가맹점명	홍보물닷컴
사업자등록번호	305-35-65424
가맹점번호	23721275
대표자명	엄하진
전화번호	051-651-0000

이용해주셔서 감사합니다.
교환/환불은 영수증을 지참하여 일주일 이내 가능합니다.
삼성카드

7 10월 13일 대전시 동구청에 태풍 피해 이재민 돕기 성금으로 현금 500,000원을 기부하였다.(3점)

8 11월 1일 영업부 직원의 국민건강보험료 회사부담분 190,000원과 직원부담분 190,000원을 보통예금 계좌에서 이체하여 납부하였다(단, 회사부담분은 복리후생비 계정을 사용할 것).(3점)

05 [일반전표입력] 메뉴에 입력된 내용 중 다음과 같은 오류가 발견되었다. 입력된 내용을 검토하고 수정 또는 삭제, 추가 입력하여 올바르게 정정하시오.(6점)

1 8월 16일 운반비로 계상한 50,000원은 무선상사로부터 상품 매입 시 당사 부담의 운반비를 지급한것이다.(3점)

2 9월 30일 농협은행에서 차입한 장기차입금을 상환하기 위하여 보통예금 계좌에서 11,000,000원을 지급하고 이를 모두 차입금 원금을 상환한 것으로 회계처리하였으나 이 중 차입금 원금은 10,000,000원이고, 나머지 1,000,000원은 차입금에 대한 이자로 확인되었다.(3점)

06 다음의 결산정리사항을 입력하여 결산을 완료하시오.(12점)

1 영업부에서 사용하기 위하여 소모품을 구입하고 자산으로 처리한 금액 중 당기 중에 사용한 금액은 70,000원이다.(3점)

2 기말 현재 가수금 잔액 200,000원은 강원상사의 외상매출금 회수액으로 판명되었다.(3점)

3 결산일까지 현금과부족 100,000원의 원인이 판명되지 않았다.(3점)

4 당기분 차량운반구에 대한 감가상각비 600,000원과 비품에 대한 감가상각비 500,000원을 계상하다.(3점)

07 다음 사항을 조회하여 답안을 [이론문제 답안작성] 메뉴에 입력하시오.(10점)

1 6월 말 현재 외상매출금 잔액이 가장 적은 거래처의 상호와 그 외상매출금 잔액은 얼마인가?(3점)

2 상반기(1~6월) 중 복리후생비(판) 지출액이 가장 많은 달의 지출액은 얼마인가?(3점)

3 6월 말 현재 차량운반구의 장부금액은 얼마인가?(4점)

이론시험

다음 문제를 보고 알맞은 것을 골라 [이론문제 답안작성] 메뉴에 입력하시오.(객관식 문항당 2점)

기본 전제

문제에서 한국채택국제회계기준을 적용하도록 하는 전제조건이 없는 경우, 일반기업회계기준을 적용한다.

01 다음 중 거래의 종류와 해당 거래의 연결이 올바르지 않은 것은?

① 교환거래 : 상품 1,000,000원을 매출하기로 계약하고 매출대금의 10%를 현금으로 받다.
② 손익거래 : 당월분 사무실 전화요금 50,000원과 전기요금 100,000원이 보통예금 계좌에서 자동으로 이체되다.
③ 손익거래 : 사무실을 임대하고 1년치 임대료 600,000원을 보통예금 계좌로 입금받아 수익계정으로 처리하다.
④ 혼합거래 : 단기차입금 1,000,000원과 장기차입금 2,000,000원을 보통예금 계좌에서 이체하여 상환하다.

02 다음 중 결산 시 대손상각 처리를 할 수 있는 계정과목에 해당하지 않는 것은?

① 받을어음   ② 미수금   ③ 외상매출금   ④ 단기차입금

03 다음 중 현금 계정으로 처리할 수 없는 것은?

① 자기앞수표   ② 당사 발행 당좌수표
③ 우편환증서   ④ 배당금지급통지표

04 다음 자료에서 상품의 순매입액은 얼마인가?

• 당기상품매입액	50,000원	• 상품매입과 관련된 취득부대비용	2,000원
• 상품매입할인	3,000원	• 상품매출에누리	5,000원

① 44,000원   ② 47,000원   ③ 49,000원   ④ 52,000원

05 다음의 거래요소 중 차변에 올 수 있는 거래요소는 무엇인가?

① 수익의 발생   ② 비용의 발생   ③ 자산의 감소   ④ 부채의 증가

06 다음 중 외상매출금 계정이 대변에 기입될 수 있는 거래를 모두 찾으시오.

> 가. 상품을 매출하고 대금을 한 달 후에 지급받기로 했을 때
> 나. 외상매출금이 보통예금으로 입금되었을 때
> 다. 외상매출금을 현금으로 지급받았을 때
> 라. 외상매입한 상품 대금을 한 달 후에 보통예금으로 지급했을 때

① 가, 나   ② 나, 다   ③ 다, 라   ④ 가, 라

07 다음 중 재무상태표상 기말재고자산이 50,000원 과대계상되었을 때 나타날 수 없는 것은?

① 당기순이익 50,000원 과소계상
② 매출원가 50,000원 과소계상
③ 영업이익 50,000원 과대계상
④ 차기이월되는 재고자산 50,000원 과대계상

08 다음 자료를 이용하여 영업이익을 계산하면 얼마인가?

• 매출액	20,000,000원	• 복리후생비	300,000원
• 매출원가	14,000,000원	• 유형자산처분손실	600,000원
• 이자비용	300,000원	• 급여	2,000,000원

① 2,800,000원   ② 3,100,000원   ③ 3,700,000원   ④ 4,000,000원

09 다음 자료에 의한 기말 현재 대손충당금 잔액은 얼마인가?

> • 기말 매출채권 : 20,000,000원
> • 기말 매출채권 잔액에 대하여 1%의 대손충당금을 설정하기로 한다.

① 200,000원   ② 218,000원   ③ 250,000원   ④ 320,000원

10 다음 중 일반기업회계기준상 유형자산의 감가상각방법으로 인정되지 않는 것은?

① 선입선출법   ② 정률법   ③ 연수합계법   ④ 생산량비례법

11 다음의 지출내역 중 판매비와관리비에 해당하는 것을 모두 고른 것은?

가. 출장 여비교통비
나. 거래처 대표자의 결혼식 화환 구입비
다. 차입금 이자
라. 유형자산처분이익

① 가, 나   ② 나, 다   ③ 가, 라   ④ 다, 라

12 다음 중 자본잉여금에 해당하지 않는 것은?

① 주식발행초과금   ② 감자차익
③ 자기주식처분이익   ④ 임의적립금

13 다음 중 유동부채에 해당하는 항목의 합계금액으로 적절한 것은?

• 유동성장기부채	4,000,000원	• 장기차입금	5,000,000원
• 미지급비용	1,400,000원	• 선급비용	2,500,000원
• 예수금	500,000원	• 외상매입금	3,300,000원

① 5,200,000원   ② 9,200,000원   ③ 11,700,000원   ④ 16,700,000원

14 다음 중 당좌자산에 해당하지 않는 항목은?

① 매출채권   ② 현금   ③ 선급비용   ④ 건설중인자산

15 다음 중 유형자산에 대한 추가적인 지출이 발생했을 때 당기 비용으로 처리할 수 있는 거래를 고르시오.

① 건물의 피난시설을 설치하기 위한 지출
② 내용연수를 연장시키는 지출
③ 건물 내부의 조명기구를 교체하는 지출
④ 상당한 품질향상을 가져오는 지출

정금상사(코드번호 : 1094)는 신발을 판매하는 개인기업으로 당기(제14기)의 회계기간은 2025.1.1.~ 2025.12.31.이다. 전산세무회계 수험용 프로그램을 이용하여 다음 물음에 답하시오.

기본 전제

• 문제에서 한국채택국제회계기준을 적용하도록 하는 전제조건이 없는 경우, 일반기업회계기준을 적용하여 회계처리한다.
• 문제의 풀이와 답안작성은 제시된 문제의 순서대로 진행한다.

01 다음은 정금상사의 사업자등록증이다. [회사등록] 메뉴에 입력된 내용을 검토하여 누락분은 추가 입력하고 잘못된 부분을 정정하시오(주소 입력 시 우편번호는 입력하지 않아도 무방함).(6점)

사 업 자 등 록 증

(일반과세자)

등록번호 : 646-04-01031

1. 상   호 : 정금상사
2. 성   명 : 최종효
3. 생 년 월 일 : 1992년 11월 19일
4. 개 업 연 월 일 : 2012년 6월 1일
5. 사업장소재지 : 서울특별시 강동구 천호대로 1057
6. 사업의   종류 : [업태] 도소매 [종목] 신발
7. 교 부 사 유 : 신규
8. 공 동 사 업 자 :
9. 주류판매신고번호 :
10. 사업자단위과세적용사업자여부 : 여( ) 부(V)

2012년 6월 1일

강동세무서장 인

---

02 다음은 정금상사의 전기분 손익계산서이다. 입력되어 있는 자료를 검토하여 오류 부분을 정정하고 누락된 부분을 추가 입력하시오.(6점)

손익계산서

회사명 : 정금상사 　　　　제13기 2024.1.1.~2024.12.31. 　　　　(단위 : 원)

과 목	금 액	과 목	금 액
Ⅰ. 매출액	120,000,000	Ⅴ. 영업이익	4,900,000
상품매출	120,000,000	Ⅵ. 영업외수익	800,000
Ⅱ. 매출원가	90,000,000	이자수익	800,000
상품매출원가	90,000,000	Ⅶ. 영업외비용	600,000
기초상품재고액	30,000,000	이자비용	600,000
당기상품매입액	80,000,000	Ⅷ. 소득세차감전순이익	5,100,000
기말상품재고액	20,000,000	Ⅸ. 소득세등	0
Ⅲ. 매출총이익	30,000,000	Ⅹ. 당기순이익	5,100,000
Ⅳ. 판매비와관리비	25,100,000		
급여	18,000,000		
복리후생비	5,000,000		
여비교통비	600,000		
기업업무추진비	300,000		
소모품비	500,000		
광고선전비	700,000		

03 다음 자료를 이용하여 입력하시오.(6점)

1 [계정과목및적요등록] 메뉴에서 판매비와관리비의 기업업무추진비 계정에 다음 내용의 적요를 등록하시오.(3점)

> 현금적요 : NO. 5 거래처 명절선물 대금 지급

2 정금상사의 외상매출금과 단기대여금에 대한 거래처별 초기이월 잔액은 다음과 같다. 입력된 자료를 검토하여 잘못된 부분은 수정 또는 삭제, 추가 입력하여 주어진 자료에 맞게 정정하시오.(3점)

계정과목	거래처	잔액	합계
외상매출금	(주)사이버나라	45,000,000원	68,000,000원
	세계상회	23,000,000원	
단기대여금	㈜해일	10,000,000원	13,000,000원
	부림상사	3,000,000원	

04 [일반전표입력] 메뉴를 이용하여 다음의 거래 자료를 입력하시오.(24점)

> **입력 시 유의사항**
>
> • 적요의 입력은 생략한다.
> • 부가가치세는 고려하지 않는다.
> • 채권·채무와 관련된 거래처명은 반드시 기 등록되어 있는 거래처코드를 선택하는 방법으로 거래처명을 입력한다.
> • 회계처리 시 계정과목은 별도의 제시가 없는 한 등록된 계정과목 중 가장 적절한 과목으로 한다.

1 8월 1일 단기매매목적으로 (주)바이오의 발행주식 10주를 1주당 200,000원에 취득하였다. 대금은 취득과정에서 발생한 별도의 증권거래수수료 12,000원을 포함하여 보통예금 계좌에서 전액을 지급하였다. (주)바이오의 발행주식 1주당 액면금액은 1,000원이다.(3점)

2 9월 2일 푸름상회에서 판매용 신발을 매입하고 대금 중 5,000,000원은 푸름상회에 대한 외상매출금과 상계하여 처리하고 잔액은 외상으로 하다.(3점)

권		호			**거래명세표**(거래용)			
9 월 2 일								
정금상사 귀하			공 급 자	사 업 자 등 록 번 호	109-02-57411			
				상 호	푸름상회	성 명	나푸름	㉵
				사 업 장 소 재 지	서울특별시 서초구 명달로 105			
아래와 같이 계산합니다.				업 태	도소매	종 목	신발	
합계금액			구백육십만 원정 (₩ 9,600,000)					
월 일	**품 목**		**규 격**	**수 량**	**단 가**	**공 급 대 가**		
9/2	레인부츠			12	800,000원	9,600,000원		
계						9,600,000원		
전잔금	없음			**합 계**		9,600,000원		
입 금	5,000,000원		**잔 금**	4,600,000원		**인수자**	최종효	㉵
비 고	판매대금 5,000,000원은 외상대금과 상계처리하기로 함							

3 10월 5일 업무용 모니터(비품)를 구입하고 현금 550,000원을 다음과 같이 지급하다.(3점)

현금영수증(지출증빙용)			
CASH RECEIPT			
사업자등록번호	108-81-11116		
현금영수증가맹점명	㈜성실산업		
대표자	김성실		
주소	서울 관악 봉천 458		
전화번호	02-220-2223		

품명	모니터	승인번호	12345
거래일시	10.5	취소일자	

단위		백		천		원
금액 AMOUNT		5	5	0	0	0 0
봉사료 TIPS						
합계 TOTAL		5	5	0	0	0 0

4 10월 20일 영업부 직원의 건강보험료 회사부담분 220,000원과 직원부담분 220,000원을 보통예금 계좌에서 이체하여 납부하다(단, 하나의 전표로 처리하고, 회사부담분 건강보험료는 복리후생비 계정을 사용할 것).(3점)

5 11월 1일 광고 선전을 목적으로 불특정 다수에게 배포할 판촉물을 제작하고 제작대금 990,000원은 당좌수표를 발행하여 지급하다.(3점)

6 11월 30일 좋은은행에 예치한 1년 만기 정기예금의 만기가 도래하여 원금 10,000,000원과 이자 500,000원이 보통예금 계좌로 입금되다.(3점)

7 12월 5일 본사 영업부에 비치된 에어컨을 수리하고 수리비 330,000원을 신용카드(하나카드)로 결제하다.(3점)

8 12월 15일 에스파파상사로부터 상품을 25,000,000원에 매입하기로 계약하고, 계약금 1,000,000원을 보통예금 계좌에서 이체하여 지급하다.(3점)

05 [일반전표입력] 메뉴에 입력된 내용 중 다음과 같은 오류가 발견되었다. 입력된 내용을 검토하고 수정 또는 삭제, 추가 입력하여 올바르게 정정하시오.(6점)

❶ 10월 27일 기업주가 사업 확장을 위하여 좋은은행에서 만기 1년 이내의 대출 10,000,000원을 단기차입하여 보통예금 계좌에 입금하였으나 이를 자본금으로 처리하였음을 확인하다.(3점)

❷ 11월 16일 보통예금 계좌에서 지급한 198,000원은 거래처에 선물하기 위해 구입한 신발이 아니라 판매를 목적으로 구입한 신발의 매입대금이었음이 확인되었다.(3점)

06 다음의 결산정리사항을 입력하여 결산을 완료하시오.(12점)

❶ 구입 시 자산으로 처리한 소모품 중 결산일 현재 사용한 소모품비는 550,000원이다.(3점)

❷ 7월 1일에 영업부의 1년치 보증보험료(보험기간 : 2025.07.01.~2026.06.30.) 1,200,000원을 보통예금 계좌에서 이체하면서 전액 비용계정인 보험료로 처리하였다. 기말수정분개를 하시오(단, 월할계산할 것).(3점)

❸ 현금과부족 계정으로 처리한 현금초과액 50,000원에 대한 원인이 결산일 현재까지 밝혀지지 않았다.(3점)

❹ 외상매출금 및 받을어음 잔액에 대하여만 1%의 대손충당금을 보충법으로 설정하시오(단, 기타 채권에 대하여는 대손충당금을 설정하지 않도록 한다).(3점)

07 다음 사항을 조회하여 답안을 [이론문제 답안작성] 메뉴에 입력하시오.(10점)

❶ 상반기(1월~6월) 중 현금의 지출이 가장 많은 월(月)은 몇 월(月)이며, 그 금액은 얼마인가?(4점)

❷ 6월 30일 현재 유동부채의 금액은 얼마인가?(3점)

❸ 상반기(1월~6월) 중 복리후생비(판)의 지출이 가장 많은 월(月)과 적은 월(月)의 차액은 얼마인가?(단, 반드시 양수로 입력할 것)(3점)

이론시험

다음 문제를 보고 알맞은 것을 골라 [이론문제 답안작성] 메뉴에 입력하시오.(객관식 문항당 2점)

기본 전제

문제에서 한국채택국제회계기준을 적용하도록 하는 전제조건이 없는 경우, 일반기업회계기준을 적용한다.

01 다음 중 일정기간의 회계정보를 제공하는 재무제표가 아닌 것은?

① 현금흐름표　　　② 손익계산서　　　③ 재무상태표　　　④ 자본변동표

02 다음 중 계정의 잔액 표시가 잘못된 것을 고르시오.

①	받을어음		②	미지급금	
	1,500,000원				1,500,000원

③	자본금		④	임대료	
		1,500,000원		1,500,000원	

03 다음은 당기의 재고자산 관련 자료이다. 당기의 상품 매출원가는 얼마인가?

• 기초상품재고액	10,000원	• 상품매입에누리	1,000원
• 당기상품매입액	30,000원	• 기말상품재고액	5,000원

① 34,000원　　　② 35,000원　　　③ 39,000원　　　④ 40,000원

04 12월 말 결산법인의 당기 취득 기계장치 관련 자료가 다음과 같다. 이를 바탕으로 당기 손익계산서에 반영될 당기의 감가상각비는 얼마인가?

- 7월 1일 기계장치를 1,000,000원에 취득하였다.
- 7월 1일 기계장치 취득 즉시 수익적 지출 100,000원이 발생하였다.
- 위 기계장치의 잔존가치는 0원, 내용연수는 5년, 상각방법은 정액법이다. 단, 월할상각할 것

① 100,000원　　　② 110,000원　　　③ 200,000원　　　④ 220,000원

05 다음 자료에서 당기말 재무제표에 계상될 보험료는 얼마인가? 단, 회계연도는 매년 1월 1일부터 12월 31일까지이다.

- 11월 1일 화재보험에 가입하고, 보험료 600,000원을 현금으로 지급하였다.
- 보험기간은 가입시점부터 1년이며, 기간계산은 월할로 한다.
- 이외 보험료는 없는 것으로 한다.

① 50,000원   ② 100,000원   ③ 300,000원   ④ 600,000원

06 다음 중 재무상태표에 표시되는 매입채무 계정에 해당하는 것으로만 짝지어진 것은?

① 미수금, 미지급금   ② 가수금, 가지급금
③ 외상매출금, 받을어음   ④ 외상매입금, 지급어음

07 다음 중 계정과목의 분류가 올바른 것은?

① 유동자산 : 차량운반구   ② 비유동자산 : 당좌예금
③ 유동부채 : 단기차입금   ④ 비유동부채 : 선수수익

08 다음 중 현금및현금성자산에 포함되지 않는 것은?

① 우편환증서   ② 배당금지급통지서
③ 당좌차월   ④ 자기앞수표

09 다음 중 상품 매입계약에 따른 계약금을 미리 지급한 경우에 사용하는 계정과목으로 옳은 것은?

① 가지급금   ② 선급금   ③ 미지급금   ④ 지급어음

10 다음 자료에서 부채의 합계액은 얼마인가?

• 외상매입금	3,000,000원	• 선급비용	1,500,000원
• 선수수익	500,000원	• 미수수익	1,000,000원
• 단기대여금	4,000,000원	• 미지급비용	2,000,000원

① 5,500,000원   ② 6,000,000원   ③ 6,500,000원   ④ 12,000,000원

11 다음 중 아래 빈칸에 들어갈 내용으로 적절한 것은?

> 유동자산은 보고기간종료일로부터 (   )년 이내에 현금화 또는 실현될 것으로 예상되는 자산을 의미한다.

① 1   ② 2   ③ 3   ④ 5

12 다음 자료에서 당기 외상매출금 기말잔액은 얼마인가?

> • 외상매출금 기초잔액   3,000,000원
> • 외상매출금 당기 발생액   7,000,000원
> • 외상매출금 당기 회수액   1,000,000원

① 0원   ② 3,000,000원   ③ 5,000,000원   ④ 9,000,000원

13 다음 중 재고자산에 대한 설명으로 적절하지 않은 것은?

① 재고자산은 정상적인 영업과정에서 판매를 위하여 보유하거나 생산과정에 있는 자산 및 생산 또는 서비스 제공과정에 투입될 원재료나 소모품의 형태로 존재하는 자산을 말한다.

② 재고자산의 취득원가는 취득과 직접적으로 관련되어 있으며 정상적으로 발생되는 기타원가를 포함한다.

③ 선입선출법은 먼저 구입한 상품이 먼저 판매된다는 가정하에 매출원가 및 기말재고액을 구하는 방법이다.

④ 개별법은 상호 교환될 수 있는 재고자산 항목인 경우에만 사용 가능하다.

14 다음 중 수익의 이연에 해당하는 계정과목으로 옳은 것은?

① 선급비용   ② 미지급비용   ③ 선수수익   ④ 미수수익

15 다음 중 기말재고자산을 과대평가하였을 때 나타나는 현상으로 옳은 것은?

	매출원가	당기순이익
①	과대계상	과소계상
②	과소계상	과대계상
③	과대계상	과대계상
④	과소계상	과소계상

지우상사(코드번호 : 1084)는 사무기기를 판매하는 개인기업으로 당기(제13기)의 회계기간은 2025.1.1.~2025.12.31.이다. 전산세무회계 수험용 프로그램을 이용하여 다음 물음에 답하시오.

기본 전제

- 문제에서 한국채택국제회계기준을 적용하도록 하는 전제조건이 없는 경우, 일반기업회계기준을 적용하여 회계처리한다.
- 문제의 풀이와 답안작성은 제시된 문제의 순서대로 진행한다.

---

01 다음은 지우상사의 사업자등록증이다. [회사등록] 메뉴에 입력된 내용을 검토하여 누락분은 추가 입력하고 잘못된 부분은 정정하시오(주소 입력 시 우편번호는 입력하지 않아도 무방함).(6점)

사 업 자 등 록 증

(일반과세자)

등록번호 : 210-21-68451

    1. 상   호 : 지우상사
    2. 성   명 : 한세무
    3. 생 년 월 일 : 1965년 12월 1일
    4. 개 업 연 월 일 : 2013년 2월 1일
    5. 사업장소재지 : 경기도 부천시 가로공원로 20-1
    6. 사업의   종류 : [업태] 도소매 [종목] 사무기기
    7. 교 부 사 유 : 신규
    8. 공 동 사 업 자 :
    9. 주류판매신고번호 :
    10. 사업자단위과세적용사업자여부 : 여( ) 부(V)

2013년 2월 1일

부천세무서장 인

---

02 지우상사의 전기분 손익계산서는 다음과 같다. 입력되어 있는 자료를 검토하여 오류 부분은 정정하고 누락된 부분은 추가 입력하시오.(6점)

손익계산서

회사명 : 지우상사   제12기 2024.1.1.~2024.12.31.   (단위 : 원)

과 목	금 액	과 목	금 액
I . 매출액	125,500,000	V . 영업이익	11,850,000
상품매출	125,500,000	VI . 영업외수익	500,000
II . 매출원가	88,800,000	이자수익	500,000
상품매출원가	88,800,000	VII . 영업외비용	1,200,000
기초상품재고액	12,300,000	이자비용	1,200,000
당기상품매입액	79,000,000	VIII . 소득세차감전순이익	11,150,000
기말상품재고액	2,500,000	IX . 소득세등	0
III . 매출총이익	36,700,000	X . 당기순이익	11,150,000
IV . 판매비와관리비	24,850,000		
급여	14,500,000		
복리후생비	1,200,000		
여비교통비	800,000		
기업업무추진비	750,000		
수도광열비	1,100,000		
감가상각비	3,950,000		
임차료	1,200,000		
차량유지비	550,000		
수수료비용	300,000		
광고선전비	500,000		

03 다음 자료를 이용하여 입력하시오.(6점)

❶ 다음 자료를 이용하여 [계정과목및적요등록] 메뉴에서 판매비및일반관리비 항목의 여비교통비 계정과목에 적요를 추가로 등록하시오.(3점)

> 대체적요 3. 직원의 국내출장비 예금 인출

❷ [거래처별초기이월] 메뉴의 계정과목별 잔액은 다음과 같다. 주어진 자료를 검토하여 잘못된 부분은 오류를 정정하고, 누락된 부분은 추가 입력하시오.(3점)

계정과목	거래처명	금액
외상매입금	라라무역	23,200,000원
	양산상사	35,800,000원
단기차입금	(주)굿맨	36,000,000원

04 [일반전표입력] 메뉴를 이용하여 다음의 거래 자료를 입력하시오.(24점)

입력 시 유의사항

- 적요의 입력은 생략한다.
- 부가가치세는 고려하지 않는다.
- 채권 · 채무와 관련된 거래처명은 반드시 기 등록되어 있는 거래처코드를 선택하는 방법으로 거래처명을 입력한다.
- 회계처리 시 계정과목은 별도의 제시가 없는 한 등록된 계정과목 중 가장 적절한 과목으로 한다.

❶ 7월 15일 태영상사에 상품을 4,000,000원에 판매하고 판매대금 중 20%는 태영상사가 발행한 6개월 만기 약속어음으로 받았으며, 나머지 판매대금은 8월 말에 받기로 하였다.(3점)

❷ 8월 25일 큰손은행으로부터 아래와 같이 사업확장을 위한 자금을 차입하고 보통예금 계좌로 송금받았다.(3점)

차입금액	자금용도	연이자율	차입기간	이자 지급 방법
15,000,000원	시설자금	7%	3년	만기 일시 지급

❸ 9월 5일 영업부 사무실의 8월분 인터넷이용료 50,000원과 수도요금 40,000원을 삼성카드로 결제하였다.(3점)

4 10월 5일 명절을 맞이하여 과일세트 30박스를 싱싱과일에서 구입하여 매출거래처에 선물하였고, 아래와 같이 영수증을 받았다.(3점)

영수증			
싱싱과일			105-91-3*****
대표자			김민정
경기도 부천시 중동 *** 1층			

품목	수량	단가	금액
과일세트	30	10,000	300,000
합계금액		₩	**300,000**

결제구분	금액
현 금	300,000원
받 은 금 액	300,000원
미 수 금	−

감사합니다

5 10월 24일 새로운 창고를 건축하기 위하여 토지를 50,000,000원에 취득하면서 취득세 2,300,000원을 포함한 총 52,300,000원을 현금으로 지급하였다.(3점)

6 11월 2일 온나라상사의 파산으로 인하여 외상매출금을 회수할 수 없게 됨에 따라 온나라상사의 외상매출금 3,000,000원 전액을 대손처리하기로 하다. 11월 2일 현재 대손충당금 잔액은 900,000원이다.(3점)

7 11월 30일 영업부 대리 김민정의 11월분 급여를 보통예금 계좌에서 이체하여 지급하였다(단, 하나의 전표로 처리하되, 공제항목은 구분하지 않고 하나의 계정과목으로 처리할 것).(3점)

11월분 급여명세서

사 원 명 : 김민정		부 서 : 영업부	
입 사 일 : 10.01		직 급 : 대리	
지 급 내 역	**지 급 액**	**공 제 내 역**	**공 제 액**
기본급여	4,200,000원	국민연금	189,000원
직책수당	0원	건강보험	146,790원
상여금	0원	고용보험	37,800원
특별수당	0원	소득세	237,660원
자가운전보조금	0원	지방소득세	23,760원
교육지원수당	0원	기타공제	0원
지 급 액 계	**4,200,000원**	**공 제 액 계**	**635,010원**
귀하의 노고에 감사드립니다.		**차 인 지 급 액**	**3,564,990원**

8 12월 15일 대한상사의 외상매입금 7,000,000원 중 2,000,000원은 현금으로 지급하고 잔액은 보통예금 계좌에서 이체하였다.(3점)

05 [일반전표입력] 메뉴에 입력된 내용 중 다음과 같은 오류가 발견되었다. 입력된 내용을 검토하고 수정 또는 삭제, 추가 입력하여 올바르게 정정하시오.(6점)

1 8월 20일 두리상사에서 상품을 35,000,000원에 매입하기로 계약하고 현금으로 지급한 계약금 3,500,000원을 선수금으로 입금 처리하였음이 확인된다.(3점)

2 9월 16일 보통예금 계좌에서 나라은행으로 이체한 4,000,000원은 이자비용을 지급한 것이 아니라 단기차입금을 상환한 것이다.(3점)

06 다음의 결산정리사항을 입력하여 결산을 완료하시오.(12점)

1 4월 1일에 하나은행으로부터 30,000,000원을 12개월간 차입하고, 이자는 차입금 상환시점에 원금과 함께 일시 지급하기로 하였다. 적용이율은 연 5%이며, 차입기간은 2025.04.01.~2026.03.31.이다. 관련된 결산분개를 하시오(단, 이자는 월할계산할 것).(3점)

2 결산일 현재 예금에 대한 기간경과분 발생이자는 15,000원이다.(3점)

3 기말 현재 영업부의 비품에 대한 당기분 감가상각비는 1,700,000원이다.(3점)

4 결산을 위하여 창고의 재고자산을 실사한 결과 기말상품재고액은 6,500,000원이다.(3점)

07 다음 사항을 조회하여 답안을 [이론문제 답안작성] 메뉴에 입력하시오.(10점)

1 2분기(4월~6월)에 수석상사에 발행하여 교부한 지급어음의 총 합계액은 얼마인가?(단, 전기이월 금액은 제외할 것)(3점)

2 상반기(1월~6월)의 보통예금 입금액은 총 얼마인가?(단, 전기이월 금액은 제외할 것)(3점)

3 상반기(1월~6월) 중 기업업무추진비(판매비와일반관리비)를 가장 적게 지출한 월(月)과 그 금액은 얼마인가?(4점)

이론시험

다음 문제를 보고 알맞은 것을 골라 [이론문제 답안작성] 메뉴에 입력하시오.(객관식 문항당 2점)

기본 전제

문제에서 한국채택국제회계기준을 적용하도록 하는 전제조건이 없는 경우, 일반기업회계기준을 적용한다.

01 다음 중 회계상 거래에 해당하는 것은?

① 판매점 확장을 위하여 직원을 채용하고 근로계약서를 작성하다.
② 사업확장을 위하여 은행에서 운영자금을 차입하기로 결정하다.
③ 재고 부족이 예상되어 판매용 상품을 추가로 주문하다.
④ 당사 데이터센터의 화재로 인하여 서버용 PC가 소실되다.

02 다음 중 거래요소의 결합 관계가 잘못 짝지어진 것은?

① (차) 자본의 감소   (대) 자산의 증가
② (차) 수익의 소멸   (대) 자산의 감소
③ (차) 비용의 발생   (대) 부채의 증가
④ (차) 부채의 감소   (대) 자본의 증가

03 다음의 거래 중 비용이 발생하지 않는 것은?

① 업무용 자동차에 대한 당기분 자동차세 100,000원을 현금으로 납부하다.
② 적십자회비 100,000원을 현금으로 납부하다.
③ 상공회의소 회비 100,000원을 현금으로 납부하다.
④ 전월에 급여 지급 시 원천징수한 근로소득세를 현금으로 납부하다.

04 다음 계정과목 중 증가 시 재무상태표상 대변 항목이 아닌 것은?

① 자본금　　　　② 선수이자　　　　③ 선급금　　　　④ 외상매입금

05 다음의 자료에서 당좌자산의 합계액은 얼마인가?

• 현금	300,000원	• 외상매출금	200,000원
• 외상매입금	400,000원	• 단기매매증권	500,000원
• 보통예금	800,000원		

① 1,700,000원　　　② 1,800,000원　　　③ 2,000,000원　　　④ 2,200,000원

06 다음 자료에서 설명하는 계정과목으로 옳은 것은?

상품 판매대금을 조기에 수취함에 따른 계약상 약정에 의한 일정 대금의 할인

① 매출채권처분손실　　　　　② 매출환입
③ 매출할인　　　　　　　　　④ 매출에누리

07 다음 중 일반적인 상거래에서 발생한 것으로 아직 회수되지 않은 경우의 회계처리 시 계정과목으로 올바른 것은?

① 미수수익　　　　② 선수수익　　　　③ 미수금　　　　④ 외상매출금

08 다음 자료에서 기말자본은 얼마인가?

• 기초자본 1,000,000원　　　• 총비용 5,000,000원　　　• 총수익 8,000,000원

① 2,000,000원　　　② 3,000,000원　　　③ 4,000,000원　　　④ 8,000,000원

09 다음은 당기 손익계산서의 일부를 발췌한 자료이다. 당기 매출액을 구하시오.

매출액	기초상품재고액	당기총매입액	기말상품재고액	매출총이익
? 원	25,000,000원	168,000,000원	15,000,000원	172,000,000원

① 350,000,000원　　② 370,000,000원　　③ 372,000,000원　　④ 382,000,000원

10 다음 자료의 (　) 안에 들어갈 계정과목으로 가장 적절한 것은?

> (　　)은 기업의 주된 영업활동인 상품 등을 판매하고 이에 대한 대금으로 상대방으로부터 수취한 어음이다.

① 지급어음　　　　② 받을어음　　　　③ 외상매출금　　　　④ 선수금

11 다음은 차량운반구의 처분과 관련된 자료이다. 차량운반구의 처분금액은 얼마인가?

> • 취득금액 : 16,000,000원　　• 감가상각누계액 : 9,000,000원　　• 유형자산처분손실 : 1,000,000원

① 6,000,000원　　② 7,000,000원　　③ 8,000,000원　　④ 14,000,000원

12 다음 중 일정시점의 재무상태를 나타내는 재무보고서의 계정과목으로만 짝지어진 것이 아닌 것은?

① 외상매입금, 선수금　　　　　② 임대료, 이자비용
③ 선급금, 외상매출금　　　　　④ 선수금, 보통예금

13 다음 중 아래의 빈칸에 들어갈 내용으로 적절한 것은?

> 현금및현금성자산은 통화 및 타인발행수표 등 통화대용증권과 당좌예금, 보통예금 및 큰 거래비용 없이 현금으로 전환이 용이하고, 이자율 변동에 따른 가치변동의 위험이 경미한 금융상품으로서 취득 당시 만기일 또는 상환일이 (　　) 이내인 것을 말한다.

① 1개월　　　　② 2개월　　　　③ 3개월　　　　④ 6개월

14 재고자산의 단가 결정방법 중 아래의 자료에서 설명하는 특징을 가진 것은?

- 실제 물량 흐름과 유사하다.
- 현행수익에 과거원가가 대응된다.
- 기말재고가 가장 최근에 매입한 상품의 단가로 계상된다.

① 선입선출법 ② 후입선출법 ③ 총평균법 ④ 개별법

15 다음 중 영업외수익에 해당하는 항목으로 적절한 것은?

① 미수수익 ② 경상개발비 ③ 외환차손 ④ 이자수익

▶ 합격강의

태형상사(코드번호 : 1074)는 사무기기를 판매하는 개인기업으로 당기(제9기)의 회계기간은 2025.1.1.~ 2025.12.31.이다. 전산세무회계 수험용 프로그램을 이용하여 다음 물음에 답하시오.

기본 전제

- 문제에서 한국채택국제회계기준을 적용하도록 하는 전제조건이 없는 경우, 일반기업회계기준을 적용하여 회계처리한다.
- 문제의 풀이와 답안작성은 제시된 문제의 순서대로 진행한다.

01 다음은 태형상사의 사업자등록증이다. [회사등록] 메뉴에 입력된 내용을 검토하여 누락분은 추가 입력하고 잘못된 부분은 정정하시오(주소 입력 시 우편번호는 입력하지 않아도 무방함).(6점)

사 업 자 등 록 증

(일반과세자)

등록번호 : 107-36-25785

1. 상   호 : 태형상사
2. 성   명 : 김상수
3. 생 년 월 일 : 1968년 10월 26일
4. 개 업 연 월 일 : 2017년 1월 2일
5. 사업장소재지 : 서울특별시 서초구 명달로 105
6. 사업의   종류 : [업태] 도소매 [종목] 사무기기
7. 교 부 사 유 : 신규
8. 공 동 사 업 자 :
9. 주류판매신고번호 :
10. 사업자단위과세적용사업자여부 : 여( ) 부(V)

2017년 1월 2일

서초세무서장 인

---

02 다음은 태형상사의 전기분 재무상태표이다. 입력되어 있는 자료를 검토하여 오류 부분은 정정하고 누락된 부분은 추가 입력하시오.(6점)

재무상태표

회사명 : 태형상사   제8기 2024.12.31. 현재   (단위 : 원)

과 목	금 액		과 목	금 액
현 금		10,000,000	외 상 매 입 금	8,000,000
당 좌 예 금		3,000,000	지 급 어 음	6,500,000
보 통 예 금		10,500,000	미 지 급 금	3,700,000
외 상 매 출 금	5,400,000		예 수 금	700,000
대 손 충 당 금	100,000	5,300,000	단 기 차 입 금	10,000,000
받 을 어 음	9,000,000		자 본 금	49,950,000
대 손 충 당 금	50,000	8,950,000		
미 수 금		4,500,000		
상 품		12,000,000		
차 량 운 반 구	22,000,000			
감 가 상 각 누 계 액	12,000,000	10,000,000		
비 품	7,000,000			
감 가 상 각 누 계 액	2,400,000	4,600,000		
임 차 보 증 금		10,000,000		
자산총계		**78,850,000**	**부채와 자본총계**	**78,850,000**

03 다음 자료를 이용하여 입력하시오.(6점)

1 다음 자료를 이용하여 [기초정보관리]의 [거래처등록] 메뉴에서 거래처(금융기관)를 추가 등록하시오(단, 주어진 자료 외의 다른 항목은 입력할 필요 없음).(3점)

- 거래처코드 : 98005
- 계좌번호 : 110-081-834009
- 거래처명 : 신한은행
- 계좌개설일 : 2025.01.01
- 사업용 계좌 : 여
- 유형 : 보통예금

2 태형상사의 거래처별 초기이월 자료는 다음과 같다. 주어진 자료를 검토하여 잘못된 부분은 오류를 정정하고, 누락된 부분은 추가 입력하시오.(3점)

계정과목	거래처	금액	합계
받을어음	기우상사	3,500,000원	9,000,000원
	하우스컴	5,500,000원	
지급어음	모두피씨	4,000,000원	6,500,000원
	하나로컴퓨터	2,500,000원	

04 [일반전표입력] 메뉴를 이용하여 다음의 거래자료를 입력하시오.(24점)

입력 시 유의사항

- 적요의 입력은 생략한다.
- 부가가치세는 고려하지 않는다.
- 채권·채무와 관련된 거래처명은 반드시 기 등록되어 있는 거래처코드를 선택하는 방법으로 거래처명을 입력한다.
- 회계처리 시 계정과목은 별도의 제시가 없는 한 등록된 계정과목 중 가장 적절한 과목으로 한다.

1 7월 5일 세무은행으로부터 10,000,000원을 3개월간 차입하고, 선이자 300,000원을 제외한 잔액이 당사 보통예금 계좌에 입금되었다(단, 선이자는 이자비용으로 처리하고, 하나의 전표로 입력할 것).(3점)

❷ 7월 7일 다음은 상품을 매입하고 받은 거래명세표이다. 대금은 전액 외상으로 하였다.(3점)

권		호		거래명세표(공급받는자 보관용)			
		7 월 7 일					
			공 급 자	사 업 자 등 록 번 호	105-21-32549		
태형상사 귀하				상 호	대림전자	성 명	김포스 ㉑
				사 업 장 소 재 지	서울특별시 강남구 강남대로160길 25 (신사동)		
아래와 같이 계산합니다.				업 태	도소매	종 목	사무기기
합계금액			삼백구십육만 원정 (₩		3,960,000		)
월 일	품 목		규 격	수 량	단 가	공 급 대 가	
7월 7일	사무기기		270mm	120개	33,000원	3,960,000원	
전잔금	없음			합 계		3,960,000원	
입 금	0원		잔 금	3,960,000원		인수자	김상수 ㉑
비 고							

❸ 8월 3일 국제전자의 외상매출금 20,000,000원 중 15,000,000원은 보통예금 계좌로 입금되고 잔액은 국제전자가 발행한 어음으로 수취하였다.(3점)

❹ 8월 10일 취약계층의 코로나19 치료 지원을 위하여 한국복지협의회에 현금 1,000,000원을 기부하다.(3점)

5 9월 1일 영업부에서 매출거래처의 대표자 결혼식을 축하하기 위하여 화환을 구입하고 현금으로 결제하였다.(3점)

NO.		**영 수 증** (공급받는자용)			
				태형상사	귀하
공급자	사 업 자 등 록 번 호	109-92-21345			
	상 호	해피해피꽃	성명		김남길
	사 업 장 소 재 지	서울시 강동구 천호대로 1037 (천호동)			
	업 태	도소매	종목		꽃
	작성일자	금액합계			비고
	09.01.	49,000원			
		공급내역			
월/일	품명	수량	단가		금액
9/1	축하3단화환	1	49,000원		49,000원
	합 계	₩	49,000원		
		위 금액을 영수함			

6 9월 10일 영업부 사원의 급여 지급 시 공제한 근로자부담분 국민연금보험료 150,000원과 회사부담분 국민연금보험료 150,000원을 보통예금 계좌에서 이체하여 납부하다(단, 하나의 전표로 처리하고, 회사부담분 국민연금보험료는 세금과공과로 처리한다).(3점)

7 10월 11일 매출처 미래전산에 판매용 PC를 4,800,000원에 판매하기로 계약하고, 판매대금의 20%를 현금으로 미리 수령하였다.(3점)

8 11월 25일 전월분(10월 1일~10월 31일) 비씨카드 사용대금 500,000원을 보통예금 계좌에서 이체하여 지급하다(단, 미지급금 계정을 사용할 것).(3점)

05 [일반전표입력] 메뉴에 입력된 내용 중 다음과 같은 오류가 발견되었다. 입력된 내용을 검토하고 수정 또는 삭제, 추가 입력하여 올바르게 정정하시오.(6점)

1 7월 29일 자본적 지출로 처리해야 할 본사 건물 엘리베이터 설치대금 30,000,000원을 보통예금으로 지급하면서 수익적 지출로 잘못 처리하였다.(3점)

2 11월 23일 대표자 개인 소유 주택의 에어컨 설치 비용 1,500,000원을 회사 보통예금 계좌에서 이체하여 지급하고 비품으로 계상하였다.(3점)

06 다음의 결산정리사항을 입력하여 결산을 완료하시오.(12점)

1 영업부에서 소모품 구입 시 당기 비용(소모품비)으로 처리한 금액 중 기말 현재 미사용한 금액은 30,000원이다.(3점)

2 단기투자목적으로 1개월 전에 (주)동수텔레콤의 주식 50주(주당 액면금액 5,000원)를 주당 10,000원에 취득했는데, 기말 현재 이 주식의 공정가치는 주당 12,000원이다.(3점)

3 보험기간이 만료된 자동차보험을 10월 1일 갱신하고, 보험료 360,000원(보험기간 : 2025년 10월 1일 ~2026년 9월 30일)을 보통예금 계좌에서 이체하여 납부하고 전액 비용으로 처리하였다(단, 보험료는 월할 계산한다).(3점)

4 단기차입금에 대한 이자비용 미지급액 중 당기 귀속분은 600,000원이다.(3점)

07 다음 사항을 조회하여 답안을 [이론문제 답안작성] 메뉴에 입력하시오.(10점)

1 상반기(1월~6월) 동안 지출한 기업업무추진비(판) 금액은 얼마인가?(3점)

2 1월 말의 미수금 장부금액은 전기 말에 대비하여 얼마나 증가하였는가?(3점)

3 5월 말 현재 외상매출금 잔액이 가장 많은 거래처의 거래처코드와 잔액은 얼마인가?(4점)

이론시험

다음 문제를 보고 알맞은 것을 골라 [이론문제 답안작성] 메뉴에 입력하시오.(객관식 문항당 2점)

---기본 전제---

문제에서 한국채택국제회계기준을 적용하도록 하는 전제조건이 없는 경우, 일반기업회계기준을 적용한다.

---

01 다음 중 일반기업회계기준상 회계의 목적에 대한 설명으로 가장 거리가 먼 것은?

① 미래 자금흐름 예측에 유용한 회계 외 비화폐적 정보의 제공
② 경영자의 수탁책임 평가에 유용한 정보의 제공
③ 투자 및 신용의사결정에 유용한 정보의 제공
④ 재무상태, 경영성과, 현금흐름 및 자본변동에 관한 정보의 제공

02 다음 중 거래요소의 결합 관계가 잘못 짝지어진 것은?

① 차용증서를 발행하고 현금 1,000,000원을 단기차입하다.
　(차) 현금　　　1,000,000원　　(대) 단기차입금　　1,000,000원
② 비품 1,000,000원을 외상으로 구입하다.
　(차) 비품　　　1,000,000원　　(대) 외상매입금　　1,000,000원
③ 상품매출 계약금으로 현금 1,000,000원을 수령하다.
　(차) 현금　　　1,000,000원　　(대) 선수금　　　1,000,000원
④ 직원부담분 건강보험료와 국민연금 1,000,000원을 현금으로 납부하다.
　(차) 예수금　　　1,000,000원　　(대) 현금　　　1,000,000원

03 다음 중 일정기간 동안 기업의 경영성과를 나타내는 재무보고서의 계정과목으로만 짝지어진 것은?

① 매출원가, 외상매입금　　　　② 매출액, 미수수익
③ 매출원가, 기부금　　　　　　④ 선급비용, 기부금

04 다음 중 거래의 8요소와 그 예시가 적절한 것을 모두 고른 것은?

> 가. 자산증가/자산감소 : 기계장치 100,000원을 구입하고, 대금은 보통예금으로 지급하다.
> 나. 자산증가/자본증가 : 현금 100,000원을 출자하여 회사를 설립하다.
> 다. 자산증가/부채증가 : 은행으로부터 100,000원을 차입하고 즉시 보통예금으로 수령하다.
> 라. 부채감소/자산감소 : 외상매입금 100,000원을 현금으로 지급하다.

① 가, 나 　　② 가, 나, 다 　　③ 가, 다, 라 　　④ 가, 나, 다, 라

05 다음의 잔액시산표에서 (가), (나)에 각각 들어갈 금액으로 옳은 것은?

잔액시산표

안산(주) 　　202X.12.31. 　　단위 : 원

차변	계정과목	대변
100,000	현　　　　　　금	
700,000	건　　　　　　물	
	외　상　매　입　금	90,000
	자　　본　　금	(나)
	이　자　수　익	40,000
50,000	급　　　　　　여	
(가)		(가)

	(가)	(나)
①	140,000원	740,000원
②	850,000원	740,000원
③	140,000원	720,000원
④	850,000원	720,000원

06 다음 중 결산 시 손익으로 계정을 마감하는 계정과목에 해당하는 것은?

① 이자수익 　　② 자본금 　　③ 미지급금 　　④ 외상매출금

07 다음과 같은 특징을 가진 자산이 아닌 것은?

> • 보고기간 종료일로부터 1년 이상 장기간 사용 가능한 자산
> • 타인에 대한 임대 또는 자체적으로 사용할 목적의 자산
> • 물리적 형태가 있는 자산

① 상품 판매 및 전시를 위한 상가
② 상품 판매를 위한 재고자산
③ 상품 운반을 위한 차량운반구
④ 상품 판매를 위한 상가에 설치한 시스템에어컨

08 다음은 (주)무릉의 재무제표 정보이다. 이를 이용하여 당기 회계연도 말 부채합계를 구하면 얼마인가?

구분	전기 12월 31일	당기 12월 31일
자산합계	8,500,000원	11,000,000원
부채합계	4,000,000원	?
당기 회계연도 중 자본변동내역	당기순이익 800,000원	

① 3,700,000원　　② 4,700,000원　　③ 5,700,000원　　④ 6,200,000원

09 다음 중 재고자산과 관련된 지출 금액으로서 재고자산의 취득원가에서 차감하는 것은?

① 매입운임　　　② 매출운반비　　　③ 매입할인　　　④ 급여

10 당기 1월 1일 취득한 건물(내용연수 10년)을 정액법에 의하여 기말에 감가상각한 결과, 당기 감가상각비는 9,000원이었다. 건물의 잔존가치가 5,000원이라고 할 때 취득원가는 얼마인가?

① 100,000원　　② 95,000원　　③ 90,000원　　④ 85,000원

11 다음 중 유동자산에 속하지 않는 것은?

① 외상매출금　　② 선급비용　　③ 기계장치　　④ 상품

12 다음 자료에서 당기 기말손익계산서에 계상되는 임대료는 얼마인가?

> • 당기 임대료로 3,600,000원을 현금으로 받다.
> • 당기에 받은 임대료 중 차기에 속하는 금액은 900,000원이다.

① 900,000원　　② 2,700,000원　　③ 3,600,000원　　④ 4,500,000원

13 급여 지급 시 총급여 300,000원 중 근로소득세 10,000원을 차감하고 290,000원을 현금으로 지급하였다. 이 거래에서 나타날 유동부채 계정으로 적합한 것은?

① 예수금   ② 미수금   ③ 가수금   ④ 선수금

14 다음의 결산일 현재 계정별원장 중 자본금 원장에 대한 설명으로 옳지 않은 것은?

<table>
<tr><td colspan="4" align="center">자본금</td></tr>
<tr><td>12/31 차기이월</td><td>2,900,000원</td><td>01/01 전기이월</td><td>2,000,000원</td></tr>
<tr><td></td><td></td><td>12/31 손익</td><td>900,000원</td></tr>
</table>

① 기초자본금은 2,000,000원이다.
② 당기순이익 900,000원이 발생되었다.
③ 차기의 기초자본금은 2,900,000원이다.
④ 결산일 자본금 원장은 손익 2,000,000원으로 마감되었다.

15 다음 중 세금과공과 계정을 사용하여 회계처리하는 거래는 무엇인가?

① 본사 업무용 건물의 재산세를 현금으로 납부하다.
② 급여 지급 시 근로소득세를 원천징수 후 잔액을 현금으로 지급하다.
③ 차량운반구를 취득하면서 취득세를 현금으로 지급하다.
④ 회사 대표자의 소득세를 현금으로 납부하다.

백제상사(코드번호 : 1064)는 사무용품을 판매하는 개인기업이다. 당기(제11기)의 회계기간은 2025.1.1.~ 2025.12.31.이다. 전산세무회계 수험용 프로그램을 이용하여 다음 물음에 답하시오.

기본 전제

- 문제에서 한국채택국제회계기준을 적용하도록 하는 전제조건이 없는 경우, 일반기업회계기준을 적용하여 회계처리한다.
- 문제의 풀이와 답안작성은 제시된 문제의 순서대로 진행한다.

01 다음은 백제상사의 사업자등록증이다. [회사등록] 메뉴에 입력된 내용을 검토하여 누락분은 추가 입력하고 잘못된 부분은 정정하시오(주소 입력 시 우편번호는 입력하지 않아도 무방함).(6점)

사 업 자 등 록 증

(일반과세자)

등록번호 : 305-52-36547

1. 상   호 : 백제상사
2. 성   명 : 최인승
3. 생 년 월 일 : 1965년 5월 5일
4. 개 업 연 월 일 : 2015년 3월 14일
5. 사업장소재지 : 대전광역시 중구 대전천서로 7
6. 사업의   종류 : [업태] 도소매 [종목] 문구 및 잡화
7. 교 부 사 유 : 신규
8. 공 동 사 업 자 :
9. 주류판매신고번호 :
10. 사업자단위과세적용사업자여부 : 여( ) 부(V)

2015년 3월 14일

대전세무서장 인

---

02 다음은 백제상사의 전기분재무상태표이다. 입력되어 있는 자료를 검토하여 오류 부분은 정정하고 누락된 부분은 추가 입력하시오.(6점)

재무상태표

회사명 : 백제상사　　　　　　　　　제10기 2024.12.31. 현재　　　　　　　　　(단위 : 원)

과 목	금 액		과 목	금 액
현　　　　　금		45,000,000	외 상 매 입 금	58,000,000
당 좌 예 금		30,000,000	지 급 어 음	70,000,000
보 통 예 금		23,000,000	미 지 급 금	49,000,000
외 상 매 출 금	40,000,000		단 기 차 입 금	80,000,000
대 손 충 당 금	400,000	39,600,000	장 기 차 입 금	17,500,000
받 을 어 음	60,000,000		자　　　본　　　금	418,871,290
대 손 충 당 금	520,000	59,480,000	(당기순이익 : 10,000,000)	
단 기 대 여 금		10,000,000		
상　　　　　품		90,000,000		
토　　　　　지		274,791,290		
건　　　　　물	30,000,000			
감 가 상 각 누 계 액	2,500,000	27,500,000		
차 량 운 반 구	50,000,000			
감 가 상 각 누 계 액	14,000,000	36,000,000		
비　　　　　품	60,000,000			
감 가 상 각 누 계 액	2,000,000	58,000,000		
자산총계		**693,371,290**	**부채와 자본총계**	**693,371,290**

03 다음 자료를 이용하여 입력하시오.(6점)

■1 거래처의 사업자등록증이 다음과 같이 정정되었다. 확인하여 변경하시오.(3점)

고구려상사 (코드 : 01111)	• 대표자명 : 이재천	• 사업자등록번호 : 365-35-12574	
	• 업태 : 도소매	• 종목 : 잡화	• 유형 : 동시
	• 사업장소재지 : 경기도 남양주시 진접읍 장현로 83		

■2 백제상사의 거래처별 초기이월 자료는 다음과 같다. 주어진 자료를 검토하여 잘못된 부분은 오류를 정정하고, 누락된 부분은 추가하여 입력하시오.(3점)

계정과목	거래처명	금액(원)	계정과목	거래처명	금액(원)
외상매출금	고려상사	18,000,000원	외상매입금	조선상사	22,000,000원
	부여상사	9,000,000원		신라상사	17,000,000원
	발해상사	13,000,000원		가야상사	19,000,000원

04 [일반전표입력] 메뉴를 이용하여 다음의 거래자료를 입력하시오.(24점)

입력 시 유의사항

- 적요의 입력은 생략한다.
- 부가가치세는 고려하지 않는다.
- 채권·채무와 관련된 거래처명은 반드시 기 등록되어 있는 거래처코드를 선택하는 방법으로 거래처명을 입력한다.
- 회계처리 시 계정과목은 별도의 제시가 없는 한 등록된 계정과목 중 가장 적절한 과목으로 한다.

■1 7월 9일 영업부에서 사용할 차량 45,000,000원을 구입하고 당좌수표를 발행하여 지급하다.(3점)

■2 7월 10일 진영상사로부터 상품 1,000,000원(1,000개, 1개당 1,000원)을 매입하기로 계약하고, 계약금으로 상품 대금의 10%를 보통예금 계좌에서 이체하여 지급하다.(3점)

■3 7월 25일 광주상사에 대한 상품 외상매입금 900,000원을 약정기일보다 빠르게 현금 지급하고, 외상매입금의 1%를 할인받다(단, 할인금액은 매입할인으로 처리한다).(3점)

■4 8월 25일 보유하고 있던 건물(취득원가 30,000,000원)을 하나상사에 29,000,000원에 매각하다. 대금 중 10,000,000원은 보통예금 계좌로 받고, 잔액은 다음 달 10일에 수령하기로 하다. 단, 8월 25일까지 해당 건물의 감가상각누계액은 2,500,000원이다.(3점)

5 10월 13일 발해상사에 상품을 2,300,000원에 판매하고 대금 중 1,200,000원은 동점 발행 약속어음을 수령하였으며, 잔액은 2개월 후에 받기로 하다. (3점)

6 10월 30일 직원의 결혼식에 보내기 위한 축하화환을 멜리꽃집에서 주문하고 대금은 현금으로 지급하면서 아래와 같은 현금영수증을 수령하다. (3점)

현금영수증

승인번호	구매자 발행번호	발행방법
G54782245	305-52-36547	지출증빙
신청구분	발행일자	취소일자
사업자번호	10.30	—
상품명		
축하3단화환		
구분	주문번호	상품주문번호
일반상품	2222103054897	2022103085414

판매자 정보

판매자상호	대표자명
멜리꽃집	김나리
사업자등록번호	판매자전화번호
201-17-45670	032-459-8751
판매자사업장주소	
인천시 계양구 방축로 106, 75-3	

금액

공급가액			1	0	0	0	0	0
부가세액							
봉사료							
승인금액			1	0	0	0	0	0

7 10월 31일 거래처 가야상사 직원인 정가야 씨의 결혼식 모바일 청첩장을 문자메시지로 받고 축의금 200,000원을 보통예금 계좌에서 지급하다.(3점)

김금관 ♥ 정가야
결혼식에 초대합니다.
11월 6일 오후 13시
경북 대가야웨딩홀 3층

마음 전하실 곳

가야저축은행 100-200-300 정가야

8 11월 10일 회사의 사내 게시판에 부착할 사진을 우주사진관에서 현상하고, 대금은 현대카드로 결제하다.(3점)

카드매출전표

카드종류 : 현대카드
회원번호 : 1234-4512-20**-9965
거래일시 : 11.10. 09:30:51
거래유형 : 신용승인
금   액 : 30,000원
결제방법 : 일시불
승인번호 : 12345539
은행확인 : 신한은행

가맹점명 : 우주사진관
- 이 하 생 략 -

05 [일반전표입력] 메뉴에 입력된 내용 중 다음의 오류가 발견되었다. 입력된 내용을 검토하고 수정 또는 삭제, 추가 입력하여 올바르게 정정하시오.(6점)

1 9월 8일 거래처 신라상사의 단기차입금 25,000,000원을 보통예금 계좌에서 이체하여 상환한 것으로 회계처리하였으나 실제로는 거래처 조선상사에 대한 외상매입금 25,000,000원을 보통예금 계좌에서 이체하여 지급한 것으로 확인되었다.(3점)

2 11월 21일 당사가 현금으로 지급한 축의금 200,000원은 매출거래처 직원의 축의금이 아니라 대표자 개인이 부담해야 할 대표자 동창의 결혼축의금으로 판명되었다.(3점)

06 다음의 결산정리사항을 입력하여 결산을 완료하시오.(12점)

1 기말 외상매입금 중에는 미국 ABC사의 외상매입금 11,000,000원(미화 $10,000)이 포함되어 있는데, 결산일 현재의 적용환율은 미화 1$당 1,250원이다.(3점)

2 결산일 현재 실제 현금 보관액이 장부금액보다 66,000원 많음을 발견하였으나, 그 원인을 알 수 없다.(3점)

3 기말 현재 단기차입금에 대한 이자 미지급액 125,000원을 계상하다.(3점)

4 당기분 비품 감가상각비는 250,000원, 차량운반구 감가상각비는 1,200,000원이다. 모두 영업부서에서 사용한다.(3점)

07 다음 사항을 조회하여 답안을 [이론문제 답안작성] 메뉴에 입력하시오.(10점)

1 6월 말 현재 외상매출금 잔액이 가장 많은 거래처와 금액은 얼마인가?(4점)

2 1월부터 3월까지의 판매비와관리비 중 소모품비 지출액이 가장 많은 월의 금액과 가장 적은 월의 금액을 합산하면 얼마인가?(3점)

3 6월 말 현재 받을어음의 회수가능금액은 얼마인가?(3점)

이론시험

다음 문제를 보고 알맞은 것을 골라 [이론문제 답안작성] 메뉴에 입력하시오.(객관식 문항당 2점)

기본 전제

문제에서 한국채택국제회계기준을 적용하도록 하는 전제조건이 없는 경우, 일반기업회계기준을 적용한다.

01 다음 중 혼합거래에 속하는 것은?

① 보험료 40,000원을 현금으로 지급하다.
② 비품 40,000원을 구입하고 대금은 신용카드로 결제하다.
③ 현금 10,000,000원을 출자하여 영업을 개시하다.
④ 단기대여금 1,000,000원과 이자 20,000원을 현금으로 받다.

02 다음 중 거래의 결합관계에서 동시에 나타날 수 없는 것은?

① 비용의 발생과 자산의 감소
② 자산의 증가와 부채의 증가
③ 자본의 증가와 부채의 증가
④ 자산의 증가와 수익의 발생

03 다음 중 기업 결산일의 경영성과를 나타내는 재무보고서의 계정과목에 해당하는 것은?

① 예수금   ② 기부금   ③ 선급비용   ④ 미지급비용

04 다음 중 재무상태표에 대한 설명으로 옳지 않은 것은?

① 일정한 시점의 재무상태를 나타내는 보고서이다.
② 기초자본과 기말자본을 비교하여 당기순손익을 산출한다.
③ 재무상태표 등식은 '자산 = 부채 + 자본'이다.
④ 자산과 부채는 유동성이 낮은 순서로 기록한다.

05 다음 자료에 의한 기말 현재 대손충당금 잔액은 얼마인가?

- 기초 대손충당금 : 150,000원
- 전년도에 대손충당금과 상계하였던 거래처 찬희상사의 외상매출금 200,000원을 회수하였다.
- 기초 매출채권 : 15,000,000원
- 기말 매출채권 : 10,000,000원
- 기말 매출채권 잔액에 대하여 1%의 대손충당금을 설정하기로 한다.

① 100,000원 ② 240,000원 ③ 250,000원 ④ 300,000원

06 다음 중 재고자산에 대한 설명으로 틀린 것은?

① 재고자산의 취득원가에는 매입가액 뿐만 아니라, 매입운임 등 매입부대비용까지 포함한다.
② 선입선출법은 먼저 구매한 상품이 먼저 판매된다는 가정하에 매출원가 및 기말재고액을 구하는 방법이다.
③ 후입선출법은 나중에 구매한 상품이 나중에 판매된다는 가정하에 매출원가 및 기말재고액을 구하는 방법이다.
④ 개별법은 매입단가를 개별적으로 파악하여 매출원가와 기말재고액을 결정하는 방법이다.

07 당해연도 기말재고액이 1,000원만큼 과대계상될 경우, 이 오류가 미치는 영향으로 옳지 않은 것은?

① 당해연도 매출총이익이 1,000원만큼 과대계상된다.
② 당해연도 기말재고자산이 1,000원만큼 과대계상된다.
③ 다음연도 기초재고자산이 1,000원만큼 과대계상된다.
④ 당해연도 매출원가가 1,000원만큼 과대계상된다.

08 다음 중 아래 자료의 (가)와 (나)에 들어갈 내용으로 옳은 것은?

자동차를 판매용으로 취득하면 (가)으로, 영업에 사용할 목적으로 취득하면 (나)으로 처리한다.

	(가)	(나)
①	재고자산	투자자산
②	투자자산	재고자산
③	재고자산	유형자산
④	유형자산	재고자산

09 다음 중 일반기업회계기준상 유형자산의 감가상각방법으로 인정되지 않는 것은?

① 정액법   ② 정률법   ③ 평균법   ④ 연수합계법

10 외상매입금을 조기 지급하여 매입할인을 받은 경우, 당기 손익계산서에 미치는 영향으로 가장 옳은 것은?

① 순매입액의 감소   ② 순매입액의 증가
③ 매출총이익의 감소   ④ 영업이익의 감소

11 결산 시 선수이자에 대한 결산정리분개를 누락한 경우, 기말 재무제표에 미치는 영향으로 옳은 것은?

① 부채의 과소계상   ② 수익의 과소계상   ③ 자산의 과대계상   ④ 비용의 과소계상

12 다음 중 자본구성 내역을 자본거래와 손익거래 결과로 구분할 때, 그 구분이 다른 것은?

① 자본금   ② 자본조정   ③ 이익잉여금   ④ 자본잉여금

13 다음과 같은 자료만으로 알 수 있는 당기의 추가출자액은 얼마인가?

- 당기에 현금 50,000,000원을 출자하여 영업을 개시하다.
- 사업주가 개인사용을 목적으로 인출한 금액은 5,000,000원이다.
- 당기의 기말자본금은 70,000,000원이다.
- 당기 기말결산의 당기순이익은 10,000,000원이다.

① 5,000,000원   ② 9,000,000원   ③ 15,000,000원   ④ 20,000,000원

14 다음 중 손익계산서의 영업이익에 영향을 미치는 것은?

① 기부금
② 차입금에 대한 이자 지급액
③ 판매촉진 목적으로 광고, 홍보, 선전 등을 위하여 지급한 금액
④ 유형자산을 장부가액보다 낮은 가격으로 처분하여 발생한 손실 금액

15 다음 중 자산에 속하는 계정과목이 아닌 것은?

① 구축물   ② 개발비   ③ 임대보증금   ④ 단기금융상품

▶ 합격강의

가온상사(코드번호 : 1044)는 문구 및 잡화를 판매하는 개인기업이다. 당기(제8기)의 회계기간은 2025.1.1.~ 2025.12.31.이다. 전산세무회계 수험용 프로그램을 이용하여 다음 물음에 답하시오.

기본 전제

- 문제에서 한국채택국제회계기준을 적용하도록 하는 전제조건이 없는 경우, 일반기업회계기준을 적용하여 회계처리한다.
- 문제의 풀이와 답안작성은 제시된 문제의 순서대로 진행한다.

01 다음은 가온상사의 사업자등록증이다. [회사등록] 메뉴에 입력된 내용을 검토하여 누락분은 추가 입력하고 잘못된 부분은 정정하시오(주소 입력 시 우편번호는 입력하지 않아도 무방함).(6점)

사 업 자 등 록 증

(일반과세자)

등록번호 : 113-25-00916

1. 상   호 : 가온상사
2. 성   명 : 조형오
3. 생 년 월 일 : 1970년 10월 11일
4. 개 업 연 월 일 : 2018년 3월 9일
5. 사업장소재지 : 경기도 안산시 단원구 신길로 20
6. 사업의   종류 : [업태] 도소매   [종목] 문구 및 잡화
7. 교 부 사 유 : 신규
8. 공 동 사 업 자 :
9. 주류판매신고번호 :
10. 사업자단위과세적용사업자여부 : 여( ) 부(V)

2018년 3월 9일

안산세무서장 인

---

02 다음은 가온상사의 전기분 재무상태표이다. 입력되어 있는 자료를 검토하여 오류 부분은 정정하고 누락된 부분은 추가 입력하시오.(6점)

재무상태표

회사명 : 가온상사   제7기 2024.12.31. 현재   (단위 : 원)

과목	금액		과목	금액
현 금		50,000,000	외 상 매 입 금	45,000,000
보 통 예 금		30,000,000	지 급 어 음	20,000,000
정 기 예 금		20,000,000	선 수 금	20,000,000
외 상 매 출 금	50,000,000		단 기 차 입 금	40,000,000
대 손 충 당 금	500,000	49,500,000	자 본 금	212,200,000
받 을 어 음	30,000,000		(당기순이익 : 15,000,000)	
대 손 충 당 금	300,000	29,700,000		
단 기 대 여 금		10,000,000		
미 수 금		20,000,000		
상 품		80,000,000		
차 량 운 반 구	52,000,000			
감 가 상 각 누 계 액	23,000,000	29,000,000		
비 품	20,000,000			
감 가 상 각 누 계 액	1,000,000	19,000,000		
자산총계		**337,200,000**	**부채와 자본총계**	**337,200,000**

03 다음 자료를 이용하여 입력하시오.(6점)

① 가온상사는 상품을 매입하고 상품매입대금을 어음으로 지급하는 금액이 커지고 있다. 146.상품 계정과목에 다음의 적요를 추가 등록하시오.(3점)

> 대체적요 : NO. 5 상품 어음 매입

② 다음은 가온상사의 신규거래처이다. 아래의 자료를 이용하여 [거래처등록] 메뉴에 추가 등록하시오(주어진 자료 외의 다른 항목은 입력할 필요 없음).(3점)

- 거래처코드 : 1001
- 거래처명 : 모닝문구
- 사업자등록번호 : 305-24-63212
- 대표자성명 : 최민혜
- 거래처유형 : 매출
- 업태/종목 : 도소매/문구 및 잡화
- 사업장 소재지 : 대전광역시 대덕구 한밭대로 1000(오정동)
  ※ 주소 입력 시 우편번호는 입력하지 않아도 무방함

04 다음 거래 자료를 [일반전표입력] 메뉴에 추가 입력하시오.(24점)

> **입력 시 유의사항**
>
> • 적요의 입력은 생략한다.
> • 부가가치세는 고려하지 않는다.
> • 채권 · 채무와 관련된 거래처명은 반드시 기 등록되어 있는 거래처코드를 선택하는 방법으로 거래처명을 입력한다.
> • 회계처리 시 계정과목은 별도의 제시가 없는 한 등록된 계정과목 중 가장 적절한 과목으로 한다.

1 7월 15일 대전중앙신협에서 사업운영자금으로 50,000,000원을 차입하여 즉시 보통예금 계좌에 입금하다(1년 만기, 만기일 차기 7월 14일, 이자율 연 4%, 이자 지급은 만기 시 일괄 지급함).(3점)

2 7월 16일 다음은 로뎀문구에서 상품을 매입하고 받은 거래명세표이다. 7월 5일 지급한 계약금을 제외하고, 당좌수표를 발행하여 잔금 5,940,000원을 지급하다.(3점)

권		호				**거래명세표**(거래용)			
	7 월 16 일								
			공급자	사 업 자 등 록 번 호		220-34-00176			
가온상사		**귀하**		상 호	로뎀문구		성 명	최한대	㉑
				사 업 장 소 재 지	경기도 안산시 상록구 반석로 44				
아래와 같이 계산합니다.				업 태	도소매		종 목	문구 및 잡화	
합계금액				**육백육십만 원정 (₩ 6,600,000)**					
월일	품 목		규 격	수 량	단 가		공 급 대 가		
7/16	문구			1,000	6,600		6,600,000원		
	계								
전잔금	없음				합 계			6,600,000원	
입 금	660,000원		잔 금	5,940,000원			인수자	조형오	㉑
비 고	입금 660,000원은 계약금으로, 7월 5일 공급대가의 10%를 현금으로 수령한 것임								

3 7월 28일 영업부 사원의 출장경비 중 신한카드(사업용카드)로 지급한 영수증을 받다(출장경비는 여비교통비로 처리할 것).(3점)

시설물 이용 영수증(주차비)

명　　　　칭 : 유성주차장
주　　　　소 : 대전광역시 유성구 궁동 220
사업자번호 : 305-35-65424
사 업 자 명 : 이진식
발 행 일 자 : 07-28

차 량 번 호 : 54거3478
지 불 방 법 : 신한카드
승 인 번 호 : 20006721
카 드 번 호 : 54322362****3564
입 차 일 시 : 07-28 13:22:22
출 차 일 시 : 07-28 14:52:22
주 차 시 간 : 1시간 30분
정 산 요 금 : 5,000원

이용해 주셔서 감사합니다.

4 8월 28일 씨엔제이상사에 상품을 판매하고 발급한 거래명세표이다. 판매대금 중 20,000,000원은 당좌수표로 받고, 잔액은 6개월 만기 동점 발행 약속어음으로 받았다.(3점)

권		호	거래명세표(보관용)				
	8 월 28 일						
씨엔제이상사　　　　귀하			공 급 자	사 업 자 등 록 번 호	113-25-00916		
				상　　호	가온상사	성 명	조형오　㉔
				사 업 장 소 재 지	경기도 안산시 단원구 신길로 20		
아래와 같이 계산합니다.				업　　태	도소매	종 목	문구 및 잡화
합계금액		이천오백만 원정 (₩　　　　25,000,000)					
월 일	품　　목	규 격	수 량	단 가		공 급 대 가	
8/28	문구류		100	250,000		25,000,000원	
	계						
전잔금	없음			합 계		25,000,000원	
입 금	20,000,000원	잔 금	5,000,000원	인수자		최찬희　㉔	
비 고	당좌수표 수령. 잔금은 6개월 만기 약속어음으로 수령						

5 9월 20일 반월상사에 외상으로 9월 3일에 판매하였던 상품 3,000,000원이 견본과 다르다는 이유로 반품되었다. 반품액은 매출환입및에누리로 처리한다(단, 음수로 회계처리하지 말 것).(3점)

6 10월 15일 조선상사에 대한 외상매입금 1,300,000원을 지급하기 위하여 발해상사로부터 매출대금으로 받은 약속어음 1,200,000원을 배서양도하고 나머지는 현금으로 지급하다.(3점)

7 11월 27일 거래처인 비전상사의 미지급금 12,500,000원 중 10,000,000원은 당좌수표를 발행하여 지급하고, 나머지는 면제받았다(단, 매입할인은 아님).(3점)

8 12월 30일 신규 취득한 업무용 차량에 대한 취득세를 현금으로 납부하고, 다음과 같은 영수증을 수령하였다.(3점)

인천광역시	차량취득세납부영수증		납부(납입)서	납세자보관용 영수증
납세자	가온상사			
주소	경기도 안산시 단원구 신길로 20			
납세번호	기관번호 3806904	제목 10101502	납세년월기	과세번호 0001070

	차번	45조4079		년식		과 세 표 준 액	
과세내역	목적	신규등록(일반등록)	특례	세율특례없음			37,683,000
	차명	그랜저					
	차종	승용자동차	세율	70/1000			

세목	납 부 세 액	납부할 세액 합계	전용계좌로도 편리하게 납부!!	
취 득 세	2,637,810		우리은행	620-441829-64-125
가산세	0	2,637,810원	신한은행	563-04433-245814
지방교육세	0		하나은행	117-865254-74125
농어촌특별세	0	신고납부기한	국민은행	4205-84-28179245
합계세액	2,637,810	12. 30. 까지	기업은행	528-774145-58-247

지방세법 제6조~22조, 제30조의 규정에 의하여 위와 같이 신고하고 납부 합니다.	■ 전용계좌 납부안내(뒷면참조)

담당자	위의 금액을 영수합니다.		(수납인)
권유리	납부장소 : 전국은행(한국은행제외) 우체국 농협	12월 30일	

05 [일반전표입력] 메뉴에 입력된 내용 중 다음과 같은 오류가 발견되었다. 입력된 내용을 검토하고 수정 또는 삭제, 추가 입력하여 올바르게 정정하시오.(6점)

❶ 9월 15일 거래처 월평문구로부터 외상매출금을 현금으로 회수하고 회계처리한 100,000원이 실제로는 월평문구와 상품 추가 판매계약을 맺고 계약금으로 현금 100,000원을 받은 것으로 확인되었다.(3점)

❷ 12월 18일 영업부의 문서 출력용 프린터를 구입하면서 소모품인 A4용지 100,000원을 포함하여 비품으로 처리하였다(단, 소모품은 비용으로 처리할 것).(3점)

06 다음의 결산정리사항을 입력하여 결산을 완료하시오.(12점)

❶ A사무실을 임대료 6,000,000원(임대기간 2025년 7월 1일~2026년 6월 30일)에 임대하는 것으로 계약하고, 임대료는 임대계약기간 종료일에 전액 수령하기로 하였다(단, 월할 계산할 것).(3점)

❷ 3개월 전 단기투자목적으로 양촌(주)의 주식 100주(액면금액 @5,000원)를 주당 25,000원에 취득하였으며, 기말 현재 이 주식의 공정가치는 주당 30,000원이다.(3점)

❸ 10월 1일에 보통예금 계좌에서 이체하여 납부한 사업장의 화재보험료 120,000원(보험기간 2025년 10월 1일~2026년 9월 30일)은 차기분이 포함된 보험료이다(단, 보험료는 월할계산할 것).(3점)

❹ 매출채권 잔액에 대하여 1%의 대손충당금을 보충법으로 설정하시오.(3점)

07 다음 사항을 조회하여 답안을 [이론문제 답안작성] 메뉴에 입력하시오.(10점)

❶ 상반기(1월~6월) 중 상품매출액이 가장 적은 달(月)의 상품매출액은 얼마인가?(3점)

❷ 3월 말 현재 비품의 장부금액은 얼마인가?(3점)

❸ 6월 말 현재 거래처별 선급금 잔액 중 가장 큰 금액과 가장 적은 금액의 차액은 얼마인가?(단, 음수로 입력하지 말 것)(4점)

▶ 합격강의

이론시험

다음 문제를 보고 알맞은 것을 골라 [이론문제 답안작성] 메뉴에 입력하시오.(객관식 문항당 2점)

기본 전제

문제에서 한국채택국제회계기준을 적용하도록 하는 전제조건이 없는 경우, 일반기업회계기준을 적용한다.

01 다음의 내용과 관련된 계정과목으로 적절한 것은?

기간 경과에 따라 발생하는 이자, 임대료 등의 당기 수익 중 미수액

① 외상매출금　　　② 미수금　　　③ 선수금　　　④ 미수수익

02 다음 중 기말재고자산을 과소평가하였을 때 나타나는 현상으로 옳은 것은?

	매출원가	당기순이익
①	과소계상	과대계상
②	과소계상	과소계상
③	과대계상	과대계상
④	과대계상	과소계상

03 회사의 판매용 상품매입과 관련한 다음의 분개에서 (　) 안에 들어갈 수 없는 계정과목은 무엇인가?

(차) 상품　100,000　　　　　　　(대) (　　　　) 100,000

① 현금　　　② 보통예금　　　③ 미지급금　　　④ 외상매입금

04 다음 중 회계상 거래에 해당하지 않는 것은?

① 화재로 인하여 창고에 보관하고 있던 상품 2,000,000원이 소실되었다.
② 영업사원 1명을 월 급여 2,000,000원으로 채용하기로 하였다.
③ 금고에 보관 중인 현금 2,000,000원을 도난당하였다.
④ 상품을 2,000,000원에 구입하고 대금은 월말에 지급하기로 하였다.

05 다음 중 분류가 잘못된 것은?

① 재고자산 : 제품
② 유형자산 : 토지
③ 무형자산 : 특허권
④ 비유동부채 : 단기차입금

06 다음 중 당좌예금 계정을 사용하는 거래는 무엇인가?

① 종업원의 급여를 보통예금 계좌에서 이체하여 지급하였다.
② 외상매출금을 현금으로 받아 즉시 당좌예금 계좌에 입금하였다.
③ 상품을 매출하고 대금은 거래처가 발행한 당좌수표로 받았다.
④ 상품을 매입하고 대금은 약속어음을 발행하여 지급하였다.

07 다음 중 단기매매증권에 대한 설명으로 옳지 않은 것은?

① 주로 단기간 내의 매매차익을 목적으로 하여 취득한 유가증권으로 매수 및 매도가 빈번하게 이루어지는 것을 말한다.
② 재무상태표상 단기투자자산으로 통합하여 표시할 수 있다.
③ 취득원가는 취득 시점의 공정가치로 인식하며, 매입수수료도 취득원가에 포함한다.
④ 결산일 현재 보유하고 있는 단기매매증권은 공정가치로 평가하고, 단기매매증권의 평가손익은 영업외손익으로 보고한다.

08 약속어음 수취 시 회계처리에 관한 아래의 설명에서 ( ) 안에 들어갈 적절한 계정과목은 무엇인가?

상품을 매출하고 대금 회수 시 전액을 약속어음으로 수취하면 차변에 ( ) 계정으로 회계처리한다.

① 지급어음
② 외상매출금
③ 미수금
④ 받을어음

09 감가상각방법 중 정액법과 관련한 설명으로 가장 적합한 것은?

① 자산의 예상 조업도 혹은 예상 생산량에 근거하여 감가상각액을 인식하는 방법이다.
② 초기에 감가상각비가 많이 계상되는 가속상각방법이다.
③ (취득원가−잔존가치)을 내용연수 동안에 매기 균등하게 배분하여 상각하는 방법이다.
④ 취득원가를 내용연수의 합계로 나눈 다음 내용연수의 역순을 곱하여 계산하는 방법이다.

10 다음 자료를 참고하여 (주)혜성이 당기 중에 처분한 업무용 승용차량의 취득원가로 옳은 것은?

• 처분금액	1,000,000원	• 감가상각누계액	1,800,000원
• 유형자산처분이익	100,000원		

① 2,500,000원　　② 2,600,000원　　③ 2,700,000원　　④ 2,800,000원

11 다음의 자료 중 재무상태표의 자산에 포함되는 금액은 모두 얼마인가?

• 미지급금	7,000,000원	• 예수금	3,000,000원
• 선수금	2,000,000원	• 임차보증금	30,000,000원

① 10,000,000원　　② 15,000,000원　　③ 30,000,000원　　④ 40,000,000원

12 다음 자료에서 기말자산은 얼마인가?

• 기초자산	500,000원	• 기초자본	300,000원	• 기초부채	200,000원
• 총수익	1,500,000원	• 총비용	1,000,000원	• 기말부채	600,000원

① 1,000,000원　　② 1,200,000원　　③ 1,400,000원　　④ 1,600,000원

13 다음 자료의 (　　) 안에 들어갈 적절한 단어는 무엇인가?

(　　)이란 기업이 일시적으로 맡아서 나중에 지급하는 부채이다. 일반적 상거래 이외에서 발생하는 일시적인 것으로 유동부채에 속한다.

① 예수금　　② 선급비용　　③ 선수금　　④ 가수금

14 다음의 자료에서 영업외비용에 해당하는 것을 모두 고른 것은?

| 가. 복리후생비 | 나. 이자비용 | 다. 기업업무추진비 | 라. 기부금 | 마. 여비교통비 |

① 가, 마   ② 나, 다   ③ 나, 라   ④ 다, 마

15 다음은 손익계산서의 일부이다. 매출총이익을 구하시오.

손익계산서
20XX년 1월 ~ 20XX년 12월

매출액	기초상품재고액	당기총매입액	기말상품재고액	매출총이익
130,000원	24,000원	108,000원	20,000원	?

① 18,000원   ② 20,000원   ③ 22,000원   ④ 24,000원

충정물산(코드번호 : 1034)는 전자제품을 판매하는 개인기업이다. 당기(제8기) 회계기간은 2025.1.1.~ 2025.12.31.이다. 전산세무회계 수험용 프로그램을 이용하여 다음 물음에 답하시오.

기본 전제

• 문제에서 한국채택국제회계기준을 적용하도록 하는 전제조건이 없는 경우, 일반기업회계기준을 적용하여 회계처리한다.
• 문제의 풀이와 답안작성은 제시된 문제의 순서대로 진행한다.

01 다음은 충정물산의 사업자등록증이다. [회사등록] 메뉴에 입력된 내용을 검토하여 누락분은 추가 입력하고 잘못된 부분은 정정하시오(주소 입력 시 우편번호는 입력하지 않아도 무방함).(6점)

사 업 자 등 록 증

(일반과세자)

등록번호 : 110-35-65845

1. 상   호 : 충정물산
2. 성   명 : 최성호
3. 생 년 월 일 : 1970년 1월 2일
4. 개 업 연 월 일 : 2018년 2월 1일
5. 사업장소재지 : 서울특별시 서대문구 독립문로8길 3
6. 사업의   종류 : [업태] 도소매 [종목] 전자제품
7. 교 부   사 유 : 신규
8. 공 동 사 업 자 :
9. 주류판매신고번호 :
10. 사업자단위과세적용사업자여부 : 여( ) 부(V)

2018년 2월 1일

서대문세무서장 인

---

02 다음은 충정물산의 전기분손익계산서이다. 입력되어 있는 자료를 검토하여 오류 부분을 정정하고 누락된 부분을 추가 입력하시오.(6점)

손익계산서

회사명 : 충정물산   제7기 2024.1.1.~2024.12.31.   (단위 : 원)

과 목	금 액	과 목	금 액
Ⅰ. 매출액	137,000,000	Ⅴ. 영업이익	12,200,000
상품매출	137,000,000	Ⅵ. 영업외수익	2,000,000
Ⅱ. 매출원가	107,000,000	이자수익	500,000
상품매출원가	107,000,000	잡이익	1,500,000
기초상품재고액	9,000,000	Ⅶ. 영업외비용	50,000
당기상품매입액	115,000,000	잡손실	50,000
기말상품재고액	17,000,000	Ⅷ. 소득세차감전순이익	14,150,000
Ⅲ. 매출총이익	30,000,000	Ⅸ. 소득세등	0
Ⅳ. 판매비와관리비	17,800,000	Ⅹ. 당기순이익	14,150,000
급여	12,400,000		
복리후생비	1,400,000		
기업업무추진비	3,320,000		
감가상각비	170,000		
보험료	220,000		
차량유지비	100,000		
소모품비	190,000		

03 다음 자료를 이용하여 입력하시오.(6점)

❶ 다음은 충정물산의 신규거래처이다. [거래처등록] 메뉴에서 거래처를 추가로 등록하시오(단, 주어진 자료 외의 다른 항목은 입력할 필요 없음).(3점)

- 거래처코드 : 0330   • 거래처명 : 영랑실업   • 사업자등록번호 : 227-32-25868
- 대표자성명 : 김화랑   • 거래처유형 : 매출   • 업태/종목 : 도소매/전자제품
- 사업장 소재지 : 강원도 속초시 영랑로5길 3(영랑동)
  ※ 주소 입력 시 우편번호는 입력하지 않아도 무방함

❷ 다음 자료를 이용하여 [계정과목및적요등록] 메뉴에서 판매비및일반관리비 항목의 복리후생비계정에 적요를 추가로 등록하시오.(3점)

대체적요 3. 직원회식비 신용카드 결제

04 다음 거래 자료를 [일반전표입력] 메뉴에 추가 입력하시오.(24점)

입력 시 유의사항

- 적요의 입력은 생략한다.
- 부가가치세는 고려하지 않는다.
- 채권 · 채무와 관련된 거래처명은 반드시 기 등록되어 있는 거래처코드를 선택하는 방법으로 거래처명을 입력한다.
- 회계처리 시 계정과목은 별도의 제시가 없는 한 등록된 계정과목 중 가장 적절한 과목으로 한다.

1 7월 21일 거래처 영우상회로부터 회수한 외상매출금 중 2,000,000원은 현금으로 수령하고, 나머지 8,000,000원은 보통예금 계좌로 입금되었다.(3점)

2 8월 5일 매장을 신축하기 위하여 토지를 20,000,000원에 취득하고 대금은 당좌수표를 발행하여 지급하였다. 토지 취득 시 취득세 400,000원은 현금으로 지급하였다.(3점)

3 8월 26일 영업부 직원들의 국민연금보험료 회사부담분 90,000원과 직원부담분 90,000원이 보통예금 계좌에서 지급하였다(단, 회사부담분은 세금과공과 계정을 사용할 것).(3점)

4 9월 8일 영업사원의 식사비를 서울식당에서 사업용 카드로 결제하였다.(3점)

카드매출전표

카드종류 : 우리카드
회원번호 : 2245-1223-****-1534
거래일시 : 9.8. 12:53:54
거래유형 : 신용승인
매 출 액 : 200,000원
합 계 액 : 200,000원
결제방법 : 일시불
승인번호 : 6354887765
은행확인 : 우리은행
가맹점명 : 서울식당

- 이 하 생 략 -

5 9월 20일 거래처가 사용할 KF94 마스크를 100,000원에 현금 구입하고 현금영수증을 받았다.(3점)

서대문상회			
110-36-62151		이중재	
서울특별시 서대문구 충정로 44		TEL:1566-4451	
홈페이지 http://www.kacpta.or.kr			

현금영수증(지출증빙용)

구매 09/20/14:45   거래번호 : 20220920-0105

상품명	수량	단가	금액
KF94마스크	200	500	100,000원
222209200105		물 품 가 액	100,000원
		합 계	100,000원
		받 은 금 액	100,000원

6 10월 5일 선진상사로부터 사무실 비품 2,500,000원을 구입하고, 대금은 외상으로 하였다(단, 부가가치세는 무시할 것).(3점)

권		호		**거래명세표**(보관용)			
	10 월 5 일						
충정물산 귀하			공	사 업 자 등 록 번 호	378-62-00158		
				상 호	선진상사	성 명	나사장 ㉙
			급	사 업 장 소 재 지	부산광역시 동래구 미남로 116번길 98, 1층		
아래와 같이 계산합니다.			자	업 태	도소매	종 목	전자제품
합계금액			이백오십만 원정 (₩ 2,500,000)				
월 일	**품 목**	**규 격**	**수 량**	**단 가**	**공 급 대 가**		
10/5	전자제품 AF-1		1	2,500,000	2,500,000원		
	계						
전잔금	없음			**합 계**	2,500,000원		
입 금		잔 금	2,500,000원	**인수자**	김길동 ㉙		
비 고							

7 11월 30일 (주)한성과 사무실 임대차 계약을 하고, 즉시 보증금 50,000,000원을 보통예금 계좌에서 이체하여 지급하였다(단, 임대차계약 기간은 보증금 지급 즉시 시작함).(3점)

8 12월 9일 대한은행으로부터 5,000,000원을 4개월간 차입하기로 하고, 선이자 125,000원을 제외한 잔액이 당사 보통예금 계좌에 입금되었다(선이자는 이자비용으로 회계처리하고, 하나의 전표로 입력할 것).(3점)

05 [일반전표입력] 메뉴에 입력된 내용 중 다음과 같은 오류가 발견되었다. 입력된 내용을 검토하고 수정 또는 삭제, 추가 입력하여 올바르게 정정하시오.(6점)

1 10월 1일 보통예금 계좌에서 출금된 101,000원을 모두 순천상사에 대한 외상매입금 지급으로 처리하였으나, 이 중 1,000원은 계좌이체 수수료로 확인되었다.(3점)

2 11월 26일 거래처 순천상사로부터 보통예금 계좌에 입금된 400,000원을 가수금으로 처리하였으나 순천상사의 외상매출금 400,000원이 회수된 것이다.(3점)

06 다음의 결산정리사항을 입력하여 결산을 완료하시오.(12점)

1 5월 1일 영업부의 업무용 자동차 보험료(보험기간 : 당기 5.1 ~ 차기 4.30) 900,000원을 지급하고 전액 보험료로 비용처리하였다. 기말수정분개를 하시오(단, 월할계산하고 음수로 입력하지 말 것).(3점)

2 가지급금 잔액 44,000원은 영업부 직원의 시외교통비 지급액으로 판명되었다.(3점)

3 기말 현재 인출금 계정 잔액 500,000원을 자본금으로 정리하다.(3점)

4 영업부에서 사용할 소모품을 구입하고 비용으로 처리한 금액 중 기말 현재 미사용한 금액은 200,000원이다.(3점)

07 다음 사항을 조회하여 답안을 [이론문제 답안작성] 메뉴에 입력하시오.(10점)

1 6월 30일 현재 유동부채는 얼마인가?(3점)

2 상반기 중 상품매출이 가장 많이 발생한 달과 그 금액은 얼마인가?(4점)

3 4월 30일 거래처 오렌지유통의 외상매출금 잔액은 얼마인가?(3점)

이론시험

다음 문제를 보고 알맞은 것을 골라 [이론문제 답안작성] 메뉴에 입력하시오.(객관식 문항당 2점)

기본 전제

문제에서 한국채택국제회계기준을 적용하도록 하는 전제조건이 없는 경우, 일반기업회계기준을 적용한다.

01 다음의 계정별원장 중 잔액의 표시가 옳은 것은?

① 선수금
500,000 |

② 차량운반구
| 100,000

③ 선납세금
| 120,000

④ 임차보증금
800,000 |

02 다음 중 영업손익에 영향을 미치지 않는 것은?

① 급여   ② 기업업무추진비   ③ 이자비용   ④ 감가상각비

03 다음 재무제표의 종류 중 (A)에 해당하는 것으로 가장 옳은 것은?

(A)는/은 일정기간 동안 기업의 경영성과에 대한 정보를 제공하는 재무보고서이다. (A)는/은 해당 회계기간의 경영성과를 나타낼 뿐만 아니라 기업의 미래현금흐름과 수익창출능력 등의 예측에 유용한 정보를 제공한다.

① 주석   ② 손익계산서   ③ 재무상태표   ④ 자본변동표

04 다음 중 아래의 빈칸에 들어갈 내용으로 적합한 것은?

> 단기금융상품은 만기가 결산일로부터 (   ) 이내에 도래하는 금융상품으로서 현금성자산이 아닌 것을 말한다.

① 1개월   ② 3개월   ③ 6개월   ④ 1년

05 다음과 같이 주어진 자료에서 당기의 외상매출금 현금회수액은 얼마인가?

> • 외상매출금 기초잔액 : 2,000,000원
> • 외상매출금 기말잔액 : 3,000,000원
> • 당기에 발생한 외상매출액 : 5,000,000원
> • 당기에 발생한 외상매출금의 조기회수에 따른 매출할인액 : 40,000원
> • 외상매출금은 전액 현금으로 회수한다.

① 1,960,000원   ② 2,960,000원   ③ 3,960,000원   ④ 4,960,000원

06 재고자산의 단가결정방법 중 후입선출법에 대한 설명으로 바르지 않은 것은?

① 실제 물량흐름과 원가흐름이 대체로 일치한다.
② 기말재고가 가장 오래 전에 매입한 상품의 단가로 계상된다.
③ 물가상승 시 이익이 과소계상된다.
④ 물가상승 시 기말재고가 과소평가된다.

07 다음 중 유형자산으로 인식되기 위한 조건을 충족한 자본적 지출에 해당하지 않는 것은?

① 엘리베이터의 설치   ② 건물의 증축비용
③ 건물 피난시설 설치   ④ 건물 내부의 조명기구 교체

08 다음은 기계장치 처분과 관련된 자료이다. 해당 기계장치의 감가상각누계액은 얼마인가?

> • 취득원가 : 680,000원   • 처분금액 : 770,000원   • 유형자산처분이익 : 450,000원

① 300,000원   ② 330,000원   ③ 360,000원   ④ 390,000원

09 다음의 설명과 관련한 계정과목으로 옳은 것은?

현금의 입금 등이 발생하였으나, 처리할 계정과목이나 금액이 확정되지 않은 경우, 계정과목이나 금액이 확정될 때까지 일시적으로 처리하는 계정과목

① 받을어음   ② 선수금   ③ 가지급금   ④ 가수금

10 다음 중 외상매입금 계정이 차변에 기입되는 거래는?

a. 상품구입 대금을 한 달 후에 지급하기로 한 때
b. 외상매입대금을 현금으로 지급했을 때
c. 외상매입대금을 보통예금 계좌에서 지급했을 때
d. 상품 매출에 대한 외상대금이 보통예금 계좌로 입금된 때

① a, b   ② b, c   ③ c, d   ④ b, d

11 다음 설명에 해당하는 계정과목으로 옳은 것은?

주로 기업주가 개인적으로 소비하는 것을 말하며, 개인기업의 자본금 계정에 대한 평가계정으로 자본금 계정을 대신하여 사용되는 임시계정이다. 또한 기말 결산 시 자본금 계정에 대체한다.

① 인출금   ② 예수금   ③ 미지급비용   ④ 선수금

12 다음 지출내역 중 판매비와관리비에 해당하는 것을 모두 고른 것은?

| 가. 종업원 회식비용 | ×××원 | 나. 차입금 지급이자 | ×××원 |
| 다. 장애인단체 기부금 | ×××원 | 라. 사무실 전화요금 | ×××원 |

① 가, 나   ② 나, 다   ③ 가, 라   ④ 나, 라

13 주어진 자료에서 당기손익으로 인식하는 금액은 얼마인가?

1. 당기 1월 1일 기계장치 취득
   • 취득원가 : 1,000,000원   • 잔존가치 : 0원   • 내용연수 : 5년   • 상각방법 : 정액법
2. 이자수익 : 100,000원

① 손실 200,000원   ② 손실 100,000원   ③ 이익 100,000원   ④ 이익 200,000원

14 다음과 같이 주어진 자료에서 당기 기말손익계산서에 계상되는 보험료는 얼마인가?

- 당기 보험료 현금지급액 : 40,000원
- 기말 재무상태표에 계상된 선급보험료 : 10,000원

① 10,000원   ② 30,000원   ③ 40,000원   ④ 50,000원

15 다음 중 수익이 증가한 경우 재무제표에 미치는 영향으로 맞는 것은?

① 자산의 증가 또는 부채의 감소에 따라 자본의 증가
② 자산의 증가 또는 부채의 감소에 따라 자본의 감소
③ 자산의 감소 또는 부채의 증가에 따라 자본의 증가
④ 자산의 감소 또는 부채의 증가에 따라 자본의 감소

유리상사(코드번호 : 1024)는 사무기기를 판매하는 개인기업이다. 당기(제13기)의 회계기간은 2025.1.1.~ 2025.12.31.이다. 전산세무회계 수험용 프로그램을 이용하여 다음 물음에 답하시오.

기본 전제

- 문제에서 한국채택국제회계기준을 적용하도록 하는 전제조건이 없는 경우, 일반기업회계기준을 적용하여 회계처리한다.
- 문제의 풀이와 답안작성은 제시된 문제의 순서대로 진행한다.

---

01 다음은 유리상사의 사업자등록증이다. [회사등록] 메뉴에 입력된 내용을 검토하여 누락분은 추가 입력하고 잘못된 부분은 정정하시오(주소 입력 시 우편번호는 입력하지 않아도 무방함).(6점)

사 업 자 등 록 증

(일반과세자)

등록번호 : 106-25-12340

1. 상   호 : 유리상사
2. 성   명 : 양안나
3. 개 업 연 월 일 : 2013년 5월 9일
4. 사업장소재지 : 광주광역시 남구 봉선중앙로123번길 1
5. 사업의   종류 : [업태] 도소매 [종목] 사무기기
6. 교 부 사 유 : 신규
7. 공 동 사 업 자 :
8. 주류판매신고번호 :
9. 사업자단위과세적용사업자여부 : 여( ) 부(V)

2013년 5월 9일

광주세무서장 인

---

02 다음은 유리상사의 전기분 재무상태표이다. 입력되어 있는 자료를 검토하여 오류 부분은 정정하고 누락된 부분은 추가 입력하시오.(6점)

재무상태표

회사명 : 유리상사   제12기 2024.12.31. 현재   (단위 : 원)

과 목	금	액	과 목	금	액
현 금		50,000,000	외 상 매 입 금		23,200,000
당 좌 예 금		20,000,000	지 급 어 음		18,020,000
보 통 예 금		9,500,000	미 지 급 금		22,000,000
외 상 매 출 금	68,000,000		단 기 차 입 금		24,460,000
대 손 충 당 금	680,000	67,320,000	자 본 금		104,740,000
받 을 어 음	10,000,000				
대 손 충 당 금	100,000	9,900,000			
단 기 대 여 금		2,000,000			
미 수 금		1,000,000			
상 품		6,000,000			
차 량 운 반 구	35,000,000				
감 가 상 각 누 계 액	15,000,000	20,000,000			
비 품	7,000,000				
감 가 상 각 누 계 액	300,000	6,700,000			
자산총계		192,420,000	**부채와 자본총계**		192,420,000

03 다음 자료를 이용하여 입력하시오.(6점)

❶ 유리상사의 외상매출금과 외상매입금에 대한 거래처별 초기이월 잔액은 다음과 같다. 입력된 자료를 검토하여 잘못된 부분은 삭제 또는 수정, 추가 입력하여 주어진 자료에 맞게 정정하시오.(3점)

계정과목	거래처	잔액	합계
외상매출금	참푸른상사	15,000,000원	68,000,000원
	(주)오늘상회	53,000,000원	
외상매입금	해송상회	13,200,000원	23,200,000원
	(주)부일	10,000,000원	

❷ 다음 자료를 이용하여 [기초정보관리]의 [거래처등록] 메뉴에서 거래처를 추가로 등록하시오(단, 주어진 자료 외의 다른 항목은 입력할 필요 없음).(3점)

- 거래처코드 : 01000
- 거래처명 : 잘먹고잘살자
- 사업자등록번호 : 214-13-84536
- 대표자성명 : 김영석
- 거래처유형 : 매입
- 업태/종목 : 서비스/한식

04 다음 거래 자료를 [일반전표입력] 메뉴에 추가 입력하시오.(24점)

> 입력 시 유의사항

- 적요의 입력은 생략한다.
- 부가가치세는 고려하지 않는다.
- 채권 · 채무와 관련된 거래처명은 반드시 기 등록되어 있는 거래처코드를 선택하는 방법으로 거래처명을 입력한다.
- 회계처리 시 계정과목은 별도의 제시가 없는 한 등록된 계정과목 중 가장 적절한 과목으로 한다.

❶ 7월 6일 영업부 직원들의 직무역량 강화 교육을 위한 학원 수강료 100,000원을 보통예금 계좌에서 이체하여 지급하다.(3점)

❷ 8월 2일 강남상사로부터 임차하여 영업점으로 사용하던 건물의 임대차 계약이 만료되어 보증금 100,000,000원을 보통예금 계좌로 돌려받았다(단, 보증금의 거래처를 기재할 것).(3점)

3 8월 29일 거래처의 신규 매장 개설을 축하하기 위하여 영업부에서 거래처 선물용 화분 300,000원을 구입하고 사업용 카드(비씨카드)로 결제하였다.(3점)

카드매출전표

상호 : 나이쁘화원   사업자번호   130-52-12349

대표자 : 임꺽정   전화번호   041-630-0000

****

[상품명]	[단가]	[수량]	[금액]
화분	300,000	1	300,000

****

합계액   **300,000**

받은금액   **300,000**

신용카드전표(고객용)

카드번호   1111-2222-3333-4444

카 드 사   비씨카드

거래일시   8.29.

거래유형   신용승인

승인금액   300,000

결제방법   일시불

승인번호   9461464

이용해주셔서 감사합니다.

교환/환불은 영수증을 지참하여 일주일 이내 가능합니다.

4 9월 6일 희정은행의 정기예금에 가입하고, 보통예금 계좌에서 10,000,000원을 이체하였다.(3점)

5 9월 20일 부산상사로부터 상품 1,000,000원을 매입하고 대금 중 600,000원은 당좌수표를 발행하여 지급하고 나머지는 현금으로 지급하다.(3점)

6 9월 30일 9월 중 입사한 영업부 신입사원 김하나의 9월분 급여를 다음과 같이 보통예금으로 지급하다.(3점)

유리상사 9월 급여명세서

이름	김하나	지급일	9. 30.
기본급여	750,000원	소득세	0원
직책수당	0원	지방소득세	0원
상여금	0원	고용보험	6,000원
특별수당	0원	국민연금	0원
자가운전보조금	0원	건강보험	0원
교육지원수당	0원	기타공제	0원
급여 계	750,000원	공제합계	6,000원
귀하의 노고에 감사드립니다.		차인지급액	744,000원

7 10월 11일 사업장 건물의 피난시설 설치공사를 실시하고 공사대금 3,000,000원은 보통예금으로 지급하였다(피난시설 설치공사는 건물의 자본적 지출로 처리할 것).(3점)

8 10월 13일 미림전자의 파산으로 인하여 미림전자에 대한 외상매출금 2,600,000원을 전액 대손 처리하기로 하다(대손 처리 시점의 외상매출금에 대한 대손충당금 잔액은 300,000원임).(3점)

05 [일반전표입력] 메뉴에 입력된 내용 중 다음과 같은 오류가 발견되었다. 입력된 내용을 검토하고 수정 또는 삭제, 추가 입력하여 올바르게 정정하시오.(6점)

1 7월 9일 인천시청에 기부한 현금 200,000원이 세금과공과(판)로 회계처리되었음을 확인하였다.(3점)

2 10월 12일 거래처 영랑문구의 외상매출금 5,000,000원을 보통예금 계좌로 이체받은 것으로 회계처리를 하였으나 실제로는 영랑문구에 대한 단기대여금 5,000,000원이 회수된 것으로 확인되었다.(3점)

06 다음의 결산정리사항을 입력하여 결산을 완료하시오.(12점)

1 결산일 현재까지 현금과부족 계정으로 처리한 현금부족액 100,000원에 대한 원인이 밝혀지지 않았다.(3점)

2 기말 현재 가수금 계정의 잔액 500,000원은 차기 매출과 관련하여 거래처 인천상사로부터 수령한 계약금으로 확인되었다(계약금은 선수금으로 처리할 것).(3점)

3 농협은행으로부터 연 이자율 6%로 10,000,000원을 12개월간 차입(차입기간 : 2025.9.1.~2026.8.31.)하고, 이자는 12개월 후 차입금 상환 시점에 일시 지급하기로 하였다. 결산분개를 하시오(단, 이자는 월할 계산할 것).(3점)

4 2021년 1월 1일에 영업부에서 구매하였던 차량운반구의 당기분 감가상각비를 계상하다(취득원가 60,000,000원, 잔존가치 4,000,000원, 내용연수 8년, 정액법).(3점)

07 다음 사항을 조회하여 답안을 [이론문제 답안작성] 메뉴에 입력하시오.(10점)

1 6월 30일 현재 가지급금 잔액은 얼마인가?(3점)

2 1월부터 6월까지의 기업업무추진비(판)를 가장 많이 지출한 달(月)과 가장 적게 지출한 달(月)의 차이 금액은 얼마인가?(단, 음수로 입력하지 말 것)(4점)

3 6월 말 현재 미지급금 잔액이 가장 많은 거래처의 상호와 미지급금 잔액은 얼마인가?(3점)

이론시험

다음 문제를 보고 알맞은 것을 골라 [이론문제 답안작성] 메뉴에 입력하시오.(객관식 문항당 2점)

기본 전제

문제에서 한국채택국제회계기준을 적용하도록 하는 전제조건이 없는 경우, 일반기업회계기준을 적용한다.

---

01 다음 중 회계상 현금으로 처리하는 것은?

(가) 자기앞수표	(나) 받을어음	(다) 당좌차월	(라) 우편환증서

① (가), (나)　　　　　　　　② (나), (다)
③ (나), (라)　　　　　　　　④ (가), (라)

---

02 아래의 자산과 부채의 유동성과 비유동성 구분 기준에 따라 분류한 것으로 다음 중 옳은 것은?

(가) 보고기간종료일로부터 1년 이내에 현금화되는 자산
(나) 보고기간종료일로부터 1년 이내에 상환기한이 도래하는 부채

	(가)	(나)
①	유동자산	유동부채
②	비유동자산	유동부채
③	유동자산	비유동부채
④	비유동자산	비유동부채

03 아래의 거래내용에 대하여 거래요소의 결합관계와 거래의 종류가 바르게 표시된 것은?

> 상품 판매전시장에서 업무용으로 사용할 목적으로 컴퓨터와 프린터기를 1,500,000원에 구매하고, 구매대금은 신용카드로 결제하다.

	거래요소의 결합관계	거래의 종류
①	자산의 증가 – 부채의 증가	교환거래
②	부채의 증가 – 자산의 감소	손익거래
③	자산의 증가 – 자본의 증가	교환거래
④	자산의 증가 – 자산의 감소	손익거래

04 다음 중 상품의 취득원가에 가산해야 하는 항목은?

① 매입환출   ② 매입에누리
③ 매입할인   ④ 상품을 수입함에 따른 관세

05 다음 자료의 누락분을 반영한 수정 후 당기순이익은 얼마인가?

> • 수정 전 당기순이익 : 1,000,000원
> • 이자비용 기간경과분 반영 누락 : 당기분 20,000원
> • 전액 비용처리한 지급보험료의 차기분 이월 누락 : 차기분 200,000원

① 820,000원   ② 1,180,000원   ③ 1,200,000원   ④ 1,220,000원

06 다음 자료를 토대로 당기 대손상각비로 계상할 금액은 얼마인가?

> • 기초 대손충당금 잔액은 50,000원이다.
> • 10월 거래처의 파산으로 회수불가능 매출채권이 200,000원 발생하였다.

① 30,000원   ② 80,000원   ③ 150,000원   ④ 200,000원

07 재고자산 평가방법의 변경에 따른 기말재고자산 금액의 변동이 매출원가와 매출총이익에 미치는 영향으로 올바른 것은?

> (가) 기말재고자산 금액이 감소하면 매출원가가 증가한다.
> (나) 기말재고자산 금액이 감소하면 매출원가가 감소한다.
> (다) 기말재고자산 금액이 감소하면 매출총이익이 증가한다.
> (라) 기말재고자산 금액이 증가하면 매출총이익이 증가한다.

① (가), (나)　　　② (다), (라)　　　③ (나), (다)　　　④ (가), (라)

08 다음 중 유형자산의 취득원가에 가산하는 항목이 아닌 것은?

① 취득세, 등록세 등 유형자산의 취득과 직접 관련된 제세공과금
② 매입할인, 매입에누리
③ 취득 당시 설치비
④ 취득 관련 운송비

09 다음 거래에 대한 회계처리 시 차변 계정과목으로 옳은 것은?

> 사무실에서 사용하고 있는 에어컨을 처분하고 대금은 보통예금 계좌로 이체받았다.

① 비품　　　② 보통예금　　　③ 외상매출금　　　④ 받을어음

10 다음은 무형자산에 대한 조건이다. 이에 해당하는 것으로 가장 옳은 것은?

> • 물리적 실체는 없지만, 식별이 가능해야 함
> • 자원에 대한 통제가 가능해야 함
> • 미래 경제적효익을 가져올 수 있는 비화폐성 자산

① 기계장치　　　② 소프트웨어　　　③ 차량운반구　　　④ 받을어음

11 재무제표의 작성기준 중 유동성배열법에 의한 재무제표 작성 시 다음 중 가장 나중에 배열되는 계정과목은 무엇인가?

① 사채　　　② 예수금　　　③ 미지급금　　　④ 선수수익

12 다음 자료를 이용하여 외상매입금 기초잔액을 계산하면 얼마인가?

> • 당기 외상매입액 : 1,000,000원
> • 당기 외상매입금 지급액 : 1,100,000원
> • 외상매입금 중 환출액 : 50,000원
> • 외상매입금 기말잔액 : 300,000원

① 300,000원   ② 350,000원   ③ 400,000원   ④ 450,000원

13 개인 회사인 대성상사의 기말자본금이 510,000원일 때, 다음 자료에서 알 수 있는 당기의 인출금은 얼마인가?

> • 기초자본금 1,000,000원
> • 총수익 400,000원
> • 추가출자액 300,000원
> • 총비용 290,000원

① 900,000원   ② 1,000,000원   ③ 1,100,000원   ④ 1,200,000원

14 다음 중 영업손익에 영향을 미치는 거래는 무엇인가?

① 불우이웃을 돕기 위하여 기부금을 현금으로 지급하다.
② 운영경비 조달을 위한 사업용 자금 대출에 관한 이자비용을 보통예금으로 지급하다.
③ 영업부 직원의 급여를 보통예금에서 지급하다.
④ 정기예금에서 발생한 이자수익이 보통예금에 입금되다.

15 다음 자료를 이용하여 상품 매출원가를 구하면 얼마인가?

> • 기초상품재고액은 3,000,000원이다.
> • 당기의 상품매입액은 10,000,000원이다.
> • 기말상품재고액은 3,000,000원이다.

① 2,000,000원   ② 3,000,000원   ③ 10,000,000원   ④ 12,000,000원

우성상사(코드번호 : 1014)는 문구 및 잡화를 판매하는 개인기업이다. 당기(제12기) 회계기간은 2025.1.1.~ 2025.12.31.이다. 전산세무회계 수험용 프로그램을 이용하여 다음 물음에 답하시오.

기본 전제

- 문제에서 한국채택국제회계기준을 적용하도록 하는 전제조건이 없는 경우, 일반기업회계기준을 적용하여 회계처리한다.
- 문제의 풀이와 답안작성은 제시된 문제의 순서대로 진행한다.

01 다음은 우성상사의 사업자등록증이다. [회사등록] 메뉴에 입력된 내용을 검토하여 누락분은 추가 입력하고 잘못된 부분은 정정하시오(주소 입력 시 우편번호는 입력하지 않아도 무방함).(6점)

사 업 자 등 록 증

(일반과세자)

등록번호 : 210-21-98692

1. 상   호 : 우성상사
2. 성   명 : 손우성
3. 개 업 연 월 일 : 2014년 3월 9일
4. 사업장소재지 : 충청남도 홍성군 홍북읍 청사로174번길 9
5. 사업의   종류 : [업태] 도소매 [종목] 문구 및 잡화
6. 교 부 사 유 : 신규
7. 공 동 사 업 자 :
8. 주류판매신고번호 :
9. 사업자단위과세적용사업자여부 : 여( ) 부(V)

2014년 3월 9일

홍성세무서장 인

---

02 다음은 우성상사의 전기분 재무상태표이다. 입력되어 있는 자료를 검토하여 오류 부분은 정정하고 누락된 부분은 추가 입력하시오.(6점)

재무상태표

회사명 : 우성상사   제11기 2024.12.31. 현재   (단위 : 원)

과목	금액		과목	금액	
현　　　　　금		43,000,000	외 상 매 입 금		59,000,000
당 좌 예 금		30,000,000	지 급 어 음		100,000,000
보 통 예 금		25,000,000	단 기 차 입 금		80,000,000
외 상 매 출 금	40,000,000		자 본 금		171,800,000
대 손 충 당 금	400,000	39,600,000	(당기순이익 : 10,800,000)		
받 을 어 음	80,000,000				
대 손 충 당 금	800,000	79,200,000			
상　　　　　품		100,000,000			
차 량 운 반 구	60,000,000				
감 가 상 각 누 계 액	14,000,000	46,000,000			
비　　　　　품	50,000,000				
감 가 상 각 누 계 액	2,000,000	48,000,000			
자산총계		**410,800,000**	**부채와 자본총계**		**410,800,000**

03 다음 자료를 이용하여 입력하시오.(6점)

1 다음 자료를 이용하여 [기초정보관리]의 [거래처등록] 메뉴에서 거래처(신용카드)를 추가로 등록하시오
(단, 주어진 자료 외의 다른 항목은 입력할 필요 없음).(3점)

- 거래처코드 : 99811
- 카드번호 : 1000-2000-3000-4000
- 거래처명 : 나라카드
- 카드종류 : 3.사업용카드
- 유형 : 매입

2 우성상사의 거래처별 초기이월 채권과 채무의 잔액은 다음과 같다. 입력된 자료를 검토하여 잘못된 부분은 삭제 또는 수정, 추가 입력하여 자료에 맞게 정정하시오(거래처코드를 사용할 것).(3점)

계정과목	거래처	잔액	계
외상매출금	유통상사	10,000,000원	40,000,000원
	브런치상사	20,000,000원	
	하이상사	10,000,000원	
외상매입금	순임상사	20,000,000원	59,000,000원
	(주)다온유통	39,000,000원	

04 다음 거래 자료를 [일반전표입력] 메뉴에 추가 입력하시오.(24점)

입력 시 유의사항

- 적요의 입력은 생략한다.
- 부가가치세는 고려하지 않는다.
- 채권·채무와 관련된 거래처명은 반드시 기 등록되어 있는 거래처코드를 선택하는 방법으로 거래처명을 입력한다.
- 회계처리 시 계정과목은 별도의 제시가 없는 한 등록된 계정과목 중 가장 적절한 과목으로 한다.

1 7월 9일 영업부에서 사용할 차량 15,000,000원을 구입하고 당좌수표를 발행하여 지급하다.(3점)

2 8월 1일 영업부가 사용하는 본사 사무실의 관리비 300,000원을 보통예금에서 이체하였다.(3점)

3 8월 4일 본사의 주민세 사업소분 62,500원을 현금으로 납부하였다.(3점)

4 8월 12일 회사대표 손우성씨의 명함을 디자인명함에서 인쇄 제작하였다. 대금은 현금으로 지급하고, 현금영수증을 다음과 같이 수취하였다.(3점)

디자인명함			
107-36-25785 　　　　　　　　　　　박한준			
서울특별시 영등포구 여의도동 44-3　TEL : 1566-5580			
홈페이지 http://www.dhan.com			

현금영수증(지출증빙)			
구매 08/12/15:35		거래번호 : 100020812-010	
상품명	수량	단가	금액
명함제작	1	20,000	20,000
222209200105			
		합　계	20,000
		받은금액	20,000

5 8월 18일 단기운용목적으로 (주)우리의 발행주식 1,000주(1주당 액면금액 5,000원)를 1주당 6,000원에 취득하였다. 대금은 취득 시 발생한 별도의 수수료 130,000원을 포함하여 보통예금에서 지급하였다.(3점)

6 9월 3일 수원문구에 상품을 공급하기로 하고 7월 25일 체결한 계약에 따라 상품을 공급하면서 아래의 거래명세서를 발급하였다. 계약금을 제외한 나머지 대금은 외상으로 하다.(3점)

권　　　　　　　호						
9 월　3 일		**거래명세표**(거래용)				
수원문구　　　　**귀하**	공급자	사 업 자 등 록 번 호	210-21-98692			
		상　　　호	우성상사	성 명	손우성　⑩	
		사 업 장 소 재 지	충청남도 홍성군 홍북읍 청사로174번길 9			
아래와 같이 계산합니다.		업　　　태	도소매	종 목	문구 및 잡화	
합계금액		오백만 원정 (₩　　5,000,000)				
월 일	품　　　목	규 격	수 량	단 가	공 급 대 가	
9/3	문구		1,000	5,000	5,000,000	
계					5,000,000	
전잔금	없음	합 계			5,000,000	
입 금	500,000원	잔 금	4,500,000원	인수자	정현용　⑩	
비 고	입금 500,000원은 계약금으로, 7월 25일 공급대가의 10%를 현금으로 수령한 것임					

7 10월 18일 본사 영업부 사무실 건물의 유리창을 교체하고 수리비는 신용카드로 결제하였다.(3점)

```
           카드매출전표

      카드종류 : 현대카드
      회원번호 : 5856-4512-20**-9965
      거래일시 : 10.18. 09:30:51
      거래유형 : 신용승인
      금    액 : 150,000원
      결제방법 : 일시불
      승인번호 : 10005539
      은행확인 : 국민은행
      가맹점명 : 수리창호

          - 이 하 생 략 -
```

8 11월 24일 서울시에서 주관하는 나눔천사 기부릴레이에 참여하여 서대문구청에 현금 1,000,000원을 기부하다.(3점)

05 [일반전표입력] 메뉴에 입력된 내용 중 다음과 같은 오류가 발견되었다. 입력된 내용을 확인하여 정정 또는 추가 입력하시오.(6점)

1 9월 14일 영업부에서 사용하기 위한 업무용차량을 구입하면서 현금으로 지출한 취득세 130,000원을 세금과공과(판)으로 회계처리하였다.(3점)

2 11월 21일 당사가 현금으로 지급한 축의금 100,000원은 매출거래처 직원이 아니라 당사 영업부 직원의 결혼축의금으로 판명되었다.(3점)

06 다음의 결산정리사항을 입력하여 결산을 완료하시오.(12점)

1 결산일 현재 송우상사의 단기대여금에 대하여 당기 기간경과분에 대한 이자 미수액 60,000원을 계상하다.(3점)

2 결산일 현재 기말 가지급금 계정 잔액 150,000원은 거래처 (주)홍상사에 대한 외상매입금 지급액으로 확인되었다.(3점)

3 마이너스 통장인 행복은행의 보통예금 기말잔액이 −900,000원이다(기말잔액이 음수가 되지 않도록 적절한 계정으로 대체하되, 음수로 입력하지 말 것).(3점)

4 당기 기말상품재고액은 7,000,000원이다(5.결산차변, 6.결산대변으로 입력할 것).(3점)

07 다음 사항을 조회하여 답안을 [이론문제 답안작성] 메뉴에 입력하시오.(10점)

❶ 2/4분기(4월~6월) 중 현금으로 지급한 수수료비용(판매비및관리비)은 얼마인가?(3점)

❷ 상반기(1월~6월) 중 복리후생비(판매비및관리비)를 가장 많이 지출한 달(月)과 가장 적게 지출한 달(月) 의 금액 간 차이는 얼마인가?(단, 음수로 입력하지 말 것)(4점)

❸ 6월 말 현재 거래처 인천상사에 대한 선급금 잔액은 얼마인가?(3점)

▶합격강의

다음 문제를 보고 알맞은 것을 골라 [이론문제 답안작성] 메뉴에 입력하시오.(객관식 문항당 2점)

기본 전제

> 문제에서 한국채택국제회계기준을 적용하도록 하는 전제조건이 없는 경우, 일반기업회계기준을 적용한다.

01 다음 중 거래내용에 대해 거래요소의 결합관계를 바르게 표시한 것은?

	거래내용	거래요소의 결합관계
①	현금 1,000,000원을 출자하여 영업을 개시하다.	자산의 증가-자산의 증가
②	외상매입금 2,000,000원을 현금으로 지급하다.	부채의 증가-자산의 감소
③	예금이자 300,000원을 보통예금통장으로 받다.	자산의 증가-수익의 발생
④	비품 500,000원을 사고 대금은 미지급하다.	자산의 증가-수익의 발생

02 다음 중 일정기간 동안 기업의 경영성과를 나타내는 재무보고서의 계정과목으로만 짝지어진 것은?

① 매출원가, 미지급비용   ② 매출액, 미수수익
③ 매출원가, 기부금   ④ 상품, 기부금

03 다음 중 재무상태표상 유동자산으로 분류되는 계정과목에 해당하지 않는 것은?

① 외상매출금   ② 선급비용   ③ 차량운반구   ④ 상품

04 다음 중 계정별원장의 잔액이 항상 대변에 나타나는 것은?

① 미수금   ② 선수수익   ③ 선급비용   ④ 미수수익

05 다음 중 손익계산서에 관한 설명으로 옳지 않은 것은?

① 손익계산서는 일정기간 동안 기업의 경영성과에 대한 정보를 제공하는 재무보고서이다.
② 손익계산서에 보고되는 비용은 수익을 창출하기 위해 희생된 경제적 효익의 감소분을 뜻한다.
③ 손익계산서에 보고되는 수익은 한 회계기간 동안에 발생한 경제적 효익의 증가액을 뜻한다.
④ 손익계산서에 보고되는 당기순이익은 현금주의에 의해 작성될 때보다 항상 크게 보고되는 특징이 있다.

06 다음 중 손익계산서상 계정과목에 대한 설명으로 가장 적절하지 않은 것은?

① 통신비 : 업무에 관련되는 전화요금, 휴대폰요금, 인터넷요금, 등기우편요금 등
② 수도광열비 : 업무와 관련된 가스요금, 전기요금, 수도요금, 난방비
③ 기업업무추진비 : 상품 등의 판매촉진을 위하여 불특정다수인에게 선전하는 데에 소요되는 비용
④ 임차료 : 업무와 관련된 토지, 건물, 기계장치, 차량운반구 등을 빌리고 지급하는 사용료

07 다음 자료를 이용하여 상품의 매출원가를 계산하면 얼마인가?

• 상품 전기이월액 350,000원	• 당기매입액 770,000원	• 매출채권 500,000원
• 매출액 1,200,000원	• 기말재고액 370,000원	• 매입채무 300,000원

① 700,000원   ② 750,000원   ③ 830,000원   ④ 900,000원

08 전기 1월 1일에 취득한 기계장치(취득원가 20,000,000원, 정액법, 내용연수 5년, 잔존가치 500,000원)를 당기 1월 1일에 처분하고 유형자산처분손실 300,000원을 인식하였다. 동 기계장치의 처분금액은 얼마인가?(해당 유형자산은 결산 시에 정액법으로 감가상각한다)

① 15,400,000원   ② 15,800,000원   ③ 16,100,000원   ④ 16,400,000원

09 다음의 자료에서 설명하고 있는 (㉠), (㉡), (㉢)에 각각 들어갈 계정과목으로 바르게 연결된 것은?

> 판매용 건물은 (㉠), 본사 건물로 사용할 영업용 건물은 (㉡), 투자 목적으로 보유하고 있는 건물은 (㉢)(으)로 각각 회계 처리한다.

	(㉠)	(㉡)	(㉢)
①	건물	건물	투자부동산
②	상품	건물	투자부동산
③	상품	투자부동산	토지
④	투자부동산	건물	건물

10 다음 중 그 성격이 다른 계정과목은 무엇인가?

① 이자비용　　　② 외환차손　　　③ 감가상각비　　　④ 기타의 대손상각비

11 다음 중 아래의 자료에서 설명하고 있는 성격의 자산으로 분류할 수 없는 것은?

> • 보고기간종료일로부터 1년 이상 장기간 사용 가능한 자산
> • 물리적 형태가 있는 자산
> • 타인에 대한 임대 또는 자체적으로 사용할 목적의 자산

① 화장품을 판매하는 회사의 영업장 건물
② 휴대폰을 판매하는 회사가 보유하고 있는 판매용 휴대폰
③ 가구를 판매하는 회사가 사용하고 있는 운반용 차량운반구
④ 자동차 판매회사가 보유하고 있는 영업용 토지

12 다음 중 유형자산을 처분하고 대금을 미회수했을 경우 처리하는 계정과목으로 올바른 것은?

① 미수수익　　　② 선수수익　　　③ 미수금　　　④ 매출채권

13 다음 중 외상매입금을 조기 지급함에 따라 매입할인을 받고 이를 영업외수익으로 회계처리하였을 경우 손익계산서에 미치는 영향으로 옳지 않은 것은?

① 매출원가 과대계상　　　　　② 매출총이익 과소계상
③ 영업이익 과소계상　　　　　④ 당기순이익 과소계상

14 아래에 제시된 전표의 분개 내용을 계정별원장에 전기한 것으로 적절한 것은?

거래일	계정과목	차변	대변
12월 31일	소모품비	1,000,000원	
	미지급금		500,000원
	현금		500,000원
	소계	1,000,000원	1,000,000원

①   **현금**

12/31 소모품비 500,000 |

②   **미지급금**

                | 12/31 현금　　500,000

③   **미지급금**

12/31 소모품비 500,000 |

④   **미지급금**

                | 12/31 소모품비 500,000

15 다음의 자료에 의한 기초자본, 기말자본, 기말부채는 얼마인가?

- 기초자산 : 500,000원
- 기말자산 : 800,000원
- 기초부채 : 300,000원
- 총수익 : 1,000,000원
- 총비용 : 800,000원

	기초자본	기말자본	기말부채
①	400,000원	200,000원	400,000원
②	200,000원	600,000원	300,000원
③	200,000원	400,000원	400,000원
④	600,000원	300,000원	200,000원

큰산상사(코드번호 : 1004)는 금속제품을 판매하는 개인기업이다. 당기(제7기) 회계기간은 2025.1.1.~ 2025.12.31.이다. 전산세무회계 수험용 프로그램을 이용하여 다음 물음에 답하시오.

기본 전제

• 문제에서 한국채택국제회계기준을 적용하도록 하는 전제조건이 없는 경우, 일반기업회계기준을 적용하여 회계처리한다.
• 문제의 풀이와 답안작성은 제시된 문제의 순서대로 진행한다.

01 다음은 큰산상사의 사업자등록증이다. [회사등록] 메뉴에 입력된 내용을 검토하여 누락분은 추가 입력하고 잘못된 부분은 정정하시오(주소 입력 시 우편번호는 입력하지 않아도 무방함).(6점)

사 업 자 등 록 증

(일반과세자)

등록번호 : 130-47-50505

1. 상   호 : 큰산상사
2. 성   명 : 이시진
3. 개 업 연 월 일 : 2019년 5월 1일
4. 사업장소재지 : 경기도 부천시 경인옛로 111
5. 사업의   종류 : [업태] 도소매   [종목] 금속제품
6. 교 부   사 유 : 신규
7. 공 동 사 업 자 :
8. 주류판매신고번호 :
9. 사업자단위과세적용사업자여부 : 여( ) 부(V)

2019년 5월 1일

남부천세무서장 인

---

02 다음은 큰산상사의 전기분 손익계산서이다. 입력되어 있는 자료를 검토하여 오류 부분은 정정하고 누락된 부분은 추가 입력하시오.(6점)

손익계산서

회사명 : 큰산상사   제6기 2024.1.1.~2024.12.31.   (단위 : 원)

과 목	금 액	과 목	금 액
Ⅰ. 매출액	300,000,000	Ⅴ. 영업이익	44,200,000
상품매출	300,000,000	Ⅵ. 영업외수익	5,800,000
Ⅱ. 매출원가	191,200,000	이자수익	2,200,000
상품매출원가	191,200,000	임대료	3,600,000
기초상품재고액	13,000,000	Ⅶ. 영업외비용	7,500,000
당기상품매입액	180,000,000	이자비용	4,500,000
기말상품재고액	1,800,000	기부금	3,000,000
Ⅲ. 매출총이익	108,800,000	Ⅷ. 소득세차감전순이익	42,500,000
Ⅳ. 판매비와관리비	64,600,000	Ⅸ. 소득세등	0
급여	34,300,000	Ⅹ. 당기순이익	42,500,000
복리후생비	5,700,000		
여비교통비	2,440,000		
임차료	12,000,000		
차량유지비	3,500,000		
소모품비	3,400,000		
광고선전비	3,260,000		

03 다음 자료를 이용하여 입력하시오.(6점)

1 큰산상사는 상품매출 시 상품을 퀵 서비스로 운반하는 횟수가 증가하고 있다. 이에 상품이 매출처에 도착한 후에 퀵 서비스 요금을 보통예금 계좌에서 이체하기로 하였다. 다음의 적요를 824.운반비 계정과목에 추가 등록하시오.(3점)

> 대체적요 4. 퀵 서비스 요금 보통예금 이체 지급

2 다음 자료를 이용하여 [기초정보관리]의 [거래처등록] 메뉴에서 신용카드를 추가로 등록하시오(주어진 자료 외의 다른 항목은 입력할 필요 없음).(3점)

- 거래처코드 : 99871
- 카드번호 : 1234-5678-9012-3452
- 거래처명 : 믿음카드
- 카드종류 : 3.사업용카드
- 유형 : 매입

04 다음 거래 자료를 [일반전표입력] 메뉴에 추가 입력하시오.(24점)

입력 시 유의사항

- 적요의 입력은 생략한다.
- 부가가치세는 고려하지 않는다.
- 채권·채무와 관련된 거래처명은 반드시 기 등록되어 있는 거래처코드를 선택하는 방법으로 거래처명을 입력한다.
- 회계처리 시 계정과목은 별도의 제시가 없는 한 등록된 계정과목 중 가장 적절한 과목으로 한다.

1 7월 2일 푸른상사에서 광고전단지를 제작하고, 제작대금 3,300,000원은 어음(만기일 차기 12.31.)을 발행하여 지급하다.(3점)

2 7월 26일 좌동철강으로부터 상품 10,000,000원(1,000개, 1개당 10,000원)을 구입하기로 계약하고, 계약금으로 상품 대금의 10%를 당좌수표를 발행하여 지급하다.(3점)

3 8월 23일 가수금 5,000,000원은 4월 1일 입금된 내용을 알 수 없었던 것으로 가수금 처리하였으나 거래처 승리상사로부터 회수한 외상 대금으로 판명되었다(가수금 거래처는 입력하지 않아도 무방함).(3점)

4 8월 28일 강서상사에 상품을 판매하고 발급한 거래명세표이다. 대금 중 10,000,000원은 당좌예금에 입금되었고 잔액은 외상으로 하다.(3점)

권		호			**거래명세표**(보관용)			
8 월 28 일								
강서상사 귀하			공 급 자	사 업 자 등 록 번 호	130-47-50505			
				상 호	큰산상사	성 명	이시진 ㉑	
				사 업 장 소 재 지	경기도 부천시 경인옛로 111			
아래와 같이 계산합니다.				업 태	도소매	종 목	금속제품	
합계금액				이천오백만 원정 (₩ 25,000,000)				
월일	품 목		규 격	수 량	단 가	공 급 대 가		
8/28	강철			100	250,000원	25,000,000원		
계						25,000,000원		
전잔금	없음			합 계		25,000,000원		
입 금	10,000,000원		잔 금	15,000,000원		인수자	최영업 ㉑	
비 고	당좌수표 수령, 잔금은 말일가지 입금 예정							

5 9월 10일 영업부의 우편물을 발송하고 등기우편비용(통신비) 5,000원을 현금 지급하였다.(3점)

6 9월 28일 나나상점에 상품 10개(1개당 650,000원)를 판매하고, 판매대금 중 1,000,000원은 현금으로 받고, 잔액은 동점 발행 약속어음으로 받다.(3점)

7 10월 28일 매출처의 신규 매장 개업식을 위하여 정원꽃집에서 화환을 주문하면서 대금은 현금으로 지급하고 아래와 같은 현금영수증을 수령하다.(3점)

현금영수증(지출증빙용)
CASH RECEIPT

사업자등록번호	201-90-45673
현금영수증가맹점명	정원꽃집
대표자	김정원
주소 전화번호	인천 동구 송림동 31 032-459-8751

품명	생화	승인번호	54897
거래일시	10.28	취소일자	

단위		백			천			원
금액 AMOUNT			1	5	0	0	0	0
부가세 V.A.T								
봉사료 TIPS								
합계 TOTAL			1	5	0	0	0	0

8 10월 31일 영업부 출장용 승용차량의 자동차세 260,000원을 현금으로 납부하다. (3점)

05 [일반전표입력] 메뉴에 입력된 내용 중 다음과 같은 오류가 발견되었다. 입력된 내용을 확인하여 정정 또는 추가 입력하시오.(6점)

1 11월 2일 천둥상점에서 받은 약속어음 10,000,000원을 만기일 전에 거래은행인 우리은행에서 할인받아 보통예금 계좌에 입금된 거래를 회계처리하면서, 할인료 250,000원을 수수료비용으로 잘못 입력하였다 (매각거래로 처리할 것).(3점)

2 12월 4일 단아상사에서 상품 1,650,000원을 구입하면서 대금은 소지하고 있던 달님전자 발행 당좌수표로 지급하였으나 당점의 당좌수표를 발행하여 지급한 것으로 잘못 회계처리하였다.(3점)

06 다음의 결산정리사항을 입력하여 결산을 완료하시오.(12점)

1 당기 7월 1일에 1년치 주차장 임대료 4,800,000원을 일시에 수령하여 전액 선수수익으로 처리하였다(단, 월할 계산하고, 음수로 입력하지 말 것).(3점)

2 결산일 현재 인출금 계정을 자본금으로 대체하시오.(3점)

3 결산일 현재 본사 영업부에서 사용하지 않고 남은 소모품이 300,000원이 있다(구입 시 전액 비용으로 처리하였음).(3점)

4 당기분 영업부 비품에 대한 감가상각비는 560,000원이며, 영업용차량의 감가상각비는 310,000원이다.(3점)

07 다음 사항을 조회하여 답안을 [이론문제 답안작성] 메뉴에 입력하시오.(10점)

1 상반기(1월~6월)의 판매가능한 상품액은 얼마인가?(3점)

2 1월~5월 기업업무추진비 지출액 중 현금으로 지출한 금액은 얼마인가?(3점)

3 1월부터 6월까지의 판매비와관리비 중 건물관리비 지출액이 가장 많은 월의 금액과 가장 적은 월의 금액의 차액은 얼마인가?(4점)

이론시험

다음 문제를 보고 알맞은 것을 골라 [이론문제 답안작성] 메뉴에 입력하시오.(객관식 문항당 2점)

───── 기본 전제 ─────

문제에서 한국채택국제회계기준을 적용하도록 하는 전제조건이 없는 경우, 일반기업회계기준을 적용한다.

01 다음 중 재무제표에 사용되는 계정과목에 대한 설명으로 가장 잘못된 것은?

① 현금 : 통화(주화, 지폐), 타인발행수표, 우편환증서 등
② 매도가능증권 : 시장성이 있는 유가증권으로서 단기간 내의 매매차익을 얻을 목적으로 취득하고, 매수와 매도가 적극적이고 빈번하게 이루어지는 주식, 국채, 공채, 사채
③ 미수금 : 일반적인 상거래 외의 거래에서 발생된 채권
④ 상품 : 판매를 목적으로 구입한 완제품

02 차기 회계연도로 잔액이 이월되지 않는 계정과목은?

① 이익잉여금　　　② 소모품비　　　③ 미지급비용　　　④ 선수수익

03 다음 중 손익계산서상의 판매비와 일반관리비에 속하지 않는 항목은?

① 영업사원 여비교통비　　　② 영업사원 급여
③ 영업용승용차 감가상각비　　　④ 영업용승용차 처분손실

04 다음 거래에 대한 결산 시 (A), (B)의 회계처리로 맞는 것은?

> (A) 당기 발생하였으나 아직 지급되지 않은 사무실임차료 400,000원
> (B) 당기 지급된 비용 중 차기로 이월되는 보험료 100,000원

① (A) (차) 임차료　　　400,000원　　(대) 미지급비용　400,000원
　 (B) (차) 선급비용　　100,000원　　(대) 보험료　　　100,000원
② (A) (차) 미지급비용　400,000원　　(대) 임차료　　　400,000원
　 (B) (차) 보험료　　　100,000원　　(대) 선급비용　　100,000원
③ (A) (차) 임차료　　　400,000원　　(대) 선급비용　　400,000원
　 (B) (차) 미지급비용　100,000원　　(대) 보험료　　　100,000원
④ (A) (차) 선급비용　　400,000원　　(대) 임차료　　　400,000원
　 (B) (차) 보험료　　　100,000원　　(대) 미지급비용　100,000원

05 다음 중 거래의 결합관계 종류가 다른 하나는?

① 현금 100,000원을 당좌예금 계좌에 입금하다.
② 비품 50,000원을 구입하고, 대금은 외상으로 하다.
③ 단기차입금에 대한 이자 50,000원을 현금으로 지급하다.
④ 상품 100,000원을 구입하고, 그 대금과 운반비 5,000원은 나중에 지급하기로 하다.

06 다음 자료에 따라 유형자산처분이익(손실)을 계산하면 얼마인가?

> • 유형자산 기초 자산금액 10,000,000원　　• 유형자산 처분금액 6,000,000원
> • 당기중 자본적 지출금액 2,000,000원　　　• 감가상각누계액　5,000,000원

① 처분손실 6,000,000원　　　　　② 처분손실 4,000,000원
③ 처분손실 1,000,000원　　　　　④ 처분이익 1,000,000원

07 다음 중 비유동부채에 해당하는 계정과목은?

① 매입채무　　　② 선수금　　　③ 미지급비용　　　④ 장기차입금

08 다음 중 받을어음 계정이 차변에 기재되는 거래에 해당하는 것은?

① 상품을 30,000원에 매입하고 대금으로 소지하고 있던 거래처 발행 약속어음으로 지급하다.
② 상품을 50,000원에 매출하고 그 대금으로 동점 발행 약속어음으로 받다.
③ 비품을 30,000원에 매입하고 대금으로 2개월 만기 약속어음을 발행하여 지급하다.
④ 비품을 50,000원(장부금액 50,000원)에 매각하고 그 대금으로 동점 발행 약속어음으로 받다.

09 다음 자료에서 부채 금액은 얼마인가?

- 외상매입금 : 3,000,000원
- 미지급비용 : 700,000원
- 선수금 : 1,000,000원
- 단기차입금 : 2,000,000원
- 임차보증금 : 1,000,000원
- 예수금 : 300,000원

① 8,000,000원　　　② 7,000,000원　　　③ 6,700,000원　　　④ 6,300,000원

10 아래의 거래내용과 가장 관련이 없는 계정과목은?

업무에 사용하기 위하여 업무용 노트북을 1,500,000원(배송비 2,500원 별도)에 구매하고 현금으로 택배기사에게 지급한 배송비를 제외한 나머지를 카드로 결제하였다.

① 비품　　　　　　② 현금　　　　　　③ 복리후생비　　　④ 미지급금

11 기말자본금이 1,200,000원일 때, 다음 자료에서 알 수 있는 기초자본금은 얼마인가?

- 인출금 : 150,000원
- 추가출자액 : 250,000원
- 총수익 : 700,000원
- 총비용 : 580,000원

① 980,000원　　　② 1,080,000원　　　③ 1,130,000원　　　④ 1,380,000원

12 기초상품재고액이 5,300,000원, 기말상품재고액이 7,600,000원, 당기상품매입액이 67,000,000원, 매출총이익이 4,700,000원이라면 상품매출액은?

① 60,000,000원　　② 69,400,000원　　③ 75,200,000원　　④ 79,900,000원

13 당기 기말재무상태표에 계상되어 있는 미지급임차료는 20,000원이고, 당기 손익계산서에 계상되는 임차료는 120,000원인 경우 당기에 지급한 임차료는 얼마인가?(단, 전기이월 미지급임차료는 없음)

① 20,000원   ② 80,000원   ③ 100,000원   ④ 120,000원

14 재고자산과 관련된 지출 금액 중 취득원가에서 차감되는 것은?

① 매입운임   ② 매출운반비   ③ 매입할인   ④ 매입수수료비용

15 아래의 결산회계처리가 재무상태표상 자산과 손익계산서에 미치는 영향으로 가장 적절한 것은?

> 결산과정에서 당초 현금과부족으로 처리했던 현금부족액 100만원의 원인이 판명되지 않아서 잡손실 계정으로 처리하였다.

① 재무상태표상 자산 – 영향 없음, 손익계산서 – 영향 없음
② 재무상태표상 자산 – 영향 없음, 손익계산서 – 당기순이익 증가
③ 재무상태표상 자산 – 자산 증가, 손익계산서 – 당기순이익 증가
④ 재무상태표상 자산 – 자산 감소, 손익계산서 – 당기순이익 감소

장산문구(코드번호 : 0984)는 문구 및 잡화를 판매하는 개인기업이다. 당기(제10기) 회계기간은 2025.1.1.~
2025.12.31.이다. 전산세무회계 수험용 프로그램을 이용하여 다음 물음에 답하시오.

기본 전제

- 문제에서 한국채택국제회계기준을 적용하도록 하는 전제조건이 없는 경우, 일반기업회계기준을 적용하여 회계
처리한다.
- 문제의 풀이와 답안작성은 제시된 문제의 순서대로 진행한다.

01 다음은 장산문구의 사업자등록증이다. [회사등록] 메뉴에 입력된 내용을 검토하여 누락분은 추가 입
력하고 잘못된 부분은 정정하시오(주소 입력 시 우편번호는 입력하지 않아도 무방함).(6점)

사 업 자 등 록 증

(일반과세자)

등록번호 : 623-14-01167

1. 상   호 : 장산문구
2. 성   명 : 김문기
3. 개 업 연 월 일 : 2016년 3월 15일
4. 사업장소재지 : 부산광역시 해운대구 해운대로 1138, 106호
5. 사업의   종류 : [업태] 도소매   [종목] 문구 및 잡화
6. 교 부   사 유 : 신규
7. 공 동 사 업 자 :
8. 주류판매신고번호 :
9. 사업자단위과세적용사업자여부 : 여( ) 부(V)

2016년 3월 15일

해운대세무서장 인

---

02 다음은 장산문구의 전기분 재무상태표이다. 입력되어 있는 자료를 검토하여 오류 부분은 정정하고 누락된 부분은 추가 입력하시오.(6점)

재무상태표

회사명 : 장산문구　　　　　　　제9기 2024.12.31. 현재　　　　　　　(단위 : 원)

과 목	금	액	과 목	금	액
현　　　　　금		30,000,000	외 상 매 입 금		20,000,000
당 좌 예 금		15,000,000	지 급 어 음		11,000,000
보 통 예 금		10,000,000	미 지 급 금		8,000,000
외 상 매 출 금	25,000,000		단 기 차 입 금		22,000,000
대 손 충 당 금	300,000	24,700,000	장 기 차 입 금		30,000,000
받 을 어 음	8,000,000		자 본 금		73,920,000
대 손 충 당 금	80,000	7,920,000	(당기순이익 : 10,000,000)		
단 기 대 여 금		10,000,000			
미 수 금		4,000,000			
선 급 금		3,000,000			
상　　　　　품		16,000,000			
건　　　　　물	35,000,000				
감 가 상 각 누 계 액	1,500,000	33,500,000			
차 량 운 반 구	7,000,000				
감 가 상 각 누 계 액	2,500,000	4,500,000			
비　　　　　품	7,000,000				
감 가 상 각 누 계 액	700,000	6,300,000			
자산총계		**164,920,000**	**부채와 자본총계**		**164,920,000**

03 다음 자료를 이용하여 입력하시오.(6점)

1 장산문구의 거래처별 초기이월 채권과 채무잔액은 다음과 같다. 자료에 맞게 추가 입력이나 정정 및 삭제하시오.(3점)

계정과목	거래처	잔액(원)	계(원)
단기대여금	석동상사	1,500,000	10,000,000
	충남상회	5,000,000	
	남서상사	3,500,000	
단기차입금	기업은행	10,000,000	22,000,000
	하나은행	2,000,000	
	영광상사	10,000,000	

2 신규거래처인 시티공업(주)와 조이력정공(주)를 [거래처등록] 메뉴에 추가 등록하시오(단, 사업장 소재지 입력 시 우편번호 입력은 생략하고 직접 입력할 것).(3점)

시티공업(주) (코드 : 3100)	• 대표자명 : 이보람 • 사업자등록번호 : 126-81-50039 • 거래처유형 : 매입 • 사업장소재지 : 경기도 구리시 체육관로 94(교문동) • 업태/종목 : 도매/금속광물
조이력정공(주) (코드 : 4210)	• 대표자명 : 안진홍 • 사업자등록번호 : 130-86-00120 • 거래처유형 : 매출 • 사업장소재지 : 경기도 시흥시 마산로 104(조남동) • 업태/종목 : 제조/금속가구

04 다음 거래 자료를 [일반전표입력] 메뉴에 추가 입력하시오.(24점)

> **입력 시 유의사항**
>
> • 적요의 입력은 생략한다.
> • 부가가치세는 고려하지 않는다.
> • 채권·채무와 관련된 거래처명은 반드시 기 등록되어 있는 거래처코드를 선택하는 방법으로 거래처명을 입력한다.
> • 회계처리 시 계정과목은 별도의 제시가 없는 한 등록된 계정과목 중 가장 적절한 과목으로 한다.

1 7월 2일 전기에 대손처리한 핑크상사의 외상매출금 중 100,000원이 당좌예금에 입금되었다.(3점)

2 7월 24일 당점은 보유하고 있던 차량운반구(취득원가 7,000,000원, 감가상각누계액 2,500,000원)를 금성중고자동차에 5,000,000원에 매각하고 대금은 1주일 후 받기로 하다.(3점)

3 7월 25일 기업 운영자금을 확보하기 위해서 10,000,000원을 한국은행으로부터 2년 후 상환조건으로 차입하고 차입금은 보통예금 계좌로 이체 받았다.(3점)

4 8월 5일 영업사원 김진희의 7월 급여를 다음과 같이 당사 보통예금통장에서 이체하다.(3점)

장산문구 7월 급여내역

(단위 : 원)

이 름	김진희	지 급 일	8월 5일
기본급여	1,800,000원	소 득 세	88,000원
직책수당		지방소득세	8,800원
상 여 금		고용보험	20,200원
특별수당		국민연금	81,000원
차량유지		건강보험	54,000원
급 여 계	1,800,000원	공제합계	252,000원
노고에 감사드립니다.		지급총액	1,548,000원

5 8월 28일 사업장 이전을 위하여 새롭게 세진상사와 임대차계약을 맺고 계약금을 보통예금에서 지급하였다.(3점)

〈임대차계약서일부〉

상가임대차계약서			
임대물건	경기도 부천시 조마루로248번길 52, 408호 전체 (중동, 네이버시티)		
임대면적	33㎡	임대용도	사무실
임대조건			
임대개시일	2025.09.11.	임대종료일	2026.09.10.	
임대보증금	10,000,000원	월 임차료	500,000원	(매월 11일, 선불)
대금 지급조건			
구분	금액	지급일	비고
계약금	1,000,000원	계약일 당일	
잔금	1,000,000원	2025.09.11.	
계약일 : 2025.08.28.			

6 9월 8일 영업부 직원들의 단합을 위해 은하수 식당에서 회식을 하고, 회식비를 아래와 같이 국민카드로 결제하다.(3점)

단말기번호	
9452362154	1254789653245
카드종류	
국민카드	신용승인
회원번호	
4625-5897-4211-5552	
거래기간	
09/08 14:56:28	
일반	
일시불	금액 100,000
은행확인	세금 10,000
국민	
판매자	봉사료 0
	합계 110,000
대표자	
김정용	
사업자등록번호	
107-25-44563	
가맹점명	
은하수식당	
가맹점주소	
서울 양천구 신정3동 123	서명
	Leesunna

7 9월 12일 영업부사원 최영업으로부터 9월 10일부터 9월 11일까지 대전 출장 시 지급받은 200,000원(지급 시 가지급금으로 회계처리하였고 거래처 입력은 생략할 것)의 출장비용에 대하여 다음과 같이 출장비 사용 내역을 보고 받고 차액은 현금으로 지급하다.(3점)

〈출장비 사용 내역서〉
교통비 : 50,000원   숙박비 : 100,000원   식사비 : 60,000원

8 11월 16일 당사 상품을 구매한 고객에게 한진퀵서비스를 통해 상품을 퀵으로 보냈다. 상품 운송비용은 현금으로 지급하고 영수증을 수취하였다.(3점)

영 수 증					
공급자	사 업 자 등 록 번 호	111–**–*****			
	상 호	한진퀵서비스	대표자		김세무
	사 업 장 소 재 지	경기도 부천시			
	업 태	서비스	종목		퀵. 운송사업
작성년월일		공급가액 총액		인수자	
11월 16일		25,000 원		홍길동	
출발지		도착지		도착예상시간	
부천		마포구		50분	

05 [일반전표입력] 메뉴에 입력된 내용 중 다음과 같은 오류가 발견되었다. 입력된 내용을 확인하여 정정 또는 추가 입력하시오.(6점)

1 9월 20일 거래처 재송문구로부터 상품매출 계약금으로 당좌수표 5,000,000원을 받은 회계처리는 실제로는 재송문구의 외상매출금 5,000,000원이 재송문구가 발행한 당좌수표로 회수되었던 것으로 확인되다.(3점)

2 11월 29일 본사 건물 엘리베이터 설치대금 30,000,000원을 현금으로 지급하면서, 자본적 지출로 처리해야 할 것을 수익적 지출로 잘못 처리하였다.(3점)

06 다음의 결산정리사항을 입력하여 결산을 완료하시오.(12점)

1 우리은행의 장기차입금에 대한 12월분 이자 120,000원은 차기 1월 2일에 지급할 예정이다(거래처입력은 생략할 것).(3점)

2 결산일에 현금의 실제금액이 장부금액보다 50,000원 많음을 발견하였다. 그 원인은 알 수 없다.(3점)

3 기말 매출채권(외상매출금, 받을어음)잔액에 대하여 1%의 대손충당금을 보충법으로 설정하다.(3점)

4 기말상품재고액은 4,000,000원이다(5.결산차변, 6.결산대변으로 입력할 것).(3점)

07 다음 사항을 조회하여 답안을 [이론문제 답안작성] 메뉴에 입력하시오.(10점)

1 5월 31일 현재 매입처 (주)코스모스의 외상매입금 잔액은 얼마인가?(3점)

2 당기 6월 말 현재 상품매출액은 전기 말과 비교하여 얼마나 증가하였는가?(3점)

3 4월 말 외상매출금 잔액이 가장 많은 거래처 상호와 금액은 얼마인가?(4점)

▶ 합격강의

이론시험

다음 문제를 보고 알맞은 것을 골라 [이론문제 답안작성] 메뉴에 입력하시오.(객관식 문항당 2점)

기본 전제

문제에서 한국채택국제회계기준을 적용하도록 하는 전제조건이 없는 경우. 일반기업회계기준을 적용한다.

01 다음 중 회계상 거래가 아닌 것은?

① 사무실 임대차계약을 체결하고 임차보증금 3,000만원을 현금으로 지급하다.
② 창고에 화재가 발생하여 원가 500만원의 마스크가 소실되다.
③ 마스크 8만장을 800만원에 구입하겠다고 상품의 주문서를 메일로 발송하다.
④ 카드대금 50만원이 통장에서 이체되다.

02 다음의 계정 중 성격이 다른 것은?

① 미수금   ② 선수금   ③ 차량운반구   ④ 당좌예금

03 다음 중 현금 및 현금성자산에 포함되지 않는 것은?

① 당좌예금   ② 통화대용증권   ③ 우편환증서   ④ 받을어음

04 다음 자료를 활용하여 총수익을 바르게 계산한 것은?(단, 주어진 자료만 고려한다)

• 기초자산 : 800,000원   • 기초자본 : 640,000원   • 기말자산 : 1,200,000원
• 기말부채 : 300,000원   • 총 비 용 : 100,000원

① 160,000원   ② 260,000원   ③ 360,000원   ④ 960,000원

05 다음의 내용과 관련한 예시 중 성격이 다른 것은?

> 유형자산의 내용연수를 연장시키거나 가치를 실질적으로 증가시키는 지출은 자본적 지출로 하고, 당해 유형 자산의 원상을 회복시키거나 능률유지를 위한 지출은 수익적 지출로 한다.

① 건물의 피난시설 설치
② 파손된 건물유리의 교체
③ 건물의 엘리베이터의 설치
④ 건물의 용도를 변경하기 위한 개조

06 다음 중 영업이익에 영향을 미치지 않는 거래는?

① 영업부 직원들의 야근식대 100,000원을 현금으로 지급하다.
② 거래처에 상품을 판매하고 배송비 5,000원을 현금으로 지급하다.
③ 광고용 전단지 인쇄대금 30,000원을 보통예금 통장에서 이체하여 주다.
④ (주)소망상사에게 단기차입금 10,000,000원에 대한 이자 100,000원을 현금으로 지급하다.

07 아래 분개의 내용을 계정별원장에 전기한 것으로 가장 적절한 것은?

> • 12월 1일 : (차) 기업업무추진비 1,000,000원   (대) 현금 1,000,000원

①
현금	
12/1 기업업무추진비 1,000,000	

②
현금	
	12/1 기업업무추진비 1,000,000

③
기업업무추진비	
12/1 기업업무추진비 1,000,000	

④
기업업무추진비	
	12/1 현금 1,000,000

08 다음 중 거래의 8요소와 그 예시로 가장 적절하지 않은 것은?

① 자산증가/자본증가 − 자기자본 50,000,000원을 대표자 명의 통장에서 출자하다.
② 자산증가/자산감소 − 기계장치 7,000,000원을 보통예금에서 지급하여 구입하다.
③ 자산증가/부채증가 − 금융기관에서 100,000,000원을 1년 만기로 차입하고 현금으로 지급받다.
④ 부채증가/자산감소 − 약속어음을 3,000,000원을 발행하여 외상매입금을 지급하다.

09 아래의 설명에서 (   ) 안의 적절한 단어는 무엇인가?

> (   )는 제품. 상품 등의 매출액에 대응되는 원가로서 판매된 제품이나 상품 등에 대한 제조원가 또는 매입원가이다. (   )의 산출과정은 손익계산서 본문에 표시하거나 주석으로 기재한다.

① 판매촉진비   ② 매출원가   ③ 판매비와관리비   ④ 광고선전비

10 다음 중 감가상각을 하지 않는 유형자산은?

① 건물   ② 비품   ③ 기계장치   ④ 건설중인자산

11 다음 자료를 참고하여 기말자산을 바르게 계산한 것은? 단, 부채총액은 기초와 기말이 동일하며 주어진 자료만 고려한다.

> 1. 1월 1일(기초)
> • 자본총액 : 550,000원   • 부채총액 : 800,000원
> 2. 12월 31일(기말)
> • 수익총액 : 480,000원   • 비용총액 : 720,000원

① 240,000원   ② 310,000원   ③ 1,110,000원   ④ 1,350,000원

12 물리적 실체가 없지만 미래의 경제적 효익을 갖는 비화폐성자산과 관련한 계정으로 올바른 것은?

① 기계장치   ② 특허권   ③ 급여   ④ 지급임차료

13 상품매출에 대한 계약금을 거래처로부터 현금으로 받고 대변에 "상품매출"계정으로 분개하였다. 이로 인해 재무상태표와 손익계산서에 미치는 영향으로 옳은 것은?

① 자산이 과소계상되고, 수익이 과소계상된다.
② 자산이 과대계상되고, 수익이 과소계상된다.
③ 부채가 과대계상되고, 수익이 과대계상된다.
④ 부채가 과소계상되고, 수익이 과대계상된다.

14 다음 중 자산, 부채, 자본의 개념에 대한 설명으로 틀린 것은?

① 자산은 미래의 경제적 효익으로 미래 현금흐름 창출에 기여하는 잠재력을 말한다.
② 자본은 자산 총액에서 부채 총액을 차감한 잔여액 또는 순자산으로서 자산에 대한 소유주의 잔여청구권이다.
③ 부채는 과거의 거래나 사건의 결과로 미래에 자원의 유입이 예상되는 의무이다.
④ 복식부기를 적용 시 대차평균의 원리가 사용된다.

15 다음 자료를 이용하여 매출총이익을 계산하면 얼마인가?

• 매출액 : 100,000,000원	• 매출환입 : 1,500,000원	• 매출에누리 : 1,500,000원
• 매출원가 : 70,000,000원	• 급 여 : 1,500,000원	• 기업업무추진비 : 3,000,000원

① 24,500,000원   ② 27,000,000원   ③ 28,500,000원   ④ 30,000,000원

대한상사(코드번호 : 0974)는 사무기기를 판매하는 개인기업이다. 당기(제10기) 회계기간은 2025.1.1.~ 2025.12.31.이다. 전산세무회계 수험용 프로그램을 이용하여 다음 물음에 답하시오.

기본 전제

- 문제에서 한국채택국제회계기준을 적용하도록 하는 전제조건이 없는 경우, 일반기업회계기준을 적용하여 회계처리한다.
- 문제의 풀이와 답안작성은 제시된 문제의 순서대로 진행한다.

01 다음은 대한상사의 사업자등록증이다. [회사등록] 메뉴에 입력된 내용을 검토하여 누락분은 추가 입력하고 잘못된 부분은 정정하시오(주소 입력 시 우편번호는 입력하지 않아도 무방함).(6점)

사 업 자 등 록 증

(일반과세자)

등록번호 : 106-25-12340

1. 상   호 : 대한상사
2. 성   명 : 이대한
3. 개 업 연 월 일 : 2016년 1월 2일
4. 사업장소재지 : 서울특별시 금천구 가마산로 76
5. 사업의   종류 : [업태] 도소매 [종목] 사무기기
6. 교 부   사 유 : 신규
7. 공 동 사 업 자 :
8. 주류판매신고번호 :
9. 사업자단위과세적용사업자여부 : 여( ) 부(V)

2016년 1월 2일

금천세무서장 인

---

02 다음 자료를 이용하여 입력하시오.(6점)

1 다음 자료를 이용하여 [거래처등록] 메뉴에서 거래처(신용카드)를 추가로 등록하시오(단, 주어진 자료 외의 다른 항목은 입력할 필요 없음).(3점)

- 거래처코드 : 99603
- 거래처명 : 국민카드
- 유형 : 매입
- 카드번호 : 1234-5678-9001-2341
- 카드종류 : 3.사업용카드

2 대한상사의 전기분 받을어음계정과 지급어음계정의 기말 잔액은 다음과 같다. 거래처별 초기이월을 검토하여 수정 또는 추가 입력하시오.(3점)

계정과목	거래처명	금액(원)	계정과목	거래처명	금액(원)
받을어음	서귀포상사	3,100,000	지급어음	한라산상사	3,900,000
	협재상사	2,400,000		중문상사	7,200,000
	애월상사	3,800,000		함덕상사	1,100,000

03 다음은 대한상사의 전기분손익계산서이다. 입력되어 있는 자료를 검토하여 오류 부분을 정정하고 누락된 부분을 추가 입력하시오.(6점)

손익계산서

회사명 : 대한상사   제9기 2024.1.1.~2024.12.31.   (단위 : 원)

과 목	금 액	과 목	금 액
Ⅰ. 매출액	35,000,000	Ⅴ. 영업이익	19,190,000
상품매출	35,000,000	Ⅵ. 영업외수익	450,000
Ⅱ. 매출원가	10,000,000	이자수익	300,000
상품매출원가	10,000,000	임대료	150,000
기초상품재고액	3,000,000	Ⅶ. 영업외비용	9,800,000
당기상품매입액	11,000,000	이자비용	9,800,000
기말상품재고액	4,000,000	Ⅷ. 소득세차감전순이익	9,840,000
Ⅲ. 매출총이익	25,000,000	Ⅸ. 소득세등	0
Ⅳ. 판매비와관리비	5,810,000	Ⅹ. 당기순이익	9,840,000
급여	3,200,000		
복리후생비	2,000,000		
여비교통비	120,000		
차량유지비	200,000		
소모품비	130,000		
광고선전비	160,000		

04 다음 거래 자료를 [일반전표입력] 메뉴에 추가 입력하시오.(24점)

> **입력 시 유의사항**
> - 적요의 입력은 생략한다.
> - 부가가치세는 고려하지 않는다.
> - 채권·채무와 관련된 거래처명은 반드시 기 등록되어 있는 거래처코드를 선택하는 방법으로 거래처명을 입력한다.
> - 회계처리 시 계정과목은 별도의 제시가 없는 한 등록된 계정과목 중 가장 적절한 과목으로 한다.

1 7월 1일 국제상사로부터 상품을 15,000,000원에 매입하기로 계약하고, 계약금 1,500,000원을 당사의 당좌예금 계좌에서 이체하다.(3점)

2 7월 29일 솔파전자의 외상매출금 30,000,000원이 보통예금 계좌에 10,000,000원, 나머지는 당좌예금 계좌에 입금되었다.(3점)

3 8월 7일 당사는 보유하고 있던 토지(취득원가 50,000,000원)를 영동상사에 60,000,000원에 매각하고 대금 중 40,000,000원은 보통예금으로 지급받았으며, 나머지는 다음 달 10일 수령하기로 하였다.(3점)

4 9월 16일 당사 상품을 구매한 고객에게 ee로지스를 통해 상품을 퀵으로 보냈다. 상품 운송 비용은 현금으로 지급하고 영수증을 수취하였다.(3점)

영 수 증				
공급자	사업자등록번호	111-12-12513		
	상 호	ee로지스	대표자	김이현
	영업장소재지	경기도 부천시		
	업 태	운수업	종목	용달화물
작성년월일		공급가액 총액		인수자
9월 16일		25,000원		홍길동
출발지	도착지	도착예정시간		
한강상사	하나상사	30분		

5 10월 2일 송정상사의 파산으로 인하여 송정상사의 외상매출금 1,200,000원을 전액 대손처리하기로 하다. 10월 2일 현재 대손충당금 잔액은 900,000원이다.(3점)

6 10월 9일 당사 영업부 건물의 수리 및 설치 관련해서 다음과 같이 지출하고 대금은 보통예금에서 지급하였다(엘리베이터설치는 건물 계정을, 화장실 타일 수선은 수선비 계정을 사용할 것).(3점)

권		호			거래명세표 (보관용)			
	10 월 9 일		공 급 자	등 록 번 호	112-34-90173			
대한상사 귀하				상 호	수선왕	성 명	김수선	㉑
				사 업 장 소 재 지	서울시 강남구 역삼동 1			
아래와 같이 계산합니다.				업 태	건설업	종 목	인테리어	
합계금액			일백오십일만 원정 (₩		1,510,000)			
월 일	품 목		규 격	수 량	단 가	공 급 가 액	세 액	
10/9	엘리베이터 설치				1,500,000	1,500,000		
10/9	화장실 타일 수선				10,000	10,000		
계								
전잔금				합 계			1,510,000원	
입 금		잔 금			인수자			㉑
비 고								

7 11월 20일 판매부서 직원의 건강보험료 회사부담분 220,000원과 직원부담분 220,000원을 보통예금통장에서 이체하였다(단, 회사부담분은 복리후생비 계정을 사용할 것).(3점)

8 11월 25일 하나은행으로부터 6개월 후 상환조건으로 20,000,000원을 차입하고, 보통예금 계좌로 입금받다.(3점)

05 [일반전표입력] 메뉴에 입력된 내용 중 다음과 같은 오류가 발견되었다. 입력된 내용을 확인하여 정정 또는 추가 입력하시오.(6점)

1 7월 18일 영업부 건물 화재보험료(2025년 4월 25일 ~ 2025년 12월 31일 귀속분) 820,000원을 건물로 회계처리하였다.(3점)

2 9월 20일 금호상사에서 상품을 3,000,000원에 매입하기로 하고 현금으로 지급한 계약금 300,000원을 선수금으로 입금 처리하였음이 확인된다.(3점)

06 다음의 결산정리사항을 입력하여 결산을 완료하시오.(12점)

1 결산일 현재 보통예금에 대한 기간경과분 발생이자는 15,000원이다.(3점)

2 기말 현재 현금과부족 80,000원은 대표자가 개인적인 용도로 사용한 금액으로 판명되었다.(3점)

3 4월 1일 우리은행으로부터 30,000,000원을 연이자율 5%로 12개월간 차입(차입기간 : 2025.4.1.~ 2026.3.31.)하고, 이자는 12개월 후 차입금 상환 시 일시에 지급하기로 하였다. 결산분개를 하시오(단 이자는 월할계산할 것).(3점)

4 받을어음과 단기대여금 잔액에 대하여 1%의 대손충당금을 보충법으로 설정하시오.(3점)

07 다음 사항을 조회하여 답안을 [이론문제 답안작성] 메뉴에 입력하시오.(10점)

1 5월 31일 현재 유동자산 잔액은 얼마인가?(3점)

2 1월 말의 미수금 장부금액은 전기 말과 대비하여 얼마나 증가하였는가?(3점)

3 상반기(1월~6월) 중 기업업무추진비를 가장 많이 지출한 월과 가장 적게 지출한 월의 차이 금액은 얼마인가?(4점)

이론시험

다음 문제를 보고 알맞은 것을 골라 [이론문제 답안작성] 메뉴에 입력하시오.(객관식 문항당 2점)

기본 전제

문제에서 한국채택국제회계기준을 적용하도록 하는 전제조건이 없는 경우, 일반기업회계기준을 적용한다.

01 다음 중 유동자산에 해당하지 않는 것은 무엇인가?

① 보통예금　　　　② 임차보증금　　　　③ 재고자산　　　　④ 단기매매증권

02 다음 자료에서 거래의 8요소 중 차변요소와 대변요소의 구분으로 올바른 것은?

가. 부채의 증가	나. 자본의 감소	다. 수익의 발생

① 가. 대변,　나. 대변,　다. 대변
② 가. 대변,　나. 대변,　다. 차변
③ 가. 차변,　나. 차변,　다. 대변
④ 가. 대변,　나. 차변,　다. 대변

03 다음 중 재무상태표 작성에 관한 설명으로 옳지 않은 것은?

① 단기매매 목적으로 보유하는 자산은 유동자산으로 분류한다.
② 자산과 부채는 유동성이 낮은 항목부터 배열하는 것을 원칙으로 한다.
③ 자산과 부채는 원칙적으로 상계하여 표시하지 않는다.
④ 보고기간 종료일로부터 1년 이내에 상환되어야 하는 단기차입금 등의 부채는 유동부채로 분류한다.

04 다음 자료에 의하여 상품의 당기총매입액은 얼마인가?

- 기초상품재고액 : 80,000원
- 당기매출원가 : 160,000원
- 기말상품재고액 : 45,000원
- 매입에누리 : 20,000원

① 145,000원　　　② 120,000원　　　③ 115,000원　　　④ 110,000원

05 현금으로 지급되었으나 계정과목과 금액을 확정할 수 없을 때 일시적으로 처리하는 계정으로 올바른 것은?

① 미수금　　　② 외상매입금　　　③ 선급금　　　④ 가지급금

06 다음 중 계정잔액의 표시로 옳지 않은 것은?

①　　　　예수금
　　　　　　　　　100,000

②　　　　토지
　　　　　　　　　100,000

③　　　　보통예금
　　　100,000

④　　　　외상매입금
　　　　　　　　　100,000

07 당기에 발생한 비용 중 차기분을 이연하는 이유로 올바른 것은?

① 현금주의 인식
③ 수익과 비용의 대응
② 당기순이익의 과대공시
④ 차기순이익의 과소공시

08 다음 거래를 회계처리하였을 때, 차변 또는 대변에 기록하는 계정과목이 아닌 것은?

- 3월 2일 : (주)송파로부터 상품 2,000,000원을 주문받고 계약금 400,000원을 현금으로 받다.
- 3월 26일 : 3월 2일에 주문받았던 상품을 인도하고 계약금 400,000원을 제외한 1,600,000원은 약속어음으로 받다.

① 선수금　　　② 예수금　　　③ 현금　　　④ 받을어음

09 다음 중 회계상의 거래에 해당하는 것은?

① 화재로 인해 상품의 일부가 파손되다.
② 신입사원 김사랑씨를 채용하다.
③ 신규 거래처로 ㈜희망상사를 선정하다.
④ 사업 확장을 위해 새로운 건물을 임차하기로 결정하다.

10 내용연수 경과에 따른 감가상각비 변화를 나타낸 그래프와 관련 없는 감가상각방법은?

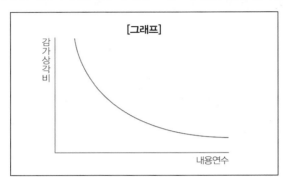

| A. 정률법 | B. 연수합계법 | C. 이중체감법 | D. 정액법 |

① A, B, C, D   ② B, C, D   ③ C, D   ④ D

11 다음 중 비유동부채에 해당하는 것은 무엇인가?

① 퇴직급여충당부채   ② 유동성장기부채
③ 미지급세금   ④ 선수금

12 다음 제시된 자료에 의하여 제2기 기말자본금을 계산하면 얼마인가?(자본거래는 없음)

구분	기초자본금	기말자본금	총수익	총비용	순이익
1기	300,000원	( )	100,000원	( )	30,000원
2기	( )	( )	400,000원	330,000원	( )

① 200,000원   ② 330,000원   ③ 400,000원   ④ 500,000원

13 손익계산서상의 계정과목 중 영업외비용에 해당하는 항목은?

① 급여   ② 복리후생비   ③ 이자비용   ④ 기업업무추진비

14 아래의 거래내용과 관련이 없는 계정과목은?

> 업무에 사용 중인 토지를 20,000,000원(취득원가는 10,000,000원)에 처분하였다. 대금 중 5,000,000원은 보통예금으로 이체받고, 나머지는 만기가 3개월 후인 어음으로 받았다.

① 보통예금   ② 감가상각누계액   ③ 미수금   ④ 유형자산처분이익

15 다음 중 경영성과에 영향을 미치는 거래는?

① 예수금을 보통예금으로 지급하다.   ② 미수금을 현금으로 지급받다.
③ 통신비를 현금으로 지급하다.   ④ 차입금을 현금으로 상환하다.

큰손상사(코드번호 : 0964)는 전자제품을 판매하는 개인기업이다. 당기(제12기) 회계기간은 2025.1.1.~ 2025.12.31.이다. 전산세무회계 수험용 프로그램을 이용하여 다음 물음에 답하시오.

───────────────────── 기본 전제 ─────────────────────

• 문제에서 한국채택국제회계기준을 적용하도록 하는 전제조건이 없는 경우, 일반기업회계기준을 적용하여 회계처리한다.
• 문제의 풀이와 답안작성은 제시된 문제의 순서대로 진행한다.

01 다음은 큰손상사의 사업자등록증이다. [회사등록] 메뉴에 입력된 내용을 검토하여 누락분은 추가 입력하고 잘못된 부분은 정정하시오.(6점)

사 업 자 등 록 증

(일반과세자)

등록번호 : 130-47-50505

1. 상   호 : 큰손상사
2. 성   명 : 이도진
3. 개 업 연 월 일 : 2014년 1월 31일
4. 사업장소재지 : 경기도 부천시 길주로 288
5. 사업의   종류 : [업태] 도소매 [종목] 전자제품
6. 교 부   사 유 : 신규
7. 공 동 사 업 자 :
8. 주류판매신고번호 :
9. 사업자단위과세적용사업자여부 : 여( ) 부(V)

2014년 1월 31일

부천세무서장 인

---

02 다음 자료를 이용하여 입력하시오.(6점)

1 큰손상사의 여비교통비와 관련하여 다음의 적요를 등록하시오.(3점)

코드	계정과목	적요구분	적요 등록 사항
812	여비교통비	현금적요	6. 거제도 판매 관련 출장비
812	여비교통비	현금적요	7. 분당 판매 관련 출장비

2 큰손상사의 거래처별 초기이월 채권과 채무잔액은 다음과 같다. 주어진 자료를 검토하여 잘못된 부분을 정정하거나 추가 입력하시오. (3점)

계정과목	거래처	잔액	계
받을어음	믿음컴퓨터	4,500,000원	9,000,000원
	금호상사	2,000,000원	
	소망사무	2,500,000원	
미지급금	푸른가구	2,400,000원	3,700,000원
	삼성카드	1,300,000원	

03 다음은 큰손상사의 전기분 재무상태표이다. 입력되어 있는 자료를 검토하여 오류 부분은 정정하고 누락된 부분은 추가 입력하시오. (6점)

재무상태표

회사명 : 큰손상사　　　　　제9기 2024.12.31. 현재　　　　　(단위 : 원)

과　목	금　액		과　목	금　액
현　　　　　금		10,000,000	외 상 매 입 금	8,000,000
당 좌 예 금		3,000,000	지 급 어 음	6,500,000
보 통 예 금		10,500,000	미 지 급 금	3,700,000
외 상 매 출 금	5,400,000		예 수 금	700,000
대 손 충 당 금	100,000	5,300,000	단 기 차 입 금	10,000,000
받 을 어 음	9,000,000		자 본 금	49,950,000
대 손 충 당 금	50,000	8,950,000		
미 수 금		4,500,000		
상　　　　　품		12,000,000		
차 량 운 반 구	22,000,000			
감 가 상 각 누 계 액	12,000,000	10,000,000		
비　　　　　품	7,000,000			
감 가 상 각 누 계 액	2,400,000	4,600,000		
임 차 보 증 금		10,000,000		
자산총계		**78,850,000**	**부채와 자본총계**	**78,850,000**

04 다음 거래 자료를 [일반전표입력] 메뉴에 추가 입력하시오.(24점)

1 8월 10일 단기 운용목적으로 매수와 매도가 빈번하게 이루어지는 (주)아이콘 발행주식 100주(1주당 액면 10,000원)를 1주당 12,000원에 구입하다. 대금은 보통예금에서 지급하였다.(3점)

2 8월 13일 강원기기의 외상매입금 2,500,000원을 지급하기 위해 소망사무로부터 받아서 보관 중인 약속어음 2,500,000원을 배서양도하다.(3점)

3 9월 16일 판매할 상품을 거래처 한국상사에서 구입하고 현대카드(신용카드)로 결제하였다(계정과목은 외상매입금 계정을 사용할 것).(3점)

카드매출전표
카드종류 : 현대카드
회원번호 : 5856-4512-****-9965
거래일시 : 9.16. 09:30:51
거래유형 : 신용승인
금   액 : 15,000,000원
결제방법 : 일시불
승인번호 : 10005539
은행확인 : 국민은행
가맹점명 : 한국상사
- 이 하 생 략 -

4 10월 15일 판매용 컴퓨터 10,000,000원과 업무용 컴퓨터 3,000,000원을 (주)하나컴퓨터에서 구입하였다. 대금 중 판매용 컴퓨터는 당좌수표를 발행하여 지급하고, 업무용 컴퓨터는 외상으로 하였다(하나의 전표로 회계처리할 것).(3점)

5 11월 25일 미림전자에 컴퓨터 5대를 판매하고 발급한 거래명세서이다. 계약금을 제외한 나머지는 외상으로 한다.(3점)

권		호		거래명세표(거래용)				
	11 월 25 일		공 급 자	등 록 번 호	130-47-50505			
				상 호	큰손상사	성 명	이도진 ㊞	
미림전자 귀하				사 업 장 소 재 지	경기도 부천시 길주로 288			
아래와 같이 계산합니다.				업 태	도소매	종 목	전자제품	
합계금액				오백만 원정 (₩ 5,000,000)				
월 일	품 목	규 격	수 량	단 가	공 급 대 가	세 액		
11/25	컴퓨터		5	1,000,000	5,000,000			
계								
전잔금				합 계		5,000,000원		
입 금	11/20 계약금 600,000	잔금	4,400,000원		인수자	김선태 ㊞		
비 고								

6 12월 1일 플러스화원에서 영업부 사무실에 둘 화분을 구입하고 지출한 금액 63,000원 중 33,000원은 현금으로 결제하고, 30,000원은 사업용카드(농협카드)로 결제하였다(단, 화분의 구입은 소모품비로 처리할 것).(3점)

플러스화원

카드종류		사업자번호	130-52-12349
대표자	홍길동	전화번호	032-321-0000

****

[상품명]		[단가]	[단가]	[금액]
화분				63,000

****

총 합계	**63,000**
현금	**33,000**
신용카드	**30,000**

신용카드전표(고객용)

카드번호	019092-*********
지불금액	30,000
할 부	0
승인번호	614055

이용해주셔서 감사합니다.
교환/환불은 영수증을 지참하여 일주일 이내 가능합니다.

7 12월 9일 (주)부동산나라에서 투자목적으로 건물을 70,000,000원에 매입하고 전액 약속어음을 발행하여 교부하다. 건물 매입에 따른 취득세 770,000원은 현금으로 납부하다(하나의 전표로 회계처리할 것).(3점)

8 12월 10일 코로나로 인한 치료 지원을 위하여 현금 5,000,000원을 한국복지협의회에 기부하였다.(3점)

05 [일반전표입력] 메뉴에 입력된 내용 중 다음과 같은 오류가 발견되었다. 입력된 내용을 확인하여 정정 또는 추가 입력하시오.(6점)

❶ 7월 15일 당사가 현금으로 지급한 운반비 300,000원은 상품매입에 따른 운반비가 아니라 상품매출에 따른 운반비로 판명되다.(3점)

❷ 8월 25일 대표자 개인소유의 차량에 대한 취득세 3,250,000원을 회사 보통예금에서 계좌이체하였으나 세금과공과 및 당좌예금 계정과목으로 회계처리하였다.(3점)

06 다음의 결산정리사항을 입력하여 결산을 완료하시오.(12점)

❶ 7월 1일에 1년치 영업부 보증보험료(보험기간 : 2025.7.1~2026.6.30.) 1,200,000원을 보통예금계좌에서 이체하면서 전액 비용계정인 보험료로 처리하였다. 기말수정분개를 하시오(단, 월할계산할 것).(3점)

❷ 기말 현재 큰손상사가 단기매매차익을 목적으로 보유하고 있는 주식(100주, 1주당 취득원가 5,000원)의 기말현재 공정가치는 주당 7,000원이다.(3점)

❸ 회사는 외상매출금과 받을어음의 기말잔액에 대하여 1%의 대손충당금을 보충법으로 설정하다.(3점)

❹ 당기 기말상품재고액은 2,780,000원이다(5.결산차변, 6.결산대변으로 입력할 것).(3점)

07 다음 사항을 조회하여 답안을 [이론문제 답안작성] 메뉴에 입력하시오.(10점)

❶ 6월 30일 현재 매출처 우진상사의 외상매출금 잔액은 얼마인가?(3점)

❷ 상반기(1월~6월) 중 통신비(판)가 가장 많이 발생한 달의 금액은 얼마인가?(3점)

❸ 상반기(1월~6월) 중 기업업무추진비를 가장 적게 지출한 월과 그 금액은 얼마인가?(4점)

이론시험

다음 문제를 보고 알맞은 것을 골라 [이론문제 답안작성] 메뉴에 입력하시오.(객관식 문항당 2점)

기본 전제

문제에서 한국채택국제회계기준을 적용하도록 하는 전제조건이 없는 경우, 일반기업회계기준을 적용한다.

01 다음 중 거래 결합관계에서 성립할 수 없는 것은?

① (차변) 부채의 증가 (대변) 부채의 감소   ② (차변) 자산의 증가 (대변) 자본의 증가
③ (차변) 자산의 증가 (대변) 수익의 발생   ④ (차변) 비용의 발생 (대변) 자산의 감소

02 다음 재무 자료에 대한 설명으로 옳지 않은 것은?

- 기초자산 : 90,000원
- 기말자산 : 110,000원
- 기초부채 : 40,000원
- 기말부채 : 50,000원

① 기초자본은 50,000원이다.
② 당기순이익은 10,000원이다.
③ 당기 부채보다 자산이 더 많이 증가했다.
④ 기말자본은 50,000원이다.

03 다음 중 재무상태표에 사용되는 계정과목과 그 예시로 가장 적절하지 않은 것은?

① 현금 및 현금성 자산 – 통화 및 타인발행수표 등 통화대용증권
② 선급금 – 상품이나 원재료를 구입조건으로 미리 지급하는 계약금
③ 임대보증금 – 추후 임대인으로부터 반환받아야 하는 전세 또는 월세보증금
④ 미지급비용 – 당기에 귀속되는 비용 중 약정기일이 도래하지 않아 지급하지 못한 비용

04 결산 시 미수이자에 대한 분개를 누락한 경우 기말 재무제표에 어떤 영향을 미치는가?

① 비용이 과소계상된다.　　　　② 부채가 과소계상된다.
③ 자산이 과소계상된다.　　　　④ 수익이 과대계상된다.

05 다음 중 받을어음계정이 대변에 기록되는 거래에 해당하는 것은?

① 상품매출 7,000,000원을 하고 매출처 발행 약속어음을 받다.
② 상품매출을 하고 수취한 약속어음 7,000,000원을 외상매입금 지급을 위해 배서양도하다.
③ 외상매출금 7,000,000원을 매출처 발행 약속어음으로 받다.
④ 매입처에 발행한 약속어음 7,000,000원이 만기가 되어 현금으로 지급하다.

06 다음 중 비유동부채에 해당하는 것은 무엇인가?

① 미지급금　　　　② 예수금　　　　③ 사채　　　　④ 선수금

07 다음 거래에 대한 기말 분개로 가장 옳은 것은?

> 12월 31일 결산 시 외상매출금 잔액 30,000,000원에 대해 2%의 대손을 예상하였다.
> 단, 당사는 보충법을 사용하고 있으며 기말 분개 전 대손충당금 잔액은 100,000원이 계상되어 있다.

① (차) 대손충당금 500,000원　(대) 대손상각비 500,000원
② (차) 대손상각비 500,000원　(대) 대손충당금 500,000원
③ (차) 대손상각비 500,000원　(대) 외상매출금 500,000원
④ (차) 대손상각비 600,000원　(대) 대손충당금 600,000원

08 다음 설명에 해당하는 재무제표로 옳은 것은?

> 이것은 일정기간 동안 기업의 경영성과에 대한 정보를 제공하는 재무보고서이다.

① 자본변동표　　　　② 재무상태표　　　　③ 손익계산서　　　　④ 현금흐름표

09 물가가 지속적으로 하락하는 경우에 재고자산의 수량이 일정하게 유지된다면 매출원가가 가장 작게 나타나는 재고자산 평가방법은?

① 개별법　　　　② 총평균법　　　　③ 선입선출법　　　　④ 후입선출법

10 다음의 유형자산과 관련된 지출금액 중 유형자산의 취득원가에 포함할 수 없는 것은?

① 취득 시 발생한 설치비
② 사용가능 후에 발생하는 소액수선비
③ 유형자산을 본래 의도하는 방식으로 가동하는 데 필요한 시운전비
④ 유형자산을 본래 의도하는 장소로 이동하기 위한 운반비

11 회사의 매출과 관련한 다음의 분개에서 (　　) 안에 들어올 수 없는 항목은?

(차) (　　)	10,000원	(대) 상품매출	10,000원

① 현금　　　　② 예수금　　　　③ 당좌예금　　　　④ 외상매출금

12 다음 중 재무제표 구성요소 중 부채에 대한 설명이 틀린 것은?

① 부채는 1년을 기준으로 유동부채와 비유동부채로 분류한다.
② 부채란 과거의 거래나 사건의 결과로 현재 기업실체가 부담하고 있고 미래에 자원의 유출 또는 사용이 예상되는 의무이다.
③ 단기차입금은 보고기간종료일부터 1년 이내에 결제되어야 하므로 영업주기와 관계없이 유동부채로 분류한다.
④ 비유동부채 중에서 보고기간종료일로부터 1년 이내에 자원의 유출이 예상되는 부분은 유동부채로 분류할 수 없다.

13 다음 자료에 의하여 판매비와관리비를 계산하면 얼마인가?

• 이자비용 : 110,000원	• 복리후생비 : 120,000원	• 통 신 비 : 80,000원
• 개 발 비 : 220,000원	• 임 차 료 : 210,000원	• 기 부 금 : 100,000원

① 410,000원　　　　② 630,000원　　　　③ 730,000원　　　　④ 840,000원

14 다음 중 유형자산에 대한 설명으로 틀린 것은?

① 유형자산은 재화의 생산이나 타인에 대한 임대, 또는 자체적으로 사용할 목적으로 보유한다.
② 물리적 형태가 있는 비화폐성 자산이다.
③ 감가상각을 하지 않는 토지는 유형자산이 아니다.
④ 토지, 설비자산, 건설중인자산 등으로 구분할 수 있다.

15 다음 중 회사의 당기순이익을 증가시키는 거래는?

① 회사 화장실의 거울이 파손되어 교체하였다.
② 직원의 경조사가 발생하여 경조사비를 지급하였다.
③ 명절이 되어 선물세트를 구입하여 거래처에 나누어 주었다.
④ 회사의 보통예금에 결산이자가 발생하여 입금되었다.

▶합격강의

상록상사(코드번호 : 0954)는 컴퓨터부품을 판매하는 도매 개인기업이며, 당기(제8기) 회계기간은 2025.1.1.~ 2025.12.31.이다. 전산세무회계 수험용 프로그램을 이용하여 다음 물음에 답하시오.

기본 전제

- 문제에서 한국채택국제회계기준을 적용하도록 하는 전제조건이 없는 경우, 일반기업회계기준을 적용하여 회계처리한다.
- 문제의 풀이와 답안작성은 제시된 문제의 순서대로 진행한다.

01 다음은 상록상사의 사업자등록증이다. [회사등록] 메뉴에 입력된 내용을 검토하여 누락분은 추가 입력하고 잘못된 부분은 정정하시오(주소 입력 시 우편번호는 입력하지 않아도 무방함).(6점)

사 업 자 등 록 증

(일반과세자)

등록번호 : 710-06-01262

1. 상   호 : 상록상사
2. 성   명 : 정수아
3. 개 업 연 월 일 : 2018년 3월 15일
4. 사업장소재지 : 서울특별시 강남구 삼성로 145길 11
5. 사업의   종류 : [업태] 도소매   [종목] 컴퓨터부품
6. 교 부   사 유 : 신규
7. 공 동 사 업 자 :
8. 주류판매신고번호 :
9. 사업자단위과세적용사업자여부 : 여( ) 부(V)

2018년 3월 15일

강남세무서장 인

---

02 다음 자료를 이용하여 입력하시오.(6점)

❶ 다음 자료를 이용하여 [기초정보등록]의 [거래처등록] 메뉴에서 거래처(금융기관)를 추가로 등록하시오
(단, 주어진 자료 외의 다른 항목은 입력할 필요 없음).(3점)

- 거래처코드 : 99200
- 거래처명 : 농협
- 유형 : 정기적금
- 계좌번호 : 2497-25-6699494
- 계좌개설일 : 2025-03-05

❷ 거래처별 초기이월 채권과 채무 잔액은 다음과 같다. 자료에 맞게 추가 입력이나 정정 및 삭제하시오.(3점)

계정과목	거래처	잔액	계
외상매출금	대전상사	27,500,000원	72,000,000원
	(주)청주유통	13,200,000원	
	(주)충주상사	31,300,000원	
미지급금	산성상사	15,500,000원	22,000,000원
	관평유통	6,500,000원	

03 다음은 상록상사의 전기분 재무상태표이다. 입력되어 있는 자료를 검토하여 오류 부분은 정정하고 누락된 부분은 추가 입력하시오.(6점)

재무상태표

회사명 : 상록상사 　　　　　제7기 2024.12.31. 현재 　　　　　(단위 : 원)

과　　목	금　　액		과　　목	금　　액
현　　　　　금		21,000,000	외 상 매 입 금	23,200,000
당 좌 예 금		25,200,000	지 급 어 음	18,020,000
보 통 예 금		5,000,000	미 지 급 금	22,000,000
외 상 매 출 금	72,000,000		단 기 차 입 금	24,460,000
대 손 충 당 금	720,000	71,280,000	자 본 금	90,400,000
받 을 어 음	20,000,000		(당기순이익 : 12,800,000)	
대 손 충 당 금	100,000	19,900,000		
단 기 대 여 금		2,000,000		
미 수 금		1,000,000		
상　　　　　품		6,000,000		
차 량 운 반 구	35,000,000			
감 가 상 각 누 계 액	15,000,000	20,000,000		
비　　　　　품	7,000,000			
감 가 상 각 누 계 액	300,000	6,700,000		
자산총계		**178,080,000**	**부채와 자본총계**	**178,080,000**

04 다음 거래 자료를 [일반전표입력] 메뉴에 추가 입력하시오.(24점)

> **입력 시 유의사항**
>
> - 적요의 입력은 생략한다.
> - 부가가치세는 고려하지 않는다.
> - 채권·채무와 관련된 거래처명은 반드시 기 등록되어 있는 거래처코드를 선택하는 방법으로 거래처명을 입력한다.
> - 회계처리 시 계정과목은 별도의 제시가 없는 한 등록된 계정과목 중 가장 적절한 과목으로 한다.

1 8월 16일 당사는 거래처 대전산업으로부터 상품을 3,000,000원에 매입하고, 그 대금으로 당좌수표를 발행하여 지급하였다(당좌예금 잔액은 2,000,000원이고, 당좌차월 한도는 5,000,000원이며, 거래처 입력은 생략할 것).(3점)

2 9월 5일 수입한 상품에 대해 인천세관에 관세 2,000,000원, 통관 수수료 200,000원을 보통예금 계좌에서 이체하여 납부하다.(3점)

3 9월 12일 신입사원에게 지급할 컴퓨터(비품)을 1,000,000원에 구입하고 보통예금에서 계좌이체하였다.(3점)

4 10월 10일 성진상사로부터 받아서 보관 중인 약속어음 2,000,000원이 만기가 되어 추심수수료 120,000원을 차감하고 나머지 잔액이 당좌예입되다.(3점)

5 11월 8일 사무실로 사용하기 위해 상록빌딩과 체결한 부동산 임대차 계약의 잔금을 보통예금에서 이체 지급하다.(3점)

부동산 임대차 계약서					■월세 □전세	
임대인과 임차인 쌍방은 표기 부동산에 관하여 다음 계약 내용과 같이 임대차계약을 체결한다.						
1. 부동산의 표시						
소재지	서울시 강남구 삼성로 145길 11					
토 지	지 목	대지			면 적	11.99㎡
건 물	구 조	철근콘크리트	용 도	근린생활시설	면 적	138.7㎡
임대할부분	전체				면 적	138.7㎡
2. 계약내용 제1조(목적) 위 부동산의 임대차에 한하여 임대인과 임차인은 합의에 의하여 임차보증금 및 차임을 아래와 같이 지불하기로 한다.						
보증금	金 5,000,000 원정					
계약금	金 원정은 계약 시에 지불하고 영수함 영수자( )					(인)
중도금	金 0 원정은 년 월 일에 지불하며					
잔 금	金 5,000,000 원정은 2025 년 11 월 8 일에 지불한다.					
차 임	金 500,000 원정은 매월 20일(후불)에 지급한다.					
제2조(존속기간) 임대인은 위 부동산을 임대차 목적대로 사용할 수 있는 상태로 2025년 11월 8일까지 임차인에게 인도하며 임대차기간은 인도일로부터 2026년 11월 7일(12개월)까지로 한다. ─이 하 생 략─						

6 11월 30일 서연상사의 외상매입금 4,220,000원을 약정기일 이전에 지급함으로서 20,000원을 할인받고, 잔액은 당좌수표를 발행하여 지급하였다.(3점)

7 12월 6일 대표자 개인 차량 과태료 60,000원을 현금 지급하였다.(3점)

8 12월 10일 다음은 영업팀에서 거래처 임원과의 식사비용을 사업용 신용카드(비씨카드)로 결제하고 수취한 신용카드 매출전표이다.(3점)

단말기번호	11213692	전표번호	134

카드종류		거래종류	결제방법
비씨카드		신용구매	일시불
회원번호(Card No)		**취소 시 원거래일자**	
4140-0202-3245-9959			
	유효기간	**거래일시**	
	(**/**)	12월 10일 09: 13: 57	
상품명	**단가**	**수량**	**금액**
스페셜정식			130,000원
		금 액	130,000원
전표제출		**/AMOUNT**	
		부 가 세/VAT	
전표매입사		**봉 사 료/TIPS**	
		합 계	130,000원
		/TOTAL	
거래번호	0487	**승인번호/(Approval No.)**	
		98421147	
가맹점	뽕사부		
대표자	정호영	**TEL**	02) 000-0000
가맹점번호	1578400	**사업자번호**	621-03-61009
주소	경기 성남시 수정구 고등동 525-5		
		서명(Signature)	
		상록	

05 [일반전표입력] 메뉴에 입력된 내용 중 다음과 같은 오류가 발견되었다. 입력된 내용을 확인하여 정정 또는 추가 입력하시오.(6점)

1 9월 29일 당사가 현금으로 지급한 운반비 100,000원은 상품매출에 따른 운반비가 아니라 상품매입에 따른 운반비로 판명되었다.(3점)

2 12월 5일 통장에서 출금된 500,000원은 내용이 확인되지 않아 가지급금으로 처리하였으나, 성진상사에 대한 외상매입대금을 지급한 것으로 확인되었다.(3점)

06 다음의 결산정리사항을 입력하여 결산을 완료하시오.(12점)

1 12월분 영업부 직원의 급여 2,500,000원이 미지급되었다.(3점)

2 3월 2일에 12개월분 마케팅부서 사무실 임차료(임차기간 : 2025.3.2.~2026.3.1.) 24,000,000원을 보통예금 계좌에서 이체하면서 전액 자산계정인 선급비용으로 처리하였다. 기말수정분개를 하시오(단, 월할계산할 것).(3점)

3 당기 본사 영업부서의 감가상각비는 비품 930,000원, 차량운반구 2,500,000원이다.(3점)

4 당기 분 무형자산에 대한 감가상각비는 실용신안권 500,000원, 소프트웨어 700,000원이다.(3점)

07 다음 사항을 조회하여 답안을 [이론문제 답안작성] 메뉴에 입력하시오.(10점)

1 4월 말 현재 거래처 우정상사의 외상매입금 잔액은 얼마인가?(3점)

2 상반기(1월~6월) 중에 발생한 이자비용 중 현금지급액은 얼마인가?(3점)

3 상반기(1월~6월) 중 소모품비를 가장 많이 지출한 월과 가장 적게 지출한 월의 차이 금액은 얼마인가?(4점)

▶합격강의

이론시험

다음 문제를 보고 알맞은 것을 골라 [이론문제 답안작성] 메뉴에 입력하시오.(객관식 문항당 2점)

기본 전제

문제에서 한국채택국제회계기준을 적용하도록 하는 전제조건이 없는 경우, 일반기업회계기준을 적용한다.

01 다음 거래를 보고 거래요소의 결합관계로 옳은 것은?

토지 100,000,000원을 구입하고 취득세 500,000원과 함께 당좌수표를 발행하여 지급하다.

① 자산의 증가 ↔ 자산의 감소 ② 자산의 증가 ↔ 부채의 증가
③ 자산의 증가 · 비용의 발생 ↔ 자산의 감소 ④ 자산의 증가 · 비용의 발생 ↔ 부채의 증가

02 다음 중 회계의 목적을 설명한 것으로 바르지 않은 것은?

① 회사의 일정시점의 재무상태를 파악한다.
② 회사의 일정기간 동안의 경영성과를 측정한다.
③ 종업원의 실적을 분석하여 근무 태도를 평가한다.
④ 다양한 이해관계자들이 합리적인 의사결정을 할 수 있도록 유용한 정보를 제공한다.

03 다음 자료는 12월 31일 현재 재무상태표의 각 계정의 잔액이다. 상품은 얼마인가?

• 개발비 : 600,000원 • 받을어음 : 450,000원 • 단기차입금 : 400,000원
• 미지급비용 : 200,000원 • 선급금 : 100,000원 • 자본금 : 500,000원
• 단기대여금 : 320,000원 • 외상매입금 : 610,000원 • 상품 : ?

① 240,000원 ② 340,000원 ③ 480,000원 ④ 560,000원

04 일반기업회계기준에 따른 재무제표가 아닌 것은?

① 주기   ② 현금흐름표   ③ 재무상태표   ④ 자본변동표

05 다음 중 외상매출금에 대한 계정기입의 설명으로 틀린 것은?

외상매출금			
2/11 상품매출	4,000,000	3/5 받을어음	500,000
		5/11 대손충당금	700,000
		6/2 보통예금	1,000,000

① 2/11 상품을 4,000,000원에 매출하고, 대금은 외상으로 하다.
② 3/5 상품을 500,000원에 매출하고, 대금은 거래처에서 발행한 어음으로 받다.
③ 5/11 거래처 부도로 외상매출금 700,000원에 대해 회수불능되어 대손처리하다.
④ 6/2 거래처 외상매출금 1,000,000원이 보통예금계좌에 입금되다.

06 무릉은 단기차익 목적으로 남양전자(주) 주식 1,000주를 주당 60,000원에 매입했으며, 취득 시 거래수수료 5,000원이 발생하였다. 이에 대한 다음 설명 중 거리가 먼 것은?

① 취득 시 처리한 주식의 계정은 당좌자산에 속한다.
② 취득 시 발생한 거래수수료는 영업외비용에 속한다.
③ 취득한 주식은 단기매매증권 계정으로 처리한다.
④ 취득 시 처리한 주식 계정의 취득금액은 60,005,000원으로 계상된다.

07 다음 자료에 의해 매출총이익을 계산하면 얼마인가?

- 기초상품재고액 : 6,000,000원
- 기말상품재고액 : 3,100,000원
- 매입제비용(매입 시 운반비) : 250,000원
- 당기상품매출액 : 16,000,000원
- 당기상품매입액 : 7,100,000원
- 매출에누리 : 750,000원
- 매입에누리 및 매입할인액 : 660,000원

① 5,660,000원   ② 6,000,000원   ③ 6,410,000원   ④ 6,800,000원

08 재고자산의 단위원가 결정방법에 해당하지 않는 것은?

① 개별법　　　　　② 이동평균법　　　　　③ 선입선출법　　　　　④ 생산량비례법

09 재고자산 평가방법의 변경에 따른 기말재고자산 금액의 변동이 매출원가와 매출총이익에 미치는 영향으로 올바른 것은?

① 기말재고자산 금액이 감소하면 매출원가가 감소한다.
② 기말재고자산 금액이 증가하면 매출총이익이 감소한다.
③ 기말재고자산 금액이 감소하면 매출총이익이 감소한다.
④ 기말재고자산 금액이 증가하면 매출원가가 증가한다.

10 다음은 비품 처분과 관련된 자료이다. 비품의 처분금액은 얼마인가?

- 취득원가 : 1,000,000원
- 유형자산처분손실 : 300,000원
- 감가상각누계액 : 300,000원

① 400,000원　　　　② 700,000원　　　　③ 1,000,000원　　　　④ 1,300,000원

11 다음 계정 중 합계잔액시산표의 대변 잔액란에 표시될 수 없는 계정이 포함된 항목은?

(가) 미수수익	(나) 이자수익	(다) 자본금	(라) 미지급임차료

① (가)　　　　　　② (나)　　　　　　③ (다)　　　　　　④ (라)

12 다음의 각종 세금에 대한 회계처리 중 계정과목을 잘못 적용한 것은?

① 사업용 차량에 대한 자동차세 : 세금과공과 계정
② 보유 중인 건물에 대한 재산세 : 세금과공과 계정
③ 보유 중인 토지에 대한 종합부동산세 : 세금과공과 계정
④ 종업원 급여 지급 시 원천징수한 소득세 : 세금과공과 계정

13 다음 거래내용을 회계처리하는 경우 차변에 가장 적절한 계정과목은?

9월 11일 본사 영업부 김대리는 매출 거래처 A사 방문 시 거래처 A사에 선물할 음료수를 구입하고 아래의 영수증을 수취하였다.

NO.		영 수 증 (공급받는자용)		
		은혜상사		귀하
공급자	사 업 자 등 록 번 호	114-81-80641		
	상 호	현대슈퍼	성명	김현대
	사 업 장 소 재 지	서울 송파구 문정동 101-2 TEL:3289-8085		
	업 태	도소매업	종목	문구
작성일자		금액합계		비고
9.11.		9,000원		
공급내역				
월/일	품명	수량	단가	금액
9.11.	음료수	1	9,000원	9,000원

① 회의비
② 기업업무추진비
③ 복리후생비
④ 잡비

14 수정 전 당기순이익 500,000원이 산출되었으나 다음과 같은 사항이 누락되었음을 확인하였다. 수정 후 당기순이익은 얼마인가?

- 이자 미수분 : 60,000원
- 임차료 미지급분 : 80,000원

① 360,000원   ② 480,000원   ③ 500,000원   ④ 520,000원

15 다음 자료에서 당기의 손익계산서에 표시되는 이자수익의 금액으로 옳은 것은?

이자수익			(단위 : 원)
12/31 선수수익	60,000	10/1 보통예금	100,000
12/31 손 익	40,000		

① 20,000원   ② 40,000원   ③ 60,000원   ④ 100,000원

양지물산(코드번호 : 0944)은 전자제품을 판매하는 개인기업이다. 당기(제7기) 회계기간은 2025.1.1.~ 2025.12.31.이다. 전산세무회계 수험용 프로그램을 이용하여 다음 물음에 답하시오.

기본 전제

- 문제에서 한국채택국제회계기준을 적용하도록 하는 전제조건이 없는 경우, 일반기업회계기준을 적용하여 회계처리한다.
- 문제의 풀이와 답안작성은 제시된 문제의 순서대로 진행한다.

01 다음은 양지물산의 사업자등록증이다. [회사등록] 메뉴에 입력된 내용을 검토하여 누락분은 추가 입력하고 잘못된 부분은 정정하시오(주소 입력 시 우편번호는 입력하지 않아도 무방함).(6점)

사 업 자 등 록 증

(일반과세자)

등록번호 : 110-09-23958

1. 상   호 : 양지물산
2. 성   명 : 김호진
3. 개 업 연 월 일 : 2019년 1월 25일
4. 사업장소재지 : 서울특별시 강남구 밤고개로1길 10
5. 사업의   종류 : [업태] 도소매 [종목] 전자제품
6. 교 부 사 유 : 신규
7. 공 동 사 업 자 :
8. 주류판매신고번호 :
9. 사업자단위과세적용사업자여부 : 여( ) 부(V)

2019년 1월 25일

삼성세무서장 인

---

02 다음은 양지물산의 전기분재무상태표이다. 입력되어 있는 자료를 검토하여 오류 부분은 정정하고 누락된 부분은 추가 입력하시오.(6점)

재무상태표

회사명 : 양지물산　　　　　　　제6기 2024.12.31. 현재　　　　　　　(단위 : 원)

과　　목	금　액		과　　목	금　액	
현　　　　　금		50,000,000	외 상 매 입 금		45,000,000
보 통 예 금		30,000,000	지 급 어 음		20,000,000
정 기 예 금		20,000,000	선 수 금		20,000,000
외 상 매 출 금	50,000,000		단 기 차 입 금		40,000,000
대 손 충 당 금	500,000	49,500,000	자 본 금		212,200,000
받 을 어 음	30,000,000		(당기순이익 : 15,000,000)		
대 손 충 당 금	300,000	29,700,000			
단 기 대 여 금		10,000,000			
미 수 금		20,000,000			
상　　　　　품		80,000,000			
차 량 운 반 구	52,000,000				
감 가 상 각 누 계 액	23,000,000	29,000,000			
비　　　　　품	20,000,000				
감 가 상 각 누 계 액	1,000,000	19,000,000			
자산총계		**337,200,000**	**부채와 자본총계**		**337,200,000**

03 다음 자료를 이용하여 입력하시오.(6점)

1 양지물산의 거래처별 초기이월 채권과 채무 잔액은 다음과 같다. 주어진 자료를 검토하여 수정하거나 추가 및 삭제하시오.(3점)

계정과목	거래처명	금액(원)	계정과목	거래처명	금액(원)
외상매출금	진영상회	10,000,000	지급어음	양지상사	7,000,000
	민주상사	21,000,000		장미상사	4,000,000
	동산상사	19,000,000		퓨리상회	9,000,000

2 양지물산은 대한택배사와 1년 계약(배송료 월말 일괄지급)으로 상품을 배송하기로 한다. 다음을 824.운반비 계정에 적요 등록하시오.(3점)

> 대체적요 4. 택배비 미지급

04 다음 거래 자료를 [일반전표입력] 메뉴에 추가 입력하시오.(24점)

입력 시 유의사항

- 적요의 입력은 생략한다.
- 부가가치세는 고려하지 않는다.
- 채권ㆍ채무와 관련된 거래처명은 반드시 기 등록되어 있는 거래처코드를 선택하는 방법으로 거래처명을 입력한다.
- 회계처리 시 계정과목은 별도의 제시가 없는 한 등록된 계정과목 중 가장 적절한 과목으로 한다.

1 7월 4일 부진실업에 상품을 판매하고 발급한 거래명세표이다. 대금 중 10,000,000원은 보통예금 계좌로 입금받고, 나머지는 외상으로 거래하였다.(3점)

권		호			거래명세표(보관용)			
	7 월 4 일		공급자	등록번호	110-09-23958			
				상 호	양지물산	성 명	김호진	㉙
부진실업		**귀하**		사업장소재지	서울특별시 강남구 밤고개로1길 10			
아래와 같이 계산합니다.				업 태	도소매	종 목	전자제품	
합계금액				이천만 원정 (₩ 20,000,000)				
월일	품 목	규격	수량	단 가	공 급 가 액	세 액		
7/4	GLOBAL2020		20	1,000,000	20,000,000			
	계							
전잔금				합 계		20,000,000원		
입 금	10,000,000원		잔 금	10,000,000원	인수자	사은진	㉙	
비 고								

2 7월 13일 새로운 회계 프로그램을 서울시스템(주)에서 구입하고, 소프트웨어 구입비용 3,000,000원은 한 달 후에 지급하기로 하였다(무형자산으로 처리하고 고정자산 등록은 생략한다).(3점)

3 8월 29일 영업부 신입직원의 명함을 M스튜디오에서 인쇄하고, 대금 550,000원은 어음을 발행(만기 : 1년 이내)하여 지급하였다.(3점)

4 9월 10일 8월 종업원 급여 지급 시 원천징수하였던 근로소득세 400,000원과 지방소득세 40,000원을 현금으로 납부하다.(3점)

5 9월 22일 당사의 장부기장을 의뢰하고 있는 세무법인에 당월분 기장수수료 300,000원을 보통예금계좌에서 인터넷뱅킹으로 이체하여 지급하다.(3점)

6 10월 6일 만선전자에서 상품 1,000,000원을 매입하고, 8월 30일 지급한 계약금 300,000원을 제외한 금액은 1개월 후에 지급하기로 하다.(3점)

7 10월 10일 본사 사옥으로 사용하기 위해 건물을 취득하면서 대금 200,000,000원을 보통예금에서 이체하였고, 그와 관련한 취득세 6,000,000원을 현금으로 납부하였다.(3점)

8 11월 29일 단기매매차익을 얻을 목적으로 보유하고 있는 (주)진주의 주식 1,000주를 1주당 10,000원에 처분하고 대금은 수수료 등 120,000원을 차감한 금액이 국민은행 보통예금계좌에 입금되었다(단, (주)진주의 주식 1주당 취득원가는 9,000원이다).(3점)

05 [일반전표입력] 메뉴에 입력된 내용 중 다음과 같은 오류가 발견되었다. 입력된 내용을 확인하여 정정 또는 추가 입력하시오.(6점)

1 9월 2일 서울시청에 현금으로 기부한 500,000원이 세금과공과(판)로 회계처리되어 있음이 밝혀졌다.(3점)

2 11월 2일 비품 400,000원을 외상으로 매입한 거래처는 은주상점이나 강원상점으로 잘못 입력되어 있음을 확인하다.(3점)

06 다음의 결산정리사항을 입력하여 결산을 완료하시오.(12점)

1 당기에 현금으로 지급한 광고선전비 중 5,500,000원은 차기 광고제작을 위하여 선지급한 것이다.(3점)

2 기말합계잔액시산표의 가수금 잔액은 거래처 부영상사에 대한 외상대금 회수액으로 판명된다.(3점)

3 결산일 현재 12월분 차입금 이자비용 미지급액 500,000원이 계상되어 있지 않음을 발견하였다.(3점)

4 매출채권(외상매출금, 받을어음) 잔액에 대하여 1%의 대손충당금을 보충법으로 설정하기로 한다.(3점)

07 다음 사항을 조회하여 답안을 [이론문제 답안작성] 메뉴에 입력하시오.(10점)

1 3월에 발생한 기업업무추진비 총액은 얼마인가?(3점)

2 상반기(1월~6월) 중 상품 매입액이 가장 많은 달은 몇 월이며, 그 금액은 얼마인가?(3점)

3 5월 말 현재 유동자산에서 유동부채를 차감한 금액은 얼마인가?(4점)

CHAPTER

02

정답 & 해설

학습 방향

최신 기출문제 20회분의 이론시험과 실무시험에 대한 해설을 상세하게 수록하였습니다. 문제를 풀며 헷갈리거나 어려웠던 부분이 있다면 해설을 보면서 확실하게 정리합니다.

이론시험

01	02	03	04	05	06	07	08	09	10	11	12	13	14	15
②	①	②	②	②	②	①	③	④	①	③	①	①	③	①

01 · 혼합거래는 같은 변에 교환거래와 손익거래가 동시에 발생하는 거래이다. 즉, 같은 변에 자산 또는 부채 또는 자본과 수익 또는 는 비용이 동시에 나타나는 거래이다. ②는 대변에 자산의 감소와 수익의 발생이 동시에 나타나는 거래이므로 혼합거래에 해당한다.

· ② 회계처리 : (차) 현금 303,000 (대) 단기대여금 300,000(자산의 감소)
이자수익 3,000(수익의 발생)

02 · 재고자산의 원가결정방법(평가방법) : 개별법, 선입선출법, 가중평균법(이동평균법, 총평균법), 후입선출법 등
· 감가상각방법 : 정률법, 생산량비례법, 정액법, 연수합계법, 이중체감법

03 결산 시 미결산항목인 가수금, 가지급금, 현금과부족, 인출금 등은 다른 계정과목으로 대체하여 표시하므로, 재무상태표에 표시되지 않는다.

04 · 처분이익 = 처분금액 5,000,000 − 장부금액 2,000,000 = 3,000,000원
· 장부금액 = 취득원가 10,000,000 − 감가상각누계액 8,000,000 = 2,000,000원

05 · 기초자본금 200,000 + 당기순이익 − 인출금 50,000 + 추가 출자금 40,000 = 기말자본금 350,000
∴ 당기순이익 = 160,000원
· 개인기업에서 기업 경영주의 소득세를 납부할 경우 인출금으로 처리한다.

06 토지 구입 시 발생한 취득세는 토지의 취득원가에 포함시키고, 직원 급여 지급 시 발생한 소득세 원천징수액은 예수금으로 처리한다.

07 이자비용은 영업외비용에 해당한다.

08 재고자산 : 상품, 제품, 원재료, 재공품, 저장품, 반제품, 시송품, 적송품, 미착품

09 파손된 유리 창문 교체, 자동차 엔진오일의 교체는 수익적 지출에 해당한다.

10 · 외상매입금 4,000,000원을 보통예금 계좌에서 지급한다.
· 회계처리 : (차) 외상매입금(부채의 감소) 4,000,000 (대) 보통예금(자산의 감소) 4,000,000

11 선급비용은 당좌자산이고, 예수금, 미지급비용, 선수금은 유동부채이다.

12 기간경과분 이자수익이 당기에 입금되지 않아도 수익이 발생했으므로 회계처리를 (차) 미수수익(자산의 증가) (대) 이자수익(수익의 발생)으로 해야 하는데, 회계처리를 하지 않았을 경우 수익의 과소계상과 자산의 과소계상으로 영향을 미치게 된다.

13 · 순매출액 = 총매출액 − 매출환입 − 매출에누리 − 매출할인
· 순매출액 = 300,000 − 10,000 = 290,000원
· 상품매출과 관련된 부대비용은 판매비와관리비로 처리한다.

14 기간이 경과되어 보험료, 이자, 임차료 등의 비용이 발생하였으나 약정된 지급일이 되지 않아 지급하지 아니한 금액에 사용하는 계정과목은 미지급비용이다.

15 • 현금및현금성자산 = 보통예금 500,000 + 당좌예금 700,000 = 1,200,000원
　• 단기투자자산 : 단기금융상품(정기예금), 단기투자증권(단기매매증권), 단기대여금

　오답 피하기

　현금및현금성자산 : 현금(통화, 통화대용증권(자기앞수표, 타인발행당좌수표, 우편환증서, 사채이자지급표, 배당금지급통지표 등), 요구불예금(당좌예금, 보통예금 등), 현금성자산

01 회사등록

[기초정보관리]-[회사등록]을 클릭하여 2.사업자등록번호에서 "628-26-01132"를 "628-26-01035"로, 9.종목란에서 "컴퓨터 부품"을 "유아용 의류"로 수정한 후 21.사업장관할세무서를 "강동"에서 "삼성"으로 수정한다.

02 전기분손익계산서

[전기분재무제표]-[전기분손익계산서]에서 상품매출 656,000,000을 665,000,000으로, 기업업무추진비 8,100,000을 8,300,000으로 수정하고 임차료 12,000,000을 추가 입력한다.

03 거래처등록/거래처별초기이월

1 [기초정보관리]-[거래처등록]에서 [일반거래처]탭의 코드란에 00308, 거래처명:뉴발상사, 유형 3:동시, 우측 1.사업자등록번호, 3.대표자성명, 4.업태, 종목, 5.주소(우편번호 생략)를 입력한다.

2 [전기분재무제표]-[거래처별초기이월]에서 좌측 계정과목의 외상매출금을 클릭하고 우측에서 온컴상사의 거래처코드란에서 **F2**를 눌러 스마일상사로 수정한다. 다시 좌측에서 미수금을 클릭하고 우측에서 슈프림상사 1,000,000을 10,000,000으로 수정하고, 또 좌측에서 단기차입금을 클릭하고 우측에서 빈칸 거래처코드란에서 **F2**를 눌러 다온상사를 선택하고 23,000,000을 추가 입력한다.

04 일반전표입력

[전표입력]-[일반전표입력]을 클릭한 후 다음과 같이 입력한다.

1 7월 25일

구분		계정과목	거래처	적요	차변	대변
출금	0811	복리후생비			300,000	(현금)

2 8월 4일

구분		계정과목	거래처	적요	차변	대변
차변	0146	상품			4,000,000	
대변	0102	당좌예금				800,000
대변	0252	지급어음	영동상사			3,200,000

3 8월 25일

구분		계정과목	거래처	적요	차변	대변
차변	0103	보통예금			300,000	
대변	0259	선수금	하나상사			300,000

※ 상품 판매 시 계약금은 선수금으로, 상품 매입 시 계약금은 선급금으로 처리한다.

4 10월 1일

구분		계정과목	거래처	적요	차변	대변
차변	0103	보통예금			50,000,000	
대변	0293	장기차입금	기업은행			50,000,000

5 10월 31일

구분		계정과목	거래처	적요	차변	대변
차변	0801	급여			2,717,000	
대변	0254	예수금				309,500
대변	0103	보통예금				2,407,500

6 11월 13일

구분		계정과목	거래처	적요	차변	대변
차변	0103	보통예금			1,900,000	
차변	0956	매출채권처분손실			100,000	
대변	0110	받을어음	가나상사			2,000,000

※ 매각거래 시 어음 할인료는 매출채권처분손실(영업외비용)로 처리한다.

7 11월 22일

구분		계정과목	거래처	적요	차변	대변
차변	0146	상품			4,150,000	
대변	0251	외상매입금	한올상사			4,000,000
대변	0101	현금				150,000

※ 상품 매입 시 당사 부담 운임은 상품의 취득원가에 가산한다.

8 12월 15일

구분		계정과목	거래처	적요	차변	대변
차변	0825	교육훈련비			1,000,000	
대변	0103	보통예금				500,000
대변	0253	미지급금	우리컨설팅			500,000

05 오류수정

1 [전표입력]-[일반전표입력]에서 8월 22일을 입력한 후 선수금(만중상사)을 109.대손충당금으로 수정한다.

구분		계정과목	거래처	적요	차변	대변
차변	0103	보통예금			4,000,000	
대변	0109	대손충당금				4,000,000

※ 전기에 대손처리된 대손금이 회수되면 회수액은 해당 채권의 대손충당금에 전입한다.

2 [전표입력]-[일반전표입력]에서 9월 15일을 입력한 후 광고선전비를 기업업무추진비(판매관리비)로 수정한다.

구분		계정과목	거래처	적요	차변	대변
차변	0813	기업업무추진비			130,000	
대변	0103	보통예금				130,000

06 결산정리

❶ [전표입력]-[일반전표입력]에서 12월 31일(결산일)자로 다음과 같이 입력한다.

구분		계정과목	거래처	적요	차변	대변
차변	0815	수도광열비			1,000,000	
대변	0262	미지급비용				1,000,000

※ 기말까지 발생된 전기요금은 당기 비용이므로 비용처리하고 상대계정에 미지급비용(또는 미지급금(지급하기로 했는데 미지급했으므로))을 입력한다.

구분		계정과목	거래처	적요	차변	대변
차변	0820	수선비			30,000	
대변	0141	현금과부족				30,000

※ 현금과부족은 그 원인이 파악되면 해당 계정으로 대체한다.

구분		계정과목	거래처	적요	차변	대변
차변	0951	이자비용			1,000,000	
대변	0262	미지급비용				1,000,000

※ 기말까지 발생된 이자는 지급일이 다음 연도라도 당기 비용이므로 비용처리하고 상대계정에 미지급비용을 입력한다.

※ 이자비용 = 100,000,000 × 12% × 1개월/12개월 = 1,000,000원

❷ [결산/재무제표]-[결산자료입력]에서 기간란에 1월 ～ 12월을 입력한다.

    2. 매출원가

        상품매출원가

            기말상품재고액   15,000,000을 결산반영금액란에 입력한다.

❸ 상단 툴바의 F3 전표추가 를 클릭하여 나타나는 메시지창에서 「예」를 클릭한다.

07 장부조회

1 [장부관리]-[총계정원장]에서 기간란에 1월 1일 ～ 6월 30일, 계정과목란에 기업업무추진비(판매관리비)를 입력한 후 가장 많은 달의 월과 금액을 확인한다.

   ▶ 정답 : 2월, 1,520,000원

2 [결산/재무제표]-[손익계산서]에서 5월을 입력 후 당기 판매비와관리비의 급여의 금액을 확인한다.

   ▶ 정답 : 27,000,000원

3 [장부관리]-[거래처원장]의 잔액란 탭에서 기간란에 6월 30일 ～ 6월 30일, 계정과목란에 외상매출금, 거래처란에서 엔터를 두 번(두 개의 칸을 선택) 친 후(처음 거래처부터 마지막 거래처까지 조회됨) 잔액이 가장 많은 거래처와 그 잔액을 확인한다.

   ▶ 정답 : 다주상사, 46,300,000원

이론시험

01	02	03	04	05	06	07	08	09	10	11	12	13	14	15
③	②	④	①	④	④	④	②	④	①	①	③	①	④	②

01 • 현금및현금성자산 = 자기앞수표 30,000 + 취득 당기 만기가 3개월 이내에 도래하는 금융상품 70,000
= 100,000원
• 당좌개설보증금은 사용이 제한된 예금으로서 투자자산에 속하며 특정현금과예금계정으로 회계처리한다.

오답 피하기
현금및현금성자산 : 현금(통화, 통화대용증권(자기앞수표, 타인발행당좌수표, 우편환증서, 사채이자지급표, 배당금지급통지표 등), 요구불예금(당좌예금, 보통예금 등), 현금성자산

02 거래 발생 → 분개 → 전기 → 수정 전 시산표 작성 → 결산 정리 분개 → 수정 후 시산표 작성 → 각종 장부 마감 → 결산보고서 작성

03 • 손익계정 차변의 자본금 80,000은 기말자본금이 아니라 당기순이익이다. 자본금이라고 기입한 이유는 마감 시 당기순이익이 자본금으로 대체되어 마감되기 때문이다.
• 매출총이익 = 매출액 260,000 − 상품매출원가 120,000 = 140,000원

오답 피하기
결산 시 수익, 비용계정은 손익계정으로 대체하여 마감(수익, 비용은 소멸됨)하고, 손익계정의 잔액(당기순손익)은 자본계정으로 대체하여 마감(손익계정 소멸됨)한다(손익계정 : 수익, 비용의 차액을 자본으로 대체하기 위하여 사용하는 임시계정).

04 재무상태표의 계정과목 : 자산, 부채, 자본
• 부채 : 미지급금, 미지급비용
• 자산 : 외상매출금, 감가상각누계액, 대손충당금
• 수익 : 상품매출
• 비용 : 감가상각비, 대손상각비

05 결산 시 차기이월로 계정을 마감하는 계정과목은 자산, 부채, 자본이다.

06 보유 중에 발생한 수선유지비는 수익적 지출에 해당하므로 비용(수선비)으로 처리한다.

오답 피하기
유형자산의 취득원가를 구성하는 항목 : 설치장소 준비를 위한 지출, 외부 운송 및 취급비, 설치비, 설계와 관련하여 전문가에게 지급하는 수수료, 유형자산의 취득과 관련하여 국·공채 등을 불가피하게 매입하는 경우 당해 채권의 매입금액과 일반기업회계기준에 따라 평가한 현재가치와의 차액, 자본화대상인 차입원가, 취득세, 등록세 등 유형자산의 취득과 직접 관련된 제세공과금, 해당 유형자산의 경제적 사용이 종료된 후에 원상회복을 위하여 그 자산을 제거, 해체하거나 또는 부지를 복원하는 데 소요될 것으로 추정되는 원가가 충당부채의 인식요건을 충족하는 경우 그 지출의 현재가치, 유형자산이 정상적으로 작동되는지 여부를 시험하는 과정에서 발생하는 원가

07 • 판매비와관리비 : 복리후생비, 소모품비
• 영업외비용 : 이자비용, 유형자산처분손실

08 자산, 비용의 잔액은 차변에 표시되고 부채, 자본, 수익의 잔액은 대변에 표시된다.
• 선급금, 미수금 : 자산이므로 잔액은 차변에 표시
• 선수금, 미지급금 : 부채이므로 잔액은 대변에 표시

09 • 재고자산의 평가방법 : 개별법, 선입선출법, 가중평균법(이동평균법, 총평균법), 후입선출법 등
• 감가상각방법 : 정률법, 생산량비례법, 정액법, 연수합계법, 이중체감법

10 상품 매출에 대한 계약을 하고 계약금을 받으면 선수금계정(부채)으로 처리한다.

11 • 재무상태표 : 일정시점 현재 기업이 보유하고 있는 자산, 부채, 자본에 대한 정보를 제공하는 재무보고서
　　 • 손익계산서 : 일정기간 동안 기업의 경영성과에 대한 정보를 제공하는 재무보고서

12 감가상각을 하지 않는 유형자산 : 토지, 건설중인자산

13 당기 순매입액 = 당기 상품매입액 50,000 − 매입할인 8,000 = 42,000원

14 기말자본 = 기초자본 300,000 + 당기순이익 160,000 = 460,000원

15 소득세는 영업외비용에 해당하지 않는다.

01 회사등록

[기초정보관리]-[회사등록]을 클릭하여 8.업태란에서 "제조"를 "도소매"로, 9.종목란에서 "금속제품"을 "신발"로 수정한 후 17.개업
연월일에서 2016-09-23를 2011-09-23로 수정한다.

02 전기분손익계산서

[전기분재무제표]-[전기분손익계산서]에서 상품매출원가 금액을 클릭한 후 당기상품매입액 180,000,000을 190,000,000으로,
수수료비용 2,000,000을 2,700,000으로 수정하고 잡손실 300,000을 추가 입력한다.

03 계정과목및적요등록/거래처별초기이월

1 [기초정보관리]-[계정과목및적요등록]에서 좌측 계정체계에서 판매관리비를 클릭하고 가운데 코드/계정과목에서 상여금을
선택한 후 우측 현금적요란 적요NO에 2 "명절 특별 상여금 지급"을 입력한다.

2 [전기분재무제표]-[거래처별초기이월]에서 좌측 계정과목에서 외상매출금을 클릭하고 우측에서 폴로전자 4,200,000을
15,800,000으로, 예진상회 2,200,000을 13,000,000으로 수정한다. 다시 좌측에서 지급어음을 클릭하고 우측에서 빈칸 거
래처코드란에서 F2를 눌러 주언상사를 선택하고 3,400,000을 추가 입력한다.

04 일반전표입력

[전표입력]-[일반전표입력]을 클릭한 후 다음과 같이 입력한다.

1 7월 29일

구분		계정과목	거래처	적요	차변	대변
차변	0820	수선비			150,000	
대변	0253	미지급금	국민카드			150,000

※ 수익적 지출은 비용처리하고, 자본적 지출은 자산처리한다.

2 8월 18일

구분		계정과목	거래처	적요	차변	대변
차변	0951	이자비용			900,000	
대변	0103	보통예금				900,000

3 8월 31일

구분		계정과목	거래처	적요	차변	대변
출금	0251	외상매입금	넥사상사		3,000,000	(현금)

※ 타사발행 당좌수표는 현금으로 처리한다. 1.출금 대신 3.차변, 4.대변으로 입력해도 된다.

4 9월 20일

구분		계정과목	거래처	적요	차변	대변
출금	0953	기부금			500,000	(현금)

5 10월 15일

구분		계정과목	거래처	적요	차변	대변
차변	0232	임차보증금	동작빌딩		10,000,000	
대변	0103	보통예금				10,000,000

※ 인상된 보증금만 회계처리한다.

6 11월 4일

구분		계정과목	거래처	적요	차변	대변
차변	0207	감가상각누계액			10,000,000	
차변	0103	보통예금			10,000,000	
대변	0206	기계장치				20,000,000

※ 장부금액 10,000,000(취득원가 − 감가상각누계액)과 매각금액이 같으므로 유형자산처분손익은 없다.

7 12월 1일

구분		계정과목	거래처	적요	차변	대변
차변	0208	차량운반구			32,100,000	
대변	0103	보통예금				32,100,000

※ 유형자산 취득 시 취득세(부대비용)는 유형자산의 취득원가에 가산한다.

8 12월 10일

구분		계정과목	거래처	적요	차변	대변
출금	0813	기업업무추진비			100,000	(현금)

05 오류수정

1 [전표입력]-[일반전표입력]에서 10월 25일을 입력한 후 건물을 수선비(판매관리비)로 수정한다.

구분		계정과목	거래처	적요	차변	대변
차변	0820	수선비			5,000,000	
대변	0101	현금				5,000,000

※ 수익적 지출은 비용처리하고, 자본적 지출은 자산처리한다.

2 [전표입력]-[일반전표입력]에서 11월 10일을 입력한 후 장기차입금(신한은행)을 이자비용으로 수정한다.

구분		계정과목	거래처	적요	차변	대변
차변	0951	이자비용			1,000,000	
대변	0103	보통예금				1,000,000

06 결산정리

❶ [전표입력]-[일반전표입력]에서 12월 31일(결산일)자로 다음과 같이 입력한다.

구분		계정과목	거래처	적요	차변	대변
차변	0116	미수수익			300,000	
대변	0904	임대료				300,000

※ 기말까지 발생된 기간경과분 발생 임대료는 수익으로 처리하고 상대계정에 미수수익을 입력한다.

구분		계정과목	거래처	적요	차변	대변
차변	0957	단기매매증권평가손실			200,000	
대변	0107	단기매매증권				200,000

※ 단기매매증권평가손실 = 100주 × 2,000(취득원가 6,000 − 공정가치 4,000) = 200,000원

구분		계정과목	거래처	적요	차변	대변
차변	0133	선급비용			450,000	
대변	0821	보험료				450,000

※ 비용처리한 보험료 중 기간미경과분이 600,000 × 9개월/12개월 = 450,000(선급분)이므로 비용에서 차감하고 선급비용으로 대체해야 한다.

❷ [결산/재무제표]-[결산자료입력]에서 기간란에 1월 ~ 12월을 입력한다.

    4. 판매비와일반관리비

        4). 감가상각비

            차량운반구   600,000

            비품   500,000을 각각 결산반영금액란에 입력한다.

❸ 상단 툴바의 F3 전표추가 를 클릭하여 나타나는 메시지창에서 「예」를 클릭한다.

07 장부조회

❶ [결산/재무제표]-[재무상태표]에서 6월을 입력 후 당기 6월 말 당좌자산의 금액을 확인한다.

    ▶ 정답 : 247,210,500원

❷ [장부관리]-[총계정원장]에서 기간란에 1월 1일 ~ 6월 30일, 계정과목란에 광고선전비(판매관리비)를 입력한 후 가장 적은 달의 지출액을 확인한다.

    ▶ 정답 : 1,650,000원

❸ [장부관리]-[거래처원장]의 잔액란 탭에서 기간란에 6월 30일 ~ 6월 30일, 계정과목란에 외상매출금, 거래처란에 유화산업을 입력한 후 잔액을 확인한다. 동일한 방법으로 계정과목을 받을어음으로 바꾸고 잔액을 확인한다.

    ▶ 정답 : ① 10,500,000원, ② 500,000원

이론시험

01	02	03	04	05	06	07	08	09	10	11	12	13	14	15
③	②	②	④	④	④	③	①	④	②	④	③	①	④	④

01 부채의 감소는 차변에, 수익의 증가는 대변에 기록한다.

02 기중 현금부족의 원인이 밝혀지지 않으면 부족분은 현금과부족 차변에, 과잉분은 대변에 기재한다. 이후 원인이 밝혀지면 해당 계정과목으로 대체하고 결산 시까지 현금과부족의 원인이 밝혀지지 않으면 부족분은 잡손실, 과잉분은 잡이익으로 대체한다.

- 1월 30일 : (차) 현금　　　　　100,000　　(대) 현금과부족　　100,000
- 7월 1일　 : (차) 현금과부족　　70,000　　(대) 이자수익　　　70,000
- 12월 31일 : (차) 현금과부족　　30,000　　(대) 잡이익　　　　30,000

03 • 화재로 인하여 창고에 보관하던 상품이 소실되면 재해손실(영업외비용)로 처리한다.
- 판매비와관리비(영업비용) : 급여, 임차료(월세), 복리후생비(체육대회행사비)

04 • 외상매출금 기초잔액 + 당기외상매출액 − 에누리액 − 외상매출금 당기 회수액 = 외상매출금 기말잔액
- 당기외상매출액 = 외상매출금 기말잔액 300,000 + 외상매출금 당기 회수액 600,000 + 에누리액 100,000 − 외상매출금 기초잔액 400,000 = 600,000원

05 • 해당 자료에서 설명하는 재고자산의 단가 결정방법(재고자산의 평가방법)은 후입선출법이다.
- 재고자산의 단가 결정방법 : 개별법, 선입선출법, 가중평균법(이동평균법, 총평균법), 후입선출법 등

06 • 기계장치 장부금액 = 기계장치의 취득금액 − 감가상각누계액
- 처분금액 12,000,000 − 기계장치 장부금액 = 유형자산처분이익 7,000,000
  ∴ 기계장치장부금액 = 5,000,000
- 기계장치의 취득금액 = 기계장치의 장부금액 5,000,000 + 감가상각누계액 5,000,000
  = 10,000,000원

07 • 기초자본 + 당기총수익 − 당기총비용 = 기말자본
- 기말자본 = 기초자본 1,300,000 + 당기총수익 2,000,000 − 당기총비용 1,500,000 = 1,800,000원

08 손익의 이연 : 수익의 이연(선수수익), 비용의 이연(선급비용)

> **오답 피하기**
> - 수익의 발생 : 미수수익, 비용의 발생 : 미지급비용
> - 수익의 이연 : 선수수익, 비용의 이연 : 선급비용

09 비품 : 유형자산

10 (가) 선수수익, (나) 예수금

11 • 대출금에 대한 이자는 회계상의 거래이므로 이자비용으로 회계처리한다.
- 종업원채용, 상품주문, 담보제공, 토지계약, 대출약속, 고지서수령 등은 자산, 부채, 자본, 수익, 비용의 증감 변화를 가져오지 않으므로 회계상의 거래가 아니다.

12 해당 내용은 외상매출금을 현금으로 회수한 거래를 회계처리한 내용이다. 즉, 매출대금을 판매 즉시 수령하지 않고 외상으로 처리한 후 현금을 수령한 시점에 발생한 회계처리이다.

13 재무제표 : 재무상태표, 손익계산서, 현금흐름표, 자본변동표, 주석

14 • 기말재고자산 금액 = 창고에 보관 중인 재고자산 500,000 + 수탁자 창고에 보관 중인 재고자산 100,000
= 600,000원

• 수탁자 창고에 보관 중인 재고자산은 수탁자가 판매하기 전까지는 위탁자의 재고자산이며, 위탁판매 수수료는 판매관리비에 해당한다.

15 매출총이익 = 매출액 2,000,000 − 매출원가 900,000 = 1,100,000원

• 매출원가 = 기초재고자산 200,000 + 당기 매입액 1,000,000 − 기말 재고자산 300,000 = 900,000원

• 판매사원에 대한 급여는 판매관리비이므로 매출총이익 계산과 관계없다.

01 회사등록

[기초정보관리]−[회사등록]을 클릭하여 4.대표자명란에서 "안병남"을 "이두일"로 수정한 후 17.개업연월일에서 2017−10−05를 2015−01−24로 수정하고 21.사업장관할세무서를 "안동"에서 "대전"으로 수정한다.

02 전기분재무상태표

[전기분재무제표]−[전기분재무상태표]에서 받을어음 69,300,000을 65,000,000으로, 차량운반구의 감가상각누계액(209) 11,750,000 을 10,750,000으로 수정한다. 그리고 부채 및 자본란 하단 빈칸에 장기차입금 116,350,000을 추가 입력한다.

03 거래처등록/거래처별초기이월

1 [기초정보관리]−[거래처등록]에서 [금융기관]탭을 누르고 코드란에 98100, 거래처명:케이뱅크 적금, 유형란에 3:정기적금을 선택한 후, 우측에 2.계좌개설은행/지점란에 케이뱅크를 입력하고 3.계좌개설일 "2025−07−01"을 입력한다.

2 [전기분재무제표]−[거래처별초기이월]에서 좌측 계정과목의 외상매출금을 클릭하고 우측에서 태양마트 15,000,000을 34,000,000 으로 수정한다. 다시 좌측에서 단기차입금을 클릭하고 우측에서 은산상사 35,000,000을 20,000,000으로 수정한 후 종로상사의 거래처코드란에서 F2를 눌러 일류상사로 수정하고 금액을 5,000,000에서 3,000,000으로 수정한다.

04 일반전표입력

[전표입력]−[일반전표입력]을 클릭한 후 다음과 같이 입력한다.

1 7월 3일

구분		계정과목	거래처	적요	차변	대변
차변	0260	단기차입금	대전상사		8,000,000	
대변	0120	당좌예금				8,000,000

2 7월 10일

구분		계정과목	거래처	적요	차변	대변
출금	0812	여비교통비			50,000	(현금)

3 8월 5일

구분		계정과목	거래처	적요	차변	대변
차변	0109	대손충당금			900,000	
차변	0835	대손상각비			4,100,000	
대변	0108	외상매출금	능곡가구			5,000,000

※ 대손발생 시 대손충당금 잔액을 먼저 사용하고 부족 시 매출채권은 대손상각비로 비용처리한다.

4 8월 13일

구분		계정과목	거래처	적요	차변	대변
출금	0201	토지			1,000,000	(현금)

※ 유형자산 취득 시 부대비용은 유형자산의 취득원가에 가산한다.

5 9월 25일

구분		계정과목	거래처	적요	차변	대변
차변	0819	임차료			750,000	
차변	0837	건물관리비			50,000	
대변	0103	보통예금				800,000

6 10월 24일

구분		계정과목	거래처	적요	차변	대변
출금	0805	잡급			100,000	(현금)

7 11월 15일

구분		계정과목	거래처	적요	차변	대변
차변	0131	선급금	아린상사		4,500,000	
대변	0102	당좌예금				4,500,000

※ 상품 매출 시 계약금은 선수금으로, 상품 매입 시 계약금은 선급금으로 처리한다.

8 11월 23일

구분		계정과목	거래처	적요	차변	대변
차변	0208	차량운반구			20,000,000	
대변	0253	미지급금	국민카드			20,000,000

05 오류수정

1 [전표입력]−[일반전표입력]에서 8월 16일을 입력한 후 임차료를 임차보증금으로 수정한 후 거래처 경의상사를 입력한다.

구분		계정과목	거래처	적요	차변	대변
차변	0232	임차보증금	경의상사		1,000,000	
대변	0103	보통예금				1,000,000

2 [전표입력]−[일반전표입력]에서 9월 30일을 입력한 후 토지를 세금과공과(판매관리비)로 수정한다.

구분		계정과목	거래처	적요	차변	대변
차변	0817	세금과공과			300,000	
대변	0103	보통예금				300,000

※ 유형자산 취득 이후 발생된 재산세는 비용(세금과공과)으로 처리한다.

06 결산정리

❶ [전표입력]-[일반전표입력]에서 12월 31일(결산일)자로 다음과 같이 입력한다.

구분		계정과목	거래처	적요	차변	대변
차변	0951	이자비용			360,000	
대변	0262	미지급비용				360,000

※ 기말까지 발생된 기간경과분 이자는 당기 비용이므로 비용(이자비용)처리하고 상대계정에 미지급비용을 입력한다.

구분		계정과목	거래처	적요	차변	대변
차변	0251	외상매입금	(주)디자인가구		500,000	
대변	0134	가지급금				500,000

※ 가지급금은 계정과목과 금액이 확정되면 해당 계정으로 대체한다.

구분		계정과목	거래처	적요	차변	대변
차변	0830	소모품비			400,000	
대변	0173	소모품				400,000

※ 구입 시 자산(소모품)으로 처리했으므로 결산 시 사용분 400,000(500,000 + 200,000 − 300,000)에 대해서 비용(소모품비)으로 처리하고 자산(소모품)에서 차감한다.

❷ [결산/재무제표]-[결산자료입력]에서 기간란에 1월 ~ 12월을 입력한다.

4. 판매비와일반관리비

상단 툴바의 F8 대손상각을 눌러 대손율(%) 2.00으로 수정하고 외상매출금과 받을어음이 아닌 나머지 채권의 금액은 Space Bar 로 지우고(또는 0을 입력) 결산반영버튼을 클릭하면

5). 대손상각

외상매출금   3,081,400
받을어음   1,350,000이 결산반영금액란에 자동으로 입력된다.

• 외상매출금 : 154,070,000원 × 2% − 0원 = 3,081,400원
• 받을어음   : 100,000,000원 × 2% − 650,000원 = 1,350,000원

❸ 상단 툴바의 F3 전표추가를 클릭하여 나타나는 메시지창에서 「예」를 클릭한다.

07 장부조회

❶ [결산/재무제표]-[재무상태표]에서 4월을 입력 후 지급어음의 금액을 확인한다.
▶ 정답 : 130,000,000원

❷ [장부관리]-[일계표(월계표)]에서 「월계표」탭을 클릭하고 조회기간에서 5월 ~ 5월을 입력하고 외상매출금의 대변란을 확인한다.
▶ 정답 : 60,000,000원

❸ [장부관리]-[총계정원장]에서 기간란에 1월 1일 ~ 6월 30일, 계정과목란에 복리후생비(판매관리비)를 입력한 후 가장 적게 지출한 월과 금액을 확인한다.
▶ 정답 : 5월, 300,000원

이론시험

01	02	03	04	05	06	07	08	09	10	11	12	13	14	15
④	①	②	③	②	①	②	④	③	①	②	④	①	③	④

01 전화요금 50,000원이 보통예금 계좌에서 자동이체된 경우 회계처리는 다음과 같다.
(차) 통신비   50,000(비용의 발생)   (대) 보통예금   50,000(자산의 감소)

02 자산, 비용의 잔액은 차변에 표시되고, 부채, 자본, 수익의 잔액은 대변에 표시된다.
- 임대료수입 : 수익(대변)
- 보통예금, 외상매출금 : 자산(차변)
- 수수료비용 : 비용(차변)

03 기말상품재고액이 과대계상되면 매출원가는 과소계상된다(매출원가 = 기초상품재고액 + 당기상품매입액 − 기말상품재고액).
- 매출원가가 과소계상되면 매출총이익은 과대계상된다(매출총이익 = 매출액 − 매출원가).
- 매출총이익이 과대계상되면 당기순이익도 과대계상된다.

04
- 유동성배열법 : 자산과 부채는 유동성이 큰 항목부터 배열하는 것을 원칙으로 한다(유동자산 → 비유동자산, 유동부채 → 비유동부채).
- 따라서 단기대여금(당좌자산), 장기대여금(투자자산), 영업활동에 사용하는 건물(유형자산), 영업권(무형자산)순으로 위에서 아래로 표시된다.

05 감가상각을 해야 하는 자산 : 유형자산(토지와 건설중인자산 제외), 무형자산

06 자산 − 부채 = 자본(순자산)
순자산(자본) = 자산 1,400,000 − 부채 400,000 = 1,000,000원
- 자산 : 현금 300,000 + 대여금 100,000 + 선급금 200,000 + 재고자산 800,000 = 1,400,000원
- 부채 : 매입채무 100,000 + 사채 300,000 = 400,000원

07 일정시점의 기업이 보유하고 있는 자산, 부채, 자본에 대한 정보를 제공하는 재무보고서는 재무상태표이다. 현금과 선급비용은 자산이고, 급여, 매출원가, 이자비용은 비용이다.
- 재무상태표 : 일정시점 현재 기업의 재무상태(자산, 부채, 자본)를 나타낸 표(보고서)
- 손익계산서 : 일정기간의 기업의 경영성과(수익, 비용)를 나타낸 표(보고서)

08 우표 : 통신비(비용)

오답 피하기
현금및현금성자산 : 현금(통화, 통화대용증권(자기앞수표, 타인발행당좌수표, 우편환증서, 사채이자지급표, 배당금지급통지표 등), 요구불예금(당좌예금, 보통예금 등), 현금성자산

09
- 기말 대손충당금 잔액 = 기말 매출채권 1,000,000원 × 1%(대손율) = 10,000원
- 기말 매출채권 = 기초 매출채권 500,000 + 당기 매출액 2,000,000 − 당기 회수액 1,500,000
  = 1,000,000원

10
- 부채의 합계액 : 선수금 70,000 + 선수수익 30,000 = 100,000원
- 나머지는 모두 자산이다.

11 거래 발생 → 분개 → 전기 → 수정 전 시산표 작성 → 결산 정리 분개 → 수정 후 시산표 작성 → 각종 장부 마감 → 결산보고서 작성

12 재고자산의 취득원가 = 매입금액 + 부대비용 − 매입환출 − 매입에누리 − 매입할인

13 보험료는 판매비와관리비로 영업외비용에 해당하지 않는다.

14 물가상승 시 기말재고자산이 과소평가되는 것은 후입선출법이다.

오답 피하기

물가상승 시 재고자산 단가결정방법(평가방법)의 비교
- 기말재고금액 : 선입선출법 〉 이동평균법 〉 총평균법 〉 후입선출법
- 매출원가 : 후입선출법 〉 총평균법 〉 이동평균법 〉 선입선출법
- 당기순이익 : 선입선출법 〉 이동평균법 〉 총평균법 〉 후입선출법

15
- 토지의 취득금액 = 토지 1,000,000 + 취득세 40,000 = 1,040,000원
- 무상으로 취득한 유형자산의 취득금액은 공정가치로 하며 취득 과정에서 발생한 취득세, 수수료 등은 취득원가에 가산한다.

01 회사등록

[기초정보관리]–[회사등록]을 클릭하여 4.대표자명란에서 "최연제"를 "정성찬"으로, 9.종목란에서 "스포츠용품"을 "문구 및 잡화"로 수정한 후 17.개업연월일에서 2019–07–14를 2019–04–08로 수정한다.

02 전기분손익계산서

[전기분재무제표]–[전기분손익계산서]에서 급여 10,000,000을 20,000,000으로, 임차료 2,100,000을 2,300,000으로, 통신비 400,000을 운반비 400,000으로 수정한다.

03 계정과목및적요등록/거래처별초기이월

1 [기초정보관리]–[계정과목및적요등록]에서 좌측 계정체계에서 재고자산을 클릭하고 가운데 코드/계정과목에서 상품을 선택한 후 우측 현금적요란 적요NO에 3 "수출용 상품 매입"을 입력한다.

2 [전기분재무제표]–[거래처별초기이월]에서 좌측 계정과목에서 외상매입금을 클릭하고 우측에서 빈칸 거래처코드란에서 F2를 눌러 동오상사를 선택하고 10,000,000을 추가 입력한다. 다시 좌측에서 지급어음을 클릭하고 우측에서 디오상사 3,000,000을 3,500,000으로 수정하고, 우측 하단 빈칸 거래처코드란에서 F2를 눌러 망도상사를 선택하고 3,000,000을 추가 입력한다.

04 일반전표입력

[전표입력]–[일반전표입력]을 클릭한 후 다음과 같이 입력한다.

1 8월 10일

구분		계정과목	거래처	적요	차변	대변
입금	0108	외상매출금	수민상회		(현금)	2,400,000

※ 2.입금 대신 3.차변, 4.대변으로 입력해도 된다.

2 8월 25일

구분		계정과목	거래처	적요	차변	대변
출금	0813	기업업무추진비			200,000	(현금)

3 9월 2일

구분		계정과목	거래처	적요	차변	대변
차변	0254	예수금			100,000	
차변	0811	복리후생비			120,000	
대변	0103	보통예금				220,000

4 9월 20일

구분		계정과목	거래처	적요	차변	대변
출금	0817	세금과공과			500,000	(현금)

※ 유형자산 취득 이후 발생된 재산세는 비용(세금과공과)으로 처리한다.

5 9월 25일

구분		계정과목	거래처	적요	차변	대변
차변	0252	지급어음	가은상사		3,500,000	
대변	0103	보통예금				3,500,000

6 10월 5일

구분		계정과목	거래처	적요	차변	대변
차변	0101	현금			4,000,000	
차변	0108	외상매출금	한능협		6,000,000	
대변	0401	상품매출				10,000,000

7 10월 20일

구분		계정과목	거래처	적요	차변	대변
차변	0815	수도광열비			30,000	
차변	0830	소모품비			100,000	
대변	0253	미지급금	삼성카드			130,000

8 11월 10일

구분		계정과목	거래처	적요	차변	대변
차변	0136	선납세금			15,400	
차변	0103	보통예금			84,600	
대변	0901	이자수익				100,000

05 오류수정

1 [전표입력]-[일반전표입력]에서 8월 6일을 입력한 후 미지급의 거래처를 하나카드로 수정한다.

구분		계정과목	거래처	적요	차변	대변
차변	0253	미지급금	하나카드		6,000,000	
대변	0103	보통예금				6,000,000

2 [전표입력]-[일반전표입력]에서 10월 25일을 입력한 후 보통예금란에서 상단 툴바의 전표삽입을 눌러 대변에 예수금 635,010을 추가 입력한 후 보통예금을 3,564,990으로 수정한다(또는 보통예금을 수정하고 예수금을 추가 입력해도 됨).

구분		계정과목	거래처	적요	차변	대변
차변	0801	급여			4,200,000	
대변	0254	예수금				635,010
대변	0103	보통예금				3,564,990

06 결산정리

❶ [전표입력]─[일반전표입력]에서 12월 31일(결산일)자로 다음과 같이 입력한다.

구분		계정과목	거래처	적요	차변	대변
차변	0819	임차료			18,000,000	
대변	0133	선급비용				18,000,000

※ 자산처리한 임차료 중 기간경과분이 24,000,000 × 9개월/12개월 = 18,000,000(발생분)이므로 자산에서 차감하고 비용으로 대체해야 한다.

구분		계정과목	거래처	적요	차변	대변
차변	0108	외상매출금	BRIZ사		2,000,000	
대변	0910	외화환산이익				2,000,000

※ 외상매출 시 환율은 1,000원/$(20,000,000원/$20,000)인데 회계기간 종료일(결산일) 현재 환율은 1,100원/$으로 100원/$ 상승했으므로 100 × $20,000 = 2,000,000원의 외화환산이익이 발생한다.

구분		계정과목	거래처	적요	차변	대변
차변	0817	세금과공과			15,000	
대변	0141	현금과부족				15,000

※ 현금과부족은 그 원인이 파악되면 해당 계정으로 대체한다. 또한 결산 시까지 현금과부족의 원인이 밝혀지지 않으면 부족액은 잡손실로, 초과액은 잡이익으로 대체한다.

❷ [결산/재무제표]─[결산자료입력]에서 기간란에 1월 ~ 12월을 입력한다.

    2. 매출원가

        상품매출원가

            기말상품재고액   4,500,000을 결산반영금액란에 입력한다.

❸ 상단 툴바의 **F3 전표추가**를 클릭하여 나타나는 메시지창에서 「예」를 클릭한다.

07 장부조회

❶ [장부관리]─[거래처원장]의 잔액란 탭에서 기간란에 1월 1일 ~ 6월 30일, 계정과목란에 외상매입금, 거래처란에 어룡상사를 입력한 후 차변의 합계 금액을 확인한다.

   ▶ 정답 : 4,060,000원

❷ [장부관리]─[일계표(월계표)]에서 「월계표」탭을 클릭하고 조회기간에서 1월 ~ 6월을 입력하고 판매비및일반관리비의 복리후생비 차변 계란을 확인한다.

   ▶ 정답 : 4,984,300원

❸ [결산/재무제표]─[재무상태표]에서 6월을 입력 후 유동자산과 유동부채의 금액을 확인한 후 차감한다.

   ▶ 정답 : 86,188,000원(유동자산 280,188,000 − 유동부채 194,000,000)

이론시험

01	02	03	04	05	06	07	08	09	10	11	12	13	14	15
②	③	①	①	④	②	③	④	①	③	①	②	③	④	②

01 손익계산서는 손익법을 이용하여 당기순손익을 산출한다.
- 재산법 : 기초자본과 기말자본을 비교하여 당기순손익을 계산하는 방법
- 손익법 : 총수익과 총비용을 비교하여 당기순손익을 계산하는 방법

02 기초 외상매입금 + 당기 외상매입액 − 매입환출 − 외상매입금 당기 지급액 = 기말 외상매입금
∴ 외상매입금 당기 지급액 = 기초 외상매입금 60,000 + 당기 외상매입액 300,000 − 매입환출 30,000 − 기말 외상매입금
120,000 = 210,000원

03 • 이자비용은 영업외비용에 속하므로 영업이익에 영향을 미치지 않는다.
- 영업이익 = 매출액 − 매출원가 − 판매비와관리비(기업업무추진비, 세금과공과)

04 유형자산의 처분은 처분 시 회계처리하므로 결산 수정분개의 대상 항목이 아니다.

05 본사 건물 임차보증금 : 기타비유동자산

06 유동성이 높은 순서 : 당좌자산 → 재고자산 → 유형자산 → 기타비유동자산

07 • 단기매매증권처분이익 = 매도금액 2,000,000 − 장부금액 1,600,000 − 처분 시 매각 수수료 100,000
= 300,000원
- 단기매매증권 처분 시 수수료 등의 비용은 장부금액을 초과하여 처분할 경우 단기매매증권처분이익에서 차감한다.

08 재고자산은 정상적인 영업과정에서 판매를 위하여 보유하거나 생산과정에 있는 자산(상품, 제품) 및 생산 또는 서비스 제공과정에 투입될 원재료나 소모품의 형태로 존재하는 자산이다(상품, 원재료, 재공품, 제품, 반제품, 저장품, 시송품, 적송품, 미착품 등).
- 상품매입 계약을 체결하고 지급한 선급금 : 당좌자산
- 판매 목적으로 보유 중인 부동산매매업자의 건물 : 재고자산(상품)

09 • 대손충당금 설정 대상에 해당하는 계정과목 : 채권
- 받을어음이 설정 대상 계정과목이며, 나머지는 부채 계정과목이므로 설정 대상이 아니다.

10 • 매출총이익 = 순매출액 800,000 − 매출원가 600,000 = 200,000원
- 손익계정의 매입은 매출원가를 의미하며, 매출은 순매출액을 의미한다.

11 재무제표 : 재무상태표, 손익계산서, 현금흐름표, 자본변동표, 주석

12 기말자산 − 기말부채 = 기말자본
기말자본 = 기말자산 1,100,000 − 기말부채 600,000 = 500,000원
- 기말자산 : 현금 100,000 + 상품 1,000,000 = 1,100,000원
- 기말부채 : 선수금 300,000 + 외상매입금 200,000 + 단기차입금 100,000 = 600,000원

13 자본적 지출액은 취득원가에 가산되어 감가상각을 통해 비용으로 처리된다.

14 • 당사의 보통예금에 대한 이자 300,000원이 해당 보통예금 계좌로 입금되었다.
   • 회계처리 : (차) 보통예금   300,000(자산의 증가)   (대) 이자수익   300,000(수익의 발생)

15 • 전기이월 잔액이 대변에 표시되는 계정은 부채, 자본, 수익이다.
   • 미지급금은 부채이므로 적합하지만, 나머지 미수금, 선급금, 외상매출금은 모두 자산이므로 전기이월 잔액은 차변에 와야 한다.

   오답 피하기
   자산, 비용의 잔액은 차변에 표시되고, 부채, 자본, 수익의 잔액은 대변에 표시된다.

01 회사등록

[기초정보관리]–[회사등록]을 클릭하여 2.사업자등록번호에서 "350-52-35647"를 "305-52-36547"로, 6.사업장주소란에서 "부산광역시 해운대구 중동 777"를 "대전광역시 중구 대전천서로 7"로 수정한 후 9.종목란에서 "신발 의류 잡화"를 "문구 및 잡화"로 수정한다.

02 전기분손익계산서

[전기분재무제표]–[전기분손익계산서]에서 상품매출 227,000,000을 237,000,000으로, 여비교통비를 복리후생비로 수정하고 유형자산처분손실 12,000,000을 추가 입력한다.

03 거래처별초기이월/거래처등록

■ [전기분재무제표]–[거래처별초기이월]에서 좌측 계정과목에서 받을어음을 클릭하고 우측에서 아진상사 2,000,000을 5,000,000으로 수정하고 다시 좌측에서 외상매입금을 클릭하고 우측에서 대영상사 15,000,000을 20,000,000으로 수정한다. 또다시 좌측에서 예수금을 클릭하고 우측에서 빈칸 거래처코드란에서 F2를 눌러 대전세무서를 선택하고 300,000을 추가 입력한다.

■ [기초정보관리]–[거래처등록]에서 [신용카드]탭을 누르고 코드란에 99603, 거래처명:BC카드를 입력하고, 유형란에 2:매입을 선택한 후, 우측에 3.카드번호(매입)를 입력하고 4.카드종류(매입)에서 3.사업용카드를 선택한다.

04 일반전표입력

[전표입력]–[일반전표입력]을 클릭한 후 다음과 같이 입력한다.

■ 8월 9일

구분		계정과목	거래처	적요	차변	대변
출금	0131	선급금	(주)모닝		200,000	(현금)

※ 상품 매입 시 계약금은 선급금으로 처리한다.

■ 8월 20일

구분		계정과목	거래처	적요	차변	대변
차변	0208	차량운반구			7,300,000	
대변	0253	미지급금	삼성카드			7,000,000
대변	0103	보통예금				300,000

※ 유형자산 취득 시 취득세(부대비용)는 유형자산의 취득원가에 가산한다.

■ 9월 25일

구분		계정과목	거래처	적요	차변	대변
차변	0801	급여			3,700,000	
대변	0254	예수금				512,760
대변	0103	보통예금				3,187,240

■ 10월 2일

구분		계정과목	거래처	적요	차변	대변
차변	0813	기업업무추진비			2,000,000	
차변	0811	복리후생비			1,000,000	
대변	0253	미지급금	삼성카드			3,000,000

⑤ 11월 17일

구분		계정과목	거래처	적요	차변	대변
차변	0102	당좌예금			12,000,000	
차변	0110	받을어음	(주)새로운		23,000,000	
대변	0401	상품매출				35,000,000

⑥ 12월 1일

구분		계정과목	거래처	적요	차변	대변
차변	0202	건물			15,000,000	
대변	0103	보통예금				15,000,000

※ 자본적 지출은 자산처리하고, 수익적 지출은 비용처리한다.

⑦ 12월 27일

구분		계정과목	거래처	적요	차변	대변
출금	0831	수수료비용			300,000	(현금)

⑧ 12월 29일

구분		계정과목	거래처	적요	차변	대변
입금	0141	현금과부족			(현금)	30,000

※ 기중에 현금과부족의 원인을 파악하기 어려운 경우 부족분은 현금과부족 차변에, 과잉분은 대변에 기입한다.

05 오류수정

① [전표입력]-[일반전표입력]에서 7월 10일을 입력한 후 외상매출금을 선수금으로 수정하고 거래처를 하진상사로 변경한다.

구분		계정과목	거래처	적요	차변	대변
차변	0103	보통예금			200,000	
대변	0259	선수금	하진상사			200,000

② [전표입력]-[일반전표입력]에서 11월 25일을 입력한 후 세금과공과를 인출금으로 수정한다.

구분		계정과목	거래처	적요	차변	대변
차변	0338	인출금			200,000	
대변	0101	현금				200,000

※ 개인 회사 대표의 개인 소유 주택에 대한 재산세는 인출금으로 처리한다.

06 결산정리

❶ [전표입력]-[일반전표입력]에서 12월 31일(결산일)자로 다음과 같이 입력한다.

구분		계정과목	거래처	적요	차변	대변
차변	0819	임차료			500,000	
대변	0262	미지급비용				500,000

※ 기말까지 발생된 월임차료는 지급일이 다음 연도라도 당기 비용이므로 비용처리하고 상대계정에 미지급비용을 입력한다.

구분		계정과목	거래처	적요	차변	대변
차변	0116	미수수익			300,000	
대변	0901	이자수익				300,000

※ 기말까지 발생된 기간경과분 미수이자는 수익으로 처리하고 상대계정에 미수수익을 입력한다.

구분		계정과목	거래처	적요	차변	대변
차변	0103	보통예금			800,000	
대변	0260	단기차입금	기업은행			800,000

※ 결산일 현재 보통예금 마이너스잔액은 단기차입금으로 대체한다.

❷ [결산/재무제표]-[결산자료입력]에서 기간란에 1월 ~ 12월을 입력한다.

    4. 판매비와일반관리비

          4). 감가상각비

              비품   5,500,000을 결산반영금액란에 입력한다.

    • 정액법 연감가상각비 = (취득원가 − 잔존가치) ÷ 내용연수 = (55,000,000 − 0) ÷ 10 = 5,500,000원

❸ 상단 툴바의 **F3 전표추가** 를 클릭하여 나타나는 메시지창에서 「예」를 클릭한다.

07 장부조회

❶ [장부관리]-[총계정원장]에서 기간란에 1월 1일 ~ 5월 31일, 계정과목란에 현금을 입력한 후 대변의 금액이 가장 많은 달을 확인한다.

    ▶ 정답 : 2월

❷ [장부관리]-[일계표(월계표)]에서 「월계표」탭을 클릭하고 조회기간에서 1월 ~ 6월을 입력하고 판매비및일반관리비의 급여의 차변 현금란을 확인한다.

    ▶ 정답 : 12,000,000원

❸ [장부관리]-[계정별원장](∵ 받을어음내역을 자세히 봐야 하므로)에서 기간(6월 1일 ~ 6월 30일), 계정과목란에 받을어음을 입력한 후 적요를 보고 확인한다.

    ▶ 정답 : 5,000,000원

이론시험

01	02	03	04	05	06	07	08	09	10	11	12	13	14	15
③	②	①	②	①	④	①	②	②	③	③	④	③	①	④

01 ③ : (차) 이자비용(비용의 발생) 80,000 (대) 현금(자산의 감소) 80,000

02 선급비용은 유동자산 중 당좌자산에 해당한다.

> **오답 피하기**
> • 미수수익(당좌자산) : 수익의 발생
> • 미지급비용(유동부채) : 비용의 발생
> • 선수수익(유동부채) : 수익의 이연
> • 선급비용(당좌자산) : 비용의 이연

03 단기매매증권을 취득하면서 발생한 수수료는 비용(수수료비용)으로 처리하고, 차량운반구를 취득하면서 발생한 취득세는 자산(차량운반구)으로 처리한다.

04 기초잔액이 대변에 기록되는 계정은 부채 또는 자본 계정이므로 외상매입금이 정답이다.

05 재산세는 유형자산의 보유기간 중 발생하는 지출이므로 비용(세금과공과)으로 처리한다.

06 당좌차월은 단기차입금으로 유동부채에 해당한다.

07 인출금은 개인기업의 기업주(사업주)가 개인적 용도로 지출한 금액을 처리하는 임시계정으로 보고기간 말에 자본금 계정으로 대체하여 마감한다.

08 선급비용은 유동자산 중 당좌자산이므로 재무상태표상 계정과목에 해당한다.

09 미지급비용이란 당기의 수익에 대응되는 비용으로서 아직 지급되지 않은 비용을 말한다.

10 수정 후 당기순이익 = 수정 전 당기순이익 300,000 + 선급보험료 30,000(비용에서 차감하므로)
                  = 330,000원

11 영업외비용 = 10년 만기 은행 차입금의 이자(이자비용) 3,000 + 사랑의열매 기부금(기부금) 1,000
              = 4,000원

12 기타의대손상각비는 영업외비용이다.

13 분개장에서 총계정원장으로 옮겨 적는 것을 전기라고 한다.

14 • 재무상태표 : 일정시점 현재 기업의 재무상태(자산, 부채, 자본)를 나타낸 표(보고서)
     • 손익계산서 : 일정기간의 기업의 경영성과(수익, 비용)를 나타낸 표(보고서)

15 • 연수합계법은 유형자산의 감가상각방법이다.
     • 재고자산의 원가결정방법 : 개별법, 선입선출법, 후입선출법, 이동평균법, 총평균법

01 회사등록

[기초정보관리]−[회사등록]을 클릭하여 9.종목란에서 "문구및잡화"를 "전자제품"으로 수정한 후 17.개업연월일에서 2012−01−05
를 2012−09−14로 수정하고 21.사업장관할세무서를 "관악"에서 "대전"으로 수정한다.

02 전기분손익계산서

[전기분재무제표]−[전기분손익계산서]에서 급여 20,000,000을 24,000,000으로, 복리후생비 1,500,000을 1,100,000으로 수정
하고 잡이익 3,000,000을 삭제한 후 임대료 3,000,000을 추가 입력한다.

03 거래처등록/거래처별초기이월

1 [기초정보관리]−[거래처등록]에서 [금융기관]탭을 누르고 코드란에 98006, 거래처명:한경은행, 유형란에 1:보통예금을 선택
한 후, 우측에 1.계좌번호를 입력하고 8.사업용 계좌란에 1:여를 선택한다.

2 [전기분재무제표]−[거래처별초기이월]에서 좌측 계정과목에서 외상매출금을 클릭하고 우측에서 믿음전자 15,000,000을
20,000,000으로, 리트상사 거래처코드란에서 F2를 눌러 (주)형제로 수정한다. 다시 좌측에서 외상매입금을 클릭하고 우측
에서 중소상사 1,000,000을 12,000,000으로 수정한다.

04 일반전표입력

[전표입력]−[일반전표입력]을 클릭한 후 다음과 같이 입력한다.

1 7월 16일

구분		계정과목	거래처	적요	차변	대변
차변	0103	보통예금			600,000	
대변	0259	선수금	우와상사			600,000

2 8월 4일

구분		계정과목	거래처	적요	차변	대변
차변	0212	비품			15,000,000	
대변	0253	미지급금	BC카드			15,000,000

3 8월 25일

구분		계정과목	거래처	적요	차변	대변
출금	0817	세금과공과			120,000	(현금)

※ 1.출금 대신 3.차변, 4.대변으로 입력해도 된다.

4 9월 6일

구분		계정과목	거래처	적요	차변	대변
차변	0102	당좌예금			1,764,000	
차변	0403	매출할인			36,000	
대변	0108	외상매출금	수분상사			1,800,000

5 9월 20일

구분		계정과목	거래처	적요	차변	대변
출금	0811	복리후생비			200,000	(현금)

6 10월 5일

구분		계정과목	거래처	적요	차변	대변
차변	0833	광고선전비			500,000	
대변	0253	미지급금	삼성카드			500,000

7 10월 13일

구분		계정과목	거래처	적요	차변	대변
출금	0953	기부금			500,000	(현금)

8 11월 1일

구분		계정과목	거래처	적요	차변	대변
차변	0254	예수금			190,000	
차변	0811	복리후생비			190,000	
대변	0103	보통예금				380,000

05 오류수정

1 [전표입력]-[일반전표입력]에서 8월 16일을 입력한 후 운반비를 상품으로 수정한다.

구분		계정과목	거래처	적요	차변	대변
차변	0146	상품			50,000	
대변	0101	현금				50,000

2 [전표입력]-[일반전표입력]에서 9월 30일을 입력한 후 장기차입금을 10,000,000으로 수정한 후 상단 툴바의 전표삽입을 눌러 차변에 이자비용 1,000,000를 추가 입력한다.

구분		계정과목	거래처	적요	차변	대변
차변	0293	장기차입금	농협은행		10,000,000	
차변	0951	이자비용			1,000,000	
대변	0103	보통예금				11,000,000

06 결산정리

❶ [전표입력]-[일반전표입력]에서 12월 31일(결산일)자로 다음과 같이 입력한다.

구분		계정과목	거래처	적요	차변	대변
차변	0830	소모품비			70,000	
대변	0173	소모품				70,000

※ 구입 시 자산(소모품)으로 처리했으므로 결산 시 사용분에 대해서 비용(소모품비)으로 처리한다.

구분		계정과목	거래처	적요	차변	대변
차변	0257	가수금			200,000	
대변	0108	외상매출금	강원상사			200,000

※ 가수금은 계정과목과 금액이 확정되면 해당 계정으로 대체한다.

구분		계정과목	거래처	적요	차변	대변
차변	0141	현금과부족			100,000	
대변	0930	잡이익				100,000

※ 결산 시까지 현금과부족의 원인이 밝혀지지 않으면 부족액은 잡손실로, 초과액은 잡이익으로 대체한다.

❷ [결산/재무제표]-[결산자료입력]에서 기간란에 1월 ~ 12월을 입력한다.

    4. 판매비와일반관리비

            4). 감가상각비

차량운반구   600,000

비품   500,000을 각각 결산반영금액란에 입력한다.

❸ 상단 툴바의 F3 전표추가를 클릭하여 나타나는 메시지창에서 「예」를 클릭한다.

07 장부조회

❶ [장부관리]-[거래처원장]의 잔액란 탭에서 기간란에 6월 30일 ~ 6월 30일, 계정과목란에 외상매출금, 거래처란에서 엔터를 두 번(두 개의 칸을 선택) 친 후(처음 거래처부터 마지막 거래처까지 조회됨) 잔액이 가장 적은 거래처의 상호와 금액을 확인한다.

   ▶ 정답 : 드림상사, 4,200,000원

❷ [장부관리]-[총계정원장]에서 기간란에 1월 1일 ~ 6월 30일, 계정과목란에 복리후생비(판매관리비)를 입력한 후 가장 많은 달의 지출액을 확인한다.

   ▶ 정답 : 2,524,000원

❸ [결산/재무제표]-[재무상태표]에서 6월을 입력 후 차량운반구의 장부금액(금액란의 우측)을 확인한다.

   ▶ 정답 : 16,000,000원(차량운반구 취득원가 22,000,000 - 차량운반구 감가상각누계액 6,000,000)

이론시험

01	02	03	04	05	06	07	08	09	10	11	12	13	14	15
④	④	②	③	②	②	①	③	①	①	①	④	②	④	③

01 ④를 분개하면 다음과 같고 해당 거래는 교환거래에 해당한다.

(차) 단기차입금(부채의 감소)   1,000,000   (대) 보통예금(자산의 감소)   3,000,000
　　 장기차입금(부채의 감소)   2,000,00

02 대손상각은 채권 계정과목에 대해서만 한다. 따라서 단기차입금은 부채(채무)에 해당하므로 대손상각 처리를 할 수 없다.

03 당사 발행 당좌수표는 당좌예금으로 처리한다.

04 상품의 순매입액 = 당기상품매입액 50,000 + 취득부대비용 2,000 − 매입할인 3,000 = 49,000원
　 ※ 상품매출원가 = 기초상품재고액 + 당기상품순매입액(총매입액 + 취득시 부대비용 − 매입환출 − 매입에누리 − 매입할인)
　　　　　　　　　 − 기말상품재고액

05 비용의 발생은 차변 항목이다.

> **오답 피하기**
>
> 거래의 8요소

차변	대변
자산의 증가	자산의 감소
부채의 감소	부채의 증가
자본의 감소	자본의 증가
비용의 발생	수익의 발생

06 외상매출금이 보통예금으로 입금되거나 현금으로 받을 경우 대변에 기입한다.

07 기말재고자산이 과대계상되면 매출원가가 과소계상되고 당기순이익은 과대계상된다. 또한 당기순이익이 과대계상되면 자본이 과대계상된다.

08 영업이익 = 매출액 − 매출원가 − 판매비와관리비
　　　　　 = 매출액 20,000,000 − 매출원가 14,000,000 − 판매비와관리비 2,300,000(급여 2,000,000 + 복리후생비 300,000)
　　　　　 = 3,700,000원
　 ※ 이자비용, 유형자산처분손실 : 영업외비용

09 기말 현재 대손충당금 잔액 = 기말 매출채권 20,000,000원 × 대손추정률 1% = 200,000원

10 유형자산 감가상각방법 : 정액법, 정률법, 연수합계법, 생산량비례법, 이중체감법

11 • 출장 여비교통비 : 여비교통비(판매비와관리비)
　 • 거래처 대표자의 결혼식 화환 구입비 : 기업업무추진비(판매비와관리비)
　 • 차입금 이자 : 이자비용(영업외비용)
　 • 유형자산처분이익(영업외수익)

12 임의적립금은 이익잉여금에 해당한다.
　 ※ 이익잉여금 : 법정적립금(이익준비금), 임의적립금(사업확장적립금 등), 미처분이익잉여금(또는 미처리결손금)

13 유동부채 = 유동성장기부채 4,000,000 + 미지급비용 1,400,000 + 예수금 500,000 + 외상매입금 3,300,000
= 9,200,000원

　　※ 선급비용 : 당좌자산, 장기차입금 : 비유동부채

14 건설중인자산 : 유형자산

15 • 유형자산에 대한 추가적인 지출이 발생했을 때 당기 비용으로 처리하는 경우 수익적 지출에 해당한다.
　• 건물 내부의 조명기구를 교체하는 지출은 수익적 지출에 해당하며, 나머지 보기는 자본적 지출에 해당한다.
　※ 수익적 지출 : 자산의 원상을 회복시키거나 능률유지를 위한 지출을 말한다.

01 회사등록

[기초정보관리]-[회사등록]을 클릭하여 2.사업자등록번호에서 "646-40-01031"을 "646-04-01031"로, 9.종목란에서 "식료품"을 "신발"로 수정한 후 21.사업장관할세무서를 "안동"에서 "강동"으로 수정한다.

02 전기분손익계산서

[전기분재무제표]-[전기분손익계산서]에서 여비교통비 500,000을 600,000으로, 광고선전비 600,000을 700,000으로 수정하고 기부금 600,000을 이자비용 600,000으로 수정한다.

03 계정과목및적요등록/거래처별초기이월

1 [기초정보관리]-[계정과목및적요등록]에서 좌측 계정체계에서 판매관리비를 클릭하고 가운데 코드/계정과목에서 기업업무추진비를 선택한 후 우측 현금적요란 적요NO에 5 "거래처 명절선물 대금 지급"을 입력한다.

2 [전기분재무제표]-[거래처별초기이월]에서 좌측 계정과목에서 외상매출금을 클릭하고 우측에서 (주)사이버나라 20,000,000을 45,000,000으로 수정한 후 다시 좌측에서 단기대여금을 클릭하고 우측에서 (주)해일 20,000,000을 10,000,000으로, 부림상사 30,000,000을 3,000,000으로 수정한다.

04 일반전표입력

[전표입력]-[일반전표입력]을 클릭한 후 다음과 같이 입력한다.

1 8월 1일

구분		계정과목	거래처	적요	차변	대변
차변	0107	단기매매증권			2,000,000	
차변	0984	수수료비용			12,000	
대변	0103	보통예금				2,012,000

※ 단기매매증권 취득과 관련되는 부대비용은 당기 비용(영업외비용)으로 처리하므로 984.수수료비용으로 처리한다.

2 9월 2일

구분		계정과목	거래처	적요	차변	대변
차변	0146	상품			9,600,000	
대변	0108	외상매출금	푸름상회			5,000,000
대변	0251	외상매입금	푸름상회			4,600,000

3 10월 5일

구분		계정과목	거래처	적요	차변	대변
출금	0212	비품			550,000	(현금)

※ 1.출금 대신 3.차변, 4.대변으로 입력해도 된다.

4 10월 20일

구분		계정과목	거래처	적요	차변	대변
차변	0254	예수금			220,000	
차변	0811	복리후생비			220,000	
대변	0103	보통예금				440,000

※ 건강보험료 회사부담분은 복리후생비로 처리한다.

5 11월 1일

구분		계정과목	거래처	적요	차변	대변
차변	0833	광고선전비			990,000	
대변	0102	당좌예금				990,000

6 11월 30일

구분		계정과목	거래처	적요	차변	대변
차변	0103	보통예금			10,500,000	
대변	0901	이자수익				500,000
대변	0105	정기예금				10,000,000

7 12월 5일

구분		계정과목	거래처	적요	차변	대변
차변	0820	수선비			330,000	
대변	0253	미지급금	하나카드			330,000

8 12월 15일

구분		계정과목	거래처	적요	차변	대변
차변	0131	선급금	에스파파상사		1,000,000	
대변	0103	보통예금				1,000,000

05 오류수정

1 [전표입력]–[일반전표입력]에서 10월 27일을 입력한 후 자본금을 단기차입금으로 수정하고 거래처를 입력한다.

구분		계정과목	거래처	적요	차변	대변
차변	0103	보통예금			10,000,000	
대변	0260	단기차입금	좋은은행			10,000,000

2 [전표입력]–[일반전표입력]에서 11월 16일을 입력한 후 기업업무추진비를 상품으로 수정한다.

구분		계정과목	거래처	적요	차변	대변
차변	0146	상품			198,000	
대변	0103	보통예금				198,000

06 결산정리

❶ [전표입력]-[일반전표입력]에서 12월 31일(결산일)자로 다음과 같이 입력한다.

구분		계정과목	거래처	적요	차변	대변
차변	0830	소모품비			550,000	
대변	0173	소모품				550,000

※ 구입 시 자산(소모품)으로 처리했으므로 결산 시 사용분에 대해서 비용(소모품비)으로 처리한다.

구분		계정과목	거래처	적요	차변	대변
차변	0133	선급비용			600,000	
대변	0821	보험료				600,000

※ 비용처리한 보험료 중 기간미경과분이 1,200,000 × 6개월/12개월 = 600,000(선급분)이므로 비용에서 차감하고 선급비용으로 대체해야 한다.

구분		계정과목	거래처	적요	차변	대변
차변	0141	현금과부족			50,000	
대변	0930	잡이익				50,000

※ 결산 시까지 현금과부족의 원인이 밝혀지지 않으면 부족액은 잡손실로, 초과액은 잡이익으로 대체한다.

❷ [결산/재무제표]-[결산자료입력]에서 기간란에 1월 ~ 12월을 입력한다.

4. 판매비와일반관리비

상단 툴바의 F8 대손상각 을 눌러 대손율(%) 1.00을 확인하고 외상매출금과 받을어음이 아닌 나머지 채권의 금액은 Space Bar 로 지우고(또는 0을 입력) 결산반영버튼을 클릭하면

5). 대손상각

외상매출금   1,281,200

받을어음   467,000이 결산반영금액란에 자동으로 입력된다.

- 외상매출금 : 128,120,000원 × 1% = 1,281,200원
- 받을어음 : 46,700,000원 × 1% = 467,000원

❸ 상단 툴바의 F3 전표추가 를 클릭하여 나타나는 메시지창에서 「예」를 클릭한다.

07 장부조회

1 [장부관리]-[총계정원장]에서 기간란에 1월 1일 ~ 6월 30일, 계정과목란에 현금을 입력한 후 가장 많이 지출한 월과 금액을 확인한다.

▶ 정답 : 4월, 24,150,000원

2 [결산/재무제표]-[재무상태표]에서 6월을 입력 후 당기 유동부채의 금액을 확인한다.

▶ 정답 : 158,800,000원

3 [장부관리]-[총계정원장]에서 기간란에 1월 1일 ~ 6월 30일, 계정과목란에 복리후생비(판매관리비)을 입력한 후 가장 많이 지출한 월의 금액과 가장 적게 지출한 월의 금액을 확인한 후 차액을 계산한다.

▶ 정답 : 1,320,000원(2월 1,825,000 - 6월 505,000)

이론시험

01	02	03	04	05	06	07	08	09	10	11	12	13	14	15
③	④	①	①	②	④	③	③	②	①	①	④	④	③	②

01 재무상태표는 일정시점의 재무상태를 나타내는 재무제표이다.

02 자산, 비용의 잔액은 차변에 표시되고 부채, 자본, 수익의 잔액은 대변에 표시된다. 따라서 임대료는 수익이므로 잔액이 대변에 표시된다.

03 상품매출원가 = 기초상품재고 10,000 + 당기순매입액 29,000(당기상품매입액 30,000 − 매입에누리 1,000) − 기말상품재고 5,000
= 34,000원

※ 상품매출원가 = 기초상품재고액 + 당기상품순매입액(총매입액 + 취득시 부대비용 − 매입환출 − 매입에누리− 매입할인)
 − 기말상품재고액

04 7월 1일에 취득했으므로, 당기 감가상각비 = (취득원가 1,000,000 − 잔존가치 0) / 내용연수 5 × 6개월 / 12개월 = 100,000원
이다.

오답 피하기

정액법 연감가상각비 = (취득원가 − 잔존가치) / 내용연수

05 11월 1일부터 차기 10월 30일까지 지급한 보험료가 600,000원이므로 당기분에 해당하는 보험료는 600,000 × 2개월 / 12개월
= 100,000원이 된다.

06 매입채무 : 외상매입금, 지급어음

07 • 단기차입금은 유동부채이다.
  • 차량운반구 : 비유동자산(유형자산), 당좌예금 : 유동자산(당좌자산), 선수수익 : 유동부채

08 당좌차월은 단기차입금 계정과목이다.

오답 피하기

현금및현금성자산 : 현금(통화, 통화대용증권(자기앞수표, 타인발행당좌수표, 우편환증서, 사채이자지급표, 배당금지급통지표 등),
요구불예금(당좌예금, 보통예금 등), 현금성자산

09 매입계약에 따른 미리 지급한 계약금은 선급금으로 처리한다.

10 • 부채 = 외상매입금 3,000,000 + 선수수익 500,000 + 미지급비용 2,000,000 = 5,500,000원
  • 선급비용, 미수수익, 단기대여금은 자산이다.

11 유동자산은 보고기간종료일로부터 1년 이내에 현금화 또는 실현될 것으로 예상되는 자산을 의미한다.

12 외상매출금 기말잔액 = 외상매출금 기초잔액 3,000,000 +외상매출금 당기 발생액 7,000,000 − 외상매출금 당기 회수액
1,000,000 = 9,000,000원

13 개별법은 통상적으로 상호 교환될 수 없는 재고자산 항목의 원가를 계산할 때 사용한다.

14 • 수익의 이연 : 선수수익
  • 비용의 이연 : 선급비용
  • 수익의 발생 : 미수수익
  • 비용의 발생 : 미지급비용

15 기말재고자산을 과대평가할 경우 매출원가는 과소계상되고 당기순이익은 과대계상된다. 또한 당기순이익이 과대계상되면 자본이 과대계상된다.

01 회사등록

[기초정보관리]–[회사등록]을 클릭하여 8.업태란에서 "제조"를 "도소매"로, 9.종목란에서 "의약품"을 "사무기기"로 수정한 후 21.사업장관할세무서를 "금정"에서 "부천"으로 수정한다.

02 전기분손익계산서

[전기분재무제표]–[전기분손익계산서]에서 기업업무추진비 800,000을 750,000으로 수정하고, 하단 빈칸에 누락된 임차료 1,200,000, 이자비용 1,200,000을 추가 입력한다.

03 계정과목및적요등록/거래처별초기이월

1 [기초정보관리]–[계정과목및적요등록]에서 좌측 계정체계에서 판매관리비를 클릭하고 가운데 코드/계정과목에서 여비교통 비를 선택한 후 우측 대체적요란 적요NO에 3 "직원의 국내출장비 예금 인출"을 입력한다.

2 [전기분재무제표]–[거래처별초기이월]에서 좌측 계정과목에서 외상매입금을 클릭하고 우측에서 라라무역 2,320,000을 23,200,000으로 수정한 후 다시 좌측에서 외상매입금을 클릭하고 우측에서 빈칸 거래처코드란에서 **F2**를 눌러 양산상사를 선택하고 35,800,000을 추가 입력한다. 다시 좌측에서 단기차입금을 클릭하고 우측에서 빈칸 거래처코드란에서 **F2**를 눌러 (주)굿맨을 선택하고 36,000,000을 추가 입력한다.

04 일반전표입력

[전표입력]–[일반전표입력]을 클릭한 후 다음과 같이 입력한다.

1 7월 15일

구분		계정과목	거래처	적요	차변	대변
차변	0110	받을어음	태영상사		800,000	
차변	0108	외상매출금	태영상사		3,200,000	
대변	0401	상품매출				4,000,000

2 8월 25일

구분		계정과목	거래처	적요	차변	대변
차변	0103	보통예금			15,000,000	
대변	0293	장기차입금	큰손은행			15,000,000

※ 보고기간말 현재 회수일이 1년 이내이면 단기차입금, 1년 초과이면 장기차입금으로 처리한다.

3 9월 5일

구분		계정과목	거래처	적요	차변	대변
차변	0814	통신비			50,000	
차변	0815	수도광열비			40,000	
대변	0253	미지급금	삼성카드			90,000

※ 카드 결제 시 거래처란에 카드사를 입력한다.

4 10월 5일

구분		계정과목	거래처	적요	차변	대변
출금	0813	기업업무추진비			300,000	(현금)

※ 1.출금 대신 3.차변, 4.대변으로 입력해도 된다.

5 10월 24일

구분	계정과목		거래처	적요	차변	대변
출금	0201	토지			52,300,000	(현금)

6 11월 2일

구분	계정과목		거래처	적요	차변	대변
차변	0109	대손충당금			900,000	
차변	0835	대손상각비			2,100,000	
대변	0108	외상매출금	온나라상사			3,000,000

※ 대손발생 시 대손충당금 잔액을 먼저 사용하고 부족 시 매출채권은 대손상각비로 비용처리한다.

7 11월 30일

구분	계정과목		거래처	적요	차변	대변
차변	0801	급여			4,200,000	
대변	0254	예수금				635,010
대변	0103	보통예금				3,564,990

8 12월 15일

구분	계정과목		거래처	적요	차변	대변
차변	0251	외상매입금	대한상사		7,000,000	
대변	0103	보통예금				5,000,000
대변	0101	현금				2,000,000

05 오류수정

1 [전표입력]-[일반전표입력]에서 8월 20일을 입력한 후 (차) 선급금(두리상사) (대) 현금으로 수정한다.

구분	계정과목		거래처	적요	차변	대변
차변	0131	선급금	두리상사		3,500,000	
대변	0101	현금				3,500,000

2 [전표입력]-[일반전표입력]에서 9월 16일을 입력한 후 이자비용을 단기차입금으로 수정하고 거래처를 입력한다.

구분	계정과목		거래처	적요	차변	대변
차변	0260	단기차입금	나라은행		4,000,000	
대변	0103	보통예금				4,000,000

06 결산정리

❶ [전표입력]-[일반전표입력]에서 12월 31일(결산일)자로 다음과 같이 입력한다.

구분		계정과목	거래처	적요	차변	대변
차변	0951	이자비용			1,125,000	
대변	0262	미지급비용				1,125,000

※ 기말까지 발생된 이자는 지급일이 다음 연도라도 당기 비용이므로 비용처리하고 상대계정에 미지급비용을 입력한다.

※ 이자비용 = 30,000,000 × 5% × 9개월 / 12개월 = 1,125,000원

구분		계정과목	거래처	적요	차변	대변
차변	0116	미수수익			15,000	
대변	0901	이자수익				15,000

※ 기말까지 발생된 기간경과분 발생이자는 수익으로 처리하고 상대계정에 미수수익을 입력한다.

❷ [결산/재무제표]-[결산자료입력]에서 기간란에 1월 ~ 12월을 입력한다.

    2. 매출원가

          상품매출원가

              기말상품재고액   6,500,000을 결산반영금액란에 입력한다.

    4. 판매비와일반관리비

          4). 감가상각비

              비품   1,700,000을 결산반영금액란에 입력한다.

❸ 상단 툴바의 F3 전표추가를 클릭하여 나타나는 메시지창에서 「예」를 클릭한다.

07 장부조회

1 [장부관리]-[거래처원장]의 잔액란 탭에서 기간란에 4월 1일 ~ 6월 30일, 계정과목란에 지급어음, 거래처란에 수석상사를 두 번 입력한 후 대변 금액을 확인한다.

    ▶ 정답 : 30,000,000원

2 [장부관리]-[일계표(월계표)]에서 「월계표」탭을 클릭하고 조회기간에서 1월 ~ 6월을 입력하고 보통예금의 차변 계란을 확인한다.

    ▶ 정답 : 86,562,000원

3 [장부관리]-[총계정원장]에서 기간란에 1월 1일 ~ 6월 30일, 계정과목란에 기업업무추진비(판)를 입력한 후 가장 적게 지출한 월과 금액을 확인한다.

    ▶ 정답 : 3월, 272,000원

이론시험

01	02	03	04	05	06	07	08	09	10	11	12	13	14	15
④	①	④	③	②	③	④	③	①	②	①	②	③	①	④

01 회계상의 거래가 아닌 경우 : 상품주문, 종업원채용, 담보제공, 토지계약, 대출약속, 고지서수령 등

02 거래의 8요소

차변	대변
자산의 증가	자산의 감소
부채의 감소	부채의 증가
자본의 감소	자본의 증가
비용의 발생	수익의 발생

03 ④ 회계처리 : (차) 예수금   ××× (대) 현금   ×××

04 재무상태표상의 대변 항목은 부채와 자본으로, 선급금은 자산항목이다.

05 당좌자산 = 현금 300,000 + 보통예금 800,000 + 외상매출금 200,000 + 단기매매증권 500,000 = 1,800,000원

06 매출할인에 대한 설명이다.

07 일반적인 상거래(재고자산거래, 영업활동)에서 발생한 것으로 아직 회수되지 않은 경우 외상매출금으로 처리한다.

08 기말자본 =기초자본 1,000,000 +총수익 8,000,000 − 총비용 5,000,000 = 4,000,000원
※ 기초자본 + 총수익 − 총비용 + 추가출자금 − 인출금 = 기말자본

09 • 매출액 =매출총이익 172,000,000 + 매출원가 178,000,000 = 350,000,000원
• 매출원가 = 기초상품재고액 25,000,000원 + 당기총매입액 168,000,000 − 기말상품재고액 15,000,000 = 178,000,000원
※ 매출액 − 매출원가 = 매출총이익

10 받을어음은 기업의 주된 영업활동인 상품 등을 판매하고 이에 대한 대금으로 수취한 어음을 말한다.

11 유형자산 장부금액(취득금액–감가상각누계액) − 유형자산처분금액 = 유형자산처분손실
∴ 유형자산처분금액 = 유형자산 장부금액 7,000,000(취득금액 16,000,000 − 감가상각누계액 9,000,000) − 유형자산처분손실 1,000,000 = 6,000,000원

12 일정시점의 재무상태를 나타내는 보고서는 재무상태표이다. 재무상태표에 표시되는 계정과목은 자산, 부채, 자본이다. 임대료와 이자비용은 수익과 비용이므로 손익계산서에 표시되는 계정과목이다.
※ 재무상태 : 일정시점의 기업이 보유하고 있는 경제적 자원인 자산과 경제적 의무인 부채, 그리고 자본에 대한 정보를 제공하는 재무보고서

13 현금및현금성자산의 현금성자산은 금융상품으로서 취득 당시 만기일 또는 상환일이 3개월 이내인 것을 말한다.

14 선입선출법에 대한 설명이다.

15 • 이자수익 : 영업외수익
• 미수수익 : 당좌자산
• 경상개발비 : 판매비와관리비
• 외환차손 : 영업외비용

01 회사등록

[기초정보관리]–[회사등록]을 클릭하여 2.사업자등록번호에서 "107–35–25785"를 "107–36–25785"로, 3.과세유형란에서 "2.간이과세"를 "1.일반과세"로, 8.업태란에서 "제조"를 "도소매"로 수정한다.

02 전기분재무상태표

[전기분재무제표]–[전기분재무상태표]에서 외상매출금의 109.대손충당금 100,000을 자산란 하단 빈칸에 추가한 후 비품의 감가상각누계액(213) 6,000,000을 2,400,000으로 수정한다. 그리고 부채 및 자본란에서 외상매입금 11,000,000을 8,000,000으로 수정한다.

03 거래처등록/거래처별초기이월

1 [기초정보관리]–[거래처등록]에서 [금융기관]탭을 누르고 코드란에 98005, 거래처명:신한은행, 유형란에 1:보통예금을 선택한 후, 우측에 1.계좌번호를 입력하고 3.계좌개설일 "2025–01–01"을 입력한 후 8.사업용 계좌란에 1:여를 선택한다.

2 [전기분재무제표]–[거래처별초기이월]에서 좌측 계정과목의 받을어음을 클릭하고 우측 빈칸 거래처코드란에서 F2를 눌러 하우스컴을 선택하고 5,500,000을 추가 입력한다. 다시 좌측에서 지급어음을 클릭하고 우측에서 모두피씨 2,500,000을 4,000,000으로, 하나로컴퓨터 6,500,000을 2,500,000으로 수정한다.

04 일반전표입력

[전표입력]–[일반전표입력]을 클릭한 후 다음과 같이 입력한다.

1 7월 5일

구분		계정과목	거래처	적요	차변	대변
차변	0103	보통예금			9,700,000	
차변	0951	이자비용			300,000	
대변	0260	단기차입금	세무은행			10,000,000

2 7월 7일

구분		계정과목	거래처	적요	차변	대변
차변	0146	상품			3,960,000	
대변	0251	외상매입금	대림전자			3,960,000

3 8월 3일

구분		계정과목	거래처	적요	차변	대변
차변	0103	보통예금			15,000,000	
차변	0110	받을어음	국제전자		5,000,000	
대변	0108	외상매출금	국제전자			20,000,000

4 8월 10일

구분		계정과목	거래처	적요	차변	대변
출금	0953	기부금			1,000,000	(현금)

※ 1.출금 대신 3.차변, 4.대변으로 입력해도 된다.

5 9월 1일

구분		계정과목	거래처	적요	차변	대변
출금	0813	기업업무추진비			49,000	(현금)

6 9월 10일

구분		계정과목	거래처	적요	차변	대변
차변	0254	예수금			150,000	
차변	0817	세금과공과			150,000	
대변	0103	보통예금				300,000

※ 국민연금 회사부담분은 세금과공과로 처리한다.

7 10월 11일

구분		계정과목	거래처	적요	차변	대변
입금	0259	선수금	미래전산		(현금)	960,000

※ 2.입금 대신 3.차변, 4.대변으로 입력해도 된다.

8 11월 25일

구분		계정과목	거래처	적요	차변	대변
차변	0253	미지급금	비씨카드		500,000	
대변	0103	보통예금				500,000

05 오류수정

1 [전표입력]-[일반전표입력]에서 7월 29일을 입력한 후 수선비를 건물로 수정한다.

구분		계정과목	거래처	적요	차변	대변
차변	0202	건물			30,000,000	
대변	0103	보통예금				30,000,000

※ 유형자산 취득 이후 발생된 자본적 지출은 자산으로 처리한다.

2 [전표입력]-[일반전표입력]에서 11월 23일을 입력한 후 비품을 인출금으로 수정한다.

구분		계정과목	거래처	적요	차변	대변
차변	0338	인출금			1,500,000	
대변	0103	보통예금				1,500,000

※ 사업주가 가사 등의 개인적으로 목적으로 사용하는 경우 인출금으로 처리한다.

06 결산정리

[전표입력]-[일반전표입력]에서 12월 31일(결산일)자로 다음과 같이 입력한다.

구분		계정과목	거래처	적요	차변	대변
차변	0173	소모품			30,000	
대변	0830	소모품비				30,000

※ 구입 시 소모품비(비용)로 처리했으므로 결산 시 미사용분에 대해서 자산으로 처리한다.

구분		계정과목	거래처	적요	차변	대변
차변	0107	단기매매증권			100,000	
대변	0905	단기매매증권평가이익				100,000

※ 단기매매증권평가이익 = 50주 × 2,000(공정가치 12,000 - 취득원가 10,000) = 100,000원

구분		계정과목	거래처	적요	차변	대변
차변	0133	선급비용			270,000	
대변	0821	보험료				270,000

※ 비용처리한 보험료 중 기간미경과분이 360,000 × 9개월/12개월 = 270,000(선급분)이므로 비용에서 차감하고 선급비용(자산)으로 대체해야 한다.

구분		계정과목	거래처	적요	차변	대변
차변	0951	이자비용			600,000	
대변	0262	미지급비용				600,000

※ 기말까지 발생된 이자는 지급일이 다음 연도라도 당기 비용이므로 비용처리하고 상대계정에 미지급비용을 입력한다.

07 장부조회

1 [장부관리]-[일계표(월계표)]에서 「월계표」탭을 클릭하고 조회기간에서 1월 ～ 6월을 입력하고 판매비및일반관리비의 기업업무추진비 차변 계란을 확인한다.
  ▶ 정답 : 6,500,000원

2 [결산/재무제표]-[재무상태표]에서 1월을 입력 후 1월 말 미수금과 전기 말 미수금을 확인하여 계산한다.
  ▶ 정답 : 550,000원(1월 말 5,050,000 - 전기 말 4,500,000)

3 [장부관리]-[거래처원장]의 잔액란 탭에서 기간란에 5월 31일 ～ 5월 31일, 계정과목란에 외상매출금, 거래처란에서 엔터를 두 번(두 개의 칸을 선택) 친 후(처음 거래처부터 마지막 거래처까지 조회됨) 잔액이 가장 많은 거래처코드와 잔액을 확인한다.
  ▶ 정답 : 00112(또는 112), 36,500,000원

이론시험

01	02	03	04	05	06	07	08	09	10	11	12	13	14	15
①	②	③	④	④	①	②	③	③	②	③	②	①	④	①

01 미래 현금흐름 예측에 유용한 화폐적 정보의 제공을 목적으로 한다.

※ 재무회계개념체계의 재무보고 목적
- 투자 및 신용의사결정에 유용한 정보의 제공
- 미래 현금흐름 예측에 유용한 화폐적정보의 제공
- 재무상태, 경영성과, 현금흐름 및 자본변동에 관한 정보의 제공
- 경영자의 수탁책임 평가에 유용한 정보의 제공

02 ② 회계처리 : (차) 비품 1,000,000 (대) 미지급금 1,000,000

03 일정기간 동안 기업의 경영성과에 대한 정보를 제공하는 재무보고서는 손익계산서이다. 손익계산서에 표시되는 계정과목은 수익과 비용이다.

오답 피하기
- 외상매입금 : 부채
- 미수수익, 선급비용 : 자산

04 가, 나, 다, 라 예시가 모두 적절하다.

가.	(차) 기계장치	100,000(자산증가)	(대) 보통예금	100,000(자산감소)
나.	(차) 현금	100,000(자산증가)	(대) 자본금	100,000(자본증가)
다.	(차) 보통예금	100,000(자산증가)	(대) 차입금	100,000(부채증가)
라.	(차) 외상매입금	100,000(부채감소)	(대) 현금	100,000(자산감소)

05 잔액시산표는 기말자산과 총비용은 차변에, 기말부채, 기초자본, 총수익은 대변에 잔액을 기재한다.

잔액시산표

안산(주)　　　　　　　202X.12.31.　　　　　　　(단위 : 원)

차변	계정과목	대변
100,000	현　　　　　금	
700,000	건　　　　　물	
	외 상 매 입 금	90,000
	자　　　본　　　금	**720,000**
	이　자　수　익	40,000
50,000	급　　　　　여	
850,000		850,000

06 결산 시 수익과 비용은 손익 계정으로 마감한다.

07
- 해당 특징을 가진 자산은 유형자산이다.
- ② 상품 판매를 위한 재고자산은 재고자산(상품 등)이다.

08 전기 말 자산합계는 당기기초자산이며, 전기 말 부채합계는 당기기초부채이다.
- 당기부채합계 = 기말자산 11,000,000 − 기말자본 5,300,000 = 5,700,000원
- 기초자본 = 기초자산 8,500,000 − 기초부채 4,000,000 = 4,500,000원
- 기말자본 = 기초자본 4,500,000 + 당기순이익(총수익−총비용) 800,000 = 5,300,000원

[오답 피하기]
- 자산 − 부채 = 자본
- 기초자산 − 기초부채 = 기초자본
- 기말자산 − 기말부채 = 기말자본
- 기초자본 + 총수익 − 총비용 + 추가출자금 − 인출금 = 기말자본

09 재고자산의 취득원가에서 차감하는 것은 매입할인이다.
※ 재고자산 취득원가 = 총매입액 + 부대비용 − 매입환출 − 매입에누리 − 매입할인

10 정액법 연감가상각비 = (취득원가 − 잔존가치) / 내용연수이므로,
취득원가 = 감가상각비 9,000 × 내용연수 10년 + 잔존가치 5,000 = 95,000원이다.

11 기계장치 : 비유동자산(유형자산)

12
- 손익계산서에 반영되는 임대료는 당기분 임대료만 반영되어야 한다.
- 당기분 임대료 = 임대료 수령액 3,600,000 − 차기분 임대료 900,000 = 2,700,000원

※ **회계처리**
- 수령 시 : (차) 현금   3,600,000   (대) 임대료   3,600,000
- 기   말 : (차) 임대료   900,000   (대) 선수수익   900,000

13 급여 지급 시 차감한 근로소득세는 유동부채 계정인 예수금으로 처리한다.
(차) 급여 300,000   (대) 예수금   10,000
                            현금   290,000

14 결산일 자본금 원장은 01/01 전기이월 2,000,000 + 12/31 손익 900,000 = 차기이월액 2,900,000원으로 마감된다.

15 재산세는 세금과공과로 처리한다.

[오답 피하기]
- ② : (차) 급여   (대) 예수금
                                현금
- ③ : (차) 차량운반구 (대) 현금
- ④ : (차) 인출금   (대) 현금

01 회사등록

[기초정보관리]–[회사등록]을 클릭하여 2.사업자등록번호에서 "350–22–28322"를 "305–52–36547"로, 6.사업장주소란에서 "대전광역시 서구 둔산동 86"를 "대전광역시 중구 대전천서로 7"로 수정한 후 9.종목란에서 "의류"를 "문구 및 잡화"로 수정한다.

02 전기분재무상태표

[전기분재무제표]–[전기분재무상태표]에서 외상매출금 4,000,000을 40,000,000으로 수정한 후 비품의 감가상각누계액(213) 200,000을 2,000,000으로 수정하고 자산란 하단 빈칸에 토지 274,791,290을 추가 입력한다.

03 거래처등록/거래처별초기이월

1 [기초정보관리]–[거래처등록]에서 [일반거래처]탭의 코드란에서 01111 고구려상사를 클릭한 후, 유형 1:매출을 3:동시로, 우측 4. 종목란에서 "전자제품"을 "잡화"로 수정한 후 5. 주소란에서 "서울 마포구 마포대로 33(도화동)"을 "경기도 남양주시 진접읍 장현로 83"으로 수정한다.

2 [전기분재무제표]–[거래처별초기이월]에서 좌측 계정과목에서 외상매출금을 클릭하고 우측에서 발해상사 10,000,000을 13,000,000으로 수정한 후 다시 좌측에서 외상매입금을 클릭하고 우측에서 신라상사 7,000,000을 17,000,000으로, 가야상사 5,000,000을 19,000,000으로 수정한다.

04 일반전표입력

[전표입력]–[일반전표입력]을 클릭한 후 다음과 같이 입력한다.

1 7월 9일

구분		계정과목	거래처	적요	차변	대변
차변	0208	차량운반구			45,000,000	
대변	0102	당좌예금				45,000,000

2 7월 10일

구분		계정과목	거래처	적요	차변	대변
차변	0131	선급금	진영상사		100,000	
대변	0103	보통예금				100,000

3 7월 25일

구분		계정과목	거래처	적요	차변	대변
차변	0251	외상매입금	광주상사		900,000	
대변	0148	매입할인				9,000
대변	0101	현금				891,000

4 8월 25일

구분		계정과목	거래처	적요	차변	대변
차변	0203	감가상각누계액			2,500,000	
차변	0103	보통예금			10,000,000	
차변	0120	미수금	하나상사		19,000,000	
대변	0202	건물				30,000,000
대변	0914	유형자산처분이익				1,500,000

※ 건물의 장부금액 27,500,000(취득원가 – 감가상각누계액)을 29,000,000에 처분했으므로 그 차액 1,500,000은 유형자산처분이익으로 처리한다.

5 10월 13일

구분		계정과목	거래처	적요	차변	대변
차변	0110	받을어음	발해상사		1,200,000	
차변	0108	외상매출금	발해상사		1,100,000	
대변	0401	상품매출				2,300,000

6 10월 30일

구분		계정과목	거래처	적요	차변	대변
출금	0811	복리후생비			100,000	(현금)

※ 1.출금 대신 3.차변, 4.대변으로 입력해도 된다.

7 10월 31일

구분		계정과목	거래처	적요	차변	대변
차변	0813	기업업무추진비			200,000	
대변	0103	보통예금				200,000

8 11월 10일

구분		계정과목	거래처	적요	차변	대변
차변	0826	도서인쇄비			30,000	
대변	0253	미지급금	현대카드			30,000

05 오류수정

1 [전표입력]–[일반전표입력]에서 9월 8일을 입력한 후 단기차입금을 외상매입금으로 수정하고 거래처도 신라상사에서 조선상사로 수정한다.

구분		계정과목	거래처	적요	차변	대변
차변	0251	외상매입금	조선상사		25,000,000	
대변	0103	보통예금				25,000,000

2 [전표입력]–[일반전표입력]에서 11월 21일을 입력한 후 기업업무추진비를 인출금으로 수정한다.

구분		계정과목	거래처	적요	차변	대변
차변	0338	인출금			200,000	
대변	0101	현금				200,000

06 결산정리

❶ [전표입력]–[일반전표입력]에서 12월 31일(결산일)자로 다음과 같이 입력한다.

구분		계정과목	거래처	적요	차변	대변
차변	0955	외화환산손실			1,500,000	
대변	0251	외상매입금	미국 ABC사			1,500,000

※ 외상매입 시 환율은 1,100원/$(11,000,000 ÷ $10,000)인데 회계기간 종료일(결산일) 현재 환율은 1,250원/$으로 150원/$ 상승했으므로 150 × $10,000 = 1,500,000원의 외화환산손실이 발생한다.

구분		계정과목	거래처	적요	차변	대변
입금	0930	잡이익			(현금)	66,000

※ 결산 시 현금 실제잔액이 장부액보다 초과될 경우 원인을 알 수 없다면 즉시 잡이익으로 처리한다(현금과부족은 기중에 부족하거나 초과 시에 사용한 후 결산 시까지 원인을 알 수 없다면 잡손실, 잡이익으로 대체함).

※ 2.입금 대신 3.차변, 4.대변으로 입력해도 된다.

구분		계정과목	거래처	적요	차변	대변
차변	0951	이자비용			125,000	
대변	0262	미지급비용				125,000

※ 기말까지 발생된 이자는 지급일이 다음 연도라도 당기 비용이므로 비용처리하고 상대계정에 미지급비용을 입력한다.

❷ [결산/재무제표]–[결산자료입력]에서 기간란에 1월 ~ 12월을 입력한다.

    4. 판매비와일반관리비

        4). 감가상각비

            차량운반구   1,200,000

            비품   250,000을 각각 결산반영금액란에 입력한다.

❸ 상단 툴바의 **F3 전표추가**를 클릭하여 나타나는 메시지창에서 「예」를 클릭한다.

07 장부조회

1 [장부관리]–[거래처원장]의 잔액란 탭에서 기간란에 6월 30일 ~ 6월 30일, 계정과목란에 외상매출금, 거래처란에서 엔터를 두 번(두 개의 칸을 선택) 친 후(처음 거래처부터 마지막 거래처까지 조회됨) 잔액이 가장 많은 거래처의 상호와 금액을 확인한다.

   ▶ 정답 : 우리상사, 35,500,000원

2 [장부관리]–[총계정원장]에서 기간란에 1월 1일 ~ 3월 31일, 계정과목란에 소모품비(판매관리비)를 입력한 후 가장 많이 지출한 월과 가장 적게 지출한 월의 금액을 확인한 후 합산한다.

   ▶ 정답 : 361,650원(1월 316,650 + 2월 45,000)

3 [결산/재무제표]–[재무상태표]에서 6월을 입력 후 받을어음의 회수가능액(금액란의 우측)을 확인한다.

   ▶ 정답 : 72,880,000원(받을어음 잔액 73,400,000 – 받을어음 대손충당금 520,000)

최신 기출문제 11회 정답 & 해설

합격률 : 31.38%

이론시험

01	02	03	04	05	06	07	08	09	10	11	12	13	14	15
④	③	②	④	①	③	④	③	③	①	①	③	③	③	③

01 • 혼합거래 : 교환거래와 손익거래가 동시에 발생하는 거래. 즉, 차변이나 대변의 한쪽에 비용과 자산, 부채, 자본이 나오거나 수익과 자산, 부채, 자본이 혼합된 거래를 말한다.
  • 교환거래 : 자산, 부채, 자본의 증감만 발생하는 거래
  • 손익거래 : 한쪽(차변 또는 대변)이 수익과 비용만 발생하는 거래

02 자본의 증가와 부채의 증가는 모두 대변에 나타나므로 동시에 나타날 수 없다.

03 • 경영성과를 나타내는 재무보고서는 손익계산서이므로 계정과목은 수익과 비용이 해당한다.
  • 기부금은 영업외비용이므로 손익계산서에 나타난다.

04 자산과 부채는 유동성이 높은 순서로 기록한다(유동성배열법).

05 • 기말 대손충당금잔액은 대손추정액이다.
  • 기말 대손충당금잔액 = 기말매출채권잔액 × 대손추정율 = 10,000,000 × 1% = 100,000원

06 후입선출법은 나중에 구매한 상품이 먼저 판매된다는 가정하에 매출원가 및 기말재고액을 구하는 방법이다.

07 기말재고액이 과대계상될 경우 매출원가는 과소계상된다.
  (∵ 매출원가 = 기초재고자산 + 당기매입재고자산 – 기말재고자산)

08 자동차를 판매용으로 취득하면 재고자산으로 처리하고, 영업에 사용할 목적으로 취득하면 유형자산으로 처리한다.

09 유형자산 감가상각방법 : 정액법, 정률법, 연수합계법, 생산량비례법, 이중체감법

10 외상매입금을 조기 지급하여 매입할인을 받은 경우 당기 총매입액에서 이를 차감하므로 순매입액이 감소하게 되고, 순매입액이 감소되면 매출원가가 감소되어 매출총이익과 영업이익이 증가하게 된다.

11 선수이자는 기간미경과분 이자를 미리받은 경우이므로 결산 시 수익에서 차감하는 대체분개를 (차) 이자수익 ×××(수익의 감소) (대) 선수이자 ×××(부채의 증가)로 해야하는데 누락할 경우 부채의 과소계상, 수익의 과대계상이 나타난다. 또한 수익의 과대계상은 자본의 과대계상이 된다.

12 • 자본거래 : 자본금, 자본잉여금, 자본조정
  • 손익거래 : 기타포괄손익누계액, 이익잉여금

13 • 기초자본금 + 당기순이익(수익 – 비용) + 추가출자액 – 인출금 = 기말자본금
  • 50,000,000 + 10,000,000 + 추가출자액 – 5,000,000 = 70,000,000
  ∴ 추가출자액 = 15,000,000원

14 • 판매촉진 목적으로 광고, 홍보, 선전 등을 위하여 지급한 금액은 광고선전비이다. 광고선전비는 판매비와관리비이므로 영업이익을 감소시킨다.
  • 나머지는 영업외비용이므로 영업이익에 영향을 미치지 않는다.

15 임대보증금은 부채이다.

01 회사등록

[기초정보관리]-[회사등록]을 클릭하여 9.종목란에서 "컴퓨터 부품"을 "문구 및 잡화"로 17.개업연월일을 "2018-01-05"에서 "2018-03-09"으로 수정한 후 21.사업장관할세무서를 "관악"에서 "안산"으로 수정한다.

02 전기분재무상태표

[전기분재무제표]-[전기분재무상태표]에서 정기예금 2,000,000을 20,000,000으로 수정하고, 차량운반구의 감가상각누계액 (209번) 13,000,000을 23,000,000으로 수정한다. 그리고 부채 및 자본란에서 외상매입금 17,000,000을 45,000,000으로 수정한다.

03 계정과목및적요등록/거래처등록

1 [기초정보관리]-[계정과목및적요등록]에서 가운데 코드/계정과목의 코드란에 146을 입력한 후 146.상품으로 이동하면 우측 대체적요란 적요NO에 5, "상품 어음 매입"을 입력한다.

2 [기초정보관리]-[거래처등록]에서 [일반거래처]탭의 코드란에 1001, 거래처명:모닝문구, 유형 1:매출, 우측 1.사업자등록번호, 3.대표자성명, 4.업태, 종목, 5.주소(우편번호 생략)를 입력한다.

04 일반전표입력

[전표입력]-[일반전표입력]을 클릭한 후 다음과 같이 입력한다.

1 7월 15일

구분		계정과목	거래처	적요	차변	대변
차변	0103	보통예금			50,000,000	
대변	0260	단기차입금	대전중앙신협			50,000,000

2 7월 16일

구분		계정과목	거래처	적요	차변	대변
차변	0146	상품			6,600,000	
대변	0131	선급금	로뎀문구			660,000
대변	0102	당좌예금				5,940,000

3 7월 28일

구분		계정과목	거래처	적요	차변	대변
차변	0812	여비교통비			5,000	
대변	0253	미지급금	신한카드			5,000

※ 카드 결제 시 거래처란에 카드사를 입력한다.

4 8월 28일

구분		계정과목	거래처	적요	차변	대변
차변	0101	현금			20,000,000	
차변	0110	받을어음	씨엔제이상사		5,000,000	
대변	0401	상품매출				25,000,000

※ 타사당좌수표는 현금으로 처리한다.

5 9월 20일

구분		계정과목	거래처	적요	차변	대변
차변	0402	매출환입및에누리			3,000,000	
대변	0108	외상매출금	반월상사			3,000,000

※ 매출환입및에누리는 매출액에서 차감하므로 차변에 입력한다.

6 10월 15일

구분		계정과목	거래처	적요	차변	대변
차변	0251	외상매입금	조선상사		1,300,000	
대변	0110	받을어음	발해상사			1,200,000
대변	0101	현금				100,000

7 11월 27일

구분		계정과목	거래처	적요	차변	대변
차변	0253	미지급금	비전상사		12,500,000	
대변	0102	당좌예금				10,000,000
대변	0918	채무면제이익				2,500,000

8 12월 30일

구분		계정과목	거래처	적요	차변	대변
출금	0208	차량운반구			2,637,810	(현금)

※ 유형자산 취득 시 직접 관련되는 비용(취득세 등)은 취득원가에 가산한다.
  1.출금 대신 3.차변, 4.대변으로 입력해도 된다.

05 오류수정

1 [전표입력]-[일반전표입력]에서 9월 15일을 입력한 후 외상매출금을 선수금으로 수정한다.

구분		계정과목	거래처	적요	차변	대변
차변	0101	현금			100,000	
대변	0259	선수금	월평문구			100,000

2 [전표입력]-[일반전표입력]에서 12월 18일을 입력한 후 비품을 1,000,000으로 수정한 후 상단 툴바의 전표삽입을 눌러 차변에 소모품비(판매관리비) 100,000을 추가 입력한다(또는 하단 빈칸에 소모품비를 입력해도 됨).

구분		계정과목	거래처	적요	차변	대변
차변	0212	비품			1,000,000	
차변	0830	소모품비			100,000	
대변	0101	현금				1,100,000

06 결산정리

❶ [전표입력]–[일반전표입력]에서 12월 31일(결산일)자로 다음과 같이 입력한다.

구분		계정과목	거래처	적요	차변	대변
차변	0116	미수수익			3,000,000	
대변	0904	임대료				3,000,00

※ 기말까지 발생된 기간경과분 발생임대료는 수익으로 처리하고 상대계정에 미수수익을 입력한다.

임대료 = 6,000,000 × 6개월/12개월 = 3,000,000원

구분		계정과목	거래처	적요	차변	대변
차변	0107	단기매매증권			500,000	
대변	0905	단기매매증권평가이익				500,000

※ 단기매매증권평가이익 = 100주 × 5,000(공정가치 30,000 − 취득원가 25,000) = 500,000원

구분		계정과목	거래처	적요	차변	대변
차변	0133	선급비용			90,000	
대변	0821	보험료				90,000

※ 비용처리한 보험료 중 기간미경과분이 120,000 × 9개월/12개월 = 90,000(선급분)이므로 비용에서 차감하고 선급비용으로 대체해야 한다.

❷ [결산/재무제표]–[결산자료입력]에서 기간란에 1월 ~ 12월을 입력한다.

4. 판매비와일반관리비

상단 툴바의 F8 대손상각 을 눌러 대손율(%) 1.00을 확인하고 외상매출금과 받을어음이 아닌 나머지 채권의 금액은 Space Bar 로 지우고(또는 0을 입력) 결산반영버튼을 클릭하면

5). 대손상각
외상매출금   3,021,300
받을어음   322,000이 결산반영금액란에 자동으로 입력된다.

• 외상매출금 : 352,130,000원 × 1% − 500,000원 = 3,021,300원
• 받을어음 : 62,200,000원 × 1% − 300,000원 = 322,000원

❸ 상단 툴바의 F3 전표추가 를 클릭하여 나타나는 메시지창에서 「예」를 클릭한다.

07 장부조회

❶ [장부관리]–[총계정원장]에서 기간란에 1월 1일 ~ 6월 30일, 계정과목란에 상품매출을 입력한 후 가장 적은 달의 금액을 확인한다.

▶ 정답 : 2,800,000원

❷ [결산/재무제표]–[재무상태표]에서 3월을 입력 후 비품의 장부금액(금액란의 우측)을 확인한다.

▶ 정답 : 34,000,000원(비품 취득원가 35,000,000 − 비품 감가상각누계액 1,000,000)

❸ [장부관리]–[거래처원장]의 잔액란 탭에서 기간란에 6월 30일 ~ 6월 30일, 계정과목란에 선급금, 거래처란에서 엔터를 두 번(두 개의 칸을 선택) 친 후(처음 거래처부터 마지막 거래처까지 조회됨) 잔액이 가장 많은 거래처와 가장 적은 거래처의 금액을 확인한 후 차감한다.

▶ 정답 : 1,638,000원(광진상사 1,770,000 − 우림상사 132,000)

이론시험

01	02	03	04	05	06	07	08	09	10	11	12	13	14	15
④	④	③	②	④	②	③	④	③	③	③	③	①	③	①

01 기간 경과에 따라 발생하는 당기 수익 중 미수액은 미수수익으로 처리한다.

02 기말재고자산 과소계상 → 매출원가(비용) 과대계상 → 당기순이익 과소계상 → 자본 과소계상

03 미지급금은 일반적인 상거래 외의 거래(재고자산의 매입이 아닌 거래)에서 발생하는 부채이므로 괄호 안에 들어갈 수 없다.

04 종업원채용, 상품주문, 담보제공, 토지계약, 대출약속, 고지서수령 등은 자산, 부채, 자본, 수익, 비용의 증감 변화를 가져오지 않으므로 회계상의 거래가 아니다.

05 단기차입금 : 유동부채

06 외상매출금을 현금으로 받아 즉시 당좌예금 계좌에 입금하였다.
   (차) 당좌예금 ×××   (대) 외상매출금 ×××

07 단기매매증권 취득 시 발생한 매입수수료는 비용으로 처리한다.

08 (차) 받을어음 ×××   (대) 상품매출 ×××

09 • 정액법은 내용연수 동안 매년 같은 금액으로 상각하는 감가상각방법이다.
   • 정액법 연감가상각비 = (취득원가 − 잔존가치) / 내용연수
   오답 피하기
   • ① : 생산량비례법
   • ② : 정률법
   • ④ : 연수합계법

10 • 처분금액 − 장부금액(취득원가 − 감가상각누계액) = 유형자산처분이익
   • 1,000,000 − (취득원가 − 1,800,000) = 100,000 ∴ 취득원가 = 2,700,000원

11 임차보증금(기타비유동자산)만 자산이고 나머지는 부채이다.

12 • 기초자본 + 총수익 − 총비용 = 기말자본
   • 300,000 + 1,500,000 − 1,000,000 = 800,000(기말자본)
   • 기말자본 = 기말자산 − 기말부채
   • 800,000 = 기말자산 − 600,000 ∴ 기말자산 = 1,400,000원

13 예수금이란 기업이 일시적으로 맡아서 나중에 지급하는 부채이다. 일반적 상거래 이외에서 발생하는 일시적인 것으로 유동부채에 속한다.

14 이자비용, 기부금이 영업외비용이고 나머지는 영업비용의 판매비와관리비이다.

15 • 매출액 130,000원 − 매출원가 112,000 = 매출총이익 18,000원
   • 매출원가 = 기초상품재고액 24,000 + 당기총매입액 108,000 − 기말상품재고액 20,000 = 112,000원

01 회사등록

[기초정보관리]–[회사등록]을 클릭하여 4.대표자명란에서 "최기수"를 "최성호"로, 8.업태란에서 "제조"를 "도소매"로 수정한 후 17.개업연월일을 "2020–02–01"에서 "2018–02–01"로 수정한다.

02 전기분손익계산서

[전기분재무제표]–[전기분손익계산서]에서 급여 21,400,000을 12,400,000으로, 기부금 50,000을 잡손실 50,000으로 수정한 후 하단 빈칸에 누락된 소모품비 190,000을 추가 입력한다.

03 거래처등록/계정과목및적요등록

1 [기초정보관리]–[거래처등록]에서 [일반거래처]탭의 코드란에 0330, 거래처명:영랑실업, 유형 1:매출, 우측 1.사업자등록번호, 3.대표자성명, 4.업태, 종목, 5.주소(우편번호 생략)를 입력한다.

2 [기초정보관리]–[계정과목및적요등록]에서 좌측 계정체계에서 판매관리비를 클릭하고 가운데 코드/계정과목에서 811.복리후생비를 선택한 후 우측 대체적요란 적요NO에 3, "직원회식비 신용카드 결제"를 입력한다.

04 일반전표입력

[전표입력]–[일반전표입력]을 클릭한 후 다음과 같이 입력한다.

1 7월 21일

구분		계정과목	거래처	적요	차변	대변
차변	0101	현금			2,000,000	
차변	0103	보통예금			8,000,000	
대변	0108	외상매출금	영우상회			10,000,000

2 8월 5일

구분		계정과목	거래처	적요	차변	대변
차변	0201	토지			20,400,000	
대변	0102	당좌예금				20,000,000
대변	0101	현금				400,000

※ 유형자산 취득 시 취득세는 유형자산 취득원가에 가산한다.

3 8월 26일

구분		계정과목	거래처	적요	차변	대변
차변	0254	예수금			90,000	
차변	0817	세금과공과			90,000	
대변	0103	보통예금				180,000

※ 국민연금 회사부담분은 세금과공과로 처리한다.

4 9월 8일

구분		계정과목	거래처	적요	차변	대변
차변	0811	복리후생비			200,000	
대변	0253	미지급금	우리카드			200,000

5 9월 20일

구분		계정과목	거래처	적요	차변	대변
출금	0813	기업업무추진비			100,000	(현금)

※ 1.출금 대신 3.차변, 4.대변으로 입력해도 된다.

6 10월 5일

구분		계정과목	거래처	적요	차변	대변
차변	0212	비품			2,500,000	
대변	0253	미지급금	선진상사			2,500,000

7 11월 30일

구분		계정과목	거래처	적요	차변	대변
차변	0232	임차보증금	(주)한성		50,000,000	
대변	0103	보통예금				50,000,000

※ 임차보증금은 임대차계약 시 임차인이 지급한 것으로, 추후에 받을 권리인 채권에 해당하므로 거래처를 입력한다.

8 12월 9일

구분		계정과목	거래처	적요	차변	대변
차변	0103	보통예금			4,875,000	
차변	0951	이자비용			125,000	
대변	0260	단기차입금	대한은행			5,000,000

05 오류수정

1 [전표입력]-[일반전표입력]에서 10월 1일을 입력한 후 외상매입금을 100,000으로 수정한 후 상단 툴바의 전표삽입을 눌러 차변에 수수료비용(판매관리비) 1,000을 추가 입력한다(또는 하단 빈칸에 수수료비용을 입력해도 됨).

구분		계정과목	거래처	적요	차변	대변
차변	0251	외상매입금	순천상사		100,000	
차변	0831	수수료비용			1,000	
대변	0103	보통예금				101,000

2 [전표입력]-[일반전표입력]에서 11월 26일을 입력한 후 가수금을 외상매출금으로 수정한다.

구분		계정과목	거래처	적요	차변	대변
차변	0103	보통예금			400,000	
대변	0108	외상매출금	순천상사			400,000

06 결산정리

[전표입력]-[일반전표입력]에서 12월 31일(결산일)자로 다음과 같이 입력한다.

구분		계정과목	거래처	적요	차변	대변
차변	0133	선급비용			300,000	
대변	0821	보험료				300,000

※ 비용처리한 보험료 중 기간미경과분이 900,000 × 4개월/12개월 = 300,000(선급분)이므로 비용에서 차감하고 선급비용으로 대체해야 한다.

구분		계정과목	거래처	적요	차변	대변
차변	0812	여비교통비			44,000	
대변	0134	가지급금				44,000

※ 가지급금의 원인이 밝혀지면 해당 계정으로 대체해야 한다.

구분		계정과목	거래처	적요	차변	대변
차변	0331	자본금			500,000	
대변	0338	인출금				500,000

구분		계정과목	거래처	적요	차변	대변
차변	0122	소모품			200,000	
대변	0830	소모품비				200,000

※ 구입 시 소모품비(비용)로 처리했으므로 결산 시 미사용분에 대해서 자산으로 처리한다.

07 장부조회

1 [결산/재무제표]-[재무상태표](또는 [합계잔액시산표])에서 6월을 입력 후 당기 유동부채의 금액을 확인한다.
  ▶ 정답 : 95,000,000원

2 [장부관리]-[총계정원장]에서 기간란에 1월 1일 ~ 6월 30일, 계정과목란에 상품매출을 입력한 후 가장 많이 지출한 월과 금액을 확인한다.
  ▶ 정답 : 5월, 60,000,000원

3 [장부관리]-[거래처원장]의 잔액란 탭에서 기간란에 4월 30일 ~ 4월 30일, 계정과목란에 외상매출금, 거래처란에 오렌지유통을 두 번 입력한 후 잔액을 확인한다.
  ▶ 정답 : 3,200,000원

이론시험

01	02	03	04	05	06	07	08	09	10	11	12	13	14	15
④	③	②	④	③	①	④	③	④	②	①	③	②	②	①

01 자산, 비용의 잔액은 차변에 표시되고 부채, 자본, 수익의 잔액은 대변에 표시된다. 임차보증금, 차량운반구, 선납세금은 자산이 므로 잔액은 차변에 표시되고, 선수금은 부채이므로 잔액은 대변에 표시된다.

02 이자비용은 영업외비용에 속하므로 영업손익에 영향을 미치지 않는다.

03 일정기간 동안 기업의 경영성과에 대한 정보를 제공하고 기업의 미래현금흐름과 수익창출능력 등의 예측에 유용한 정보를 제 공하는 보고서는 손익계산서이다.
  ※ 재무제표 : 재무상태표, 손익계산서, 현금흐름표, 자본변동표, 주석

04 단기금융상품은 만기가 결산일로부터 1년 이내에 도래하는 금융상품으로서 현금성자산이 아닌 것을 말한다.

05 • 외상매출금 기초잔액 + 당기발생 외상매출금 − 매출할인액 − 외상매출금 회수액 = 외상매출금 기말잔액
  • 2,000,000 + 5,000,000 − 40,000 − 외상매출금 회수액 = 3,000,000
  ∴ 외상매출금 회수액 = 3,960,000원

06 후입선출법은 실제 물량흐름과 원가흐름이 대체로 일치하지 않는다.

07 건물 내부의 조명기구 교체는 자산의 원상을 회복시키거나 능률유지를 위한 지출이므로 수익적 지출에 해당한다.

08 • 처분금액 − 장부금액(취득원가 − 감가상각누계액) = 유형자산처분이익
  • 770,000 − 320,000(680,000 − 감가상각누계액) = 450,000
  ∴ 감가상각누계액 = 680,000 − 320,000 = 360,000원

09 현금의 입금 등이 발생하였으나, 처리할 계정과목이나 금액이 확정되지 않은 경우, 계정과목이나 금액이 확정될 때까지 일시적 으로 처리하는 계정과목은 가수금이다.

10 • a : (차) 상품   ×××   (대) 외상매입금   ×××
  • b : (차) 외상매입금 ×××   (대) 현금   ×××
  • c : (차) 외상매입금 ×××   (대) 보통예금   ×××
  • d : (차) 보통예금   ×××   (대) 외상매출금   ×××

11 주로 기업주가 개인적으로 소비하며 개인기업의 자본금 계정에 대한 평가계정으로 자본금 계정을 대신하여 사용되는 임시계정 이며 기말결산 시 자본금 계정에 대체하는 계정과목은 인출금이다.

12 • 판매비와관리비 : 종업원 회식비(복리후생비), 사무실 전화요금(통신비)
  • 영업외비용 : 차입금 지급이자(이자비용), 장애인단체 기부금(기부금)

13 • 정액법 연감가상각비 = (취득원가 − 잔존가치) / 내용연수 = (1,000,000 − 0) / 5 = 200,000원
  • 당기손익 = 수익 − 비용 = 이자수익 100,000 − 감가상각비 200,000 = −100,000(손실)

14 • 당기 지급한 보험료에서 차기연도 미경과보험료를 차감하면 기말손익계산서에 계상되는 보험료(당기 발생분)가 된다.
  • 보험료 40,000 − 선급보험료 10,000 = 30,000원

15 수익이 증가하면 자산의 증가 또는 부채의 감소가 되므로 자본(자산 − 부채 = 자본)의 증가가 된다.

01 회사등록

[기초정보관리]-[회사등록]을 클릭하여 3.과세유형에서 "2.간이과세"를 "1.일반과세"로, 6.사업장주소를 "광주광역시 남구 봉선중앙로123번길 1"로 수정한 후 17.개업연월일을 "2013-05-19"에서 "2013-05-09"로 수정한다.

02 전기분재무상태표

[전기분재무제표]-[전기분재무상태표]에서 보통예금 5,900,000을 9,500,000으로 수정한 후 미수금 1,000,000을 자산란 하단 빈칸에 추가한다. 그리고 부채 및 자본란에서 단기차입금 23,000,000을 24,460,000으로 수정한다.

03 거래처별초기이월/거래처등록

1 [전기분재무제표]-[거래처별초기이월]에서 좌측 계정과목에서 외상매출금을 클릭하고 우측에서 참푸른상사 8,500,000을 15,000,000으로 수정한 후 다시 좌측에서 외상매입금을 클릭하고 우측에서 (주)부일 6,000,000을 10,000,000으로 수정한다.

2 [기초정보관리]-[거래처등록]에서 [일반거래처]탭의 코드란에 01000, 거래처명:잘먹고잘살자, 유형 2:매입, 우측 1.사업자등록번호, 3.대표자성명, 4.업태, 종목을 입력한다.

04 일반전표입력

[전표입력]-[일반전표입력]을 클릭한 후 다음과 같이 입력한다.

1 7월 6일

구분		계정과목	거래처	적요	차변	대변
차변	0825	교육훈련비			100,000	
대변	0103	보통예금				100,000

2 8월 2일

구분		계정과목	거래처	적요	차변	대변
차변	0103	보통예금			100,000,000	
대변	0232	임차보증금	강남상사			100,000,000

3 8월 29일

구분		계정과목	거래처	적요	차변	대변
차변	0813	기업업무추진비			300,000	
대변	0253	미지급금	비씨카드			300,000

4 9월 6일

구분		계정과목	거래처	적요	차변	대변
차변	0105	정기예금			10,000,000	
대변	0103	보통예금				10,000,000

5 9월 20일

구분		계정과목	거래처	적요	차변	대변
차변	0146	상품			1,000,000	
대변	0102	당좌예금				600,000
대변	0101	현금				400,000

6 9월 30일

구분		계정과목	거래처	적요	차변	대변
차변	0801	급여			750,000	
대변	0254	예수금				6,000
대변	0103	보통예금				744,000

7 10월 11일

구분		계정과목	거래처	적요	차변	대변
차변	0202	건물			3,000,000	
대변	0103	보통예금				3,000,000

※ 자본적 지출은 자산처리하며 수익적 지출은 비용처리한다.

8 10월 13일

구분		계정과목	거래처	적요	차변	대변
차변	0109	대손충당금			300,000	
차변	0835	대손상각비			2,300,000	
대변	0108	외상매출금	미림전자			2,600,000

※ 대손발생 시 대손충당금 잔액을 먼저 사용하고 부족 시 매출채권은 대손상각비로 비용처리한다.

05 오류수정

1 [전표입력]-[일반전표입력]에서 7월 9일을 입력한 후 세금과공과를 기부금으로 수정한다.

구분		계정과목	거래처	적요	차변	대변
차변	0953	기부금			200,000	
대변	0101	현금				200,000

2 [전표입력]-[일반전표입력]에서 10월 12일을 입력한 후 외상매출금을 단기대여금으로 수정한다.

구분		계정과목	거래처	적요	차변	대변
차변	0103	보통예금			5,000,000	
대변	0114	단기대여금	영랑문구			5,000,000

06 결산정리

❶ [전표입력]─[일반전표입력]에서 12월 31일(결산일)자로 다음과 같이 입력한다.

구분		계정과목	거래처	적요	차변	대변
차변	0980	잡손실			100,000	
대변	0141	현금과부족				100,000

※ 결산 시까지 현금과부족의 원인이 밝혀지지 않으면 부족액은 잡손실로, 초과액은 잡이익으로 대체한다.

구분		계정과목	거래처	적요	차변	대변
차변	0257	가수금			500,000	
대변	0259	선수금	인천상사			500,000

※ 가수금의 원인이 밝혀지면 해당 계정으로 대체해야 한다.

구분		계정과목	거래처	적요	차변	대변
차변	0951	이자비용			200,000	
대변	0262	미지급비용				200,000

※ 기말까지 발생된 이자는 지급일이 다음 연도라도 당기 비용이므로 비용처리하고 상대계정에 미지급비용을 입력한다.

이자비용 = 10,000,000 × 6% × 4개월/12개월 = 200,000원

❷ [결산/재무제표]─[결산자료입력]에서 기간란에 1월 ~ 12월을 입력한다.

4. 판매비와일반관리비

4). 감가상각비

차량운반구   7,000,000을 결산반영금액란에 입력한다.

※ 정액법 연감가상각비 = (취득원가─잔존가치)/내용연수 = (60,000,000 ─ 4,000,000)/8 = 7,000,000원

❸ 상단 툴바의 F3 전표추가 를 클릭하여 나타나는 메시지창에서 「예」를 클릭한다.

07 장부조회

❶ [장부관리]─[계정별원장]에서 기간란에 6월 30일 ~ 6월 30일, 계정과목란에 가지급금을 두 번 입력한 후 잔액을 확인한다.

▶ 정답 : 44,000원

❷ [장부관리]─[총계정원장]에서 기간란에 1월 1일 ~ 6월 30일, 계정과목란에 기업업무추진비(판)를 입력한 후 가장 많이 지출한 달과 가장 적게 지출한 달의 금액을 확인한 후 해당 금액의 차이를 계산한다.

▶ 정답 : 1,400,000원(2월 2,000,000 ─ 5월 600,000)

❸ [장부관리]─[거래처원장]의 잔액란 탭에서 기간란에 6월 30일 ~ 6월 30일, 계정과목란에 미지급금, 거래처란에서 엔터를 두 번(두 개의 칸을 선택) 친 후(처음 거래처부터 마지막 거래처까지 조회됨) 잔액이 가장 많은 거래처의 상호와 금액을 확인한다.

▶ 정답 : 타이거상사, 540,000원

이론시험

01	02	03	04	05	06	07	08	09	10	11	12	13	14	15
④	①	①	④	②	③	④	②	②	②	①	④	①	③	③

01 현금 : 자기앞수표, 타인발행당좌수표, 우편환증서, 배당금지급통지표, 사채이자지급표, 가계수표, 송금수표, 여행자수표, 일람출급어음 등

02
- 유동자산 : 보고기간종료일로부터 1년 이내에 현금화되는 자산
- 유동부채 : 보고기간종료일로부터 1년 이내에 상환기한이 도래하는 부채

03 (차) 비품　　　　1,500,000　　　(대) 미지급금　　　1,500,000

　　　(자산의 증가)　　　　　　　　　(부채의 증가)　　　　　　: 교환거래

04
- 재고자산 매입 시 직접 관련되며 정상적으로 발생되는 부대비용은 취득원가에 가산하며 매입환출, 매입에누리, 매입할인은 차감한다.
- 상품의 취득원가 = 매입가 + 부대비용(운반비, 관세 등) − 매입환출 − 매입에누리 − 매입할인

05 수정 전 당기순이익 1,000,000 − 미지급비용 20,000 + 선급비용 200,000 = 수정 후 당기순이익 1,180,000원

06 매출채권 대손발생 시 대손충당금 잔액으로 먼저 처리하고 부족분은 대손상각비로 처리한다.

　(차) 대손충당금　　　50,000　　　(대) 매출채권　　　200,000

　　　대손상각비　　150,000

07 기말재고자산 금액이 감소하면 매출원가가 증가한다. 기말재고자산 금액이 증가하면 매출원가가 감소하여 매출총이익이 증가한다.

08 유형자산의 취득원가 : 최초에는 취득원가로 측정하며 자산을 가동하기 위해 필요한 장소와 상태에 이르게 하는 데 직접 관련되는 비용(설치장소 준비를 위한 지출, 외부 운송 및 취급비, 취득세 등)은 가산하고 매입할인 등이 있는 경우에는 이를 차감한다.

09 (차) 보통예금　×××　　　　　(대) 비품　×××

10 무형자산 : 영업권, 산업재산권(특허권, 실용신안권, 의장권, 상표권 등), 개발비, 소프트웨어, 임차권리금, 라이선스, 프랜차이즈, 저작권 등

11
- 유동성배열법 : 자산과 부채는 유동성이 큰 항목부터 배열하는 것을 원칙으로 한다(유동자산 → 비유동자산, 유동부채 → 비유동부채).
- 지문의 계정과목은 모두 부채이므로 유동부채(예수금, 미지급금, 선수수익), 비유동부채(사채)순으로 배열되므로 사채가 가장 나중에 배열되는 계정과목이다.

12
- 외상매입금 기초잔액 + 당기 외상매입금액 − 외상매입금 지급액 − 환출액 = 외상매입금 기말잔액
- 외상매입금 기초잔액 + 1,000,000 − 1,100,000 − 50,000 = 300,000
- ∴ 외상매입금 기초잔액 = 450,000원

13
- 기초자본금 + 총수익 − 총비용 + 추가출자액 − 인출금 = 기말자본금
- 1,000,000 + 400,000 − 290,000 + 300,000 − 인출금 = 510,000
- ∴ 인출금 = 900,000원

14 영업부 직원의 급여는 판매비와관리비에 해당하므로 영업손익에 영향을 미치지만 나머지 기부금, 이자비용, 이자수익은 영업외손익이므로 영업손익에 영향을 미치지 않는다.

15 상품매출원가 = 기초상품재고액 + 당기상품매입액 − 기말상품재고액
= 3,000,000 + 10,000,000 − 3,000,000 = 10,000,000원

01 회사등록

[기초정보관리]–[회사등록]을 클릭하여 3.과세유형란에서 "2.간이과세"를 "1.일반과세"로, 4.대표자명란에서 "손희정"을 "손우성"으로, 8.업태란에서 "서비스"를 "도소매"로 수정한다.

02 전기분재무상태표

[전기분재무제표]–[전기분재무상태표]에서 현금 3,000,000을 43,000,000으로 수정한 후 외상매출금의 109.대손충당금 400,000을 자산란 하단 빈칸에 추가한 후 차량운반구의 감가상각누계액(209번) 1,200,000을 14,000,000으로 수정한다.

03 거래처등록/거래처별초기이월

1 [기초정보관리]–[거래처등록]에서 [신용카드]탭을 누르고 코드란에 99811, 거래처명:나라카드, 유형란에 2:매입을 선택한 후, 우측에서 3.카드번호(매입)란에 1000-2000-3000-4000를 입력하고, 4.카드종류(매입)란에 3.사업용카드를 선택한다.

2 [전기분재무제표]–[거래처별초기이월]에서 좌측 계정과목의 외상매출금을 클릭하고 우측에서 유통상사 9,000,000을 10,000,000으로, 브런치상사 21,000,000을 20,000,000으로 수정하고, 다시 좌측에서 외상매입금을 클릭하고 우측에서 빈 칸 거래처코드란에서 F2를 눌러 순임상사를 선택하고 20,000,000을 추가 입력한다.

04 일반전표입력

[전표입력]–[일반전표입력]을 클릭한 후 다음과 같이 입력한다.

1 7월 9일

구분		계정과목	거래처	적요	차변	대변
차변	0208	차량운반구			15,000,000	
대변	0102	당좌예금				15,000,000

2 8월 1일

구분		계정과목	거래처	적요	차변	대변
차변	0837	건물관리비			300,000	
대변	0102	보통예금				300,000

3 8월 4일

구분		계정과목	거래처	적요	차변	대변
출금	0817	세금과공과			62,500	(현금)

※ 1.출금 대신 3.차변, 4.대변으로 입력해도 된다.

4 8월 12일

구분		계정과목	거래처	적요	차변	대변
출금	0826	도서인쇄비			20,000	(현금)

5 8월 18일

구분		계정과목	거래처	적요	차변	대변
차변	0107	단기매매증권			6,000,000	
차변	0984	수수료비용			130,000	
대변	0103	보통예금				6,130,000

※ 단기매매증권의 취득과 관련되는 거래원가는 당기 비용(수수료비용 : 영업외비용)으로 처리한다.

6 9월 3일

구분		계정과목	거래처	적요	차변	대변
차변	0259	선수금	수원문구		500,000	
차변	0108	외상매출금	수원문구		4,500,000	
대변	0401	상품매출				5,000,000

7 10월 18일

구분		계정과목	거래처	적요	차변	대변
차변	0820	수선비			150,000	
대변	0253	미지급금	현대카드			150,000

8 11월 24일

구분		계정과목	거래처	적요	차변	대변
출금	0953	기부금			1,000,000	(현금)

05 오류수정

1 [전표입력]–[일반전표입력]에서 9월 14일을 입력한 후 세금과공과를 차량운반구로 수정한다.

구분		계정과목	거래처	적요	차변	대변
차변	0208	차량운반구			130,000	
대변	0101	현금				130,000

※ 유형자산 취득 시 직접관련되는 비용(취득세)은 취득원가에 가산한다.

2 [전표입력]–[일반전표입력]에서 11월 21일을 입력한 후 기업업무추진비를 복리후생비(판매관리비)로 수정한다.

구분		계정과목	거래처	적요	차변	대변
차변	0811	복리후생비			100,000	
대변	0101	현금				100,000

06 결산정리

❶ [전표입력]-[일반전표입력]에서 12월 31일(결산일)자로 다음과 같이 입력한다.

구분	계정과목		거래처	적요	차변	대변
차변	0116	미수수익			60,000	
대변	0901	이자수익				60,000

※ 기말까지 발생된 기간경과분 발생이자는 수익으로 처리하고 상대계정에 미수수익을 입력한다.

구분	계정과목		거래처	적요	차변	대변
차변	0251	외상매입금	(주)홍상사		150,000	
대변	0134	가지급금				150,000

구분	계정과목		거래처	적요	차변	대변
차변	0103	보통예금			900,000	
대변	0260	단기차입금	행복은행			900,000

※ 보통예금 통장의 마이너스 잔액은 은행으로부터의 차입이므로 단기차입금으로 대체한다.

❷ [결산/재무제표]-[결산자료입력]에서 기간란에 1월 ~ 12월을 입력한다.

    2. 매출원가

        상품매출원가

             기말상품재고액   7,000,000을 결산반영금액란에 입력한다.

❸ 상단 툴바의 F3 전표추가 를 클릭하여 나타나는 메시지창에서 「예」를 클릭한다.

07 장부조회

❶ [장부관리]-[일계표(월계표)]에서 「월계표」탭을 클릭하고 조회기간에서 4월 ~ 6월을 입력하고 판매비및일반관리비의 수수료비용 차변 현금란을 확인한다.

   ▶ 정답 : 600,000원

❷ [장부관리]-[총계정원장]에서 기간란에 1월 1일 ~ 6월 30일, 계정과목란에 복리후생비(판매관리비)를 입력한 후 가장 많이 지출한 월의 금액과 가장 적게 지출한 월의 금액을 확인한 후 차액을 계산한다.

   ▶ 정답 : 1,500,000원(2월 1,800,000 − 5월 300,000)

❸ [장부관리]-[거래처원장]의 잔액란 탭에서 기간란에 6월 30일 ~ 6월 30일, 계정과목란에 선급금, 거래처란에 인천상사를 두 번 입력한 후 잔액을 확인한다.

   ▶ 정답 : 5,200,000원

이론시험

01	02	03	04	05	06	07	08	09	10	11	12	13	14	15
③	③	③	②	④	③	②	②	②	③	②	③	④	④	③

01 ③ : (차) 보통예금   300,000(자산의 증가)   (대) 이자수익   300,000(수익의 발생)

> **오답 피하기**
> - ① : (차) 현금   1,000,000(자산의 증가)   (대) 자본금   1,000,000(자본의 증가)
> - ② : (차) 외상매입금 2,000,000(부채의 감소)   (대) 현금   2,000,000(자산의 감소)
> - ④ : (차) 비품   500,000(자산의 증가)   (대) 미지급금   5,000,000(부채의 증가)

02 · 일정기간 동안 기업의 경영성과에 대한 정보를 제공하는 재무보고서는 손익계산서이다.
· 손익계산서는 수익과 비용을 표시하므로 매출원가와 기부금이 표시된다.

03 차량운반구는 비유동자산(유형자산)이다.

04 부채, 자본, 수익의 잔액은 대변에 나타나며, 자산, 비용의 잔액은 차변에 나타난다.
· 선수수익 : 부채
· 미수금, 선급비용, 미수수익 : 자산

05 손익계산서의 당기순이익은 발생주의에 의해 작성되므로 현금주의에 의해 작성되는 금액의 크기와 관계없다.

06 상품 등의 판매촉진을 위하여 불특정다수인에게 선전하는 데에 소요되는 비용은 광고선전비이다.

07 상품매출원가 = 상품 전기이월액 + 당기매입액 − 기말재고액 = 350,000 + 770,000 − 370,000 = 750,000원

08 · 장부금액(취득원가 − 감가상각누계액) − 처분금액 = 유형자산처분손실
· 16,100,000(20,000,000 − 3,900,000) − 처분금액 = 300,000
∴ 처분금액 = 15,800,000원
· 정액법 연감가상각비 = (취득원가 − 잔존가치) / 내용연수 = (20,000,000 − 500,000) / 5 = 3,900,000원

09 판매용 건물은 상품, 본사 건물로 사용할 영업용 건물은 건물, 투자 목적으로 보유하고 있는 건물은 투자부동산으로 각각 회계
처리한다.

10 감가상각비는 판매비와관리비이고, 이자비용, 외환차손, 기타의 대손상각비는 영업외비용이다.

11 · 해당 자료는 유형자산에 대한 설명이다.
· 휴대폰 판매회사가 보유하고 있는 판매용 휴대폰은 재고자산(상품)이다.

12 재고자산 이외의 자산 매각으로 발생한 미회수액은 미수금으로 처리한다.

13 매입할인을 재고자산의 매입액에서 차감하지 않고 영업외수익으로 회계처리하였을 경우 매입액이 과대계상되어 매출원가 과
대계상, 매출총이익 과소계상, 자본의 과소계상이 된다.

14 12/31 (차) 소모품비 1,000,000   (대) 미지급금 500,000
                                                              현금   500,000

현금			미지급금		
	12/31 소모품비	500,000		12/31 소모품비	500,000

15 기초자본(기초자산 − 기초부채) + 총수익 − 총비용 = 기말자본(기말자산 − 기말부채)
- 기초자본 = 기초자산 500,000 − 기초부채 300,000 = 200,000원
- 기말자본 = 기초자본 200,000 + 1,000,000 − 800,000 = 400,000원
- 기말부채 = 기말자산 800,000 − 기말자본 400,000 = 400,000원

01 회사등록

[기초정보관리]-[회사등록]을 클릭하여 2.사업자등록번호에서 "460-47-53502"를 "130-47-50505"로, 17.개업연월일을 "2019-01-05"에서 "2019-05-01"으로 수정한 후 21.사업장관할세무서를 "관악"에서 "남부천"으로 수정한다.

02 전기분손익계산서

[전기분재무제표]-[전기분손익계산서]에서 급여 50,500,000을 34,300,000으로, 차량유지비 2,500,000을 3,500,000으로 수정하고 하단 빈칸에 누락된 기부금 3,000,000을 추가 입력한다.

03 계정과목및적요등록/거래처등록

1 [기초정보관리]-[계정과목및적요등록]에서 가운데 코드/계정과목에서 824를 입력한 후 824.운반비로 이동하면 우측 대체적요란 적요NO에 4. "퀵 서비스 요금 보통예금 이체 지급"을 입력한다.

2 [기초정보관리]-[거래처등록]에서 [신용카드]탭을 누르고 코드란에 99871, 거래처명:믿음카드, 유형란에 2:매입을 선택한 후 우측 3.카드번호(매입)란에 "1234-5678-9012-3452"를 입력하고, 4.카드종류(매입)란에 3.사업용카드를 선택한다.

04 일반전표입력

[전표입력]-[일반전표입력]을 클릭한 후 다음과 같이 입력한다.

1 7월 2일

구분		계정과목	거래처	적요	차변	대변
차변	0833	광고선전비			3,300,000	
대변	0253	미지급금	푸른상사			3,300,000

※ 일반적인 상거래(재고자산 거래)외에서 발행된 어음은 미지급금으로 처리한다.

2 7월 26일

구분		계정과목	거래처	적요	차변	대변
차변	0131	선급금	좌동철강		1,000,000	
대변	0102	당좌예금				1,000,000

3 8월 23일

구분		계정과목	거래처	적요	차변	대변
차변	0257	가수금			5,000,000	
대변	0108	외상매출금	승리상사			5,000,000

4 8월 28일

구분		계정과목	거래처	적요	차변	대변
차변	0102	당좌예금			10,000,000	
차변	0108	외상매출금	강서상사		15,000,000	
대변	0401	상품매출				25,000,000

5 9월 10일

구분		계정과목	거래처	적요	차변	대변
출금	0814	통신비			5,000	(현금)

※ 1.출금 대신 3.차변, 4.대변으로 입력해도 된다.

6 9월 28일

구분		계정과목	거래처	적요	차변	대변
차변	0101	현금			1,000,000	
차변	0110	받을어음	나나상점		5,500,000	
대변	0401	상품매출				6,500,000

7 10월 28일

구분		계정과목	거래처	적요	차변	대변
출금	0813	기업업무추진비			150,000	(현금)

8 10월 31일

구분		계정과목	거래처	적요	차변	대변
출금	0817	세금과공과			260,000	(현금)

05 오류수정

1 [전표입력]-[일반전표입력]에서 11월 2일을 입력한 후 수수료비용을 매출채권처분손실로 수정한다.

구분		계정과목	거래처	적요	차변	대변
차변	0103	보통예금			9,750,000	
차변	0956	매출채권처분손실			250,000	
대변	0110	받을어음	천둥상점			10,000,000

2 [전표입력]-[일반전표입력]에서 12월 4일을 입력한 후 당좌예금을 현금으로 수정한다.

구분		계정과목	거래처	적요	차변	대변
차변	0146	상품			1,650,000	
대변	0101	현금				1,650,000

※ 타사발행 당좌수표는 현금으로 처리한다.

06 결산정리

❶ [전표입력]-[일반전표입력]에서 12월 31일(결산일)자로 다음과 같이 입력한다.

구분	계정과목		거래처	적요	차변	대변
차변	0263	선수수익			2,400,000	
대변	0904	임대료				2,400,000

※ 임대 시 전액 선수수익으로 처리했으므로 결산 시 7.1~12.31 발생분 수익(임대료)을 처리해야한다.
  임대료 = 4,800,000 × 6개월/12개월 = 2,400,000원

구분	계정과목		거래처	적요	차변	대변
차변	0331	자본금			658,000	
대변	0338	인출금				658,000

※ 합계잔액시산표에서 인출금 잔액(-658,000원)을 조회한다.

구분	계정과목		거래처	적요	차변	대변
차변	0122	소모품			300,000	
대변	0830	소모품비				300,000

※ 구입 시 소모품비(비용)로 처리했으므로 결산 시 미사용분에 대해서 자산으로 처리한다.

❷ [결산/재무제표]-[결산자료입력]에서 기간란에 1월 ~ 12월을 입력한다.

    4. 판매비와일반관리비
          4). 감가상각비
              차량운반구   310,000
              비품   560,000을 각각 결산반영금액란에 입력한다.

❸ 상단 툴바의 F3 전표추가를 클릭하여 나타나는 메시지창에서 「예」를 클릭한다.

07 장부조회

1 [결산/재무제표]-[합계잔액시산표]에서 기간란에 6월 30일을 입력하고 상품 차변 합계란을 확인한다.
  ▶ 정답 : 70,248,000원
  ※ 판매가능한 상품 = 기초상품재고액 + 당기상품매입액

2 [장부관리]-[일계표(월계표)]에서 「월계표」탭을 클릭하고 조회기간에서 1월 ~ 5월을 입력하고 판매비및일반관리비의 기업업무추진비 차변 현금란을 확인한다.
  ▶ 정답 : 3,750,000원

3 [장부관리]-[총계정원장]에서 기간란에 1월 1일 ~ 6월 30일, 계정과목란에 건물관리비(판매관리비)를 입력한 후 가장 많이 지출한 월과 가장 적게 지출한 월의 금액을 확인한 후 차액을 계산한다.
  ▶ 정답 : 250,000원(2월 430,000 - 6월 180,000)

최신 기출문제 16회 정답 & 해설 합격률 : 44.56%

이론시험

01	02	03	04	05	06	07	08	09	10	11	12	13	14	15
②	②	④	①	③	③	④	②	②	③	①	②	③	③	④

01 시장성이 있는 유가증권으로서 단기간 내의 매매차익을 얻을 목적으로 취득하고, 매수와 매도가 적극적이고 빈번하게 이루어지는 주식, 국채, 공채, 사채는 단기매매증권이다.

02 • 차기 회계연도로 잔액이 이월되는 것은 자산, 부채, 자본이다. 수익과 비용은 결산 시 소멸되고 그 차액은 자본으로 대체된다.
   • 이익잉여금 : 자본, 소모품비 : 비용, 미지급비용 : 부채, 선수수익 : 부채

03 영업용승용차 처분손실은 유형자산처분손실 계정으로 처리되며, 이는 영업외비용에 속한다.

04 당기 발생하였으나 아직 지급되지 않은 비용(비용의 발생)은 미지급비용으로 처리하며, 당기 지급된 비용 중 차기로 이월되는 비용(비용의 이연)은 선급비용으로 처리한다.

05 ③은 손익거래이며, ①, ②, ④는 교환거래이다.

06 • 장부금액보다 처분금액이 작으므로 유형자산처분손실이 발생한다.
   • 장부금액 7,000,000(기초 10,000,000 + 자본적 지출액 2,000,000 − 감가상각누계액 5,000,000) − 처분금액 6,000,000
   = 1,000,000원

07 비유동부채 : 사채, 장기차입금, 임대보증금, 퇴직급여충당부채

08 ② : (차) 받을어음   50,000   (대) 상품매출   50,000

   오답 피하기
   • ① : (차) 상품   30,000   (대) 받을어음   30,000
   • ③ : (차) 비품   30,000   (대) 미지급금   30,000
   • ④ : (차) 미수금   50,000   (대) 비품급금   50,000

09 • 외상매입금 3,000,000 + 미지급비용 700,000 + 선수금 1,000,000 + 단기차입금 2,000,000 + 예수금 300,000
   = 7,000,000원
   • 임차보증금은 자산(기타비유동자산)이다.

10 (차) 비품   1,502,500   (대) 미지급금   1,500,000
                              현금   2,500

11 기초자본금 + 총수익 700,000 − 총비용 580,000 + 추가출자액 250,000 − 인출금 150,000 = 기말자본금 1,200,000
   ∴ 기초자본금은 980,000원이다.

12 • 매출총이익 = 매출액 − 매출원가
   • 매출원가 = 기초상품재고액 + 당기상품매입액 − 기말상품재고액 = 5,300,000 + 67,000,000 − 7,600,000
     = 64,700,000원
   ∴ 상품매출액 = 매출총이익 4,700,000 + 매출원가 64,700,000 = 69,400,000원

13 당기에 발생한 임차료는 120,000원인데 지급일이 다음연도인 임차료(미지급임차료)가 20,000원이므로 지급한 임차료는 100,000원이다.
   (차) 임차료   120,000   (대) 미지급임차료   20,000
                              지급한 임차료   100,000

14 • 재고자산 취득원가 = 매입원가 + 제비용(운임 등) − 매입환출 − 매입에누리 − 매입할인
  • 매출운반비는 매출 시 비용(운반비)으로 처리한다.

15 (차) 잡손실 1,000,000   (대) 현금과부족 1,000,000
     (비용의 발생)   (자산의 감소)
   ∴ 재무상태표 − 자산 감소, 손익계산서 − 당기순이익 감소

01 회사등록

[기초정보관리]-[회사등록]을 클릭하여 2.사업자등록번호에서 "624-14-01166"를 "623-14-01167"로, 6.사업장주소를 "부산광역시 해운대구 해운대로 1138, 106호"로 수정한 후 9.종목란에서 "신발 의류 잡화"를 "문구 및 잡화"로 수정한다.

02 전기분재무상태표

[전기분재무제표]-[전기분재무상태표]에서 보통예금 1,500,000을 10,000,000으로 수정하고, 건물의 감가상각누계액(203) 1,500,000을 자산란 하단 빈칸에 추가한다. 그리고 부채 및 자본란에서 지급어음 8,000,000을 11,000,000으로 수정한다.

03 거래처별초기이월/거래처등록

1 [전기분재무제표]-[거래처별초기이월]에서 좌측 계정과목에서 단기대여금을 클릭하고 우측 코드란에서 F2를 눌러 김형상사를 남서상사로 변경한다. 다시 좌측에서 단기차입금을 클릭하고 영광상사 1,000,000을 10,000,000으로 수정한다.

2 [기초정보관리]-[거래처등록]에서 코드란에 3100, 거래처명:시티공업(주), 유형 2:매입, 우측 1.사업자등록번호, 3.대표자성명, 4.업태, 종목, 5.주소(우편번호 생략)를 입력한 후 같은 방법으로 코드란에 4210, 거래처명:조이력정공(주), 유형 1:매출, 우측 1.사업자등록번호, 3.대표자성명, 4.업태, 종목, 5.주소(우편번호 생략)를 입력한다.

04 일반 전표입력

[전표입력]-[일반전표입력]을 클릭한 후 다음과 같이 입력한다.

1 7월 2일

구분		계정과목	거래처	적요	차변	대변
차변	0102	당좌예금			100,000	
대변	0109	대손충당금				100,000

※ 전기에 대손처리한 대손금이 회수되면 해당 채권의 대손충당금에 전입한다.

2 7월 24일

구분		계정과목	거래처	적요	차변	대변
차변	0209	감가상각누계액			2,500,000	
차변	0102	미수금	금성중고자동차		5,000,000	
대변	0208	차량운반구				7,000,000
대변	0914	유형자산처분이익				500,000

※ 업무용 승용차의 장부금액 4,500,000(취득원가 - 감가상각누계액)을 5,000,000에 처분했으므로 그 차액 500,000은 유형자산처분이익으로 처리한다.

3 7월 25일

구분		계정과목	거래처	적요	차변	대변
차변	0103	보통예금			10,000,000	
대변	0293	장기차입금	한국은행			10,000,000

4 8월 5일

구분		계정과목	거래처	적요	차변	대변
차변	0801	급여			1,800,000	
대변	0254	예수금				252,000
대변	0103	보통예금				1,548,000

5 8월 28일

구분		계정과목	거래처	적요	차변	대변
차변	0131	선급금	세진상사		1,000,000	
대변	0103	보통예금				1,000,000

6 9월 8일

구분		계정과목	거래처	적요	차변	대변
차변	0811	복리후생비			110,000	
대변	0253	미지급금	국민카드			110,000

※ 카드 결제 시 거래처란에 카드사를 입력한다.

7 9월 12일

구분		계정과목	거래처	적요	차변	대변
차변	0812	여비교통비			210,000	
대변	0811	가지급금				200,000
대변	0101	현금				10,000

8 11월 16일

구분		계정과목	거래처	적요	차변	대변
출금	0824	운반비			25,000	(현금)

05 오류수정

1 [전표입력]-[일반전표입력]에서 9월 20일을 입력한 후 선수금을 외상매출금으로 수정한다.

구분		계정과목	거래처	적요	차변	대변
차변	0101	현금			5,000,000	
대변	0108	외상매출금	재송문구			5,000,000

2 [전표입력]-[일반전표입력]에서 11월 29일을 입력한 수선비를 건물로 수정한다.

구분		계정과목	거래처	적요	차변	대변
차변	0202	건물			30,000,000	
대변	0101	현금				30,000,000

※ 자본적 지출 : 자산처리, 수익적 지출 : 비용처리

06 결산정리

❶ [전표입력]-[일반전표입력]에서 12월 31일(결산일)자로 다음과 같이 입력한다.

구분		계정과목	거래처	적요	차변	대변
차변	0951	이자비용			120,000	
대변	0262	미지급비용				120,000

※ 기말까지 발생된 이자는 지급일이 다음 연도라도 당기 비용이므로 비용처리하고 상대계정에 미지급비용을 입력한다.

구분		계정과목	거래처	적요	차변	대변
입금	0930	잡이익			(현금)	50,000

※ 결산 시 현금과잉의 원인을 알 수 없을 경우 잡이익으로 처리한다.

❷ [결산/재무제표]-[결산자료입력]에서 기간란에 1월 ~ 12월을 입력한다.

    2. 매출원가

        상품매출원가

            기말상품재고액   4,000,000을 결산반영금액란에 입력한다.

    4. 판매비와일반관리비

      상단 툴바의 F8 대손상각을 눌러 대손율(%) 1.00을 확인하고 외상매출금과 받을어음이 아닌 나머지 채권의 금액은 Space Bar 로 지우고 결산반영버튼을 클릭하면

        5). 대손상각

        외상매출금   398,500

        받을어음   259,000이 결산반영금액란에 자동으로 입력된다.

         • 외상매출금 : 79,850,000원 × 1% − 400,000원 = 398,500원

         • 받을어음 : 33,900,000원 × 1% − 80,000원 = 259,000원

❸ 상단 툴바의 F3 전표추가를 클릭하여 나타나는 메시지창에서 「예」를 클릭한다.

07 장부조회

1 [장부관리]-[거래처원장]의 잔액란 탭에서 기간란에 5월 31일 ~ 5월 31일, 계정과목란에 외상매입금, 거래처란에 (주)코스모스를 두 번 입력한 후 잔액을 확인한다.

    ▶ 정답 : 1,850,000원

2 [결산/재무제표]-[손익계산서]에서 6월을 입력 후 6월 말 당기 상품매출과 전기 말 상품매출을 확인하여 계산한다.

    ▶ 정답 : 156,060,000원(당기 상품매출액 186,06,000 − 전기 말 상품매출액 30,000,000)

3 [장부관리]-[거래처원장]의 잔액란 탭에서 기간란에 4월 30일 ~ 4월 30일, 계정과목란에 외상매출금, 거래처란에서 Enter 를 두 번(두 개의 칸을 선택) 친 후(처음 거래처부터 마지막 거래처까지 조회됨) 잔액이 가장 많은 거래처의 상호와 금액을 확인한다.

    ▶ 정답 : 해왕성상사, 13,500,000원

이론시험

01	02	03	04	05	06	07	08	09	10	11	12	13	14	15
③	②	④	③	②	④	②	④	②	④	③	②	④	③	②

01 마스크의 주문서를 메일로 발송한 것은 자산, 부채, 자본, 수익, 비용의 증감이 없는 일상생활상의 거래이다.
　　※ 일상생활상의 거래(회계상 거래 아님) : 주문, 채용, 담보제공, 계약, 약속, 고지서 수령 등

02 선수금은 부채이고 나머지는 자산이다.

03 • 받을어음은 매출채권이다.
　　• 현금및현금성자산 : 현금(통화, 통화대용증권(자기앞수표, 타인발행당좌수표, 우편환증서 등), 보통예금, 당좌예금, 현금성자산

04 • 기말자산 1,200,000 − 기말부채 300,000 = 기말자본 900,000
　　• 기초자본 640,000 + 총수익 − 총비용 100,000 = 기말자본 900,000
　　∴ 총수익 = 기말자본 900,000 − 기초자본 640,000 + 총비용 100,000 = 360,000원

05 파손된 건물유리의 교체는 수익적 지출이고, 나머지는 자본적 지출이다.

06 영업이익에 영향을 미치는 비용은 영업비용(매출원가, 판매비와관리비)이다. ④는 이자비용(영업외비용)이므로 영업이익에 영향을 미치지 않는다.
　　※ 매출액 − 매출원가 = 매출총이익
　　　매출총이익 − 판매비와관리비 = 영업이익

07 12월 1일 : (차) 기업업무추진비 1,000,000　　　(대) 현금 1,000,000
　　　　　　　　　　(비용의 발생)　　　　　　　　　　　(자산의 감소)
　　해당 내용을 원장에 전기하면 다음과 같다.

현금		기업업무추진비	
12/1 기업업무추진비　1,000,000	12/1 현금　1,000,000		

08 ④ : 약속어음 3,000,000원을 발행하여 외상매입금을 지급하다.
　　(차) 외상매입금 3,000,000　　　(대) 지급어음 3,000,000
　　　　(부채의 감소)　　　　　　　　　(부채의 증가)

09 해당 내용은 매출원가에 대한 설명이다.

10 유형자산 중 토지, 건설중인자산은 감가상각을 하지 않는다.

11 • 기초자본 550,000 + 총수익 480,000 − 총비용 720,000 = 기말자본 310,000
　　• 기말자산 − 기말부채 800,000 = 기말자본 310,000
　　∴ 기말자산 = 310,000 + 800,000 = 1,110,000원

12 • 물리적 실체가 없지만 미래의 경제적 효익을 갖는 비화폐성 자산은 무형자산이다.
　　• 무형자산 : 영업권, 개발비, 특허권, 실용신안권, 의장권, 상표권, 소프트웨어, 임차권리금 등

13 계약금(선수금 : 부채)을 상품매출(수익)로 잘못 분개했으므로 부채의 과소, 수익의 과대가 된다.

14 부채는 과거의 거래나 사건의 결과로 미래에 자원의 유출이 예상되는 의무이다.

15 • (순)매출액 97,000,000 − 매출원가 70,000,000 = 매출총이익 27,000,000원
  • (순)매출액 = 총매출액 100,000,000 − 매출환입 1,500,000 − 매출에누리 1,500,000 = 97,000,000원

01 회사등록

[기초정보관리]-[회사등록]을 클릭하여 4.대표자명란에서 "이한대"를 "이대한"으로, 9.종목란에서 "컴퓨터"를 "사무기기"로 수정한 후 21.사업장관할세무서를 "용산"에서 "금천"으로 수정한다.

02 거래처등록/거래처별초기이월

1 [기초정보관리]-[거래처등록]에서 [신용카드]탭을 누르고 코드란에 99603, 거래처명 : 국민카드, 유형 : 매입을 선택한 후, 우측에서 카드번호(매입) : 1234-5678-9001-2341, 카드종류(매입) : 사업용카드를 입력한다.

2 [전기분재무제표]-[거래처별초기이월]에서 좌측 계정과목에서 받을어음을 클릭하고 우측에서 서귀포상사 3,200,000을 3,100,000으로, 협재상사 2,500,000을 2,400,000으로 수정하고, 다시 좌측에서 지급어음을 클릭하고 우측에서 한라산상사 4,100,000을 3,900,000으로, 중문상사 5,100,000을 7,200,000으로 수정하고 아래 빈칸 거래처코드란에서 F2를 눌러 함덕상사를 선택하고 1,100,000을 추가 입력한다.

03 전기분손익계산서

[전기분재무제표]-[전기분손익계산서]에서 상품매출 20,000,000을 35,000,000으로, 광고선전비 850,000을 160,000으로 수정하고 하단 빈칸에 누락된 여비교통비 120,000을 추가 입력한다.

04 일반 전표입력

[전표입력]-[일반전표입력]을 클릭한 후 다음과 같이 입력한다.

1 7월 1일

구분		계정과목	거래처	적요	차변	대변
차변	0131	선급금	국제상사		1,500,000	
대변	0102	당좌예금				1,500,000

2 7월 29일

구분		계정과목	거래처	적요	차변	대변
차변	0103	보통예금			10,000,000	
차변	0102	당좌예금			20,000,000	
대변	0108	외상매출금	솔파전자			30,000,000

3 8월 7일

구분		계정과목	거래처	적요	차변	대변
차변	0103	보통예금			40,000,000	
차변	0120	미수금	영동상사		20,000,000	
대변	0201	토지				50,000,000
대변	0914	유형자산처분이익				10,000,000

※ 토지의 장부금액 50,000,000을 60,000,000에 매각했으므로 그 차액 10,000,000은 유형자산처분이익으로 처리한다.

4 9월 16일

구분		계정과목	거래처	적요	차변	대변
출금	0824	운반비			25,000	(현금)

5 10월 2일

구분		계정과목	거래처	적요	차변	대변
차변	0109	대손충당금			900,000	
차변	0835	대손상각비			300,000	
대변	0108	외상매출금	송정상사			1,200,000

※ 대손발생 시 대손충당금 잔액을 먼저 사용하고 부족 시 매출채권은 대손상각비로 비용처리한다.

6 10월 9일

구분		계정과목	거래처	적요	차변	대변
차변	0202	건물			1,500,000	
차변	0820	수선비			10,000	
대변	0103	보통예금				1,510,000

7 11월 20일

구분		계정과목	거래처	적요	차변	대변
차변	0254	예수금			220,000	
차변	0811	복리후생비			220,000	
대변	0103	보통예금				440,000

※ 건강보험료 회사부담분은 복리후생비로 처리한다.

8 11월 25일

구분		계정과목	거래처	적요	차변	대변
차변	0103	보통예금			20,000,000	
대변	0260	단기차입금	하나은행			20,000,000

05 오류수정

1 [전표입력]–[일반전표입력]에서 7월 18일을 입력한 후 건물을 보험료(판)으로 수정한다.

구분		계정과목	거래처	적요	차변	대변
차변	0821	보험료			820,000	
대변	0101	현금				820,000

2 [전표입력]–[일반전표입력]에서 9월 20일을 입력한 후 차변에 선급금, 대변에 현금으로 수정한다.

구분		계정과목	거래처	적요	차변	대변
차변	0131	선급금	금호상사			300,000	
대변	0101	현금				300,000

06 결산정리

❶ [전표입력]-[일반전표입력]에서 12월 31일(결산일)자로 다음과 같이 입력한다.

구분		계정과목	거래처	적요	차변	대변
차변	0116	미수수익			15,000	
대변	0901	이자수익				15,000

※ 기말까지 발생된 기간경과분 발생이자는 수익으로 처리하고 상대계정에 미수수익을 입력한다.

구분		계정과목	거래처	적요	차변	대변
차변	0331	자본금			80,000	
대변	0141	현금과부족				80,000

구분		계정과목	거래처	적요	차변	대변
차변	0951	이자비용			1,125,000	
대변	0262	미지급비용				1,125,000

※ 기말까지 발생된 이자는 지급일이 다음 연도라도 당기 비용이므로 비용처리하고 상대계정에 미지급비용을 입력한다.

이자비용 = 30,000,000 × 5% × 9개월/12개월 = 1,125,000원

❷ [결산/재무제표]-[결산자료입력]에서 기간란에 1월 ~ 12월을 입력한다.

상단 툴바의 F8 대손상각을 눌러 대손율(%) 1.00을 확인하고 받을어음과 단기대여금이 아닌 나머지 채권의 금액은 Space Bar 로 지우고 결산반영버튼을 클릭하면

4. 판매비와일반관리비

5). 대손상각

받을어음   197,000

7. 영업외 비용

2). 기타의 대손상각

단기대여금   50,000이 결산반영금액란에 자동으로 입력된다.

• 받을어음 : 34,700,000원 × 1% − 150,000원 = 197,000원
• 단기대여금 : 5,000,000원 × 1% − 0원 = 50,000원

❸ 상단 툴바의 F3 전표추가를 클릭하여 나타나는 메시지창에서 「예」를 클릭한다.

07 장부조회

1 [결산/재무제표]-[재무상태표](또는 [합계잔액시산표])에서 5월을 입력 후 당기 유동자산의 금액을 확인한다.

▶ 정답 : 194,642,000원

2 [결산/재무제표]-[재무상태표]에서 1월을 입력 후 1월말 당기 미수금과 전기 말 미수금을 확인하여 계산한다.

▶ 정답 : 500,000원

3 [장부관리]-[총계정원장]에서 기간란에 1월 1일 ~ 6월 30일, 계정과목란에 기업업무추진비(판매관리비)를 입력한 후 가장 많이 지출한 월의 금액과 가장 적게 지출한 월의 금액을 확인한 후 해당 금액의 차이를 계산한다.

▶ 정답 : 700,000원(2월 1,030,000 − 4월 330,000)

이론시험

01	02	03	04	05	06	07	08	09	10	11	12	13	14	15
②	④	②	①	④	②	③	②	①	④	①	③	③	②	③

01 임차보증금은 비유동자산의 기타비유동자산이다.

02 부채의 증가 : 대변, 자본의 감소 : 차변, 수익의 발생 : 대변

03 유동성 배열법 : 자산과 부채는 유동성이 높은 항목부터 배열하는 것을 원칙으로 한다.

04 당기매출원가 = 기초상품재고액 + 당기총매입액 − 매입에누리 − 기말상품재고액

∴당기총매입액 = 당기매출원가 − 기초상품재고액 + 매입에누리 + 기말상품재고액

= 160,000 − 80,000 + 20,000 + 45,000 = 145,000원

05 현금으로 지급되었으나 계정과목과 금액을 확정할 수 없을 때 일시적으로 처리하는 계정은 가지급금이다.

06 자산의 잔액은 차변, 부채의 잔액은 대변, 자본의 잔액은 대변, 수익의 잔액은 대변, 비용의 잔액은 차변이다. ② 토지는 자산이므로 잔액은 차변이여야 한다.

07 당기에 발생한 비용 중 차기분을 이연하는 것은 당기에 발생한 수익과 비용을 당기에 대응하여 인식하기 위이다.

08 • 3월 2일 (차) 현금   400,000   (대) 선수금   400,000
   • 3월 26일 (차) 받을어음 1,600,000   (대) 상품매출 2,000,000
                  선수금   400,000

09 화재로 인해 상품의 일부가 파손된 것은 자산이 감소되었으므로 회계상의 거래이다.
   ※ 일상생활상의 거래(회계상 거래 아님) : 주문, 채용, 담보제공, 계약, 약속, 고지서 수령 등

10 정액법은 내용연수 경과에 따라 매년 같은 금액으로 상각한다.

11 • 비유동부채 : 사채, 장기차입금, 임대보증금, 퇴직급여충당부채
   • ②, ③, ④는 유동부채이다.

12 • 1기 기초자본금 300,000 + 순이익 30,000(총수익 − 총비용) = 기말자본금 330,000
   • 2기 기초자본금(1기 기말자본금) 330,000 + 총수익 400,000 − 총비용 330,000 = 기말자본금 400,000
   ∴ 2기 기말자본금 : 400,000원

13 급여, 복리후생비, 기업업무추진비는 판매비와관리비(영업비용)이다.

14 토지는 감가상각을 하지 않으므로 감가상각누계액 계정은 없다.
   (차) 보통예금 5,000,000   (대) 토지   10,000,000
        미수금   15,000,000   유형자산처분이익 10,000,000

15 경영성과에 영향을 미치는 거래는 수익과 비용거래이다. 통신비는 비용이므로 경영성과에 영향을 미친다.

01 회사등록

[기초정보관리]-[회사등록]을 클릭하여 2.사업자등록번호에서 "460-47-88704"를 "130-47-50505"로, 4.대표자명란에서 "김 종한"을 "이도진"으로 수정한 후 21.사업장관할세무서를 "관악"에서 "부천"으로 수정한다.

02 계정과목및적요등록/거래처별초기이월

1 [기초정보관리]-[계정과목및적요등록]에서 좌측 계정체계에서 판매관리비를 클릭하고 가운데 코드/계정과목에서 812.여비 교통비를 선택한 후 우측 현금적요란 적요NO에 6. "거제도 판매 관련 출장비"를, 적요NO에 7. "분당 판매 관련 출장비"를 입력한다.

2 [전기분재무제표]-[거래처별초기이월]에서 좌측 계정과목에서 받을어음을 클릭하고 우측 거래처코드란에서 F2를 눌러 금호상사를 선택하고 2,000,000을 추가 입력하고, 다시 좌측에서 미지급금을 클릭하고 우측에서 푸른가구 1,400,000을 2,300,000으로 수정한다.

03 전기분재무상태표

[전기분재무제표]-[전기분재무상태표]에서 받을어음의 111.대손충당금 50,000을 자산란 하단 빈칸에 추가한 후 차량운반구 의 감가상각누계액(209번) 6,000,000을 12,000,000으로 수정한다. 그리고 부채 및 자본란에서 단기차입금 11,000,000을 10,000,000으로 수정한다.

04 일반 전표입력

[전표입력]-[일반전표입력]을 클릭한 후 다음과 같이 입력한다.

1 8월 10일

구분		계정과목	거래처	적요	차변	대변
차변	0107	단기매매증권			1,200,000	
대변	0103	보통예금				1,200,000

2 8월 13일

구분		계정과목	거래처	적요	차변	대변
차변	0251	외상매입금	강원기기		2,500,000	
대변	0110	받을어음	소망사무			2,500,000

3 9월 16일

구분		계정과목	거래처	적요	차변	대변
차변	0146	상품			15,000,000	
대변	0251	외상매입금	현대카드			15,000,000

4 10월 15일

구분		계정과목	거래처	적요	차변	대변
차변	0146	상품			10,000,000	
차변	0212	비품			3,000,000	
대변	0102	당좌예금				10,000,000
대변	0253	미지급금	(주)하나컴퓨터			3,000,000

5 11월 25일

구분		계정과목	거래처	적요	차변	대변
차변	0259	선수금	미림전자		600,000	
차변	0108	외상매출금	미림전자		4,400,000	
대변	0401	상품매출				5,000,000

6 12월 1일

구분		계정과목	거래처	적요	차변	대변
차변	0830	소모품비			63,000	
대변	0101	현금				33,000
대변	0253	미지급금	농협카드			30,000

7 12월 9일

구분		계정과목	거래처	적요	차변	대변
차변	0183	투자부동산			70,770,000	
대변	0253	미지급금	(주)부동산나라			70,000,000
대변	0101	현금				770,000

※ 투자목적으로 취득한 건물은 투자자산(투자부동산)으로 처리하며 약속어음은 상거래가 아니므로 미지급금으로 처리한다.

8 12월 10일

구분		계정과목	거래처	적요	차변	대변
출금	0953	기부금			5,000,000	(현금)

05 오류수정

1 [전표입력]–[일반전표입력]에서 7월 15일을 입력한 후 상품을 운반비(판)로 수정한다.

구분		계정과목	거래처	적요	차변	대변
차변	0824	운반비			300,000	
대변	0101	현금				300,000

2 [전표입력]–[일반전표입력]에서 8월 25일을 입력한 후 차변에 인출금, 대변에 보통예금으로 수정한다.

구분		계정과목	거래처	적요	차변	대변
차변	0338	인출금			3,250,000	
대변	0103	보통예금				3,250,000

※ 개인기업에서 사업주의 개인적인 목적으로 사용한 것은 인출금으로 처리하므로 대표자 개인 소유 차량의 취득세는 인출금으로 수정한다.

06 결산정리

❶ [전표입력]-[일반전표입력]에서 12월 31일(결산일)자로 다음과 같이 입력한다.

구분		계정과목	거래처	적요	차변	대변
차변	0133	선급비용			600,000	
대변	0821	보험료				600,000

※ 비용처리한 보험료 중 기간미경과분이 1,200,000 × 6개월/12개월 = 600,000(선급분)이므로 비용에서 차감하고 선급비용으로 대체해야 한다.

구분		계정과목	거래처	적요	차변	대변
차변	0107	단기매매증권			200,000	
대변	0905	단기매매증권평가이익				200,000

❷ [결산/재무제표]-[결산자료입력]에서 기간란에 1월 ~ 12월을 입력한다.

    2. 매출원가

        상품매출원가

            기말상품재고액   2,780,000을 결산반영금액란에 입력한다.

    4. 판매비와일반관리비

        상단 툴바의 F8 대손상각 을 눌러 대손율(%) 1.00을 확인하고 외상매출금과 받을어음이 아닌 나머지 채권의 금액은 Space Bar 로 지우고 결산반영버튼을 클릭하면

            5). 대손상각

            외상매출금   587,300

            받을어음   360,000이 결산반영금액란에 자동으로 입력된다.

        • 받을어음 : 68,730,000원 × 1% − 100,000원 = 587,300원

        • 단기대여금 : 41,000,000원 × 1% − 50,000원 = 360,000원

❸ 상단 툴바의 F3 전표추가 를 클릭하여 나타나는 메시지창에서 「예」를 클릭한다.

07 장부조회

1 [장부관리]-[거래처원장]의 잔액란 탭에서 기간란에 6월 30일 ~ 6월 30일, 계정과목란에 외상매출금, 거래처란에 우진상사를 두 번 입력한 후 잔액을 확인한다.

    ▶ 정답 : 8,000,000원

2 [장부관리]-[총계정원장]에서 기간란에 1월 1일 ~ 6월 30일, 계정과목란에 통신비(판)를 입력한 후 가장 많은 달의 금액을 확인한다.

    ▶ 정답 : 94,000원

3 [장부관리]-[총계정원장]에서 기간란에 1월 1일 ~ 6월 30일, 계정과목란에 기업업무추진비(판)를 입력한 후 가장 적은 월과 금액을 확인한다.

    ▶ 정답 : 2월, 672,000원

최신 기출문제 19회 정답 & 해설 합격률 : 60.80%

이론시험

01	02	03	04	05	06	07	08	09	10	11	12	13	14	15
①	④	③	③	②	③	②	③	④	②	②	④	①	③	④

01 ① : (차변) 부채의 감소 　　　 (대변) 부채의 증가

02 • 기초자산 90,000 − 기초부채 40,000 = 기초자본 50,000원

　　• 기말자산 110,000 − 기말부채 50,000 = 기말자본 60,000원

　　• 기초자본 50,000 + 당기순이익 = 기말자본 60,000 ∴ 당기순이익 = 10,000원

　　• 당기자산 증가 = 기말자산 110,000 − 기초자산 90,000 = 20,000원

　　• 당기부채 증가 = 기말부채 50,000 − 기초부채 40,000 = 10,000원

03 ③은 임차보증금에 대한 설명이다.

04 (차) 미수수익　　××× 　　　(대) 이자수익　　×××

　　　　 (자산의 증가)　　　　　　　 (수익의 발생)

　　따라서 누락하면 자산과 수익이 과소계상된다.

05 ② : (차) 외상매입금　　7,000,000　　　(대) 받을어음　　7,000,000

> **오답 피하기**

　　• ① : (차) 받을어음　　7,000,000　　　(대) 상품매출　　7,000,000

　　• ③ : (차) 받을어음　　7,000,000　　　(대) 외상매출금　　7,000,000

　　• ④ : (차) 지급어음　　7,000,000　　　(대) 현금　　7,000,000

06 비유동부채 : 사채, 장기차입금, 임대보증금, 퇴직급여충당부채

07 • 기말 대손충당금 설정액(보충법) = 기말채권잔액 × 대손추정률(%) − 대손충당금잔액

　　　　　　　　　　　　　　　　 = 30,000,000 × 2% − 100,000 = 500,000원

　　• 12/31 (차) 대손상각비　500,000원　(대) 대손충당금　500,000원

08 일정기간 동안 기업의 경영성과에 대한 정보를 제공하는 재무보고서는 손익계산서이다.

09 후입선출법은 가장 먼저 매입한 물건이 먼저 매출되는 방법으로 기록하므로 기말재고자산은 가장 오래전에 매입한 상품이다. 따라서 물가가 하락하고 재고자산 수량이 일정하게 유지된다면 기말재고자산금액이 가장 크게 나타나므로 매출원가는 가장 작게 나타난다.

　　※ 물가하락(디플레이션) 시 각 방법의 비교

　　• 매출원가 : 선입선출법 〉이동평균법 〉총평균법 〉후입선출법

　　• 기말재고금액 : 후입선출법 〉총평균법 〉이동평균법 〉선입선출법

　　• 당기순이익(매출총이익) : 후입선출법 〉총평균법 〉이동평균법 〉선입선출법

10 유형자산의 취득원가는 구입원가 또는 제작원가 및 경영진이 의도하는 방식으로 자산을 가동하는 데 필요한 장소와 상태에 이르게 하는 데 직접 관련되는 지출로 구성되므로 사용 가능한 후에 발생하는 소액수선비는 취득원가에 포함되지 않고 비용처리 된다.

11 예수금은 소득을 지급할 때 원천징수한 소득세, 지방소득세 등에 사용하므로 상품매출 시에는 사용하지 않는다.

12 비유동부채 중 보고기간종료일로부터 1년 이내에 자원의 유출이 예상되는 부분은 유동부채로 분류한다.

13 • 판매비와관리비 : 복리후생비 + 통신비 + 임차료 = 120,000 + 80,000 + 210,000 = 410,000원

   • 이자비용, 기부금은 영업외비용이며 개발비는 무형자산이다.

14 토지는 유형자산이다.

15 당기순이익을 증가시키는 거래는 수익이 발생하는 거래이다. 결산이자는 이자수익이므로 당기순이익을 증가시킨다.

01 회사등록

[기초정보관리]-[회사등록]을 클릭하여 3.과세유형란에서 "간이과세"를 "일반과세"로, 6.사업장주소를 "서울특별시 강남구 삼성로 145길 11"로 수정한 후 17.개업연월일을 "2019-03-15"에서 "2018-03-15"으로 수정한다.

02 거래처등록/거래처별초기이월

1 [기초정보관리]-[거래처등록]에서 [금융기관]탭을 누르고 코드란에 99200, 거래처명:농협, 유형란에 3:정기적금을 선택한 후, 우측에 1.계좌번호를 입력하고 3.계좌개설일 "2021-03-05"를 입력한다.

2 [전기분재무제표]-[거래처별초기이월]에서 좌측 계정과목의 외상매출금을 클릭하고 우측에서 (주)충주상사 3,130,000을 31,300,000으로 수정하고, 다시 좌측에서 미지급금을 클릭하고 우측에서 산성상사 5,500,000을 15,500,000으로 수정한다.

03 전기분재무상태표

[전기분재무제표]-[전기분재무상태표]에서 외상매출금의 109.대손충당금 720,000을 자산란 하단 빈칸에 추가한 후 차량운반구의 감가상각누계액(209번) 1,500,000을 15,000,000으로 수정한다. 그리고 부채 및 자본란에서 지급어음 1,802,000을 18,020,000으로 수정한다.

04 일반 전표입력

[전표입력]-[일반전표입력]을 클릭한 후 다음과 같이 입력한다.

1 8월 16일

구분		계정과목	거래처	적요	차변	대변
차변	0146	상품			3,000,000	
대변	0102	당좌예금				2,000,000
대변	0256	당좌차월				1,000,000

※ 당좌차월을 단기차입금으로 처리해도 된다. 당좌차월이란 당좌예금 잔액을 초과하여 당좌수표를 발행한 경우의 초과금액을 말한다.

2 9월 5일

구분		계정과목	거래처	적요	차변	대변
차변	0146	상품			2,200,000	
대변	0103	보통예금				2,200,000

3 9월 12일

구분		계정과목	거래처	적요	차변	대변
차변	0212	비품			1,000,000	
대변	0103	보통예금				1,000,000

4 10월 10일

구분		계정과목	거래처	적요	차변	대변
차변	0831	수수료비용			120,000	
차변	0102	당좌예금			1,880,000	
대변	0110	받을어음	성진상사			2,000,000

5 11월 8일

구분		계정과목	거래처	적요	차변	대변
차변	0232	임차보증금	상록빌딩		5,000,000	
대변	0103	보통예금				5,000,000

※ 임차인은 보증금 지급 시 임차보증금으로 처리하고, 임대인은 보증금 수령 시 임대보증금으로 처리한다.

6 11월 30일

구분		계정과목	거래처	적요	차변	대변
차변	0251	외상매입금	서연상사		4,220,000	
대변	0148	매입할인				20,000
대변	0102	당좌예금				4,200,000

※ 매입 시 약정에 따른 할인은 매입할인으로 처리하여 재고자산에서 차감한다.

7 12월 6일

구분		계정과목	거래처	적요	차변	대변
출금	0338	인출금			60,000	(현금)

※ 개인기업에서 사업주의 개인적인 목적으로 지출한 것은 인출금으로 처리한다.

8 12월 10일

구분		계정과목	거래처	적요	차변	대변
차변	0813	기업업무추진비			130,000	
대변	0253	미지급금	비씨카드			130,000

05 오류수정

1 [전표입력]-[일반전표입력]에서 9월 29일을 입력한 후 운반비(판)를 상품으로 수정한다.

구분		계정과목	거래처	적요	차변	대변
차변	0146	상품			100,000	
대변	0101	현금				100,000

※ 상품 매입에 따른 운반비는 상품으로 처리한다.

2 [전표입력]-[일반전표입력]에서 12월 5일을 입력한 후 가지급금을 외상매입금으로 수정하고 거래처를 입력한다.

구분		계정과목	거래처	적요	차변	대변
차변	0251	외상매입금	성진상사		500,000	
대변	0103	보통예금				500,000

06 결산정리

❶ [전표입력]–[일반전표입력]에서 12월 31일(결산일)자로 다음과 같이 입력한다.

구분		계정과목	거래처	적요	차변	대변
차변	0801	급여			2,500,000	
대변	0262	미지급비용				2,500,000

※ 12월분 영업부 직원급여는 기말까지 발생된 비용이므로 다음연도에 지급하더라도 비용처리하고 상대계정에 미지급비용으로 처리해야 한다.

구분		계정과목	거래처	적요	차변	대변
차변	0819	임차료			20,000,000	
대변	0133	선급비용				20,000,000

※ 3월 2일 전액 자산(선급비용)으로 처리했으므로 결산 시 기간경과분 24,000,000 × 10개월/12개월 = 20,000,000을 선급비용에서 차감하고 임차료로 대체해야 한다.

❷ [결산/재무제표]–[결산자료입력]에서 기간란에 1월 ~ 12월을 입력한다.

    4. 판매비와일반관리비
        4). 감가상각비
            차량운반구   2,500,000
            비품   930,000
        6). 무형자산상각비
            실용신안권   500,000
            소프트웨어   700,000을 각각 결산반영금액란에 입력한다.

❸ 상단 툴바의 F3 전표추가 를 클릭하여 나타나는 메시지창에서 「예」를 클릭한다.

07 장부조회

❶ [장부관리]–[거래처원장]의 잔액란 탭에서 기간란에 4월 30일 ~ 4월 30일, 계정과목란에 외상매입금, 거래처란에 우정상사를 두 번 입력한 후 잔액을 확인한다.
    ▶ 정답 : 11,100,000원

❷ [장부관리]–[일계표(월계표)]에서 「월계표」탭을 클릭하고 조회기간에서 1월 ~ 6월을 입력하고 이자비용 차변 현금란을 확인한다.
    ▶ 정답 : 320,000원

❸ [장부관리]–[총계정원장]에서 기간란에 1월 1일 ~ 6월 30일, 계정과목란에 소모품비(판매관리비)를 입력한 후 가장 많이 지출한 월의 금액과 가장 적게 지출한 월의 금액을 확인한 후 해당 금액의 차이를 계산한다.
    ▶ 정답 : 340,000원(2월 670,000 − 1월 330,000)

이론시험

01	02	03	04	05	06	07	08	09	10	11	12	13	14	15
①	③	①	①	②	④	①	④	③	①	①	④	②	②	②

01 (차) 토지 100,500,000　　(대) 당좌예금 100,500,000
　　　　(자산의 증가)　　　　　　(자산의 감소)
　토지의 구입 시 취득세는 토지의 취득원가에 가산하므로 토지로 처리한다.

02 종업원의 실적을 분석하여 근무 태도를 평가하는 것은 인사관리에 해당하는 부분이다.

03 • 자산 − 부채 = 자본
　　− 자산 : 개발비, 받을어음, 선급금, 단기대여금, 상품
　　− 부채 : 단기차입금, 미지급비용, 외상매입금
　• 자산(개발비 600,000 + 받을어음 450,000 + 선급금 100,000 + 단기대여금 320,000 + 상품) − 부채(단기차입금 400,000
　　+ 미지급비용 200,000 + 외상매입금 610,000) = 자본 500,000
　∴ 상품 : 240,000원

04 일반기업회계기준에 따른 재무제표 : 재무상태표, 손익계산서, 현금흐름표, 자본변동표, 주석

05 3/5 (차) 받을어음 500,000　(대) 외상매출금 500,000
　외상매출금 500,000을 거래처에서 발행한 어음으로 회수하다.

06 단기매매증권의 취득 시 거래비용은 비용(영업외비용)으로 처리하므로 취득 시 처리한 주식계정의 취득금액은 60,000,000원
　이다.

07 • 매출액 − 매출원가 = 매출총이익
　• 순매출액 = 당기상품매출액 16,000,000 − 매출에누리 750,000 = 15,250,000원
　• 매출원가 = 기초상품재고액 6,000,000 + (당기상품매입액 7,100,000 + 매입제비용 250,000 − 매입에누리및매입할인액
　　　　　　660,000) − 기말상품재고액 3,100,000 = 9,590,000원
　∴ 매출총이익 = 순매출액 15,250,000 − 상품매출원가 9,590,000 = 5,660,000원

08 • 재고자산 단위원가 결정방법 : 개별법, 선입선출법, 후입선출법, 이동평균법, 총평균법
　• ④ 생산량비례법은 감가상각방법이다.

09 기말재고자산 금액이 감소하면 매출원가가 증가되고, 매출원가가 증가되면 매출총이익이 감소한다. 반대로 기말재고자산 금액
　이 증가하면 매출원가가 감소되고, 매출원가가 감소되면 매출총이익이 증가한다.

10 유형자산처분손실은 유형자산처분금액이 장부금액보다 작을 때 발생한다.
　• 장부금액(취득원가 − 감가상각누계액) − 유형자산처분금액 = 유형자산처분손실
　• 장부금액 700,000(1,000,000 − 300,000) − 유형자산처분금액 = 유형자산처분손실 300,000
　∴ 유형자산처분금액 : 400,000원

11 자산의 잔액은 차변, 부채의 잔액은 대변, 자본의 잔액은 대변, 수익의 잔액은 대변, 비용의 잔액은 차변이므로 대변 잔액란에
　표시될 수 있는 계정은 부채, 자본, 수익이다. 미수수익은 자산이므로 잔액은 차변에 표시된다.

12 종업원 급여 원천징수한 소득세 : 예수금

13 (차) 기업업무추진비   9,000   (대) 현금   9,000

14 수정 전 당기순이익 500,000 + 이자 미수분(미수수익) 60,000 − 임차료 미지급분(미지급비용) 80,000
    = 수정 후 당기순이익 480,000원

15 • 10/1 (차) 보통예금 100,000   (대) 이자수익   100,000
    • 12/31 (차) 이자수익   60,000   (대) 선수수익   60,000
    • 12/31 (차) 이자수익   40,000   (대) 손익   40,000

01 회사등록

[기초정보관리]–[회사등록]을 클릭하여 2.사업자등록번호에서 "175–78–32465"를 "110–09–23958"로, 9.종목란에서 "컴퓨터부품"을 "전자제품"으로 수정한다. 21.사업장관할세무서를 "역삼"에서 "삼성"으로 수정한다.

02 전기분재무상태표

[전기분재무제표]–[전기분재무상태표]에서 정기예금 2,000,000을 20,000,000으로, 차량운반구의 감가상각누계액(209번) 13,000,000을 23,000,000으로 수정한다. 그리고 부채 및 자본란에서 외상매입금 17,000,000을 45,000,000으로 수정한다.

03 거래처별초기이월/계정과목및적요등록

1 [전기분재무제표]–[거래처별초기이월]에서 좌측 계정과목의 외상매출금을 클릭하고 우측 거래처의 민주상사 20,000,000을 21,000,000으로 수정하고, 내림상사 4,600,000을 삭제한 후, 다시 좌측에서 지급어음을 클릭하고 우측 거래처코드란에서 F2를 눌러 퓨리상회를 선택하고 9,000,000을 추가 입력한다.

2 [기초정보관리]–[계정과목및적요등록]에서 좌측 계정체계에서 판매관리비를 클릭하고 가운데 코드/계정과목에서 824.운반비를 선택한 후 우측 대체적요란 적요NO에 4, "택배비 미지급"을 입력한다.

04 일반 전표입력

[전표입력]–[일반전표입력]을 클릭한 후 다음과 같이 입력한다.

1 7월 4일

구분		계정과목	거래처	적요	차변	대변
차변	0103	보통예금			10,000,000	
차변	0108	외상매출금	부진실업		10,000,000	
대변	0401	상품매출				20,000,000

2 7월 13일

구분		계정과목	거래처	적요	차변	대변
차변	0227	소프트웨어			3,000,000	
대변	0253	미지급금	서울시스템(주)			3,000,000

3 8월 29일

구분		계정과목	거래처	적요	차변	대변
차변	0826	도서인쇄비			550,000	
대변	0253	미지급금	M스튜디오			550,000

4 9월 10일

구분		계정과목	거래처	적요	차변	대변
출금	0254	예수금			440,000	(현금)

※ 급여 지급 시 원천징수한 근로소득세와 지방소득세는 예수금으로 처리한다.

5 9월 22일

구분		계정과목	거래처	적요	차변	대변
차변	0831	수수료비용			300,000	
대변	0103	보통예금				300,000

6 11월 30일

구분		계정과목	거래처	적요	차변	대변
차변	0146	상품			1,000,000	
대변	0131	선급금	만선전자			300,000
대변	0251	외상매입금	만선전자			700,000

7 10월 10일

구분		계정과목	거래처	적요	차변	대변
차변	0202	건물			206,000,000	
대변	0103	보통예금				200,000,000
대변	0101	현금				6,000,000

※ 건물 취득 시 취득세는 건물로 처리한다.

8 11월 29일

구분		계정과목	거래처	적요	차변	대변
차변	0103	보통예금			9,880,000	
대변	0107	단기매매증권				9,000,000
대변	0906	단기매매증권처분이익				880,000

05 오류수정

1 [전표입력]-[일반전표입력]에서 9월 2일을 입력한 후 세금과공과(판)을 기부금으로 수정한다.

구분		계정과목	거래처	적요	차변	대변
차변	0953	기부금			500,000	
대변	0101	현금				500,000

2 [전표입력]-[일반전표입력]에서 11월 2일을 입력한 후 미지급금의 거래처 강원상점을 은주상점으로 수정한다.

구분		계정과목	거래처	적요	차변	대변
차변	0212	비품			400,000	
대변	0253	미지급금	은주상점			400,000

06 결산정리

❶ [전표입력]-[일반전표입력]에서 12월 31일(결산일)자로 다음과 같이 입력한다.

구분		계정과목	거래처	적요	차변	대변
차변	0133	선급비용			5,500,000	
대변	0833	광고선전비				5,500,000

※ 비용처리한 광고선전비 중 차기 광고제작을 위하여 선지급한 분은 비용에서 차감하고 선급비용으로 대체해야 한다.

구분		계정과목	거래처	적요	차변	대변
차변	0257	가수금			1,600,000	
대변	0108	외상매출금	부영상사			1,600,000

구분		계정과목	거래처	적요	차변	대변
차변	0951	이자비용			500,000	
대변	0262	미지급비용				500,000

※ 기말까지 발생된 12월분 이자비용 미지급액은 지급일이 다음 연도라도 당기 비용이므로 비용처리하고 상대계정에 미지급 비용을 입력한다.

❷ [결산/재무제표]-[결산자료입력]에서 기간란에 1월 ~ 12월을 입력한다.

4. 판매비와일반관리비

상단 툴바의 **F8 대손상각**을 눌러 대손율(%) 1.00을 확인하고 외상매출금과 받을어음이 아닌 나머지 채권의 금액은 **Space Bar** 로 지우고 결산반영버튼을 클릭하면

        5). 대손상각

           외상매출금   632,200

           받을어음   265,000이 결산반영금액란에 자동으로 입력된다.

• 외상매출금 : 113,220,000원 × 1% − 500,000원 = 632,200원

• 받을어음   : 56,500,000원 × 1% − 300,000원 = 265,000원

❸ 상단 툴바의 **F3 전표추가**를 클릭하여 나타나는 메시지창에서 「예」를 클릭한다.

07 장부조회

1 [장부관리]-[일계표(월계표)]에서 「월계표」탭을 클릭하고 조회기간에서 3월 ~ 3월을 입력하고 판매관리비의 기업업무추진 비 차변계란을 확인한다.(또는 계정별원장 및 총계정원장에서 조회해도 됨)

   ▶ 정답 : 4,800,000원

2 [장부관리]-[총계정원장]에서 기간란에 1월 1일 ~ 6월 30일, 계정과목란에 상품을 입력한 후 가장 많이 매입한 달과 금액을 확인한다.

   ▶ 정답 : 3월, 13,860,000원

3 [결산/재무제표]-[재무상태표]에서 5월을 입력 후 5월말 당기 유동자산에서 유동부채를 차감한다.

   ▶ 정답 : 255,963,000원(유동자산 406,123,000 − 유동부채 150,160,000)